Die „Wehrsportgruppe Hoffmann":
Darstellung, Analyse und Einordnung

Rainer Fromm

Die „Wehrsportgruppe Hoffmann":
Darstellung, Analyse und Einordnung
Ein Beitrag zur Geschichte des deutschen
und europäischen Rechtsextremismus

PETER LANG
Frankfurt am Main · Berlin · Bern · New York · Paris · Wien

Die Deutsche Bibliothek - CIP-Einheitsaufnahme

Fromm, Rainer:
Die „Wehrsportgruppe Hoffmann": Darstellung, Analyse und
Einordnung : ein Beitrag zur Geschichte des deutschen und
europäischen Rechtsextremismus / Rainer Fromm. - Frankfurt
am Main ; Berlin ; Bern ; New York ; Paris ; Wien : Lang, 1998
   Zugl.: Frankfurt (Main), Univ., Diss., 1997
   ISBN 3-631-32922-9

Für die Abbildungen dieses Bandes standen teilweise
leider nur unzureichende Vorlagen zur Verfügung.
Wir bitten um Verständnis, daß wir sie aus dokumentarischen
Gründen dennoch abgedruckt haben.

Gedruckt auf alterungsbeständigem,
säurefreiem Papier.

D 30
ISBN 3-631-32922-9
© Peter Lang GmbH
Europäischer Verlag der Wissenschaften
Frankfurt am Main 1998
Alle Rechte vorbehalten.

Das Werk einschließlich aller seiner Teile ist urheberrechtlich
geschützt. Jede Verwertung außerhalb der engen Grenzen des
Urheberrechtsgesetzes ist ohne Zustimmung des Verlages
unzulässig und strafbar. Das gilt insbesondere für
Vervielfältigungen, Übersetzungen, Mikroverfilmungen und die
Einspeicherung und Verarbeitung in elektronischen Systemen.

Printed in Germany 1 2 3 4 6 7

Für meine Mutter Helga Menzel

Dank

Besonderen Dank gilt Prof. Dr. Franz Greß, der mir mit Rat und Geduld durch die schwierige Arbeit half und mich von Beginn der schriftlichen Arbeit bis zum letzten Tag der mündlichen Prüfung ermutigt hat. Mit vielen Tips halfen mir auch Prof. Dr. Hans-Gerd Jaschke, Dr. H. Joachim Schwagerl, Dr. Fritz-Achim Baumann, Wilhelm Lasek, Ulrich Chaussy, Dr. Jörg Schwalm und Nik Rischkowsky.
 Außerdem bedanke ich mich bei allen Richtern, Staatsanwälten, Archivmitarbeitern, Pressekollegen und Interviewpartnern, die mit viel Ausdauer zum Gelingen der Arbeit beigetragen haben.
 Die vorliegende Arbeit hätte ohne die Unterstützung meiner Frau Barbara Kernbach niemals geschrieben werden können. Mit viel Mühe stand sie mir bei Formulierungen und der Aufarbeitung von Dokumenten Tag und Nacht beiseite und entlastete mich bei der Erziehung unserer Kinder. Nathalie und Nils sei hier ausdrücklich für die Geduld gedankt, mit der sie akzeptierten, daß ich einen Sommer lang fürs Freizeitprogramm ausfiel. Ein Dankeschön gilt auch meinen Schwiegereltern. Schließlich möchte ich noch meiner Mutter Helga Menzel danken. Mit viel Zeit und Liebe hielt sie mir während der gesamten Arbeit den Rücken frei. Ihr habe ich dieses Buch gewidmet.

Rainer Fromm

Inhaltsverzeichnis

1. Einleitung	11
2. Zum Stand der Forschung	19
3. Ideologie der Wehrsportgruppe Hoffmann	29
4. Einordnung der Wehrsportgruppe Hoffmann	45
4.1. Ist die WSG rechtsextrem?	45
4.2. Ist die WSG rechtsradikal?	55
4.3. Ist die WSG neonazistisch?	56
4.4. Ist die WSG neofaschistisch?	60
4.5. Ist die WSG rechtsterroristisch?	61
4.6. Ist die WSG ein paramilitärischer Verband?	64
4.7. Einordnung der "Wehrsportgruppe Hoffmann"	72
5. Einordnung der WSG in die Geschichte der deutschen Rechten	77
5.1. Rechtsextreme Kontinuitäten nach dem 2. Weltkrieg	77
5.1.1. WSG - Soldatische Nachkriegsverbände	77
5.1.2. WSG - Rechtsextreme Jugendgruppen	85
5.2. Rechtsextremismus 1964-1969	92
5.2.1. Die Nationaldemokratische Partei Deutschlands	92
5.2.2. NPD-Ordnerdienst	95
5.3. Rechtsextremismus 1970-1976	98
5.3.1. Die Militarisierung in der extremen Rechten	98
5.3.1.1. Europäische Befreiungsfront (EBF)	98
5.3.1.2. Gruppe "Hengst"	99
5.3.1.3. Nationalsozialistische Kampfgruppe Großdeutschland (NSKG)	100
5.3.1.4. Nationale Deutsche Befreiungsbewegung (NDBB)	101
5.3.1.5. Bund Deutscher Nationalsozialisten (BDNS)	103
5.3.2. Aktion Widerstand/Aktion Neue Rechte	105
5.4. WSG-Gründung als Resultat der Militarisierung	109
6. Kontakte der WSG im Inland	115
6.1. WSG - NPD/JN	115
6.2. WSG - DVU	120
6.3. WSG - Hochschulring Tübinger Studenten (HTS)	125
6.4. Die "WSG Hoffmann" und die "NS-Gruppen"	130
6.4.1. WSG - ANS	134
6.4.2. WSG - HNG	165
6.4.3. WSG - IHV	175

6.4.4. WSG - Kampfgruppe Priem	182
6.4.5. WSG - "Neonazikreis um Müller"	187
6.4.6. WSG - Wehrsportgruppe Ruhrgebiet	195
6.4.7. WSG - Volkssozialisten	203
6.4.8. WSG - KDS/ANE	218
6.4.9. WSG - "Bauern- und Bürgerinitiative"	230
6.4.10. WSG - Deutsche Bürgerinitiative (DBI)	238
6.4.11. WSG - Denk mit!	246
6.5. WSG - Alte Rechte	**264**
6.5.1. WSG - Martin Pape	267
6.5.2. WSG - Otto Riehs	270
6.5.3. WSG - Hans-Ulrich Rudel	272
7. Die internationalen Kontakte der WSG	**277**
7.1. WSG - VMO	**281**
7.2. WSG - NSDAP/AO	**285**
7.3. WSG - Frankreichs Rechtsaußen	**290**
7.4. WSG - Rhodesien	**294**
7.5. Österreich	**296**
7.5.1. WSG und Österreichs Rechte	296
7.5.2. Von der WSG zur österreichischen Terrorszene	303
7.6. WSG in Südtirol	**308**
7.7. Beispiel eines "Einzelkämpfers"	**315**
8. Rechtsterrorismus	**317**
8.1. WSG - rechtsextremistische Attentate	**329**
8.1.1. Oktoberfestattentat	331
8.1.2. Mord an Shlomo Levin und Elfriede Poeschke	342
8.1.3. Bologna-Attentat	347
8.1.3.1. Hoffmann - Attentat	349
8.1.3.2. Fiebelkorn - Attentat	353
8.1.3.3. Stefano Delle Chiaie	364
8.2. Psychologische Motivation von Rechtsextremisten und Rechtsterroristen	**371**
9. Charakterisierung der WSG	**389**
9.1. Mitgliederstruktur der WSG	**389**
9.1.1. Anwerbestrategie der "Wehrsportgruppe Hoffmann" und Rekrutierungspotentiale	389
9.1.2. WSG - Frauen	404
9.1.3. Mitgliedschaftsprofile der WSG	408

9.2. Organisation der WSG — 412
9.2.1. WSG-Sektionen in Deutschland — 412
9.2.2. "Der Freundeskreis zur Förderung der WSG Hoffmann" — 420

9.3. Die Infrastruktur der "Wehrsportgruppe Hoffmann" — 424
9.3.1. Die WSG arbeitet konspirativ — 424
9.3.2. Die Finanzierung der WSG — 426
9.3.3. Bewaffnung und Ausrüstung der WSG — 429
9.3.4. Dienstgrade der WSG — 432

10. Verbot der "Wehrsportgruppe Hoffmann" — 439
10.1. WSG - Einzelkämpfer — 440
10.2. Abenteuer Libanon — 442
10.3. Von der WSG zum "Antiimperialismus" — 466

11. WSG als Politikum — 477

12. Zusammenfassung — 489

13. Bibliographie — 497
13.1. Unveröffentlichte Quellen — 497
13.2. Publizierte Schriften — 501
13.2.1. Allgemeine Zeitungen, Zeitschriften, Presseagenturen — 501
13.2.2. Publikationen aus dem rechtsextremen Lager — 502
13.2.3. Schriften der "WSG Hoffmann" — 503
13.2.4. Sekundärliteratur — 504

14. Abkürzungsverzeichnis — 531
14.1. Publikationen des rechten Spektrums — 531
14.2. Organisationen des rechten Spektrums — 531
14.3. Sonstige Institutionen, Organisationen und Publikationen — 535

15. Register — 537
15.1. Namenregister — 537
15.2. Organisationsregister — 549
15.3. Sachregister — 558

1. Einleitung

"Wenn Du Härtetraining statt Gammelei - sportliche Leistung statt Politschwätzerei und echte Kameradschaft suchst, dann komm' zu uns in die Wehrsportgruppe!" (Auszug aus einem Werbeflugblatt der "Wehrsportgruppe Hoffmann", zit. aus: Rabe 1980, S. 217)

Die Zentralbegriffe der WSG-Propaganda "Härtetraining", "sportliche Leistung" und "echte Kameradschaft" verfehlen ihre Wirkung nicht. Jugendliche aus allen sozialen Schichten, militärisch begeistert und mehr oder minder an rechtsextremen Vorstellungen orientiert, fühlen sich angesprochen. In wenigen Jahren gelingt es der WSG, zur größten und einflußreichsten Wehrsportgruppe der BRD zu werden und einige Hundert "Kämpfer" um sich zu scharen: 400 zählen die Verfassungsschützer im Jahre 1978 (Verfassungsschutzbericht des Bundes 1978, S. 44), von 600 spricht gar Peter Dudek. (Dudek 1985, S. 156) Bis zu ihrem Verbot am 30.1.1980 avanciert sie laut Bundesinnenministerium zur größten deutschen Neonazigruppe. (vgl. Verfassungsschutzbericht des Bundes 1979, S. 30)

Gruppengeist, Selbstfindungsmöglichkeit, Kameradschaft und Gemeinschaftserlebnis sind heute wie vor 50 Jahren Magneten für Jugendliche. (vgl. Sochatzy, S. 12) Mit der Faszination, einer "Privatarmee" anzugehören, alte Waffen aufzumöbeln und getarnt ins Feld zu ziehen, hat der WSG-Gründer Karl-Heinz Hoffmann, begleitet von einem gewaltigen Pressewirbel, die Wehrsportidee in der extremen Rechten wieder salonfähig gemacht. Unbestreitbar ist die Sogwirkung, die von Hoffmanns paramilitärischer Organisation auf das gesamte rechtsextremistische Potential der Bundesrepublik ausgeht.

Die Wissenschaftler der Sinus-Studie haben festgestellt, daß bei der härtesten Gruppe, nämlich bei den "militanten Rechtsextremen und zum Rechtsterrorismus neigenden Gesprächspartner(n)", die "Wehrsportgruppe Hoffmann" hoch im Kurs steht. Sie wird als die "sympathischste Organisation eingestuft." (Sinus-Studie 1981, S. 39) Weitere Charakteristika der Probanden: Diese lehnen als

> "einzige Befragte (...) die Verfassungsordnung der Bundesrepublik sowohl im Normen- als auch im Wertebereich fundamental ab. (...) Im Vordergrund der Persönlichkeit dieser Befragten steht ein unverhüllter Männlichkeitswahn mit Werten wie Kampf, Härte und Bewährung." (Sinus-Studie 1981, S. 39)

Die kritische Öffentlichkeit hat immer wieder die "jahrelange Verharmlosung und Unterschätzung paramilitärischer Wehrsportgruppen wie neonazistischer Kadergruppen" (Dudek 1985, S. 160) beklagt. Anschaulich demonstriert diese Haltung die bayerische Landesregierung. Auf die schriftliche Anfrage des SPD-Landtagsabgeordneten Karl-Heinz Hiersemann nach den gesetzlichen Möglichkeiten zur Unterbindung des Hoffmann-Treibens antwortet der zuständige Staatsminister Gerold Tandler:

"Wenn sich eine Vereinigung an die allgemeinen gesetzlichen Regelungen, wie zum Beispiel das Uniformverbot - wobei aber das Uniformverbot des § 3 des Versammlungsgesetzes nur für das Tragen in der Öffentlichkeit oder in einer Versammlung gilt -, das Waffengesetz, das Naturschutzgesetz, die Straßenverkehrsordnung usw. hält, kann die Abhaltung zu 'Wehrsportübungen' nicht unterbunden werden. Der 'Wehrsport' ist nicht strafbar." (Bayerisches Staatsministerium des Innern, Nr. I F 1 - 2026 - 12/8, Bayerischer Landtag, Drucksache 9/1051, 12.3.1979)

Noch deutlicher dokumentiert der damalige bayerische Ministerpräsident Franz-Josef Strauß die Ignoranz:

"Mein Gott, wenn ein Mann sich vergnügen will, indem er am Sonntag auf dem Land mit einem Rucksack und einem mit Koppel geschlossenen 'Battle Dress' (Kampfanzug) spazierengehen, dann soll man ihn in Ruhe lassen." (zit. aus: Vinke 1981, S. 22)[1]

Eine Reihe ehemaliger WSG-Streiter steigt in den Rechtsterrorismus ein. Außerdem findet die Hoffmann-Gruppe nach ihrem Verbot zahlreiche Nachahmer. Für viele dieser Organisationen hat die Hoffmann-Truppe noch immer Vorbildcharakter, da sie als erste Wehrsportgruppe nach 1945 ideologisch und organisatorisch in die rechtsextremistische und neonazistische Szene eingebunden ist. Bis heute werden immer wieder Wehrsportgruppen gegründet. Meist zeichnen sich die Mitglieder durch zwei Kriterien aus: rechtsextremistische Einstellungen und Begeisterung für Waffen, natürlich auch für scharfe. Die folgende Liste dokumentiert einige Fälle:

- Im Februar 1979 hebt die Polizei eine unter anderem mit Maschinenpistolen, Karabinern, Sprengstoff und Munition ausgerüstete "Nationalsozialistische Kampfgruppe Ostwestfalen-Lippe" im Raum Höxter aus. (vgl. Verfassungsschutzbericht des Bundes 1979, S. 30)
- Im Januar 1983 gründet sich in Koblenz "aus militanten Neonazis im Alter von 15 bis 21 Jahren" die "Wehrsportgruppe Wolfspack/ Sturm 12". Bei Mitgliedern der Gruppe findet die Polizei "NS-Materialien, Schußwaffen sowie größere Mengen von Chemikalien und handschriftliche Anleitungen zur Herstellung von Sprengstoff." Die Gruppe wird am 14.4.1983 durch das rheinland-pfälzische Innenministerium verboten. (Verfassungsschutzbericht des Landes Rheinland-Pfalz 1983, S. 65)
- Im Herbst 1983 fällt im Raum Bad Ems die "Wehrsportgruppe Totila" auf, die "paramilitärische Übungen" und "volksverhetzende Schmieraktionen" organisiert und "Gewalttaten gegen Ausländer" plant. Es kommt zu Hausdurchsuchungen bei 15 Mitgliedern. (Verfassungsschutzbericht des Landes Rheinland-Pfalz 1983, S. 66)

---

[1] Interview mit dem Bonner Korrespondenten des französischen Fernsehsenders TF 1, Bernd Volker.

- Im September 1984 hebt die Polizei in Köln die "Anti-Terror-Front" aus, eine im Aufbau befindliche "Wehrsportgruppe". Bei Razzien finden die Beamten bei Gruppenmitgliedern eine größere Anzahl von Pistolen, Gewehren, Totschlägern, Würgehölzern, Uniformteilen, Gasmasken und Perücken. Die Jugendlichen haben SS-Runen, Hakenkreuze und Nazi-Parolen an die Außenwände einer Polizeidienststelle gemalt. Außerdem sollen drei Angehörige der Gruppe auch für zwei Sprengstoffanschläge in einer leerstehenden Fabrik verantwortlich sein, bei denen eine Frau verletzt und zahlreiche parkende Autors beschädigt werden. (vgl. Huhn/ Meyer 1986, S. 125) Die Kölner Polizei über die Täter, vor allem Schüler und Lehrlinge: "Das sind Spinner, die gefährliche Sachen gemacht haben." ('Frankfurter Rundschau', 2.10.1984)
- Wehrsport als "Geschäftszweig" entdeckt Mitte der achtziger Jahre der Gründer und Chef des "Bundes Deutscher Legionäre" (BDL), Rainer René Graf Adelmann von Adelmannsfelden. Gegenüber dem ARD-Fernsehmagazin 'Panorama' erklärt Adelmann am 4.3.1986: "Wir wollen das Kriegshandwerk in Deutschland wieder zu einem freien Beruf machen und bauen eine private Armee auf. Unsere Leute werden darin ausgebildet, wie man lautlos tötet und selbst überlebt". Mit Anzeigen in Waffenmagazinen und Tageszeitungen kann der BDL-Chef nach eigenen Angaben rund 100 Söldner und 700 in- und ausländische Interessenten um sich scharen. Bevorzugte Einsatzgebiete seien dabei laut Adelmann "Entwicklungsländer, die noch eine Reihe von Korrekturen ihrer Grenzen und Staatsformen nötig haben" ('Die Tageszeitung', 6.3.1986). Bei seinen paramilitärischen Plänen ist er nach eigenen Angaben "vom Theater um die Wehrsportgruppe Hoffmann inspiriert" worden. ('Die Tageszeitung', 6.3.1986)
- Zwischen Dezember 1987 und November 1988 macht die Wehrsportgruppe "Werwolf 21.1. Sturm Sinsheim" von sich reden. Die Angehörigen der Organisation sprechen sich bei den Übungen mit SS-Dienstgraden an. Trainiert werden Gefechts- und Nahkampfausbildung sowie Stellungsbau in SS-Uniformen, dazu gibt es Kampfabzeichen für "besondere Verdienste". Neue Gruppenmitglieder vereidigt die Organisation als SS-Männer. Das Waffenarsenal umfaßt Schreckschußpistolen, Bajonette bis hin zu Handgranaten. (vgl. 'Jüdische Rundschau', 4.11.1991)
- Anfang April 1989 durchsucht die Polizei in Nordhessen und Südniedersachsen 20 Wohnungen von Mitgliedern der Wehrsportgruppe "Mündener Stahlhelm". Dabei stellen die über 100 Beamten ein halbes Dutzend scharfe Schußwaffen, Munition, Sprengstoff und große Mengen neonazistisches Propagandamaterial sicher. Einige Mitglieder gehören der NPD an. ('Die Tageszeitung', 11.4.1989) Vermutungen, die Gruppe habe Sprengstoffanschläge verübt, lassen sich nicht erhärten.
- Auch in den neuen Bundesländern formieren sich "Wehrsportgruppen". Die bekannteste ist die im Oktober 1992 ausgehobene "Werwolf-Jagdeinheit

Senftenberg". Bei einer Razzia entdeckt die Polizei 150 Handgranaten, eine Maschinenpistole, mehrere Gewehre, Dolche, Stahlhelme und Uniformen der SS. Der Cottbuser Oberstaatsanwalt Hans-Ulrich Pollender: "Wir müssen mit größter Härte des Gesetzes durchgreifen. Schließlich schrecken die Mitglieder dieser Organisation auch nicht vor Mord zurück, um ihre politischen Ziele zu erreichen." ('Bild', 1.11.1992; vgl. 'Frankfurter Rundschau', 22.10.1992) Das Verfahren wegen "Bildung einer terroristischen Vereinigung", das Generalbundesanwalt Alexander von Stahl anstrebt, wird jedoch fallengelassen. (Leggewie/Meier 1995, S. 137)

- In Frankfurt an der Oder werden 14 bis 16 Jahre alte Neonazis in der sogenannten "Arier-Schule" politisch und körperlich gedrillt. Ausbilder ist der Bundeswehr-Reserve-Feldwebel Sven Ruda, für Wolfgang Pfaff, Chef des brandenburgischen Landesamtes für Verfassungsschutz, schlicht ein "Großmaul". ('Focus', 14.6.1993, S. 36) Trotzdem kann auch er Jugendliche in seinen Bann ziehen. Ideologisch impft er ihnen die "Erziehung zu Unversöhnlichkeit gegenüber dem Judentum" ein. In einem Waldstück nahe der polnischen Grenze findet Kampfausbildung statt. Auf dem Programm steht unter anderem "lautloses Töten von hinten". ('Focus', 14.6.1993, S. 37)

Weitere paramilitärische Organisationen in den neuen Bundesländern sind die "Wehrsportgruppe Dragon", die im Bereich Prenzlau/Brandenburg trainiert (vgl. Wagner 1994, S. 279), die "Wehrsportgruppe Gartz/Oder" (vgl. Wagner 1994, S. 138) oder die Dresdner "Wehrsportgruppe Hans-Joachim Peiper". (vgl. Wagner 1994, S. 133) Claus Leggewie und Horst Meier schreiben 14 Jahre nach dem Verbot der "Wehrsportgruppe Hoffmann":

> "Es ist nicht bekannt, ob die 1994er Werwölfe, die in Cottbus wegen Verstoßes gegen das Kriegswaffenkontrollgesetz verurteilten Mitglieder der 'Jagdeinheit', um ihre Namensgeber wissen. Aber die Selbstetikettierung ist aufschlußreich für einen Teil der rechtsradikalen Gewaltszene, in der sich junge Männer durch das historische Vorbild der 'weißen', konterrevolutionären Freischärler im 'europäischen Bürgerkrieg' nach 1917 und durch eine neonationalsozialistische Ideologie faszinieren und mitreißen lassen. An der Gefährlichkeit und Strafwürdigkeit solcher Gruppen, die die Gewaltgrenze bewußt und deutlich überschritten haben, besteht kein Zweifel." (Leggewie/Meier 1995, S. 132)

Auch die Ortsgruppe Jork des Stahlhelm veranstaltet paramilitärische Übungen:

> "Die Mitglieder der Jorker Ortsgruppe behandeln bei ihren Treffen häufig militärische Themen; es finden auch gelegentlich wehrsportähnliche Aktivitäten jüngerer Anhänger statt." (Verfassungsschutzbericht des Landes Niedersachsen 1996, S. 38f)

Trotz der Bedeutung der "Wehrsportgruppe Hoffmann" vor und nach ihrem Verbot für das rechtsextreme Lager und für Rechtsterroristen steht eine adäquate wissenschaftliche Aufarbeitung der Aktivität der Organisation bislang aus. **Kapitel 2** resümiert zum einen den Stand der Forschung zur WSG und zum anderen zum Rechtsterrorismus in Deutschland, da insbesondere nach dem WSG-Verbot 1980 zahlreiche WSG-Männer in den Terrorismus abgleiten.

Kapitel 3 widmet sich der Ideologie der WSG. In einer Analyse von Primärquellen wie etwa dem "Manifest der Bewegung zur Verwirklichung der Rational Pragmatischen Sozial Hierarchie" arbeite ich die zentralen Punkte der Weltanschauung heraus und mache deutlich, welche Rolle Militarismus, Demokratiefeindlichkeit, Rassismus und Fremdenfeindlichkeit, Revanchismus, Antikommunismus und Antiamerikanismus in den Vorstellungen der WSG spielen.

In der Presse wird die "Wehrsportgruppe Hoffmann" häufig als "neonazistisch" oder "neofaschistisch" bezeichnet. Der Bundesinnenminister erklärt sie zur "stärkste(n) neonazistische(n) Organisation". (Verfassungsschutzbericht des Bundes 1979, S. 30) **Kapitel 4** soll der Klärung dieser "Etikette" dienen. Zunächst stelle ich Kriterien für die Begriffe "Rechtsextremismus", "Rechtsradikalismus", "Neonazismus", "Neofaschismus" und "Rechtsterrorismus" zusammen. Die Konfrontation von Äußerungen und Aktionen der WSG mit diesen Merkmalen ermöglicht eine begründete Einordnung der Organisation.

Kapitel 5 analysiert die Position der WSG - theoretisch und praktisch - im Geflecht des rechten Lagers in Deutschland. Zunächst weise ich auf die historischen Vorläufer nach den beiden Weltkriegen hin, an deren Tradition die Wehrsportgruppe Hoffmann anknüpft. Ferner zeige ich die Verbindung der WSG mit der Entwicklung des Rechtsextremismus auf.

Über die Kontakte der "Wehrsportgruppe Hoffmann" zu anderen rechtsextremen Organisationen ist viel spekuliert worden. Bislang werfen Artikel in Presse und Fachbüchern zum Teil allerdings mehr Fragen auf als sie beantworten. Beispielhaft hierfür sind die vagen Aussagen des "Pressedienst Demokratische Initiative" (PDI) bei der Einordnung der WSG ins neonazistische Umfeld. So werden den Hoffmann-Getreuen "Verbindungen" zu Kühnens "Aktionsfront Nationaler Sozialisten" (ANS) bescheinigt. (Bericht 1979, S. 57) Zur Zusammenarbeit der WSG mit Roeders "Deutsche Bürgerinitiative" (DBI) heißt es: "Die DBI arbeitet eng (...) zusammen." (Bericht 1979, S. 62) Zur Kooperation mit Schönborns "Kampfbund Deutscher Soldaten" (KDS): "Der KDS hat enge Kontakte zur." (Bericht 1979, S. 89) Ähnliche Behauptungen finden sich bei Pomorin/Junge (1978). Belege werden nicht geliefert, ebenso wenig Spezifizierungen über Art und Umfang der Kontakte.

Um dieses Vakuum zu füllen versucht **Kapitel 6** die tatsächliche Einbindung der "Wehrsportgruppe Hoffmann" in die NS-Szene, zu Alt- und Neonazis, zu verdeutlichen. Zu diesem Zweck habe ich Sekundärquellen, Presseinterviews, Briefe und relevante Gerichtsakten ausgewertet. Hier und im folgenden Kapitel dokumentiert sich die rekontruktive Handschrift der Arbeit. In fast allen rechtsextremen Organisationen, die mit der WSG verflochten waren, habe ich Hintergrundinterviews geführt. Im Mittelpunkt der Gespräche standen neben Ideologie, Einstiegs- und Ausstiegskriterien im besonderen auch die Beziehungsgeflechte. Im einzelnen habe ich im Zeitraum 1989 bis 1995 Gespräche mit Zeitzeugen der Rechten, etwa der HIAG, noch aktiven Rechtsextremisten und Aussteigern geführt: mit Thomas Brehl, Vorsitzender der WSG Fulda und der Nationalen Aktivisten[2] (4 Gespräche[3]), Friedhelm Busse, Vositzender der VSBD/PdA (3 Gespräche), Günter Deckert, Vorsitzender der Jungen Nationaldemokraten (JN) (1 Gespräch), Kurt Eigenbrodt, Mitarbeiter von Hans-Ulrich Rudel (2 Gespräche), Michel Faci, rechtsextremer Söldnerführer und Mitglied der FANE (1 Gespräch), Joachim Fiebelkorn, rechtsextremer Söldnerführer (6 Gespräche), Martijn Freling, holländischer Rechtsextremist, später ANS Holland (1 Gespräch), Roy Godenau, amerikanischer Rechtsextremist, lebt in Deutschland und bewegt sich im Umfeld von Manfred Roeder (2 Gespräche), Friedrich Heckmann, Vorsitzender des "Freundeskreis zur Förderung der Wehrsportgruppe Hoffmann" (1 Gespräch), Harald Hohe, ANS/ NA (1 Gespräch), Wolfgang Juchem, Aktion Freies Deutschland (AFD) (1 Gespräch), Peter Kienesberger, Herausgeber des 'Tiroler' (1 Gespräch), Wilhelm Koeberich, Rechtsextremist, im Umfeld von Manfred Roeder (2 Gespräche), Karl Kreutz, Vorstand der HIAG (2 Gespräche), Otto Kumm, Ehrenvorsitzender der HIAG (1 Gespräch), Christian Malcoci, ANS/NA (2 Gespräche), Klaus Müller, VSBD/PdA Frankfurt (2 Gespräche), Leroy Paul, WSG Hoffmann und WSG Libanon (1 Gespräch), Ralf Platzdasch, Inhaber eines Neonazibuchladens in Frankfurt (1 Gespräch), Arnulf Priem, Gründer und Vorsitzender der Kampfgruppe Priem (2 Gespräche), Heinz Reisz, NPD-Funktionär (1 Gespräch), Otto Ernst Remer, Generalmajor a.D. und Altnazi (2 Gespräche), Bruno Renoult, rechtsextremer Söldner und Mitglied der FANE (1 Gespräch), Otto Riehs, Ritterkreuzträger und Altnazi (5 Gespräche), Michael Satorsky, WSG Hoffmann und Sturm 7 (4 Gespräche), Waldemar Schütz, NPD-Mitglied, Verleger (1 Gespräch), Ulrich Schwetasch, Junge Nationaldemokraten (2 Gespräche), Adolf von Thadden, NPD-Vorsitzender in den 60er Jahren (3 Gespräche) und Udo Voigt, NPD Bayern (1 Gespräch). Einige frühere Szenemitglieder möchten anonym bleiben.

Auch bezüglich der Auslandsverbindungen der "Wehrsportgruppe Hoffmann" wurden viele Irrtümer verbreitet. Eine seriöse Aufarbeitung steht aus. **Kapitel 7** zeigt WSG-Kontakte nach Belgien, Frankreich, Rhodesien, Österreich, Südtirol und zur NSDAP/AO auf. Ich stütze meine Analyse auf internationale Publikationen, Zeugenaussagen, Vernehmungsprotokolle der Polizei und Gerichtsakten.

Karl-Heinz Hoffmann stand wegen des Mordes an dem Juden Shlomo Lewin und seiner Lebensgefährtin Elfriede Poeschke vor Gericht. Eine Tatbeteiligung konnte ihm nicht nachgewiesen werden. Doch der mutmaßliche Täter, der WSG-

---

[2] Ich nenne hier die Funktionen, die die Personen zur Zeit der WSG Hoffmann inne haben bzw. die für die Dissertation relevant sind.
[3] Die genauen Daten der Treffen führe ich in der Bibliographie auf.

Mann Uwe Behrendt, bewegte sich in seiner engsten Umgebung. Fakt ist ferner, daß zahlreiche WSG-Leute zu Terroristen werden. **Kapitel 8** diskutiert die Beteiligung der WSG am Doppelmord Lewin/Poeschke, am Oktoberfestattentat sowie am Anschlag auf den Hauptbahnhof von Bologna. Auch hier berücksichtige ich Zeugenaussagen, Vernehmungsprotokolle und Gerichtsakten. Die Akten zum Bologna-Attentat werden hier erstmalig in Deutschland ausgewertet.

Kapitel 9 beleuchtet die Rekrutierungsfelder der WSG, darunter die Neonaziszene und die Militaria-Fans. Außerdem analysiere ich die Mitgliederstruktur der "Wehrsportgruppe Hoffmann", ihre interne Organisation und Verbreitung im Bundesgebiet sowie Bewaffnung und Finanzierung, die zum Teil der "Freundeskreis zur Förderung der Wehrsportgruppe Hoffmann" leistet. Die Merkmale des Mitgliedschaftsprofils - Geschlechterverteilung, Altersdurchschnitt und regionale Verteilung im Bundesgebiet - wurden auf der Grundlage der Daten der 58 WSG-Anhänger ermittelt, die in die polizeilichen Untersuchungen nach dem Oktoberfestattentat einbezogen wurden.

Am 30. Januar 1980 verbietet der Bundesinnenminister die "Wehrsportgruppe Hoffmann". **Kapitel 10** stellt die Verbotsverfügung vor und analysiert die Folgen des Verbots. Hoffmann setzt sich in den Libanon ab. Seine Auslands-WSG wird in Lagern der PLO militärisch gedrillt. Odfried Hepp und Walther Kexel gründen in Deutschland eine terroristische Vereinigung, die ideologische Anleihen bei der Linken macht und die konspirative Arbeitsweise der RAF kopiert. Peter Dudek konstatiert:

"Am Beispiel der WSG läßt sich zweierlei dokumentieren: die geringe Wirkung von Verboten auf die Aktivisten und die jahrelange Verharmlosung und Unterschätzung paramilitärischer Wehrsportgruppen wie neonazistischer Kadergruppen." (Dudek 1985, S. 160)

Diese politischen Reaktionen auf die Aktivität der "Wehrsportgruppe Hoffmann" - zwischen Mystifizierung und Verharmlosung - trägt **Kapitel 11** zusammen.

Mit Models auf Werbeprospekten rekrutiert die Wehrsportgruppe Hoffmann.

2. Zum Stand der Forschung

"Heil Hoffmann". Mit dieser Grußformel überschreibt der 'Stern' im Februar 1974 den Bericht über die "Bewegung" des "Schildermalers, Schloßherrn und selbsternannten Hauptmanns" Karl-Heinz Hoffmann[1]. Der Artikel macht die Truppe, die damals keine 100 Mitglieder haben dürfte, bekannt. In den folgenden Jahren avanciert sie mit 400 Kämpfern[2] (Verfassungsschutzbericht des Bundes 1978, S. 44) zur größten und bedeutendsten Wehrsportgruppe in der Geschichte der Bundesrepublik Deutschland und zur "stärkste(n) neonazistische(n) Organisation", so die Einschätzung des Bundesinnenministers. (Verfassungsschutzbericht des Bundes 1979, S. 30)

Es versteht sich von selbst, daß die "Wehrsportgruppe Hoffmann" mit ihrem spektakulären Auftreten im Licht der in- und ausländischen Medien steht. Ihr "Chef" genießt das öffentliche Interesse, gibt Interviews und läßt die WSG-Männer vor Kameras flanieren. Im Mittelpunkt der Berichterstattung stehen die Person Karl-Heinz Hoffmanns und die Wehrsportübungen bei seiner Nürnberger "Zentrale". Neben dem "Chef" äußern sich Mitglieder des hessischen "Sturm 7" vor Reportern und posieren in Fantasieuniform vor Fotografen. ('Der Stern', 27. 12.1979) Von den anderen WSG-Sektionen existieren nur sehr wenige Berichte, Interviews überhaupt nicht. In der letzten Ausgabe der Zeitschrift 'Kommando' im September 1979 bilanziert Hoffmann selbstherrlich:

> "Seit 1974 sind neben zahlreichen Hörfunksendungen insgesamt 20 Fernsehreportagen in aller Welt über die WSG ausgestrahlt worden, davon 7 in deutscher Sprache, die übrigen 13 Sendungen waren in nahezu sämtlichen europäischen Sprachen in aller Herren Länder zu sehen."

---

[1] Karl-Heinz Hoffmann wird am 27. Oktober 1937 in Nürnberg geboren. Der Vater ist Arzt und fällt bereits 1940 im Krieg. Während des Krieges wird die Familie nach Thüringen evakuiert und bleibt dort wohnen. In der DDR erlernt Hoffmann den Beruf des Porzellanmalers. Er interessiert sich sehr früh für paramilitärische Aktivitäten und wird aktives Mitglied der Gesellschaft für Sport und Technik (GST), auf deren Programm militärischer Drill, Schießübungen und Fallschirmspringen stehen. 1953 siedelt er in die BRD über. In Nürnberg macht er eine Ausbildung zum Grafiker. Anschließend besucht der "künstlerisch begabte Hoffmann" (Moreau 1994, S. 398) die Akademie für bildende Künste in Nürnberg und die Kunstakademie in München. In den fünfziger Jahren unternimmt er verschiedene Reisen in die Türkei, den Iran und nach Indien und lernt orientalische Sprachen.
In dieser Zeit gerät der begeisterte Waffen-Fan mehrfach mit dem Gesetz in Konflikt. 1956 beschlagnahmt die Polizei bei ihm zum ersten Mal Waffen. 1963 wird er in der Türkei wegen Waffenhandels verhaftet. Seit Anfang der sechziger Jahre bis 1975 betreibt er in Nürnberg ein Grafik-Atelier und eine Werbeagentur. Unter anderem organisiert er Veranstaltungen, so zum Beispiel 1968 einen Karnevalsball, bei dem die Teilnehmer in Soldatenuniform oder als SSler verkleidet auftreten. Dennoch gilt Hoffmann Anfang der siebziger Jahre immer noch als Exzentriker, die politische Zuordnung bleibt aus. 1973 beginnt er mit dem Aufbau seiner Wehrsportgruppe. (vgl. Moreau 1994, S. 398)
[2] Peter Dudek spricht sogar von 600 Mitgliedern. (vgl. Dudek 1985, S. 156)

Die **Presseberichterstattung** ist logischerweise ereignisorientiert und reflektiert die Entwicklung der WSG und der staatlichen Reaktionen. So lassen sich folgende Phasen konstatieren:

1. Die WSG wird "entdeckt". (1974/75)
2. Im Dezember 1976 liefert sich die WSG an der Tübinger Universität Schlägereien mit politischen Gegnern.
3. WSG-Verbot am 30. Januar 1980.
4. Die Zeit im Libanon.
5. Terrorismus: Ehemalige WSG-Männer gleiten in den Terrorismus ab wie zum Beispiel die Anhänger der Hepp-Kexel-Gruppe. Der mutmaßliche Mörder des jüdischen Verlegerehepaars Lewin/Poeschke, Uwe Behrendt, ist WSG-Mitglied und enger Vertrauter Hoffmanns. Außerdem wird die WSG mit dem Attentat auf das Münchner Oktoberfest im September 1980 in Verbindung gebracht. Der Bombenleger Gundolf Köhler hat sich im Dunstkreis der "Wehrsportgruppe" bewegt.

In dieser Phase dürfte die WSG vermutlich das größte Presseecho verbuchen. Direkt nach dem Anschlag präsentiert die 'Bild'-Zeitung als Täter den "Neonazi Gundolf Köhler" und seinen "'Führer' Karl-Heinz Hoffmann" (29.9.1980). Am selben Tag titeln die 'Nürnberger Nachrichten': "'Wehrsport'-Anhänger legte Bombe. Die Spuren der Wies'n-Mörder führen in den rechtsradikalen Terroristen-Untergrund".

Die überregionale und lokale Presse liefert zahlreiche Informationen über den Werdegang der WSG, ihre Aktionen und die Reaktionen der Gesellschaft und stellt somit für die wissenschaftliche Analyse eine wichtige Quelle dar, was die Rekonstruktion von Basisfakten anbelangt. Nicht selten schleichen sich allerdings auch Fehler ein. So veröffentlicht der **'Stern'** im Oktober 1980 (9.10.1980) das Titelfoto der 'Kommando'-Ausgabe vom Juli 1979, auf dem drei uniformierte WSG-Kämpfer stramm stehen. Das Magazin "identifiziert" einen der Männer fälschlicherweise als den Oktoberfestattentäter Gundolf Köhler. Tatsächlich handelt es sich um Mitglieder des Frankfurter WSG-Ablegers "Sturm 7". Dieser Irrtum schleicht sich in die Fachliteratur ein und wird immer wieder reproduziert. (vgl. Hoffmann/Kukla/Seewald 1984, S. 51; Koch 1989; Moreau 1994, S. 292) **'Die Bunte'** präsentiert Karl-Heinz Hoffmann als Chef von "Kampfgruppen", der Söldner nach Afrika vermittelt. ('Die Bunte', 1.3.1979) In dem ansonsten sehr gut recherchierten Artikel bleiben die Autoren bezüglich der abenteuerlichen Ausführungen zur WSG-Aktivität die Beweise schuldig. Der spanische Journalist Mariano Sánchez Soler berichtet von einem angeblichen Treffen Karl-Heinz Hoffmanns mit dem ehemaligen Mitarbeiter des Reichsministeriums Rosenberg für die besetzten "Ostgebiete", Walter Matthaei. Hoffmann soll am 23.11.1986 an einem Festakt zu Ehren des "Capitán Walter" in Madrid teilgenommen haben. (**Sánchez**

Soler 1993, S. 94) Zu diesem Zeitpunkt sitzt der WSG-Chef allerdings im Gefängnis. In einem weiteren Aufsatz wird die "Wehrsportgruppe Hoffmann" als "paramilitärische Truppe der Untergrund-NSDAP" (**Maler** 1996, S. 601) bezeichnet. Auch hier fehlen die Belege.

Seit Mitte der siebziger Jahre - etwa zeitgleich mit der "Entdeckung" durch die Medien - findet die "Wehrsportgruppe Hoffmann" in den **Verfassungsschutzberichten** des Bundes und verschiedener Länder Erwähnung, in denen die WSG oder ihre Ableger aktiv sind, nämlich Bayern, Hessen, Baden-Württemberg und Rheinland-Pfalz. Die Informationen sind zunächst dürftig. So vermerkt der Verfassungsschutzbericht des Bundes 1975 knapp: "Karl-Heinz Hoffmann führte auch 1975 mit seiner 'Wehrsportgruppe' militärische Übungen und konspirative Zusammenkünfte durch, so am 13. Dezember auf einem Schloß in Gößweinstein." (S. 35) Bis Ende der siebziger Jahre werden die Berichte ausführlicher, insbesondere das Bayerische Innenministerium schenkt der WSG große Beachtung. Auch nach ihrem Verbot findet sich die Hoffmann-Gruppe noch in Verfassungsschutzberichten. So informiert der Bayerische Innenminister 1980 über die Aktionen der "Wehrsportgruppe Ausland" im Libanon. (vgl. S. 110, S. 112) Der Verfassungsschutz des Bundes 1983 weist auf die internationalen Verflechtungen und die Einbindung in rechtsextremistische Terrorgruppen der WSG hin. (S. 158/ 159)

Bei der ideologischen Einordnung der WSG läßt sich ein interessanter Wandel beobachten. Anfänglich führt der Bundesinnenminister die Gruppe in der Rubrik "Sonstige rechtsextremistische Vereinigungen" auf. 1978 stellt er dann "vermehrt (...) neonazistische Tendenzen" fest und konstatiert: "Hoffmann unterhält Verbindungen zu neonazistischen Kreisen." (S. 44) Seit 1979 taucht die WSG im Verfassungsschutzbericht bei den "Neonazistischen Gruppen" auf. Im selben Jahr attestiert ihr das Bundesinnenministerium zur größten deutschen Neonazigruppe geworden zu sein. (vgl. Verfassungsschutzbericht des Bundes 1979, S. 30)

Trotz ihrer Bedeutung - **Moreau** etwa zählt Hoffmann in den siebziger Jahren neben Manfred Roeder, Thies Christophersen und Friedhelm Busse zu den "Zentralfiguren der Neonaziszene" (Moreau 1994, S. 286 f) - steht eine fundierte **wissenschaftliche Aufarbeitung** der "Wehrsportgruppe Hoffmann" bislang aus. Es existiert keine Studie, die sich ausschließlich und ausführlich der WSG widmet. Natürlich fehlt der Hoffmann-Trupp in kaum einem Überblickswerk zum deutschen Rechtsextremismus, das nach 1978 erschienen ist. Die Autoren stützen sich in der Regel auf die Verfassungsschutzberichte und die zahlreichen, zum Teil recht ausführlichen Pressemeldungen. Primärforschung, sei es in Form von Interviews oder der Auswertung von WSG-Schriften, Gerichtsakten etc., wird nur in Ausnahmefällen betrieben. Die Zusammenfassungen bleiben notwendigerweise oberflächlich und beschränken sich darauf die Hauptstationen der WSG "aus zweiter Hand" nachzuzeichnen: Gründung, Bewaffnung/ Uniformierung, Verwicklung in Attentate, WSG im Libanon. Das gilt für Autoren wie **Uwe Backes,**

Eckhard Jesse (1989, S. 83 und S. 162), **Kurt Hirsch** (1889, S. 115 - 121), **Patrick Moreau** (1994, S. 286 ff) und **Richard Stöss** (1989, S. 165 f).
Müllers (**Müller** 1980) Verdienst ist es, neben der allgemeinen Einordnung der WSG schwerpunktmäßig die Frankfurter Sektion "Sturm 7" durchleuchtet zu haben. Er bemüht sich ansatzweise um Primärforschung und veröffentlicht Interviews mit Michael Satorsky und Arnd-Heinz Marx. Zu pauschal ist jedoch das Urteil zur Weltanschauung der Gruppe, "die überwiegende Mehrheit der WSG-Männer" akzeptiere "die Ideologie der 'NSDAP-Auslands- und Aufbauorganisation'." (Müller 1980, S. 231)
Den besten und umfassendsten Überblick über Entstehung und Entwicklung der WSG liefert **Dudek**. Neben den "Standard-Themen" wie das Libanon-Abenteuer, den Mord an Lewin/Poeschke und das WSG-Verbot behandelt der Verfasser die öffentlichen Reaktionen, etwa die Verharmlosung durch die Unionsparteien. (vgl. Dudek 1985, S. 159/160) Außerdem weist er auf die Verbindung zwischen der WSG und dem Hochschulring Tübinger Studenten (HTS) hin, insbesondere auf Kontakte von Uwe Behrendt und Gundolf Köhler zum HTS. (vgl. Dudek 1985, S. 110) Zutreffend ist auch Dudeks Analyse zum psychologischen Hintergrund der Jugendlichen, die sich von der WSG angezogen fühlen:

"Eine Reihe von Rangabzeichen und militärischen Symbolen dokumentierte nicht nur den kämpferisch-militanten Habitus der Gruppe nach außen, sondern verhalf auch ihren Mitgliedern, sozial-psychologisch gesehen, zur Selbstaufwertung und der Suggestion, einem elitären Kampfverband anzugehören." (S. 156)

Dem Reiz, den die WSG besonders auf Jugendliche ausübt, spürt auch **Rabe** (Rabe 1980) nach. Er will in seiner Dokumentation über rechtsextreme Jugendliche "Gespräche mit Verführern und Verführten" führen - ein Anspruch, den er einlöst. Als einziger Autor publiziert er ein ausführliches Interview mit Karl-Heinz Hoffmann. (Rabe 1980, S. 195 - 215) Rabes Analyse von Hoffmanns Äußerungen liefert eine differenzierte Einschätzung von dessen Ideologie. Sein Ergebnis widerspricht im übrigen der Einschätzung der Verfassungsschutzbehörden, die der WSG gern das Etikett "Neonazismus" aufkleben: "Hoffmann mag zwar in Hitler eine imponierende Person sehen, seine Truppe mit dem Totenkopf der Waffen-SS ausstaffiert haben, dennoch ist er kein Verfechter einer Wiedergeburt des Nationalsozialismus." (Rabe 1980, S. 216)
Rabe erkennt richtig, daß Hoffmann eine "von ihm entwickelte Variante des Faschismus" propagiert. (Rabe 1980, S. 216) Ungenau ist jedoch seine Charakterisierung Hoffmanns als "Einzelgänger in der rechtsextremen Szene" (Rabe 1980, S. 216), da er die vielfältigen Kontakte des WSG-Chefs verkennt.
In ihre Analyse rechtsextremistischer Jugendorganisationen (Wiking Jugend, Bund Heimattreuer Jugend, Junge Nationaldemokraten etc.) integrieren **Alwin Meyer** und **Karl-Klaus Rabe** auch die WSG. Sie konzentrieren sich vor allem auf die Fragestellung, was diese Gruppen für Jugendliche so interessant macht,

und kommen zu dem Schluß, hier würden Jugendliche "auf der Suche nach einer sinnvollen Betätigung" angesprochen. Jeder habe "das Gefühl (...), akzeptiert zu werden". So sei "Kameradschaftlichkeit (...) eines der Schlüsselworte zum Verständnis der rechtsextremen Organisationen". (Meyer/Rabe 1983, S. 74 f) Sie bescheinigen der WSG Hoffmann eine Brückenfunktion zwischen verschiedenen ideologischen Lagern. Hoffmann habe

> "mit seiner Wehrsportgruppe einen neuen Typ rechtsextremer Organisation geschaffen (...). Bezeichnend für ihn ist, daß durch ihn zum einen Jugendliche angesprochen werden, die vom Militärischen fasziniert sind. Überspitzt könnte man sagen, die 'Bundeswehr-Fanclubs' stellen das Rekrutierungspotential für die Wehrsportgruppen dar. Zum anderen sehen Organisationen der NS-Szene oder die 'Wiking-Jugend' die Aktivitäten solcher Gruppen als eine für sie sinnvolle Ergänzung ihrer Arbeit an". (Meyer/Rabe 1983, S. 72/73)

Die Szene-Verbindungen der WSG haben natürlich immer wieder Forscher und Journalisten interessiert. **Huhn** und **Meyer** kommen zu der - zutreffenden - Erkenntnis, die Wehrsportgruppen könnten nicht isoliert gesehen werden. "Doppelmitgliedschaften beispielsweise in 'Wehrsportgruppen', der 'Freiheitlichen Deutschen Arbeiterpartei' oder der NSDAP-AO sind an der Tagesordnung." (Huhn/Meyer 1986, S. 119) Während das Buch sehr gründlich die Verurteilung Hoffmanns 1984 abhandelt (Huhn/Meyer 1986, S. 123f), kommt der Theorieteil ziemlich kurz. So sind fast alle inhaltlichen Aussagen zu Hoffmanns Ideologie von Rabe (vgl. Rabe 1980) übernommen.

Mit Spekulationen zu den Kontakten der WSG ins neonazistische Lager wartet auch der **"Pressedienst Demokratische Initiative" (PDI)** auf. Ein entsprechender Bericht (1979) kommt über vage Behauptungen nicht hinaus. Im einzelnen heißt es, die WSG pflege enge Verbindungen zu Kühnens "Aktionsfront Nationaler Sozialisten" (ANS) (Bericht 1979, S. 57), Roeders "Deutscher Bürgerinitiative" (DBI) (Bericht 1979, S. 62) oder Schönborns "Kampfbund Deutscher Soldaten" (KDS) (Bericht 1979, S. 89). Konkrete Anhaltspunkte über Ort und Datum oder gar die Einschätzung der Art der Kontakte bleiben aus.

Im Überblickswerk zu "rechtsextremen und neokonservativen Ideologien in der Bundesrepublik" ("Modell Vergangenheit") liefert **Matthias von Hellfeld** eine prägnante Kurzcharakterisierung von Wehrsportgruppen. Diese

> "zeichnen sich durch überhöhten Führerkult, unbedingten Gehorsam gegenüber Führer und Idee, militärische Disziplin, nationalen Chauvinismus, Antisemitismus und Antikommunismus, Kaderdenken, persönliche Opferbereitschaft und Bejahung von Gewalt - auch gegenüber Abtrünnigen - sowie durch eine innere wie äußere Uniformierung des Lebens aus." (Hellfeld 1987, S. 331)

Sein Verdienst ist ferner das Zusammentragen von Primärdokumenten, unter anderem auch zur "Wehrsportgruppe Hoffmann". (Hellfeld 1987, S. 355ff) Hellfeld druckt zwei Werbeflugblätter der WSG ab und dokumentiert damit, daß die Gruppe auf diesem Weg Propaganda betrieben hat.

Die bayerische Debatte um die WSG-Aktivität beschäftigt nicht nur die Medien sondern auch Wissenschaftler. **Hirsch** reflektiert in seinem Lexikon "Rechts von der Union" (Hirsch 1989) die Bagatellisierung durch die bayerische Landesregierung und weist die CSU-These einer angeblichen Unterwanderung der "Wehrsportgruppe Hoffmann" durch die STASI als "niemals bewiesene Legende" (Hirsch 1989, S. 115) zurück. Ein **PDI-Sonderheft (Union 1980)** dokumentiert detailliert den Streit um die Bewertung der WSG und die mögliche von ihr ausgehende Gefahr. Anfragen der Opposition bezüglich der Gruppe im Bayerischen Landtag und die Antworten sind hier nachzulesen.

Seit den ersten Auftritten in der Öffentlichkeit agiert die "Wehrsportgruppe Hoffmann" unter den wachsamen Augen des politischen Gegners. Diese "Feindbeobachtung" schlägt sich in der **antifaschistischen Literatur** nieder. Aufmerksam verfolgen linke Aktivisten das WSG-Engagement, zum Teil kommt es zu Schlägereien wie im Dezember 1976 an der Universität Tübingen. Der Titel der Broschüre "Hoffmann hinter Gitter ! Auflösung der WSG !" (**Antifa 1977**) ist Programm. Das Heft dokumentiert ausführlich die Tübinger Ereignisse und den darauf folgenden Prozeß, druckt ein Werbeflugblatt der WSG ab und gibt einen Einblick in den Lebenslauf Karl-Heinz Hoffmanns, Ideologie und Ausrüstung der WSG und die Verbindungen ins rechtsextreme Lager. Das Verdienst der **Antifa-Kommission des Kommunistischen Bundes (KB)** ist die Bilanzierung der zahlreichen Doppelmitgliedschaften zwischen der WSG und anderen Organisationen, etwa NPD, ANS und WJ. (Antifa 1980, S. 53f und S. 124)

Beachtliche Detailkenntnisse und ein akribisches Zusammentragen wichtiger Informationen zeichnen diese "Antifa-Literatur" aus. Ihre Schwäche liegt in der häufig unreflektierten Aufwertung der WSG und besonders der Neonazi-Miniorganisationen im Vergleich zur übrigen rechtsextremen Szene und in der übertriebenen politischen Agitation. So nutzt der Redakteur des SDAJ-Jugendmagazins 'elan' Jürgen Pomorin das mit dem Gesinnungsgenossen Reinhard Junge verfaßte Bändchen über "Die Neonazis" (**Pomorin/Junge** 1978) zur Abrechnung mit der maoistischen Konkurrenz. Aufgrund ihrer Kritik an der Sowjetunion wird die KPD kurzerhand in eine Ecke mit der NPD gestellt. Das Lob der DKP bzw. parteinaher Organisationen im "antifaschistischen Kampf" nimmt penetrante Züge an. Ansonsten liefert Pomorin, der 1978 einige Wochen undercover in der Hamburger NS-Szene recherchiert, einen mehr oder minder oberflächlichen Einblick ins rechtsextreme Lager. Beachtenswert im Hinblick auf die WSG ist allerdings die Schilderung eines Auftritts Karl-Heinz Hoffmanns, der auf Einladung von Thies Christophersen hin in der Hansestadt referiert. Die Veranstaltung zeigt die Einbindung des WSG-Chefs ins Altnazilager und seine Differenzen mit Neonazis aus dem ANS-Umfeld, die auf das öffentliche Uniform- und Waffentragen nicht verzichten wollen. (vgl. Pomorin/ Junge 1978) Die Aussagen zur Vernetzung

Hoffmanns mit dem rechtsextremistischen Lager bewegen sich auf der Ebene der Mutmaßungen. Angeblich "arbeitet" die WSG mit der DBI "eng zusammen" (Pomorin/Junge 1978, S. 93), der KDS soll "enge Kontakte" zur Hoffmann-Truppe unterhalten. (Pomorin/Junge 1978, S. 99)

Häufig wird das Schreckgespenst einer übermächtigen WSG beschworen, so bei **Herb, Peters** und **Thesen** (1980) und bei **Hofmann, Kukla** und **Seewald** (1984). Georg **Biemann** strapaziert historische Vergleiche jenseits aller Fakten: "Was allerdings beim Verbot im Januar 1980 im Waffenlager der WSG gefunden wurde, war eine umfangreichere Bewaffnung, als sie die SA bis zum Jahre 1930 besaß." (**Biemann** 1982, S. 477) Die Bilanz einer Durchsuchung bei der WSG: "mehrere Pistolen, Karabiner und Colts, Handgranaten, eine Zwei-Zentimeter-Flak, Kraftfahrzeuge aller Art wie ein Zwölf-Tonnen-Schützenpanzer". ('Süddeutsche Zeitung', 31.1.1980) Bei dem Panzer handelt es sich um ein ausgedientes "Wrack". Hitlers Sturmabteilung besitzt 1934 bei ihrer Entwaffnung 177 000 Karabiner und 1 900 Maschinengewehre. (vgl. Pepper 1993, S. 82)

Das Überblickswerk des DDR-Autors **Robert Koch** über "neofaschistische Bewegungen in kapitalistischen Ländern" zeichnet sich vor allem durch schlampige Recherche und Klischees aus. So soll Karl-Heinz Hoffmann von Otto Skorzeny in Spanien persönlich ausgebildet worden sein (Koch 1988, S. 124f)[3] Auch das Psychogramm des Mörders von Shlomo Lewin und Frieda Poeschke, Uwe Behrendt, hat mit der Realität wenig zu tun. In Kochs Darstellung ist Behrendt ein junges westdeutsches "Muttersöhnchen" (S.12), das durch den rechtsextremen Stiefvater zum brutalen Kämpfer trainiert wird. (S. 15 ff) Nach der "mittleren Reife" macht Behrendt laut Koch "in Andernach eine Lehre als Drogist" (S. 20) und wird arbeitslos. (S. 21) 1978 soll er über seinen Stiefvater zu Karl Heinz Hoffmann gestoßen sein. (S. 22)

Tatsächlich wird Behrendt am 1.4.1952 in Pößneck/Thüringen geboren und gehört zu den WSG-Führungsmitgliedern mit DDR-Vergangenheit. 1970 macht er in Ilmenau Abitur. 1973 wird er wegen "Republikflucht" verhaftet und am 24.7. 1974 durch die Bundesrepublik freigekauft. Noch im selben Jahr beginnt er in Tübingen ein Studium in Germanistik und Geologie und schließt sich dem "Hochschulring Tübinger Studenten" (HTS) an. Die Fakten widerlegen Kochs Mär vom sozial-deklassierten, arbeitslosen Rechtsterroristen.

Seit dem Bestehen der WSG waren es primär antifaschistische Kreise, die auf die von ihr ausgehende Gefahr hingewiesen haben. Auf die Bluttaten von 1980 reagieren sie besonders sensibel. Eine Nürnberger Broschüre zum **"Hoffmann-Prozeß"** stellt fundiert kritische Fragen zum Mord an Lewin und Poeschke und dem Oktoberfestattentat. Die Ergebnisse sind zum Teil selbst recherchiert. Detailliert werden die Geschehnisse, die Anklage und der Prozeß aufgerollt. (vgl. Hoffmann Prozeß)

---

[3] Für **Christie** gilt er als Partner des italienischen Rechts-Terroristen Stefano Delle Chiaie bei der Vorbereitung des Bologna-Attentats (Christie 1984, S. 119).

Während die "Antifa" häufig den Terrorbegriff überstrapaziert, sind rechte Terrorakte für die Fachliteratur lange Zeit überhaupt kein Thema. So beklagt Hans-Gerd Jaschke: "Der Begriff 'Rechtsterrorismus' ist neueren Datums, nicht aber der Terror von rechts." (Jaschke 1982, S. 3) In seiner Analyse zur Entstehung des Rechtsterrorismus liefert **Klaus-Henning Rosen** Belege für die "Versuche in Politik und Wissenschaft, Terrorismus" in den siebziger und achtziger Jahren "als ein ausschließlich 'linkes' Phänomen darzustellen." (Rosen in Paul 1980, S. 49) Obwohl seit dem Niedergang der NPD 1969 Waffenfunde und Pläne für Anschläge im rechtsextremen Lager rapide zunehmen, erwähnt **Schwinds** "Chronik des Terrorismus" aus dem Jahr 1978 nur einen einzigen Terrorakt von rechts. (vgl. Schwind 1978, S. 13)

Hermann Vinke dokumentiert, wie Politik und Presse Terrorismus von rechts und links "Mit zweierlei Maß" messen (Vinke 1981). Er befaßt sich ausführlich mit Versuchen der CDU/CSU, das Oktoberfestattentat als Wahlkampfwaffe zu mißbrauchen. Die gesellschaftliche Diskussion offenbare eine "Verharmlosung des Rechtsextremismus", in der sich "eine gefährliche Tradition der Weimarer Republik" fortsetze. (Vinke 1981, S. 8) Vinke weist auf den "krassen Gegensatz" in der Berichterstattung über Gundolf Köhler einerseits und die RAF-Gründerin Gudrun Ensslin andererseits hin. (Vinke 1981, S. 37) Der Waffenfan und Militarist Köhler, dessen Sympathien für die WSG aktenkundig sind, werde systematisch "entpolitisiert", als "Tüftler und Naturfreund" oder "Einzelgänger" dargestellt. (Vinke 1981, S. 37 ff)

Die These vom "Einzeltäter" bildet auch den Kern der Ermittlungsergebnisse zum Oktoberfestattentat. Der Generalbundesanwalt beharrt darauf, Köhler habe allein gehandelt: "Für eine Tatbeteiligung Dritter sprechen nur einige unterschiedliche Beweiserkenntnisse, die einen Nachweis der Tatbeteiligung nicht zulassen." (zit. aus: Chaussy 1985, S. 25 f) Diesen "Beweiserkenntnissen" geht **Ulrich Chaussy** nach. In Gesprächen mit der Familie und anderen Zeitzeugen macht er sich ein Bild von der Persönlichkeit des jungen Geologiestudenten, rekonstruiert Köhlers Unternehmungen in den Wochen vor seinem Tod, untersucht dessen Verbindungen zum rechtsextremen Lager wie zur WSG-Hoffmann und zum Hochschulring Tübinger Studenten und befragt Zeugen zum Attentat. Chaussys Ergebnisse lassen zumindest Zweifel an der offiziellen Einzeltäterthese aufkommen.

Die wissenschaftliche Beschäftigung mit dem Rechtsterrorismus beginnt Anfang der achtziger Jahre. **Eike Hennig** analysiert 1982 in seinem Aufsatz über "Neonazistische Militanz und Rechtsextremismus bei Jugendlichen" unter anderem Hintergrundinterviews mit jungen militanten Rechtsextremisten an der Schwelle zum Terrorismus, die meisten aus dem Umfeld der hessischen VSBD/PdA. Die Studie macht die grundlegende Bedeutung von Gewalt und Kampf in rechtsextremistischen Gruppen und im Alltagsleben der Anhänger deutlich.

Im selben Jahr publiziert **Friedhelm Neidhardt** seine grundlegende Arbeit zum Vergleich links- und rechtsterroristischer Organisationen. Er untersucht Erscheinungsformen und Handlungspotentiale von Gruppierungen, die in den siebziger Jahren bis 1980 als "terroristische Vereinigungen" aktenkundig werden, auf der rechten Seite die "Kühnen-Schulte-Wegener-Gruppe", die "Otte-Gruppe" und die "Deutschen Aktionsgruppen" um den Rechtsanwalt Manfred Roeder. (Neidhardt 1982, S. 444 ff). Seine Analyse:

> "Aus einem gestiegenen Gewaltpotential rechtsextremistischer und speziell neonazistischer Kreise hat sich bis heute keine stabile terroristische Bewegung auskristallisiert. Rechter Terror ist bislang das Werk von Einzeltätern und kleinen lockeren Gruppierungen von nur kurzer Lebensdauer." (Neidhardt 1982, S. 443)

Für die geringere Stabilität rechtsterroristischer Gruppen im Vergleich mit linken Terrorgruppen sucht Neidhardt Erklärungsansätze in der Altersverteilung und der Geschlechterzusammensetzung der Organisationen sowie dem Bildungsstand und dem Berufsstatus der Mitglieder. (Neidhardt 1982, S. 447 ff) Insgesamt bietet die Analyse eine einzigartige Ansicht in das Innenleben terroristischer Gruppen.

Mit der Konsistenz rechtsextremistischer und rechtsterroristischer Organisationen beschäftigt sich **Harry H. Kalinowsky** in seinem Band "Rechtsextremismus und Strafrechtspflege". Die repräsentative Untersuchung im Auftrage des Bundesministeriums für Justiz stützt sich auf eine vollständige Auswertung der in den Jahren 1978 bis 1982 durchgeführten Strafverfahren mit rechtsextremem Hintergrund. Damit bietet der Autor erstmals eine systematisierte Übersicht über Sozialbiographie, Motive und strafrechtlich relevante Erscheinungs- und Tatbilder rechtsextremistischer Aktivität. Wichtig für die vorliegende Arbeit ist beispielsweise die Reflektion der Interessenlagen rechtsextremistischer Täter. In 36,8 Prozent der ausgewerteten Fälle stehen Waffen und Militaria im Zentrum des Interesses. (Kalinowsky 1986, S. 53) Ferner liefert Kalinowsky einen detaillierten Überblick über rechtsterroristische Handlungsziele. Hier zeigt sich die große Bereitschaft von Rechtsterroristen, auch Anschläge gegen Angehörige der eigenen Szene auszuüben. "Sie knüpfen damit an die Fememorde der Weimarer Zeit an." (Kalinowsky 1986, S. 36)

Die Neuordnung ist Gewißheit

Im Jargon der Massenmedien sind wir, die Männer der WSG, wenn Journalisten ihre Impressionen milde ausdrücken, Rechtsextremisten. Viel zu oft aber werden wir, vollkommen unzutreffend als Nazis bezeichnet.
Wobei ‚Neonazi' bereits ein Entgegenkommen gewissermaßen eine Abschwächung bedeuten soll.
Im Sprachgebrauch der DDR sind wir Revanchisten.
Für die Ultralinken sind wir einfach ‚Faschisten' – wechselweise mit oder ohne den Zusatz ‚Schwein'.

Für die Behörden wiederum sind wir allesamt, sowohl die Linken, als auch die Rechten, ‚Radikale', die man kurzhalten muß.
Für die Masse der Spießbürger sind diese, Radikalen verschiedenster Couleur einfach ‚Wahnsinnige'.
Ihre Beweggründe müssen Leuten, die selbst nicht mehr den geringsten Bezug zu Idealen haben, völlig unverständlich bleiben. Und dennoch, sind gerade diese verfehmten Radikalen für viele eine Hoffnung, denn man spürt von Tag zu Tag deutlicher, daß die Macht der alten Systeme langsam aber unaufhaltsam verfault.
Instinktiv fühlt man die Notwendigkeit einer neuen Ordnung. Man hält bereits verstohlen Ausschau nach neuen Leitmotiven und vor allem nach den Männern, die eine neue Ordnung verkörpern können.
Und wir selbst?
Wir wissen nur zu gut, daß unsere Zeit noch nicht gekommen ist. Gleichzeitig aber lebt in uns die Gewißheit des kommenden unaufhaltsamen Triumphes über das sich täglich steigernde Mißgeschick unserer Zeit.

Karl Heinz Hoffmann

The New Order Becomes a Certainty

In the jargon of mass-media, the men of the WSG are usually described as right-wing extremists, if journalists' impressions are voiced mildly.
All too often, however, we are called ,,Nazis", which is totally unfit, as is ,,Neonazi", probably meant as an amelioration, but nonetheless equally unfit.
In DDR language we become ,,revanchists". For the ultra-left we are simply ,,Fascists" with or without the addition ,,pig".

For the authorities – alas – we are all radicals, be it left or right, to be curbed everywhichway.
For the mediocre masses of the squares, radicals of all hues are simply madmen. Those people, who have not the least regard for ideals, can't possible understand what makes us tick.
And yet the illfamed radical renders hope to many, who realize day by day that the power of the old systems is slowly but surely deteriorating.
Instinctively the need for new order is felt. Stealthily, one is on the lookout for new aims and foremost for men who are able to embody a new order.
And we ourselves?
We know only too well that our time has not yet come.
At the same time we thrive on the certainty of a forthcoming invincible triumph over daily increasing mishaps.

Karl Heinz Hoffmann

IMPRESSUM
'KOMMANDO – Zeitung für den europäischen Freiwilligen'.

Verleger:
Hans-Peter Fraas, 8501 Heroldsberg, Sofienhöhe 5

Verantwortlich:
Karl Heinz Hoffmann, 8501 Heroldsberg, Sofienhöhe 5, Fernruf: 0911/568301.
Druck: Eigendruck.

Hoffmann beschwört seine "neue Ordnung", in: 'Kommando' Nr. 3, Mai 1979

3. Ideologie der Wehrsportgruppe Hoffmann

Ideologie in diesem Kapitel meint ein "System von Meinungen, Attitüden und Wertvorstellungen (...) eine Denkweise über Mensch und Gesellschaft." (Adorno 1973, S. 2) Somit umfaßt

> "die ideologiekritische Betrachtung von Ideen sowohl Normen und Werte des politischen Verhaltens von sozialen Klassen, Gruppen und Individuen als auch Theorien zur Legitimation bestimmter Formen politischer Herrschaft und Macht." (Birsl 1994, S. 21)

Im vorliegenden Kapitel analysieren wir programmatische Texte der WSG, die ihr Selbstverständnis und das Bild, das sie von sich zeichnet, deutlich machen, sowie weitere Zeugnisse, die die Denk- und Vorstellungsstrukturen der Gruppe reflektieren.

Die Weltanschauung der Wehrsportgruppe Hoffmann erschließt sich aus zahlreichen schriftlichen Dokumenten wie dem sogenannten "1. Manifest der Bewegung zur Verwirklichung der Rational Pragmatischen Sozial Hierarchie" und mündlichen Äußerungen, darunter Vorträge Karl-Heinz Hoffmanns oder Appelle, die er vor seiner Truppe abhält. Im einzelnen werden folgende Quellen studiert:

- Das "1. Manifest der Bewegung zur Verwirklichung der Rational Pragmatischen Sozial Hierarchie" und das dazugehörige Programm.[1]
- Die WSG-Publikation 'Kommando - Zeitung für den europäischen Freiwilligen', die von Januar 1979 bis September 1979 existiert.
- Hoffmanns Buch "Verse und Gedanken eines deutschen Patrioten" (1973).
- Interviews, die Hoffmann als WSG-Chef gibt.
- Vorträge, Reden und Appelle von Hoffmann in seiner Funktion als WSG-Vorsitzender.
- Hoffmanns autobiographisch angehauchter Roman "Verrat und Treue", verfaßt während seiner "Haftzeit".

Es fällt auf, daß die Auflistung vor allem Äußerungen von Karl-Heinz Hoffmann enthält. Lediglich in der Zeitschrift 'Kommando' schreiben WSG-"Streiter", die ich auch in diesem Kapitel zu Wort kommen lasse. Die Konzentration auf Aussa-

---

[1] Hoffmann bestreitet, das Manifests verfaßt zu haben. Er gibt zwar zu, die Schrift sei im Jahre 1974 bei ihm "erhoben" worden, sie gebe jedoch seine politischen Ziele nicht wieder. (vgl. Bundesverwaltungsgericht, BVerwG 1 A 3.80, 25.11.1980, S. 6 f) Zu Recht widersprechen die Richter dieser Darstellung. Zentrale Punkte des Manifests finden sich in Interviewaussagen Hoffmanns regelmäßig wieder. Die Staatsanwaltschaft hat außerdem darauf hingewiesen, daß das Manifest auf Papier gedruckt ist, in das Hoffmann sein Firmenzeichen hat prägen lassen. (vgl. Anklageschrift der Staatsanwaltschaft Nürnberg-Fürth, 340 Js 40387/81, 10.1.1983, S. 16) Der Bundesinnenminister nennt in der Verbotsverfügung gegen die WSG Hoffmann als Verfasser des Manifests. (vgl. 'Innere Sicherheit', 12.3.1980, S. 20)

gen des "Chefs" findet jedoch meines Erachtens ihre Berechtigung in dessen Dominanz. Der Hoffmann-Truppe gehören zu ihrer "besten Zeit" rund 400 Mitglieder an. Maßgebend für die Ideologie der Organisation sind aber die Vorstellungen des Oberhaupts. "Da Hoffmann als einziges Willensbildungsorgan Erscheinungsform und Inhalt der Vereinigung präge, entspreche die politische Zielsetzung der Wehrsportgruppe seiner politischen Zielsetzung", stellt das Bundesverwaltungsgericht im November 1980 fest. (BVerwG 1 A 3.80, S. 3; vgl. auch: 'Innere Sicherheit', 12.3.1980, S. 20) In der hierarchisch geordneten Truppe gibt es selten Widerspruch gegen die Meinung des "Übervaters" und "höchsten Kommandeurs", auch wenn nicht alle uneingeschränkt seine Ansichten teilen. Als Beispiel für "abweichende Meinungen" sei hier auf die Frankfurter WSG-Abteilung um Arnd-Heinz Marx verwiesen, die sich im Gegensatz zu Hoffmann explizit als Neonazis begreift. Das Quellenstudium ergibt folgende zentralen Aspekte:

- Rassismus, Fremdenfeindlichkeit, Antisemitismus
- Hitler-Glorifizierung - Anleihen aus der Zeit des Nationalsozialismus
- Großdeutsche Interessen: Der Kampf für ein neues deutsches Reich
- Antiamerikanismus
- Antikommunismus
- Demokratiefeindlichkeit und Ablehnung des Parlamentarismus
- Angriff auf die Meinungsfreiheit, Abschaffung kritischer gesellschaftlicher Instanzen
- Elitedenken
- Militarismus

Hoffmann lehnt jegliche politische Einordnung ab. Er gibt sich originell und versucht, sich zum unkonventionellen Querdenker zu stilisieren, wenn er als militärische Vorbilder etwa "Gruppierungen wie die Leute des Che Guevara und Fidel Castro" nennt. (zit. aus: Rabe 1980, S. 203 ff). Die in Presse und Innenministerien kursierende Einschätzung als Kopf einer neonazistischen Organisation (vgl. Verfassungsschutzbericht des Bundes 1979, S. 30) weist er zurück, und reklamiert - wenn es denn sein muß - die Begriffe "Patriot" und allenfalls noch "Faschist":

"Wer mich, wie es heute die Folge beinahe jeder unliebsamen politischen Äußerung ist, Nazi nennt, beweist damit nur, daß er mich nicht verstanden hat. Die Bezeichnung Faschist, wenngleich nicht zutreffend, beleidigt mich nicht, da ich sie, trotz der durch allzu häufigen Gebrauch an falscher Stelle entstandenen Begriffsverschiebung, im ursprünglichen, allerdings leider nur Wenigen bekannten Sinn auffasse. Die Bezeichnung Patriot, obwohl nicht in Mode, ehrt mich." (Hoffmann 1973, S. 4)

Die Einleitung zum "1. Manifest der Bewegung zur Verwirklichung der Rational Pragmatischen Sozial Hierarchie", dem wichtigsten Baustein seiner Ideologie, ist wohl provokativ gemeint:

> "Wir haben jedes Vertrauen in die bisher der Welt angebotenen Ideologien, Staats- und Wirtschaftsformen verloren.
> Wir verlangen deshalb Platz für neue, unserer Zeit angemessenen Formen. Wir verlangen ein System der wissenschaftlichen Planung, der Zweckmäßigkeit und der Vernunft."

Der Duktus erinnert an Marinettis Futurismus und dessen Forderung nach einem endgültigen Bruch mit der Vergangenheit. Nicht zuletzt begeisterten sich auch die Futuristen für den Faschismus und begrüßten die Mussolinis Herrschaft in Italien, bevor sie Mitte der zwanziger Jahre in der Bedeutungslosigkeit versanken.

Rassismus, Fremdenfeindlichkeit, Antisemitismus

Die detaillierte Analyse von Hoffmanns eigenen Aussagen soll die Frage nach seinem politischen Standort beantworten. Wird er zu unrecht in die rechte Ecke gestellt oder stellt er sich selbst dorthin ? Hoffmann distanziert sich mehrfach dezidiert vom Neonazismus und verbietet nach Zeitzeugenberichten das Verteilen entsprechender Propaganda bei seinen Übungen. Deshalb drängt sich die Frage auf, wie er es mit Rassismus, Antisemitismus und Fremdenfeindlichkeit hält.

"Wer kann sich bewerben ?" fragt die WSG in einem Propaganda-Flugblatt. Explizit wird darauf hingewiesen, daß die Truppe nicht nur Deutschen offen steht: "Im Grunde kann sich jeder junge Mann, die Nationalität spielt keine Rolle, ab 17 Jahren bei uns bewerben." (zit. aus Hellfeld 1987, S. 356) In diesem Punkt unterscheidet sich die "Wehrsportgruppe Hoffmann" deutlich von neonazistischen Organisationen wie etwa der "Aktionsfront Nationaler Sozialisten" oder der Wiking Jugend, deren Ideologie auf das "Ariertum" gründet. Diese Haltung deckt sich mit Interview-Äußerungen, in denen Hoffmann den biologischen Rassismus kritisiert:

> "Ich würde auch einem jungen Menschen nicht gestatten, ein Plakat zu kleben, wo drauf steht, jüdisch-bolschewistischer Untermensch. Ich würde überhaupt nicht gestatten, den Untermenschen irgendwo drauf zu kleben, egal auf was." (Hoffmann in Rabe 1980, S. 214)

Andererseits kontert der WSG-Chef im Pressegespräch auf die Frage, was er von den Konzentrationslagern halte: "Sagen Sie mal, sind Sie Jude ?" ('Vorwärts', 9.1.1975) Anschließend zweifelt er, in bekannter Revisionismusmanier, die Zahlen an: "Wissen Sie, Gastarbeiter haben bei uns lange Zeit fünfzehn Kinder angegeben, die sie gar nicht hatten. Denn da gab's Kindergeld. Und so sage ich: Jeder tote Jude ist heute bares Geld." ('Vorwärts', 9.1.1975) Der WSG-Mann

Wolfdietrich Wölfel stellt den Holocaust im WSG-Organ als Manipulation der Siegermächte dar:

> "So schlucken denn ja auch die Demokraten (...) schon über dreißig Jahre lang von der Aufteilung des Reiches bis zum Holocaust usw. usf. alles an Schimpf und Schande, was ihnen die Willkür der 'Siegermächte' einzulöffeln für zweckmäßig hält". ('Kommando', Juli 1979, S. 17)

In seinem Roman kultiviert Hoffmann ausgiebig antisemitische Verschwörungstheorien. So soll der israelische Geheimdienst Mossad das Attentat auf das Münchner Oktoberfest geplant und ausgeführt haben, um in Deutschland Schuldgefühle wachzuhalten und eine für Israel günstige Stimmung zu schaffen. (vgl. Hoffmann, Verrat und Treue, S. 219 - 248)

Neben antisemitischen Verschwörungstheorien propagiert Hoffmann die populistische Vorstellung, Deutschland sei die Melkkuh der ganzen Welt:

> "SCHLARAFFENLAND
>
> Deutschland ist der Welt Fabrik,
> nur mit Japan zu vergleichen.
> Wir schlucken täglich Staub und Dreck
> für den Profit der Reichen.
>
> Das Land ist klein,
> die Wirtschaft groß.
> Die Geister, die man rief,
> wird man nun nicht mehr los.
>
> Die reichen Unternehmersleut,
> die uns zur Leistung drängen,
> sind ferne in Amerika
> ohne sich anzustrengen.
>
> Ein Miniland, wie Deutschland ist,
> muß unermüdlich schaffen,
> weil ja die ganze Welt mitfrißt,
> als wären sie Schlaraffen.
>
> Wir füttern andre Völker mit,
> und Überseearmeen.
> Der Pleitegeier flattert mit,
> bald wird man's deutlich sehen."
> (Hoffmann 1973, S. 21)

Ferner versucht der WSG-Chef auf der Seite des weißen Apartheidsystems im rhodesischen Bürgerkrieg mitzumischen. Anderseits ist er durchaus in der Lage, militärische Leistungen der Schwarzen anzuerkennen:

"Die berühmten RHODESIAN AFRICAN RIFFLES sind eine schwarze Elitetruppe mit stolzer Tradition. Bereits im Zweiten Weltkrieg in Burma und Malaisia gewonnene Kampferfahrung kommt dieser hervorragenden Negertruppe heute im Buschkrieg an der rhodesischen Grenze zugute." ('Kommando', Mai 1979, S. 10)

Solche Aussagen scheinen darauf hinzudeuten, daß Hoffmann tatsächlich kein Neonazi mit Herrenmenschendenken ist, der sich nur aus taktischen Gründen distanziert. Was ihn allerdings mit seinen Kampfgefährten aus dem NS-Lager verbindet, ist die Bewunderung für Adolf Hitler.

Hitler-Glorifizierung - Anleihen aus der Zeit des Nationalsozialismus

Das Hitler gewidmete Gedicht in seinem Versband reproduziert gängige Klischees, in Reime gefaßte Stammtischsprüche:

"HITLER

Wenn man den Leuten Glauben schenkt,
war Hitlers Geist umnachtet.
Wie kommt's, daß man solch düstres Bild
von ihm zu zeichnen trachtet?

Wo bleibt denn die Gerechtigkeit
und Objektivität?
Fast sieht es aus, als wär es Neid,
auch wenn man's nicht gesteht.

Als Wirtschaftskrisenbändiger
da war er eben besser.
Dies ist die Meinung des Verfassers,
vielleicht auch die der Leser?"
(Hoffmann 1973, S. 35)

Gegenüber den 'Nürnberger Nachrichten' sagt Hoffmann: "Vorbilder gebe es für seine Richtung nicht, auch Adolf passe nicht ins Bild. Allerdings: 'Mit Sicherheit war er kein Irrer, sondern ein genialer Mensch'." ('Nürnberger Nachrichten', 1.3.1974) Hoffmann zeigt Begeisterung für die "Leistungen" des "Führers":
"Mir imponiert die Figur Adolf Hitlers. Wie er's machte, wie er's schaffte. Da sind viele Dinge, die mir imponieren." ('Extradienst', 17.6.1975) Das Lob hat angeblich keine programmatische Bedeutung. Doch diese Anschauung überlebt das WSG-Verbot. Auch 1980 findet Hoffmann Hitler noch "genial": "Ich halte Hitler nicht für einen Dummkopf. Ich glaube nach wie vor, daß er in seiner Art genial war. Das hat aber nichts damit zu tun, daß ich etwa seine politischen Programm zu unterstützen beabsichtige." ('Der Spiegel', 24.11.1980)

Im Gespräch mit dem 'Vorwärts' macht Hoffmann klar, was er am NS-Staat gut und was er schlecht findet. Er schätzt das Führertum. Doch der Nationalsozialismus habe das Führerprinzip um zwei Bestandteile erweitert: "Um die Rassentheorie und um die Bodenerwerbstheorie mit dem Gedanken vom 'Volk ohne Raum': Beides lehne ich ab". ('Vorwärts', 9.1.1975) Auch in seinem "Roman" kritisiert Hoffmann Hitlers völkische Ideologie. (vgl. Hoffmann, Verrat und Treue, S. 317 f). Ansonsten geht er mit dem historischen Nationalsozialismus recht "pragmatisch" um. Keineswegs ist zu spüren, daß er den Kern des NS-Terrorregimes negiert:

> "Aus der Geschichte lernen heißt nicht, sklavisch kopieren, sondern bedeutet, mit eigenen zeit- und zukunftsbezogenen Überlegungen auf bewährte Arbeitsweisen der Vergangenheit aufzubauen, gleichzeitig in dem Bestreben, die negativen Erfahrungen zu vermeiden." (Hoffmann 1973, S. 33)

Kontinuität zum Nationalsozialismus demonstriert die WSG in ihren SS-ähnlichen Uniformen und mit dem Einüben und öffentlichen Absingen des ehemaligen Kampfliedes der Hitler-Jugend "Ein junges Volk steht auf zum Sturm bereit ...". (vgl. 'Innere Sicherheit', 12.3.1980, S. 22) Außerdem sind viele WSG-Mitglieder gleichzeitig in neonazistischen Organisationen aktiv. (vgl. Kapitel 6.4.)

Großdeutsche Interessen: Der Kampf für ein neues Deutsches Reich

Hoffmanns Fernziel ist ein "Deutsches Reich" ist. Auf die Frage, ob er "ein neues 1000jähriges Reich errichten" will, hängt der WSG-Chef Träumen in die Vergangenheit nach:

> "Etwas erstaunt bin ich über die Frage, ob ich ein neues tausendjähriges Reich errichten möchte. Es geht doch nicht um ein neues, sondern immer noch um das alte Reich. Der Begriff des 1000jährigen Reiches sollte nicht anderes bedeuten, als die 1000-jährigen Bemühungen der Deutschen um die Einigung ihres gemeinsamen Vaterlandes seit der Zeit der Reichsritterschaft bis zum heutigen Tage. Es ist der 1000 Jahre alte, und in seiner langen Geschichte immer nur kurzfristig realisierte Traum von der deutschen, brüderlichen Einheit. Diese Ideal wird weiterhin im deutschen Volkes fortleben, auch wenn es zeitweilig unterdrückt wird, oder gerade nicht 'in' ist." ('Frankenrundschau', 10.5.1979)

Seine Vorstellungen versucht Hoffmann, historisch zu legitimieren. In diesem Zusammenhang verteidigt er auch die aggressive Expansionspolitik des "Dritten Reiches".

> "Das III. Reich war nicht nur Rechtsnachfolger des ehemaligen deutschen Kaiserreiches, sondern durch den friedlichen Zusammenschluß mit Deutsch-Österreich auch eindeutig der Rechtsnachfolger der ehemaligen österreichisch-ungarischen Donaumonarchie. Im Zuge dieser, den Nationalisten zustehenden Rechtsansprüche hätte Hitler da-

mals - stellvertretend für das deutsche Volk - nicht nur die Einverleibung der Tschechoslowakei fordern dürfen, sondern er hätte darüberhinaus auch einen legitimen Anspruch auf alle weiteren zum ehemaligen österreichisch-ungarischen Kaiserreich gehörenden Gebiete gehabt." ('Kommando', Juli 1979, S. 8)

Hoffmanns geographischer Gegenentwurf zu den bestehenden Staatsgrenzen hat konkrete Konturen. Im Gespräch mit dem 'Stern' fordert er Österreich "heim ins Reich", ebenso die "geraubten Ostgebiete" und vorher die Wiedervereinigung mit der "Zone". ('Stern', 28.2.1974)

Ein weiteres Beispiel für Hoffmanns großdeutsche Ambitionen zitert das Bundesverwaltungsgericht. So fordert Hoffmann "alle (...) unsere besetzten Gebiete betreffenden Verträge" zu "revidieren" und ergänzt:

"Wir müssen wieder lernen, Ideale zu haben, und wir müssen bereit sein, dafür jedes Opfer zu bringen. Es ist unsere Pflicht, die Jugend mit dieser Problematik vertraut zu machen. Wir haben den historischen Auftrag der Befreiung unseres Vaterlandes." (zit. aus: Bundesverwaltungsgericht, BVerwG. 1 A 3.80, 25.11.1980, S. 32)

Der Unwille der "Wehrsportgruppe Hoffmann", die bestehende Grenzziehung anzuerkennen, manifestiert sich auch in einem Artikel des 'Kommando'-Autoren Wolfdietrich Wölfel:

"Selbstverständlich hat nicht nur nach Auffassung des Bundeskanzlers derjenige recht in der Demokratie, der die Mehrheit hat. Die Mehrheit aber ist im Zeitalter der Massen nichts weiter als eine Frage der Manipulation. So schlucken denn ja auch die Demokraten auf der Wohlstandsweide der BRD mehrheitlich schon über dreißig Jahre lang von der Aufteilung des Reiches bis zum Holocaust usw. usf. alles an Schimpf und Schande, was ihnen die Willkür der 'Siegermächte' einzulöffeln für zweckmäßig hält, sofern ihnen damit nur der Wahn vom ununterbrochenen wachstumsträchtigen Konsum als Inbegriff eines gesicherten Daseins in der 'pluralistischen Gesellschaft' erhalten bleibt." ('Kommando', Juli 1979, S. 17)

Der Beitrag verdeutlicht außerdem, wer die "Schuldigen" der aktuellen Misere sein sollen, nämlich zum einem die "Demokratie" in der "pluralistischen Gesellschaft", die auf dem "Mehrheitsprinzip" beruht, zum anderen die "Siegermächte", insbesondere die Sowjetunion und die USA. Das WSG-"Manifest" erklärt: "Alle Lebensbereiche dieser Erde beherrschen entweder rote Funktionärsgruppen, Zyniker der Macht oder korrupte Marionettenregierungen der internationalen Hochfinanz."

Antiamerikanismus

Hoffmanns Feindbild Nummer eins sind die Vereinigten Staaten von Amerika und die sogenannte "internationale Hochfinanz". Besonders stört ihn die angebliche militärische Dependenz Deutschlands, in der er die Ursache aller anderen Abhängigkeiten festmacht:

> "Die wirklichen Feinde des deutschen Volkes sind für uns leider unangreifbar, weil sie nicht offen in Erscheinung treten. Unser Unglück kommt von Übersee. Wir sind auch heute noch ein besetztes Land und völlig in der Hand der Vereinigten Staaten von Amerika." (Hoffmann, Verrat und Treue, S. 101)

An keiner Stelle agitiert Hoffmann offen antisemitisch. Dennoch rufen die Formulierungen "internationale Hochfinanz" und "wirkliche Feinde" schlimme Erinnerungen wach. Für die neonazistische Leserschaft steht ohnehin fest, daß die Umschreibungen für das Judentum stehen.

Auch in dem Gedicht "Imperialismus" sieht Hoffmann Deutschland von dunklen Mächten umgeben. Hier fließen für die rechtsextreme Szene typische verschwörungstheoretische Ideen mit Denkmustern des Befreiungsnationalismus zusammen. Feindbilder sind wieder nicht näher benannte "Intriganten" und die USA:

> "Die Rolle des Intriganten
> in allen Teilen der Welt,
> spielt heute statt Großbritannien
> der Wallstreet lumpiges Geld.
>
> Die Völker werden verschuldet,
> und ehe sie sich verseh'n,
> sind sie US-Heloten,
> zum Dienen ausersehn."
> (Hoffmann 1973, S. 31)

Das WSG-Mitglied Uwe Behrendt alias "Stabsunteroffizier Spok" reproduziert in einer historischen "Erklärung" bekannte Klischees:

> "Diese chronische europäische Uneinigkeit begünstigte schließlich die Entstehung der USA als selbstständiges Staatengebilde. Eine Länderunion, die heute den zweiten uns bedrohenden Machtblock darstellt. Die USA, selbst ohne Kultur, dabei vieler Kriegsverbrechen schuldig, unfähig die eigenen Probleme zu lösen, gefällt sich heute in der Rolle des Kulturbringers und Weltgendarmen. Zusammen mit den Herren im Kreml beherrschen die Yankees die alten europäischen Kulturländer. Aber das Grausame der tödlichen Umarmung durch die beiden Supermächte ist nicht nur die ständige Kuratel, nein, es ist auch die schleichende Verseuchung mit menschlichen Verhaltensmustern der Zersetzung. Der amerikanische 'Way of Life' ist keine Lebenseinstellung, er ist eine Kulturkrankheit. Dabei haben es die Sowjets wie die USA gleichermaßen verstanden, die europäische Jugend zum Helotendasein herabzuwürdigen. (...) Wir brauchen ein starkes, einiges Europa, das die nationalen Kräfte aller Länder als ihr eigenes Interesse erkennen, weil es letztendlich allein Garant für die Erhaltung unserer Kultur, einer sinnvollen Produktionsweise, dem Schutz unseres natürlichen Lebensraumes und auch der Bewahrung unseres materiellen Lebensstandards ist." ('Kommando', Januar 1979, S. 11)

Ursache allen Übels sind angeblich die USA. Der Autor stellt der "kulturlosen" Nation die "alten europäischen Kulturländer" entgegen. Allerdings wirken die negativen Eigenschaften der USA auf Europa ein. Die "tödliche Umarmung" bringt zum einen "ständige Kuratel", das heißt Abhängigkeit von der Hegemonialmacht und Unterwerfung durch sie. Schlimmer jedoch erscheint "die schleichende Verseuchung mit menschlichen Verhaltensmustern der Zersetzung." Folgendes Schema verdeutlicht das stereotype Argumentationsmuster:

==================>

USA	Europa
ohne Kultur	alte europäische Kulturländer
amerikanischer 'way of life' = Kulturkrankheit	
vieler Kriegsverbrechen schuldig	
unfähig, die eigenen Probleme zu lösen	
Ursache: chronische europäische Uneinigkeit **Lösung:** starkes, einiges Europa	
	Erhaltung unserer Kultur
	sinnvolle Produktionsweise
	natürlicher Lebensraum
	materieller Lebensstandard

Im Gegensatz zu seinem Zögling, dem es auf den "natürlichen Lebensraum" ankommt, lehnt Hoffmann "die Bodenerwerbstheorie mit dem Gedanken vom 'Volk ohne Raum' (...) ab". ('Vorwärts', 9.1.1975)

Antikommunismus

Ähnlich wie die Nationalrevolutionäre mit ihrer Idee eines "Dritten Weges" wendet sich Hoffmann gegen Kommunismus und Kapitalismus. Die Sowjetunion wird neben den USA für den angeblichen kulturellen Niedergang Europas verantwortlich gemacht. Im "Manifest" heißt es: "Alle Lebensbereiche dieser Erde beherrschen entweder rote Funktionärsgruppen, Zyniker der Macht oder korrupte Marionettenregierungen der internationalen Hochfinanz." Beide Großmächte werden als "Besatzer" der Heimat in Ost und West empfunden. Beleg hierfür ist das Gedicht "Trotzdem":

> "Auch wenn in beiden deutschen Teilen
> Besatzungsmächte gegen unsren Sinn
> noch heut auf Drohnenart verweilen,
> wenn wie die Heimat weiterschinden,
> dann wollen wir erst recht zum Trotze

Gemeinsamkeiten wiederfinden."
(Hoffmann 1973, S. 51)

Zum politischen Selbstverständnis seiner Organisation erklärt der WSG-Chef konsequent: "Wir fühlen uns als Soldaten gegen die rote Flut." ('Vorwärts', 5.4.1979) Beleg für Hoffmanns militanten Antikommunismus sind die Appelle vor seinen Rekruten. Hoffmann brüllt die Fragen: "Was sind wir?" und sie schmettern zurück: "Grenadiere Europas!" - "Wofür kämpfen wir?" - "Für den Sieg der Bewegung!" - Wer ist unser Feind" - "Bolschewismus und Kapital!" - "Was sind wir?" - "Schwarze Legionäre!" (zit. aus: Chaussy 1985, S. 59)

Demokratiefeindlichkeit und Ablehnung des Parlamentarismus

Hoffmanns Begeisterung für das Führerprinzip kollidiert mit der parlamentarischen Demokratie. Bei einer Veranstaltung am 17.3.1979 auf dem Herolsberg sagt er vor rund 200 Zuhörern, die parlamentarische Demokratie sei überholt. Vor allem im Hinblick auf das Vorhandensein einer Opposition handele es sich um eine "Regierungsform aus der Postkutschenzeit". Im übrigen meint der WSG-Chef, jede fest etablierte Machtstruktur "entarte" mit der Zeit. Man müsse sich vom Ballast des Parlamentarismus befreien. Die Geringschätzung der Demokratie begründet Hoffmann gegenüber der italienischen Tageszeitung 'Oggi' mit ihrer angeblichen Ineffektivität: "Die heutige Demokratie in Deutschland interessiert mich nicht, und daher beteilige ich mich nie an Wahlen. Eine Demokratie ist impotent, eine Diktatur, die den richtigen Mann an der Spitze hat, kann für ein Volk alles tun". ('Oggi', 26.2.1977, S. 40)

In seinem Buch "Gedanken und Verse eines deutschen Patrioten" bezeichnet sich Hoffmann als "Gegner jeder Spielart demokratischer Ordnungen" (S. 3) und diffamiert sie als:

"PLEITE"

"Demokratisch machte Rom,
schon im Altertume Pleite.
Sicher kommt es bald in Bonn,
wie es damals kam, auch heute."
(Hoffmann 1973, S. 61)

Besonders stört sich Hoffmann am Auswahlverfahren, nämlich an freien und gleichen Wahlen:

"Gegen die Überlegung, das Volk in seiner Gesamtheit, ohne Einschränkung etwa nach Besitz oder Klassenzugehörigkeit als Regierungskandidatenreservoir zu betrachten, ist im Grunde nichts einzuwenden.

Nur die in der heutigen Demokratie übliche Methode, die Wenigen zum Regieren Geeigneten aus diesem Millionenreservoir auszuwählen, ist höchst ungeeignet." (Hoffmann 1973, S. 8)

In Reimform liest sich das so:

"MEHRHEITSPRINZIP"

Wenn ein jeder auf der Straße
wählt, was man von ihm verlangt,
wird auf Grund der Hirnesmasse
deutscher Kanzler Willy Brandt.

Ob nun der, den jeder stützt,
wie man hofft im Allgemeinen,
auch dem Volke etwas nützt,
ist wahrscheinlich zu verneinen.

Denn wie kann die Meinung vieler,
die alleine einfach ist,
uns verhelfen zu den Zielen,
welche mit Verstand man mißt."
(Hoffmann 1973, S. 9)

Hoffmann argumentiert aber noch auf einer anderen Ebene gegen das bestehende System. Er beklagt die fehlende Autonomie Deutschlands:

"Ich lehne die deutsche Marionettenregierung ab, diese amerikanisch gesteuerten >Quislinge<[2], aber ich kann den Staat nicht auf allen Ebenen bekämpfen wie es die Linken tun, weil ich prinzipiell alle staatlichen Einrichtungen, auch die Polizei und die Justiz als notwendig und unverzichtbar ansehe." (Hoffmann, Verrat und Treue, S. 98)

Deutlich wird hier ferner Hoffmanns Abgrenzung gegenüber einer wie auch immer gearteten Kritik am staatlichen Gewaltmonopol. Er will Teilbereiche des Staatsapparates beibehalten und - so ist anzunehmen - für seine Zwecke "umpolen".

Angriff auf die Meinungsfreiheit und Abschaffung kritischer gesellschaftlicher Instanzen

Demokratie setzt kritische Öffentlichkeit voraus. Als "Nebenprodukt" der Abschaffung der demokratischen Grundordnung strebt Hoffmann an, die Arbeit der Medien zu kontrollieren und die Pressefreiheit einzuschränken: "Wenn Ordnung

---

[2] "Quislinge" bezeichnen in Hoffmanns Vokabular "die opportunistischen Mitläufer einer Besatzungsmacht". (Hoffmann, Verrat und Treue, S. 795)

in den Saftladen gebracht werden soll, dann muß die Presse an die Kette gelegt werden." ('General-Anzeiger', 27.9.1984) Die Schuld liegt nach Hoffmanns Auffassung im zu weitreichenden deutschen Pressegesetz. In seinem Gedichtband schreibt er:

> "Das Pressegesetz gibt den Hintermännern der Massenmedien die uneingeschränkte Möglichkeit, duch dauernde demagogische Beeinflussung jede gewünschte Meinungstendenz unter den Massen zu erzeugen."
> (Hoffmann 1973, S. 76)

Im "Manifest" präzisiert die "Wehrsportgruppe Hoffmann" für ihren Gesellschaftsentwurf, wie sie die Medienlandschaft umformen möchte:

> "11. Die Mitglieder der Regierung sind anonym. Öffentlichkeitsarbeit und Personenkult sind ausgeschlossen (...)
> 15. Nachrichten ist der Charakter einer Handelsware zu nehmen."

Auch andere kritische gesellschaftliche Instanzen, wie Gewerkschaften und Kirchen, sind Hoffmann ein Dorn im Auge und passen nicht in sein Modell:

> "16. Als uneigennützige Institution getarnte, gemeinschaftskapitalistische Unternehmen wie Gewerkschaften und Kirche sind zu entmachten." (Manifest)

Elitedenken: Die WSG als Deutschlands Zunkunft

Im Interview mit der italienischen Zeitschrift 'Oggi' deutet Hoffmann mögliche Alternativen zur "Misere" der Demokratie an: Ihm fehlt der besagte "richtige Mann an der Spitze" des Volkes. ('Oggi', 26.2.1977, S. 40) Bei einer Veranstaltung am 17.3.1979 auf dem Herolsberg spricht er von einer Führungselite: eine Regierungsmannschaft bestehend aus etwa 12 Mitgliedern nach Art eines Generalstabes. Von Zeit zu Zeit müsse diese Gruppe verjüngt werden. (vgl. 'Innere Sicherheit', 12.3.1980, S. 22) Ähnlich heißt es ihm "Manifest":

> "10. Die Regierungsgewalt geht von einer in der obersten Führung zusammengefaßten Gruppe aus".

In diesem Zusammenhang erläutert Hoffmann auch das seiner Meinung nach geeignete Auswahlverfahren, das freie Wahlen ersetzen soll:

> "8. Die Rational Pragmatische Sozial Hierarchie ist eine zweckbezogene, vernunftgemäße, der Volksgemeinschaft dienende Staatsform mit freiheitlicher Grundordnung und einer, nach dem Leistungs- und Selektionsprinzip ausgerichteten Führerstruktur.

9. Das Wahlsystem als Methode geeignete Führungskräfte zu finden, wird durch ein Selektionsverfahren nach den Grundsätzen des Leistungsprinzips und des Leistungsnachweises ersetzt."

In beispielloser Selbstüberschätzung präsentiert Hoffmann seine WSG als die Elite, die sich aufmacht zur Rettung des deutschen Volkes:

"Wir sind uns darüber im klaren, daß politische Ziele niemanden von selbst in den Schoß fallen, sondern daß sie immer erkämpft werden müssen. Je höher das Ziel, um so größer die Opfer.
Im Hinblick auf diese Erkenntnis sind wir bereit, alle unsere Kräfte für unsere Überzeugung einzusetzen. Bürger dieses Landes, wir sind bereits unter Euch, sichtbar und doch unsichtbar.
Wir kämpfen nicht für uns, sondern für Euch, deshalb erwarten wir künftig Eure moralische Unterstützung." ("Manifest")

In der Publikation 'Kommando' läßt Hoffmann des öfteren verlautbaren, daß er seine Gruppe als Speerspitze einer neuen politischen Bewegung begreift, auserkoren zur Machtergreifung. Besonders deutlich wird dieses Leitmotiv in dem Beitrag "Die Neuordnung ist Gewißheit", den Hoffmann verfaßt hat:

"Im Jargon der Massenmedien sind wir, die Männer der WSG, wenn Journalisten ihre Impressionen milde ausdrücken, Rechtsextremisten. Viel zu oft aber werden wir, vollkommen unzutreffend als Nazis bezeichnet.
Für die Behörden wiederum sind wir allesamt, sowohl die Linken, als auch die Rechten 'Radikale', die man kurzhalten muß.
Für die Masse der Spießbürger sind diese Radikalen verschiedenster Couleur einfach 'Wahnsinnige'.
Ihre Beweggründe müssen Leuten, die selbst nicht mehr den geringsten Bezug zu Idealen haben, völlig unverständlich bleiben. Und dennoch, sind gerade diese Radikalen für viele eine Hoffnung, denn man spürt von Tag zu Tag deutlicher, daß die Macht der alten Systeme langsam und unaufhaltsam verfault. Instinktiv fühlt man die Notwendigkeit einer neuen Ordnung. Man hält bereits verstohlen Ausschau nach neuen Leitmotiven und vor allem nach den Männern, die eine neue Ordnung verkörpern könnten.
Und wir selbst?
Wir wissen zu gut, daß unsere Zeit noch nicht gekommen ist. Gleichzeitig aber lebt in uns die Gewißheit des kommenden unaufhaltsamen Triumphes über das sich täglich steigende Mißgeschick unserer Zeit." ('Kommando', Mai 1979, S. 2)

Dieses Selbstverständnis als neue revolutionäre Kraft wird durch den Artikel "Wie lange wird es dauern?" ergänzt, ebenfalls von Hoffmann verfaßt. Die "jungen Kameraden" fragen den WSG-Chef, "wie lange es bis zur Machtübernahme" noch dauere. Dieser gibt seine "Antwort" wieder:

"'Jungs', sage ich dann, 'wir sind schwach, unsere Position ist z.Zt. erbärmlich hoffnungslos, wie sie wohl niemals zu anderen Zeiten für ähnliche Zielsetzungen gegeben war.'

> Aber darf uns das hindern, diesen Kampf zu führen - diesen Kampf, von dessen Rechtmäßigkeit und Ehrenhaftigkeit wir überzeugt und durchdrungen sind? - Nein. (...)
> Wir halten in unserem Herzen all unsere Schwächen und Neigungen mit brutaler Brachialgewalt in Schach.
> Somit sind wir in der Lage, ein hohes Ziel, welches sich der primitiven Sucht nach Sofortverwirklichung entzieht, über einen längeren Zeitraum hinweg zu verfolgen. Am Ende wird unser Sieg stehen." ('Kommando', Juli 1979, S. 2)

In beiden Textpassagen vertritt Hoffmann den Anspruch, mit seiner Wehrsportgruppe die Herrschaft in der Bundesrepublik Deutschland an sich zu reißen. Ebenfalls signifikant für das Elitedenken der "Wehrsportgruppe Hoffmann" ist der Beitrag "Unser Wille ist rein". Hier präsentiert sich der Autor als Medium einer "neue(n) Generation", die sich als "Träger einer unerhörten Revolution auf allen Gebieten" definiert:

> "Die neue Jugend aber glaubt an sich und an die Zukunft, weil sie am Anfang steht. Und aus solch einem Glauben - und erst aus ihm! - wächst der Wille, der die Tat gebiert. Man kann nur gestalten, wo man will; man kann nur wollen, wo man glaubt: wir aber glauben. Wir glauben an unsere Sendung. Wir sind besessen von unserer Berufung. Das heißt: wir empfinden uns als Werkzeug eines höheren Willens. (...)
> Unser Glaube ist stark, weil er organisch gewachsen ist. Unser Wille ist rein, weil sein Ethos die Verantwortung und die Gemeinschaft ist. Wir sind heute schon unangreifbar für die Mächte der Gegenwart; denn wir kämpfen ja nicht für eine Altersrente oder ein hohes Bankkonto, sondern für große Ideen und ihre Verwirklichung. Wir dienen nur ihnen mit unserem ganzen Haben und Sein. Was uns treibt, ist nicht der Vorteil, sondern das Werk. Wer dies begreift, der begreift die neue Gneration. Wer dies nicht versteht, der soll alle Versuche aufgeben, uns und das Neue erfassen zu wollen. Hier scheiden sich klar zwei Welten. Der Sieg der neuen aber ist schon heute - in unserem Herzen - entschieden." ('Kommando', Juli 1979, S. 6)

Hier nimmt die Agitation der WSG fast religiöse Züge an.

Militarismus

Die geeignete "Elite" zur Führung eines Volkes ist für Hoffmann idealerweise militärisch geprägt. Insofern scheint die WSG wie geschaffen für diese Aufgabe. In der ersten Ausgabe der Zeitschrift 'Kommando' präsentiert sie sich als "ein nach militärischen Gesichtspunkten organisierter straff geführter Freiwilligen-Verband. Die WSG hat eine, dem regulären Militär entsprechende hierarchische Führerstruktur." (Januar 1979, S. 2) Im Interview mit dem Journalisten Paul-Elmar Jöris im Februar 1979 erklärt Hoffmann, die "Vorteile" einer militärischen Gruppe:

> "Aber ich muß ihnen sagen, daß eine militärische Organisation, eine Organisation mit militärisch-hierarchischer Struktur, ein, auch ein Instrument zur Charakterbildung ist und sehr viel andere Möglichkeiten bringt. Sie müssen nicht immer nur an Gewalt denken und an Schießen und an Überwältigen. Es gibt ja ganz andere Aspekte, zum Bei-

spiel die Problemlosigkeit der Abwicklung aller Aktionen. Sie können beispielsweise, Sie können einer militärischen Organisation alles befehlen. Sie könne einem Soldaten befehlen, sich als Zivilist anständig zu benehmen, beispielsweise. Sie können einer Soldaten- oder soldatenähnlichen Einheit den Auftrag geben, eine Plakatierung durchzuführen. Und Sie werden feststellen, daß eine Plakatierung von einer militärischen Einheit präzise durchgeführt wird, ohne Meckern Vollzug gemeldet wird. Und Sie sind sich einfach sicher, daß alles, was getan wird, in einem - soll ich mal sagen - in einem perfekten Ablauf geschieht. Aber Sie können umgekehrt von einem Haufen von Zivilisten niemals eine präzise Aktion abverlangen." (zit. aus: Rabe 1980, S. 210)

Hoffmanns Staats- und Gesellschaftsideal orientiert sich an der Armee. Ihm schwebt ein autoritäres, hierachisch geordnetes Gefüge vor, das von klaren Befehlsstrukturen geprägt ist und in dem Diskussionen abgeschafft sind:

"Trotz seiner militanten rechtsextremistischen Grundhaltung und seinen gemeinsamen Auftritten mit Führern neonazistischer Kadergruppen war Hoffmann an dem in diesen Kreisen betriebenen Geschichtsrevisionismus und der Glorifizierung der Person Hitlers wenig interessiert. Seine politischen Vorstellungen gleichen eher der Übertragung paramilitärischer Grundprinzipien auf gesellschaftliche Strukturen." (Dudek 1985, S. 157)

Festzuhalten bleibt, daß Militarismus das dominante Merkmal in der Ideologie der WSG darstellt:

"Die besonders mitgliederstarke 'Wehrsportgruppe Hoffmann', am 30. Januar 1980 verboten (...), ist für den Waffenfetischismus und das konspirative Verhalten derartiger Aktionsgruppen typisch, aber auch für das ideologische Defizit mancher neonazistischer Vereinigungen: Die Zeitschrift der WSG, vom gelernten Werbegrafiker Hoffmann opulent gestaltet, bildete vornehmlich den 'Chef' des paramilitärischen Turnvereins ab und in zweiter Linie die ebenso narzißtisch verehrten und geliebten Waffen ('Unser Hotchkiss' als Bildbeschreibung zum ausgeleierten Schützenpanzer der Bundeswehr)." (Benz 1980a, S. 33)

Hoffmann definiert sich selbst als "Gegner jeder Spielart demokratischer Ordnung". (Hoffmann 1973, S. 3) Zusammenfassend läßt sich seine **Kritik an der Demokratie** folgendermaßen charakterisieren: Diese sei historisch überholt, er nennt sie abschätzig eine "Regierungsform aus der Postkutschenzeit". Das Auswahlverfahren der parlamentarischen Demokratie erscheint ihm ungeeignet, da es zu viele und somit unqualifizierte Entscheidungsträger produziere. Parlamentarismus ist in seinen Augen lediglich ein "Ballast", eine ineffektive Regierungsform. Mit der Rede von einer von den USA ferngesteuerten Marionettenregierung und der Kampfansage an die "feindlich gesinnten" Besatzermächte schlägt Hoffmann befreiungsnationalistische Töne an.

Hoffmanns Alternative zur bestehenden Ordnung trägt totalitär-diktatorische Züge. Zur Durchsetzung seiner Ziele setzt der WSG-Chef auf eine (para-)militärisch gedrillte Elite.

Status quo

Nun herrscht in unserer Zeit weitverbreitet die Auffassung, der sogenannte Status Quo könne nicht verändert werden. Man will uns glauben machen, nur wer die „Realitäten anerkennt", d.h., auf ihre Veränderung verzichtet, sei ein vernünftiger Mensch. Zwar ist es wichtig, die Realitäten klar zu erkennen, aber anerkennen, nur weil die Dinge im Moment eben so liegen – ob es uns gefällt oder nicht – das ist sklavisch feiges Verhalten und bedeutet praktisch Stillstand menschlicher Entwicklung. Man glaubt, sich gegen Entscheidungen und Willen der Supermächte, wie Sowjetunion oder USA nicht auflehnen zu können. Man meint, ohne viel darüber nachzudenken, Kräfteverhältnisse auf diesem Globus könnten ebenso bestehen bleiben, wie sie sich heute darstellen.

Dabei lehrt uns die Geschichte, daß unbesiegbar scheinende Staatsgiganten sich oft genug selbst, ohne erkennbare Notwendigkeit von innen heraus zersetzen, um dann von Völkern besiegt zu werden, die vorher höchstens Helotenstatus hatten.

War es nicht so mit Rom, Byzanz, dem Perserreich und dem Hunnenvolk, Karthago oder dem neueren Beispiel, einer in wenigen Jahren zu Grunde gegangenen Weltmacht, Großbritannien? Das britische Empire wurde nicht zerstört, weil es von außen besiegt wurde, sondern es zersetzte sich selbst in wenigen Jahren nach dem 2. Weltkriege, obwohl es noch aus diesem als Sieger hervorging.

Wie mächtig, unantastbar und potent wirkten die Vereinigten Staaten in den ersten Nachkriegsjahren auf uns, und was ist heute, bei allen noch vorhandenen wirtschaftlichen Möglichkeiten aus dieser aufgeblähten Supernation geworden?

Der von den Chinesen geprägte Begriff des Papiertigers trifft genau ins Schwarze.

Die USA haben nach 1945 bei sämtlichen militärischen Aktionen versagt. Sie haben ihre Glaubwürdigkeit als Bündnispartner bei Freund und Feind verloren. Während die innenpolitische Zerrüttung unaufhaltsam fortschreitet, wird das Land permanent von unerträglichen Wirtschaftskrisen geschüttelt. Kriminalität, Rauschgift und Alkoholismus breiten sich in bisher nie gekanntem Maße aus.

Wie lange noch wird man die USA als Supermacht bezeichnen dürfen? Sind jetzt die Realitäten, die wir anerkennen sollen, noch die Realitäten von 1945?

Alles Geschehen auf dieser Erde ist einem dauernden Wandel unterworfen. Damit haben wir zu rechnen.

Man muß in der Politik Geduld bewahren. Vieles, was für den Augenblick unerreichbar scheint, kann durch eine Strategie auf lange Sicht erreicht werden.

Denken wir an die Ostverträge. Hier ist den Sowjets ein politischer Erfolg erwachsen, von dem sie 1945 kaum zu träumen wagten. Sie haben, was damals noch absolut unmöglich schien, den Status Quo vertraglich zementieren können, ohne die geringste Gegenleistung dafür erbringen zu müssen. Sie haben die Einverleibung der deutschen Gebiete nach 30 Jahren international sanktioniert.

Oder erinnern wir uns an das Münchner Abkommen. Damals wurde das Sudetenland durch einwandfreie, völkerrechtlich gültige Verträge dem Deutschen Reich angegliedert. Niemand hätte damals als das 3. Reich auf dem Höhepunkt seiner Macht war, für möglich gehalten, daß dieses Abkommen wieder revidiert werden könnte.

Es wurde revidiert und zwar unter Druck. Und ich behaupte, es kann, notfalls in einigen Jahrzehnten, wieder revidiert werden, sowie alle anderen, unsere besetzten Gebiete betreffenden Verträge auch, wir dürfen nur nicht aufhören, es wirklich zu wollen. Wir dürfen nie vergessen, daß der Begriff Deutschland alle annektierten Gebiete einschließt. Die Hoffnung, der Wunsch muß sich zum Willen, zur Forderung wandeln. Wir müssen wieder lernen, Ideale zu haben, und wir müssen bereit sein, dafür jedes Opfer zu bringen.

Es ist unsere Pflicht, die Jugend mit dieser Problematik vertraut zu machen. Wir haben den historischen Auftrag der Befreiung unseres Vaterlandes.

Karl Heinz Hoffmann

IMPRESSUM	Verleger:	Verantwortlich:
'KOMMANDO – Zeitung für den europäischen Freiwilligen'.	Hans-Peter Fraas, 8501 Heroldsberg Sofienhöhe 5 Postscheckkto. Nr. 29 13 20 - 851 Nürnberg	Karl Heinz Hoffmann, 8501 Heroldsberg, Sofienhöhe 5, Fernruf: 0911/568301. Druck: Eigendruck.

2

Hoffmann agitiert für die Erhaltung der alten Grenzen des Deutschen Reiches, in: 'Kommando' Nr. 5, September 1979

4. Einordnung der Wehrsportgruppe Hoffmann
4.1. Ist die WSG rechtsextrem ?

Die Fragestellung, ob es sich bei der "Wehrsportgruppe Hoffmann" um eine rechtsextremistische Organisation handelt, setzt eine Begriffsbestimmung voraus. Heinz-Werner Höffken und Martin Sattler verstehen Rechtsextremismus "als ein Bündel sich widersprechender und sich ändernder Ressentiments, das durch die Vermutung der eigenen existentiellen Unsicherheit geschnürt wird". (Höffken/ Sattler 1980, S. 17) Für Harry H. Kalinowsky ist Rechtsextremismus "ein relationaler Begriff, der einen Satz von Einstellungen, Meinungen und Verhaltensweisen umfaßt". (Kalinowsky 1986, S. 17) In diesem Sinn ist festzuhalten, daß "keine allgemein gültige Definition für den Begriff Rechtsextremismus" existiert. (Birsl 1994, S. 22) Ich stelle im folgenden verschiedene theoretische Ansätze der Rechtsextremismus-forschung vor, um Kriterien für eine Standortbestimmung der "Wehrsportgruppe Hoffmann" zu erlangen. Besondere Berücksichtigung finden der politisch-verfassungsrechtlich orientierte und der soziologisch oder sozialpsychologisch orientierte Ansatz.

1. Der politisch-verfassungsrechtlich orientierte Ansatz

Ausgangspunkt für diesen Ansatz ist das Urteil des Bundesverfassungsgerichts vom 23.10.1952, das die Verfassungswidrigkeit der SRP festlegt. Wesentliche Bezugsgröße ist die Beeinträchtigung bzw. die Beseitigung der freiheitlich-demokratischen Grundordnung. (vgl. Horschem 1975, S. 57) Die verfassungsjuristische Argumentation beschränkt sich auf die Definition von zwei Punkten:
1. Was war der Nationalsozialismus.
2. Was ist die freiheitlich-demokratische Grundordnung.
(vgl. Kalinowsky 1986, S. 17) Hier wird eine ungebrochene Kontinuität des Rechtsextremismus im Sinne des Nationalsozialismus à la Hitler vorausgesetzt.

Bei der inhaltlichen Bestimmung und Einordnung moderner rechtsextremistischer Organisationen treten die Schwächen des Urteils zutage, das nicht lange nach der Beendigung der nationalsozialistischen Diktatur gefällt wird und primär auf Nachfolgeorganisationen der NSDAP zielt. Folglich verdient der Rechtsextremismus-Vorwurf eine genaue Betrachtung, da er einen diffamierenden und stigmatisierenden Charakter für die betroffene Organisation hat. Die Verfechter des politisch-verfassungsrechtlich orientierten Ansatzes, wie die Bundesinnenbehörden oder Uwe Backes und Eckhard Jesse[1], bemühen sich um eine ständige No-

---

[1] Backes und Jesse sind Vertreter der alten Totalitarismustheorie, für die Extremismus als Sammelbegriff für staatsfeindliche Phänomene gilt. Hier ist es gleich, aus welcher politischen Richtung diese kommen: "Der Begriff des politischen Extremismus soll als Sammelbezeichnung für unterschiedliche politische Gesinnungen und Bestrebungen fungieren, die sich in der Ablehnung des demokratischen Verfassungsstaates und seiner fundamentalen Werte und Spielregeln

vellierung, um möglichst präzise die Personengruppe zu orten, die gegen die fdGO kämpft.

1974 verändert der damalige Bundesinnenminister Werner Maihofer den bis dahin gängigen Gebrauch der Termini "extrem" und "radikal" und setzt "politisch-extrem" mit "verfassungsfeindlich" gleich:

> "Zum politischen Extremismus werden diejenigen Aktivitäten oder Bestrebungen gerechnet, bei denen konkrete Anhaltspunkte dafür bestehen, daß die von ihnen zur Erreichung dieser Ziele befürworteten Mittel und Wege ganz oder teilweise mit der freiheitlich demokratischen Grundordnung in Widerspruch stehen (...) In früheren Verfassungsschutzberichten wurden solche Bestrebungen als 'radikal' bezeichnet. Der Begriff 'extremistisch' trägt demgegenüber der Tatsache Rechnung, daß politische Aktivitäten oder Organisationen nicht schon deshalb verfassungsfeindlich sind, weil sie eine bestimmte nach allgemeinem Sprachgebrauch 'radikale', das heißt bis an die Wurzel einer Fragestellung gehende Zielsetzung haben." (Vorwort zum Verfassungsschutzbericht 1974; vgl. dazu auch: Schwagerl 1985, S. 63 - 71)

Insofern muß der Begriff "verfassungsfeindlich" auf seine Tauglichkeit in Bezug auf die WSG geprüft werden. (vgl. Schwagerl 1980, S. 19) Grundlage hierfür ist das Gesetz über die Zusammenarbeit des Bundes und der Länder in Angelegenheiten des Verfassungsschutzes (BVerfSchG) vom 27.9.1950 in der novellierten Fassung durch das "Gesetz zur Änderung des Gesetzes über die Zusammenarbeit des Bundes und der Länder in Angelegenheiten des Verfassungsschutzes vom 7. August 1972" (BVerfSchÄndG). (vgl. Merk 1977, S. 69 ff) "Verfassungsfeindlich" sind laut § 3 Abs. 1 BVerfSchG Bestrebungen,

> "die gegen die freiheitliche demokratische Grundordnung, den Bestand und die Sicherheit des Bundes oder eines Landes gerichtet sind oder eine ungesetzliche Beeinträchtigung der Amtsführung von Mitgliedern verfassungsmäßiger Organe des Bundes oder eines Landes zum Ziele haben".

Zu den grundlegenden Prinzipien der freiheitlich-demokratischen Grundordnung, gehören:
- die Achtung vor den im Grundgesetz konkretisierten Menschenrechten, vor allem vor dem Recht der Persönlichkeit auf Leben und freie Entfaltung,
- die Gewaltenteilung,
- die Verantwortlichkeit der Regierung,
- die Gesetzmäßigkeit der Verwaltung,

---

einig wissen, sei es, daß das Prinzip menschlicher Fundamentalgleichheit negiert (Rechtsextremismus), sei es, daß der Gleichheitsgrundsatz auf alle Lebensbereiche ausgedehnt wird und die Idee der individuellen Freiheit überlagert (Kommunismus), sei es, daß jede Form von Staatlichkeit als 'repressiv' gilt (Anarchismus)." (Backes/Jesse 1993, S. 40) Diese staatszentrierte Deutung hat zahlreiche Kritik ausgelöst. So würde die inhaltliche Begriffsbestimmung des Rechtsextremismus an eine außerwissenschaftliche Instanz wie den Verfassungsschutz angelehnt. (vgl. Kowalsky/ Schroeder 1994, S. 9)

- die Unabhängigkeit der Gerichte,
- das Mehrheitsprinzip,
- die Chancengleichheit für alle politischen Parteien mit dem Recht auf verfassungsmäßige Bildung und Ausübung einer Opposition. (vgl. Merk 1977, S. 70 f)

Folglich sind alle die Bestrebungen unter den Begriffen "extremistisch" und "verfassungsfeindlich" subsumiert, die den oben aufgeführten fundamentalen Prinzipien entgegenlaufen. Allerdings reicht eine Nichtanerkennung der Werte der fdGO nicht für die Bewertung "verfassungsfeindlich" aus. Vielmehr verlangt der Gesetzgeber hier eine "aktiv-kämpferische Haltung", die gegen die Werte der fdGO gerichtet ist. (vgl. Schwagerl 1985, S. 60) Genau das trifft auf die "Wehrsportgruppe Hoffmann" zu. Daß Hoffmann die fdGO der Bundesrepublik Deutschland, insbesondere die parlamentarische Demokratie, ablehnt, hat er in Interviews immer wieder verdeutlicht. Bereits 1974 sagt er dem 'Stern':

> "Dieser ganze uferlose Parlamentarismus muß weg. Wir sehen in der organisatorischen Vereinigung Gleichgesinnter, von wirklichen Idealen erfüllter Menschen die einzige Möglichkeit, im geschlossenen Verband fortschrittliche und sicher auch ungewohnte Zielvorstellungen der Masse des Volkes sichtbar zu machen und endlich für sie aktiv eintreten zu können.
> Die Erfahrung hat gezeigt, daß den Parteien aller Schattierungen für die Lösung der notwendigen Probleme keine Zeit mehr verbleibt. Schauen Sie, das geht nur, wenn Fachleute regieren." ('Stern', 28.2.1974)

Gegenüber dem 'Berliner Extradienst' bekennt Hoffmann: "Die parlamentarische Demokratie lehne ich aus tiefstem Herzen ab" (17.6.1975) und gegenüber der Tageszeitung 'Die Welt': "Natürlich habe ich persönlich eine politische Gesinnung. Ich bin kein Demokrat. Regieren muß eine Elite." (16.6.1975) Hoffmann will gesellschaftliche Veränderung hin zu einer Diktatur nicht durch Teilnahme an Wahlen erreichen. Auf die Frage, warum er keine Partei gründe, sagt er:

> "Spezielle Gründe sprachen gegen eine Parteigründung. Ich hätte sonst genau das getan, was man vom Bundesbürger will. Er soll sich im Parteileben aufopfern für irgendeine Idee, aber dann soll er letzten Endes an der Fünf-Prozent-Klausel scheitern. Nein, da müßten die Voraussetzungen ganz anders sein." ('Der Spiegel', 24.11.1980)

Hoffmann setzt auf eine Organisation, die auf die Macht der militärischen Ausbildung und den Umgang mit Waffen vertraut, und strebt einen gewaltsamen Umsturz an. Die "Wehrsportgruppe Hoffmann" kann also als verfassungsfeindliche Organisation eingeordnet werden.

Diskutiert werden muß aber noch ein zweites Kriterium, das die "Verfassungsfeindlichkeit" konkretisiert, nämlich: Handelt es sich bei der WSG um eine verfassungsfeindliche Organisation im Sinne des Rechtsextremismus ? Die Antwort sollte nicht vorschnell erfolgen. So provoziert Hoffmann nicht im Stile Kühnens oder Busses mit plakativen Rechtsextremismen. Die 'Augsburger Allgemeine' schreibt: "Als Vorbild gilt der große Vorsitzende Mao, doch das Gedankengut scheint von Adolf Hitler entlehnt." ('Augsburger Allgemeine', 29.8.1980) Gefragt, wo er sich denn politisch selbst einordnen würde, antwortet der WSG-Chef im Februar 1979:

> "Ja, nun, ich habe in einer Grundsatzerklärung vor einigen Monaten auf diese Frage etwa so geantwortet: Ich habe gesagt, selbst wenn mir das nicht abgenommen wird und immer das Gegenteil behauptet wird und der Versuch gemacht wird, mich in ein bestimmtes Klischee zu pressen, gehöre ich keiner bestehenden politischen Richtung an." (zit. aus: Rabe 1980, S. 204 f)

Im Interview mit dem Nachrichtenmagazin 'Der Spiegel' bejaht Hoffmann die Frage, ob er den linken APO-Vordenker Rudi Dutschke als Vorbild empfinde, eine für Rechtsextremisten sehr ungewöhnliche Haltung:

> "In gewisser Weise ja. Ich finde vieles in seinen Gesprächen wieder, was ich selbst auch denke. Beispielsweise den berühmten Satz: 'Darüber, Genossen, sind wir uns doch wohl alle im klaren, daß die parlamentarische Demokratie historisch überholt ist.' Da hat er recht. Aber er war wohl ein Vertreter des Klassenkampfes, und in diesem Punkte hätten wir keine gemeinsame Linie gehabt. Ich halte den Klassenkampf - einen Kampf innerhalb eines Volkes gegeneinander - für etwas verwerfliches." ('Der Spiegel', 24.11.1980)

Im Gespräch mit Paul-Elmar Jöris sagt der WSG-Chef:

> "Und ich muß sagen, was die sozialen Forderungen anbelangt, da bin ich eigentlich schon fast'n Linker, nicht. Nur aus einem einzigen Grunde kann ich wieder doch kein Linker sein: Ich kann den Klassenkampf nicht bejahen. Ich kann diese volkszerstörende Ideologie nicht bejahen." (zit. aus: Rabe 1980, S. 205)

Obwohl sich Hoffmann selbst nicht rechts einordnet, lassen die programmatischen Äußerungen der WSG andere Schlüsse zu. Beachtet werden muß bei dem Versuch einer Zuordnung der Wehrsportgruppe ins rechtsextreme Lager, wie bereits oben aufgeführt, daß "Rechtextremismus keine geschlossene oder einheitliche Ideologie" darstellt. Dementgegen handelt es sich um "ein Bündel von teilweise recht unterschiedlichen Merkmalen und Wertvorstellungen, die jedoch durch den Begriff der 'Nation' oder 'Volk' zusammengehalten werden. (Schwagerl 1980, S. 20)

Einen brauchbaren Merkmalskatalog erstellt Richard Stöss, der sich mit der Kurzformel: "Rechtsextremismus ist Demokratiefeindschaft" (Stöss 1989, S. 18) in die Tradition des politisch-verfassungsrechtlich orientierten Ansatzes stellt. Stöss nennt vier wesentliche Kriterien, "die auf die Beseitigung oder die nachhaltige Beeinträchtigung demokratischer Strukturen und Prozesse gerichtet sind." (Stöss 1989, S. 19)

- **übersteigerter Nationalismus:**

    "Im antidemokratischen Denken verbindet sich in der Regel übersteigerter Nationalismus mit imperialistischem Großmachtsstreben oder zumindest mit einer feindseligen Haltung gegenüber anderen Staaten und Völkern. Äußere Bedrohung zu beschwören, dient neben expansionistischen oder revisionistischen Zielen auch dazu, innere Formierungs- und Gleichschaltungsabsichten zu rechtfertigen." (Stöss 1989, S. 19)

Die WSG ist von einer feindseligen Haltung gegenüber den USA, der Sowjetunion und Israel geprägt. Außerdem beinhaltet ihre Ideologie die Errichtung eines neuen "Deutschen Reichs" unter anderem unter Einbeziehung Österreichs.

- **Negierung universeller Freiheits- und Gleichheitsrechte:**

    "Antidemokratisches Denken negiert die universellen Freiheits- und Gleichheitsrechte des Menschen, insbesondere das Recht auf Leben und körperliche Unversehrtheit, das Recht auf Freiheit, Freizügigkeit und Sicherheit, das Recht auf Gedanken-, Gewissens- und Religionsfreiheit, das Recht auf freie Meinungsäußerung und das Recht auf Versammlungs-, Vereinigungs- und Koalitionsfreiheit." (Stöss 1989, S. 19)

Hoffmann tritt für eine militante Auseinandersetzung mit politischen Gegnern ein. Er will die Presse kontrollieren und die Macht der Kirche einschränken. In seinem "Manifest" fordert er, "gemeinschaftskapitalistische Unternehmen wie Gewerkschaften und Kirche (...) (zu) entmachten". (Punkt 16)

- **Ablehnung der parlamentarischen Demokratie:**

    "Antidemokratische Konzepte richten sich gegen parlamentarisch-pluralistische Regierungssysteme, die auf Volkssouveränität und dem Mehrheitsprinzip beruhen. Mit dem Verbot von Parteien, Verbänden und Gewerkschaften geht die Etablierung einer - ihrem Anspruch nach alle gesellschaftlichen Bereiche umfassend integrierenden - Einheitspartei einher". (Stöss 1989, S. 19)

Auch Hoffmann ist gegen einen freien Meinungsstreit und für die Unterdrückung und Ausschaltung der politischen Opposition. Ferner wendet er sich gegen Kontroll- und Mitspracherechte der Bevölkerung an der Regierung, wie im "Manifest" unter Punkt 16 nachzulesen ist. Die Gewerkschaften will er abschaffen.

- **Volksgemeinschaft, repräsentiert durch einen Führer:**

    "Gesellschaftliches Leitbild antidemokratischer Konzepte ist die angeblich der natürlichen Ordnung entsprechende Volksgemeinschaft. Volk und Staat verschmelzen zum Reich, dessen Einheit sich zumeist in einer völkisch-ethnozentristischen Ideologie und vielfach auch in einer Person (Führer) manifestiert. Dieses Leitbild gilt als Verwirklichung 'wahrer' Volksherrschaft im Gegensatz zu dem verhaßten, die Nation vermeintlich zerreißenden und schwächenden Liberalismus." (Stöss 1989, S. 19)

Da Hoffmann keine freien Wahlen zur Bestimmung seiner Staatsführung vorsieht, sondern in seinem "Manifest" auf eine "nach dem Leistungsprinzip und Selektionsprinzip ausgerichteten Führerstruktur" (Punkt 8) setzt, soll auch hier eine "natürliche Ordnung" die Demokratie ersetzen. Auch die völlige Mißachtung der Mündigkeit der Bevölkerung, der jede Qualifikation abgesprochen wird, belegt die These. (vgl. Hoffmann 1973, S. 9)

Die Ideologie der Hoffmann-Gruppe erfüllt alle Kriterien. Obwohl der politisch-verfassungsrechtlich orientierte Ansatz unter anderem durch Stöss eine Neudefinition erfahren hat, die auch modernen rechtsextremen Organisationen genügt, ist er unzureichend, um auf alle Anhänger der WSG angewandt zu werden.

Als Ergänzung ziehe ich den Katalog von Wolfgang Benz zur "Ortsbestimmung des Rechtsextremismus" heran. (Benz 1989, S. 11) Er schreibt: "Die Kategorien Gesinnung - Zielsetzung - Methoden liefern einigermaßen sichere Indizien, wenn bei der Konstruktion des Rasters, durch das gesiebt werden soll, die Maßstäbe allgemeiner demokratisch-liberaler Übereinstimmung, der Grundvoraussetzung unserer staatlich-gesellschaftlichen Verfassung, angewendet werden." Sein Kriterienkatalog stimmt fast ausnahmslos mit der WSG-Ideologie überein. (vgl. Benz 1989, S. 10 f) Er nennt:

1. Nationalismus in aggressiver Form, verbunden mit Feindschaft gegen Ausländer, Minderheiten, fremde Völer und Staaten; militant deutschnationales oder alldeutsches Gedankengut.

In der WSG-Ideologie findet sich ein aggressiver Antiamerikanismus und eine feindliche Haltung gegenüber der Sowjetunion. Darüberhinaus arbeitet die WSG auf ein neues Deutsches Reich in den Vorkriegsgrenzen unter Einschluß Österreichs hin.

2. Antisemitismus und Rassismus, biologistische und sozialdarwinistische Theorien.

Antisemitische Tendenzen sind in der WSG-Ideologie vorhanden, wenn sie auch nicht deren bestimmendes Moment darstellen. Hoffmann wendet sich aber explizit gegen den Gleichheitsgrundsatz der Menschen:

> "Für Gott oder den Satan mag die Seele eines Schwachsinnigen soviel wert sein, wie die eines Kernphysikers. Die Gesellschaftsformen der diesseitigen Welt aber müssen die Unterschiedlichkeit ihrer Bewohner erkennen und ihnen Rechnung tragen." (Hoffmann 1973, S. 56)

> "Die Gleichheit der Menschen ist nicht mehr als ein Traum, eine Wahnidee, die biologisch wissenschaftlich gesehen dem Rassenwahn in nichts nachsteht." (Hoffmann 1973, S. 86)

3. Intoleranz, der Glaube an Recht durch Stärke, Unfähigkeit zum Kompromiß in der politischen Auseinandersetzung, elitär-unduldsames Sendungsbewußtsein und Diffamierung Andersdenkender.

Die Kriterien treffen auf die WSG zu. Besonders deutlich wird das in der von Hoffmann angestrebten Staatsform, die eine Opposition ausschließt. (vgl. der Bundesminister des Innern, in: 'Innere Sicherheit', 12.3.1980, S. 22) Das elitärunduldsame Sendungsbewußtsein findet sich Hoffmanns zukunftsverheißenden Schwärmereien über den kommenden Umsturz weider, dessen Speerspitze die WSG stelle. (vgl. 'Kommando', Juli 1979, S. 2; 'Kommando' Juli 1979, S. 6 oder 'Kommando', Mai 1979, S. 2)

4. Militarismus, Streben nach einem System von 'Führertum' und bedingungsloser Unterordnung und nach einer entsprechenden autoritären oder diktatorischen Staatsform.

Die Kriterien finden sich im "1. Manifest der Bewegung zur Verwirklichung der Rational Pragmatischen Sozial Hierarchie" und dem dazugehörigen Programm wieder. Hier heißt es unter Punkt 9: "Das Wahlsystem als Methode, geeignete Führungskräfte zu finden, wird durch ein Selektionsverfahren nach den Grundsätzen des Leistungsprinzips und des Leistungsnachweises ersetzt." und unter Punkt 10: "Die Regierungsgewalt geht von einer in einer obersten Führung zusammengefaßten Gruppe aus." Militarismus ist dem Auftreten der WSG immanent. Insofern erübrigt sich eine Wiederholung der oben aufgeführten Argumente.

5. Verherrlichung des NS-Staats als Vorbild und Negierung oder Verharmlosung der in seinem Namen begangenen Verbrechen.

Auch wenn Hoffmann die neonazistische Ideologie ablehnt, so übernimmt er dennoch immer wieder Aspekte, die den NS-Staat verherrlichen. Er kopiert in Uniformierung, Rangordnung und Leistungsabzeichen die SS und die Waffen-SS. Zum Teil werden die Massenmorde an den Juden durch das nationalsozialistische Terror-Regime relativiert. In der WSG-Zeitschrift 'Kommando' schreibt Wolfdietrich Wölfel:

> "So schlucken denn ja auch die Demokraten auf der Wohlstandsweide der BRD mehrheitlich schon über 30 Jahre lang von der Aufteilung des Reiches bis zum Holocaust usw. usf. alles an Schimpf und Schande, was ihnen die Willkür der 'Siegermächte' einzulöffeln für zweckmäßig hält". ('Kommando', Juli 1979, S. 17)

Hoffmann findet Adolf Hitler "genial" ('Nürnberger Nachrichten', 1.3.1974) und diagnostiziert: "Als Wirtschaftsbändiger, da war er eben besser. (Hoffmann 1973, S. 35)

6. Neigung zu Konspirationstheorien, zum Beispiel die Annahme, Regierung, Wirtschaft, Gesellschaft usw. seien durch irgendwelche bösartigen Minderheiten korrumpiert. Verschwörungstheorien sind ein zentraler Bestandteil der Hoffmannschen Ideologie. So sieht er Deutschland als willenloses Mündel, regiert von dunklen Mächten aus den USA. Innerhalb Deutschlands spricht er von Drahtziehern im Hintergrund, die Macht über die Medien haben:

> "Das Pressegesetz gibt den Hintermännern der Massenmedien die uneingeschränkte Möglichkeit, durch dauernde demagogische Beeinflussung jede gewünschte Meinungstendenz unter den Massen zu erzeugen." (Hoffmann 1973, S. 76)

7. Latente Bereitschaft zur gewaltsamen Propagierung und Durchsetzung der erstrebten Ziele.

Der WSG-Appell, den Hoffmann mit seinen Mannen zelebriert, belegt dieses Kriterium. Er brüllt die Fragen: "Was sind wir?" und sie schmettern zurück: "Grenadiere Europas!" - "Wofür kämpfen wir?" - "Für den Sieg der Bewegung!" - "Wer ist unser Feind" - "Bolschewismus und Kapital!" - "Was sind wir?" - "Schwarze Legionäre!" (vgl. Seite 38) Hoffmann läßt keinen Zweifel daran, daß er seine Ideologie auch gewaltsam umsetzen möchte.

2. Der soziologisch oder sozialpsychologisch orientierte Ansatz

Hauptkritiker des politisch-verfassungsrechtlich orientierten Ansatzes ist Wilhelm Heitmeyer, der diesem "erhebliche analytische Schwächen" vorwirft. (Heitmeyer 1989, S. 15) Er schreibt im Hinblick auf das fdGO-orientierte SRP-Urteil 1952:

> "Da ein Urteil zu fällen war, ergab sich die Notwendigkeit ganz enger, mit den Standards des Justizsystems verbundener Kriterien, die gleichzeitig auf das politische System ausgerichtet waren. Es dominiert als ein politisch-verfassungsrechtliches Begriffsverständnis. Damit werden zumindest zwei wesentliche Fragestellungen ausgeklammert (...). Es sind dies die Frage nach dem ökonomischen und sozialen Kontext, also der kapitalistischen Produktionsweise, und die nach alltäglichen Mentalitäten und Orientierungsmustern." (Heitmeyer 1989, S. 15)

Dem verfassungsrechtlichen Ansatz setzt Heitmeyer das Begriffsverständnis eines "soziologischen Rechtsextremismus" entgegen, das "die ökonomischen und sozialen Entstehungsmomente mit umfassen will." (Heitmeyer 1989, S. 15) Diese Sichtweise - die das Individuum mehr in den Mittelpunkt stellt - erscheint auch für die Analyse der Hoffmann-Gruppe sinnvoll, da sie Magnet für Jugendliche und Erwachsene aus den verschiedensten sozialen Schichten und Subkulturen ist. In der WSG finden sich Mitglieder rechtsextremer Parteien, politisierte Angehörige der rechtsextremen Jugendszene, Militaria-Fans und Rocker, bis hin zu sozial verunsicherten, unpolitischen Jugendlichen auf der Suche nach Kameradschaft und Abenteuer. (vgl. Rabe 1980, S. 217) Folglich ist die "Wehrsportgruppe Hoffmann" eine sehr heterogene Organisation, die nicht mit einem ausschließlich organisationsspezifischen Raster gemessen werden darf. Zu den Grundelementen von Heitmeyers Ansatz gehört,

> "daß die rechtsextremen Orientierungsmuster im Kern als Angriff auf die Gleichheit von Menschen verstanden werden müssen, der mit sozialer, physischer oder physischer Ausgrenzung bzw. Vernichtung anderer verbunden ist und Gewalt als zentralen Regelungsmechanismus gesellschaftlicher Verhältnisse und Konflikte versteht." (Heitmeyer 1989, S. 15)

Heitmeyers Definition läßt sich auf die Formel bringen:

Rechtsextremismus = 1. Ideologie der Ungleichheit
  plus
  2. Gewaltakzeptanz.

ad 1. Facetten der **Ideologie der Ungleichheit**:

- Nationalistische bzw. völkische Selbstübersteigerung
- Rassistische Sichtweise/Fremdenfeindlichkeit
- Unterscheidung von lebenswertem und unwertem Leben
- Behauptung natürlicher Hierarchien
- Betonung des Rechtes des Stärkeren
- totalitäres Normverständnis, das heißt Ausgrenzung des "Andersseins"

ad 2. Facetten der **Gewaltakzeptanz:**

- Ablehnung rationaler Diskurse/Überhöhung von Irrationalismen
- Betonung des alltäglichen Kampfes ums Dasein
- Ablehnung demokratischer Regelungsformen von sozialen und politischen Konflikten
- Betonung autoritärer und militärischer Umgangsformen und Stile
- Gewalt als normale Aktionsform zur Regelung von Konflikten

Von Rechtsextremismus ist laut Heitmeyer "vorrangig dann zu sprechen, wenn beide Grundelemente zusammenfließen". (Heitmeyer 1989, S. 16)
Fast alle Punkte treffen auf die Anhänger der Hoffmann-Gruppe zu. Deutlicher Beleg für die Gewaltakzeptanz sind zahlreiche Waffen- und Uniformfunde bei WSG-Mitgliedern.[2] Ferner ist die "Ablehnung demokratischer Regelungsformen" signifikant für Hoffmanns Verständnis des politischen Meinungsstreites. Die "Be-

---

[2] vgl. Bayerisches Landeskriminalamt - Soko Theresienwiese - Bericht über die Sicherstellungen anläßlich der Hausdurchsuchungen der Generalbundesanwaltschaft, 7.11.1980

tonung autoritärer und militärischer Umgangsformen" beschreibt den gesamten Habitus der WSG. Nicht nur politische, sondern auch soziale Konflikte werden mit Gewalt gelöst: Das dokumentieren nicht nur die gegenseitigen Bastonaden von WSG-Mitgliedern im Libanon. (vgl. Urteil des Landesgerichtes Nürnberg-Fürth, 3 Ks 340 Js 40387/81) Auch zu legalen Zeiten der "Wehrsportgruppe Hoffmann" gehen immer wieder Gewalttätigkeiten von Mitgliedern aus: Dazu gehört die Schlägerei am 4.12.1976 mit Tübinger Studenten (vgl. Antifa 1977, S. 19 ff) oder die Saalschlacht in Lenförden anläßlich einer Hitler-Glorifizierung. Rechtsextremisten der WSG prügeln sich in einer Reihe mit ANS- und NSDAP/AO-Anhängern mit der Polizei. (vgl. Staatsanwaltschaft bei dem Landgericht Kiel, 2 Js 88/80, 28.1.1980)

Während sich bei dem Kriterium "Gewaltakzeptanz" alle Merkmale auf die WSG übertragen lassen, sind bei dem Merkmal "Ideologie der Ungleichheit" Abstriche zu machen. So finden sich zwar in zahlreichen öffentlichen Verlautbarungen das totalitäre Normverständnis und die nationalistische Selbstübersteigerung wieder, doch haben biologischer Rassismus und die Unterscheidung zwischen "lebenswerten" und "lebensunwerten" in Hoffmanns Theoriegebäude wenig Platz.

Zusammengefaßt kann festgestellt werden, daß die "Wehrsportgruppe Hoffmann" nach dem Merkmalskatalog von Wilhelm Heitmeyer ebenfalls als rechtsextremistisch einzuordnen ist.

3. Zusammenfassung

Nach den geprüften Merkmalskatalogen kann die "Wehrsportgruppe Hoffmann" als Organisation mit einem rechtsextremistischen Ideengebäude eingestuft werden. Manfred Funkes "Bestimmungselemente des Rechtsextremismus" kommen den schriftlichen und mündlichen Ausführungen "Wehrsportgruppe Hoffmann" sehr nahe:

"Demokratie erscheint dem Rechtsextremen, in Deutschland zumal, artfremd, als von außen eingeschleppt, aufgedrängt. Den Niedergang Hitlers erklärt der Rechtsextreme mit Verrat, im Verhältnis zur Geschichte selektiert er Niederlagen als verlorene Siege, sein Jargon strotzt vom Muskelspiel einstiger Mächtigkeit. Der Rechtsextreme ist tief überzeugt vom Obrigkeitsstaat als der den Deutschen einzig geziemenden Lebensform. Militärische Symbole dekorieren seinen privaten Lebensbereich. Ihn speist ein offensiver Werte- und Strukturkonservatismus aus Autoritätsgläubigkeit, Tradition, Bodenständigkeit, völkischem Denken. Der Rechtsextreme lebt nicht aus dem, was gestern war, sondern was für ihn ewig ist, d.h. zum Politischen sucht er kein rationales, sondern ein kultisches Verhältnis. Sieht er dies durch politische Zudringlichkeit gegen sein Lebensgefühl, durch Einbrüche in die ökonomische Ordnung seiner persönlichen Verhältnisse gefährdet, ist der Rechtsextreme spontan bereit zum aktiven Kampf für autoritär-faschistische Herrschaftsverhältnisse. Pluralität und Parlamentarismus sind ihm zuwider." (Funke 1978, S. 28 f)

"Rechtsextremismus" ist ein Oberbegriff. Für eine genauere ideologische Bestimmung der "Wehrsportgruppe Hoffmann" werden weitere Termini wie "Neonazismus" und "Neofaschismus" und deren ideengeschichtliche Hintergründe diskutiert. Christoph Butterwegge schreibt folgerichtig:
"Der Begriff 'Neofaschismus' bzw. 'Neonazismus' sollte der Differenzierung und Spezifizierung dienen, d.h. nur zur Charakterisierung solcher Tendenzen, Ideologien und Gruppierungen benutzt werden, die den historischen Faschismus/Nationalsozialismus verherrlichen und/oder sich darauf berufen." (Butterwegge 1990, S. 14)

4.2. Ist die WSG rechtsradikal ?

Eine brauchbare Radikalismus-Definition liefert Kurt Klein:

"Radikalismus (radix = Wurzel, das Prinzip) ist eine geistige Haltung, die 'von der Wurzel her' die freiheitliche demokratische Grundordnung in Teilen oder auch in ihrer Gesamtheit infragestellt, aber gleichzeitig die Grundsätze des Verfassungs- und Strafrechts beachtet." (Klein 1990, S. 10)

Hier liegt auch die Trennlinie zwischen "Rechtsextremismus" und "Rechtsradikalismus". So sind Positionen "extremistisch", die sich gegen die freiheitliche demokratische Grundordnung richten. (vgl. Frisch 1990, S. 8) Beispielhaft hierfür ist die Bestrebung einer Organisation, einen Führerstaat zu errichten, oder der Wille, die Volkssouveränität und die Gewaltenteilung aufzuheben. Genau diese Gedanken finden sich in der Ideologie der WSG wieder. Typisch hierfür ist die Hoffmannsche Agitation gegen das Mehrparteienprinzip und die Chancengleichheit, die er seinem geplanten elitären Zwölferrat opfern möchte.
"Radikal" sind hingegen solche politischen Tendenzen, die einseitige, "bis an die Wurzel (= Radix) gehende" Lösungen bestimmter Probleme anstreben, dabei aber gerade nicht oder noch nicht auf eine völlige Beseitigung der "freiheitlichen demokratischen Grundordnung" hinauslaufen. Beispielhaft hierfür ist die Propagierung der Todesstrafe für Rauschgiftdelikte - eine Forderung, die ausdrücklich gegen eine Regelung unserer Verfassung, Artikel 102 GG, gerichtet ist. Dennoch wendet sie sich nicht gegen die "freiheitlich-demokratische Grundordnung" als Gesamtheit. Somit ist diese Forderung "radikal", aber nicht "extremistisch". (vgl. Frisch 1990, S. 8 f)
Auch Hoffmann versucht, die wahren Inhalte seiner Ideologie zu entschärfen und stellt sich gerne als radikaler Systemkritiker dar, der jedoch generell das Grundgesetz anerkennt. So schreibt er in der Entgegnung zur WSG-Verbotsverfügung, bei seiner Wehrsportgruppe handele es sich lediglich um einen "Feierabendverein". Auch fehle es an einem "kämpferisch-aggressiven Handlungswillen". Bei einem Vortrag am 29.10.1976 habe er ferner "ausdrücklich erklärt, er

erkenne die Gesetze der Bundesrepublik Deutschland voll an." (Bundesverwaltungsgericht, BVerwG, 1 A 3.80, 25.11.1980, S.9) In diesem Zusammenhang sagt er: "Ich bin nie davon ausgegangen, daß man in unserem Land einen gewaltsamen Umsturz betreiben könnte." Er habe zwar alle verfügbare Revolutionsliteratur gelesen, wie etwa Che Guevara und Mao Tsetung. In der Bundesrepublik bestehe aber keine Aussicht auf Erfolg, da die eigentliche Machtzentrale in Washington liege. ('General-Anzeiger', 27.9.1984)

Dieser Argumentation folgen die Richter des Bundesverwaltungsgerichts nicht. Hoffmann sieht seine Einwände, er erkenne "die heutigen Gesetze der Bundesrepublik voll an", als "widerlegt". (Bundesverwaltungsgericht, BVerwG, 1 A 3.80, 25.11.1980, S. 36) Die Ideologie der "Wehrsportgruppe Hoffmann" ist der fdGO diametral entgegengesetzt. So präsentiert sich die WSG als politische Kraft, die die parlamentarische Demokratie und ihre Repräsentanten ablehnt, und sich als Speerspitze eines Umsturzes begreift. Die Frage, ob es sich bei der Hoffmann-Gruppe also nur um einen "radikalen" Verband handelt, muß negiert werden.

4.3. Ist die WSG neonazistisch ?

"**Ich heiße nicht Hitler, sondern Hoffmann**, und ich gehe ganz bestimmt meinen eigenen Weg", antwortet der WSG-Chef auf die Frage, ob "das Ermreuther Schloß Stammsitz eines neuen kleinen Adolf Hitler" wird. Dazu ergänzt Hoffmann: "Die Frage nach dem Aufbau einer neuen NSDAP ist völlig absurd. Ich habe ein Interesse an der Erneuerung unseres Systems, nicht aber die Absicht, das Rad der Geschichte zurückzudrehen." ('Frankenrundschau', 10.5.1979)

Dementgegen steht für die meisten Medien und das Bundesinnenministerium die Einordnung fest. Heinrich Sippel spricht von "lupenreinen Neonazis". (Sippel 1989, S. 54) Seit 1979 wird die "Wehrsportgruppe Hoffmann" vom Bundesinnenminister als "die stärkste neonazistische Organisation" aufgeführt. (Verfassungsschutzbericht des Bundes 1979, S. 30) Die 'Nürnberger Nachrichten', regional für die Hoffmann-Gruppe zuständig, beschreiben die WSG bereits März 1974 als "neonazistische Vereinigung". ('Nürnberger Nachrichten', 19.3.1974) Die 'Stuttgarter Nachrichten' sprechen von einer "braunen Kampfgruppe". ('Stuttgarter Nachrichten', 31.1.1980) Hoffmann, der alleinige politische Willensgeber der Gruppe, weist den Nazi-Vorwurf weit von sich. Direkt nach dem WSG-Verbot verwahrt er sich dezidiert dagegen, als "Nazi abgestempelt zu werden", da er nie "nationalsozialistische Ziele vertreten oder rassistische Bemerkungen gemacht" habe. ('Nürnberger Nachrichten', 31.1.1980) Auf die Frage, ob ihn der Titel, "eine der Führerfiguren des Neonazismus in Deutschland" zu sein, beleidigt oder ehrt, sagt er:

"Keins von beidem. Ich weiß nicht, wer in mir eine Führerfigur sieht. Jedenfalls kann ich nicht Führer-Figur des Neonazismus sein, weil ich weder Neo- noch Altnazi bin und auch keine Ziele des Nationalsozialismus vertrete." (zit. aus: 'Der Spiegel', 24.11.1980)

Trotz Hoffmanns Ablehnung der Demokratie und seiner Begeisterung für die Figur Hitler greift der Neonazismus-Begriff zu kurz. Biologischer Rassismus dominiert in seiner Ideologie nicht. Angesprochen auf Michael Kühnen befürwortet Hoffmann die Bestrafung biologistisch-rassistischer Propaganda. Er erinnert sich an ein Kühnen-Plakat:

"Und dann war eben irgend etwas drunter gestanden von jüdisch-bolschewistischen Untermenschen. Und dafür hat man also sehr harte Strafen gegeben. Und da muß ich sagen, ich hätte das auch bestraft. Ich würde auch einem jungen Menschen nicht gestatten, ein Plakat zu kleben, wo drauf steht, jüdisch-bolschewistischer Untermensch. Ich würde ihm überhaupt nicht gestatten, den Untermenschen irgendwo drauf zu kleben, egal auf was." (zit. aus: Rabe 1980, S. 214)

Die ideologischen Probleme mit den zahlreichen Hitlerfans seiner Truppe zeigen sich auch in Hoffmanns neonazistisch geprägter hessischer Sektion "Sturm 7". So erzählt der dortige Chef Arnd-Heinz Marx, daß er vor einem Besuch Hoffmanns im WSG-Keller die Hakenkreuzfahne entfernen muß, da sich Hoffmann darüber erregt. (Müller 1993, S. 74) Zu seinen ideologischen Konflikten mit Hoffmann sagt Marx vor Gericht:

"In Rassenfragen habe sich Hoffmann von ihm distanziert; er - Hoffmann - habe keine Rassenunterschiede gemacht. Witze über Juden habe er verboten. Bei einer Übung in Neustadt habe Hoffmann ihm - Marx - Flugblätter abgenommen, zu deren Inhalt wolle er die Auskunft gemäß § 55 StPO verweigern." (Urteil des Landgericht Nürnberg-Fürth, 3 Ks 340 Js 40387/81, S. 270)

In seinem autobiographischen Roman "Verrat und Treue" bestätigt Hoffmann seine ideologische Abneigung samt Konsequenzen gegenüber Marx, der im "Roman" das Pseudonym "Maxwell" trägt: "Maxwell wurde seinerzeit, sofort nach seiner Ankunft im Libanon vom Alten degradiert, (...) weil er in Frankfurt eine Reihe von unerwünschten, eigenständigen NS-Aktionen durchgeführt hatte." (Hoffmann, Verrat und Treue, S. 328)

Hoffmanns Haltung zum Nationalsozialismus ist allerdings nicht eindeutig negativ, sondern eher ambivalent: Lehnt er auf der einen Seite neonazistische Propaganda in seiner Truppe ab und fordert sogar die Bestrafung der Agitatoren, übt er zum anderen ehemalige Kampflieder der Hitler-Jugend. (vgl. 'Innere Sicherheit', 12.3.1980, S. 22 und Kap. 3 Stichwort "Hitler-Glorifizierung")

Außerdem bewundert er Hitler: "Vorbilder gebe es für seine Richtung nicht, auch Adolf passe nicht ins Bild. Allerdings: 'Mit Sicherheit war er kein Irrer, sondern ein genialer Mensch'." ('Nürnberger Nachrichten', 1.3.1974) An anderer Stelle wird deutlich, daß es Hoffmann nicht im Stil der neo-nationalsozialistischen Gruppen um eine Kopie des Nationalsozialismus oder Hitlers geht. Eine tiefe Abneigung ist allerdings genausowenig spürbar:

> "Aus der Geschichte lernen heißt nicht, sklavisch kopieren, sondern bedeutet, mit eigenen zeit- und zukunftsbezogenen Überlegungen auf bewährte Arbeitsweisen der Vergangenheit aufzubauen, gleichzeitig in dem Bestreben, die negativen Erfahrungen zu vermeiden." (Hoffmann 1973, S. 33)

Bei seinen Umsturzplänen in Deutschland macht er Anleihen bei den Nationalsozialisten, wie er indirekt zugibt. In seiner Zeitschrift 'Kommando' widmet sich Hoffmann der zukünftigen "Machtübernahme" und schreibt in dem Beitrag "Wie lange wird es noch dauern?":

> "Wir halten in unserem Herzen all unsere Neigungen mit brutaler Brachialgewalt in Schach.
> Somit sind wir in der Lage, ein hohes Ziel, welches sich der primitiven Sucht nach Sofortwirkung entzieht, über einen längeren Zeitraum hinweg zu verfolgen. Am Ende wird der Sieg stehen.
> Männer wie Mao Tse Tung haben mehr als zwei Dezennien um die Macht gekämpft, bis den hoffnungslos erscheinenden Anstrengungen schließlich von außen kommende Veränderungen der Gesamtkonstellation zu Hilfe kamen.
> Das Entscheidende an diesem Beispiel ist, daß Mao nicht auf 22 Jahre fixiert war, er hätte auch 30 Jahre und länger gekämpft, wenn er sein Ziel nicht zu Lebzeiten hätte durchsetzen können.
> Warum ich als 'Rechter' ausgerechnet dieses Beispiel wähle? Ganz einfach - weil Beispiele aus der deutschen Geschichte strafrechtlich relevant werden können." ('Kommando', Juli 1979, S. 2)

Trotz einiger ideologischer Parallelen wird der Begriff "Neonazi" dem tatsächlichen Treiben Hoffmanns nicht gerecht. Der WSG-Chef selbst könnte mit dem Etikett "Faschist" leben:

> "Die Bezeichnung Faschist, wenngleich nicht zutreffend, beleidigt mich nicht, da ich sie, trotz der durch allzu häufigen Gebrauch an falscher Stelle entstandenen Begriffsverschiebung, im ursprünglichen, allerdings leider nur Wenigen bekannten Sinn auffasse." (Hoffmann 1973, S. 4)

Bei einer Gegenüberstellung des historischen Faschismus und des Nationalsozialismus finden sich neben gemeinsamen Zügen auch Unterschiede.[3] Gemeinsame Züge des Faschismus und des Nationalsozialismus:

---

[3] Zu den Unterschieden des Italo-Faschismus und des Nationalsozialismus schreibt Manfred Funke zu recht:
"Im Gegensatz zu Hitlers absoluter Herrschaft verblieb Mussolinis Diktatur im Rahmen eines Duopols. Königshaus und der eigene faschistische Großrat (Gran Consiglio) stürzten 1943

- Geringschätzung des Individuums
- Geringe Bedeutung des politischen Diskurses
- Hohe Bedeutung der Gemeinschaft
- Hoher Stellenwert von Ritualen und Symbolen
- Starke Bedeutung der politischen Führung
- Antiliberale Strukturen

Merkmale des Nationalsozialismus, die sich dem historischen Faschismus nicht zuordnen lassen:

- rassistische Ideologie
- globaler Herrschaftsanspruch
- diktatorisch-technokratische Effizienz
- Radikalität der Herrschafts- und Vernichtungspolitik
(vgl. Schiele 1990, S. 116)

Folgt man der Differenzierung Siegfried Schieles, treffen auf Karl-Heinz Hoffmann alle Merkmale zu, die Faschismus und Nationalsozialismus einen. Die vier Punkte hingegen, die allein für den Nationalsozialismus gelten, können auch Hoffmann nicht angelastet werden. So macht er die "völkische Frage", er meint Rassismus, für den "Untergang des deutschen Reiches" mit verantwortlich, für ihn ein "Bazillus":

"Um es klar zu sagen, gemeint ist die gefühlsmäßige Abneigung und die sich daraus ergebende Unduldsamkeit gegenüber fremden Völkern aller Art. Denn es ist leider wahr, daß es genügend Leute gab und bedauerlicherweise heute noch gibt, die fremdvölkische Menschen nur unter dem Aspekt der nützlichen Heloten zu sehen imstande sind."
(Hoffmann, Verrat und Treue, S. 318)

Auch ein "globaler Herrschaftsanspruch" kann Hoffmann nicht zugesprochen werden. Dementgegen möchte er Deutschland unter Anschluß von Österreich und den "Ostgebieten" handstreichartig in eine Diktatur verwandeln. Folglich kann die "Wehrsportgruppe Hoffmann" als eine der wenigen deutschen rechtsextremistischen Nachkriegsorganisationen als "neofaschistisch" bezeichnet werden, während der Begriff "neonazistisch" zu verwerfen ist.

Mussolini, dessen Herrschaft im Gegensatz zur absoluten Hitlers eher konstitutionellen Charakter besaß. Weder finden sich unter Mussolini die Radikalität der völkischen Vernichtungsdoktrin des Nationalsozialismus, noch besaß Mussolinis Vision von Imperio die Dimension einer rassisch fundierten Weltherrschaft. Während Mussolini Italien von einer belächelten zur geachteten Großmacht befördern wollte (...), wollte Hitler das 'Staatengerümpel' Europas wegräumen, das Christentum als ungermanische Mitleidsideologie beseitigen und die bürgerliche Lebenswelt durch eine völkische Kampfbewegung ersetzen." (Funke 1990, S. 14)

4.4. Ist die WSG neofaschistisch ?

Die Fragestellung ist in der deutschen Literatur nicht ganz neu, da die Begriffe "Faschismus" und "Neofaschismus" geradezu inflationären Gebrauch finden. Beispielhaft hierfür steht der Band von Reinhard Opitz "Faschismus und Neofaschismus", der unter die beiden Termini alle rechtsextremistischen Gruppen und Parteien Deutschlands subsumiert. (Opitz 1988, S. 7-16; vgl. auch Koch 1989)
Entgegen zahlreicher Pauschalisierungen trifft die Einordnung "neofaschistisch" auf die "Wehrsportgruppe Hoffmann" jedoch zu. So finden sich die zentralen historischen Pfeiler des Faschismus in Theorie und Praxis auch in der Hoffmann-Gruppe wieder:

- Militanter Antibolschewismus
- Antiliberalismus
- Hochpeitschen des Patriotismus zur nationalistischen
  Selbstvergottung
- Imperialistische Zukunftsverheißung (vgl. Funke 1990, S. 9)

Hier spiegelt sich die eigenwillige Tradtion wieder, auf die der Faschismus zurückgeht. Zur Entstehung der Ideologie schreibt Ernst Nolte:

> "Keine der großen politische Tendenzen in Europa war aus einem Krieg hervorgegangen. Der Liberalismus war der Ausdruck des Aufstiegs des Bürgertums, der Konservatismus bedeutete ursprünglich die Reaktion der bedrohten adligen Herrenschicht, der Sozialismus gehörte zu dem aus dem Industrialisierungsprozeß geborenen Proletariat. Keine hat den Weltkrieg gewollt und zu ihm nach seinem Ausbruch rücksichtslos ihr Ja gesagt. Der Krieg mußte Platz schaffen für eine politische Erscheinung, die ihm als sein eigenes Kind erwuchs und nach eingeborenem Gesetz ihn wieder zu erzeugen strebte." (Nolte 1979, S. 26)

Die moderne Faschismus-Definition H. Joachim Schwagerls kommt Theorie und Auftreten der "Wehrsportgruppe Hoffmann" sehr nahe:

> "Verhalten und Auftreten prägen diese militanten Bestrebungen, die sich im Vergleich zu den sonstigen rechtsextremen Gruppen auch durch die Art der Durchsetzung ihrer politischen Ziele abheben. Der Drang zur Uniformität, zum militanten Kampfverband mit para-militärischen Organisationen sowie ein starker Kommunismus sind die wesentlichen Träger des Faschismus. Dazu kommen das Führerprinzip und die Organisierung einer Parteiarmee, die Liebe zur Gewalt und das Pathos der Jugendlichkeit." (Schwagerl 1980, S. 24 f)

Deutlicher kann das Profil der WSG kaum umrissen werden. Für eine neonazistische Gruppe fehlt der Hoffmann-Organisation die Rassenmythologie und die

Betonung der "völkischen Lebensgesetze". Ähnlich wie beim italienischen Faschismus ist der Antisemitismus kein dominanter Zug in der WSG-Ideologie. Auch wenn der Begriff "Neofaschismus" ideologisch die WSG korrekt bestimmt, ist bei der Bezeichnung Vorsicht geboten. Denn bei Komposita wie "Neofaschismus" und "Neonazismus" ist nicht die Vorsilbe sondern das Nomen sinngebend.

> "Zugleich ignorieren diese begrifflichen Fixierungen, daß die meisten der aktuell agierenden rechtsetremistischen Gruppen (...) nicht unmittelbar auf das NS-Regime zurückzuführen sind, sondern daß in diesem politischen Spektrum eine relative Autonomisierung gegenüber der NS-Politik und NS-Ideologie stattgefunden hat, die durch neue und eigenständige Begrifflichkeiten erfaßt werden muß." (Kowalsky/Schroeder 1994, S. 10)

Die WSG bemüht sich mit antikapitalistischen und befreiungsnationalistischen Ideologiefragmenten um ein eigenständiges Profil, an keiner Stelle wird auf Mussolini verwiesen. Folglich ist bei der ideologischen Einordnung der Oberbegriff "rechtsextremistisch" der detaillierteren Fassung "neofaschistisch" vorzuziehen.

4.5. Ist die WSG rechtsterroristisch?

Um diese Frage zu beantworten ist die Zeit vor und nach dem Verbot zu trennen. Die Hoffmann-Gruppe im Libanon, die sich nach dem 30.1.1980 als Nachfolgeorganisation konstituiert, ist nach Aussagen verschiedener Mitglieder klar terroristisch. So werden laut Zeugen Sprengstoffanschläge, die Ermordung eines abtrünnigen Mitgliedes, Anschläge auf UNO-Truppen, die Ermordung eines deutschen Staatsanwaltes und politischer Gegner geplant. (vgl. 'Der Spiegel', 20.8.1984) Ferner gehen nach dem WSG-Verbot "Terrorakte" von ehemaligen WSG-Mitgliedern aus. Zur Begriffsbestimmung schreibt der Bundesinnenminister:

> "Terrorakte sind Anschläge, d.h. schwerwiegende Straftaten, wie sie insbesondere in § 129a Abs. 1 des Stafgesetzbuches genannt sind (vor allem: Mord, Totschlag, erpresserischer Menschenraub, Brandstiftung, Herbeiführung einer Explosion durch Sprengstoff) und andere Gewalttaten, die der Vorbereitung solcher Straftaten dienen, sofern diese Taten im Rahmen eines nachhaltig geführten Kampfes für politische Ziele begangen werden. Nicht hierunter fallen Anschläge, die spontan, etwa aus gewalttätig verlaufenden Demonstrationsveranstaltungen heraus, durchgeführt werden." (Verfassungsschutzbericht des Bundes 1983, S. 18)

Beispiele sind der Mord am jüdischen Verlegerehepaar Levin und Poeschke und die Banküberfälle und Anschläge der Hepp-Kexel-Gruppe, die sich zu über 50 Prozent aus früheren WSG-Mitgliedern zusammensetzt. Auch das Oktoberfestattentat kann Indizien zufolge ohne weiteres als rechtsterroristischer Akt bewertet werden, dem 13 Menschen zum Opfer fallen. So erinnert sich ein Freund[4] Gundolf Köhlers an ein Gespräch mit dem späteren Attentäter:

> "Gundolf sagte auch, daß die Wehrsportgruppe Hoffmann und sonstige rechte Splittergruppen nicht schlecht seien, da diese einen Führerstaat wollten. Auch (...) war er der Meinung, daß ein starker Mann gut sei. Während Gundolf eine nationalsozialistisch-faschistische Diktatur für wünschenswert hielt, war (...) nicht so eindeutig dafür. Wenn das nicht durch Wahlen möglich sei, dann komme eine Revolution in Frage. Gundolf zitierte hierbei Hoffmann, der mehrmals gesagt hat, daß je größer das Ziel und die Werte desselben seien, desto mehr Opfer es geben könnte." (zit. aus: Chaussy 1985, S. 180)

Der "Wehrsportgruppe Hoffmann" noch zu legalen Zeiten zwischen 1973 und 1980 "Terrorismus" zu unterstellen ist nicht korrekt, wenn man den gängigen Definitionen folgt:

1. "Terrorismus ist der nachhaltig geführte Kampf für politische Ziele, die mit Hilfe von Anschlägen auf Leib, Leben und Eigentum anderer Menschen durchgesetzt werden sollen, insbesondere durch schwere Straftaten, wie sie in § 129a Abs. 1 des Strafgesetzbuches genannt sind (vor allem: Mord, Totschlag, erpresserischer Menschenraub, Brandstiftung, Herbeiführung einer Explosion durch Sprengstoff) oder durch andere Straftaten, die der Vorbereitung solcher Straftaten dienen." (Verfassungsschutzbericht des Bundes 1983, S. 18)

2. "Terrorismus, die planmäßige Anwendung von Terror zur Erreichung politischer, sozialer oder militärischer Ziele. Dahinter steht die Auffassung, daß der jeweilige Zweck alle Mittel rechtfertige." (Klein 1987, S. 47)

---

[4] Über die Zuverlässigkeit der Aussagen des engen Köhler-Freundes gibt es verschiedene Interpretationen. So habe der Zeuge, wie die Bundesstaatsanwaltschaft in ihrem Schlußbericht schreibt, zum Zeitpunkt der Vernehmungen "an einer psychischen Erkrankung gelitten", seine "Fähigkeit" zu "realitätsgerechten Wahrnehmungen sei eingeschränkt gewesen." (zit. aus: Chaussy 1985, S. 181) An anderer Stelle des Berichtes sind jedoch die Aussagen des wichtigen Zeugen, beispielsweise über die Bauteile der Bombe, die er bei Köhler gesehen haben will, ohne diese kritische Einschränkung rezipiert. Die Argumentation der Bundesstaatsanwaltschaft wird jedoch von dem Journalisten Ulrich Chaussy zu recht hinterfragt: "Max Gärtners (Namensänderung - der Autor) Erinnerungen an Köhler - und seine gemeinsamen Gespräche mit ihm und (...) - sind mit dem simplen Verweis vom Tisch gewischt, ein Nervenarzt habe den Verdacht einer psychischen Erkrankung geäußert. Gelöscht ist damit der Verdacht auf einen politischen Hintergrund der Tat - und der schwerwiegende Hinweis des mutmaßlichen Täters, daß ein Attentat nur mit mindestens einer weiteren Person zusammen durchgeführt werden könnte." (Chaussy 1985, S. 186) Chaussy bezweifelt die Glaubwürdigkeit des zweiten Hauptzeugen, ebenfalls ein Freund Köhlers, der zum Zeugen für eine unpolitische Motivation des Münchner Anschlages aufgebaut wird. (vgl. Chaussy 1985, S. 186) Ihm erscheint die Tat als "das Fazit einer persönliches Katastrophe", ohne jeglichen Polit-Hintergrund. (zit. aus Chaussy 1985, S. 182)

3. "Allgemein kann Terrorismus als eine Form der Machtausübung begriffen werden, die auf der systematischen Erzeugung von Furcht und Schrecken beruht." (Lösche 1978, S. 82)

Bemerkenswert an der letzten Definition ist auch die Anwendbarkeit auf staatliche Institutionen, die Terror als Unterdrükkungsinstrument zur Aufrechterhaltung der eigenen Herrschaft begreifen. Schließt man den Staatsterrorismus aus, und nimmt den Terror durch eine organisierte Gruppe als Grundlage, unterscheidet Peter Lösche drei Merkmale für diese Art des Terrorismus:

> "1. Die direkte, unmittelbare und aktuelle Drohung mit oder Anwendung von Gewalt gegen Sachen und Personen.
> 2. Die organisierte und systematische Zusammenarbeit mehrerer Täter in einer Gruppe, um eine Tat, in der Regel aber eine genaue Abfolge von Taten durchzuführen.
> 3. Die Berufung auf eine politische Zielsetzung: Im Terrorismus können Taten verschiedenartig ideologisch, z.B. 'rechts oder 'links, verbrämt sein. (...)" (Peter Lösche, 1978, S. 83)

Zwar tritt die "Wehrsportgruppe Hoffmann" mit der kaum verdeckten Vorbereitung von Gewaltakten auf, was sich bei paramilitärischen Übungen wiederspiegelt, doch bleibt es bis zum WSG-Verbot am 30.1.1980 beim Vorsatz. Die "Kämpfer" gegen die fdGO trainieren konspirativ im Unterholz oder auf vor Polizeizugriff sicherem Privatgelände. Dennoch darf nicht übersehen werden, daß der Wehrsport auch mit politischer Indoktrination verbunden ist. So gehört das Erlernen und gemeinschaftliche Absingen des HJ-Kampfliedes ebenso zum Repertoire wie das Training in Uniformen, die denen der Waffen-SS ähneln. Sprechchöre, die das Selbstverständnis als "Schwarze Legionäre" im Kampf gegen "Bolschewismus und Kapital" zum Ausdruck bringen, komplettieren das Bild. (vgl. Verbotsverfügung des Bundesinnenminister, in: 'Innere Sicherheit', 12.3.1980, S. 22) Nicht wenige spätere Rechtsterroristen sind vor ihrer Terror-Karriere durch die "Schule" des WSG-Chefs (Rosen 1989, S. 53) gegangen, darunter Attila Bajtsy, Hans-Peter Fraas und Dieter Sporleder. In der WSG erlernen sie

> "nahezu alle Arten der militärischen Ausbildung, Nahkampf, Tarnung, Fuß- und Motmarsch, Ambush, Conter-Ambush und Überlebenstraining. Theoretisch und praktisch. Mehrmals im Jahr finden unter Einbeziehung mehrerer Gruppen Manöver mit unterschiedlichen Zielen statt." (Meyer/Rabe 1983, S. 71)

Es ist nicht richtig, die "Wehrsportgruppe" als "terroristische Vereinigung" zu deklarieren. Sehr wohl kann sie aber als "Schule des Terrorismus" (Müller 1984, S. 238) gelten.

4.6. Ist die WSG ein paramilitärischer Verband ?

Hoffmann gibt selbst zu, daß es sich bei der WSG um eine paramilitärische Gruppe handelt. So schreibt er in der Einleitung seiner Zeitschrift zum Selbstverständnis der Truppe:

> "Es ist ein, nach militärischen Geischtspunkten organisierter, straff geführter Freiwilligen-Verband. Die WSG hat eine, dem regulären Militär entsprechende hierarchische Führungsstruktur. Die meisten Mitglieder gehen einer geregelten, normalen Arbeitstätigkeit nach. Der Dienst in der WSG ist also, wie es dem Wesen einer paramilitärischen Einheit entspricht, nur in der Freizeit erbracht." ('Kommando', Januar 1979, S. 2)

In seiner Klage gegen die Verbotsverfügung zu Lasten seiner Gruppe ergänzt er beschönigend:

> "Die Verbotsverfügung verkennt, daß es sich bei der Klägerin um einen Feierabendverein handele, dessen personale und materielle Mittel für eine 'Machtübernahme' überhaupt nicht ausreichten. (...) Die militärische Ausbildung innerhalb der Wehrsportgruppe diene ausschließlich der eigenen Daseinsberechtigung; der Zweck der Klägerin erschöpfe sich in der paramilitärischen, sportlich auf Leistungsnachweis zielenden Betätigung." (Urteil des Bundesverwaltungsgerichtes, BVerwG 1 A 3.80, 25.11.1980, S. 9)

Wie nur unschwer zu erkennen ist, verwischt Hoffmann sein politisches Anliegen. Nicht umsonst ist auch sein Leistungsabzeichen für sportliche Betätigung aus dem Dritten Reich abgekupfert. (vgl. 'Kommando', März 1979, S. 18) Es handelt sich dabei um eine etwas veränderte Kopie des "Bandenkampfabzeichen", das seit 1944 Mitgliedern der SS und der Polizei verliehen wird, "die mehr als 25 Tage im Kampf gegen Banden (Partisanen) stehen." Dabei darf nicht vergessen werden, daß zahlreiche Kriegsverbrechen im Rahmen der "Bandenbekämpfung" verübt werden. (vgl. Müller 1993, S. 48) Auch das restliche Outfit der WSG entspricht in etwa dem der Waffen-SS. Ferner widerlegt das Bundesverwaltungsgericht das Trugbild der unpolitischen WSG. Die Richter weisen zu Recht auf WSG-Aussagen hin, in denen Hoffmann das politische Primat hervorhebt. So schreibt er, daß "der Schwerpunkt unserer Arbeit im politischen Bereich liegt". ('Kommando', März 1979, S. 9)[5]

Auch der Gesang und die Appelle der WSG sind eindeutig rechtsextrem. Entgegen der Beteuerung, die WSG sei unpolitisch, sieht sich die Organisation ganz bewußt in der antidemokratischen Freicorps-Tradition der frühen Weimarer Republik. Ein Artikel in der WSG-Zeitschrift 'Kommando' präsentiert die Hoffmann-Gruppe als Speerspitze gegen den Zeitgeist. Der Autor stellt die angepriesene "neue Generation"/WSG auch in die Tradition der nationalsozialistischen Bewegung, hier als "dritte Welle" bezeichnet:

---

[5] vgl. Urteil des Bundesverwaltungsgerichtes, BVerwG 1 A 3.80, 25.11.1980, S. 27

"Die alten Stellungen sind noch stark und mit allen Barrikaden einer materialistischen Welt gesichert. Die neue Jugend rennt in Sturmwellen dagegen an. Erst fahrig und wild, dann immer geordneter und zielbewußter. Die erste schwache Welle stand vor dem ersten Weltkrieg auf. Doch das Geschehen brauste gewalttätig über sie hinweg und riß die jungen Freiwilligen und Frontkämpfer mit hinab in seinen Strudel. Die Überlebenden der Schlachtfelder in Frankreich und Belgien aber hatten nun erst geschaut, was das Jahrhundert von ihnen wollte. Da erhebt sich, als der letzte Schuß der großen Materialschlacht verhallt war, aus den zerwühlten Gräben des Krieges die zweite Welle. Aber die Nation daheim verstand sie nicht; denn diese Nation - war verschüttet, nein: war noch gar nicht geboren. Eine machtvoll aufsteigende dritte Welle nahm den Funken auf, ergriff eine alte Form, wurde zu einer ganz großen Partei und Bewegung und - ging unter. Die vierte Welle aber ist nun die mächtigste und eigentliche: sie quillt aus den Tiefen der ganz neuen Jugend, aus allen Herzen, aus allen Lagern. Sie trägt einen ganz neuen Namen und kennt weder 'links noch rechts' im herkömmlichen Sinne. Und diese neue Jugend trägt das Banner einer unerhörten, mitreißenden Idee." ('Kommando', Juli 1979, S. 6)

Vor diesem Hintergrund erscheinen die Weimarer Republik und die demokratische Ordnung nach 1945 als Fremdkörper der deutschen Geschichte, denen der Kampf angesagt wird. In dem oben zitierten Beitrag werden die Freicorps-Verbände als "zweite Welle" dargestellt und die "Wehrsportgruppe" als "vierte Welle", die das antidemokratische und militaristische Erbe fortsetzt. Die parlamentarische Demokratie der Bundesrepublik Deutschland gilt als "eine uns wiederum wie 1918 aufgenötigte, von vornehrein auf den Konflikt angelegte Herrschaftsform". Feinde sind "die von den Besatzungsmächten zur Herrschaft 'Auserwählten'", die "Manager der sexualliberalsozialistisch-nationalchristdemokratischen Wohlstandskonsumgesellschaft". ('Kommando', Juli 1979, S. 15)

Auch hier tritt die Kontinuität zu Tage: Kampf der Weimarer Republik und Kampf der fdGO nach 1945. Nur überdeutlich ist die Bezugnahme des Autoren auf die Tradition der deutschen Nationalisten vor dem Ersten Weltkrieg und in der Weimarer Republik. In den Schriften der frühen Rechten nach 1918 wird das Kriegserlebnis "zu einer Legitimationsformel für nationale Gesinnung", wie Kurt Sontheimer schreibt:

"Es wird als ein Erlebnis gedeutet, das es unmöglich mache, die Revolution (...) und die aus ihr hervorgegangene Weimarer Republik zu bejahen. Der Geist des Frontsoldatentums des Weltkrieges sei nicht der Geist der Weimarer Republik; die Frontsoldaten glauben vielmehr durch ihren heldenhaften Einsatz im Kriege sich das Recht erworben zu haben, Deutschland im Sinne ihres grundlegenden Erlebnisses neu zu gestalten und zu regieren." (Sontheimer 1992, S. 96 f)

Diese Geisteshaltung der "Schützengrabengemeinschaft", die das Kriegserlebnis mythologisiert, strebt einen "Frontsoldatenstaat" an. (Berghahn 1986, S. 43) Zu dem zugrunde liegenden Ideengebäude schreibt Sontheimer:

> "Im Kriegserlebnis wird, jedenfalls in der nachträglichen Version, die ihm die nationalistische Nachkriegsliteratur verliehen hat, der einzelne ganz und gar zum dienenden Glied der Gemeinschaft, sei es des ganzen Volkes oder der kämpfenden Gruppe. Diese Gemeinschaft erstreckt sich auch auf den Offizier, den Führer, dem man in treuer Gefolgschaft dient, wenn er sich seiner Aufgabe als würdig erweist und seine Mannen mitzureißen und anzuspornen versteht. So wächst eine Gemeinschaft von Männern heran, die in dem ganz andersartigen des Frontgeschens gegenüber dem von bürgerlichen Zweckgedanken bestimmten Leben in der Heimat eine Vorform der Volksgemeinschaft erlebt, die alle Klassenunterschiede aus sich heraus überwindet und in der allein die Leistung und Verläßlichkeit des Kameraden den Ausschlag gibt." (Sontheimer 1992, S. 99)

Nicht allein der nationale, sondern auch der wehrhafte Gedanke, wie er von allen politischen Rechtsgruppen in dieser Zeit gepflegt wird, geht zurück auf das Kriegserlebnis. Diese Haltung steht in Opposition zum quasi offiziellen Pazifismus der frühen Weimarer Republik. (vgl. Sontheimer 1992, S. 107) Dementgegen steht eine Bewußtseinsbildung bei vielen Deutschen, die sich weigern, die Niederlage von 1918 zu akzeptieren:

> "Sie glauben weiterhin an die Überlegenheit der nun zusammengebrochenen Institutionen und flüchteten sich in eine Welt von Mythen und Legenden, unter denen die Dolchstoßlegende eine der mächtigsten war. Woran es ihrer Meinung nach gemangelt hatte, um den Weltkrieg durchzuhalten und siegreich zu Ende zu führen, waren nicht materielle Ressourcen, sondern Entschiedenheit und Willenskraft." (Berghahn 1986, S. 42)

Gleichzeitig strömen Hunderttausende "Militaristen" in die Wehrverbände der Weimarer Zeit. Der kanadische Historiker Warren E. Williams erstellt eine Studie über die äußeren Erscheinungsformen des von ihm so bezeichneten "Paramilitarismus" der Zwischenkriegszeit. Die Ergebnisse zitiert in Deutschland unter anderem auch Volker R. Berghahn:

> "Viele der Wehrverbände waren exakte Kopien der alten preußisch-deutschen Armee mit den gleichen rigiden Befehlsstrukturen und Hierarchien, der gleichen militärischen Sprache und dem gleichen Zubehör. Ihre Ortsgruppen hielten regelmäßige Paraden ab; sie organisierten Feldübungen in entlegenen Wäldern außerhalb der Reichweite der Inter-Alliierten Militärkontroll-Kommission. Sie leisteten sich die Teilnahme an aufsehenerregenden Frontsoldatentagen, auf denen Familienväter und angesehene Bürger mittleren Alters die Unannehmlichkeiten eines Feldlagers auf sich nahmen. Sie schliefen in Zelten und standen vor den Gulaschkanonen zum Essenfassen Schlange. So befremdlich uns dieses Verhalten rückblickend erscheinen mag, für die Teilnehmer war es eine ernste Sache und besaß eine tiefe emotionale Bedeutung." (Berghahn 1986, S. 42 f)

Ideologisch lassen sich die "paramilitärischen Organisationen" in einen "nostalgischen" und einen "modernen" Militarismus unterscheiden. Während eine Reihe von ihnen ausschließlich rückwärts gewandte Positionen vertritt und alles für gut und erhaltenswert erklärt, wofür die preußische Armee vor 1914 gekämpft hat, gibt es auch die "modernen Militaristen". Sie wissen, daß die alte Welt des wilhelminischen Militarismus zusammengebrochen ist, und planen einen neuen Staat. Nicht umsonst greifen diese paramilitärischen Organisationen damals theoretisch auf die Idee der Frontgemeinschaft zurück. Sie wollen die Schützengrabengemeinschaft ohne Klassenunterschiede auch in Friedenszeiten verwirklichen:

> "Die Ideologen des Kriegserlebnisses hatten (...) immer wieder die Forderung erhoben, die politischen Organisationen der neuen Zeit sollten sich das Militärische zum Vorbild nehmen, nicht allein strukturmäßig in der selbstverständlichen Hinnahme einer Befehlshierarchie mit dem ihr entsprechenden Prinzip der Über- und Unterordnung, sondern auch in dem aus dem Fronterlebnis abgeleiteten völkischen Prinzip von Führer und Gefolgschaft." (Sontheimer 1992, S. 108)

Diese Einstellung macht sich auch Hoffmann zu eigen. Im Februar 1979 sagt er:

> "Aber ich muß ihnen sagen, daß eine militärische Organisation, eine Organisation mit militärisch-hierarchischer Struktur, ein, auch ein Instrument zur Charakterbildung ist und sehr viel andere Möglichkeiten bringt. Sie müssen nicht immer nur an Gewalt denken und an Schießen und an Überwältigen. Es gibt ja ganz andere Aspekte, zum Beispiel die Problemlosigkeit der Abwicklung aller Aktionen. Sie können beispielsweise, Sie können einer militärischen Organisation alles befehlen. Sie können einen Soldaten befehlen, sich als Zivilist anständig zu benehmen, beispielsweise. Sie können einer Soldaten- oder soldatenähnlichen Einheit den Auftrag geben, eine Plakatierung durchzuführen. Und Sie werden feststellen, daß eine Plakatierung von einer militärischen Einheit präzise durchgeführt wird, ohne Meckern Vollzug gemeldet wird. Und Sie sind sich einfach sicher, daß alles, was getan wird, in einem - soll ich mal sagen - in einem perfekten Ablauf geschieht. Aber Sie können umgekehrt von einem Haufen von Zivilisten niemals eine präzise Aktion abverlangen." (zit. aus: Rabe 1980, S. 210)

Ähnlich wie sich Hoffmann als Vorbote einer "Neuordnung" ('Kommando', Mai 1979, S. 2) oder einer "Machtübernahme" ('Kommando', Juli 1979, S. 2) versteht, wie seine Vorbilder in der Weimarer Zeit sieht auch er sich als Speerspitze eines Umsturzes. Zu Recht schreibt Sontheimer zu den historischen Hoffmann-Vorgängern:

> "Die Kampfbünde der Weimarer Republik sind also die politische Vorhut eines neuen Staates, nicht nur weil sie diesen anstreben, sondern weil sie in ihrer inneren Organisation bereits die neue politische Ordnung ausdrücken. Militärisch formierte Verbände, nicht Parteien, erscheinen den nationalistischen Beobachtern als der beste Garant für eine gesunde Staatsordnung und allein gerüstet, die Umwälzung der bestehenden Republik in Angriff zu nehmen." (Sontheimer 1992, S. 108)

Auch hierin stimmt Hoffmann mit den "nationalistischen Beobachtern" der Weimarer Republik überein. Im Gegensatz zu Rechtsextremisten wie Michael Kühnen oder Friedhelm Busse, setzt Hoffmann nicht auf die parteipolitische Partizipation, sondern auf einen paramilitärischen Kampfverband. (vgl. 'Der Spiegel',

24.11.1980) Die Organisationsprinzipien der republikfeindlichen ehemaligen Frontkämpfer lassen sich anhand von vier Begriffen erläutern: Verschwörung, politische Attentate, Putschismus und die Präsenz antisemitscher, militärisch-männerbündischer Verbände. Sie beherrschen die Anfangsjahre der Weimarer Republik. (vgl. Jaschke 1982, S. 5)

Politische Morde 1918 - 1922

	Von Linksstehenden	Von Rechtsstehenden	Gesamtzahl
Gesamtzahl der Morde	22	354	376
- davon ungesühnt	4	326	330
- teilweise gesühnt	1	27	28
- gesühnt	17	1	18
Zahl der Verurteilten	38	24	62
Zahl der Hinrichtungen	10	-	10

(vgl. Radt 1987, S. 70)

Die führende Organisation der rechtsgerichteten Paramilitärs, der "Stahlhelm - Bund der Frontsoldaten", wird in einem späteren Kapitel ausführlich behandelt. (vgl. Kapitel 5.1.1.) "Kampf um die Straße" im Zuge der sich formierenden NS-Massenbewegung ist das Organisationsprinzip der Gewalt von rechts in den letzten Jahren der Weimarer Republik. (vgl. Jaschke 1982, S. 5) Die große Effektivität der paramilitärischen Organisation der NSDAP in deren Aufstiegsphase ist heute unbestritten. So schreibt Wolfgang Petter:

"Das erste Instrument, mit dem der Nationalsozialismus Herrschaft errang und verteidigte, nämlich über öffentliche Veranstaltungen und die Straße, war die als NSDAP-Kampforganisation dienende 'Sturmabteilung' (SA). Ihr brutales Vorgehen - 'brutal' im Sinne von entschlossen handelnd, ohne sich selbst zu schonen und ohne Milde, war eine Kernvokabel des NS-Stils - trug in den Jahren 1929 bis 1933 entscheidend zum Gewinn und zur Festigung der Macht bei." (Petter 1993, S. 76)

Zum aggressiven Auftreten der SA ergänzt Petter:

"Weisungsgemäß schürten die SA-Männer die Bürgerkriegsstimmung auf der konventionellen Ebene mit Flugblättern, Plakatkleben, Parolenpinseln und Aufmärschen, auf der aggressiven Ebene mit dem Herunterreißen fremder Plakate und schwarz-rot-goldener Flaggen sowie dem vielfach an Nötigung grenzenden Spendensammeln, auf der mehr oder minder politkriminellen Ebene mit brutalen Aktivitäten (z.B. dem Sprengen von Versammlungen, provokativer Belästigung, Prügel) bis hin zu Totschlag und Terrormaßnahmen gegen Republikaner, Kommunisten und Juden. Das eingedrillte operative Verfahren, das die SA von anderen Demonstranten abhob, war der übergangslose

Ausbruch aus der disziplinierten Marschformation in hemmungslose Gewaltaktionen". (Petter 1993, S. 79)

Die Aktionen der SA sind begleitet von paramilitärischen Übungen. So trainiert die braune Bürgerkriegsformation Boxen und Jiu-Jitsu und übt nebenbei militärische Ausbildung wie Marschieren, Exerzieren und Geländeübungen ein. SA-Chef Ernst Röhm zu seinem Selbstverständis: "Ich bin Soldat" und "ich beurteile die Welt von meinem Standpunkt als Soldat aus. Das, was für mich in einer Bewegung Bedeutung hat, ist das militärische Element." (zit. aus: Gallo 1972, S. 18) Diese Haltung findet sich im paramilitärischen Habitus der Sturmabteilung wieder. Die Truppe expandiert: zur Jahreswende 1931/32 sind es 260 000 Mitglieder, ein Jahr später 427 000. Das Wachstum des NSDAP-Kampfverbandes ist begleitet von größerer Härte und der Verrohung der politischen Auseinandersetzung. Aufschluß gibt ein Jahresvergleich über von der parteieigenen SA-Versicherung abgewickelten Fälle von "Dienstverwundungen":

Jahr	1927	1928	1929	1930	1931	1932
Verwundungen	110	360	881	2506	6307	14005

(Pepper 1993, S. 79)

Von 1923 bis 1932 kommen 94 SA-Männer ums Leben. Die zweite Terrorphase der expandierenden SA setzt nach der sogenannten "Machtergreifung" am 30.1.1933 ein, Hitler wird Reichskanzler. Den Wahlkampf der "linken" Opposition gegen Hitler vor der Reichstagswahl am 5.3.1933 sieht die SA als "Frechheit" an, die "nicht mehr länger geduldet werden konnte" und bringt ihn fast vollständig zum erliegen. (Pepper 1993, S. 80) Eine weitere, noch schlimmere Terrorphase der SA kommt nach der Wahl. Nun wird die SA zum Schwert der Reichstagsbrandverordnung "zum Schutz von Volk und Staat":

"Monatelang stand Deutschland unter dem Eindruck von wilden 'Hausdurchsuchungen' nicht einmal als Hilfspolizei ausgewiesener SA, die plünderte, prügelte oder verhaftete, zumeist unter stillschweigender Duldung durch die Polizeiorgane. (...) An die 100 000 Verhaftete, auch Frauen, hatten menschenunwürdige Gemeinheiten, Quälereien und Folter zu ertragen oder wurden unter Mißhandlungen bis zum Umfallen 'militärisch gedrillt' oder härtesten 'Arbeitseinsätzen' unterworfen. 500 bis 600 Verschleppte wurden ermordet, (...) Am 2. August wurde die SA von ihrer hilfspolizeilichen Aufgabe entbunden." (Pepper 1993, S. 81)

Mitte 1934 fühlt sich die SA stark. Ihr Chef, Ernst Röhm, will sie zur dominierenden und gestaltenden Kraft im Staat machen. Während Propaganda und Terror immer mehr an den Staat übergehen, orientiert Röhm seine Truppe an der Wehrverbandskonzeption. Bis es zu einer klaren Funktionsbestimmung der Braunhemden kommt, arbeitet Röhm an einer Hierarchisierung und Organisationsverfeinerung der SA: Es kommt zum Ausbau und zum Hinzufügen der Dienstgattungen

Motor, Maine-, Flieger-SA und zur Aufstellung von "Stabswachen". So entsteht eine offene Konkurrenz zwischen dem paramilitärischen Heer der SA und der Reichswehr:

> "Röhms Privatarmee verkörperte ein Soldatentum, das mit dem der Berufsoffiziere wenig gemein hatte. Vor allem sahen sich die SA-Leute nicht nur als Protagonisten, die im Kampf gegen die Linke in Deutschland wieder 'Ruhe und Ordnung' hergestellt hatten. Vielmehr nahmen sie für sich in Anspruch, der alleinige Waffenträger der Nation und Kern einer künftigen politisierten Massenarmee zu sein." (Berghahn 1986, S. 140)

Ferner schafft Röhm mit seiner Massenorganisation SA auch eine Konkurrenzsituation zur NSDAP. Es entstehen Spannungen zwischen den Herrschenden: "Seit 1934 ging in der SA das Wort der 'Zweiten Revolution' um, die das nachholen wollte, was die erste Revolution versäumt hatte, eine soziale Umwälzung, und die der SA die Führung des Staates bringen würde." (Aleff 1986, S. 55)

Als die SA eine Gefahr für die Koalition mit den konservativen Kräften wird (Rede des Vize-Kanzlers Franz von Papen am 17. Juni 1934), handelt Hitler. In der sogenannten "Nacht der langen Messer" werden mutmaßliche Gegner und künftige Konkurrenten liquidiert. (vgl. Gello 1972, S. 13 ff; Pepper 1993, S. 83) Vom Morgen des 30.6.1934 an ermordet eine Gruppe aus SS und Polizei die SA-Führung. (vgl. Gallo 1972) Hitlers Kommentar:

> "In dieser Stunde war ich verantwortlich für das Schicksal der deutschen Nation und damit des deutschen Volkes Oberster Gerichtsherr. Meuternde Divisionen hat man zu allen Zeiten durch Dezimierung wieder zur Ordnung gerufen. Ich habe den Befehl gegeben, die Hauptschuldigen an diesem Verrat zu erschießen, und ich gab weiter den Befehl, die Geschwüre unserer inneren Brunnenvergiftung und der Vergiftung des Auslandes auszubrennen bis auf das rohe Fleisch!" (zit. aus: Gallo 1972, S. 5)

Nach dem 30.6.1934 ist die SA entmachtet und degeneriert zur Wehrertüchtigungsformation des "Dritten Reiches":

> "Die Wehrverbandfunktion war nach dem 'Röhm-Putsch' mit der Schwerpunktverlagerung des Dienstes auf Aufmärsche und Spendensammeln, vor allem aber auf die Vermittlung des SA-Sport- bzw. Wehrabzeichens (1939) in den Vordergrund getreten." (Petter 1993, S. 84)

Eine zentrale Aufgabe behält sie auch nach ihrer Entmachtung: Die Durchdringung der Gesellschaft mit einer Ideologie der Opferbereitschaft und des militaristischen Geistes. (vgl. Berghahn 1986, S. 142)

In der historischen Betrachtung, so analysiert Hans-Gerd Jaschke, habe die SA "deutliche organisationssoziologische Paralellen" zur "Wehrsportgruppe Hoffmann". (Jaschke 1982, S. 6) Er nennt neben dem Führerprinzip auch das SA-Selbstverständnis als Wehrsportorganisation. Die SA sieht sich als "paramilitärische Eingreifreserve" bei "roten Aufständen" oder "antinationalen Veranstaltungen" mit dem Ziel der "Erhaltung der Wehrfähigkeit und Erziehung der Jugend zum Waffengebrauch". (Jaschke 1982, S. 6) Trotz dieser Parallelen darf nicht verkannt werden, daß Hoffmann das politische Verständnis der SA nicht teilt. Hierin werden nämlich Frontkämpfermentalität und Freicorpsgeist mit der NSDAP-Programmatik zum "politischen Soldatentum" verschmolzen. (vgl. Jaschke 1982, S. 7) Dieses Zusammenspiel fehlt bei Hoffmann zum großen Teil. SA-Rituale, wie sie beispielsweise in den Kühnen-Organisationen an der Tagesordnung sind, finden sich bei Hoffmann überhaupt nicht. Auch werden in keiner einzigen Ausgabe seiner WSG-Zeitschrift 'Kommando' die SA oder ihr Führer Ernst Röhm positiv gewürdigt. Letztendlich sind Uniformierung und Dienstgrade der WSG nicht der SA, sondern der SS entlehnt.

Trotzdem ist es gefährlich, "Wehrsportgruppen" isoliert von nationalsozialistischen oder faschistischen Anschauungen zu betrachten, denen der "Kampf als Lebensprinzip" zugrunde liegt:

"So erklärt sich die Vorliebe für alles Militärische. Das Soldaten- und Heldentum erscheint in einer mystischen Verklärung. Kriege sind danach Instrumente der Evolution, eine natürliche Auslese unter den Völkern. Hier zeigt sich eine Sturm- und Kampfsprache, die sich zum Teil aus der Sport- und technischen Fachsprache weiterentwickelt hat. In der NS-Zeit wurde die Wehrsportidee propagiert, in unserer freiheitlichen Demokratie ist dagegen der Wehrsport ein Widerspruch in sich; denn Militär hat nichts mit den Grundsätzen des Sports zu tun. (...) Das 'Gesetz von Befehl und Gehorsam', der 'Wille zur Opferbereitschaft' und der Heroismus sind Wurzeln des Faschismus (...)." (Schwagerl 1985, S. 74)

Eben diese Elemente finden sich auch bei Hoffmann wieder. In einem Vortrag am 17.3.1979 in Heroldsberg fordert er "Willen zur Opferbereitschaft": "Keiner geht gerne ins Gefängnis, ich auch nicht, aber wir wissen eines, früher oder später müssen wir auch hier die bundesdeutschen Gefängnisse durchlaufen." (zit. aus der Verbotsverfügung des Bundesinnenministers, in: 'Innere Sicherheit, 12.3.1980, S. 23) Das "Gesetz von Befehl und Gehorsam" spiegelt sich ebenfalls in der WSG wieder. So unterliegt sie einer "dem regulären Militär entsprechenden hierarchischen Führungsstruktur". ('Kommando', Januar 1979, S. 2) Hoffmann ist "das einzige 'Willensbildungsorgan' der WSG und besitzt die uneingeschränkte Befehlsgewalt über die WSG." (Verbotsverfüfung des Bundesinnenministers, in: 'Innere Sicherheit', 12.3.1980, S. 20)

Auch um "Heroismus" bemüht sich Hoffmann, etwa mit Fantasieauszeichnungen, die in der WSG-Publikation präsentiert werden:

"Für die Kameraden, die auch heute noch ihren Dienst für die WSG in Uniform versehen, habe ich, in Erinnerung an die Anfangsjahre und dankbare Anerkennung, ein Ehrenärmelband mit der Aufschrift 'Almshof' gestiftet. Es wird nur von den Männern der ersten Stunde aus dem Jahre 74 und davor als Traditionsabzeichen und Ehrung am linken Ärmelaufschlag getragen. (...) Wem bewußt ist, wieviel Einsatzbereitschaft und Charakterfestigkeit Voraussetzung für diese Ehrung war, zollt gerne den gebotenen Respekt." ('Kommando', Mai 1979, S. 5)

Da Hoffmanns Gruppe nicht auf eigene "herorische" Taten zurückblicken kann, hilft die Fantasie des Herausgebers nach. Somit können der WSG als politischer Wehrsportgruppe, folgen wir der Definition Schwagerls, durchaus organisationssoziologische Paralellen zur SA diagnostiziert werden.

4.7. Einordnung der "Wehrsportgruppe Hoffmann"

Auch wenn es vor dem WSG-Verbot kaum Indikatoren gibt, die die Organisation als terroristische Gruppe ausweisen, ist doch eine große Militanz signifikant. So schreibt das Bayerische Landeskriminalamt im Abschlußbericht zum Oktoberfestattentat: "Bis September 1980 registrierte das BKA 73 Straftäter aus den Reihen der WSG." (Bayerisches Landeskriminalamt, Nr. 2508/80 - Kt., München 30.3.1983, S. 3)

Die BKA-Zahlen kommen nicht von ungefähr. Immer wieder setzt Hoffmann auf Militanz und Gewalt als Durchsetzungsmittel für seine politischen Ziele und unterbreitet diese Haltung auch seinen Mitgliedern. Am 17.3.1979 sagt er in Heroldsberg auf einer Veranstaltung zum Thema "Die neue Ordnung kommt" vor rund 200 Zuhörern:

> "Und ich frage mich, wohin soll ich denn noch emigrieren, jetzt wird nicht mehr emigriert, jetzt wird dageblieben und jetzt wird dageblieben und jetzt wird diesen Dingen Widerstand geleistet, egal, ob nun Ostzone oder BRD oder was weiß ich. Was nicht im Einklang des Menschenrechtes ist, was sich gegen die Interessen unseres Volkes richtet, das wird bekämpft. (...) und wir sind auch soweit, und das erschüttert auch immer wieder die Verfassungsschützer, daß sie hier eine Generation vor sich haben, daß sie hier Leute vor sich haben, die diese Leute anführen, die aus ganz anderem Holz sind, die sich nicht mehr einschüchtern lassen, und die zu Beginn ihres Weges ganz klar die Möglichkeit einer Gefängnisstrafe mit einkalkuliert haben. Keiner geht gerne ins Gefängnis, ich auch nicht, aber wir wissen eines, früher oder später müssen wir auch hier die bundesdeutschen Gefängnisse durchlaufen."

Insgesamt kann bei der ideologischen Einordnung den Richtern des Verwaltungsgerichtes Ansbach gefolgt werden, die bereits am 14.12.1978 schreiben, Hoffmann sei ein "militanter Radikaler faschistoider Ausrichtung". ('Nürnberger Nachrichten', 2.10.1980) Lediglich "Radikaler" wäre durch "Extremer" zu ersetzen.

Es greift zu kurz, Hoffmann allein in politischen Kategorien zu messen. Seine Truppe steht vielmehr in der antidemokratischen und antikommunistischen Tradition der deutschen Freikorps nach dem ersten Weltkrieg. Hoffmann beansprucht nicht, eine Ideologieschule innerhalb der extremen Rechten zu sein. Das Selbstverständnis hin zu einer politischen Institution vollzieht sich erst ein Jahr vor dem WSG-Verbot. Im Interview mit Paul-Elmar Jöris sagt Hoffmann Februar 1979:

> "Ja nun, ich muß dazu sagen, bisher haben wir überhaupt nicht politisch gewirkt. Bisher haben wir eigentlich nur indirekt politisch dadurch gewirkt, daß andere sich permanent mit uns beschäftigt haben. Das ist also eigentlich die eigentliche Wirkung gewesen, die von uns ausgegangen ist. Und erst seit kurzer Zeit hat sich das in der Strategie und natürlich dann auch in der Taktik vollkommen geändert. Wir werden jetzt selbst politisch aktiv, und unter Umständen, ich meine mit großer Gewißheit, nur unter Umständen sehr bald, möchte ich sagen, werden wir eine Partei-Aufbauorganisation installieren, was nicht bedeutet, daß nun die WSG umgewandelt werden soll etwa in eine Partei-Aufbauorganisation. Dazu wär' die Personalstruktur unter Umständen gar nicht geeignet. Sie wird auch nicht fallengelassen, sondern es wird eben parallel, zusätzlich dazu ein weiteres Instrument geschaffen." (zit. aus: Rabe 1980, S. 209)

Diese Pläne werden aber nicht verwirklicht. Auf die Frage, warum er 1973 die Gründung einer "Wehrsportgruppe" der einer Partei vorgezogen habe, sagt der Rechtsextremist dem Nachrichtenmagazin 'Der Spiegel':

> "Spezielle Gründe sprachen gegen eine Parteigründung. Ich hätte sonst genau das getan, was man vom Bundesbürger will. Er soll sich im Parteileben erschöpfen, sich abarbeiten, spenden und aufopfern für irgendeine Idee, aber dann soll er letzten Endes an der Fünf-Prozent-Klausel scheitern. Nein, da müßten die Voraussetzungen ganz anders sein. Da müßte der Grundsatz, daß man Minderheiten gestatten möchte, zu Mehrheiten zu werden, auch tatsächlich ernst genommen werden." ('Der Spiegel', 24.11.1980)

So wird deutlich, daß Hoffmann überhaupt nicht bereit ist, sich demokratischen Spielregeln der parlamentarischen Demokratie zu unterwerfen. Damit wird klar, daß die Organisation nicht auf einen politischen Meinungsstreit setzt. Bestätigung findet die These in seinem Werbeflugblatt "Hoffmann - Keine Verbrüderung mit Kommunisten !". Hier schreibt er anläßlich einer Anti-WSG-Demonstration:

> "Wir werden den Aufmarsch ins leere stoßen lassen, werden aber sehr genau beobachten; offen und heimlich fotografieren um zu sehen, wer sich mit den Linksradikalen einläßt. Ganz sicher ziehen wir dann daraus unsere Konsequenzen."

Stattdessen arbeitet er mit aggressiven Antikommunisten und Antidemokraten wie Friedhelm Busse, Klaus Huscher, Thies Christophersen oder Erwin Schönborn zusammen. Getreu dem Selbstverständnis als "Schwarze Legion" sieht sich die WSG als militante Speerspitze im Kampf "gegen Bolschewismus und Kapital". Das Tragen von Totenkopfanzeichen und die der SS nachempfundenen Dienstgrade lassen die antidemokratische Haltung auch optisch deutlich werden. Letzte Zweifel am aggressiv-paramilitärischen und neonazistisch beeinflußten Habitus der Gruppe dürfte das öffentliche Absingen des HJ-Kampfliedes "Ein junges Volk steht auf zum Sturm bereit..." ausräumen. Das militante Auftreten der Gruppe wird durch zahlreiche Beiträge im WSG-Organ 'Kommando' bestätigt. Bilder zeigen Aktivisten mit umgehängtem Patronengurt, vor Panzern, mit Maschinenpistole und anderen Waffen.

Zusammengefaßt kann Hoffmann als Novum in der extremen Rechten betrachtet werden. Seine Idole heißen nicht Hitler, Röhm oder Goebbels. Er orientiert sich auch nur bedingt an der SA der nationalsozialistischen "Kampfzeit". Politik stellt für ihn beim Aufbau der paramilitärischen Einheit ein zu großes Risiko und ein lästiges Hindernis dar:

> "Ganz bewußt hatte der MSO-Chef seine Organisation von rechtsextremer, besonders rassisch-völkisch motivierter Beeinflussung freigehalten. Und dies nicht nur im Hinblick auf die besondere rechtliche Situation, sondern auch, weil er selber diese Einstellung nicht teilte, und weil er wußte, daß eine dauernde systematische Politisierung der Mitglieder unweigerlich auch die permanente Gefahr einer inneren Spaltung mit sich bringen würde. Wenn die politische Ausrichtung im Vordergrund steht, dann folgen die politisch inspirierten Streitigkeiten auf dem Fuße." (Hoffmann, Verrat und Treue, S. 141)

Folglich bescheinigt Hoffmann seinen an der "völkischen Frage" interessierten Libanonkämpfern sie seien von einem "Bazillus infiziert" (Hoffmann, Verrat und Treue, S. 318) und idealisiert die "Landsknechte" seiner Truppe:

> "Einige dieser Männer ohne gesteigerte politische Ambitionen sind zur Auslands-MSO gestoßen, es sind nicht die schlechtesten. Ihre Motivation beruht auf dem rein militärischen Interesse. Politischen Parolen stehen sie uninteressiert gegenüber. Sie fühlen deutsch, und das halten sie für ausreichend.
> Bei den Freicorps der Weimarer Zeit kannte man den Wahlspruch: 'Es ist nicht wichtig, wofür wir kämpfen, aber es ist wichtig, wie wir kämpfen'. Eine Spur dieser Mentalität mag diesen Männern zugerechnet werden." (Hoffmann, Verrat und Treue, S. 318)

Die Tatsache, daß viele WSG-Männer zugleich neonazistischen Organisationen angehören, belegt, daß die Politisierung seiner Gruppe weit größer ist, als Hoffmann zugibt. Immerhin kommen zahlreiche WSG-Mitglieder aus den Reihen der völkischen "Wiking-Jugend", der NPD-Jugendorganisation "Junge Nationaldemokraten", der "Aktion Widerstand" und der vielen neo-nationalsozialistischen Organisationen, die das "Dritte Reich" wieder neu errichten möchten. Allerdings sind sie für die Willensbildung der auf Hoffmann focusierten Organisation nicht wichtig. Der WSG-Chef möchte seinen eigenen politischen Weg gehen, sich in kein ideologisches Schema pressen lassen. So wird auch deutlich, daß seine Truppe keine neue neonazistische Variante ist. Hoffmann versucht vielmehr die antikommunistische und antidemokratische Freikorps-Tradition Deutschlands wieder aufleben zu lassen. Er ist getreu den historischen Vorbildern ein rechtsextremistischer Paramilitär.

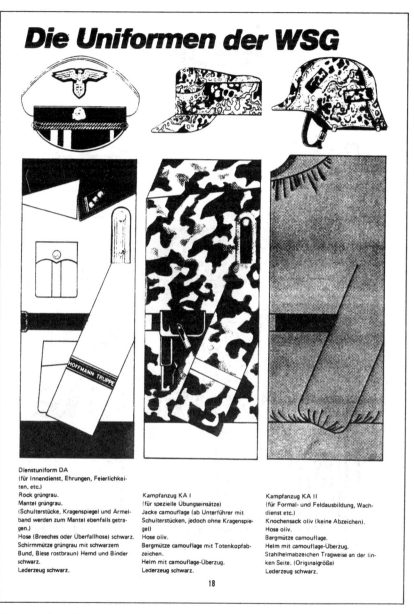

Die Fantasieuniformen der WSG, Ideengeber waren die Waffen-SS-Verbände, in: 'Kommando' Nr. 5, September 1979

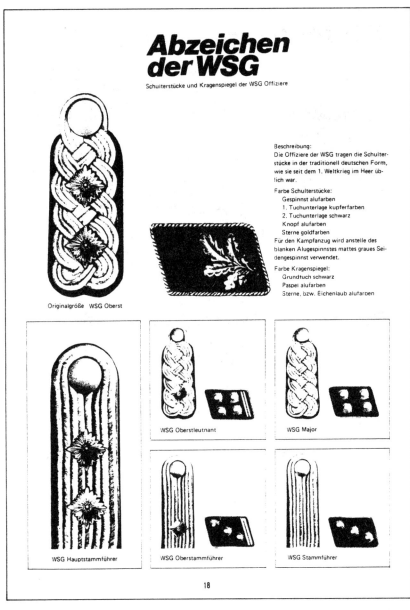

Die WSG-Abzeichen, Offiziersränge und Kragenspiegel erinnern an die Waffen-SS, in: 'Kommando' Nr. 3, Mai 1979

5. Einordnung der WSG in die Geschichte der deutschen Rechten
5.1. Rechtsextreme Kontinuitäten nach dem 2. Weltkrieg
5.1.1. WSG - Soldatische Nachkriegsverbände

Die Frage nach der politischen Bedeutung und Gefahr der "Wehrsportgruppe Hoffmann" ist untrennbar mit der Bedeutung der "soldatischen Traditionsverbände" in einer Gesellschaft verbunden. Diese historischen Vorbilder der WSG stossen nach dem Ersten Weltkrieg in eine strukturelle Marktlücke im Zuge des "Versailler Vertrages" und der darin verfügten Entwaffnung Deutschlands. Um sich trotz der Reduzierung des Heeres auf 100.000 Mann vor revolutionären Bürgerkriegstruppen wehren zu können und außerdem die bedrohten Grenzen im Osten und Nordosten der Republik zu schützen, rekrutiert die Weimarer Demokratie Soldaten des einstigen kaiserlichen Heeres. So wird für den Schutz der Ostgrenzen ein Freikorps zusammengestellt. Nach der Niederschlagung der kommunistischen Revolutionäre sehen sich die antikommunistischen Freikorps-Kämpfer als Retter der Weimarer Republik:

"Um so unverschämter fanden sie es dann, daß die Republik, nachdem die Ordnung einigermaßen gesichert schien, sich ihrer entledigte und ihre Einheiten auflöste oder zumindest Anstalten dazu machte. In Wahrheit hatten sie nie der Republik gedient, sondern mehr oder weniger auf eigene Faust Ordnung zu schaffen gesucht.
Was für die Freikorps galt, die sich nach Beendigung ihres Einsatzes zum großen Teil zu paramilitärischen Orden umbildeten und besonders aktive Träger der antidemokratischen Bewegung wurden, galt auch für die zahlreichen Heimwehren und Selbstschutzverbände, die sich während der Revolution gebildet hatten." (Sontheimer 1992, S. 31)

Außer den Freikorps profitieren die Wehrverbände von der sozialen Verunsicherung nach dem Ersten Weltkrieg, die sich mit Arbeitslosigkeit, Inflation und Wirtschaftskrise umreißen läßt. In dieser gesellschaftlichen Lage bilden die paramilitärischen Kampfverbände die Organisationsform "sozial deprivierter Militärpersonen und nationalistischer Kleinbürger". (vgl. Dudek/ Jaschke 1984, S. 81) Ihre Massenwirksamkeit verdanken die Wehrverbände der Tatsache,

"daß sie die militärische Ideologie der Kriegszeit aufgriffen, den Leiden und Opfern, den Brutalitäten und Massenmorden des Krieges einen Sinn gaben und damit das starke Bedürfnis gerade der ehemaligen Soldaten befriedigten, daß all das Schreckliche, das sie erlebt hatten, doch nicht umsonst gewesen sein dürfte. (...) Zudem boten die Wehrverbände die Möglichkeit, die gewohnten militärischen Lebensformen, die mit ihrer klaren Befehlsstruktur das Gefühl von Sicherheit und Eingeordnetsein vermittelten, mindestens in Ansätzen weiterzuführen - und zugleich den Kampf gegen jene Kräfte aktiv und offensiv zu führen, die in diesem Weltbild nicht nur für die Niederlage Deutschlands verantwortlich waren, sondern auch noch das heroische Kriegserlebnis in den Schmutz zogen." (Kühnl 1985, S. 90)

Die Verbände, die sich zum angeblichen Schutz der Weimarer Republik vor einer linksradikalen Revolution zusammenfinden, wachsen in den zwanziger Jahren zu einer Bedrohung von rechts. Mit Großveranstaltungen wie Aufmärschen, Fahnenweihen und Wehrsportübungen entstehen Massenorganisationen, die besonders die nationalkonservativen und nationalistischen Kreise befriedigen. Sie empfinden die Versailler Beschränkung auf ein 100.000 Mann starkes Berufsheer als Schmach, die Weimarer Republik als verweichlichte antinationale Staatsform, die es zu beseitigen gilt. (vgl. Sontheimer 1992, S. 31) So tragen die Traditionsverbände und die paramilitärischen Kampfbünde neben den radikalen Parteien zur Destabilisierung des Systems bei:

> "Paramilitärische Kampfverbände, Einwohnerwehren, Wehrverbände und Parteimilizen förderten den Einfluß antirepublikanischer Kräfte und propagierten offen antidemokratische Politikkonzepte bis hin zur direkten Unterstützung der NS-Bewegung." (Dudek/ Jaschke 1984, S. 79)

Beispielhaft hierfür ist die Entwicklung des größten Wehrverbandes, des Stahlhelm. Er entsteht im Dezember 1918 als soldatische Selbstschutzorganisation und kann zu Beginn als "durchaus republiktreu" eingestuft werden. (Knütter 1969, S. 61) Dann driftet er nach rechts ab, bis er Anfang der zwanziger Jahre eindeutig nationalistisch und antirepublikanisch agitiert.

> "Ab 1925 verstand er sich als politische Organisation, kämpfte für eine autoritäre Staatsumbildung und arbeitete mit der Deutschnationalen Volkspartei sowie - nicht ohne Spannungen - mit der NSDAP zusammen. Der erste Bundesführer Franz Seldte wurde 1933 in der Regierung Hitler Arbeitsminister. Nach verschiedenen Stufen der Gleichschaltung wurde der Stahlhelm 1935 aufgelöst." (Knütter 1969, S. 61)

Auch wenn ein Teil des Stahlhelm nicht völlig mit der Nazi-Bewegung übereinstimmt und einige ehemalige Stahlhelm-Mitglieder zu den Opfern des 20. Juli zählen, gehört der Verein doch zu den Antidemokraten, die den Untergang der Weimarer Republik beschleunigen. Beispielhaft für den Schulterschluß der Stahlhelm-Mehrheit mit dem NS-Staat ist folgender Aufruf der Leitung von 1933:

> "Kameraden des Stahlhelm! Über 14 Jahre habt Ihr als Kampftruppe in der großen Front der nationalen Gesamtbewegung gegen das November-System Eure soldatische Pflicht erfüllt. (...) Ihr habt in diesem dem Stahlhelm geschichtlich gewiesenen Kampfabschnitt die Straße freigemacht zu dem politischen Umschwung des 30.Januar, in dem an Eurer Seite, Eure Kameraden der nationalsozialistischen Bewegung sich die Macht im Staate erstürmten." (zit. aus Hirsch 1989, S. 244)

Der Versuch des Stahlhelm, sich nach dem Zweiten Weltkrieg mit der Rechtfertigungsschrift "Der Stahlhelm und Hitler" unzutreffend auf die Seite der Opfer des

NS-Staates zu stellen, scheitert. Die englische Besatzungsmacht verbietet die Publikation. (vgl. Knütter 1969, S. 61)

Die soldatischen Traditionsverbände und die paramilitärischen Kampftrupps verlieren nach 1945 ihre politische Legitimation. Zu offensichtlich war das Bündnis des deutschen Militärs mit den nationalsozialistischen Diktatoren. Nur zwei Organisationen bleiben übrig: Der bundesweite[1] Zusammenschluß der Angehörigen der ehemaligen Waffen-SS zur "Hilfsgemeinschaft auf Gegenseitigkeit" (HIAG), der in der Literatur auf 1951 datiert wird (vgl. Hirsch 1989, S. 236; Knütter 1969, S. 63; Stöss 1989, S. 129) und der im selben Jahr neu gegründete "Stahlhelm - Bund der Frontsoldaten".

Die HIAG kann rund 20.000 der 900.000 früheren Waffen-SS-Angehörigen organisieren. Sie verbindet das Gefühl der Diskriminierung durch den jahrelangen Ausschluß von Versorgungsberechtigungen und durch die Urteile des Internationalen Militärgerichtshofes in Nürnberg. Dieser erklärt am 1.10.1946 die SS, einschließlich der Waffen-SS, zur verbrecherischen Organisation. (vgl. Waffen-SS 1978, S. 11 ff) Zur Begründung der späteren politische Radikalität der HIAG schreiben Peter Dudek und Hans-Gert Jaschke: "Junge Mitgliederstruktur, ausgeprägter Mythos von Verfolgung und Entrechtung und ein esoterisches Elitebewußtsein sind Weichenstellungen für emotional aufgeladene, verbalradikale Propaganda und kämpferische Orientierung". (Dudek/Jaschke 1984, S. 107)

Die radikalen Ideen schlagen sich in der Vereinspublikation nieder. Das Organ der HIAG ist seit 1951 der 'Wiking-Ruf', eine als "privates Unternehmen aufgemachte Zeitschrift" des ehemaligen Waffen-SS-Generals Herbert O. Gille[2]. (Brüdigam 1965, S. 125) Bereits in der ersten Ausgabe ist ersichtlich, daß der Herausgeber Gille auch nach dem Krieg nichts an seinem Elitebewußtsein der Waffen-SS eingebüßt hat. Er gedenkt:

> "in Ehrfurcht und Trauer unserer gefallenen Kameraden und der wider jedes Menschenrecht zurückgehaltenen Gefangenen und eingekerkerten Soldaten. Wir geloben ihnen und ihren Angehörigen, daß das an ihnen begangene Unrecht wieder gutgemacht wird. Wir wollen zueinander stehen, um den Angehörigen dieser Entrechteten zu helfen. Wir wollen uns bereithalten, für unsere unsterbliche europäische Heimat. (...) Ich bin stolz darauf, daß ich die Ehre hatte, Kommandeur in dieser ruhmreichen Truppe gewesen zu sein." ('Wiking-Ruf', Ausg. November 1951, zit. aus Dudek/Jaschke 1984, S. 109)

---

[1] Die erste Ortsgruppe der HIAG entsteht bereits 1949 in Hamburg. Trotz des ersten bundesweiten Treffens 1951 war die Organisation bis Ende der fünfziger Jahre noch dezentral auf Landesebene organisiert. Erst am 18./19.4.1959 wird offiziell der "Bundesverband der Soldaten der ehemaligen Waffen-SS e.V. (HIAG) gegründet. Bundessprecher wird der Generalmajor a.D. Kurt Meyer (Panzermeyer). (vgl. Dudek/Jaschke 1984, S. 107f)

[2] Gille ist seit 1933 Mitglied der SS. Im Zweiten Weltkrieg bringt er es bis zum "SS-Obergruppenführer" und General der Waffen-SS. 1944 wird er als erste Waffen-SS-Soldat das Eichenlaub mit Schwertern und Brillanten zum Ritterkreuz verliehen wird. 1951 gehört er zu den Mitbegründern des "Verbandes Deutscher Soldaten" (VDS) und wird in das Präsidium der Organisation gewählt. (vgl. Brüdigam 1965, S. 125; DF Nr. 3/1987)

Als offizielle Zeitschrift der HIAG erscheint seit 1955 'Der Freiwillige' (DF) mit dem Untertitel "Für Einigkeit und Recht und Freiheit". Die Hauptaufgabe sieht das Organ in der Rehabilitierung der Waffen-SS, aber auch in deren Verherrlichung. Dabei wird die Rolle der Waffen-SS als "Vorkämpfer der europäischen Einigung" hervorgehoben (DF Nr. 11/1963), deren Offiziere werden gefeiert. Das Vorbild vieler Neonazis, Leon Degrelle[3], einst Kommandeur der SS-Division "Wallonie" und der am höchsten dekorierte ausländische Kämpfer der Hitlerarmee, wird wie viele andere verehrt. (DF Nr. 10/1962) Außerdem agitiert das Blatt gegen die "Kriegsschuldlüge". (vgl. Brüdigam 1965, S. 129)

In jeder Ausgabe steht der "Mythos des Frontsoldaten" im Mittelpunkt. Die Beiträge kreisen um den Zweiten Weltkrieg, die gemeinsamen Erlebnisse und die beständige Nähe des Todes. (Schwagerl 1989, S. 208) Der nationalsozialistischen Vergangenheit wird in zahlreichen Artikeln mit Dankbarkeit gedacht: "Keiner von uns, wäre, was er geworden ist, hätten wir nicht diese Ausbildung und diese Erziehung damals bekommen (...). Innigsten Dank unseren Ausbildern und Erziehern (...)." (DF, Nr. 6/1987) Die mangelnde Distanz zum "Dritten Reich" ist auch ein Grund für die Aufnahme der "HIAG" in den Verfassungsschutzbericht:

> "Der HIAG-Wandkalender 1981 enthielt eine Reihe nationalsozialistischer Gedenktage wie 'Putschversuch Hitlers und Ludendorffs in München' (8.11.23) und 'Rudolf Hess geboren, der Gefangene des Friedens' (26.4.1984). 'Der Freiwillige' brachte u.a. eine Abbildung Hitlers, die in keinerlei Bezug zum Text steht. Alle HIAG-Schriften verherrlichen die Kriegseinsätze der Waffen-SS; vom politischen System des NS-Staates distanzieren sie sich nicht, auch nicht ansatzweise." (Verfassungsschutzbericht des Bundes 1981, S. 45)

---

[3] Léon Degrelle, am 15.6.1906 in Luxemburg geboren, Jurist. 1930 gründet er die katholische Rex-Bewegung (Christkönigbewegung). Die Partei orientiert sich am italienischen Faschismus und an der spanischen Falange und setzt sich für einen autoritären Ständestaat aus "natürlichen Gemeinschaften" (Familie, Berufsstand, Volk) ein. 1936 erhält sie in den frankophonen Teilen Belgiens 21 von 202 Parlamentssitzen, muß jedoch 1937 und 1939 schwere Wahlniederlagen hinnehmen. Auf Unverständnis ihrer Sympathisanten, die sich als "belgische Patrioten" sehen, stößt Degrelles Kollaboration mit den Nazis. (vgl. Schütz 1990, S. 77; Trom 1990, S. 108) Aus dem Rexismus geht nach dem Zweiten Weltkrieg der Mouvement Social Belge hervor. Er gilt neben der Action française als historischer Vorläufer des aktuellen belgischen Rechtsextremismus. (vgl. EP 1985, S. 37)
Zu Degrelles weiterem Werdegang notiert das im NPD-nahen Schütz-Verlag erschienene "Lexikon Deutsche Geschichte im 20. Jahrhundert": "Am 27.8.1944 erhielt D. als höchstdekorierter Ausländer der Wehrmacht das Eichenlaub zum Ritterkreuz und die Goldene Nahkampfspange von Hitler. Mit seiner SS-Division 'Wallonie' verteidigte er zuletzt Teile Pommerns, insbesondere den Oderbrückenkopf Stettin-Altdamm. Am 7.5.1945 flog er von Oslo aus in einer He 111 nach Nordspanien, wo die Maschine wegen Treibstoffmangels kurz vor der Küste abstürzte. D. wurde schwerverletzt geborgen. Belgien verurteilte ihn am 14.12.1945 zum Tode und verlangte seine Auslieferung von Spanien, das darauf nicht antwortete. D. schrieb 'Die verlorene Legion'(1972) und 'Erinnerungen eines Faschisten' (1969), in englisch erschien 'Hitler born at Versailles' (1987)" (Schütz 1990, S. 77/78). Degrelle lebte bis zu seinem Tod 1994 in Spanien und wurde regelmäßig von Neonazis aus verschiedenen Ländern Europas besucht.

Auch der 1951 wieder gegründete "Stahlhelm - Bund der Frontsoldaten" knüpft programmatisch und personell an den Vorkriegsstahlhelm an - immerhin einem Wegbereiter des Nationalsozialismus. (vgl. Dudek/Jaschke 1984, S. 115) Auf einer Pressekonferenz im September 1951 prahlt dessen Bundesführung, bereits 134.000 Anhänger zu haben. In Wirklichkeit dürften es nach 1945 nie mehr als einige Tausend gewesen sein. Im Vergleich zu den Jahren vor 1933, als der Stahlhelm zwischen 300.000 und 500.000 Mitglieder hatte, ein dürftiger Abklatsch. (vgl. Knütter 1969, S. 61)

Nach dem Zweiten Weltkrieg versucht die Organisation, die Frontgeneration anzusprechen. Der Verband setzt auf Leitbilder von einst und wählt Generalfeldmarschall a.D. Albert Kesselring, damals noch im Kriegsverbrechergefängnis in Werl inhaftiert, zum Präsidenten. Seine Versuche, nach der Haftentlassung den Bund zu modernisieren, scheitern am Widerstand der Traditionalisten. (Knütter 1969, S. 61) Seine Kritiker werfen dem grundgesetzgläubigen Kesselring eine "Verweichlung des Kurses und eine Degradierung des Stahlhelms zum Fürsorgeverein" vor. (Dudek/Jaschke 1984, S. 118) Bei den internen Rangeleien stehen die Frage nach Anpassung an das politische System der Bundesrepublik Deutschland, nach der Selbstbestimmung als "paramilitärischer Kampfverband" oder "soldatische Traditionsgemeinschaft" und die Position zur viel diskutierten Wiederbewaffnung im Vordergrund. Da eine Einigung nicht möglich ist, kommt es 1953 zu zwei Abspaltungen. (vgl. Dudek/Jaschke 1984, S. 117)

Besonders radikale politische Positionen verteten die soldatischen Jugendverbände der fünfziger Jahre, etwa die Stahlhelm-Jugendverbände "Jugendkorps Scharnhorst" (10-16 Jahre) und "Jungstahlhelm" (17-21 Jahre). In einem Merkmalskatalog zur Ideologie der soldatischen Jugendgruppen dieser Zeit nennt Peter Dudek unter anderem:

- Fanatisch überzeugter Antikommunismus
- Kampf gegen die angeblich mangelnde Wehrbereitschaft, die "Ohne-mich-Generation"
- Revision der Kriegsverbrecherurteile
- Freilassung inhaftierter Kriegsverbrecher
- Stärkung des "Wehrwillens" der Jugend
- Die Beschwörung des "Geistes der Frontkameradschaft"
- Verteidigung und Kultivierung der "ewigen Werte des Soldatentums"
- Leugnung der schuldhaften Verstrickung der Wehrmacht in das nationalsozialistische Unrechtsregime
- Rudel, Dönitz, Reder, Dietl, Remer etc. werden zu Helden stilisiert. (vgl. Dudek 1985, S. 72f)

Dabei paart sich die Ideologie der Stahlhelm-Jugendverbände mit einem paramilitärischen Aktionismus. Dazu gehören Waffen, Wehrsportübungen und entsprechende weltanschauliche Schulung - eine Vernetzung mit organisiertem Rechtsextremismus bleibt nicht aus. (vgl. Dudek/Jaschke 1984, S. 118 und S. 150)

Kesselring, der 1960 von Curt Barth abgelöst wird, kann die widersprüchliche Ausrichtung des "Stahlhelm" zwischen Paramilitarismus und dem Bemühen um gesellschaftliche und politische Akzeptanz nicht überwinden. Der Verband verliert kontinuierlich Mitglieder. 1964 will der "Stahlhelm" seiner politischen Isolation entfliehen und bekennt mit dem Motto "Stahlhelm voran!" Flagge. Die Gruppe bricht die Brücken zur Bundesregierung ab und bindet sich an das rechtsextreme Netzwerk um die 'Deutsche National-Zeitung' (DNZ). (Dudek/Jaschke 1984, S. 120) 1973 kommt es zur Umbenennung des "Stahlhelm - Bund der Frontsoldaten" in "Stahlhelm - Kampfbund für Europa". (vgl. Stöss 1989, S. 129f) Ein Jahr später vereinbaren "Stahlhelm" und "Deutsche Volksunion" eine "verstärkte Zusammenarbeit, um den Feinden Deutschlands wirkungsvoll entgegenzutreten." (DNZ, 25.4.1974 - zit. aus Dudek/Jaschke 1984, S. 120f)

In Bezug zum sich radikalisierenden Rechtsextremismus in den frühen siebziger Jahren kommt den Traditionsverbänden in der Kommunikation mit den jetzt entstehenden Neonazi- und Wehrsportgruppen eine neue Funktion zu: "Sie zählen nicht zum offenen Rechtsextremismus, obwohl euphemistischer Paramilitarismus und soldatisches Ethos gerade für die neu entstehenden lokalen Wehrsportgruppen Vorbildcharakter[4] haben." (Dudek/Jaschke 1984, S. 79)

Die Traditionslinie des "Stahlhelm" führt direkt zu Wehrsportgruppen wie der WSG Hoffmann. Karl-Heinz Hoffmann muß den Alt-Mitgliedern des personell ausgezehrten Stahlhelm gefallen haben. Er wird, obwohl er nie gedient hat, samt seiner Gruppe in den "Stahlhelm-Gau-Nordbayern" eingegliedert. (vgl. 'Stern', 28.2.1974) Nicht umsonst nennen sich die Mitglieder der "WSG-Hoffmann" auch bis 1974 noch "Jungstahlhelme". (vgl. 'dpa', 10.4.1989) Doch die Kooperation dauert nicht lange, Hoffmann will seine Unabhängigkeit gegenüber dem Stahlhelm-Gauführer Teute bewahren: "Hoffmann hat Teute als Aushängeschild, Teute hat Hoffmann als personellen Mantel. Der Bruch kam, als Teute glaubte, er habe eine Untergruppe unter sich. Hoffmann hat aber gemacht, was er wollte." (Interview des Autors mit Peter Kienesberger, 13.9.1995) Außerdem bestehen grundsätzliche ideologische Differenzen, so der Herausgeber des 'Tiroler', Peter Kienesberger, der Hoffmann schon seit der Zeit vor der WSG-Gründung kennt:

> "Hoffmann hatte die Grundthese, Türken seinen eine Blutauffrischung fürs deutsche Volk. Ein guter antikommunistischer Türke war ihm lieber als ein liberalverseuchter Deutscher. Das war eine Unvereinbarkeit der Grundansichten. Dem Stahlhelmführer

---

[4] Die Vorbildfunktion, die der "Stahlhelm" auf junge Neonazis ausübt, wird deutlich an der Zerschlagung einer gefährlichen Wehrsportgruppe in Göttingen. Die Polizei findet zahlreiche Waffen, Munition und andere militärische Gegenstände. Außerdem seien, so die Staatsanwaltschaft, "Anschläge auf Einrichtungen des Staates (...) bereits erprobt gewesen." Der Name der Organisation: "Wehrsportgruppe Mündener Stahlhelm-Bund". (vgl. 'dpa', 10.4.1989)

war der rote Bürgermeister lieber als der zugewanderte Türke." (Interview des Autoren mit Peter Kienesberger, 13.9.1995)

Daß der Stahlhelm auch nach dem Verbot der WSG 1980 für ehemalige Mitstreiter Hoffmann interessant ist, belegt ein weiteres Beispiel. Die Stahlhelm-Ortsgruppe Ingolstadt nimmt 1982 drei ehemalige WSG-Mitglieder auf. Die Ingolstädter Stahlhelmer tun ihre paramilitärische Ausbildung und den Besitz scharfer Waffen auch öffentlich kund - etwa, daß es zum Scharfschießen in die Schweiz geht. (vgl. Duedek/Jaschke 1984, S. 121)

Auch mit anderen rechtsextremistischen Organisationen ist der Stahlhelm verbunden. Mitglieder sind unter anderem die militanten Neonazis Uwe Rohwer[5], Angeklagter im Bückeburger Prozeß und Organisator eines Wehrsportzentrums (vgl. Stöss 1989, S. 167), und Frank Stubbemann, der im Neonaziorgan 'Der Sturm' für eine "Werwolfgruppe" wirbt. (vgl. Rosen 1989, S. 62; vgl. Dudek/ Jaschke 1984, S. 121)

Das Verhältnis der HIAG zur "Wehrsportgruppe Hoffmann" und zu neonazistischen Organisationen ist unterkühlt. In ihrem Verbandsorgan 'Der Freiwillige' distanziert sich die HIAG von Hoffmann. Unter einem Foto, das Hoffmann mit einigen WSG-Aktivisten in Uniform zeigt, schreibt das Verbandsorgan:

"Dies ist die Wehrsportgruppe des Karl Heinz Hoffmann (WSG), die immer wieder in Verbindung mit der HIAG und den Soldaten der ehem. Waffen-SS gebracht wird. Sie ziert sich mit Dienstgradabzeichen unserer ehem. Truppe. So trägt, wie das Bild zeigt, der 'Chef' die Dienstgradabzeichen eines Sturmbannführers. Auch der Totenkopf am Kragenspiegel ist zu finden.
Die HIAG hat keine rechtlichen Möglichkeiten, gegen diesen Mißbrauch gerichtlich vorzugehen. Mißbrauch schon deshalb, weil sie die Meinung vertritt, daß ihre einstige Truppe der Vergangenheit angehört und eine einmalige Erscheinung war, über die die Geschichte ihr Urteil noch fällen wird, wenn sich erst einmal die Wogen zeitgenössischer Polemik geglättet haben.
Ohne uns über Wert oder Unwert der Aktivisten dieser Wehrsportgruppe, die behauptet, unpolitisch zu sein, auszulassen, muß doch festgestellt werden, daß auf solche Weise den Soldaten der ehem. Waffen-SS ein schlechter Dienst erwiesen wird. Diese Provokation, lebhaft begrüßt von allen Medien des In- und Auslandes, die den Nachweise 'neofaschistischer Umtriebe' in der Bundesrepublik zu führen sich bemühen, verschärft nur die Situation und setzt die Soldaten der ehem. Waffen-SS völlig ungerechtfertigten Verdächtigungen aus.
Der Umstand, daß viele junge Leute dieser und ähnlichen Unternnehmungen Begeisterung schenken gemäß der Parole 'Gelobt sei, was hart macht!', beweist deutlich den Gesinnungsumschwung, der sich in der deutschen Jugend gegenwärtig zu vollziehen scheint. Die 'Umerzieher' ernten erst jetzt, was sie gesät haben. Sie haben Erscheinungen wie Wehrsportgruppen etc. zu verantworten, nicht die soldatischen Verbände und auch nicht die HIAG, selbst wenn sich die Angehörigen dieser Wehrsportgruppen mit

---

[5] Nach einer anderen Quelle sollen Uwe Rohwer und Karl-Heinz Hoffmann beim "Stahlhelm - Kampfbund für Europa" den Posten des "Jugendreferenten" inne gehabt haben. (vgl. Antifa 1980, S. 70)

unseren einstigen Dienstgradabzeichen schmücken. (Wie wir bei Redaktionsschluß erfahren, wurde der Wehrsportgruppe Hoffmann inzwischen gerichtlich untersagt, uniformähnliche Bekleidung zu tragen.)"

Auf schriftliche Anfrage an den "Bundesverband der Soldaten der ehemaligen Waffen-SS e.V." zu Kontakten mit der WSG antwortet der Bundesgeschäftsführer Hans Lierk am 18.7.1991: "Auf keiner Ebene hatte unser Soldatenverband jemals eine Verbindung mit der 'WSG', er wollte sie auch nicht."

Im Gespräch mit dem langjährigen "HIAG"-Gründer und Ehrenvorsitzenden Otto Kumm[6] bestätigt sich die negative Haltung der ehemaligen Waffen-SS-Angehörigen zur WSG: "Mit denen hatten wir nichts zu tun". Die Gründung der WSG stoße bei der HIAG auf "völliges Unverständnis. Die Waffen-SS kann man nicht wiederholen." (Interview des Autors mit Otto Kumm am 27.9.1991) Bei einer Ansprache vor Angehörigen des ehemaligen 4. Panzergrenadierregiements "Der Führer" sagt Otto Kumm am 15.10.1983: "In aller Klarheit sei noch einmal festgestellt: Der Nationalsozialismus endete auch für uns in der totalen Katastrophe von 1945 und niemand von uns wird je ähnliches wiederholen wollen. Wir haben genug gelitten. Wir distanzieren uns von jedem, der daran verbrecherisch mitgewirkt hat." Dieselbe Auffassung vertritt das HIAG-Vorstandsmitglied Karl Kreutz. Der ehemalige Standartenführer und Eichenlaubträger Karl Kreutz (vgl. DF, Nr. 10/ 1989) sagt im Interview: "Die wollen sich mit unserem guten Namen dienstbar machen." Die Tatsache, daß Hoffmann in der WSG Rangabzeichen und Auszeichnungen, die denen der Waffen-SS gleichen vergibt, kommentiert er: "Eitelkeit, Albernheit, Wichtigtuer. Wir lachen noch nicht einmal drüber - kein Echo. Keiner von uns würde die ernst nehmen." (Interview des Autors mit Karl Kreutz am 16.12.1991) Trotz dieser Distanzierung fungiert die HIAG bewußt oder unbewußt als Vorbild für junge Rechtsextremisten. Das HIAG-Bekenntnis "Unsere Ehre heißt Treue" mit der gelebten Solidarität zu Leitbildern der nationalsozialistischen Diktatur fasziniert die Jugendlichen. Die Waffen-SS wird zum Mythos.

Ein Beispiel ist der junge Neonazi Peter Hamberger. Er folgt Hoffmann in den Libanon, um dort die WSG-Nachfolgegruppe zu unterstützen. Später schließt er sich dem "Kommando Omega" der Rechtsterroristen Klaus Ludwig Uhl und Kurt Wolfgram an. Nach einer Schießerei mit der Polizei wird er verhaftet. In seinem Zimmer bei den Eltern finden Reporter stapelweise Bücher mit Titeln wie "Waffen-SS, "Eiserne Garde", "Das Leben eines Soldaten" und "Hitler - Der Aufstieg" und eine Hitler-Büste". Zudem hat der Neonazi einen Stempel "SS-Scharführer Peter Hamberger" fabriziert: Identifikationssymbol mit der Vorkriegsersatzwelt. ('Bild', 23.10.1981; vgl. 'Die Welt', 23.10.1981)

---

[6] Otto Kumm ist im Zweiten Weltkrieg Brigadeführer und Generalmajor der Waffen-SS. In den letzten Kriegsmonaten führt er die 1.SS-Panzerdivion "Leibstandarte Adolf Hitler". Am 16.3.1945 erhält er als 138. Soldat der deutschen Streikräfte das Ritterkreuz mit Eichenlaub und Schwertern. (vgl. DF, Nr. 10/1989)

5.1.2. WSG - Rechtsextreme Jugendgruppen

Die Geschichte der rechtsextremen Jugendgruppen nach dem Zweiten Weltkrieg ist geprägt vom Kontinuitätsproblem, da die "Hitler-Jugend" 1945 von den Alliierten verboten wird und Nachfolgeorganisationen untersagt bleiben. Die Neuanmeldung von Nachkriegsjugendgruppen hängt von einer erfolgreichen Lizensierung ab, der eine Prüfung vorausgeht. Erst die Lockerung der alliierten Bestimmungen 1947/1948 ermöglicht die Konstitution rechtsextremer Jugendorganisationen, die meist unauffällige Namen wie "Pfadfinderschaft Nation Europa" oder "Wanderverein" tragen. Die Initiatoren sind in der Regel ehemalige Mitglieder aus den völkisch-nationalen Verbänden der Weimarer Republik und jüngere Funktionäre der "Hitler-Jugend". (vgl. Dudek/Jaschke 1984, S. 129 f)

Eine Organisation, die provokativ in die Fußspuren der "Hitler-Jugend" tritt, ist die Anfang der fünfziger Jahre gegründete "Wiking-Jugend" (WJ). Der Titel einer programmatischen Schrift aus dem Jahre 1954 ("Wiking-Jugend: Idee und Gestalt") erinnert an den Band "Die Hitler-Jugend: Idee und Gestalt" des "Reichsjugendführers" Baldur von Schirach, was kein Zufall sein dürfte. Auch die Gliederung Deutschlands in "Gaue" und die Einteilung der jüngsten Mitglieder in "Jungmädel" und "Pimpfe" bestätigen, daß sich die WJ "bewußt in die Tradition der Hitler-Jugend stellte." (Stöss 1989, S. 158) Dem NS-Geiste treu, werden politisch wie "pädagogisch" zentrale Werte eingeführt: Erziehung zur Härte, Übernahme des alten nazistischen Rassismus und Identifikation mit dem Dritten Reich. (vgl. Stöss 1985, S. 131)

Bei der "Wiking-Jugend" handelt es sich um eine der ältesten rechtsextremistischen Jugendorganisation Deutschlands. Sie datiert ihre Gründung auf den 2.12. 1952. Ihre Stammgruppe ist die Jugendorganisation der 1952 verbotenen "Sozialistischen Reichspartei" (SRP), die "Reichsjugend" (RJ). Der erste RJ-Jugendreferent, Walter Matthaei, wird erster WJ-Bundesführer. Sein Nachfolger ist der frühere Funktionär der "Sozialistischen Reichspartei", Raoul Nahrath. (vgl. Dudek 1985, S. 127f) Der Verband, der sich selbst als "nationalbündische Jugendbewegung" bezeichnet, wirkt von der Aktivität wie eine "braune Pfadfinderorganisation". (Fromm 1993a, S. 173) Zeltlager, Wandern, Skilager, Fahrten zu Kriegsgräbern, Erntedank- und Sonnwendfeiern, Volkstanz und in den letzten Jahren Drachenfliegen, Windsurfen und eine Motorrad-Tourenstaffel stehen regelmäßig auf dem Programm. Geködert wird nonkonform. Auszug aus einem WJ-Flugblatt:

> "JUNGEN - MÄDCHEN
> IHR SEID ANGESPROCHEN !
> Wie steht's ? Gehörst du auch zu jenen, die sich von amerikanischen Hetzfilmen wie Holocaust etc .. das Hirn vollügen und waschen lassen ? Zu jenen, die nicht den Mut besitzen, den in der Schule und in den Medien verbreiteten Greuelmärchen, die gegen das eigene Volk gerichtet sind, entgegenzutreten ? - Dann gib dieses Blatt schnell weiter!! Am besten an einen, der mehr Verstand im Hirn, und mehr Mumm in den Knochen hat als Du ! (...)

"... UND WENN DU TROTZ
aller Verleumdung dem roten Lehrer, den verdutzten Mitschülern oder den erstaunten Eltern ins Gesicht sagen kannst:
Mich kotzt
   Eure Lügerei
   Eure Feigheit
   Eure Unmoral
   Eure Bequemlichkeit
   Eure Angeberei
   Eure Raffsucht
   Eure Gleichgültigkeit
an, dann hast Du Mut, dann gehörst Du zu uns in die WIKING-JUGEND!"
(WJ-Flugblatt 1979)

Auszüge aus der WJ-Aktivität sind in allen Ausgaben der Vereinszeitschrift 'Wikinger' nachzulesen. Es exitieren "Winterlager", "Volkstanzlager", "Sommerlager", "Berglager", "Wochenendlager", "Herbstlager" sowie "Erntedankfeste", Kriegsgräberfahrten und Kranzniederlegungen, etwa anläßlich der Reichsgründung. Hierzu erläutert die "Wiking-Jugend":

"Am 18.Januar, dem Jahrestag der Gründung des Zweiten Reiches, legte eine Abordnung der Berliner WJ am, Berliner Bismarkdenkmal, das sich an der Siegessäule befindet, einen Kranz nieder. Die schwarz-weiß-rote Kranzschleife trug die Aufschrift: 'Dem Schöpfer des Zweiten Reiches in tiefer Verehrung - Wiking-Jugend Gau Berlin'. Nach dem Deutschlandlied und einer Gedenkminute verließen wir das Denkmal mit dem festen Willen: wir schaffen das Vierte Reich!". ('Deutscher Anzeiger', Nr. 4/1979)

Die "Wiking-Jugend" veranstaltet im Vergleich zum weit weniger aggressiv auftretenden "Bund Heimattreuer Jugend" (BHJ) auch Wehrkämpfe, inklusive Schießübungen. Rechtsterroristen wie Odfried Hepp, später Mitglied der WSG im Libanon, hat hier seine "paramilitärische Grundausbildung" erhalten. (Dudek 1985, S. 132)

1976 nimmt der Journalist Dirk Gerhard gemeinsam mit einem Kollegen als Sympathisant getarnt am WJ-Pfingstlager in Anschau in der Eifel teil. Er bestätigt, daß Wehrkämpfe stattfindet und Mitglieder der **"Wehrsportgruppe Hoffmann"** präsent sind. Über den Lageralltag schreibt er:

"Wir sahen uns im Lager um und fanden unseren ersten Eindruck bestätigt: Wir sahen Kinder, die in Betonröhren oder Bodenmulden hockten und sich gegenseitig mit Stöcken bewarfen, die Handgranaten darstellten, die versuchten, den 'gegnerischen Graben' zu stürmen. (...) So ist es dann nicht verwunderlich, wenn die 'Pimpfe' unter Stacheldraht robbten, sich wie Einzelkämpfer an Seilen von einem Baum zum anderen hangelten und auch beim örtlichen Schützenverein Schießen übten, und zwar Jungen wie Mädchen (...)
Aus Nürnberg/Erlangen war auch der einschlägig bekannte Karl-Heinz Hoffmann mit einigen Gefolgsleuten aus seiner 'Wehrsportgruppe' angereist. Diese Gruppe marschier-

te in Kampfanzügen oder manchmal auch in schwarzen, SS-ähnlichen Uniformen mit Totenkopfemblemen durch das Lager und auch durch das Dorf. Die jugendlichen Wikinger sahen ehrfürchtig zu ihnen auf und tuschelten hinter vorgehaltener Hand ihre Bewunderung. Hoffmann selbst stolzierte wie ein Pfau umher und ließ seinen nachgemachten Tirpitzbart stramm beben." (Gerhard, zit. aus Dudek 1985, S. 133)[7]

Prägende Elemente der Lagererziehung sind politische Indoktrination und paramilitärische Ausbildung. Die Freiwilligen der Waffen-SS gelten als historisches Vorbild. Ihre Ideologie transportiert die WJ über Ansprachen und Unterricht auf ihren Lagern, aber auch in Publikationen. Dazu gehören der vierteljährlich erscheinende 'Wikinger' mit einer Auflage von 500 Exemplaren und das geschickt aufgemachte Schülermagazin 'Gäck', das monatlich in einer Druckauflage von 10.000 Exemplaren erscheint:

"Wir halten Gäck für die politisch gefährlichste der von uns analysierten Zeitungen, nicht allein der rassistischen Ideologie des Blattes wegen, sondern weil es am konsequentesten die von der Reklame- und Jugendkulturindustrie produzierten medialen Rezeptionsangebote kopiert. Der hier vollzogene Bruch mit der Tradition rechtsextremer Publizistik ist überdeutlich. Gäck präsentiert Jugendlichen - Mad-like - einen Faschismus mit lächelndem Gesicht." (vgl. Dudek/Jaschke 1982, S. 88 ff)

Beispielhaft hierfür steht die "Seite für den Fremdarbeiter". Die Vorurteile werden geschickt verpackt, wie die "Hitparade für unsere Schmarotzer" belegt:

"1.Platz: Gebrüder Ützlicz: 'Kreuzberger Messer sind lang...'
2.Platz: Die Anatolen-Band: 'Ob blond, ob braun - wir lieben deutsche Fraun...'
4.Platz: Die Schnurrbärte: 'Ja, mir san im Rudel da...'
6.Platz: Suleika: 'Aber bitte mit Knoblauch...'"
('Gäck', Nr. 2/1980, zit. aus Dudek/Jaschke 1982, S. 91)

Wichtigste politische Verbündete der WJ sind seit 1972 der rechtsextreme Großverleger Dr. Gerhard Frey und sein "Freiheitlicher Rat". (vgl. Verfassungsschutzbericht des Bundes 1972, S. 30) In ihm vereinigen sich außer der WJ unter anderem die "Deutsche Volksunion", der "Deutsche Block", der "Jugendbund Adler", die "Aktion Oder Neiße" und der "Stahlhelm - Kampfbund für Europa". Darüberhinaus profitiert die "Wiking-Jugend" von der Reklame, die Gerhard Frey regelmäßig in seinen wöchentlichen Publikationen 'Deutscher Anzeiger' und 'Deutsche National-Zeitung' veröffentlicht. Im WJ-Organ 'Wikinger' werben dagegen neonazistische Publikationen wie 'SIEG' oder 'Deutscher Standpunkt'.

Zu den Vorbildern der Jugendorganisation zählen politische und soldatische Leitbilder des Nationalsozialismus. Regelmäßig werden Altrechte hofiert, Geburtstagswünsche gehen an die ehemalige "Reichsfrauenführerin" Getrud Scholt-

---

[7] vgl. zum Besuch Hoffmanns im WJ-Lager auch: 'Innere Sicherheit', 12.3.1980, S. 20

ze-Klink, "diese aufrechte deutsche Frau" ('Wikinger' Nr. 1/87). Der Hitler-Stellvertreter Rudolf Hess gilt als tapferer "Mann, dessen Einsatzbereitschaft für sein Vaterland höher stand als das Glück seines privaten Lebens" ('Wikinger' Nr. 3/87). Der Verein freut sich über die häufigen Besuche Oberst Walther Dahls auf Lagern der WJ ('Wikinger', Nr. 1/86).
Auch zu inhaftierten Kriegsverbrechern, wie dem in Italien einsitzenden Walter Reder, hält die WJ freundschaftliche Kontakte. Im Brief an den "Gauführer" der "Wiking-Jugend" und Anhänger der **"Wehrsportgruppe Hoffmann"** Helmut Dieterle, schreibt Reder am 21.9.1979:

"Lieber Kamerad Dieterle!
Über die Grussbotschaft der Wikinger vom 12.8. aus dem Sommererholungslager in Frankreich habe ich mich sehr gefreut und sage Ihnen und allen Kameraden innigsten Dank für das gute Gedenken. Ich hoffe, dass sie eine schöne Zeit der Kameradschaft über die Grenzen hinweg verleben konnten.
Immer noch enge Grenzen gibt es für mich, aber meine Haltung wird sich niemals ändern." (zit. aus: 'Wikinger', Nr. 3/1979)

Ideologisches Kernstück der "Wiking-Jugend" ist die sogenannte "Nordland-Ideologie". Die Maxime: "Es lebe Nordland - Das Land der germanischen Götter - Das Land unser Väter - Das Blut unserer Ahnen" (Fahrtenbrief 1978, S. 3). Der biologische Rassismus der WJ, dem "Rassenvermischung" als "seelische Umweltverschmutzung" gilt (vgl. Verfassungsschutzbericht des Landes Bayern 1980, S. 90) paart sich mit der offenen Glorifizierung der Waffen-SS:

"Damit das Wesenhafte nordischen Menschentums nicht untergeht und damit das, was das germanische Europa seit Jahrtausenden geprägt hat, ist seine Bewahrung und Steigerung eine Notwendigkeit der Selbsterhaltung ... Ihre Besten hatten im Krieg der Churchill-Stalin-Roosevelt zum Schutze unseres gemeinsamen Erbes als Freiwillige in der Waffen-SS gekämpft und ihr Leben gegeben. Hier standen neben Wallonen und Franzosen Schulter an Schulter Flamen, Niederländer, Dänen, Norweger, Deutsche (in der 5. SS-Panzerdivision 'Wiking'; d. Verf.) ... Wie ernst es uns Deutschen um die Gleichberechtigung aller germanischen Völker in einem zukünftigen Großgermanischen Reich war, zeigt vielleicht am besten die Äußerung Heinrich Himmlers, daß es durchaus möglich sei, daß sein Nachfolger nicht ein Deutscher, sondern ein Mann aus dem Bereich der germanischen Freiwilligen werden könnte." ('Wikinger', Nr. 1/1978)

Ein Geist, den die WJ bereitwillig kopiert. Sie ist international ausgerichtet und verfügt über Sektionen in zahlreichen europäischen Staaten:[8]

Flandern/Holland[9]:	Viking - Jeugd: Baelen/Weser
Frankreich:	Wiking - Jeunesse: Paris

---

[8] Die Angaben beziehen sich auf das Jahr 1980.
[9] Diese Sektion umfaßt belgische und holländische Gebiete. Die niederländische WJ gibt in den achtziger Jahren das Organ 'De Vikingen' heraus, das seit 1982 unregelmäßig erscheint.

Spanien: Juventud Vikinga: Madrid
Großbritannien: Viking - Youth, BM - Thule: London
Schweiz: Viking - Jeunesse Suisse: Genf
Norwegen: Viking - Ungdom: Birkeland
(WJ-Werbeflugblatt "Ein Platz ist leer - der Deine")

Die Zusammenarbeit der "Internationale der Wikinger" besteht in regelmäßigen gemeinsamen Jugendlagern, die in verschiedenen Staaten organisiert werden. In ihrem Internationalismus sehen sich zahlreiche Wikinger als Erben der Waffen-SS. In einem Bericht zu den "24. Tagen volkstreuer Jugend" in Gersfeld schreibt ein Teilnehmer:

> "Der kühle Nachtwind läßt die Fahnentücher gegeneinander schlagen, als ob sie eine Zuneigung verspürten, wie die jungen Menschen aus Berlin, Paris, Amsterdam, Antwerpen und anderen Städten Europas. Wiking-Jugend, Viking-Jeugd, Wiking-Jeunesse, Juventud Vikinga, Viking-Youth, Viking-Ungdom, hier spiegelt sich die große Aufgabe wieder, die sich die WIKING-JUNGEND bei ihrer Gründung stellte.
> Eine Idee eint diese Mädel und Jungen über Grenzen hinweg und gibt ihnen die Möglichkeit, im Wiking-Kampf volkstreuer Jugend die körperlichen und geistigen Kräfte zu messen. (...)
> Der Schritt des Doppelpostens knirscht auf dem Steig und aus dem Dunkel tauchen zwei Gestalten auf, ein Niederländer und ein Franzose. 'Alles gut' meldet der Franzose in holprigem Deutsch. 'Merci' antworte ich und tippe dabei kurz an den Mützenrand.
> 'Gottverdammt kalt', murmelt Chris, der Niederländer, vor sich hin und hält seine Hände über die wärmende Glut. Dann stapfen sie weiter an den Zelten vorbei, die Namen wie Königsberg, Breslau, Allenstein, Stettin tragen.
> Ich sinne darüber nach, wie die Männer in Feldgrau aus den Völkerstämmen Europas gegen den bolschewistischen Kommunismus kämpften. Es ist schon eine Legende, daß ein französisches Bataillon Berlin verteidigte, und heute? An der Schandmauer am Brandenburger Tor standen Angehörige der WIKING-JEUNESSE aus Paris neben den Berliner Jungen der WIKING-JUGEND. Der unbekannte europäische feldgraue Soldat wurde Geschichte, das Erbe, der Kampf gegen den Bolschewismus, mußte Amerika und die NATO übernehmen.
> Die Söhne der Feldgrauen von damals stehen als Doppelposten vor den Zelten eines großen Lagers und bewachen den Schlaf der Kameraden: Vergangenheit, Gegenwart, Zukunft." (zit. aus 'Deutscher Anzeiger', Nr. 25/1978)

WJ-Aktivisten halten auch Kontakte zu anderen internationalen Organisationen. So nehmen Mitglieder der "Wiking-Jugend" auch an "Wehrsport-Übungen" des "Vlaamse Militanten Orde" (VMO) teil. (vgl. Huhn/Meyer 1986, S. 95)

Die "Wiking-Jugend" hat zur Wehrsportgruppe Hoffmann eine enge Bindung. Neben der gemeinsamen politischen Aktivität gibt es auch Doppelmitglieder. Der Lehrer Helmut Dieterle etwa gehört der NPD an und fungiert zugleich als "Gauführer" der "Wiking-Jugend" für Schwaben und als "Stützpunkt" der "Wehrsportgruppe Hoffmann" in Baden-Württemberg. Als es am 4.12.1976 anläßlich eines geplanten Auftritts Karl-Heinz Hoffmanns an der Tübinger Universität zu einer

Schlägerei von Hoffmann-Anhängern mit Gegendemonstranten kommt, führt der Lehrer zwei Taschen mit Schlagstöcken, Schürhaken und Totenkopfemblemen bei sich. Vor Gericht beteuert er später, ein Unbekannter habe ihm die Taschen in die Hand gedrückt. Die Richter folgen seinem Einwand und sprechen ihn frei. (vgl. Antifa 1980, S. 124)

Auch 1977 stehen WSG- und WJ-Mitglieder wieder in einer Reihe bei gewalttätigen Auseinandersetzungen. Im Juli soll es laut PDI eine brutale Aktion von WSG-Hoffmann und WJ gegeben haben. Die Rechtsextremisten "gehen mit grossen Stangen, Steinen und Knüppeln gegen demonstrierende Antifaschisten vor." (Bericht 1977, S. 23)

Viele Mitglieder der "Wehrsportgruppe Hoffmann" sind zuvor bei der "Wiking-Jugend" aktiv. Sie dient Hoffmann als Rekrutierungsfeld. (vgl. Stöss 1989, S. 165) Ein Beispiel für seine Anwerbemethoden sind Anzeigen auf WJ-Flugblättern. So druckt das Din A5-Werbeblatt der WJ mit dem Titel "Ein Platz ist leer - der Deine" eine halbseitige Werbung für das WSG-Organ 'Kommando' ab (Ausg. Januar 1979).

Der "Wiking-Jugend" kommt in der Szene die Funktion eines "Durchlauferhitzers" zu (vgl. Dudek 1985, S. 127 ff), bei der "so mancher der später durch aufsehenerregende Aktionen hervorgegangene Rechtsextremist erste Erfahrungen sammelte." (vgl. Backes/Jesse 1993, S. 91)

Zu den "prominenten" ehemaligen Mitgliedern der "Wiking-Jugend", deren Weg zu Hoffmann führt, gehört der spätere Rechtsterrorist Odfried Hepp. (vgl. Backes/Jesse 1993, S. 304) Auch Michael Satorsky, später Mitglied des "Sturm 7" der hessischen WSG, macht seine ersten Erfahrungen in der extremen Rechten bei den "Jungen Nationaldemokraten" und danach in der WJ. Der völkische Jugendkult reicht ihm nicht: Da seien nur "Hosenscheißer" drin, denen der Mumm fehle. (zit. nach Müller 1980, S. 224)[10] Der Neuburger WSG-"Sektionsleiter" Anton Pfahler blickt ebenfalls auf eine WJ-Vergangenheit zurück. Hoffmann, der Pfahler in seinem "Roman" als "Toni Palberg" verfremdet, schreibt:

"Schon seit seiner frühen Jugend war er Mitglied der nationalen Wikingjugend. Später dann, nach seiner Dienstzeit bei den Fallschirmjägern der Bundeswehr in Nagold, engagierte er sich in der Militärsportorganisation Hoffmann und brachte es dort bereits 1978 bis zum Leutnant." (Hoffmann, Verrat und Treue, S. 139 f)

Auch die Mitglieder von Hoffmanns Libanon-Gruppe Kay-Uwe Bergmann und Steffen Joachim Dupper sind zuvor bei der "Wiking-Jugend" aktiv. (vgl. Dudek 1985, S. 137) Nachdem Dupper es Mitte der siebziger Jahre in der WJ zum "Gauführer" in Schwaben bringt, radikalisiert er sich und gründet die "NSDAP Gau Württemberg-Hohenzollern". Als es zur Anklage gegen den rührigen Neona-

---

10 Im Interview am 1.12.1990 bestreitet Satorsky die Authentizität des Müller-Zitats. Tatsache ist aber, daß Satorskys rechtsextreme Karriere von der WJ zur WSG führt.

zi kommt, flieht er zu Karl-Heinz Hoffmann in den Libanon. (vgl. 'Communale', 25.6.1987)

An der Rehabilitierung ihres Kampfgefährten Hoffmann arbeitet die "Wiking-Jugend" noch bis Ende der achtziger Jahre. Die "Wikinger" entlasten den WSG-Anhänger und mutmaßlichen Oktoberfestattentäter Gundolf Köhler: "Erinnern wir uns an das Attentat auf dem Oktoberfest, das der Mossad ausführte, der dann die falsche Spur zu nationalen Kreisen legte." ('Wikinger', Nr. 4/89, S. 35)

Bezeichnend für die Militanz von Mitgliedern der "Wiking-Jugend" ist auch, daß zwei Hauptangeklagte des "Bückeburger Prozesses" Vorstandsmitglieder der WJ sind. Im ersten Strafverfahren gegen eine rechtsextremistische Gruppe wegen § 129 StGB (terroristische Vereinigung) werden Uwe Rohwer und Manfred Börm wegen sieben Anschlägen verurteilt. Rohwer ist "Führer" des "Gaues Nordmark" der WJ, Börm sein Stellvertreter. (vgl. Rosen 1989, S. 61 f)

Auch in den Folgejahren gibt es Dutzende Beispiele von Mitgliedern der WJ, die die Phrasen des arischen Völkerkampfes ernst nehmen: "Tragt wieder Euer Schwert, Söhne des Nordens! Noch ist es Zeit, daß Euer Reich ersteht." ('Wikinger', Nr. 1/1978) Sie trainieren den bewaffneten Kampf gegen die Demokratie. (vgl. Huhn/Meyer 1986, S. 95 ff; Meyer/Rabe 1983, S. 38; Rabe 1980, S. 16)

Hoffmanns Zusammenarbeit mit der "Wiking-Jugend" wirft Fragen auf. Nicht erstaunlich scheint, daß junge Leute, die sich zum Lagerleben und WJ-Pfadfindertum hingezogen fühlen, früher oder später bei den Geländespielen der WSG landen. "Mutproben, Nachtmärsche, 'Wehrkampf', zu dem Schießen, Keulenzielwurf, Hindernislauf und ein 25-Kilometer-Marsch gehören, militärischer Drill - all das sind wichtige Bestandteile der Arbeit der 'Wiking Jugend'". (Meyer/ Rabe 1983, S. 41)

Da fällt so manchem der Übergang zur paramilitärischen Hoffmann-Truppe nicht schwer. Jenseits von diesen Parallelen müßten jedoch tiefgreifende ideologische Differenzen existieren. Denn Hoffmann behauptet zumindest, Rassismus abzulehnen und die "völkische Frage" als schädlichen "Bazillus" zu begreifen. (Hoffmann, Verrat und Treue, S. 318) Der WSG-Chef scheint aber bei der Wahl seiner Partner im rechten Lager nicht wählerisch zu sein. Bei seinem Besuch im WJ-Lager in Anschau/Eifel am 5./6. 1976 kommt es zu antisemitischen Ausfällen. Hoffmann soll zugelassen haben, daß an seinem Lagerfeuer das Horst-Wessel-Lied gesungen wird und Parolen wie "Bei der Fahrt nach Jerusalem ist das Gas nicht zu vergessen", "Blut muß fließen knüppeldick" und "Laßt die Fahrtenmesser blitzen und die Sozischweine flitzen" skandiert werden. Hoffmann meint dazu lapidar, die Parolenschreier seinen "überwiegend Flamen gewesen", und er habe "sie vom Platz verwiesen". ('Nürnberger Nachrichten', 1.3.1978)

Selbst wenn Hoffmann nicht mit allen politischen Inhalten der WJ-Nordlandpropheten übereinstimmt, dürften ideologisch die Gemeinsamkeiten überwiegen. Verbindende Momente wie militanter Antikommunismus und Antiamerikanismus, der Wunsch nach einem starken Staat und die Feindschaft gegenüber der parlamentarischen Demokratie scheinen Hoffmann den Rassismus der Wiking-Jugend vergessen zu lassen. Am 10.11.1994 wird die WJ von Bundesinnenminister Kanther verboten. (vgl. Verfassungsschutzbericht des Bundes 1994, S. 138)

5.2. Rechtsextremismus 1964 - 1969
5.2.1. Die Nationaldemokratische Partei Deutschlands

Die NPD kann als die Mutterpartei des modernen Rechtsextremismus betrachtet werden. In ihr vollziehen sich die Generationskonflikte der Szene, die letztendlich für die Entstehung der militanten rechtsextremistischen Strukturen verantwortlich sind. Die neonazistischen Organisationen der siebziger Jahren rekrutieren einen Teil ihrer Mitglieder aus aggressiven Anhängern der Nationaldemokraten. Auch bei der "Wehrsportgruppe Hoffmann" engagieren sich zahlreiche NPD-ler und Ex-NPD-ler.

Die NPD wird am 28.11.1964 in Hannover als Sammlungsversuch rechtskonservativer und rechtsextremer Kräfte gegründet, die sich durch das etablierte Parteienspektrum nicht vertreten sehen. Die meisten Mitglieder kommen aus Rechtsaußenparteien, die sich bereits nach 1945 mit wechselnden Erfolg in der westdeutschen Politik getummelt haben, ohne daß ihnen der entscheidende Durchbruch gelungen wäre. (vgl. Bott/Meier 1968, S. 8 ff) Das Treffen im Hannoverischen "Döhrener Maschpark" zielt darauf ab, aus "dem Kartell der Gescheiterten" (Bott/Meier 1968, S. 8) wieder eine schlagkräftige politische Kraft zu machen. Die meisten Mitglieder bringt der frühere Vorsitzende der "Deutschen Reichspartei", Adolf von Thadden, mit. 3500 NPD-ler kommen aus der DRP, 4000 aus rund 70 rechten Splittergruppen und 500 aus der 1952 verbotenen, politisch am Nationalsozialismus orientierten, "Sozialistischen Reichspartei" (SRP). (vgl. Bott/Meier 1968, S. 8) Erwähnenswert ist auch die Mitwirkung von national-konservativen Gruppen wie der "Deutschen Partei" (DP), dem "Gesamtdeutscher Block/Block der Heimatvertriebenen und Entrechteten" (GB/BHE), dem "Deutschen Block", der "Gesamtdeutschen Partei" (GDP)[11] und der 1962 erfolglos neugegründeten "Deutschnationalen Volkspartei".

Um den Eindruck einer allzu starken Kontinuität der dominanten DRP zu vermeiden, wird Adolf von Thadden zunächst nicht NPD-Vorsitzender. Diese Funktion nimmt der frühere Bremer Landesvorsitzende der "Deutschen Partei", Friedrich Thielen, ein. Generell werden Repräsentationsposten nach Möglichkeit nicht mit ehemaligen DRP-Funktionären besetzt. Trotzdem kommen von den 18 Mitgliedern des Gründungsvorstandes acht aus den Reihen der "Deutschen Reichspartei", und auch der Organisationsapparat stammt weitgehend aus der DRP. Bei-

---

[11] Die GDP entsteht kurz vor der Bundestagswahl 1961 als Zusammenschluß des BHE und der DP, was jedoch den politischen Niedergang beider Organisationen nicht aufhält. (Stöss 1989, S. 123 f)

spielhaft hierfür steht die frühere DRP-Zeitung 'Reichsruf', die nun unter dem Namen 'Deutsche Nachrichten' die NPD repräsentiert. (vgl. Backes/Jesse 1989, S. 67 f; Dudek/Jaschke 1984, S. 283; vgl. zum rechtsextremen Gedankengut der NPD: Winter 1968, S. 20)

Das Konzept der neuen Partei - moderate Präsentation nach außen und intern Übernahme der DRP-Strukturen - geht auf: Als erster rechtsextremer Nachkriegspartei in Deutschland gelingt es der NPD, das Potential antiliberaler und autoritärer Haltungen in Deutschland zu aktivieren. (vgl. Bott/Meier 1968, S. 8)

Bei den Bundestagswahlen 1965 erreicht die NPD lediglich zwei Prozent. Dennoch bedeutet das im Vergleich zum Ergebnis der DRP 1961 (0,8 Prozent) mehr als eine Verdoppelung. Eine weitere Steigerung gelingt der Partei bei den Hamburger Bürgerschaftswahlen. 3,9 Prozent der Hanseaten stimmen nationaldemokratisch. Auch im Süden setzt sich der Erfolg fort. Bei den bayerischen Kommunalwahlen im selben Jahr bringt es die NPD im Landesdurchschnitt zwar nur auf 1,6 Prozent, in einzelnen fränkischen Städten erreicht sie jedoch bis zu 10 Prozent der Stimmen und stellt insgesamt 103 Mandatsträger im blau-weißen Bundesland. (vgl. Backes/Jesse 1989, S. 69) Den Durchbruch schaffen die Nationaldemokraten im November 1966 bei den Landtagswahlen in Hessen und Bayern. Ende 1968 ist die NPD in sieben Länderparlamenten vertreten. Es scheint eine Frage der Zeit zu sein, bis sie den Einzug in den Bundestag schafft. Die Gründe für die Wahlerfolge erklärt Stöss folgendermaßen:

"Dieser Erfolg wurde vor allem deshalb möglich, weil die NPD programmatisch das autoritär-entspannungsfeindliche Erbe Adenauers fortzuführen schien. Keine bürgerliche Partei agitierte während der Großen Koalition so konsequent gegen die neue Ostpolitik, gegen die APO und gegen die Sozialdemokratie, wie es die sich mit der Aura der Verfassungskonformität umgebende NPD tat. Mehr noch als die CSU präsentierten sich die Nationaldemokraten als mittelständische und antibolschewistische Ordnungsmacht in Deutschland, als Verfechter eines westdeutschen Alleinvertretungsanspruches für gesamtdeutsche Belange und einer Politik der Stärke und des Befreiungsmessianismus gegenüber den Völkern Osteuropas. Damit gewannen sie den Zuspruch kleinbürgerlicher Schichten von den rechten Flügeln der ehemaligen Bürgerblock-Parteien und sprachen gleichzeitig erfolgreich die durch die Wirtschaftskrise verursachten sozialpsychologischen Ängste breiter sozialer Schichten - auch von Arbeitern - in wirtschaftlichen Problemregionen an." (Stöss 1989, S. 135)

Wahlergebnisse der NPD

Wahlen	Jahr	Stimmen (absolut)	Stimmen (v.Hundert)	Mandate
LTW Bayern	1966	781.813	7,4 %	15
LTW Hessen	1966	224.674	7,9 %	8
LTW Rheinland Pfalz	1967	127.680	6,9 %	4

LTW Schleswig Holstein	1967	72.093	5,8 %	4
LTW Niedersachsen	1967	249.197	7,0 %	10
Wahl zur Bremer Bürgerschaft	1967	35.894	8,8 %	8
LTW Baden-Württemberg	1968	381.569	9,8 %	12

(Stöss 1989, S. 136 f)

Die NPD wird zur Sammelpartei der Unzufriedenen und der Benachteiligten aller Schichten. Beleg dafür ist eine Übersicht über die Berufs- und Sozialschichtung der NPD-Anhänger von 1966 bis 1970 des Bundesministeriums des Innern:

Schicht	1966	1967	1968	1969	1970
Akademiker	6	4	5	5	5
Selbstständige	25	27	29	28	32
Öffentlicher Dienst	7	6	6	5	4
Angestellte	18	17	15	15	11
Arbeiter in mittelständi-schen Betrieben.	14	16	18	20	19
Industriearbeiter	13	16	14	14	15
Hausfrauen	6	5	5	5	6
Rentner, Pensionäre, ohne Beruf	11	9	8	8	8
Summe	100	100	100	100	100

(zit. aus: Stöss 1989, S. 139)

Eine große Rolle für den Erfolg der NPD spielt ihre Frontstellung gegen die "Außerparlamentarische Opposition" (APO) und die Studentenbewegung. APO, Gewerkschaften und Jungssozialisten sind ihre entschiedensten Gegner:

"Aber gerade der tagespolitische Kampf gegen die NPD lieferte dieser Partei Themen und Feindbilder, die sie in ihren Programmschriften und Wahlveranstaltungen in Ressentiments umwandeln konnte und dadurch in nicht geringem Maß an 'gesundes Volksempfinden', Vorurteile und autoritäre Dispositionen bei den Wählern anknüpfte. Die NPD wandte sich gegen die 'Kulturbolschewisten' und den 'Neger-Jazz', denn 'es geht ja schließlich um das Seelenheil eines Volkes'. (...) Es ist rückblickend nicht zu bezweifeln, daß APO und Studentenbewegung auf der einen, NPD auf der anderen Seite durch wechselseitige Frontstellungen und demonstrative Auseinandersetzungen insbesondere bei Veranstaltungen einander stimulierten und dazu beitrugen, daß Polarisierungen und Spannungen des politischen Klimas Ende der Sechszigerjahre besonders dominierten."
(Dudek/Jaschke 1984, S. 287 f)

Auf dem Höhepunkt ihres Erfolgs üben die Nationaldemokraten große Anziehungskraft auf andere Gruppierungen im rechtsextremen Spektrum aus:

> "Nach Schätzungen für das Jahr 1967 gehörten zu diesem Zeitpunkt jeweils 20 Prozent der Mitglieder des 'Deutschen Kulturwerkes Europäischen Geistes', der 'Aktion Oder Neiße', der 'Notgemeinschaft Deutscher Bauern', der 'Deutschen Sozialen Bewegung' und des 'Reichsverbandes der Soldaten' zugleich der NPD an." (Backes/Jesse 1989, S. 74)

Das Ende der Erfolgsserie kommt mit der Bundestagswahl 1969: Die NPD scheitert mit 4,3 Prozent (1 422 010 Stimmen), obwohl es ihr gelingt, tief ins bürgerliche Wählerlager einzudringen. Intern kommt es zur Krise. Ein Strategiestreit spaltet die Partei in zwei unversöhnliche Lager: Während die Führung unter Adolf von Thadden auf eine noch stärkere Betonung des legalistischen Kurses und der Verfassungstreue setzt, fordert die Konkurrenzfraktion spektakuläre Aktionen und die Absage an den bundesdeutschen Status quo. Die NPD verliert einen Großteil ihrer Mitglieder. Die nächsten Wahlen werden für sie zum Desaster. (vgl. Backes/Jesse 1989, S. 76 f)

Außerdem verschlechtert sich die politische Landschaft Deutschlands für die NPD. Nach der Bundestagswahl 1969 regiert die sozial-liberale Koalition, die Unionsparteien sind zum ersten Mal in der Opposition. Sie müssen sich nicht mehr um Kompromisse scheren, die sie im Rahmen der großen Koalition in der Wirtschafts-, Sozial- und vor allem in der Ostpolitik eingegangen sind. Es kommt zum Rechtsruck, CDU und CSU nehmen wieder ihren angestammten Platz im Parteiensystem ein:

> "Indem sie mehr oder weniger vehement gegen die neue Ostpolitik der Bundesregierung und deren Reformpläne kämpften, konnten sie jenes Vakuum wieder ausfüllen, das durch ihren Eintritt in die Große Koalition entstanden war und den vorübergehenden Auftrieb der NPD ermöglicht hatte. In der Folgezeit fielen der CDU/CSU etwa vier Fünftel der Wählerschaft der NPD zu, der sie buchstäblich das Wasser abgrub." (Stöss 1989, S. 141)

Der Wahlverlust 1969 besiegelt den Abstieg der NPD. Die Parteispitze hofft mit der Losung einer "rechten APO" den Zerfall zu stoppen - vergeblich. Der radikale Teil der Basis beginnt mit dem Ausstieg aus dem Legalismus.

5.2.2. NPD-Ordnerdienst

Mit den wachsenden NPD-Erfolgen kommt es zu immer härteren Auseinandersetzungen mit politischen Gegnern. Antifaschisten aus den Reihen der APO und zahlreicher Bürgerinitiativen demonstrieren immer wieder gegen NPD-Kundgebungen. Dabei kommt es auch zu Handgreiflichkeiten. 1968 fällt der Parteivorstand einen folgenschweren Entschluß: Die Gründung eines Ordnerdienstes (OD), gedacht als militante Truppe zum Saalschutz. Zwar sichert der OD Veranstaltungen. Zugleich geht er jedoch rabiat vor, was die Medien mit harscher Kritik quittieren. (vgl. Stöss 1989, S. 138)

Neben dieser Agressivität schaden auch Outfit und Auftreten der NPD. Erinnerungen an die NSDAP-Schlägertrupps werden wach. Selbst das NPD-Organ 'Vorwärts' schreibt über "Die neue SA" (31.7.1969). Der hessische Landtag setzt im Oktober 1969 einen parlamentarischen Untersuchungsausschuß zur Aktivität der Schlägertruppe ein. Auszüge aus dem Bericht: "Die Organisationsbemühungen der NPD deuten unverkennbar auf die Aufstellung eines zentral geleiteten und schnell verfügbaren paramilitärischen Verband hin." (Bericht des Parlamentarischen Untersuchungsausschusses "NPD-Ordnerdienst", Hessischer Landtag, 6. Wahlperiode, Drucksache Nr. 3330, zit aus: Jaschke 1982, S. 10)

Die NPD stellt die Gründung des OD als unabdingbar für den Bundestagswahlkampf 1969 hin. Von Thadden reflektiert später, "daß die damalige Führung der NPD nur das Bestreben hatte, über den Wahlkampf hinwegzukommen." (von Thadden 1984, S. 178 f) Doch die Militanz des Ordnerdienstes nimmt zu. So zählt das hessische Innenministerium zwischen März und September zwölf "Ausschreitungen und Übergriffe". Beispiele:

"Ende Juli inszenierte der Ordnerdienst bei einer NPD-Veranstaltung in Frankfurt bandenmäßig durchgeführte Schlägereien mit Gegendemonstranten und erfüllte mehrfach den Straftatbestand schwerer Körperverletzung. Die Tages- und Wochenpresse berichtete, daß die Angehörigen des rund 40köpfigen Ordnerdienstes paramilitärisch geleitet worden und zum Einsatz unmittelbarer körperlicher Gewalt nicht nur bereit gewesen seien, sondern diesen geradezu gesucht hätten. Einen vorläufigen Höhepunkt erreichten die Gewalttätigkeiten am 16. September 1969 bei einer NPD-Veranstaltung in Kassel, als der Ordner Kolley im Verlauf einer Demonstration eine Pistole zog und zwei Gegendemonstranten durch Schüsse verletzt. (...) Im Mai 1970 wurde er von einem Kasseler Schwurgericht wegen gefährlicher Körperverletzung in Tateinheit mit fahrlässiger Körperverletzung zu 18 Monaten Haft verurteilt." (Jaschke 1982, S. 10 f)

Auf eine parlamentarische Anfrage in Bonn erklärt am 24.9.1969 der Staatssekretär Karl Gumbel, bis zu diesem Zeitpunkt seien gegen 27 NPD-Ordner strafrechtliche Ermittlungsverfahren eingeleitet worden. Seine Einschätzung des OD:

"Die Nationaldemokratische Partei Deutschlands (NPD) begann Ende vergangenen Jahres mit dem Aufbau eines Ordnerdienstes, der z.Z. etwa 250 aktive Mitglieder umfaßt. Zum Ordnerdienst werden nur Parteimitglieder herangezogen. Die Ordner werden regelmäßig in 'Kameradschafts- und Übungsabenden' geschult. Auf dem Lehrplan dieser Abende stehen die Vorschriften des Versammlungsgesetzes, die in Frage kommenden Strafrechtsbestimmungen, sowie praktische Übungsfälle für den Versammlungseinsatz. Alle Ordner sind angewiesen, an einem Judo- und Karatelehrgang teilzunehmen. Nach einem von der NPD aufgestellten 'Organisations- und Einsatzplan' besteht der Ordnungsdienst aus verschiedenen Gruppen, die über Sprechfunk gelenkt werden können. Ihre Leitung liegt beim jeweils zuständigen Versammlungsleiter. Einem Teil der Ordner obliegt es, Eingänge, Rednerpodium, elektrische Anlagen usw. zu schützen, andere haben die Aufgabe, auffällige Störer unter Anwendung körperlicher Gewalt aus dem Versammlungslokal zu entfernen. Bei größeren Veranstaltungen soll eine aus fünfzehn bis fünfundzwanzig Ordnern bestehende 'Eingreifreserve' bereitstehen, die mit Schutzhelmen, Lederkoppeln und Plastikmänteln ausgerüstet sind." (zit. aus: Dudek/ Jaschke 1984, S. 343; von Thadden 1984, S. 178)

Insgesamt sind Auftreten, Ansinnen und Brutalität des NPD-Ordnerdienstes als neue Form organisierter rechtsextremer Aktivität zu werten, die in den siebziger Jahren im rechtsextremen Terrorismus endet. Hans Gerd-Jaschke schreibt:

"Die Aktivitäten des NPD-Ordnerdienstes belegen im Vergleich zu den antisemitischen Ausschreitungen 1959/60 eine radikalisierte Stufe rechtsextremer Militanz: Beschränkten sich die Ereignisse damals noch auf provokativen, nicht-physischen Terror, so sind deutliche Anknüpfungspunkte an Strategien der SA festzustellen." (Jaschke 1982, S. 11)

Der OD hat der NPD insgesamt sehr geschadet. Es entsteht ein Image der Partei, das dem einer wählbaren Alternative strikt entgegenläuft. So warnt der deutsche Richterbund vor der "Brutalisierung des öffentlichen Lebens" und konstatiert: "Wer Schlägertrupps nach dem Muster paramilitärischer Organisationen aufstellt, verläßt den Boden der freiheitlichen Demokratie." Der Frankfurter Oberbürgermeister Willi Brundert fordert, "daß die Frankfurter Bürger entsprechend ihrer freiheitlichen Tradition ihr politisches Leben ungehindert entwickeln können und nicht von terroristischen Gruppen gefährdet werden." (zit. aus: Dudek/Jaschke 1984, S. 137) Rückblickend bewertet es auch der damalige Parteichef Adolf von Thadden als historischen Fehler, das Unternehmen Ordnerdienst nicht abgebrochen zu haben: "denn in den Augen des Durchschnittswählers, der - bestärkt durch die Berichterstattung - 'NPD' mit 'Tumult' assoziiert, war die Partei immer weniger wählbar." (zit. aus: Dudek/Jaschke 1984, S. 33)
1970 löst die NPD-Führung ihren "Ordnerdienst" auf. Bereits im selben Jahr bilden sich bewaffnete rechtsextreme Gruppen, die ihre Mitglieder auch aus dem früheren OD rekrutieren. (vgl. Stöss 1989, S. 160) Bei der Bewertung des OD kann Dudek und Jaschke gefolgt werden, die die Argumentation Adolf von Thaddens und des Vorsitzenden des OD-Untersuchungsausschusses des hessichen Landtages einander gegenüberstellen. Letzterer fordert das Verbot des Ordnungsdienstes, da dieser "verfassungswidrig" sei. (vgl. Dudek/Jaschke 1984, S. 342) Die beiden Wissenschaftler schreiben:

"Bei näherer Betrachtung erscheinen beide Versionen (...) keineswegs widersprüchlich, sondern eher komplementär: Die Parteiführung gründete den OD, um die Veranstaltungen reibungsloser durchführbar zu machen, um auch in der Praxis ihren Leitspruch von 'Recht und Ordnung' zu demonstrieren. Sie vernachlässigte dabei jedoch die *Ambivalenz der Gewalt*: Der OD entwickelte eigenständige, überschüssige Dynamik, berücksichtigte im politischen Tageskampf ebensowenig das Legalitätsproblem des Versammlungsrechts wie das Legitimitätsproblem der NPD und diskreditierte durch einzelne physische Ausschreitungen die Partei als solche." (Dudek/Jaschke 1984, S. 344)

5.3. Rechtsextremismus 1970 - 1976
5.3.1. Die Militarisierung in der extremen Rechten

Die Geburtsstunde eigenständig organisierter militanter Rechtsextremisten kann mit dem Jahr 1969, explizit mit dem Scheitern der NPD bei der Bundestagswahl mit 4,3 Prozent an der Fünf-Prozent-Hürde, datiert werden. Die darauf folgende innerparteiliche Krise der NPD spaltet diese in mehrere Flügel. Der Vorstand unter Adolf von Thadden setzt auf eine an den bürgerlichen Parteien orientierte Politik. Dagegen fordert die meist von jüngeren Mitgliedern getragene innerparteiliche Opposition eine "programmatisch und im Auftreten radikalere 'Gangart' der NPD" (Dudek 1985, S. 154). Diese Entwicklung führt zum Entstehen eigenständiger Fraktionen, die sich zum Teil auch neonazistisch organisieren. (vgl. Dudek 1985, S. 155) Der Beobachtung von Richard Stöss hingegen, ist nicht zu folgen der schreibt: "Seit Mitte der siebziger Jahre ist im Vorfeld der rechtsextremen Parteien eine zunehmende Militanz zu beobachten, die sich bald zu terroristischen Ausschreitungen steigerte". (Stöss 1989, S. 153) Die Militarisierung der Szene läßt sich schon seit Ende der sechziger Jahre konstatieren. Bekannteste Beispiele sind die "Europäische Befreiungsfront" und die "Gruppe Hengst". Sie können - wie andere militante rechtsextremistische Organisationen in diesem Zeitraum - besonders ehemalige Mitglieder des 1970 aufgelösten NPD-Ordnerdienstes rekrutieren. Dieser ist "im Laufe der Zeit zu einer Sammelstelle von mit Gewaltaktionen liebäugelnder Aktivisten degeneriert". (Backes/ Jesse 1989, S. 78) Aktionismus, Konspirativität und Gewalttätigkeit sind die Merkmale der vielen kleinen rechtsextremen Gruppen, die nach der für die NPD verlorene Bundestagswahl nun mit Militanz versuchen, die Politik der Bundesrepublik zu verändern.

5.3.1.1. Europäische Befreiungsfront (EBF)

Die maximal 35 Mitglieder starke Gruppe wird 1969 in Nordrhein-Westfalen von den NPD-Mitgliedern Helmut Blatzheim, Hartwig Neumann (NPD-Kreisvorsitzender von Köln), dem ehemaligen Fremdenlegionär Johannes Brodka sowie dem vom Verfassungsschutz eingeschleusten Krahberg[12] aufgebaut. Auch international ist die EBF vernetzt. Kontakte existieren zu Offizieren der früheren belgischen SS und zur französischen Terrorgruppe OAS. (vgl. Camus/Monzat 1992, S.

---

[12] Als Mitglieder der Gruppe 1972 verurteilt werden, geht Krahberg straffrei aus. (vgl. Antifa 1980, S. 117; Frankfurter Allgemeine Zeitung, 19.7.1972)

411ff.) Die EBF, die sich als "Kampfgruppe gegen den Kommunismus" versteht, ist nach militärischen Vorbildern organisiert. Dem "Oberkommandeur" Blatzheim mit den Nebenabteilungen "Propaganda" und "diplomatischer Dienst" sind in den Bundesländern Staffelkommandeure, Truppenführer und Kommandos mit drei bis vier Mitgliedern unterstellt.

Am 29.5.1970 wird die Gruppe von der Polizei ausgehoben. Mit der Festnahme von vierzehn EBF-Mitgliedern können die Beamten terroristische Anschläge auf die Stromversorgung verhindern. Diese sind für den folgenden Tag anläßlich des Treffens von Bundeskanzler Willy Brandt mit dem DDR-Ministerpräsidenten Willy Stoph geplant. (vgl. Rosen 1989, S. 51) Die Polizisten beschlagnahmen unter anderem eine Maschinenpistole, 15 Pistolen, drei Revolver und mehrere Gewehre. (vgl. Antifa 1980, S. 38)

Das Strafverfahren gegen die rechtsextremistische Organisation endet mit milden Urteilen. In den neun Verfahren gibt es vier Freisprüche, ansonsten Freiheitsstrafen zwischen sechs und zwölf Monaten, die gegen mäßige Bußen zur Bewährung ausgesetzt werden. (vgl. Rosen 1989, S. 51)

Das Ziel der "Europäischen Befreiungsfront" ist nach eigenen Angaben, den Kommunismus bei seinem europaweiten Vormarsch zu stoppen. Der EBF-Führer sagt in einem Interview, 1969 hätten die Kommunisten in der Bundesrepublik die Regierung übernommen, Bundeswehr und Polizei seien unterwandert und könnten im Ernstfall ihre Aufgabe nicht erfüllen. Dann sollte die "Europäische Befreiungsfront" in Aktion treten. (vgl. Backes/ Jesse 1989, S. 78) Zu diesem Zweck haben die Rechtsextremisten "schwarze Listen" angelegt.

5.3.1.2. Gruppe Hengst

Ebenfalls aus der NPD kommen die 18 Mitglieder der "Gruppe Hengst" aus dem Rhein-Sieg-Kreis - ein weiteres Beispiel für die Militarisierung in der extremen Rechten zu Beginn der siebziger Jahre. Die Gruppe plant bewaffnete Angriffe gegen politische Gegner wie den SPD-Vorstand, aber auch gegen Banken, die Bundesbahn und Munitionsdepots. (vgl. Rosen 1989, S. 52) In einem Kellerraum veranstalten Mitglieder im Januar 1971 Schießübungen auf Plakate des Bundeskanzlers Willy Brandt und des DDR-Staatsratsvorsitzenden Walter Ulbricht. (vgl. Verfassungsschutzbericht 1971, S. 22)

Am 13.2.1971 verhaftet die Polizei in Bad Godesberg das NPD-Mitglied Bernd Hengst und den ehemaligen NHB-Vorsitzenden Rüdiger Kraus. In deren Wagen wird eine Maschinenpistole gefunden. Bei weiteren Hausdurchsuchungen bei Mitgliedern der Gruppe werden noch 18 Gewehre, zwölf Pistolen und 2000 Schuß Munition beschlagnahmt. (vgl. Verfassungsschutzbericht 1971, S. 22)

Die meisten Angehörigen der "Gruppe Hengst" kommen aus dem NPD-Ordnerdienst. (vgl. Frankfurter Rundschau, 15.2.1971) Die militante Organisation steht unter anderem in Verbindung mit der "Aktion Widerstand" und mit Nationalrevolutionären in Berlin. (vgl. Rosen 1989, S. 52)

5.3.1.3. Nationalsozialistische Kampfgruppe Großdeutschland (NSKG)

Seit etwa April 1972 sammelt der Waldarbeiter Manfred Knauber in der NSKG knapp 25 Rechtsextremisten aus Nordrheinwestfalen und Bayern um sich. Die Ideologie der Organisation ist eindeutig neonazistisch, wie aus ihrem Organ 'Der Nationalsozialist - Kampfschrift zur Befreiung Deutschlands aus der Knechtschaft' hervorgeht. Es wird behauptet, allein der Nationalsozialismus sei fähig, die Interessen aller zu vertreten und den sozialen Frieden zu garantieren. Im NSKG-Aufnahmeantrag muß jedes Neumitglied bekunden: "Satzung und Programm der NSDAP sind für uns voll gültig".

Wie die anderen militanten Organisationen der frühen siebziger Jahre kann auch Knuber ehemalige NPD-Aktivisten mobilisieren. In der NSKG engagieren sich Horst Gädicke, Bundeswehroberfeldwebel und NPD-Mitglied, und Bernd Grett, Stabsunteroffizier und ehemaliger NPD-Kreisvorsitzender von Ingolstadt. Ein weiterer Bundeswehrangehöriger war der Feldwebel Otto Loew. (vgl. Antifa 1980, S. 40; Rosen 1989, S. 52)

Die Gruppe propagiert offen Gewalt: "Wir Nationalsozialisten (...) wissen, daß wir uns eines nicht allzu fernen Tages mit Waffengewalt auseinandersetzen müssen, um eine Chance des Überlebens zu haben" (zit. aus Verfassungsschutzbericht 1972, S. 37). Die Rechtsextremisten kommen jedoch nicht über die Planung hinaus. Bevor sie den ersten Anschlag verüben können, wird die Gruppe am 11. 10.1972 zerschlagen. Bei Hausdurchsuchungen beschlagnahmt die Polizei: Eine Maschinenkanone mit gegurteter Munition, drei Maschinengewehre mit ungezählter Munition, fünf Maschinenpistolen, neun Karabiner, zwei Kleinkalibergewehre, zwei Gewehre, ein Flobertgewehr, Sprengstoff, zehn Panzerfaustgranaten und zahlreiche Handgranaten. (vgl. Verfassungsschutzbericht 1972, S. 37)

Die Mitglieder werden milde bestraft. Von den 25 Beschuldigten bleiben nur zehn Angeklagte übrig, von denen wiederum nur sechs wegen Mitgliedschaft in einer kriminellen Vereinigung und Verstoßes gegen das Kriegswaffengesetz bis zu einem Jahr Gefängnis verurteilt werden (vgl. Rosen 1989, S. 52), darunter die Rädelsführer Manfred Knauber und Wilhelm Bayer. Auch der Karriere in der Bundeswehr tut die NSKG-Zeit keinen Abbruch. Otto Loew wird drei Jahre nach der Auflösung der Gruppe zum Oberfeldwebel befördert. ('die tat', 13.2.1976)

Die aggressive Organisation pflegt in Deutschland Kontakte zur "Nationalen Deutschen Befreiungsbewegung", dem "Bund Deutscher National-Sozialisten" und der "Sozialrevolutionären Nationalen Kampfgemeinschaft Deutschlands" (SNKD). Die SNKD ist mit der NSKG personell und ideologisch eng verflochten und ebenfalls militant und konspirativ ausgerichtet. Sie besitzt Hand- und Faust-

feuerwaffen, Funkgeräte und total- oder teilgefälschte Ausweise. (vgl. Verfassungsschutzbericht 1972, S. 38)
Im Ausland existieren Beziehungen zu palästinensischen Terroristen, wie unter anderem der Ex-Terrorist Willi Pohl, alias "E.W.Pless" in seinem auf persönlichen Erlebnissen basierenden Roman "Geblendet" (S. 112) beschreibt. In der NSKG-Publikation 'Der Nationalsozialist - Kampfschrift zur Befreiung Deutschlands aus der Knechtschaft' bekennen sich die Rechtsextremisten selbst zu Kontakten zur "Palästinensischen Befreiungsbewegung". (vgl. Verfassungsschutzbericht 1972, S. 38) Weitere Verbindungen bestehen zum amerikanischen "Bund Deutscher Nationalsozialisten", in dessen Organ 'NS-Kurier' für die NSKG geworben wird.
Beleg für das terroristische Potential der NSKG ist ferner die Tatsache, daß der Polizei bei Durchsuchungen Vollmachten, Operationspläne und Anleitungen zur Geiselnahme in die Hände fallen. Nach dem Verbot der NSKG sollen zahlreiche ihrer Mitglieder den Weg in die "Wehrsportgruppe Hoffmann" gefunden haben. Der französische Autor Patrice Chairoff bescheinigt der WSG große Anziehungskraft auf die härtesten Neonazikreise. Nach seinen Recherchen hätten sich die NSKG-Anhänger Schröpfer, Vogel, Kempf, Grett, Löw und Luttermann der "Wehrsportgruppe Hoffmann" angeschlossen. (vgl. Chairoff 1977, S. 87)

5.3.1.4. Nationale Deutsche Befreiungsbewegung (NDBB)

Die Gruppe wird 1970 von dem Autoverkäufer Roland Tabbert[13] in seiner Heimatstadt Hanau gegründet und versteht sich als Vorläufer einer neuen NSDAP. (vgl. Rosen 1989, S. 53) Unter ihrem "Reichsführer" Tabbert will sie "Groß-

---

[13] Ein politischer Lebenslauf Tabberts findet sich in der rechtsextremistischen Publikation 'Die Neue Front': Dieser "war Ordensjunker der NSDAP, noch als Jugendlicher Kriegsteilnehmer am Ende des Zweiten Weltkrieges und ist seither nationaler Aktivist - zumeist als Einzelkämpfer (...). Anfang der 70er Jahre schien ihm die Lage günstig, (...) dem nationalen Lager eine neue, militante Richtung zu geben und eine erfolgversprechende deutsche Befreiungsbewegung nach dem Vorbild der palästinensischen Befreiungsorganisation PLO in Deutschland zu schaffen. Zunächst unter dem Namen NATIONALE BEFREIUNGSBEWEGUNG, später unter dem endgültigen Namen NATIONALE DEUTSCHE BEFREIUNGSBEWEGUNG (NDBB) (...). Organisatorisch blieb Kamerad TABBERT unabhängig und skeptisch gegenüber unserer Gruppe. Im Herbst 1990 aber entschloss sich Kamerad Tabbert überraschend, seine Zurückhaltung aufzugeben und wieder organisatorisch aktiv zu werden - nach mehr als 15 Jahren! Er trat in die ANTIZIONISTISCHE AKTION ein und wurde deren Leiter!". (DNF, Nr. 75, Oktober 1990) Die AZA fällt während des Golfkrieges durch zahlreiche antiisraelische Aufkleber und Flugblätter auf, die den irakischen Diktator Saddam Hussein glorifizieren. Außerdem verhandeln Tabbert und Kühnen mit der irakischen Botschaft über noch effektivere Hilfe deutscher Rechtsaußen. Kühnen soll dabei die Aufstellung einer 100 Mann starken "Antizionistischen Legion" vorgeschlagen haben, die "den Irak gegen die derzeitige Aggression zionistischer und US-imperialistischer Kräfte" unterstützen sollte. (vgl. Schröder 1992, S. 129-136)

deutschland" in den Grenzen von 1914 wiederherstellen, Europa "und dann die ganze Welt" in Ordnung bringen, "und zwar nach dem gleichen System, wie wir Deutschland in Ordnung gebracht haben". (vgl. Schröder 1992, S. 132)

Gemeinsam mit der "Aktion Widerstand" bekämpft die NDBB die Ostpolitik der Bundesregierung, in Berlin verüben ihre Anhänger Überfälle auf linke Szenelokale. Zu den Zielen seiner Organisation erklärt Tabbert in der WOCHENZEITUNG 'Publik':

> "Wir werden diesen dreckig veranlagten bolschewistischen Schweinen endlich einmal ihre verkommenen Schnauzen plattschlagen, wo wir sie treffen. Das können sie wörtlich bringen. Es ist zwar keine feine Art, und diese Art hat man mir schon dann und wann zum Vorwurf gemacht, aber das ist die Sprache, die die Linken verstehen. Und in dieser Sprache werden wir uns mit ihnen unterhalten." (zit. nach Hirsch 1989, S. 87)

Am 9.6.1971 wird dann von Mitgliedern der NPD und des "Bundes Heimattreuer Jugend" ein Berliner Landesverband der NDBB ins Leben gerufen. Zum 10. Jahrestag des Mauerbaus am 13.8.1971 plant die Gruppe verschiedene Aktionen: Sprengstoffanschläge auf die SEW[14]-Zentrale, das SEW-Druckhaus Norden und das sowjetische Reisebüro Intertourist am Olivaer Platz, Schüsse auf DDR-Soldaten und einen Handgranaten-Überfall auf einen DDR-Wachturm. (vgl. Harnischmacher 1993, S. 43) Einen Tag vor den geplanten Attentanten fliegt die Gruppe durch einen Tip des eingeschleusten V-Manns J. Neumann auf. Die Polizei findet 17 Gewehre, neun Pistolen und Munition, alleine beim NDBB-Chef Tabbert mehrere Karabiner, einen Revolver und eine Pistole. (vgl. Antifa 1980, S. 39; Schröder 1992, S. 133)

Tabbert wird vor Gericht von dem Anwalt Wilhelm Schöttler[15] vertreten. Dieser verteidigt auch den späteren **Karl Heinz Hoffmann-Partner** Udo Albrecht. Gleichzeitig ist Schöttler Ehrenpräsident der "Gesellschaft für deutsch-arabische Freundschaft", der auch der WSG- und NDBB-Aktivist Johannes Kößling angehört. (vgl. Schröder 1992, S. 133)

Auch nach dem Schlag der Sicherheitsbehörden arbeitet die Gruppe weiter. Im Frühjahr 1973 versuchen 200 Mitglieder des NDBB, in dem Berliner Rechtsextremistentreff "Wolfsschanze" eine neue Partei zu gründen, was scheitert. Viele der anwesenden Rechtsextremisten bleiben aber aktiv. Der Besitzer der "Wolfsschanze" Horst Mach wird später NDBB-Beauftragter für Hamburg und engagiert sich bei der NSDAP/AO. Johannes Kößling, ehemals NPD-Vorsitzender von

---

[14] Die DKP erstreckt sich mit ihrer Organisation nicht auf das Land Berlin. Ihr dortiger Ableger nennt sich SEW, "Sozialistische Einheitspartei Westberlin" (SEW). (vgl. Olzog/Liese 1988, S. 161)

[15] Wilhelm Schöttler nimmt sich Anfang 1994 aus gesundheitlichen Gründen in einem Duisburger Hotel das Leben. Er ist in der rechten Szene gefragt. Die rechtsradikale Informationsschrift DESG-Inform klagt: "Mit Rechtsanwalt Schöttler verlieren viele Nationale einen aufrichtigen Freund und Berater". (DESG-Inform, 4/1994, S. 4)

Berlin-Schöneberg und dann 2. Bundesvorsitzender der NDBB, schließt sich 1978 dem Westberliner Landesverband der "Unabhängigen Arbeiterpartei" und dem "**Freundeskreis der Wehrsportgruppe Hoffmann**"[16] an. Das NDBB-Mitglied Helge Röthke[17] schließlich steht im Verdacht, gemeinsam mit Ekkehard Weil am 1.8.1977 einen Brandanschlag auf das Berliner SEW-Büro verübt zu haben. (vgl. Antifa 1980, S. 39; Rosen 1989, S. 53)

1978 fordert Tabbert seine NDBB-Anhänger auf, der Arbeitsgemeinschaft "Vereinigung Verfassungstreuer Kräfte" (VVK) beizutreten. IM VVK-Organ 'EINIGKEIT für Recht und Freiheit' (EINIGKEIT) begründet er diesen Schritt:

> "Die NDBB hat offiziell seit dem 1.1.1975 ihre Öffentlickeitsarbeit eingestellt.
> Deshalb appellieren wir auf diesem Wege an alle unsere Mitglieder, in den mit uns befreundeten Verbänden der Arbeitsgemeinschaft VVK mitzuwirken. (...)
> Um mit unseren Mitgliedern und Freunden in Verbindung bleiben zu können, bitten wir, jeden Einzelnen von Ihnen hiermit, EINIGKEIT mittels Zahlkarte jetzt zu abonnieren. Wir haben mit den Freunden der EINIGKEIT-Redaktion zusammen, die uns teils schon seit Jahren als aufrechte Patrioten bekannt sind, noch viel vor."
> (EINIGKEIT, Nr. 7/8 1978, S. 6f)

5.3.1.5. Bund Deutscher Nationalsozialisten (BDNS)

Der BDNS wird 1968 von dem Diplom-Ingineur Wolf Dieter Eckart gegründet. Er ist die erste offen neo-nationalsozialistisch auftretende Organisation nach dem

---

[16] In den achtziger Jahren setzt Kößling seine politische Laufbahn als Funktionär der Republikaner fort. (vgl. Schröder 1992, S. 132)

[17] Der früher im NDBB aktive Röthke gehört mit seiner Frau Ingrid zu den Spitzenfunktionären des Berliner BHJ. Im Oktober 1978 werden beide wegen neonazistischer Aktivitäten aus dem Jugendbund ausgeschlossen. Die gesamte ausgeschlossene "BHJ-Standortführung" tritt darauf den "Jungen Nationaldemokraten" bei, Ingrid Röthke wird JN-Landesvorsitzende. (vgl. Herb/ Peters/Thesen 1980, S. 79) Nach belastenden Aussagen früherer Hamburger ANS-Mitglieder wird Helge Röthke mit seinem Gesinnungsgenossen Michael Pohl Mai 1978 verhaftet. Beide sollen an einem Überfall auf das Bundeswehrdepot am 11.12.1977 in Reinbek beteiligt gewesen sein. Oktober 1978 werden Röthke und Pohl wieder freigelassen. Noch im gleichen Monat baut Pohl eine eigene Berliner "Wehrsportgruppe" auf und wirbt deren Mitglieder bei den "Jungen Nationaldemokraten" und der "Wiking-Jugend", denen er auch als Mitglied angehört. Am 2. März 1979 stört die Pohl-Gruppe im Berliner "Haus der Kirche" eine "Holocaust"-Diskussion. Hier erklärt Pohl, in Konzentrationslagern seien "kriminelle Elemente und Sittenstrolche zu Arbeit, Sauberkeit und Ordnung" erzogen worden. Noch im selben Jahr wird der Rechtsextremist vom Berliner Landgericht wegen Volksverhetzung und unerlaubten Waffenbesitzes zu sechsinhalb Monaten Freiheitsstrafe auf Bewährung verurteilt. (blick nach rechts, Nr. 25/26, 14.12.1993, S. 7) Inzwischen hat Pohl seinen Wohnort ins niedersächsische Hankensbüttel verlegt und führt dort seit Jahren die rechtsextreme "Studiengemeinschaft Nordland-Verlag". Außerdem hält er gemeinsam mit seiner Ehefrau Gabriele Pohl enge Tuchfühlung zur skandinavischen Neonazi-Szene. (vgl. blick nach rechts, Nr. 25/26, 14.12.1993, S. 6 f)

Verbot der "Sozialistischen Deutschen Reichspartei" 1952 und damit Beleg für eine ideologische Radikalisierung in der extremen Rechten Ende der sechziger Jahre. In einem BDNS-Werbebrief schreibt Eckart:

> "Ich würde mich freuen, Sie als Mitarbeiter im Bund Deutscher Nationalsozialisten gewinnen zu können, getreu den Worten unseres Führers: Aus dem Opfer unserer Soldaten und aus meiner eigenen Verbundenheit mit ihnen bis in den Tod wird der deutschen Geschichte so oder so einmal der Same aufgehen zur strahlenden Wiedergeburt der nationalsozialistischen Bewegung und damit Verwirklichung einer wahren Volksgemeinschaft". (zit. aus Hirsch 1989, S. 34)

Bereits 1969 wird der BDNS verboten. Eckart gründet den "Freundeskreis der NSDAP". (vgl. Herb/Peters/Thesen 1980, S. 74) Trotz verschiedener Verurteilungen gibt Eckart weiterhin sein Organ, den 'Nationalsozialistischen Deutschen Nachrichtendienst' (NDN), heraus. Wegen rechtsextremistischer Agitationen wird er im Januar 1976 zu acht Monaten Haft auf Bewährung und einer Geldstrafe von 3.000 DM verurteilt (vgl. Bronder 1978, S. 10). Ungerührt fordert er in der Ausgabe vom 1.9.1976:

> "Schlagt den Juden in die schadenfrohe Fresse. Zertrümmert ihnen die Fenster, kennzeichnet die Häuser der Juden als solche. Brennt die Synagogen ab, soweit sie noch stehen. Deutschland, erwache! Arier, kämpft für eine arische Völkergemeinschaft und vernichtet das Judentum, das unser aller Unglück ist. Juda, verrecke! Sieg Heil!" (NDN, zit. aus Hirsch 1989, S. 34)

Für viele Neonazis der siebziger Jahre hat der aggressiv auftretende Eckart Vorbildcharakter. Auch Michael Kühnen sieht in Eckart eine historische Gestalt:

> "Unser Kamerad Eckart hat einen einmaligen geschichtlichen Verdienst errungen: Mit seinem offenen Bekenntnis zum Nationalsozialismus beendete er eine lange Nacht und gab den Anstoß zur spektakulären Rückkehr einer totgeglaubten Idee auf die politische Bühne unserer Zeit. Die neu entzündete Flamme ist seither nicht mehr erloschen!"

Die Vorarbeiten zu dieser Neugründung begannen schon 1967. Durch eine Annonce in der reaktionären National-Zeitung, die allerdings von vielen Nationalsozialisten gelesen wird, suchte Eckart Gleichgesinnte für einen Antikomintern-Bund, aus dem dann später der BDNS hervorging". (Kühnen 1987a, S. 43)

Seit dem Frühjahr 1977 bringt Eckarts BDNS-Ein-Mann-Nachfolgeorganisation, der "Freundeskreis der NSDAP", nach Informationen des Bundesinnenministeriums keine Schriften mehr heraus. (Verfassungsschutzbericht 1977, S. 34) Demgegenüber behauptet Bronder, Eckart verbreite seit Anfang 1977 die neonazistische Zeitschrift 'Wille und Weg - Nationalsozialistische Reichszeitung':

> "Als Herausgeber wird im Impressum die 'Reichsleitung der NSDAP' genannt, zu erreichen über eine Postfachadresse der dänischen nationalsozialistischen Jugend in Aarhus.

Die Umschläge in denen 'Wille und Weg' den Empfängern zugesandt wird, tragen freilich Eckarts Hamburger Adresse als Absenderangabe, auf den beigelegten Zahlkarten sind Eckarts Name und seine Hamburger Postscheckkonto abgedruckt." (vgl. Bronder 1978, S. 11)

Die neue Aarhuser Adresse in Dänemark ist die Postanschrift des Neonazis Poul-Henrik Riis-Knudsen, seit 1979 Generalsekretär der "Weltunion der Nationalsozialisten". (vgl. EP 1991, S. 21 f; Fromm/Kernbach 1994a, S. 51 ff) Während der Kreis um Eckart geschickt die internationale Vernetzung zum Ausbau illegaler neonazistischer Strukturen nutzt, stellt die Staatsanwaltschaft ihr Ermittlungsverfahren gegen Eckart wegen 'Wille und Weg' ein (AZ: 141 Js 625/77). Begründung: Ihm könne "nicht die Herstellung der Druckschrift 'Wille und Weg' sondern allenfalls deren Verbreitung ... nachgewiesen werden." (zit. aus Bronder 1978, S. 11) 1979 wird Eckart allerdings wegen wiederholter NS-glorifizierender, rassen- und volksverhetzender sowie staatsverunglimpfender Äußerungen in seinen Schriften zu zwei Jahren und sechs Monaten Haft ohne Bewährung verurteilt. (vgl. Verfassungsschutzbericht 1979, S. 49 f)

5.3.2. Aktion Widerstand/Aktion Neue Rechte

Eine Schlüsselrolle bei der Militarisierung des bundesdeutschen Rechtsextremismus Anfang der siebziger Jahre spielt die Gründung des überparteilichen Vereins "Aktion Widerstand" durch die NPD[18] und die "Gesamtdeutsche Aktion"[19] am 5.10.1970 in München. Es ist der Versuch der im Zerfallsprozeß befindlichen NPD, den radikal-aktionistischen Parteiflügel - der vor allem aus JN-Mitgliedern besteht - in den eigenen Reihen zu halten (vgl. Feit 1987, S. 23) und ein außerparlamentarisches Protestpotential gegen die Ostpolitik der Bundesregierung aufzubauen. Diese "rechte APO" soll alle Fraktionen des "Nationalen Lagers" von "national-bürgerlichen-Kreisen", Verbänden der Vertriebenen bishin zu extremistischen Gruppen umfassen. (vgl. Stöss 1989, S. 142) Ziel ist der gemeinsame Protest gegen die Ostverträge, die als Kapitulation gegenüber dem Bolschewismus bewertet werden. In der Satzung ist davon die Rede, "alle politischen Kräfte des deutschen Volkes zu aktivieren und zu koordinieren, die das Handeln der Bundesregierung im Zusammenhang mit dem Moskauer Vertrag mißbilligen." (zit. aus Dudek/Jaschke 1984, S. 291) Äußeres Erkennungsmal der AW ist ein eigen-

---

[18] Der damalige NPD-Vorsitzende Adolf von Thadden schreibt in einem Brief vom 18.6.1983: "Die Aktion Widerstand war ein reines Produkt der NPD-Führung." (zit. aus Dudek/Jaschke 1984, S. 290)
[19] Die 1969 von Bernhard-Christian Wintzek gegründete Gesamtdeutsche Aktion ist ein Sammelbecken für rechtsextreme Jugendgruppen wie den Bund Heimattreuer Jugend, die Wiking-Jugend, die Jungen Nationaldemokraten und andere kleiner Gruppen, die sich später zum Kern der AW entwickeln. (vgl. Hirsch 1989, S. 70)

tümlicher Gruß. Das Zeichen "W", gebildet aus gespreizten Daumen, Zeige- und Mittelfinger der rechten Hand und wie zum Hitlergruß erhoben. Es soll die Begriffe "Widerstand", "Wahrheit" und "Wachsamkeit" symbolisieren. Fast alle rechtsextremen Organisationen greifen später auf diesen Gruß zurück.(vgl. VSBD 1981, S. 10)

Die von der NPD organisierte Gründungskundgebung in Würzburg am 31. Oktober 1970 wird vom gesamten rechtsextremen Lager unterstützt. Als Mitveranstalter zeichnen das "Deutsche Kulturwerk Europäischen Geistes", die "Wiking-Jugend", der "Bund Heimattreuer Jugend", der "Jugendbund Adler" und viele andere. Zu den Organisatoren gehören NPD-Chef Adolf von Thadden, Erich Kern-(mayr) (Redakteur der 'National-Zeitung'), Arthur Erhardt (Herausgeber der 'Nation Europa') und Herbert Böhme (Präsident des "Deutschen Kulturwerks"). Insgesamt haben 34 Parteien und Organisationen zu dem Treffen aufgerufen. Hier wird - nicht nur in der Symbolik (vgl. "Widerstandsgruß") - deutlich, daß sich die Szene verändert. Sowohl in Bezug auf die Veranstalter als auch hinsichtlich der Teilnehmer lassen sich erste Tendenzen eines Generationswechsels im rechten Lager beobachten. Die Süddeutsche Zeitung spricht gar von "demonstrierenden Neopimpfen". (vgl. Dudek/ Jaschke 1984, S. 291)

Nach dem Kongreß zieht eine verbotene Demonstration durch die Würzburger Innenstadt, die nach Angaben der Veranstalter 5000 Teilnehmer stark und von brutalen Ausschreitungen begleitet ist. Für die Organisatoren, die sich eine friedliche Manifestation gewünscht haben, ein befremdlicher Anblick. Sie kommen nicht umhin sich von den gewalttätigen Exzessen zu distanzieren. (vgl. Stöss 1989, S. 142) Auf Transparenten fordern die Teilnehmer "Willy Brandt - an die Wand!", "Hängt die Verräter" und "Fegt ihn weg, den roten Dreck!". Auch auf anderen größeren Veranstaltungen der "Aktion Widerstand" kommt es zu Krawallen, wie am 12.12.1970 in Bonn-Beuel und am 17.6.1971 in Ratzeburg.

Um ihr propagiertes Bild als "Law and Order"-Partei nicht zu gefährden, muß sich die NPD 1971 aus dem Prokjekt zurückziehen. Im März desselben Jahres beschließt die Partei die Unvereinbarkeit einer Mitgliedschaft mit der Zugehörigkeit zu rechtsextremistischen Kampfgruppen und fixiert auf ihrem Holzmindener Parteitag im November 1971 den Vorrang der Parteiarbeit vor Aktivitäten im Rahmen überparteilicher Gruppierungen. (vgl. Stöss 1989, S. 142) Nach dem Rückzug der NPD aus der "Aktion Widerstand" beginnt sich der rechtsextreme Zusammenschluß aufzulösen. Was als politischer Neuanfang beginnen sollte, erweist sich als schlechter Dienst für die NPD und beschleunigt ihren Niedergang. Sie verliert in der Folge ein Drittel ihrer Mitglieder.

Mitgliederentwicklung der NPD:

1964:	250	1970:	21 000
1965:	13 700	1971:	18 300
1966:	25 000	1972:	14 500

1967: 28 000   1973: 12 000
1968: 27 000   1974: 11 500
1969: 28 000   1975: 10 800
(vgl. Dudek/Jaschke 1984, S. 285 und Verfassungsschutzberichte)

Viele der an der "Aktion Widerstand" beteiligten kleinen Gruppen gehen eigene Wege. Der organisierte Rechtsextremismus verändert sein Gesicht. Alleine im Jahr 1971 kommt es zu vier relevanten Neugründungen:

Januar: Gründung der "Deutsche Volks-Union" durch Gerhard Frey als Sammelbecken der älteren Generation.
Juni: Friedhelm Busse gründet in Krefeld die "Partei der Arbeit".
November: Gründungsdatum der neonazistischen "Bauern und Bürgerinitiative" Thies Christophersens.
Dezember: Manfred Roeder gründet die "Deutsche Bürgerinitiative".
(vgl. Dudek/Jaschke 1984, S. 292)

Die Bilanz des Projekts "Aktion Widerstand" erweist sich für die NPD als Katastrophe. Die neonazistischen und radikalen Abspaltungen kosten nicht nur Mitglieder, sondern verschlechtern auch das Image, da fast alle Funktionäre der aggressiven Splittergruppen aus der NPD kommen. Die Folge sind weitere Wahlverluste. (vgl. Dudek/Jaschke 1984, S. 293)

Landtagswahlen 1971:

Bremen: 2,8 Prozent   (1967: 8,8 Prozent)
Rheinland Pfalz: 2,7 Prozent   (1967: 6,9 Prozent)
Schleswig Holstein: 1,3 Prozent (1967: 5,8 Prozent)
(vgl. Stöß 1989, S. 136 f und Verfassungsschutzberichte)

Die daraus resultierenden internen Flügekämpfe führen zu einer tiefen Krise. Der Parteivorsitzende Adolf von Thadden tritt zurück. Zu seinem Nachfolger wird am 20.11.1971 auf dem Holzmindener Parteitag als Kompromißkandidat Martin Mußgnug gewählt. Allerdings sitzen im neuen Bundesvorstand keine Vertreter der auf Radikalisierung drängenden Kräfte. So hält der NPD-Vorstand an der legalistischen Thadden-Strategie fest. Der neue Vorstand arbeitet an den Interessen des radikalen Flügels der Parteibasis vorbei. Besonders der bayerische Landesvorsitzende Pöhlmann will das während der "Aktion Widerstand" gewachsene aktionistische Potential für eine "Erneuerung" nutzen.
Da ihm parteiintern die Mehrheit für einen neuen aggressiven Kurs fehlt und viele durch kriminelle Delikte aufgefallene Anhänger der NPD ausgeschlossen werden sollen, verläßt er am 9.1.1972 gemeinsam mit 460 anderen Mitgliedern die Partei und gründet mit 350 von ihnen die **"Aktion Neue Rechte" (ANR)**.
(vgl. Verfassungsschutzbericht 1972, S. 33) Auch Friedhelm Busse schließt sich

Pöhlmanns ANR an und wird Beauftragter von Nordrhein-Westfalen. (vgl. VSBD 1981, S. 16)
Pöhlmann organisiert am 17./18.6.1972 in Michelstadt (Odenwald) einen außerordentlichen Bundeskongreß und lädt zahlreiche Organisationen ein, deren Vertreter volles Rederecht haben:

1. **Aktion Nationale Solidarität SOL-Freiburg,**
2. **Aktion Oder-Neiße (AKON),**
3. **Aktionsgemeinschaft Kritischer Arbeitnehmer Weinheim,**
4. **Aktionsgemeinschaft 17. Juni,**
5. **Arbeitskreis Junges Forum Hamburg,**
6. **Arbeitskreis Fragmente Hamburg,**
7. **Außerparlamentarische Mitarbeit APM-Berlin,**
8. **Bund für deutsche Wiedervereinigung,**
9. **Deutsche Division,**
10. **Historisch-Kultureller Arbeitskreis Münster,**
11. **Partei der Arbeit (PdA),**
12. **Unabhängige Arbeiter Partei (UAP),**
13. **Volkssozialistische Basisgruppe VS-Schülerkollektiv Troisdorf**

(vgl. VSBD 1981, S. 16)

Eines der wenigen gemeinsamen Ereignisse der Konferenz ist die Herausgabe eines gemeinsamen Flugblattes. Verantwortlich im Sinne des Presserechtes unterzeichnet Peter Weinmann, der sich knapp ein Jahr später um die Finanzierung der "**Wehrsportgruppe Hoffmann**" bemüht. (vgl. Peterlini 1992, S. 310) Hierin fordern die Unterzeichner: "Unsere Zukunft liegt jenseits von Kommunismus und Kapitalismus" und "Dem auf Lebenssicherung ausgerichteten Volkssozialismus gehört die Zukunft oder - wir haben keine mehr!"

Auch der Zusammenschluß "Aktion Neue Rechte" hat keinen Bestand. Die für rechtsextreme Verhältnisse progressive Ideenwelt der Nationalrevolutionäre kollidiert in der ANR mit am Nationalsozialismus orientierten "volkssozialistischen" Mitstreitern (Busse) und vor allem mit den traditionellen Vorstellungen der größten Gruppe um Pöhlmann. Diese besteht aus älteren Ex-NPD-Mitgliedern, die im Durchschnitt fast 50 Jahre alt sind. (vgl. Greß/Jaschke/ Schönekäs 1990, S. 247) Trotz starker ANR-interner Kritik beteiligt sich Pöhlmann an Gerhard Freys "Freiheitlichem Rat"[20] und läßt seine ANR-Zeitung 'Recht und Ordnung' bei Freys "FZ-Verlag" verlegen. (vgl. Verfassungsschutzbericht 1972, S. 33)

Auf dem ersten ordentlichen Bundeskongreß der ANR am 6. und 7.1.1973, der unter dem Motto "Sozialismus plus Nationalismus = ANR" in München stattfindet, wird Pöhlmann in seinem Amt bestätigt und ein Vorstand gewählt, der aus Vertretern aller rivalisierenden Fraktionen besteht.

---

20 Im Januar 1972 gründet Gerhard Frey den "Freiheitlichen Rat". Dieser soll Grundlage für eine erfolgversprechende Sammlung der "Nationalen Rechten" schaffen. (vgl. Kap. 6.2.)

1. Vorsitzender:	Siegfried Pöhlmann
Stellvertreter:	Peter Stöckicht und Helmut Heinze
Generalsekretariat:	Georg-Wilhelm Burre
Referat Ideologie:	Rüdiger Schrembs
Referat Schulung:	Richard Vahlberg
Referat Strategie:	Friedhelm Busse
Bundesschatzmeister:	Manfred Clench

Trotz des ideologischen Konfliktpotentials überwiegt zunächst noch die gemeinsame Frontstellung gegen die NPD. Das Bündnis der "Aktion Neue Rechte" mit Gerhard Frey, der als Vertreter der "Alten Rechten" gilt, wird aber auf dem Bundeskongreß aufgehoben.

Der ANR-Kompromißvorstand hat keinen langen Bestand. Aus Protest gegen das Erstarken der Nationalrevolutionäre in der ANR verlassen Friedhelm Busse und Peter Stöckicht im Sommer 1973 die Sammelbewegung. Dafür rücken mit den Nationalrevolutionären Lothar Penz und Rüdiger Schrembs zwei weitere Vertreter des "linken Flügels" nach, der schließlich Pöhlmann entmachten will. In der Folge spaltet sich die ANR in zwei unversöhnbare Flügel. Am 2./3.3.1974 in Würzburg schafft sich der "linke Flügel" als "Nationalrevolutionäre Aufbauorganisation" eine neue Plattform. (vgl. Assheuer/Sarkowicz 1990, S. 58) Die Rest-ANR löst sich kurze Zeit später auf, nachdem Pöhlmanns Plan, eine neue Partei zu gründen, scheitert.

Am Ende der Entwicklung steht eine völlig gespaltene Szene und ein Anwachsen militanter Polit-Gruppen. Dazu gehört die aus der "Partei der Arbeit" 1975 hervorgegangene VSBD, die unter ihrem "Volkssozialistischen Deckmantel" immer dreister nationalsozialistische Inhalte öffentlich vertritt. Andere Gruppen wie die "Bürger- und Bauerninitiative" Thies Christophersens und die "Deutsche Bürgerinitiative" Manfred Roeders streiten sogar offen für ihr fast religiös verehrtes Idol Adolf Hitler. An der Spitze der Entwicklung steht 1974 die Gründung der "Wehrsportgruppe Hoffmann", die auf einen polittheoretischen Überbau verzichtet. In Fantasieuniformen, die denen der Waffen-SS gleichen, wollen die Anhänger den Bürgerkrieg gegen die Demokratie trainieren.

5.4. WSG-Gründung als Resultat der Militarisierung

Hätte es die WSG seit 1974 nicht gegeben, die militantesten Gegner des parlamentarischen NPD-Kurses und eine aufrückende neue rechtsextremistische Generation (vgl. Hennig 1982, S. 23ff) hätten sie irgendwann in den siebziger Jahren erfunden. So sind es auch zahlreiche ehemalige Anhänger der "Aktion Neue Rechten" (ANR) und der "Aktion Widerstand" (AW), die neben den Anhängern neonazistischer Organisationen das politische Potential der WSG-Anhänger stellen. Nach dem Niedergang der "Aktion Widerstand" haben die militanten Antikommunisten ihre politische Plattform verloren. Auf der Suche nach einer strukturellen Alternative bietet sich für diejenigen, die sich vor einer kommunistischen Unterwanderung der Gesellschaft oder einer drohenden Sowjet-Invasion fürchten, die "Wehrsportgruppe Hoffmann" als Organisationsalternative an. Diese versteht sich als Bürgerkriegsarmee gegen den Bolschewismus. So prahlt Hoffmann: "in einer bürgerkriegsähnlichen Situation wären wir die die richtigen Leute. Wir sagen nicht von vornerein, da wird's schwierig, wir haben keine Hemmungen, gegen einen Kommunisten vorzugehen". ('Konkret', Januar 1977 zit. aus: Rabe 1980, S. 195). Auch das SPD-Organ Vorwärts greift ein Hoffmann-Zitat auf: "Wir fühlen uns als Soldaten gegen die rote Flut." ('Vorwärts', 5.4.1979)

Zu den regelmäßigen Besuchern Hoffmanns zählt Hans Ulrich Neufeld, der von einer Führungsposition in der ANR direkt ins neonazistische Lager abdriftet. Als sich im September 1975 Neonazis aus ganz Deutschland in Wiesbaden treffen, um über eine Neugründung der NSDAP zu debattieren, ist neben Kurt Müller und Wilhelm Wübbels auch Neufeld mit dabei. (vgl. Antifa 1980, S. 41) Außerdem pflegt der Mannheimer Rechtsextremist "enge Kontakte zu Wehrsport-Hoffmann". Neufeld sei "auch mit Hoffmann und dessen Einheit bereits zu einer Übung in Österreich gewesen", wie der V-Mann Werner Gottwald an die Verfassungsschutzbehörden schreibt. (zit. aus 'Der Hoffmann Prozeß', S. 19)

Weitere Beispiele sind Peter Weinmann, Mitglied im "Freundeskreis zur Förderung der Wehrsportgruppe Hoffmann", der vor seiner WSG-Zeit Mitglied der ANR ist, und Johannes Kößling. Kößling radikalisiert sich nach seiner Zeit als NPD-Vorsitzender von Berlin Schöneberg in der AW-nahen "Nationalen Deutschen Befreiungsbewegung" und wird Mitglied des "Freundeskreis zur Förderung der Wehrsportgruppe Hoffmann".

Für dieses radikalisierte frühere NPD-Klientel bedeutet die WSG eine Manifestierung des offenen "Kampfes um die Straße" mit der Linken, bei dem man sich durch die Aufstellung organisierter Abteilungen die Hegemonie erhofft. Beispielhaft hierfür ist die Drohung des früher aktiven NPD-lers und WSG-Sympathisanten Emil Dilger auf einer rechtsextremen Saalveranstaltung an die Adresse der Gegendemonstranten: In Frankfurt stünde die "Sturmgruppe 7" der "Wehrsportgruppe Hoffmann" abrufbereit. (vgl. 'Offenbach-Post', 30.3.1979)

Außerdem haben zahlreiche Rechtsextremisten, mit denen Hoffmann gemeinsam auftritt, dieselbe politische Radikalisierung hinter sich. Als Beispiele hierfür stehen Friedhelm Busse und Thies Christophersen.

EXTRA WIKINGER
DEUTSCHLAND muß leben !!!

Es wird vermutlich nicht jeden Erdenmenschen traurig stimmen, wenn wir Deutschen "endlich" das Dasein aufgegeben haben - aber zunehmend juckt es auch die Deutschen selbst nicht mehr.

Die O-Bock Jugend ist bereit, in den Untergang zu latschen, den Walkman auf den Ohren und den Big - Mac im Hirn. 80% der Jugendlichen können mit dem Begriff "Vaterland" nichts mehr anfangen. Kein Wunder - sie haben ja anscheinend keins mehr!

Mittel- und Ostdeutschland haben unsere Politiker längst abgehakt, von Österreich, Südtirol oder Elsaß-Lothringen ganz zu schweigen. Die deutsche Geschichte hat man zu einem Verbrecheralbum gemacht und das deutsche Volk zum Buhmann dieser Erde. Die Denkmäler unserer Soldaten werden ebenso beschmutzt und geschändet, wie die Ehre derer, die in zwei Weltkriegen für UNSER Überleben gekämpft haben.

Ein Drittel aller Ehen wird geschieden und ein weiteres Drittel ist zerrüttet.

7,5% der Jugend ist rauschgiftsüchtig,
16% der Jugend ist alkoholsüchtig,
65% der Jugend ist nikotinsüchtig!

Millionen von Orientalen, Asiaten und Negern überschwemmen unser Land - und niemand wird im 1986 bevorstehende Türkenflut stoppen können.

Die Zahlen der jungen Arbeitslosen wachsen stetig.
Unsere Wälder, Seen und die Luft werden dank der hemmungslosen Umweltverseuchung ohne wirkungsvolle Gegenmaßnahmen genauso verrecken wie unser Volk. Denn schon jetzt sterben tausende Babys an Umweltschäden, abertausende werden in Abtreibungskliniken bei lebendigem Leibe (!) zerstückelt!

Abartige Plastiken und dämliches Geschmiere stellen "unsere" Kunst dar. Der deutsche Film ist ein trauriger Scherz. Musik gibt`s zu 90% aus dem Urwald.

Marxisten unterwandern erfolgreich Mediensender, Redaktionen, Gewerkschaften, Lehrerzimmer, Kirchen und Amtsstuben.

Die sexuelle Entartung erfaßt in Form von Prostitution ("Partnertausch", "Clubs" usw.) selbst Spießerfamilien, in Form von Perversion (Schwule, Lesben, Bastardisierung) große Teile der Bevölkerung.

Die Kette dieser Dekadenz- und Zerfallserscheinungen ließe sich weiter fortspannen. Unsere Politiker nehmen das alles hin - und tun so gut wie nichts dagegen!

MÄDCHEN - JUNGEN - ELTERN ! Es ist 5 vor 12 !!!
DEUTSCHLAND darf nicht sterben !
Handelt jetzt ! Unterstützt die WIKING-JUGEND !

Mit wachen Augen, kritischem Verstand und mutiger Entschlossenheit stellen sich die Mädchen und Jungen der WIKING-JUGEND den Herausforderungen unserer Zeit!
Wir wollen und können nicht zusehen, wie unser Land vor die Hunde geht. Wir zeigen auf, was man dagegen tun kann. Wir beweisen, daß wir - ohne einen Pfennig Unterstützung aus dem Bundesjugendplan - die wertvollste jugendpflegerische Arbeit in Europa leisten.
Mädchen und Jungen !
Lest den EXTRA-WIKINGER und handelt! Kommt familienweise, gruppenweise und schulklassenweise zu uns! Denn jetzt ist die Zeit da, wo Deutschlands Jugend aufstehen muß!
WIKING-JUGEND e.V.
Brockenberg 5a   5190 Stolberg 4

V.i.S.d.P. Wolfgang Nahrath, Brockenberg 5a, 5190 Stolberg 4   Druck: Eigendruck

Werbeflugblatt der rechtsextremen Jugendorganisation "Wiking-Jugend"

Die "Wehrsportgruppe Hoffmann" und Thies Christophersens "Bauernschaft" werben auf einem Flugblatt der "Wiking-Jugend".

Briefkasten

– 18 –

Major REDER Walter
Recluserio Militare
I-04024 GAETA-Italien

Gaeta, den 21.09.79

STABIL. MIL. DI CUSTODIA PREV. E DI PENA.
RECLUSORIO MILITARE - GAETA
COMANDO

Lieber Kamerad Dieterle!

Über die Grussbotschaft der Wikinger vom 12.8. aus dem Sommererholungslager in Frankreich habe ich mich sehr gefreut und sage Ihnen und allen Kameraden und Freunden meinen innigsten Dank für das gute Gedenken. Ich hoffe, dass Sie alle eine schöne Zeit der Kameradschaft über die Grenzen hinweg verleben konnten.

Immer noch enge Grenzen gibt es hier für mich, aber meine Haltung wird sich niemals ändern.

Alles Gute und herzlichste Grüssen Ihnen allen,

in aufrichtiger Verbundenheit
Ihr
Walter Reder

Kriegsgefangenenpost - gebührenfrei
Service de prisonniers de guerre
Posta di Prigionieri di Guerra - franco di bollo

....

Geehrte Frau Schmidt!

Mit Freude konnte ich in diesen Tagen wieder einmal den Eingang eines der Vierteljahreshefte unserer Wiking-Jugend verbuchen. Wie ich mit Genugtuung feststelle, erfüllt Aufbau und Arbeitsweise der Organisation nicht nur weitgehend realistisch positive Voraussetzungen zur Erfolgssicherung auf längere Sicht. Aller Erfolg wird letztenendes fraglich, wo nicht Herz, Ideale und saubere Gesinnung im Vordergrund stehen. ...

Ich glaube, daß die Wiking-Jugend ihren Weg machen wird.

Mit sehr herzlichen Grüßen - in geistiger Verbundenheit
Ihr
Robert Benz

In Tuchfühlung mit inhaftierten Altnazis. WJ- und WSG-Funktionär Helmut Dieterle, in: 'Wikinger' 3/79

Die verführerischen Angebote der rechtsextremen Jugendorganisation, in: "Das Reich - Erbe, Verantwortung, Zukunft" - Wiking-Jugend Fahrtenplan 1991

6. Kontakte der WSG im Inland
6.1. WSG - NPD/JN

Das Verhältnis zwischen "Wehrsportgruppe Hoffmann" (WSG) und NPD ist ambivalent. Die WSG mit ihrem militanten Erscheinungsbild übt eine starke Anziehungskraft auf Mitglieder der "Jungen Nationaldemokraten" aus, doch die Mutterpartei fürchtet um ihren Ruf. Viele Hoffmann-Anhänger sammeln ihre ersten Erfahrungen im NPD-Jugendverband:

- Von den "Jungen Nationaldemokraten" kommt Willibald Kraus. Der ehemalige Bundeswehr-Unteroffizier wird 1973 JN-Bezirksvorsitzender der Oberpfalz. Er radikalisiert sich und kommt in den Landesvorstand der bayerischen VSBD. (VSBD 1981, S. 77)
- Sein enger Mitstreiter Markus Grünthaler findet ebenfalls den Einstieg in die Politik über die NPD. Weitere Stationen sind: "Wehrsportgruppe Hoffmann", "VSBD/PdA" und "ANS/NA".
- Der 1958 geborene Rechtsterrorist Odfried Hepp engagiert sich Mitte der siebziger Jahre zunächst bei der JN, dann beim BHJ und bei der "Wiking-Jugend". Anschließend gründet er in Achern nach dem Beispiel der "WSG-Hoffmann" eine eigene "Wehrsportgruppe". Als er wegen seines aggressiven neonazistischen Engagements mit dem Gesetz in Konflikt gerät, flieht er in den Libanon zur Hoffmann-Gruppe. (vgl. Backes/Jesse 1993, S. 304 f; Dudek 1985, S. 138)
- In den Libanon verschlägt es auch Arnd-Heinz Marx, zuvor Stützpunktchef des hessischen Ablegers der "WSG Hoffmann", "Sturm 7". Zu seinem politischen Lebenslauf sagt er:

    "Meine Karriere hat begonnen 1976 bei der JN hier in Frankfurt. Ich war Mitglied der JN, der 'Junge Nationaldemokraten', also dem Jugendverband der NPD. Mitglied war ich ungefähr bis 1979. Aktives Mitglied eigentlich nur bis 1977/1978. Und im selben Jahr wurde ich dann Mitglied der damaligen 'Wehrsportgruppe Hoffmann'." (Interview zit. aus Filmer/Schwan 1983, S. 23)

- Michael Satorsky, ebenfalls vom "Sturm 7" sammelt erste politische Erfahrungen bei den "Jungen Nationaldemokraten". Sein Pflegevater Emil Dilger hat ihn bereits als Zwölfjährigen mit zu NPD-Versammlungen genommen. Bei der JN hält er es allerdings nur wenige Monate aus: "Da wurde viel zu viel geschwätzt, viel zu viel gesoffen, die Lahmärsche krakeelten nur herum, da war kein Schneid und kein Schwung drin." (zit. aus Müller 1980, S. 224) Er schließt sich der Wiking-Jugend an, die ihm auch zu lasch ist. Es folgen die "Aktionsfront Nationaler Sozialisten" und die **"Wehrsportgruppe Hoffmann"**.

- Auf der Suche nach "Kameradschaft" und seiner Begeisterung für "alles Militärische" stößt Peter Hamberger zur JN. Nach kurzer Zeit wendet er sich ab, denn: "man lief nicht zackig herum und hatte Angst vor den Roten". (zit. aus Chaussy 1989b, S. 137) Es folgen Stationen bei **Hoffmanns Libanon-Truppe** und dem rechtsterroristischen "Kommando Omega".

Neben den Jungendlichen, für die die "Jungen Nationaldemokraten" als Durchlauferhitzer fungieren, gibt es auch Doppelmitglieder.

- Zu den JN-Mitliedern, die WSG-Übungen besuchen und trotzdem in der Partei bleiben, gehört Ulrich Schwetasch. Zu seiner rechten Biografie schreibt er: "Erste Kontakte fanden (...) zur NPD und der Arbeitsgemeinschaft "Freiheit für Rudolf Heß" statt. Über diese Kreise waren wir auch mit Mitgliedern der WJ bei der WSG Hoffmann. Hier waren das JN-Mitglieder aus und um Nürnberg/Würzburg, die die Kontakte geknpüft haben. Nach dem Umzug unserer Familie in den Kreis Segeberg/SLH bin ich 8/76 den JN beigetreten, dort vom damaligen JN Landesvorsitzenden Jobit Stolp zum Kreisbeauftragten berufen worden. Beim JN Landeskongreß 1976 in Kiel hatte ich dann ersten Kontakt zur WJ in SLH, wo Gruppen aus Kiel und Lübeck die aktivste Arbeit machten. In dieser Zeit hat die WSG Hoffmann von Mitgliedern aus Hamburg mich oft gebeten als Kfz.-Mechaniker Fahrzeuge, die Hoffmann über die VEBEK erworben hat, technisch für die Überführung in den Libanon zu überholen. Dies habe ich aus Zeitgründen nicht machen können. Mir ging zu der Zeit meine Lehre vor, und Urlaub hatte ich dafür nicht übrig. Hoffmann hat hier nur billige Arbeitskräfte gesucht, möglichst noch die ihre Anfahrt/Verpflegung selbst bezahlen sollen." Neben Schwetasch waren keine JN/NPD-Mitglieder aus Schleswig-Holstein bei der WSG, "WJ-Mitglieder zwei oder drei. Die Partei hat auf solche Kontakte nicht reagiert, diese sollten nur nicht öffentlich werden." (Fax vom 4.1.1998) Schwetasch erinnert sich an eine positive Resonanz der Bevölkerung auf die WSG. "Wenn wir nach längeren Märschen in Mittelfranken in mancher Dorfgaststätte halt gemacht haben, mehr unsere Ausbilder als wir, wurden wir oft mit Freigetränken bedient. Meine Uniform bekam ich von einem ehem. SS-Angehörigen, die mir überhaupt nicht gefallen hat. (Zweckmäßig mit Sicherheit, aber nicht bequem.)" (Fax vom 4.1.1998) Schwetasch engagiert sich bei zahlreichen Organisationen[1], u.a. beim "Stahlhelm - Kampfbund für Europa".

---

[1] Am 10.12.1982 organisiert er für den "Freundeskreis Ulrich von Hutten" im Leezener Hotel Hamburg eine geschlossene Vortragsveranstaltung mit dem Generalmajor a.D. Otto Ernst Remer. Remer gehört zu den unbelehrbaren Hitler-Fans. Während Schwetasch dem Vertreter der "Alten Rechten", Remer, positiv gegenübersteht, lehnt er Neonazis ab. Als er im November 1983 auf der Jahreshauptversammlung in seinem Amt als JN-Vorsitzender des Kreisverbands

- Selten ist der umgekehrte Weg von der WSG zur NPD. Gerold Wageners Einstieg in die Szene erfolgt bereits 14jährig über einen Lehrer, der ihm rechtsradikale Literatur gibt: "Und weil Wagener schnell begriff und sich die Nazi-Ideologie zu eigen machte, hatte er unter Gleichgesinnten bald auch einen Spitznamen weg: 'Pluto', nach dem Planeten, der im Sternenhimmel 'ganz rechts außen' steht." (Pomorin/Junge 1979, S. 184) Über die Pfadfindergruppe "Zugvögel" bekommt er über seinen Gruppenführer Carsten T. Kontakt zur WSG Hoffmann. Er sagte: "Da bekommst du gut durchorganisierte Geländespiele, Arbeit und Kameradschaft". (Pomorin/Junge 1979, S. 186) Wegen der weiten Strecke zwischen Hannoversch-Münden und Nürnberg nimmt Wagener, der noch keinen Führerschein besitzt, nur an zwei Übungen teil. Weitere Stationen sind der Göttinger "Unabhängige Schüler-Bund" und die "Jungen Nationaldemokraten". Am 17.6.1978 fährt er zum "Deutschlandtreffen" der NPD in Frankfurt am Main. Wie eng verwoben die Szene ist, belegt sein gleichzeitige Teilnahme an einer Veranstaltung der "Aktionsfront Nationaler Sozialisten", an einer Demonstration am 22.4.1978 in Köln, zu der Erwin Schönborn aufgerufen hat, und im Herbst desselben Jahres der Besuch eines BHJ-Lagers. (Pomorin/Junge 1979, S. 189) Inzwischen hat Wagener die Szene verlassen.

Der Fall "Wagener" ist in der Szene die Ausnahme. Tatsächlich ist es den aggressiven, zum Teil neonazistischen Splittergruppen Ende der siebziger Jahre gelungen, Mitglieder der "Jungen Nationaldemokraten" zu rekrutieren, beispielsweise in Hamburg. Der Undercover-Journalist Jürgen Pomorin zitiert ein Gespräch mit dem damaligen stellvertretenden JN-Bundesvorsitzenden Fritz-Ulrich Bundt: "In Hamburg liegt die JN ziemlich am Boden. Viele von denen sind zur 'Aktionsfront Nationaler Sozialisten' gegangen. Der Rest ist abgeschlafft." (zit. aus: Pomorin/Junge 1978, S. 16) Die Konkurrenz sei für viele attraktiver:

> "Spinner. Die meinen, wenn sie Grabsteine umkippen und Hakenkreuze malen, könnten sie die Welt verändern. Leider sind viele von unseren Mitgliedern dabei. Denen war das in der JN angeblich zu langweilig. Als ob politische Arbeit durch Nacht- und Nebel-Aktionen zu ersetzen wäre. Das ganze ist äußerst schädlich für unsere NPD-Arbeit. Bei uns gibt es auch einen Unvereinbarkeitsbeschluß." (zit. aus: Pomorin/Junge 1978, S. 17)

Segeberg bestätigt wird, "distanziert er sich ausdrücklich von den Aktivitäten des ehemaligen Bundeswehrleutnants Michael Kühnen." ('Segeburger Zeitung', 30.11.1983)
Trotzdem steht er 1985 in Briefkontakt mit der "Nationalistischen Front", 1986 mit Michel Caignet, 1987 mit Michael Büttner vom "Völkischen Bund" und hilft im gleichen Jahr der "Deutschen Volksunion" bei Saalveranstaltungen und im Wahlkampf. 1993 bricht Schwetasch mit Gerhard Frey, dem er den "Familienbetrieb DVU" vorhält. Die Partei würde undemokratisch geführt, die "politische Willensbildung der sehr dünnen Basis unterdrückt." ('Lübecker Nachrichten', 11.11.1992)

Ein Schlüsseljahr in dieser Entwicklung markiert 1979. Während die neonazistischen Organisationen neue Mitglieder gewinnen können (vgl. Verfassungsschutzbericht des Bundes 1979, S. 14), müssen die "Jungen Nationaldemokraten" erstmals seit langer Zeit Verluste hinnehmen. Der Bundesinnenminister schreibt:

> "Während die 'Jungen Nationaldemokraten' (JN) in den letzten Jahren Abgänge mit Zugängen ausgleichen konnten, gingen sie im Berichtszeitraum erstmals auf rd. 1.400 Mitglieder zurück (1978: rd. 1.500). Sie sind aber nach wie vor die aktivste Gruppierung der 'Nationaldemokraten'. Sie geben sich kämpferisch und suchen bewußt die Konfrontation mit dem politischen Gegner. Die leichten personellen Verluste beruhen vor allem auf einer Abwanderung zu neonazistischen Aktivistengruppen insbesondere im norddeutschen Raum. In Schleswig-Holstein und Hamburg gibt es kaum noch JN-Gruppen. In Teilbereichen unterhalten JN-Mitglieder enge Kontakte zu Neonazis, so z.B. im Raum Lüneburg und vor allem in Berlin." (Verfassungschutzbericht des Bundes 1979, S. 21)

Der NPD-Bundesvorstand will ein Zeichen setzen. Nachdem die Medien und der Bundesinnenminister "auch 1977 Kontakte von einzelnen Mitgliedern der 'Jungen Nationaldemokraten' zu neonazistischen Gruppen" (Verfassungsschutzbericht des Bundes 1977, S. 16) konstatieren, gerät die NPD unter Druck. Die Verflechtung mit Neonaziorganisationen schädigt ihren Ruf. Daher der Unvereinbarkeitsbeschluß vom März 1978, der auch die WSG Hoffmann einschließt. Der Parteivorstand erklärt in Frankfurt am Main:

> "Untersagt wird allen Mitgliedern der NPD und JN jegliche Mitwirkung, Zusammenarbeit, Mitgliedschaft und Teilnahme an Veranstaltungen bei Organisationen und organisationsähnlichen Zusammenschlüssen und Gruppen, in denen
> Manfred Roeder,
> Erwin Schönborn,
> Thies Christophersen oder
> Karl-Heinz Hoffmann
> mitwirken.
> (Zum Beispiel: 'Deutsche Bürgerinitiative',
> 'Kampfbund deutscher Soldaten',
> 'Wehrsportgruppe Hoffmann',
> 'Die Bauernschaft')
> oder die gegen das Grundgesetz bzw. die erklärte demokratische Zielsetzung der NPD arbeiten.
> (Zum Beispiel:
> 'Aktionseinheit nationaler Sozialisten',
> 'NSDAP-AO',
> 'Nationalrevolutionäre Arbeiterfront'.)
> Ein Verstoß gegen dieses Verbot hat ein Schiedsgerichtverfahren mit dem Ziel des Ausschlusses aus der NPD bzw. der JN zur Folge.
> Einstimmig beschlossen.
> Frankfurt/Main, den 4./5. März 1978"
> ('Deutsche Stimme', Nr. 4/1978)

Die Wirkung bleibt im erhoften Umfang aus. Müller schreibt zur Situation im Frankfurter WSG-Ableger "Sturm 7":

> "Ein Aktivist entschloß sich daraufhin nicht weiter an Aktionen der WSG teilzunehmen, sondern in der JN zu bleiben. Aufgrund der Aktionslosigkeit innerhalb der JN entschlossen sich jedoch die anderen JN-Mitglieder für eine Arbeit in der WSG. Galt doch die WSG innerhalb des rechten Lagers zur damaligen Zeit als elitär bzw. avantgardistisch." (Müller 1993, S. 73)

Zwei Jahre später resümiert der Bundesinnenminister:

> "Viele Mitglieder kritisierten die 'Laschheit' der Nationaldemokraten. JN-Mitglieder ließen trotz der Abgrenzungsbeschlüsse der NPD/JN deutliche Sympathien zu den Neonazis erkennen und besuchten u.a. deren Veranstaltungen. Parallel zu den neonazistischen Tendenzen bei den JN verstärkten sich die militanten Aktionen von Angehörigen dieser Jugendorganisation." (Verfassungsschutzbericht des Bundes 1980, S. 32)

Inzwischen kann man von zwei NPD-Generationen sprechen, die sich in der "Wehrsportgruppe Hoffmann" engagieren:

1. NPD-Mitglieder, die sich im Zuge der Radikalisierung über die "Aktion Widerstand" oder die "Aktion Neue Rechte" ihrer Mutterpartei entfremden und nach einer militanten Alternative suchen. Zu ihnen zählen Johannes Kößling, Hans Ulrich Neufeld und Peter Weinmann.

2. Neonazis, die sich radikalisieren und von den "Jungen Nationaldemokraten" lösen, um in der WSG noch extremer gegen den Staat zu opponieren und das praktische Rüstzeug für die erhoffte "Nationalsozialistische Revolution" zu erlangen.

In beiden Fällen kommt der NPD die Funktion eines Durchlauferhitzers zu. Günter Deckert, 1974 JN-Vorsitzender, bestätigt diese Tendenz, wenn er sie auch herunterspielt:

> "Es gibt ne Phase, das ist schon eine Art Erbgut, daß eben Buben Indianerle spielen, Cowboy oder Räuber und Gendarm und plötzlich dann auch Leute, ganz Normale (...) gern im Wald rumrobben, und ich habe das zwar erkannt, wir hatten aber kein Geld. Sonst hätten wir gesagt, wir nehmen einen ehemaligen Bundeswehrler, einen langedienten, der wird hauptamtlicher Freizeitleiter, und macht auf neudeutsch Abenteuerurlaub, Überlebensurlaub (...). Diese Lücke haben wir zwar erkannt, aber konnten sie mangels Geld nicht umsetzen, und in diese Lücke stieß dann Hoffmann rein." (Interview am 2.9.1992)

Mit der Zeit verliert die NPD die Kontrolle über die abtrünnigen Parteimitglieder. Dazu Deckert:

"In der Anfangsphase haben wir noch versucht, über die Kameraden, die also in Hoffmanns Gegend wohnten, Einfluß zu nehmen, und zu sagen, gut, wenn er das in dem und dem Rahmen macht, wird es von uns insofern geduldet, und wenn es gut ist und wir Leute haben, die Interesse daran haben, die noch nicht gedient haben, sonst können sie ja im Reservistenverein das gleiche machen, das kann man ganz konkret sagen, dann wird zugearbeitet. Nicht einmal die Zuarbeit hat erfolgt, er ist dann größenwahnsinnig geworden, (...) und hat dann einige Leute, auch junge NPD-Mitglieder, mit hineingerissen in das ganze." (Interview am 2.9.1992)

Laut Udo Voigt, früher NPD-Landesvorsitzender in Bayern, hat die NPD befürchtet, in das Verbot der WSG mit hineingezogen zu werden. Deshalb seien die Parteimitglieder, die sich in der Hoffmann-Truppe engagierten "mit Parteiausschlußverfahren überzogen worden. In Bayern gab es damals keine Kompromisse. Es sind leider auch gute Leute gegangen, aber auch die mußten raus." (Interview am 7.10.1995)

6.2. WSG - DVU

Zur Zusammenarbeit der "Wehrsportgruppe Hoffmann" mit Gerhard Frey gibt es zahlreiche Belege:

1. Die "WSG" übernimmt den Saalschutz für die DVU.
2. Gerhard Frey trägt für Karl Heinz Hoffmann Prozeßkosten.
3. Unterstützung von Karl Heinz Hoffmann durch die Presse Gerhard Freys.

1. Sicher ist, daß Karl-Heinz Hoffmann in mehreren Fällen den Saalschutz für DVU-Veranstaltungen stellt, so in Köln-Porz am 5.3.1977. (vgl. 'Innere Sicherheit', 12.3.1980, S. 20) So konstatiert der Bundesinnenminister 1977:

"Die 'D e u t s c h e V o l k s u n i o n', die sich - vermutlich mangels Erfolgsaussicht - nicht als Partei am Wettbewerb um politische Mandate beteiligt, veranstaltete 1977 vier spektakuläre Kundgebungen an Ersatzorten, nachdem entweder die Behörden die Versammlungen an den ursprünglichen verboten, Gegendemonstranten die Treffen verhindert oder die Saalvermieter gekündigt hatten. Diese Veranstaltungen waren jeweils Treffpunkte von Rechtsextremisten des In- Und Auslandes. Die 'Wehrsportgruppe HOFFMANN' (...) stellte gelegentlich Ordner." (Verfassungsschutzbericht des Bundes 1977, S. 39)

Im Jahr 1978 berichtet der Bundesinnenminister, der WSG-Vorsitzende Karl Heinz Hoffmann unterhalte "auch Kontakte zu Dr. Gerhard FREY". (Verfassungsschutzbericht des Bundes 1978, S. 46)

2. Gerhard Frey bezahlt Prozeßkosten Karl Heinz Hoffmanns, als dieser 1975 von einem Nürnberger Schöffengericht wegen Verstoßes gegen das Uniformverbot zu

8.000 DM Geldstrafe verurteilt wird. (vgl. Dudek 1985, S. 161) Hoffmann bestätigt dies in einem Interview. (vgl. Rabe 1980, S. 212) Gerhard Frey selbst bezeichnet die Bezahlung als "Akt nationaler Solidarität." ('DNZ' 35/1977, S. 10: zit. aus: Verfassungsschutzbericht des Bundes 1977, S. 44))

3. Abgesichert ist auch, daß Gerhard Frey, Besitzer des größten rechtsextremen Verlagsimperium in Deutschland und zugleich Kopf der Deutschen Volksunion (DVU), wohlwollend über Karl Heinz Hoffmann berichtet. Eine Woche nach dem WSG-Verbot am 30.1.1980 steht in der 'DNZ':

> "Hoffmann und seine Sportfreunde stellten für niemanden auf der Welt auch nur den Schein einer Gefahr dar. Sport ist vielmehr gesund und Wehrsport besonders nötig. Ob ein Tennislehrer, Boxmeister, Fußballtrainer, Judokämpfer, Wehrsportler auch mitunter etwas verworrene oder unsinnige politische Ansichten äußert, interessiert ansonsten niemanden. Hoffmann hatte etwas kindliche Freude an Uniformen und wählte zu seinem Unglück nicht die der römischen Legion oder der Wallensteinschen Söldner etc., sondern ausgerechnet solche der jüngsten Vergangenheit ähnliche (...)." ('DNZ', Nr. 6, 8.2.1980, S. 1)

Nach dem Oktoberfestattentat wird gegen Hoffmanns Wehrsportgruppe ermittelt. Frey zeigt sich erneut solidarisch. Am 3.10.1980 macht die 'DNZ' mit der Schlagzeile auf: "Hoffmann entlastet". In der folgenden Ausgabe am 10.10.1980 gibt Frey Hoffmann die Chance, in einem Interview auf die Vorwürfe einzugehen. Angekündigt ist der Beitrag selbstverständlich auf der Titelseite als Headline: "Interview mit 'Wehrsport'-Hoffmann: 'Wie ich meine Unschuld bewies'." Auf die Frage, wen Hoffmann für den Hauptschuldigen der Anti-Hoffmann-Kampagne halte, antwortet er: "Starke, einflußreiche Kräfte sind es, die sich sagen, nun wollen wir emal schnell das Attentat für uns nutzen und es möglichst dem politischen Gegner 'aufpacken' (...)." ('DNZ', 10.10.1980) Das Blatt kommentiert:

> "Hoffmanns Spleen, alte Militärgerätschaften ohne jeden Gebrauchswert um sich herum anzuhäufen (...) hat mit Politik absolut nichts zu tun, wurde aber von den Massenmedien als 'neonazistische Vorbereitung zum Staatsstreich' aufgebauscht. Etliche Hausdurchsuchungen bei Hoffmann haben nie mehr als ein paar Belanglosigkeiten zu tage gefördert. Für den naiven Betrachter von Illustrierten-Photos nimmt sich freilich das skurile Hobby des Wehrsport-Leiters wie eine Horror-Vision aus. Eines aber muß man Hoffmann zum Vorwurf machen: Bei kleinen Kindern ist Freude an Uniformen mitunter begreiflich. Für einen 40jährigen oder auch nur 20jährigen Mann aber müssen dann ganz andere Maßstäbe gelten, wenn die antideutsche Meinungsindustrie nur auf solche Maskeraden wartet, um daraus ihre Hetze zu nähren." ('DNZ', 10.10.1980)

Für Frey hat diese Form der Berichterstattung eine doppelte Funktion:
a. Die Legalisierung eines militanten Rechtsextremisten, mit dem er selbst schon kooperiert hat.

b. Die Leugnung der Existenz eines jugendlich-militanten Rechtsextremismus, um die rechte Szene "sauber" zu halten. Auch Kühnens ANS-Mitglieder werden als Nestbeschmutzer, als Verräter der "verfassungstreuen" Rechten stigmatisiert. (vgl. Dudek/Jaschke 1981, S. 165 ff)

Exkurs: Der Aufstieg Gerhard Freys:

Die Publikationen von Gerhard Frey haben Tradition. Die Vorläuferin der 'DNZ', die 'Soldatenzeitung' wirbt bereits 1950 für einen "Antibolschewistischen deutschen Verteidigungsbeitrag". Sie wird 1958 von dem damals 26jährigen betuchten Münchner Jura-Studenten Gerhard Frey aufgekauft.

Die Publikation bekommt 1961 einen neuen Namen: 'Deutsche Soldaten-Zeitung und National-Zeitung' ('DSZNZ'). Seit Anfang 1962 erscheint sie wöchentlich statt monatlich und vertauscht ab dem 12.12.1962 die Titel-Charakteristika in ihrer Position und nennt sich 'Deutsche National-Zeitung und Soldaten-Zeitung' ('DNZSZ'). Im Dezember 1962 erwirbt Frey vom Münchner "Klinger-Verlag" die 'Schlesische Rundschau', das ehemalige Verbandsorgan der Schlesischen Landsmannschaft.

Neben der stetigen Vergrößerung der Auflage ändert Frey auch Inhalte. Die Zeitung thematisiert nun immer stärker typisch rechtsextreme Themen wie die Kriegsverbrecherprozesse, das Verhältnis zu Israel und Juden, Gastarbeiter etc. (vgl. Backes/ Jesse 1989, S. 75; Fromm/Kernbach 1994a, S. 138) Antisemitische Hetze findet sich in Schlagzeilen wie: "Die Macht des 'Weltjudentums' - und was dahinter steht" (Nr. 45/1965), "Israel lebt von Deutschlands Geld" (Nr. 5/1965), "Erpreßt in alle Ewigkeit? - Kapitulation vor dem Weltjudentum" (Nr. 7/1965), "Juden zersetzen Deutschland" (Nr. 43/1966) oder "Wie Israelis morden" (Nr. 31/1967). (zit. aus: Paschner 1967, S. 50)

1968 kommt es zur erneuten Namensänderung und aus der 'DNZ/SZ' wird die 'Deutsche Nationalzeitung' ('DNZ'). Nach dem Niedergang der NPD 1969/ 1970 wird Gerhard Frey auch organisatorisch aktiv. Im Januar 1971 gründet er die "Deutsche Volksunion" (DVU) als überparteiliches Mitte-Rechts-Bündnis gegen die "verfassungsfeindlichen Ostverträge" und als Auffangbecken für Mitglieder der zerfallenden NPD. Ein Prozeß, den Gerhard Frey noch fördert. So arbeitet er eng mit dem NPD-Oppositionellen und ANR-Vorsitzenden Siegfried Pöhlmann zusammen, obwohl er ideologisch mit der "Aktion Neue Rechte" wenig zu tun hat. Ist die ANR dem "Neuen Nationalismus" zuzuordnen, kann Frey als ideologischer Vertreter der "Alten Rechten" gelten. (vgl. Stöss 1989, S. 185; vgl. zur Ideologie der DVU: Höffken/Sattler 1978, S. 45)

Ein Jahr später initiiert Frey den "Freiheitlichen Rat" als ein Funktionärsgremium zur Vorbereitung eines Marsches auf Bonn, der im April 1972 mit 5000 Teilnehmern stattfindet. Ziel ist die Schaffung einer Grundlage für eine erfolgversprechende Sammlung der "nationalen Rechten". (vgl. Verfassungsschutzbericht des Bundes 1972, S. 30) Es wirken unter anderem Erwin Arlt ("Aktion Oder-Neiße"), Prof. Berthold Rubin ("Aktionsgemeinschaft 17. Juni") und Alfred E. Manke ("Arbeitskreis Volkstreuer Verbände") mit. Vorsitzender des Zusammenschlusses ist Gerhard Frey. Dem "Freiheitlichen Rat" gehört bis 1973 auch Siegfried Pöhlmann an, der die Zusammenarbeit mit dem DVU-Chef aufgrund des Drucks seiner Basis auf dem ANR-Bundeskongreß am 6. und 7.1.1973 in München aufgeben muß. 1976 verläßt der "Stahlhelm" das Bündnis, während die "Wiking Jugend" (WJ) und der "Jugendbund Adler" (JBA) dem "Freiheitlichen Rat" bis Ende der siebziger Jahre angehören. (vgl. Stöss 1989, S. 185)[2]

Auflagenentwicklung der 'DNZ' und ihrer Nebenausgaben:

Jahr	Auflage
1960	40 000
1961	40 000
1962	70 000
1963	65 000
1964	74 000
1965	96 000[3]
1966	125 000
1967	145 000
1968	128 000
1969	125 000
1970	117 000
1971	110 000
1972	112 000
1973	106 000
1974	96 000
1975	94 000
1976	100 000
1977	100 000
1978	100 000
1979	100 000
1980	100 000

(vgl. aus Greß/Jaschke 1980, S. 40 ff)

---

[2] vgl. zu den Organisationen, die sich im "Freiheitlichen Rat" zusammenfinden: Dudek/Jaschke 1981, S. 38 ff
[3] Laut Verfassungsschutzbericht 1965 liegt die Auflage Ende desselben Jahres bei 103 000 Exemplaren, von denen jedoch nur cirka 70 000 verkauft werden.

Das Verlagsimperium

Ein Überblick über Gerhard Freys Verlagsimperium 1972: Er publiziert den 'Deutschen Anzeiger' (DA) als Organ der 'Deutschen Volksunion'. Darüberhinaus gibt Frey als DNZ-Nebenausgaben die Wochenzeitungen 'Der Sudetendeutsche', 'Schlesische Rundschau' und 'Notweg der 131er' und als Monatsblatt den 'Deutscher Bauer' heraus. Im "Freiheitlichen Zeitungsverlag" seiner Ehefrau verlegt er den oben genannten 'DA', für die Organisation "AKON" den 'AKON-Kurier' und für die "ANR" die Zeitung 'Recht und Ordnung'. (vgl. Verfassungsschutzbericht des Bundes 1972, S. 32)

Nach der Gründung der DVU wird diese zur größten Kraft in der extremen Rechten und löst die Hegemonie der NPD ab. So wenden sich speziell ältere, enttäuschte NPD-Mitglieder der DVU zu. (vgl. Dudek/Jaschke 1984, S. 53) Einen Überblick gibt die Tabelle (siehe folgende Seite), die nationaldemokratische (NPD + Umfeld) und nationalfreiheitliche Organisationen (DVU + Umfeld) einander gegenüberstellt.

Die Sympathien Hoffmanns liegen eindeutig auf der Seite Gerhard Freys. Für sie übernimmt er Saalschutzdienste, die NPD dagegen lehnt er ab:

"Und ich muß sagen, die Linke, speziell die deutsche Linke, ist abzulehnen, weil sie von Leuten vertreten wird, die moralisch nicht das Recht haben, so eine Sache zu vertreten. Ich muß das allerdings auch für einen Teil der deutschen Rechten sagen. Ich lehne auch die NPD ab, und würde die NPD nie unterstützen. Und wenn die Linken immer behaupten, der Hoffmann unterstützt mit Saalschutz und was weiß ich alles die NPD, da muß ich sagen: Mir ist es egal! Ich hab' damit nichts zu tun! Und ich hatte nie und ich will nie etwas damit zu tun haben. Aber bevor ich den Saalschutz machen würde für die NPD, würde ich ihnen viel lieber den Saal auseinanderhacken!" (zit. aus: Rabe 1980, S. 205)

DVU- und NPD-Umfeld im Vergleich:

Jahr	Nationaldemokratische Organisationen	Nationalfreiheitliche Organisationen
1975	12 400	3 800
1976	11 600	4 800
1977	10 600	5 400
1978	10 100	5 600
1979	9 500	6 400
1980	6 300	13 500
1981	7 350	10 400[4]

(vgl. Greß/Jaschke 1982, S. 11 f)

---

[4] Netto-Mitgliederzahl nach Abzug der Mehrfachmitgliedschaften innerhalb der "National-Freiheitlichen" Organisationen.

Trotzdem erklärt Hoffmann, er teile Freys politische Vorstellungen nicht. Er halte nichts vom "Lamentieren zur Geschichtsfälschung", der Lieblingsbetätigung Freys. Er wolle sich mit der Zukunft beschäftigen. (zit. aus: Rabe 1980, S. 218 f) Reinhard Opitz schätzt Freys Bindung an Hoffmann dagegen als sehr eng ein. Dieser gehöre "dem 'Freundeskreis' der in die gesamte internationale faschistische Terrorszenerie tief verstrickten 'Wehrsportgruppe Hoffmann' als eines seiner einflußreichsten Mitglieder" an. (Opitz 1988, S. 73) Die Behauptung läßt sich nicht verifizieren. Auf den Einladungen des "Freundeskreises zur Förderung der Wehrsportgruppe Hoffmann" taucht Frey zu keiner Zeit als Mitglied auf.

Trotzdem ist die Zusammenarbeit Freys mit Hoffmann ein weiterer Beleg für die Verstrickung der WSG mit dem rechtsextremen Lager. Hoffmann zeigt am Beispiel der DVU, daß seine Sympathien der "Alten Rechten" gehören. Sie steht für "Ruhm und Ehre" der Hitler-Armeen und symbolisiert soldatische Stärke. So erklärt sich auch Hoffmanns Hinwendung zu Ritterkreuzträgern wie Otto Riehs und Hans-Ulrich Rudel.

6.3. WSG - Hochschulring Tübinger Studenten (HTS)

Vorsitzender des Anfang der siebziger Jahre gegründeten HTS ist Axel Heinzmann[5]. Die Organisation fungiert als Scharnier zwischen Rechtsextremismus und Rechtskonservatismus. Auf Heinzmanns Konto geht nicht nur die enge Tuchfühlung der studentischen Gruppe mit Hoffmanns WSG, sondern auch die Gründung eines "Freundeskreises der CSU". "HTS-Ehrenmitglieder" sind der ZDF-Moderator Richard Löwenthal ('hts uni uhu', 6.12.1976, S. 4; vgl. 'Spiegel', 6.10.1980) und Herbert Veigel (vgl. 'hts uni uhu', 6.12.1976, S. 4). Auch ist der HTS "Mitglied" in den Organisationen "Ring Freiheitlicher Studenten" (RFS), "Ostpolitischer Studentenverband" (ODS) und der "Gesellschaft für Menschenrechte" (GFM), der Vorgängerin der "Internationalen Gesellschaft für Menschenrechte" (IGFM), wie dem Briefkopf des HTS zu entnehmen ist. (vgl. hts, "Der Vorstand", 25.5.1977) Gleichzeitig wirbt der HTS in seinem Organ 'hts uni uhu' für die rechtsextreme Organisation "Hilfskomitee Südliches Afrika" ('hts uni uhu', 20.11. 1978) und für das "1. EURO-FORUM" am 12./13.11.1977 in Wien mit dem rechtsextremen Werner W. Kosbab als Kontaktadresse ('hts uni uhu', 28.9.1977). Im selben Heft wirbt der HTS auf der Titelseite für eine Gemeinschaftsveranstal-

---

[5] Die politische Laufbahn des DDR-Flüchtlings führt von links nach ganz rechts. Nach seiner Flucht war der freigekaufte Häftling 1970 zunächst Mitglied der SPD. Hier kritisiert er die Ostpolitik Willy Brandts. Nachdem er 1972 mit seinem Austritt einem Ausschluß zuvorkommen ist, heißt seine nächste Station CDU. Da er den Christdemokraten jedoch nicht zutraut, den "Niedergang Deutschlands" zu stoppen, gründet er ohne Absprache mit der Münchner Zentrale einen Kreisverband Tübingen der CSU. Die nächste Etappe auf dem Marsch nach rechtsaußen folgt 1976 mit der Zusammenarbeit mit Karl Heinz Hoffmann. ('Stern', 16.10.1980)

tung mit der WSG. Redner sind Karl-Heinz Hoffmann und Axel Heinzmann. Das HTS-Organ zeichnet sich durch einen fanatischen Antikommunismus aus. Die Autoren verachten die "feigen, dekadenten, kadaverhaften Weststaaten", die "unfähig und nicht willens sind, Krieg zu führen", obwohl sie angeblich von der weltweiten roten Flut des Kommunismus umbrandet sind. (HTS-Texte, zit. aus Chaussy 1985, S. 209)

Bestandteil der HTS-Ideologie ist auch der Schulterschluß mit NS-Kriegsverbrechern. Im Beitrag "Herbert Kappler aus gnadenloser rotitalienischer Rachejustiz befreit!" heißt es:

> "Für uns Deutsche (...) erfreulich ist (...) die mutige Befreiung des 'Kriegsverbrechers' Herbert Kappler. Nicht etwa durch die Bonner Bonzenparteien, die angeblich immer wieder bei Italiens Regierung auf Kapplers Freilassung bestanden haben, sondern durch die fünfzigjährige Ehefrau Kapplers, die ihren totkranken, haftunfähigen Mann im Koffer aus dem Krankenhaus schleppte, das von unversöhnlichen kommunistischen und jüdischen Kreisen zu Kapllers Todeshaus auserkoren worden war.
> Leider wird Herbert Kappler von seiner Freiheit nicht mehr viel haben - er ist durch Krebs tötlich gekennzeichnet. Um so wichtiger für alle freiheitlichen, nationalen Kräfte in Deutschland, unverzüglich die Freiheit von Rudolf Hess, Reder, Kotalla, Fischer (...) zu bewirken - denn freiwillig läßt die alliierte Siegerjustiz diese Menschen nicht frei. Auch hier ist die notfalls gewaltsame Befreiung das einzig richtige Mittel! Wo keine Sensibilität mehr für Recht und Ordnung vorhanden ist, da muß eben zwangsläufig Gewalt auf den Plan treten!" ('hts uni uhu', 16.8.1977)

Durch die stetige Radikalisierung Heinzmanns verliert der HTS unter den Tübinger Korporationsstudenten seine Wählerbasis. Seit 1976 arbeiten die restlichen Mitglieder "verstärkt mit der Wehrsportgruppe Hoffmann zusammen." (Dudek 1985, S. 110) Zum ersten öffentlichkeitswirksamen Skandal kommt es am 4.12.1976. Der HTS hat Karl Heinz Hoffmann als Referenten zum Thema "Die schwarz-kommunistische Aggression im südlichen Afrika" engagiert. Als cirka 250 Gegendemonstranten Hoffmanns Auftritt an der Universität verhindern wollen, attackieren die zum Teil bewaffneten Mitglieder der "Wehrsportgruppe Hoffmann" die Demonstranten und verletzen zehn Menschen, einige von ihnen schwer. (vgl. 'Schwäbisches Tagblatt', 6.12.1976; Verfassungsschutzbericht des Bundes 1976, S. 40)

Der Schlägereinsatz hat ein politisches Nachspiel. Gegen zehn Rechtsextremisten und drei Gegendemonstranten wird Anklage erhoben. Das Urteil gegen Hoffmann fällt glimpflich aus: zehn Monaten Haft auf Bewährung und 2.000 DM Geldstrafe wegen "gefährlicher Körperverletzung" und "Landfriedensbruch". HTS-Chef Heinzmann muß 900 DM Geldstrafe wegen "Körperverletzung" zahlen. Die restlichen acht HTS- und WSG-Anhänger werden frei gesprochen. Einer der drei Gegendemonstranten wird ebenfalls wegen gemeinschaftlicher Nötigung verurteilt und bekommt sechs Monate Freiheitsentzug, die in zwei Jahre auf Bewährung umgewandelt werden. Unter den angeklagten WSG-Mitgliedern sind

Hans-Peter Altmann (vgl. Kap. 7.4.), Helmut Dieterle (vgl. Kap. 5.1.2.), Manfred Hermann Gassel, Ralf Wolfgang Rößner und Konrad Schütz. (vgl. Antifa 1977, S. 22 und S. 39) Dieterle wird in dem Verfahren von dem Rechtsanwalt und NPD-Bundesvorsitzenden Martin Mußgnug verteidigt.
Knapp ein Jahr später kommt es zur nächsten WSG-HTS-Veranstaltung, diesmal im Heroldsberger Gemeindesaal. Hoffmanns Thema ist unter anderem die "unseriöse Verwaltungspraxis" in der "politisch gesteuerten Justiz". Sein Vorredner heißt Axel Heinzmann. (vgl. Antifa 1977, S. 13)
Besondere Bedeutung kommt dem mutmaßlichen Attentäter auf das Münchner Oktoberfest zu: Gundolf Köhler ist sowohl in der WSG-Hoffmann als auch im HTS in Erscheinung getreten. Zum Verhältnis Gundolf Köhler - Karl-Heinz Hoffmann schreibt das Landeskriminalamt in seinem Abschlußbericht zum Oktoberfestattentat für den Spurenkomplex WSG-Hoffmann:

> "Die Abklärung des Umfeldes des Köhler ergab noch am Vormittag des 27.09.1980, daß dieser Mitglied der inzwischen verbotenen WSG-HOFFMANN war und 1975 und 1976 an paramilitärischen Übungen dieser Gruppe teilgenommen hatte.
> Ferner war aus 1977 bei der WSG sichergestelltem Schriftmaterial ersichtlich, daß KÖHLER Im Februar 1976 mit Karl-Heinz HOFFMANN korrespondierte und die Absicht bekundete, in Donaueschingen eine Ortsgruppe der WSG gründen zu wollen."
> (Bayerisches Landeskriminalamt, Nr. 2508/80 - Kt, den 30.3.1981, S. 4; vgl. auch Chaussy 1985, S. 45)

Auch dem "Militärischen Abschirmdienst" (MAD) fällt Köhlers Briefkontakt zum WSG-Chef auf. "Ich will", schreibt Köhler dem WSG-Führer, "in meiner Heimatgemeinde eine WSG-Gruppe gründen. Bitte helfen sie mir!" Hoffmann verweist den Interessenten an seinen Mitstreiter, den "Kameraden" Axel Heinzmann, der in Tübingen einen regionalen WSG-Stützpunkt aufbauen will. (vgl. 'Spiegel', 6.10.1980) Für Köhler kein Unbekannter. Bereits Ende 1976 bekommt er eine Einladung des HTS zum Hoffmann-Vortrag über Südafrika an der Tübinger Universität zugeschickt. Köhler wird Zeuge der wilden Schlägerei zwischen Hoffmann und seinen Sympathisanten und den Gegendemonstranten. Zur zweiten Begegnung kommt es im Mai 1977, als Heinzmann zu einer Flugblattaktion nach Donaueschingen kommt. Hier unterhalten sich die beiden unter anderem über den gemeinsamen Bekannten Hoffmann. 1979 beginnt Köhler ein Studium in Tübingen und besucht seit März dieses Jahres sporadisch Veranstaltungen des HTS.[6] Zu einer aktiven Mitarbeit wie Verteilen von Flugblättern ist er nicht bereit. (vgl. Chaussy 1985, S. 208 ff) Nur einmal kommt es zu einem kurzen Gespräch zwischen Köhler und Heinzmann über Aktionen:

---

[6] Es ist aber festzuhalten, daß Köhler trotz seines Engagements beim HTS 1979 zu keiner Zeit Mitglied in der Heinzmann-Vereinigung ist. (vgl. Gegendarstellung HTS, in: 'Der Spiegel', Nr. 45/1984, S. 127)

**HOCHSCHULRING
TÜBINGER STUDENTEN e.V.
JUNGE EUROPA STUDENTENINITIATIVE**

74 Tübingen
Grabenstraße 19
Ruf 07071/2 65 49

hts · 74 Tübingen-Grabenstraße 19 · Ruf 07071/26549

OFFENER BRIEF

an alle freiheitlichen,
an der Wahrheit
interessierten Mitbürger!

Aktivste freiheitliche Gruppe an der Universität Tübingen
Vertreten im Großen Senat u. Studentenparlament

Sozialpolitische Hilfsorganisation für jugendliche
Spätaussiedler, Flüchtlinge und politische Häftlinge
aus kommunistischen Ländern

MITGLIED IM
RFS (Ring Freiheitlicher Studenten)
ODS (Ostpolitischer Deutscher Studentenverband)
GfM (Gesellschaft für Menschenrechte)
CP (Collegia Politica - Arbeitsgemeinschaft an
        deutschen Hochschulen e.V.) - Assoziation

Sehr geehrte Damen und Herren!
Liebe Kommilitonen!

MITHERAUSGEBER DES UNI UHU!
-Freiheitlich-konservative Studentenzeitung-
Lokalvertretung der Zeitungen STUDENT, ACTIO
und MITTELDEUTSCHE STUDENTENZEITUNG

Am Samstag, dem 4.12.1976, sollte, ordnungsgemäß angemeldet und auch genehmigt, eine Informationsveranstaltung des HTS zum Thema "Die Aggression der Kommunisten im südlichen Afrika" in der Mensa Prinz Karl stattfinden - genauso, wie zwei Tage zuvor die Kommunisten im Evangelischen Gemeindezentrum(!) ungehindert und ungestört einen Vertreter einer schwarzen Guerillabewegung zu Worte kommen ließen. Doch bereits eineinhalb Stunden vor Beginn, gegen 17.30 Uhr, hatten die Kommunisten die ersten Sperrketten um die Haustür des Prinz Karl gebildet und riefen mit Flugblättern zur Verhinderung dieser angeblich "faschistischen Veranstaltung" auf. Bedauerlicherweise schritt die Polizei gegen dieses grundgesetzwidrige Vorgehen der Kommunisten nicht ein - obwohl sie mehrmals zuvor, zuletzt am Samstag Mittag, ihre Bereitschaft, gegen Störungen vorzugehen, mitgeteilt hatte. Obwohl die Veranstaltung um 19 Uhr beginnen sollte, bemühten wir uns bis 20.40 Uhr auf friedliche Weise darum, die Demonstranten zur Freigabe des Zugangs zum Veranstaltungsraum zu bewegen. Als dies ohne Erfolg blieb und auch die Polizei weiter untätig blieb, ja sogar den Sperrketten zuliebe noch den Verkehr umleitete, beschlossen die an der Versammlung Interessierten, sich nunmehr gewaltsam einen Weg zum Veranstaltungsraum zu bahnen. Letztmalig forderte der Veranstaltungsleiter die Sperrketten auf, den Weg freizugeben und ging dicht auf diese zu. Doch wurden er und andere sofort aus der Menge zurückgestoßen. Daraufhin versuchten wir, durch Drängen und Schieben den Weg freizubekommen und setzten zugleich Tränengassprühdosen ein. Sofort wurden wir (15 gegen 200!) von Kommunisten tätlich angegriffen, woraufhin der Referent des Abends, Herr Hoffmann aus Nürnberg und drei oder vier seiner Freunde, die gekommen waren, seinen Vortrag zu hören, in Notwehr zu Holzknüppeln griffen, um sich gegen den kommunistischen Terror zu wehren. Auch auf der anderen Seite wurden ähnliche Schlagwerkzeuge eingesetzt, von den sechs Verletzten des HTS trugen drei Verletzungen von derartigen Geräten davon. Kurz bevor es uns gelang, trotz der zahlenmäßigen Übermacht der Kommunisten den Eingang nahezu freizukämpfen, griff auf einmal die Polizei ein und verhaftete Herrn Hoffmann, der gerade gegen sechs oder sieben Kommunisten kämpfte. Als der Versammlungsleiter, Axel Heinzmann, hiergegen protestierte und die Polizei aufforderte, die eigentlichen Rechtsbrecher, die Kommunisten, zu verhaften, wurde auch er von der Polizei in Gewahrsam genommen. Weitere 9 Verhaftungen, fast alle gegen Tübinger HTS-Mitglieder, nahm die Polizei dann vor, indem sie sich von den Kommunisten Leute benennen ließ, die angeblich geschlagen hätten. Von den kommunistischen Rechtsbrechern wurde nicht ein einziger inhaftiert!

Wir bedauern, daß wir unsere Veranstaltung mit Gewalt durchzusetzen versuchen mußten und daß dabei auch auf der Gegenseite 6 Personen verletzt wurden. Wir stehen aber voll und ganz zu unserem Vorgehen und würden es in derselben Situation voll wiederholen, da in Tübingen endlich einmal der Terror der Kommunisten gegen Andersdenkende, insbesondere gegen den HTS, beendet werden muß. Aus der nachstehenden Dokumentation können Sie ersehen, daß dieser Terror nichts seltenes ist, er wird vielmehr seit Jahren in zahllosen Fällen praktiziert. Ihm Einhalt zu gebieten, sollte die Aufgabe aller freiheitlichen Bürger sein - und insbesondere dann, wenn die staatlichen Stellen, Justiz und Polizei, Parteien und Institutionen wie z.B. Universitätspräsident und Kultusministerium in Untätigkeit und Bequemlichkeit verharren oder gar dem linken Druck opportunistisch nachgeben. Wir hoffen auf Ihre Hilfe!

Der Vorstand des HTS e.V.:   Christoph F i c h t n e r - Axel H e i n z m a n n - Albert R i t t e r

Ehrenmitglieder: Gerhard Löwenthal - Dr. Herbert Veigel

Konto-Nr. 266 899 Kreissparkasse Tübingen

Spenden für unsere antikommunistische Tätigkeit erbeten!

Ein "Kampfbericht" des HTS. Studentenorganisation und Wehrsportgruppe vereint gegen Antirassisten. Bemerkenswert ist der Briefkopf, der die Mitgliedschaften des HTS dokumentiert.

EXTRABLATT AB DIENSTAGABEND:

SEITE 2

Im Rahmen unseres, wie Ihr schon gemerkt habt, sparsamen Wahlkam[pfes] wir nun ab Dienstagabend doch noch einen EXTRA-UHU verteilen: M[...] tem UHU wieder mal kein Platz mehr gewesen ist. Deshalb: Den EXT[...]

Wahlvollversammlungen boykottieren!

Einige Jahre lang haben wir das Theaterstück mitgespielt. Die Wahlvollversammlungen auf Uniebene und in den Fachschaften (mit um die 10 % Beteiligung kann man von "voll" ohnehin nicht sprechen!!). Es ging dort immer ähnlich zu wie bei den Gladiatorenkämpfen der alten Römer - nur daß unsere Chancen, irgendwas bzw. -wen zu gewinnen, immer noch schlechter waren als die des miserabelsten Sklavenkämpfers, der damit zumindest die Mitleidigen auf seiner Seite gehabt hat. Doch beim modernen Politspektakel ist das Publikum ziemlich homogen: Die Linksgruppen kommen mit Kind und Kegel und dem letzten Sympi, konservativere Studenten ziehen es vor, ihre Zeit anderweitig zu verschwenden(ist auch kritisch gemeint!). Und es passiert dann eben immer dasselbe:Man läßt jetzt zwar, im Gegensatz zu früher, auch die rechten Kandidaten einen Knicks machen und einige Phrasen von sich geben, doch von den durchweg linken Publikum ist ohnehin niemand zu überzeugen. Und dann beginnt der Säbelkampf, das Hauen mit den Morgensternen, Pauschalvorwürfe, Lügen, Unterstellungen. Keine Gelegenheit, sowohl in Bezug auf Zeit als auch eine einseitige Publikum, irgendeine sachliche Richtigstellung vorzunehmen - dafür sorgt denn auch das durchweg linke Versammlungspräsidium!

HTS und VBE empfehlen daher ihren Kandidaten, das Vollversammlungstheater nicht mitzumachen. Publikationen von uns gibt es, was gegen uns hat es, genauso wie Veranstaltungen zum persönlichen Kennenlernen, genug gegeben, so daß es wohl kaum jemand an der Uni gibt, der nicht - egal ob positiv oder negativ manipuliert, wüßte, was der HTS ist! Wer aber trotzdem noch etwas von uns wissen möchte, der möge doch bitte bei uns vorbeikommen, dann können wir uns in Ruhe unterhalten! Und brauchen uns nicht darüber zu streiten, ob nun Karl Marx auf Seite 222 des 2. Bandes des KAPITAL von Profitrate oder Ratenprofit gesprochen hat und wer wirklich ein Revi oder Refo ist!

Also: HTS/VBE-Wahlvorstellung, heute, Montag, 20 Uhr, im HTS-Büro Grabenstraße 19!

Die Wahlräume:

FB 1 Ev. Theol.-Sitzungszimmer 121, Liebermeisterstr. 12
FB 2 Kath. Th. -Raum 5, Liebermeisterstr. 12
FB 3 Jura -Neue Aula, Zimmer 28, Wilhelmstraße 7
FB 4 WiWi -Erfrischungsraum, Mohlstraße 36
FB 5 The. Med. -Kupferbau, Eingangshalle
FB 6 Kl. Med. -Kupferbau, 1. Stock
FB 7 Philos. - Alte Burse, Phil. Sem. Konf. raum 218
FB 8 S-V-Päd. -Kupferbau, Eingangshalle
FB 9 Neuphil. - Neuphilologicum, Eingangshalle
FB 10 Gesch. - Hegelbau, Katalograum, II. Stock
FB 11 Alt. Kult. -Kupferbau, Konferenzzimmer
FB 12 Mathem. - Math. Inst. Konferenzzimm. 3 H 05
FB 13 Physik - Hörsaalzentrum Foyer Morgenstelle
FB 14 Chemie - Chem. Institut, Neubau A, Eing. halle
FB 15 Pharmaz. - Pharmaz. Inst. Sem. raum, ebene 1, HS 4
FB 16 Biologie - Inst. Biologie II u. III. Neubau E, 3. Stock
FB 17 Erdwiss. - Geolog. Institut, Sigwartstraße 10

Studentenausweis mitbringen!

Und so treten wir an:

1. Veigel, Thomas - Jura - HTS
2. Woywod, Georg - Politik - VBE
3. Fichtner, Christoph - Jura, Geschichte - HTS
4. Heyder, Joelle - Romanistik - VBE (Frankreich)
5. Götting, Helmut - Mathematik - HTS
6. Gäbler, Joachim - Zahnmedizin - VBE
7. Heinzmann, Axel - Politik - HTS
8. Heyder, Gerald - Germanistik/Geschichte - VBE
9. Rohm, Karl-Wilhelm - Sport/Anglistik - HTS
10. Kraus, Jürgen - Biochemie - VBE
11. Behrendt, Uwe - Evangel. Theologie, Germanistik -HTS
12. Knoth, Renate - Orientalistik - VBE (USA)
13. Metzler, Ernst - Wirtschaftswissenschaften - HTS
14. Wichmann, Christoph - Jura - VBE
15. Berger, Thomas - Klinische Medizin - HTS
16. Appel, Titus Aurel - Zahnmedizin - VBE
17. Ebensperger, Fred William - Biologie -HTS (USA)
18. Götting, Rolf-Dieter - Wirtschaftswiss. /Geschichte
19. Roller, Heinrich - Zahnmedizin
20. Schulze Allen, Gerhard - Jura
21. Holtz, Friederike - Klinische Medizin
22. Jähnichen, Kurt - Klinische Medizin
23. Bauer, Hans-Peter - Jura
24. Kaiser, Max - Jura
25. Timar, Andreas - Zahnmedizin (Ungarn)
26. Timar, Marianne - Psychologie (Ungarn)
27. Kaltenegger, Bertold - Chemie
28. Voller, Thomas - Jura
29. Neubaur, Bernhard - Sport
30. Bansleben, Peter - Biologie
31. Kopp, Bernhard - Pharmazie
32. Wagner, Hermann - Klinische Medizin
33. Bukowinsky, Roland - Jura
34. Kummoss, Johannes - Klinische Medizin
35. Walter, Götz Arthur - Jura
36. Allmendinger, Friedrich - Klinische Medizin
37. Pfeiffer, Raimund - Jura

(mit leichten Variierungen auf den hinteren Plätzen). Auf der Liste befinden sich erstmals Vertreter vieler anderen Fachbereiche, das frühere Juristenübergewicht ist beseitigt. Selbstverständlich sind auch 1. und sonstige niedrige Semester dabei, die mit Studienanfängerproblemen das meiste Verständnis haben dürften.

Und jetzt habt Ihr das Wort!

...und die Wahl!

8 JAHRE KLASSENKAMP[F]

Uwe Behrendt auf Platz 11 der HTS-Wahlliste, in: 'hts uni uhu', Nr. 215, 31.5.1976

"Heinzmann wollte Selbstschußanlagen an der DDR-Grenze mit eigens erdachten Basteleien zur Auslösung bringen. Er dachte an Ballone oder Modellflugzeuge. Das habe Köhler kurzzeitig interessiert, da habe er von seinen häuslichen Pulverexperimenten erzählt, und auch, daß ihm dabei schon einmal eine Ladung um die Ohren geflogen sei. Doch aus der Aktion gegen die Selbstschußanlagen ist nichts geworden. Wieder und wieder habe sich Köhler entzogen. Zu den Hochschulwahlen habe Köhler genausowenig kandidieren wollen wie zuletzt, im März 1980, zu den Kommunalwahlen, bei denen Heinzmann so dringend Listenfüller für seine BÜRGERAKTION FÜR RECHT UND ORDNUNG suchte. Da sei er noch eigens nach Tübingen-Weilheim gefahren und habe Köhler auf seiner Studentenbude aufgesucht und habe ihm die Kandidatur angeboten. Köhler habe ohne jede Bedenkzeit gleich abgelehnt." (Chaussy 1985, S. 210 - er zitiert aus den Vernehmungen Heinzmanns durch die Polizei nach dem Oktoberfestattentat)

Ein Mitstreiter des HTS soll auch der WSG-Aktivist Uwe Behrend, mutmaßlicher Mörder des jüdischen Verlegerehepaars Levin und Poeschke, gewesen sein (vgl. Dudek 1985, S. 110; 'Stern', 1.3.1984). Den wichtigsten Beleg liefert jedoch der HTS selbst. In seinem Organisationsorgan wird eine HTS-VBE Liste zu den Tübinger Universitätswahlen vorgestellt. Auf Platz sieben des gemeinsamen Wahlvorschlages findet sich der HTS-Vorschlag Axel Heinzmann, auf Platz elf der Vorschlag "Behrendt, Uwe - Evanel. Theologie, Germanistik - HTS" ('hts uni uhu', 31.5.1976)

Nach dem Verbot der WSG hält der HTS-Chef Hoffmann die Treue. Im Namen eines "Tübinger Instituts für Bekämpfung kommunistischer Menschenrechtsverletzungen" (IBKM) meldet Heinzmann für den 16.2.1980 und für den 8.3.1980 wegen des WSG-Verbotes Demonstrationen an. Obwohl die Stadt Nürnberg die Zusammenkunft untersagt, versammeln sich am 16.2. Hoffmann und mehrere seiner Anhänger. Die Polizei nimmt Hoffmann und zehn WSG-Männer fest. Zu der zweiten verbotenen Kundgebung am 8.3. erscheint Hoffmann mit 20 WSG-Mitgliedern, die sich mit Farbbeuteln einer Festnahme widersetzen. Hoffmann und drei seiner Anhänger werden verhaftet.

Eine weitere IBKM-Demonstration findet am 5.4.1980 ebenfalls in Nürnberg statt. Diesmal legal. Es beteiligen sich 130 Demonstranten, darunter Karl-Heinz Hoffmann und 25 WSG-ler. Hoffmann bezeichnet das WSG-Verbot als Willkürakt der "unter fremder Botmäßigkeit" stehenden Bundesregierung. (Verfassungsschutzbericht des Landes Bayern 1980, S. 87)

6.4. Die "WSG Hoffmann" und die "NS-Gruppen"

Die Bedeutung der WSG in der Neonazi-Szene findet weder in wissenschaftlichen noch in journalistischen Arbeiten ausreichend Beachtung. Lediglich Nachrichtenmagazine wie 'Stern', 'Konkret' oder 'Spiegel' berichten bruchstückhaft über einzelne spektakuläre Ereignisse. Eine zweite Quelle sind sogenannte "antifaschistische Publikationen" wie Broschüren des "Vereines Verfolgter Antifaschisten" oder des "Kommunisitschen Bund". Staatliche Informationen über eine Kooperation Hoffmanns mit deutschen Neonazis sind dürftig. In den einschlägigen Jahren 1974 bis 1980 vermerkt der Verfassungsschutzbericht des Bundes 1975 knapp, der "Personenkreis" um Thies Christophersen und Manfred Roeder habe "am 13. Juni und 2. August in Nürnberg aus Anlaß des Strafprozesses gegen Karl-Heinz HOFFMANN ("Wehrsportgruppe") wegen unerlaubten Uniformtragens" demonstriert. (S. 34) Auch die Hinweise in der Fachliteratur sind wenig hilfreich und oftmals sehr allgemein. So schreiben Alwin Meyer und Karl-Klaus Rabe:

> "Zum anderen sehen Organisationen der NS-Szene oder die 'Wiking-Jugend' die Aktivitäten solcher Gruppen als eine für sie sinnvolle Ergänzung der Arbeit an, d.h. Mitglieder dieser Organisationen beteiligen sich hin und wieder an Wehrsportübungen, womit nicht gesagt werden soll, daß sie unbedingt gerade mit Hoffmann zusammenarbeiten." (Meyer/Rabe 1983, S. 73)

Zur Illustration ihrer These dient den Autoren lediglich Uwe Rohwers neonazistische Wehrsportgruppe in Schleswig Holstein. Beispiele für eine Kooperation der WSG-Hoffmann mit Neonazis nennen sie nicht.

Bei der Beurteilung der Zusammenarbeit Hoffmanns mit dem organisierten Rechtsextremismus und Neonazismus treffen wir auf diametral entgegengesetzte Positionen. Die Bewertung reicht von der Negation jeglicher organisatorischer Überschneidungen ("Einzelgängerthese") bis zur Annahme einer umfassenden Verflechtung, der "Netzwerktheorie". Der "Netzwerktheoretiker" Opitz argumentiert:

> "Ab Mitte der siebziger Jahre sehen wir dann die DBI (= "Deutsche Bürgerinitiative", der Autor) gemeinsam mit dem 1975 von Erwin Schönborn aus seinem 'Frankfurter Kreis Deutscher Soldaten' gebildeten 'Kampfbund Deutscher Soldaten' (KDS), Christophersens 'Bürger- und Bauerninitiative', etlichen Terrorgruppen wie der 'NS-Kampfgruppe Mainz', dem 'Freizeitverein Hansa' bzw. Kühnens 'Aktionsfront Nationaler Sozialisten', auch Wolf-Dieter Eckarts bzw. Gary R. Laucks NSDAP/AO, der Wehrsportgruppe Hoffmann und der Wehrsport bzw. 'Wehrwolf-Untergrundorganisation' der Wiking-Jugend' (...) aber ebenso auch mit Wilhelm Stäglich (Verfasser des 1979 erschienenen Buches 'Der Auschwitz-Mythos') und dem NPD-Schriftsteller Udo Walendy (...) bei der Einleitung des Übergangs des Neonazismus von der bei ihm bisher üblichen Verharmlosung der Judenvernichtung zur ihrer nunmehr frontalen Leugnung und zugleich mit ihr zur wieder aktuellen Propagierung des Rassismus wie auch bei der Abhaltung von 'Reichstagen' zusammenarbeiten." (Opitz 1988, S. 72)

Gestützt wird diese Position im Zusammenhang mit der "Wehrsportgruppe Hoffmann" durch die Aussagen des Verfassungsschutzmannes Werner Gottwald alias "Reiser". Bereits im April 1979 meldet er seinem Amt, "fast alle NSDAP-Leute haben bereits bei Hoffmann an Lehrgängen teilgenommen." ('Die Tageszeitung', 19.7.1989) Gerade aber in Verfassungsschutzbehörden und Innenministerien wird die "Einzelgängerthese" propagiert. Beispielhaft schreibt Hans-Günther Merk, früher Referent für allgemeine innerstaatliche und internationale Angelegenheiten der öffentlichen Sicherheit im Bundesinnenministerium:

> "Während die 'Neue Rechte' wegen ihrer totalen Zersplitterung kaum noch öffentlich in Erscheinung tritt, haben in jüngster Zeit neonazistische Einzelgänger, z.B. der ehemalige Rechtsanwalt Manfred Roeder mit seiner 'Deutschen Bürgerinitiative', Erwin Schönborn mit dem 'Kampfbund Deutscher Soldaten', der Agrarjournalist Thies Christophersen mit seiner 'Bürger und Bauerninitiative' und der Nürnberger Werbegrafiker Karl-Heinz Hoffmann, mehr Schlagzeilen in der Presse geliefert, als ihrer Bedeutung entspricht." (Merk 1978, S. 133f)

Bei der Frage nach Hoffmanns Verortung im rechtsextremistischen Umfeld ist die Durchsicht von Primärdokumenten aufschlußreich. Vor allem neonazistische Zeitschriften vermitteln über Werbeanzeigen, Veranstaltungshinweise, Autorenschaft von WSG-Anhängern und Mitgliedschaft von WSG-Anhängern in Redaktionen einen Einblick über den Grad der Vernetzung. Außerdem wurden Interviews mit den Köpfen der damaligen Szene (u.a. Thomas Brehl, Friedhelm Busse, etc.) ausgewertet. Als Ergebnis läßt sich festhalten: Weder die "Einzelgängerthese" noch die "Netzwerktheorie" ist letztendlich stimmig.

Die meisten selbsternannten Führer der Miniorganisationen in der neonazistischen Szene sind viel zu eigenwillig, um sich auf eine kontinuierliche Kooperation mit anderen rechtsextremen Gruppen einzulassen, weil sie dadruch eigene "Macht" abgeben müßten. Dennoch existiert nach meinen Erkenntnissen eine vitale Szene, die oft über private Beziehungen zusammenarbeit. Besondere Bedeutung kommt hierbei festen Treffpunkten zu, etwa der Gärtnerei Müller in Mainz oder dem 'Reichshof' Manfred Roeders in Nordhessen. Sie garantieren einen kontinuierlichen Kommunikationsfluß, hier werden neue Kontakte geknüpft. So läßt sich zwar kein organistorische, wohl aber ein funktionierendes persönliches Netzwerk konstatieren. Insgesamt decken sich meine Auswertungen mit den Ausführungen Peter Dudeks zur Verflechtung neonazistischer Organisationen:

> "Alle diese Gruppen bauten in der ersten Hälfte der siebziger Jahre ein kommunikativ dichtes Netzwerk auf. Enge persönliche und politische Verbindungen koordinierten die Agitationstätigkeit der regional operierenden Kader, ohne daß eine von ihnen ihren Hegemonieanspruch durchsetzen konnte." (Dudek 1985, S. 155)

Gefolgt werden kann auch der Darstellung von Richard Stöss, "Hoffmann rekrutierte seine Kämpfer 'gegen die rote Flut' aus fast allen neonazistischen Gruppierungen, von der 'Wiking-Jugend' (WJ) über die Roeder-Schönborn-Christophersen-Gruppe bis zu den Volkssozialisten." (Stöss 1989, S. 165)

Beleg dafür ist die Reklametätigkeit der WSG, die auf Flugblättern der 'Wiking-Jugend', in der 'Bauernschaft' oder auch im österreichischen Neonazi-Organ 'SIEG' zu finden ist. Dabei ignoriert die WSG szeneinterne Konflikte und kann sogenannte "NS-Gruppen" der alten und der neuen Generation ansprechen. Ihr

Merkmal ist ein äußerst provokatives und militantes Erscheinungsbild, das bewußt Tabuverletzungen und den "Kampf um die Straße" zur Taktik macht. (vgl. Dudek/Jaschke 1984, S. 164)

Die aggressiven Aktivisten der "Alten Rechten" sind unzufriedene ehemalige Nationaldemokraten, die sich als Abwehrreaktion gegen die NPD-Strategie der parlamentarischen Partizipation" (vgl. Dudek/Jaschke 1984, S. 164) Anfang der siebziger Jahre radikalisierten. Für diese Gruppe stehen Namen wie Friedhelm Busse, Thies Christophersen, Erwin Schönborn oder Kurt und Ursula Müller, mit denen Hoffmann selbst oder Anhänger seiner WSG, zusammenarbeiten.

"WSG-Hoffmann" im Erscheinungsbild der "NS-Gruppen"

	Doppelmitgliedschaften	Referentenaustausch	Gemeinsame Veranstaltungen	WSG-Autoren in Publikation	WSG-Werbung in Publikation
6.4.1. ANS	+	-	-	-	-
6.4.2. HNG	+	-	-	+	-
6.4.3. IHV	-	-	-	-	-
6.4.4. KGP Kampfgruppe Priem	+	-	-	-	-
6.4.5. GM Gruppe Müller	-	-	-	-	-
6.4.6. WSG Ruhrgebiet	+	-	-	-	-
6.4.7. VSBD/PdA	+	+	+	+	-
6.4.8. KDS/ANE	+	+	-	-	+
6.4.9. BBI	-	+	-	+	+
6.4.10. DBI	-	-	+	-	-
6.4.11. Denk mit!	-	+	+	-	-

Ebenso halten zahlreiche Neonazis mit der Hoffmann-Gruppe Kontakt. Viele besuchen Wehrsportübungen, um sich auch körperlich für den Kampf gegen die verhaßte Demokratie zu rüsten. Sie stehen für eine neue, militante und radikale Generation des bundesdeutschen Rechtsextremismus, was seit Mitte der siebziger Jahre zu einer "Altersumverteilung" im rechtsextremen Lager führt. Hier sind die 15/16- bis 25-Jährigen vertreten. (Hennig 1982, S. 23) Eine neue Größe im organisiertem Rechtsextremismus wächst. Die Anzahl der organisierten Neonazis nimmt von 1975 bis 1980 von 400 auf 1200 Personen und damit um 200 Prozent zu; berücksicht man zusätzlich die 600 manifesten, dem Verfassungsschutz bekannten, aber nicht organisatorisch eingebunden Neonazis, so ist die Zahl der jungendlichen Neo-Nationalsozialisten sogar um 350 Prozent gewachsen. (Hennig 1982, S. 25) Ihr gemeinsames Merkmal ist, daß sie Aktionen der argumentativen Auseinandersetzung vorziehen. (Benz 1980, S. 15)

Bei den Neonazigruppen haben Wehrsportgruppen einen hohen Stellenwert. Zu Hoffmanns Sogwirkung auf diese Kreise schreibt Rudolf Müller nicht zu unrecht: "Er kann eben mit Abzeichen, Uniformen und Totenköpfen einfach mehr bieten als das normale Zivil." (Müller 1980, S. 235) Beispielhaft für neonazistische Organisationen, von denen Mitglieder mit Hoffmann zusammenarbeiten, sind die "Kampfgruppe Priem" und die "Aktionsfront Nationaler Sozialisten".

Im vorliegenden Kapitel wird der Kontakt der WSG zu den wesentlichen NS-Organisationen der siebziger Jahre und ihren Publikationen untersucht. Die Ergebnisse der Auswertung lassen sich in der obigen Tabelle dokumentieren.

6.4.1. WSG-ANS

Das Verhältnis der "Wehrsportgruppe Hoffmann" zur "Aktionsfront Nationaler Sozialisten" Michael Kühnens[7] ist sehr gespannt, auch wenn Mitglieder der Küh-

---

[7] Michael Kühnen hat bis kurz vor seinem Tod am 25.4.1991 über 15 Jahre hinweg die Berichterstattung über den Rechtsextremismus bestimmt. Kühnen, der weiß, was er den Medien zu verdanken hat, bekennt Ende der 80er Jahre gegenüber einem Journalisten: "Die Medien haben mich erst bekannt gemacht und bewirkt, daß man mich ernst nimmt."
Diese Einschätzung teilt der Publizist Giovanni di Lorenzo: "Haben nicht wir Journalisten, angezogen durch seine photogenen Uniformen und die markigen Hetzparolen, Kühnen für einen Teil seiner Kameraden erst richtig attraktiv gemacht? Die Replik auf die Frage ist uns durchaus bewußt: Einer wie Michael Kühnen konnte gar nichts anderes als ein riesiges Medienecho auslösen." (di Lorenzo 1989, S. 233)
Bleibt die Frage: Wer ist Michael Kühnen? In seinem Buch "Die Zweite Revolution", das er in der Haftzeit verfaßt und illegal aus dem Gefängnis schmuggelt, schildert der "Chef" (so ließ sich auch Ernst Röhm, 1. Stabschef der SA, nennen) seinen Werdegang. Der am 21. Juni 1955 in Bonn-Beuel geborene Kühnen bezeichnete sich als "Kind aus gutbürgerlicher Familie (...), die völlig entsetzt ist über die Aktivitäten ihres Sprößlings". (Kühnen 1987a, S. 4) Sein Einstieg in die rechtsextreme Szene beginnt im Alter von 14 Jahren bei der NPD. Er wird Schulsprecher in Bonn. Von der NPD gelangt er zur Aktion Widerstand ("Herbert Wehner, Willy Brandt - Volksvertreter an die Wand!"), deren "Widerstandsgruß" bis heute in der rechtsextremen Szene geläufig ist und inzwischen auch als "Kühnen-Gruß" bezeichnet wird. Aus "taktischen Gründen" tritt er dann der "Jungen Union" (JU) bei, die allerdings schon nach wenigen Wochen wieder verläßt. Es folgen Flugblattaktionen für die Aktion Neue Rechte (ANR) im Rhein-Sieg-Kreis.
Mit 19 Jahren meldet er sich freiwillig zur Bundeswehr. Zuvor geht er "aus purer Ratlosigkeit einen Flirt mit dem nationalsozialistischen Kommunismus der neuen (maoistischen) KPD" ein.

nen-Gruppe immer wieder Übungen der WSG besuchen. Ideologisch jedoch trennt die Rechtsextremisten mehr als nur die Uniform. Während sich die Kühnen-Gefolgschaft optisch und geistig an der SA orientiert, knüpft Hoffmann an die paramilitärischen Freikorpsverbände der Weimarer Zeit an und macht Anleihen bei der Waffen-SS, deren Uniformen und Dienstgrade ihn faszinieren. Kühnen dagegen idealisiert die SA:

> "Die Sturm-Abteilung ist die organisatorische Verkörperung des politischen Soldatentums innerhalb der Nationalsozialistischen Deutschen Arbeiterpartei. Diesem politischen Soldatentum verdankt der Nationalsozialismus der neuen Generation seine Geburt, seinen Erfolg und seine Siegeshoffnung. Dies gilt besonders für die Gesinnungsgemeinschaft der Neuen Front, die sich bewußt zunächst als Keimzelle einer neuen SA begriff. Sie bekennt sich deshalb auch zu Tradition und Geist der Sturmabteilung als Leitbild für ihre Kader." (Kühnen 1987b, S. 266)

Im Gegensatz dazu berichtet ein Mitglied des hessischen WSG-Hoffmann-Ablegers "Sturm 7", das Vorbild des Stützpunktleiters Arnd-Heinz Marx sei Heinrich Himmler gewesen:

> "Deshalb, so erklärten mir andere "Sturm 7"-Leute 'grüßen wir uns in der Öffentlichkeit ja nur mit >Heil Himmler<, einmal weil das im Gegensatz zu >Heil Hitler< nicht verboten ist, zum anderen, weil wir unser Vorbild eben im Reichsführer der SS sehen.'" (Müller 1980, S. 226)

Auch ist die Einbindung der Mitglieder in politische Agitation bei Kühnen anders gewichtet als bei der "Wehrsportgruppe Hoffmann". Er sieht seine Aktivisten als "politische Soldaten", im Fulltime-Einsatz gegen das verhaßte demokratische Deutschland. Während viele Mitglieder der WSG nur am Wochenende in Nürnberg militärischen Drill à la Hoffmann über sich ergehen lassen, verlangt Kühnen

---

(Kühnen 1987a, S. 5) Gründe dafür sind der organisatorische Zerfall der ANR und Kühnens verstohlene Bewunderung der "extremen Linken", die wie er die "bürgerliche Ordnung" verachten (Kühnen 1987a, S. 5).
Von Juli bis September 1977 dient Kühnen bei der Bundeswehr, gelangt auf deren Hierarchieleiter bis zum Leutnant und wird schließlich wegen seiner rechtsextremen Aktivitäten entlassen. Obwohl er sich nach eigenen Angaben in dieser Zeit von der Politik zurückzieht, beteiligt er sich an der Aktionsgemeinschaft Vierte Partei (AVP), zuletzt als zweiter Landesvorsitzender von Hamburg und designierter Bundestagskandidat. Während dieses Engagements - die Partei scheitert zur Bundestagswahl 1976 - lernt er den 35jährigen Diplom-Ingenieur Wolf-Dieter Eckart kennen, den Leiter des "Freundeskreises der NSDAP", den Kühnen bewundert. Nach dem Ende der AVP kommt Kühnen seine Zeit. Mit zwei weiteren Rechtsextremisten gründet er im 8. Mai 1977 die neo-nationalsozialistische Untergrundgruppe SA-Sturm Hamburg 8. Mai, (offiziell Freizeitverein Hansa) im Rahmen der Nationalsozialistischen Deutschen Arbeiterpartei/ Auslands- und Aufbauorganisation (NSDAP/AO). Zuvor hat Kühnen dem Freundeskreis der NSDAP angehört. Am 26.11.1977 geht aus dem SA-Sturm zusätzlich als legale Frontorganisation die Aktionsfront Nationaler Sozialisten (ANS) hervor. (vgl. Fromm 1993, S. 91 ff)

die Aufgabe jeder "bürgerlichen Karriere" und damit auch "die Aufgabe der Trennung von privat und politisch". (Dudek 1985, S. 175) Getreu seinem Leitsatz "Wer auf die Hakenkreuzfahne schwört, hat nichts mehr, was noch ihm gehört!" schreibt Kühnen 1987 in der Justizvollzugsanstalt Butzbach:

"Nationalsozialistisches Soldatentum ist 'Rebellion gegen die bürgerliche Spießerwelt (...) und setzt dem bürgerlichen 'Materialismus die stolze, heroische Haltung von Kampf, 'Tapferkeit, Opfer, Verzicht und Dienst entgegen (...). Es ist aber kein militaristisches Landsknechts- oder Söldnertum als Selbstzweck, sondern stellt sich als bewußt politisches Soldatentum in den Dienst der 'Nationalsozialistischen Deutschen Arbeiterpartei und ihres Kampfes für die 'Neue Ordnung." (Kühnen 1987b, 250f)

Neben ideologischen Unterschieden stehen Kühnen und Hoffmann in einem Konkurrenzverhältnis. Bei diesem Hierarchiegerangel kommen die theoretischen Unterschiede beider Gruppen noch einmal zum Ausdruck:

"Doch in der Klärung unserer Haltung gegenüber Wehrsportgruppen und dem bewaffneten Widerstand wurden wir doch schon früh mit einer Ausdrucksform dieses Prolems konfrontiert und haben es endgültig gelöst. Es war mein erster Stellvertreter[8], der aus unserem jungen SA-Sturm nicht nur eine soldatische, sondern eine paramilitärische Truppe machen wollte. Bei seinen auf eigene Faust mit Karl-Heinz-Hoffmann geführten Verhandlungen im Oktober 1977 zeichnete sich der Konflikt ab. Hoffmann forderte die Unterstellung, er forderte den Verzicht auf äußerliche politische Tätigkeit. Ich lehnte das ab, mein Stellvertreter trennte sich von uns, ging zu einer Wehrsportgruppe in Schleswig-Holstein und schließlich in den Untergrund. Dabei war und ist unsere Truppe nicht gegen Wehrsport - er dient der Disziplinierung unserer Kämpfer und der Erziehung zu einer soldatischen Lebenshaltung, aber er bleibt grundsätzlich dem politischen Kampf untergeordnet, darf nie zum Selbstzweck werden. Es muß immer klar bleiben, daß unsere politischen Soldaten eine soldatische, nicht aber eine militärische Truppe bilden." (Kühnen 1985, S. 60)

In der Realität besuchen aber zahlreiche Mitstreiter Kühnens Wehrsportübungen Karl Heinz Hoffmanns[9], und bei gewalttätigen Auseinandersetzungen mit der Polizei stehen Neonazis der ANS mit denen der WSG in einer Reihe gegen den demokratischen Rechtsstaat.

Ein bekanntes Beispiel: die Saalschlacht mit der Polizei am 22.7.1978 in der Lenförder Gaststätte Tannenhof. Anlaß ist eine Veranstaltung der ANS zum Thema "Gerechtigkeit für Adolf Hitler", zu der der Hamburger "Gauführer" Michael Kühnen eingeladen hat. Höhepunkt soll die Enthüllung einer Adolf Hitler-Ge-

---

[8] Kühnen meint Lutz Wegener.
[9] Außerdem unternimmt die Kühnen-Truppe einen Ausflug nach Franken. Im Herbst 1977 fahren mit Ausnahme von Kühnen "alle Mitglieder" des "Freizeit Vereins Hansa" nach Nürnberg zu einer Veranstaltung Manfred Roeders. "Außerdem suchten wir Hoffmann auf und informierten uns über seine Wehrsportgruppe." (Vernehmungsprotokoll des ANS-Aktivisten von Lutz W. durch das LKPA-Niedersachsen am 16.5.1978)

denktafel sein. (vgl. Anklageschrift der Staatsanwaltschaft beim Landgericht Kiel, 2 Js 88/80, Kiel, den 28.1.1980, S. 7; Verfassungsschutzbericht 1978, S. 35) Bereits am 17.7.1978 ist die Veranstaltung durch eine Verfügung von der Landespolizeidirektion verboten worden. Als die Polizeikräfte eintreffen, stehen sie vor verschlossenen Türen. Ein Kriminalbeamter gelangt dann durch die Küche zur Eingangstür. Dort stellen sich ihm uniformierte, bewaffnete Neonazis entgegen, und das ANS-Mitglied Christian Worch versucht, mit einem Schlagstock auf ihn einzuschlagen. Als der Polizei-Einsatzleiter dazu kommt und Worch mitteilt, er wolle den Versammlungssaal durchsuchen, ertönt aus der Menge der Ruf "Haut drauf!". Daraufhin wird der Einsatzleiter mit Knüppeln auf den Kopf geschlagen. (Anklageschrift 2 Js 88/80, Kiel, S. 9) Auch an anderen Stellen kommt es zu schweren Schlägereien zwischen Polizisten und Neonazis. Unter den besonders aggressiven Neonazis sind die WSG-Mitglieder Michael Satorsky und Stefan Martin Wagner, die mit Bierkrügen Polizeibeamte attackieren. Der Klempner Udo Budig, der laut Satorsky an Übungen der Wehrsportgruppe Hoffmann teilnimmt (Gespräch mit Satorsky am 1.12.1990), fügt einem Polizisten mit Schlägen und Tritten eine Kapselprellung sowie zahlreiche Blutergüsse zu. Satorsky und Wagner sind mit neo-nationalsozialistischen Emblemen bekleidet:

"An der rechten Brustseite des schwarzen Hemdes des Angeschuldigten Wagner war ein Abzeichen aufgenäht, das den ehemaligen deutschen Hoheitsadler mit Hakenkreuz-Symbol zeigte. Der Angeschuldigte Satorsky trug ein Koppelschloß, das ebenfalls das Hakenkreuz-Symbol zeigte und außerdem die Aufschrift 'Blut und Ehre' trug.
Mit Ausnahme des Angeschuldigten Budig trugen sämtliche Angeschuldigte eine uniformartige Kleidung, die aus schwarzem Hemd, schwarzer Hose und Stiefeln bestand. Sie wollten hierdurch ihre gemeinsame politische Gesinnung als 'nationale Sozialisten' zum Ausdruck bringen." (Anklageschrift 2 Js 88/80, Kiel, S. 10)

Der Polizei gelingt es erst beim dritten Versuch mit verstärkten Kräften, in den Saal einzudringen. Zwölf Polizisten und zwei Neonazis werden zum Teil schwer verletzt. (vgl.'Bild', 24.7.1978) Werden Budig, Satorsky und Wagner unter anderem wegen ihren Gewalttätigkeiten angeklagt, so müssen sich die Anwesenden Tibor Schwarz, Mario Schwarz, Kai-Uwe Bergmann (späteres Mitglied der WSG-Libanon) und Roland Michael Müller wegen Uniformverbotes verantworten. Für die Hauptverhandlung vor dem Jugendschöffengericht Neumünster am 4./5./8./9./10. und 11.12.1980 wird ein Großteil der rechtsextremistischen Szene in den Zeugenstand geladen. Die Neonazis wollen für ihre angeklagten Gesinnungsgenossen aussagen. Folgende Personen werden vor Gericht geladen:

5.12.1980: Michael Kühnen, Thomas Peter Bohn, Werner Braun, Dieter Stockmeier, Hans-Joachim Varnhorn und Michael Frühauf
8.12.1980: Paul Otte, Henry Beier, Kurt Wolfgram, Heinz Michaelis, Emil Dilger, Franz Koche, Michael Lutz, Thorsten Rinck, Steffen Dupper (WSG-Liba-

non), Peter Fabel, Karsten Trede, Gunnar Pahl, Ursula Müller, Michael David, Rudolf Pietrek, Manfred Kratzer, Klaus-Dieter Hewicker, Rainer Looft und Odfried Hepp (WSG-Libanon) (vgl. Ladung des Amtsgerichts Neumünster, Geschäftsnummer 13 Ls (24/80), Neumünster dem 2.10.1980).

Die Liste zeigt, wie eng der organisierte Rechtsextremismus trotz unterschiedlicher Parteimitgliedschaften oder Gruppenzugehörigkeiten verknüpft ist. Eine Trennung HNG, ANS, WSG etc. ist bei den vielen organisationsübergreifenden Treffen trotz der zahlreichen Unvereinbarkeitsbeschlüsse nur sehr schwer vorzunehmen.

Eine weiteres Beispiel für die Kooperation von Mitgliedern der Wehrsportgruppe Hoffmann mit der ANS ist die am 9.9.1978 in Hannover unter dem Motto "Freiheit für Michael Kühnen" angemeldete Veranstaltung der "Antikominternjugend". Da von den 20 bis 25 teilnehmenden Neonazis einige einheitlich bekleidet, das heißt in schwarzen Hemden, Hosen, Lederjacken, Stiefel und Koppeln erscheint, erläßt der Einsatzleiter der Polizei gegen 10.50 Uhr ein Uniformverbot. Zu den Uniformierten gehören Udo Arndt, Norbert Bruß, Hans Josef Giza, Andreas Wenzel Kreisköther, Dagobert Huth, Michael Andreas David, Tibor Schwarz, Reinhard Kreisköther, Christian Worch sowie die WSG-Angehörigen Georg Michael Satorsky und Stefan Martin Wagner. Am Nachmittag desselben Tages erscheinen dieselben Rechtsextremisten dann im Clubraum des Restaurants "Stadt Grabsen", in dessen unmittelbarer Nähe eine Autoralley der kommunistischen "Sozialistischen Deutschen Arbeiterjugend" (SDAJ) stattfindet. Kurz vor 18.00 stürzen dann "etwa 20 bis 25 Rechtsradikale aus dem Lokal". Sie "formierten sich zu einer Kette und begannen sofort, mit Holz- und Gummiknüppeln u.a. auf die umstehenden Teilnehmer der Rallye einzuschlagen". (Anklageschrift der Staatsanwaltschaft bei dem Landgericht Hannover, 12 Js 834/78, Hannover, den 23.4.1979, S. 9)

Bei dieser Gewaltaktion sind ebenfalls Rechtsextremisten verschiedener Gruppen beteiligt. Daraus allerdings eine "Zusammenarbeit" abzuleiten (vgl. Pomorin 1978, S. 103), erscheint voreilig. Die Kooperation von WSG und ANS hat nie einen organisierten Charakter in Form von Aufgabenteilung bei der politischen Agitation, gemeinsamen Veranstaltungen, wechselseitiger Werbung in Postillen, Referentenaustausch etc.. Wann immer WSG- und ANS-Angehörige gemeinsam auftreten, ist der Grund die gemeinsame Szenezugehörigkeit, das heißt private Kontakte. Auf die Existenz einer lose verbundenen Szene weist bereits 1978 Hans Josef Horchem zu recht hin:

"Inzwischen haben sich in den etwa 15 neonazistischen Gruppen etwa 150 Aktivisten gesammelt, denen weitere etwa 450 Sympathisanten anhängen. Diese Gruppen sind keine festgefügten Kader, sondern zumeist nur informelle Zusammenschlüsse. Die Wortführer und Aktivisten stehen jedoch über alle Gruppen hinweg in Kontakt zu anderen." (Horchem 1978, S. 204)

Anfänge der ANS in Hamburg

Im Jahr 1975 wird in Hamburg der "Freizeitverein Hansa"[10] gegründet. Er dient den hanseatischen Neonazis zur Tarnung und Legalisierung der Aktivität des "Freundeskreises der NSDAP Gau Hamburg" und bildet ein Sammelbecken verschiedener rechtsextremistischer Organisationen unter der Leitung von Michael Kühnen. (vgl. Hirsch 1989, S. 64) Die als "Freizeitverein Hansa" und "SA-Sturm 8. Mai" auftretende Gruppe zeichnet auch für die Publikation 'Der Sturm' verantwortlich.[11] (vgl. Verfassungsschutzbericht 1977, S. 34)

Das Geburtsdatum des deutschen Neonazismus erst Anfang der achtziger Jahre festzumachen, ist somit kaum haltbar, auch wenn viele Autoren diese Auffassung teilen, wie etwa Hans-Helmuth Knütter:

> "Jetzt, um 1980, ergab sich tendenziell Neues in ideologischer Hinsicht. Während zuvor unberechtigt von einem 'Neonazismus' gesprochen worden war, denn nichts an den vertretenen Gedanken war neu, so entstand jetzt ein Neonazismus, der diesen Namen verdiente. Junge Leute, die lange nach 1945 geboren waren, ja deren Eltern nur noch schwache Erinnerungen an die nationalsozialistische Zeit haben konnten, bekannten sich nunmehr zum Nationalsozialismus." (Knütter 1988, S. 44)

---

[10] Kühnen beschreibt am 29.5.1979 im Rahmen des "Bückeberger Prozesses" detailliert die Entstehung des "Freizeitverein Hansa". Er erklärt, er habe die Organisation in Hamburg aufgrund eines "schriftlichen Auftrages aus den USA" durch den Chef der NSDAP/AO, Gary Lauck, gegründet. Es sollte eine "schlagkräftige Organisation" sein, "die den Zielen der NSDAP dient". Daraufhin habe er bei den "Jungen Nationaldemokraten" nach Mitstreitern gesucht und sei mit Lutz Wegener fündig geworden. Mit diesem habe er dann den "Freizeitverein Hansa" gegründet. (vgl. Rabe 1980, S. 179 f)
Zur Entstehung des "Freizeitverein Hansa" sagt das ANS-Mitglied Lutz W. im Verhör durch das LKPA-Niedersachsen vom 16.5.1978: "Etwa Anfang 1977 muß ich bei NPD-Veranstaltungen Michael KÜHNEN kennengelernt haben. Aus meiner Erinnerung hatte Kühnen zu mir den Kontakt gesucht. Wir sind im Laufe der Zeit näher ins Gespräch gekommen und haben einen regen Gedankenaustausch gepflegt. (...) Ausfluß dieser Gespräche war die Gründung des sogenannten Freizeitverein H a n s a. Als Clubraum mieteten wir Räume in der Eifelstraße in Hamburg an.
Gründungsmitglieder waren: Michael KÜHNEN, Lutz WEGENER, Friedhelm PÜTZMANN. Ziel dieses Freizeitvereins Hansa war unter anderem jungen national gesinnten Mädchen und Männern die Möglichkeit eines Treffpunktes zu geben, um Wochenendveranstaltungen wahrnehmen zu können, eine Schutztruppe für nationale Wahlveranstaltungen zu schaffen (insbesondere für RÖDER und CHRISTOPHERSEN), EINHEITLICHE Kleidung zu tragen (schwarze Uniform), körperliche Ertüchtigung (Wehrsport) und ähnliches zu ermöglichen." (Vernehmungsprotokoll)
[11] In seiner Vernehmung durch das LKPA-Niedersachsen am 9.5.1978 sagt der Rechtsextremist Lothar Sch. zur Vielzahl der Gruppen: "In diesem Zusammenhang möchte ich noch einmal herausstellen, daß diese vielen Vereinigungen, Organisationen oder Gruppen der 'Rechten' immer wieder die gleichen Leute zusammen führte. So ist z.B. ganz klar, daß der Freizeitverein Hansa, der SA-Sturm 8.Mai Hamburg und die ANS (Aktionsfront Nationaler Sozialisten) den gleichen Personenkreis um Michael K ü h n e n darstellt, wobei alle sich offensichtlich eingebettet fühlen in den Oberbegriff NSDAP/AO." (Vernehmungsprotokoll, S. 9)

Dagegen läßt sich ein Generationswechsel in der extremen Rechten bereits mit der "Aktion Widerstand" konstatieren. Schon seit Mitte der siebziger Jahre engagieren sich junge Neonazis in Gruppen wie der ANS, die die Ideologie von SA und NSDAP reklamieren. Schon im September 1977 steht Michael Kühnen mit dem damals 18jährigen Tibor Schwarz (später ANS-Bürgerschaftskandidat) Ehrenwache vor dem Soltauer Haus von Herbert Kappler, um ihn vor "Juden und Kommunisten zu schützen". In der Nacht zum 1.9.1977 (Jahrestag des Kriegsausbruchs) werden Kühnen, Schwarz und Lutz Wegener auf frischer Tat bei Schmierereien ("SA-kämpft weiter!") ertappt und festgenommen. Dieselben Personen gründen den "Freizeitverein Hansa". (vgl. Poelchau 1978, S. 30; Rabe 1980, S. 180) Am 26.11.1977 gründet Michael Kühnen in Anwesenheit der Presse die "Aktionsfront Nationaler Sozialisten". Ein Journalist erinnert sich:

> "Im Hinterzimmer der Hamburger Gaststätte 'Bürgerstuben' trafen sich Vertreter der 'Sozialistischen Jugend', des Freizeitvereins 'Hansa', der 'Bürgergemeinschaft Hamburg', um unter dem Motto 'Ein Volk, Ein Reich ... - Nationale Sozialisten greifen an!" die braune 'Aktionsfront!' aus der Taufe zu heben. Da saßen sie, kaum einer älter als zwanzig Jahre, vor einer großen stilisierten Hakenkreuzfahne, wie ihre Vorbilder in schwarzen und braunen Hemden, Knobelbecher an den Füßen, einige von ihnen ein Hakenkreuz an der Halskette. Und alle waren 'begeistert', wie es Joachim Nowald vom 'Kampfbund Freiheit für Rudolf Heß' formulierte, 'daß sich im roten Hamburg wieder eine Partei durchsetzen will, die Nationalismus und Sozialismus auf ihre Fahne geschrieben hat.' Nach solchen Worten schallte es durch den verräucherten Raum euphorisch aus rund 30 Kehlen: 'Heil Deutschland'." (Poelchau 1978, S. 29)

Auch die folgenden Treffen der Aktionsfront sind medienwirksam verpackt. (vgl. Rabe 1980, S. 145 ff) Am 22.4.1978 lädt der Vorsitzende des "Kampfbund deutscher Soldaten", Erwin Schönborn, nach Köln, wo 30.000 Menschen gegen die "Rehabilitierung des Nazismus, für die Auflösung der Verbände der ehemaligen SS, für das Verbot ihrer Treffen und Kundgebungen" demonstrieren. Zu den wenigen Neonazis, die Schönborns Aufruf folgen, gehört Michael Kühnen mit seinen ANS-Streitern. Zur neonazistischen "Gegenkundgebung" kommen knapp 50 Rechtsextremisten, fast genauso viele Journalisten und zwei Kamerateams. (vgl. Rabe 1980, S. 145) Am 19.5.1978 folgt der nächste Auftritt der ANS. In einer Hamburger Kneipe veranstaltet Kühnen mit cirka 30 Anhängern eine "Pressekonferenz". Wieder notieren zahlreiche Journalisten seine neuesten Sprüche. Am 20.5.1978 inszeniert Kühnen die Verhöhnung der Opfer des NS-Staates. Mit knapp zehn uniformierten Mitstreitern - die Hälfte von ihnen mit Eselsmasken maskiert - marschiert er in Anwesenheit von klickenden Fotoapparaten und einer Kamera Richtung Hauptbahnhof durch Hamburg. Die verkleideten Neonazis tragen das Schild: "Ich Esel glaube noch, daß in deutschen KZs Juden vergast wurden." Nach knapp 200 Metern wird die Gruppe von der Polizei verhaftet. Beim Abführen stimmt sie das Lied "Einst kommt der Tag der Rache!" an. Die Show läuft perfekt. (Rabe 1980, S. 150) Bereits einen Tag später gibt Erwin Schönborn in

Hamburg eine Pressekonferenz. Am 22.7.1978 folgt die ANS-Veranstaltung "Gerechtigkeit für Adolf Hitler" in Lenförden. Karl-Klaus Rabe kommentiert:

> "Das Angebot, an der 'Adolf-Hitler-Gedenkkundgebung' am 22 Juli 1978 teilzunehmen, ohne 200 DM Eintrittsgeld zu zahlen, nehmen wir nicht an, weil wir glauben, dort nichts neues über die Gruppe zu erfahren. Es stellt sich heraus, daß wir recht haben. Die Veranstaltung artet - wie geplant - in eine Saalschlacht mit der Polizei aus. Das gefundene Fressen für die Journalisten, die offensichtlich immer noch nicht kapiert haben, warum Kühnen ein derartiges Schauspiel inszeniert, nämlich um Schlagzeilen zu machen, die er sich - frech, wie er ist - auch noch honorieren läßt." (Rabe 1980, S. 178; vgl. dazu auch Meyer/Rabe 1983, S. 59 f)

Anfang 1978 wird Kühnen verhaftet. Er steht unter Verdacht, Rädelsführer der rechtsterroristischen Gruppe um Rohwer und Schulte zu sein, die Anschläge und Raubüberfälle verübt hat. Nach seiner Inhaftierung wird es ruhig um die ANS. Hier zeigt sich die Fixierung der kleinen rechtsextremistischen Gruppen auf einen "Leitwolf", der als Motor die Aktivität vorantreibt. Gegen Ende des Jahres 1979 "hat die ANS nur noch wenige Anhänger", obwohl sie noch ein Jahr zuvor, "eine der militantesten neonazistischen Gruppen im Bundesgebiet gewesen" ist. (Verfassungsschutzbericht 1979, S. 28) Nachdem im März 1980 auch Kühnens Stellvertreter Christian Worch verhaftet wird, "sind die ANS-Aktionen 1980 fast ganz zum erliegen gekommen". (Verfassungsschutzbericht 1980, S. 28) Worch wird wegen der Verbreitung von Propagandamitteln und Kennzeichen verfassungswidriger Organisationen, der Aufstachelung zum Rassenhaß und der Verunglimpfung des Staates zu 2 ½ Jahren Haft verurteilt. (vgl. Meyer/Rabe 1983, S. 62) Damit ist die erste Phase des organisierten Neonazismus um Michael Kühnen beendet. Nicht zu folgen ist den Ausführungen Karl-Klaus Rabes und Alwin Meyer die schreiben, nach dem Vorbild der Kühnen-Gruppe seien "vergleichbare 'Organisationen' entstanden", die unter Namen wie "Nationalrevolutionäre Arbeiterfront", "Antikomintern-Jugend", "Kampfbund Freiheit für Rudolf Heß", "Deutsch-Völkische Gemeinschaft" (DVG), "Kampfgruppe Deutschland" oder "Volkssozialistische Bewegung" firmieren. (vgl. Meyer/Rabe 1983, S. 63) Die "Volkssozialistische Bewegung" und die DVG existieren schon Jahre vor der ANS. Richtig ist allerdings, daß "Kühnen im rechtsextremen Lager einen neuen Typ von Jugendorganisation geschaffen" hat, deren Aktionismus und Pressearbeit von anderen Gruppen kopiert wird. (vgl. Meyer/Rabe 1983, S. 63) Bekanntestes Beispiel ist die VSBD-Jugendorganisation "Junge Front".

Auf die Frage, aus welchen Kreisen Kühnen Jugendliche für die ANS rekrutiert, antwortet er 1978:

> "Es sind hauptsächlich drei Gruppen, die jetzt in der letzten Zeit auf uns zukommen. Und zwar, eine kleine Gruppe im Grunde, die aus nationalsozialistischen Elternhäusern kommt. Das ist aber erstaunlich wenig entgegen dem, was man normalerweise vermu-

ten sollte. Dann kommt ein größerer Teil aus der Jugendorganisation der NPD[12], die im Grunde mit dem Kurs, mit dem demokratischen Kurs der NPD unzufrieden sind. Und wir haben, das ist gerade in Hamburg und überhaupt in Norddeutschland sehr interessant - einen Zulauf in letzter Zeit von maoistischen Jugendlichen, d. h. jenen Jugendlichen, die gegen dieses System eingestellt sind, die revolutionär sind, die aber den Marxismus inzwischen ablehnen, weil er sich als Sackgasse erwiesen hat. (...) jemand, den wir von den Kommunisten 'rüberbekommen, ist zehnmal mehr wert für uns als jemand, den wir von der 'Jungen Union' meinetwegen oder von der NPD 'rüberbekommen, weil diese Leute wirkliche Revolutionäre sind." (zit. aus Meyer/Rabe 1983, S. 57)

An anderer Stelle bestätigt Kühnen, das Wachstum seiner neonazistischen Gruppe sei auch mit Radikalisierungsprozessen innerhalb der NPD verbunden:

"Die Radikalisierung deutete sich bereits bei der durch gewalttätige Störungen von NPD-Veranstaltungen unumgänglich gewordenen Gründung des 'Ordner-Dienstes' der NPD (OD) an, mit der, einer inneren Logik folgend, gegen den Willen der bürgerlichen NPD-Führung erstmals wieder eine potentiell revolutionäre Kampforganisation von politischen Soldaten entstand: So mancher dieser Haudegen vom OD fand später zu uns." (Kühnen 1985, S. 41)

Ausschlaggebend für die Rekrutierung junger Menschen ist neben der sehr geschickten Pressearbeit (vgl. Di Lorenzo 1989, Meyer/ Rabe 1983, S. 60; S. 232 ff, Rabe 1980, S. 143 ff) der "missionarische(n) Impetus" seiner Neonaziorganisation. Diese Haltung, gepaart mit einer "endzeitlichen Erlöser-Attitüde" und einem "Gewaltpathos", spricht besonders unterprivilegierte Jugendliche an, die Gewaltanwendung in ihrer Lebenswelt erfahren und sie zur "Lösung" privater und gesellschaftlicher Konflikte befürworten. Beschleunigt wird die Identifikation der Jugendlichen mit der ANS durch ihre imaginäre Aufwertung in einer Traumwelt. Kühnen suggeriert seinen "politischen Soldaten", die er in Phantasieuniformen steckt, sie seien die Elite: "Und aus den Reihen dieser politischen Soldaten gehen schließlich die Führer unseres Volkes hervor. Sie bilden eine revolutionäre Elite, eine kämpferische Aristokratie, die Auslese der Besten der neue Adel." (Kühnen 1982, S. 18) Kühnen zieht Parallelen zwischen der SA und seinen Anhängern: "Der Held des Volkes ist der politische Soldat, wie er einst in den Reihen der SA kämpfte, opferte und starb, und wie er in den heutigen nationalsozialistischen Aktivisten wieder auferstanden ist." (Kühnen 1982, S. 18)
Wie die VSBD/PdA ("Volkssozialistische Bewegung Deutschlands/Partei der Arbeit") Friedhelm Busses präsentiert sich auch Kühnens ANS als angeblich einzige Elite, als einzige revolutionäre Kraft in der extremen Rechten. Ebenso wie

---

[12] Fast alle jungen Mitglieder der Hamburger Szene um ANS, "NSDAP-Freundeskreis" und "Freizeitverein Hamburg" kommen aus der NPD. So sind auch die Urheber rechtsextremistischer Provokationen aus diesem Kreis "fast vollständig identisch mit dem Landesvorstand der JN-Hamburg, der im April 1977 neu gewählt worden war." (Antifa 1980, S. 44 f; vgl. auch 'NPD-HH-Nachrichten', Mai 1977) Bekannte Namen sind Roland Rosacha, Ulrich Thetart, Friedhelm Pützmann, Karsten Trede, Michael David und Lutz Wegener.

bei der VSBD/PdA und der WSG führen zahlreiche "Karrieren" aus der Kühnen-Gruppe direkt in politisch-motivierte Gewalt. Heinz-Werner Höffken und Martin Sattler prognostizieren bereits 1978:

> "Der Realitätssinn der Neo-Nazis ist offensichtlich so weit zerstört, daß man mit dem Rückzug in totale Isolation und anarchistischen Ausbrüchen rechnen muß. (...) Da der Waffenkult, das Vorbild des Nazi-Terrors und der Kampf allgemein die Lebensform der Neo-Nazis sind, ist eine terroristische Pervertierung vorauszusehen." (Höffken/Sattler 1978, S. 51)

Aus "politischen Soldaten" werden Terroristen

Am Rande der Hamburger ANS entsteht eine siebenköpfige "Wehrwolf"-Gruppe/ "Wehrwolf-Unterorganisation", die zahlreiche Anschläge verübt:

22.11.1977: Überfall auf einen Unteroffizier der Bundeswehr in der Bismarckkaserne in Wentdorf, Beute: ein G-3-Gewehr.
01.12.1977: Versuchter Überfall auf eine Gaststätte in Köln.
02.12.1977: Überfall auf einen Kölner Bauunternehmer, Beute: Bargeld und Wertgegenstände im Wert von 60 000 DM.
11.12.1977: Einbruch in einem Bundeswehrdepot in Reinbeck bei Hamburg. Beute: 1 000 Schuß Munition.
19.12.1977: Raubüberfall auf eine Filiale der Hamburger Sparkasse, Beute: 66.000 DM.
31.01.1978: Versuchter Überfall auf eine Bundeswehrstreife auf dem Truppenübungsplatz Bergen.
05.02.1978: Überfall auf niederländische Soldaten auf dem Truppenübungsplatz Bergen-Hohne, Beute: vier UZI-Maschinenpistolen, sechs Magazine.
(Gewalt 1982, S. 292 f; Rosen 1989, S. 61; Verfassungsschutzbericht 1978, S. 31)

Die Gruppe plant die Entführung des Ehepaars Klarsfeld, die Befreiung von Rudolf Heß, Attacken gegen die DDR-Grenzanlagen und die Sprengung des KZ-Ehrenmals in Bergen Belsen[13] (vgl. Pressemitteilung der Generalbundesanwaltschaft beim BGH, Karlsruhe, den 18.12.1978).[14] In dem darauf folgenden Ver-

---

[13] In seiner Aussage beim LKPA-Niedersachsen vom 9.5.1978 sagt Lothar Sch.: "Ich glaube, ich hatte bereits erwähnt, daß zum 8. Mai größere Aktionen im gesamten Bundesgebiet stattfinden sollten. So möchte ich z.B. erwähnen, daß R o h w e r die Gedenkstätte Bergen Belsen abgeschritten hatte, um sich einen Überblick darüber zu verschaffen, wieviel Sprengstoff er benötigen würde, um die Gedenkstätte in die Luft zu sprengen. Bei dieser Abschreitung waren Lutz Wegener und ich dabei." (Vernehmungsprotokoll, S. 7)
[14] Zur "Langzeitstrategie" der Wehrsportgruppe sagt Lutz W. im Verhör durch das LKPA-Niedersachsen am 23.5.1978:
"- Schaffung eines Sympathisantenfeldes (Herauslösung nationaler Kräfte aus bestehenden Organisationen,
- Ausbildung (militärisch) dieser Sympathisanten
- Gut geeignetes Überleiten zum harten Kern,
- gleichzeitiger Aufbau mit hartem Kern einer Untergrundorganisation/Werwolf

fahren wird erstmals gegen eine rechtsextremistische Gruppe im sogenannten "Bückeberger Prozeß" der Straftatbestand § 129 a StGB angewandt. Der Prozeß hat seinen Namen nach der Vollzugsanstalt Bückeburg, in der die Verhandlung gegen die Rechtsterroristen aus Sicherheitsgründen stattfindet. Am 13.9.1979 verhängt das Gericht folgende Strafen:

Lothar Schulte: 11 Jahre. Der Unteroffizier Schulte wird nach der Fallschirmjäger- und Einzelkämpferausbildung wegen Mißhandlung Untergebener unehrenhaft aus der Bundeswehr entlassen. (vgl. Rosen 1989, S. 61) Zur extremen Rechten gelangt er über seinen Freund, den Mitangeklagten Lutz Wegener. Der 'Stern' schildert über handschriftliche Aufzeichnungen Schultes Weg zur ANS: "Ende 1977 Hamburg Hauptbahnhof. Gerade läuft ein schwarzgekleideter Junge an mir vorbei. Gerade noch erkenne ich die Odalsrune der Jugendbewegung 'Wiking-Jugend'. Da ich seit dem 16. Lebensjahr zur Rechten-Szene gehöre, sprach ich ihn an." ('Stern', 2/1979, S.129) Es handelt sich um Wegener, damals Kühnens Stellvertreter im "Hamburger SA-Sturm 8.Mai".

Uwe Rohwer: 9 Jahre. Rohwer ist ehemaliger Kreisvorsitzender des NPD-Kreises Schleswig-Flensburg. Außerdem engagiert er sich er im "Stahlhelm" als Leiter des "Referats Jugend" und ist gleichzeitig Führer des "Gaues Nordmark" der "Wiking-Jugend". Sein "Wiking-Hof" in Dörpstedt, im Norden Schleswig-Holsteins, dient zahlreichen Rechtsextremisten als "wehrsportliches" Ausbildungszentrum. (vgl. Pomorin 1978, S. 35; Rosen 1989, S. 62, 'Spiegel', Nr. 20/1978, S. 132; Stöss 1989, S. 167)

Manfred Börm: 7 Jahre. Börm ist gemeinsam mit Rohwer in der WJ aktiv und hier stellvertretender Führer des "Gaues Nordmark". Bei einer Hausdurchsuchung im Jahre 1977 findet die Polizei bei ihm etliche Dolche, Perücken und eine Maschinenpistole samt Munition sowie einen gefüllten MG-Patronengurt. (vgl. 'Stern' 15/1978, S. 173)

Klaus-Dieter Puls: 9 Jahre. Puls wird 1977 aus der DDR freigekauft. ('Stern', Nr. 43, 16.10.1980) Zunächst engagiert er sich bei der NPD, die ihm aber nicht "radikal genug" ist. ('Stuttgarter Nachrichten', 14.9.1979) Politisch hat der Hamburger Schlosser enge Kontakte zu den Mainzer Rechtsextremisten Kurt und Ursula Müller. (vgl. 'Stern', 15/1978, S. 173)

Lutz Wegener: 6 Jahre. Wegener ist Mitbegründer des "NSDAP-Gau Hamburg" und bis zu seiner Verhaftung der Stellvertreter Kühnens (vgl. Pomorin 1978, S. 60; Rosen 1989, S. 62). Er nennt bei der Polizei Kühnen als "Rädelsführer" der

---

- daneben bereits durch harten Kern ausüben von Aktionen (Geldbeschaffung, Waffen, Munition, Depots)"

Gruppe, widerruft die Aussage allerdings vor Gericht. (vgl. Antifa 1980, S. 47) Wie zahlreiche andere Rechtsterroristen kommt Wegener von den "Jungen Nationaldemokraten". (vgl. Rabe 1980, S. 180) Von 1975 bis zu seinem Ausschluß Anfang des Jahres 1977 ist Wegener Mitglied der JN. 1975 hatte er auf NPD-Veranstaltungen den Bundesfahrtenführer H e i k o OETKER (Norderstedt) und den Gauführer-Nord U w e ROHWER (Dörpstedt) der Wiking-Jugend kennengelernt. In der Wiking-Jugend ist er nicht Mitglied, weil man seinen Antrag vergessen hatte.

Michael Kühnen, der ebenfalls vor Gericht steht, wird vom Vorwurf der Rädelsführerschaft in der terroristischen Vereinigung mangels Beweisen freigesprochen. (vgl. Meyer/Rabe 1983, S. 61) Allerdings erhält er eine vierjährige Gefängnisstrafe wegen Volksverhetzung, Aufstachelung zum Rassenhaß, Verherrlichung von Gewalt und anderer Delikte. (vgl. Verfassungsschutzbericht 1979, S. 26) Den "Bückeberger Prozeß" kann Kühnen dabei geschickt als Medienplattform nutzen, um seine NS-Ideologie zu verbreiten und die ANS-Ziele unters Volk zu bringen. (vgl. die von Chronologie Karl-Klaus Rabe. Rabe 1980, S. 178 - 187) Dabei werden Kühnen und die Anwälte der Rechtsextremisten vom leitenden Richter kaum gebremst. Die von der ANS verklebten Miniplakate mit Slogans wie "Kauft nicht bei Juden" können beispielsweise "als gängige Boykottaufrufe öffentlich gerechtfertigt werden." (Stöss 1989, S. 168) Zu einer Ordnungshaft wird allerdings der Zeuge Hermann Voigt, ein Mitglied der **"Wehrsportgruppe Hoffmann"**, verurteilt. Er begrüßt Michael Kühnen provokativ mit dem Hitlergruß. (Antifa 1980, S. 48 und S. 54)

Ebenfalls militante Wege geht das ANS-Mitglied Frank Stubbemann. Der Weg des Kieler Studenten führt von der "Jungen Union" zu den "Jungen Nationaldemokraten", bei denen er es bis zum stellvertretenden Landesvorsitzenden von Schleswig Holstein bringt. (vgl. Pomorin 1978, S. 62) Später engagiert er sich für die ANS und errichtet einen "ANS-Gau Schleswig Holstein". (vgl. Verfassungsschutzbericht 1978, S. 35) In eigener Regie organisiert Stubbemann gleichzeitig eine "Wehrwolfgruppe", für die er im ANS-Organ 'Der Sturm' wirbt.

Seinem Gründungsaufruf folgen die Rechtsextremisten Robert Marchi und Peter Teuffert. Sie planen einen Sprengstoffanschlag auf das Kieler Büro des "Kommunistischen Bundes Westdeutschland" im Mai 1978, außerdem Überfälle auf Geldboten, Kassierer sowie auf die Kieler Theaterkasse. Zu Aktionen der Gruppe kommt es nicht, da Stubbemann im Juni 1978 verhaftet wird. Die Polizei trifft ihn an, als er eine Kiste mit Handgranaten und sieben Kilogramm Sprengstoff übernimmt. (vgl. 'ap', 18.9.1979)

Die geplanten Gewalttaten und Überfälle bringen der Gruppe ein Ermittlungsverfahren des Generalbundesanwaltes wegen § 129 a StGB ein. (vgl. Verfassungsschutzbericht 1978, S. 31) Die Terrorismusanklage wird jedoch fallengelassen, das Landgericht Itzehoe verhängt am 18.9.1979 lediglich Bewährungsstrafen:

Frank Stubbemann: Zwölf Monate Freiheitsstrafe, Robert Marchi: Zehn Monate Freiheitsstrafe und Peter Teuffert: Vier Wochen Dauerarrest.[15] (vgl. Rosen 1989, S. 62) Von den staatlichen Maßnahmen gegen die ANS profitieren andere rechtsextreme Organisationen:

> "Nachdem die 'Aktionsfront Nationaler Sozialisten' des Michael Kühnen in Hamburg durch Verurteilungen nahezu aufgelöst scheint, der 'ANS-Gau Schleswig Holstein' zerschlagen ist, marschiert die Hoffmann-Truppe mit teilweise identischen Mitgliedern nach vorn (...)." (Müller 1980, S. 228 f)

Allerdings kann die WSG das neue Potential nicht lange nutzen. Am 30.1.1980 wird sie verboten.

Zusammenschluß zur ANS/NA

Nach seiner Haftentlassung im November 1982 erklärt Michael Kühnen, er werde die zerschlagene ANS reorganisieren und sie "mit altem Geist auf neuen Wegen zu einem politischen Faktor" machen. (Verfassungsschutzbericht 1982, S. 133). Im Dezember erläutert er bei dem neonazistischen Ehepaar Ursula und Kurt Müller in Mainz sein künftiges Vorgehen. Bereits einen Monat später, am 15.1.1983, gründet Kühnen mit anderen Rechtsextremisten die "Aktionsfront Nationaler Sozialisten/ Nationale Aktivisten" als Zusammenschluß aus der "Aktionsfront Nationaler Sozialisten" und der "NA-Kameradschaften". Ihre Ideologie verkünden die Neonazis auf ihrer Gründungsversammlung im sogenannten "Frankfurter Appell". Sie fordern:

- "die Aufhebung des NS-Verbots und die Neugründung der 'Nationalsozialistischen Partei Deutschlands' (NSDAP)"
- "die Ausländerrückführung"
- "der Lebens- und Umweltschutz"
- "die Kulturrevolution gegen den Amerikanismus"
- "der Kampf für ein unabhängiges, sozialistisches Großdeutschland".

Nach den Verboten der WSG und der VSBD/PdA wird die ANS/NA zur Anlaufstelle von Rechtsextremisten verschiedenster Herkunft. Das größte Potential kommt allerdings aus den Reihen der wiederbelebten ANS Kühnens, den Natio-

---

[15] Das Strafmaß verwundert umso mehr, sind doch die Rechtsextremisten bereits in der Vergangenheit schon militant in Erscheinung getreten. Marchi ist bereits wegen Verstoßes gegen das Waffengesetz vorbestraft. Bei Stubbemann werden im Oktober 1977 670 Gramm Zyankali gefunden. Mit dem Gift will er die Wachmannschaft des Alliierten Militärgefängnisses Berlin-Spandau ermorden, um dann Rudolf Heß zu befreien. Er wird damals zu einer Geldstrafe verurteilt. (vgl. Rosen 1989, S. 62)

nalen Aktivisten[16] (NA) um Thomas Brehl[17] und das früheren WSG-Mitglied Arnd-Heinz Marx sowie der verbotenen Organisationen WSG und VSBD. Bekannte Beispiele für Zugänge der WSG sind Walter Ulrich Behle und Steffen Dupper, aus der VSBD kommen Klaus Müller[18], Peter Müller[19] und Markus

---

[16] Nach dem Verbot der Wehrsportgruppe Hoffmann und der VSBD Friedhelm Busses sind die Nationalen Aktivisten in Frankfurt unter ihrem "Kameradschaftsführer" Arnd-Heinz Marx ein beliebtes Auffangbecken versprengter Neonazis. Treffpunkt ist eine Kneipe im Frankfurter Vorort Harheim. Hier schwingt Marx noch wenige Monate vor der ANS/NA-Gründung Durchhalteparolen ans braune Jungvolk. Im November 1982 sagte er vor 60 Neonazis im Alter von 16 bis 26 Jahren:
"Liebe deutsche Volksgenossen, Kameraden. (...) Wir sind keine feigen Spießbürger, wir sind auch keine landesverräterischen Bolschewisten, sondern wir sind vaterlandsliebende junge Deutsche, die jetzt konsequent dazu übergehen, den Karren aus dem Sumpf zu ziehen, den seit Jahrzehnten parlamentarischen Systemschwätzern in die Eier hineintreten. Sie können uns in die Knäste stecken, sie können uns vor die Gerichte zerren, sie können uns halb totschlagen. Am Ende steht unser Sieg. (...)" (zit. aus Filmer/ Schwan 1983, S. 39 ff)
[17] Im Blickfeld der Polizei steht Brehl seit dem Bundestagswahlkampf 1976, als er ein SPD-Plakat beschädigt. 1977 wird er in einer Fuldaer Diskothek mit einer Hakenkreuzarmbinde angetroffen. Danach beginnt nach Informationen des Kripochefs Bodo Kindermann die "scharfe Überwachung", die sich später vor allem auf verbotenes Uniformtragen bezieht. (Hafeneger/ Krahulec 1986, S. 126) Deshalb wird Brehl auch vom Bundesgrenzschutz entlassen. Im Jahr 1977 gründet er in Anspielung auf den Hitlerputsch 1923 die "Organisation 9. November". Zu seinem Werdegang sagt der damals 25jährige Brehl 1982:
"Ja, meine Karriere ist ein bißchen atypisch verlaufen. Ich war niemals Mitglied der typischen rechtsradikalen Organisationen. Ich war niemals Mitglied der 'Wiking-Jugend', ich war nie Mitglied der NPD oder der JN. Ich habe sehr früh versucht, selbst etws zu unternehmen. Ich habe im Jahre 1977 die Organisation '9. November' in Fulda gegründet." (Interview mit Brehl in Filmer/Schwan 1983, S. 174; vgl. auch Hafeneger/ Krahulec 1986, S. 126)
[18] Klaus Müller blickt in der extremen Rechten auf eine "steile Karriere" zurück. Sein Eintritt in die Politik erfolgt 1978 bei der JN. Weil ihm die NPD-Jugendorganisation "zu lasch" ist, wendet er sich dem Kreis um Walther Kexel zu und wird hessisches Gründungsmitglied der VSBD. Wegen gewalttätiger Auseinandersetzungen mit Andersdenkenden bekommt Müller 16 Monate Haft. In der JVA-Butzbach hat er Kontakt mit Manfred Roeder und Michael Kühnens, die zur gleichen Zeit einsitzen. Nach dem Gefängnisaufenthalt wird er Mitglied in Kühnens ANS/NA und Kandidat der "Aktion Ausländerrückführung" (AAR). Das Verbot der ANS/NA 1983 ist nicht das Ende seines Engagements. Nach einem Zwischenspiel bei der "Deutschen Volksunion" schließt er sich den "Republikanern" an, für die er 1993 im Stadtparlament sitzt. (Interview mit Klaus Müller am 28.1.1995)
[19] Peter Müllers erste Organisation in der extremen Rechten sind die "Jungen Nationaldemokraten", denen er wie sein Bruder Klaus Müller 1978 beitritt. Gemeinsam mit Klaus Müller verläßt er die JN und baut gemeinsam mit Walter Kexel in Frankfurt eine "nationale Schülergruppe" auf. Zu seinem Austritt aus der NPD sagt er:
"Die NPD ist eine demokratische Partei. Sie ist total lasch geworden in den letzten Jahren. Sie hat überhaupt keine Ziele. Sie vegetiert vor sich hin. Ja, sie ist krank, verfault. In so einer Partei kann ich als nationaler Sozialist kein Mitglied sein." (Interview mit Peter Müller, in: Filmer/ Schwan 1983, S. 171 f)
1980 gehört er zu den Mitbegründern des hessischen VSBD-Landesverbandes. Dort hat er den Posten des Schatzmeisters inne (vgl. Frankfurt o.J., S. 33). Nach dem Verbot der VSBD setzt

Grünthaler[20], der sich auch in der Hoffmann-Truppe engagiert. Auf Betreiben des ehemaligen WSG-Auslandsmitglieds Marx wurden laut Thomas Brehl sogar eigene Abzeichen entwickelt:

> "Marx hat auf solche Dinge großen Wert gelegt, und von uns wurden da keine Einsprüche erhoben. Wir haben an der rechten Uniformjacke einen Ärmelstreifen Libanon eingeführt, für diejenigen, die in der Wehrsportgruppe Hoffmann im Libanon waren. Und zuvor wurde auf der linken Seite ein Ärmelstreifen getragen, der den Herkunftsort des Aktivisten bezeichnete, und am rechten Arm sollten für Leistungen im Ausland Ärmelstreifen verliehen werden, und das ist für den Libanon gemacht worden, da die aktive Zeit der ANS/NA sehr kurz war und noch nicht einmal ein Jahr betragen hat." (Interview mit Thomas Brehl, 17.4.1991)

Auch von der VSBD/PdA seien Mitglieder zur ANS gekommen:

> "Wesentlich mehr als von der Wehrsportgruppe Hoffmann. Das enttäuschende für uns war, daß von der Wehrsportgruppe Hoffmann nicht viel übrig geblieben ist nach deren Verbot. Das kann man bei der VSBD nicht sagen. Da sind eine ganze Menge Aktivisten und auch einige Funtionäre, die bei der VSBD mitgearbeitet haben wie der Frankfurter Kameradschaftsführer Peter Müller, der schon VSBD-Mitglied war, auch sein Bruder Klaus Müller, der auch VSBD-Mitglied war, und so kamen doch bundesweit einige, die VSBD-Mitglieder waren und bei uns Funktionärsposten bekleidet haben. (...) Sehr wichtige Leute nicht, das spielte sich so ab auf der Ebene Kameradschaftsführer, die von der VSBD kamen, die hatten schon etwas Überblick im rechten Lager, (...) das waren Leute, die waren natürlich prädestiniert, solche Posten als Kameradschaftsführer zu bekleiden." (Interview mit Thomas Brehl, 17.4.1991)

Die Nationalen Aktivisten sind, wie die Wehrsportgruppe Fulda, ein Projekt von Thomas Brehl. Die WSG Fulda arbeitet von 1980 bis 1982, später existiert die Gruppe als NA weiter, bis sie 1983 in der ANS/NA aufgeht. Wie bei der Wehrsportgruppe Hoffmann beläßt es auch Brehls Truppe nicht nur beim Namen: "Eine Exerzierausbildung der 'Kameraden' um Thomas Brehl in einem Wald am Fuldaer Stadtrand kann die Fuldaer Kripo konkret nachweisen." (Hafeneger/ Krahulec 1986, S. 124) Im Gegensatz zur Hoffmanngruppe sind in der WSG Fulda alle Mitstreiter neonazistisch ausgerichtet. Das Bundesinnenministerium stellt fest:

> "Die 'Wehrsportgruppe Fulda' (WSG-Fulda) unterhält enge Verbindungen zu anderen neonazistischen Gruppen und nimmt regelmäßig an deren Veranstaltungen teil. Der Lei-

---

er seine politische Arbeit bei den "Nationalen Aktivisten" (NA) fort. Er wird "stellvertretender Kameradschaftsführer" von Frankfurt. Seine nächste politische Station ist die ANS/NA. Heute ist Peter Müller Mitglied der DVU.
[20] Auch Grünthalers Weg beginnt bei der NPD. Später engagiert er sich bei der VSBD/PdA und der Wehrsportgruppe Hoffmann. Nach dem Verbot der VSBD/PdA führt sein Weg zur ANS/NA. Nach deren Verbot arbeitet er weiterhin eng mit Willibald Kraus zusammen, in dessen "Nationaler Volksfront" er 1984 aktiv wird. (vgl. 'Die Eiserne Faust', Nr. 8, August 1984, S. 4)

ter der Gruppe, Thomas Brehl (...), initiierte am 20.6. in Bad Hersfeld anläßlich eines Traditionstreffens ehemaliger Angehöriger der SS-Panzerduivision 'Hitlerjugend' und des Panzerkorps 'Leibstandarte Adolf Hitler' einen Demonstrationszug, zu dem viele Neonazis aus dem gesamten Bundesgebiet zusammenkamen, NS-Lieder sangen und die Waffen-SS verherrlichten." (Verfassungsschutzbericht des Bundes 1983, S. 131)

Folglich fällt den ohnehin neonazistischen Mitstreitern Brehls[21] der Übergang von einer Wehrsportgruppe zu einer politischen Organisation nicht schwer. Brehl stellt fest, "daß man auf dieser Wehrsportbasis nicht die politische Arbeit leisten kann, wie ich sie mir vorgestellt habe" (Brehl in Filmer/Schwan 1983, S. 174) und erklärt das Konzept als gescheitert. (vgl. Hafeneger/Krahulec 1986, S. 124) Aus der aufgelösten "Wehrsportgruppe Fulda" wird der Stamm der "Nationalen Aktivisten".

Arbeit der ANS/NA

Die ANS/NA als neonazistischer Zusammenschluß hat nach den Verboten von WSG und VSBD gelernt. Bereits vor der Gründung der ANS/NA schwört Thomas Brehl im Herbst 1982 als "Kameradschaftsführer" Fulda seine "Nationalen Aktivisten" auf eine neue, autonome Arbeitsweise ein:

"Unser nächstes Ziel ist es deshalb, innerhalb eines Jahres in jeder größeren deutschen Stadt, in jeder größeren Stadt unseres besetzten Landes, einen Kameradenkreis 'Nationaler Aktivisten' zu gründen. Diese Kreise müssen in Eigenverantwortung tätig sein und in ihrer Region für unsere Sache arbeiten. Bei größeren propagandistischen Vorhaben werden sich dann mehrere Kameradschaften zusammenfinden. Wir nehmen damit die Lehre aus dem Kampf der vergangenen Jahre an und brechen ausdrücklich mit dem Wunschdenken, man könne eine bundesweite Organisation oder Partei schaffen, zentral gesteuert mit Vorsitzenden, Statuten usw. Alle diese Versuche sind gescheitert. Zuletzt die große Hoffnung gerade vieler junger Kameraden auf die VSBD. Wir haben vom politischen Gegner gelernt." (zit. aus: Filmer/Schwan 1983, S. 177)

Die Neonazis setzen nun auf straffe Kaderstrukturen. An der Spitze steht der "Organisationsleiter" Michael Kühnen, unter ihm die Stellvertreter Thomas Brehl und Arnd-Heinz Marx. Alle drei bilden bis zum Ausschluß von Marx im September 1983 die Organisationsleitung. Zur Begründung von Marx' Ausschluß schreibt Kühnen:

"Unsere SS-kritische Haltung setzte erst im Sommer 1983 ein, als wir miterleben mußten, daß eine organisationsschädliche Gruppe um das damalige Mitglied der ANS/NA-Organisationsleitung, Arnd-Heinz Marx, sich zunehmend schroffer und ablehnend gegenüber Tradition im Geist der SA verhielt und sich umgekehrt mehr und mehr mit der historischen SS identifizierte - und zwar gerade NICHT mit der SS, soweit sie diesel-

---

[21] So erklärt auch Brehls Stellvertreter Dieter Weissmüller freimütig im Interview: "Ja, mein Vorbild ist Adolf Hitler". (Weissmüller in Filmer/ Schwan 1983, S. 173)

ben Ideale und Haltungen wie die SA verkörperte, sondern ausgerechnet mit jener parteifeindlichen Tradition der SS, die weltanschaulich auf eine dogmatische Entartung, organisatorisch auf eine Verselbstständigung und von der Lebenshaltung her auf einen arroganten, unkameradschaftlichen Herrschaftsanspruch gegenüber der Bewegung hinauslief! Im Herbst 1983 fand die schleichende Krise ihren Höhepunkt, als Marx entgegen meinem Befehl Kameraden aus den Kameradschaft Frankfurt und Hanau AUF SEINE PERSON vereidigen ließ. Es war nicht nur organisationsintern unerträglich, daß damit die Nr. 3 der Bewegung ohne Rücksicht auf die beiden anderen Mitglieder der Organisationsleitung eine Vereidigung auf ihre Person vornahm - es war auch weltanschaulich unerträglich, da seit dem Tod des Führers niemand mehr das Recht hat, seine Person mit der Partei zu identifizieren und Unterordnung unter die Person statt unter die Partei zu verlangen. Dieser provozierende Anspruch auf Willkürherrschaft über die Bewegung statt als Führungskamerad in der und für die Gemeinschaft zu arbeiten und zu kämpfen, wie wir es in der Tradition der SA forderten, und die Begründung dieses Angriffs auf unser Selbstverständnis einer Organisation mit Rückblick auf die historische SS, der schon bald teils anzügliche teils drohende Anspielungen auf den 30. Juni folgten, führten dazu, daß wir nicht nur die Gruppe um Marx ausschlossen sondern nun auch öffentlich unsere Haltung gegenüber der historischen SS (...) klärten." (Kühnen 1985, S. 48 f)

Thomas Brehls Einschätzung:

"Also der Streitpunkt ganz kurz: Wir (i.e. Kühnen/Brehl, P.D.) haben immer gesagt, wir stehen als ANS/NA in der Tradition der SA und hatten zunehmend den Eindruck, daß Marx in der Tradition der SS steht, d.h. mehr oder weniger hinter unserem Rücken eine neue SS mit Sicherheitsdienst aufzubauen begann. Das sind Dinge, die wir grundsätzlich ablehnen. SS-Intrigen wie beim sogenannten SA-Putsch sollen sich nicht wiederholen. Da waren eben die Vorstellungen so konträr, daß eben eine Zusammenarbeit nicht mehr möglich war." (zit. aus Dudek 1985, S. 177)

Für Marx, der "wegen nicht länger zu duldender Eigenmächtigkeit" (Verfassungsschutzbericht des Bundes 1983, S. 123) die Gruppe verlassen muß, rücken Christian Worch und Jürgen Mosler an die Spitze der Hierarchie. Die "Organisationsleitung" versteht sich als Organ der politischen Willensbildung und bringt die sogenannten "Organisationsbefehle" über die Publikationen 'Die Innere Front' (IF) für das neonazistische Fußvolk und 'Das Korps' (DK) für die "politischen Leiter". Der von der Organisationsleitung praktizierte permanente Aktivismus drückt sich neben zahlreichen provokativen Aufmärschen und Flugblättern auch in einer Vielzahl besonderer Untergliederungen und Vorfeldorganisationen aus. (vgl. Dudek 1984, S. 178) Zu den wichtigsten Untergliederungen zählen:

- Als parteipolitischer Arm der ANS/NA wird bei einem "Führerthing" am 26.6.1983 auf dem Grundstück von Ursula und Kurt Müller in Mainz-Gonsenheim die sogenannte "Aktion Ausländerrückführung - Volksbegehren gegen Überfremdung und Umweltzerstörung" (AAR) ins Leben gerufen. (vgl. Verfassungschutzbericht 1983, S. 126) Bundesvorsitzender wird Thomas Brehl aus Fulda, Stellvertreter das frühere WSG-Hoffmann-Mitglied Arnd-Heinz Marx aus Hanau. Somit wird die Organisation von einem ehemaligen Mitglied der WSG mit geprägt. Ganz im ANS/NA-Stil tritt die AAR offen neonazistisch auf. ANS/NA-Chef Michael Kühnen erklärt in einer Pressemitteilung, die AAR biete den Nationalsozialisten erstmals seit dem Verbot der Sozialistischen Reichspartei 1952 wieder die Möglichkeit, sich "ohne ideologische Kompromisse und Verrenkungen" an Wahlen zu beteiligen." (Hafeneger/Krahulec 1986, S. 129) Bei den hessischen Landtagswahlen 25.9.1983 tritt die AAR mit Thomas Brehl als Spitzenkandidat im Wahlkreis 14 (Fulda I) an. Sie erhält lediglich 227 von 61.545 Stimmen (0,4 Prozent). (Fuldaer Zeitung, 26.9.1983) Versuche, die Kandidatur Brehls zu stoppen, scheitern.

> "Wie aus dem Landratsamt zu erfahren war, gibt es keine Handhabe, einer solchen Gruppe die Teilnahme an der Wahl zu verweigern, wenn sie nicht verboten ist, die nötigen 50 Unterstützungsunterschriften und die formalen Voraussetzungen erfüllt." (Fuldaer Zeitung, 16.8.1983)

Auch in anderen hessischen Wahlkreisen kandidiert die AAR ebenso erfolglos. In Main-Kinzig II erhält sie 172 Stimmen (0,3 %), in Frankfurt IV 124 (0,2 %), in Frankfurt VI 192 (0,3 %) und in Groß-Gerau I 175 (0,3 %). (vgl. Dudek 1984, S. 179) Bereits vor der Wahl erklären AAR-Funktionäre, es gehe ihnen nicht um einen Wahlerfolg. Laut Marx ist der wesentliche Grund für die hessische Kandidatur die Vorbeugung gegen ein mögliches Verbot. Nach der Eintragung der AAR ins Parteienregister "fällt es den Behörden schwer, uns zu verbieten", meint das ehemalige WSG-Hoffmann-Mitglied. (Hafeneger/Krahulec 1986, S. 129) Auch das ANS/NA-Organ 'Innere Front' jubelt, die Anerkennung der AAR als Partei zeige, "daß es möglich ist, im Rahmen der bestehenden Gesetze legal gegen das NS-Verbot ankämpfen zu können." (Innere Front, Nr.6 1983, S. 9)

- Als eigene Frauenorganisation initiiert die ANS/NA den "Bund deutscher Mädchen" (BdM)[22] bei einem Treffen am 30.4.1983 in Bergzabern. Die Gründung einer eigenen Frauengruppe ist nötig, da es in der ANS/NA, die sich in der SA-Tradition sieht, für Frauen nicht möglich ist, Mitglied zu werden. Personelle Überschneidungen oder Kontinuitäten zur Wehrsportgruppe Hoffmann sind beim BdM nicht festzustellen, da auch die WSG nur über ganz wenige aktive Frauen verfügt. Zur ideologischen Grundlage für die ANS/NA Frauenorganisation (BdM), die Vorläufergruppe, dem Oktober 1977 gegründeten "Bund Hamburger

---

[22] Thomas Brehl dazu: "Gebräuchlich war diese Bezeichnung allerdings nicht, gerade weil sie aus dem Dritten Reich stammte und wir stets bemüht waren eigene Funktions- u. Dienstbezeichnungen zu verwenden. Zuletzt klauten wir den Linken ja sogar die Bezeichnung 'Sekretär', der - lange von mir besetzte - Posten des Chefs des KAH trug den Namen 'GENERALSEKRETÄR', unsere Frauenorganisation wurde jedenfalls intern stets nur 'MÄDELBUND' genannt." (Brief vom 21.8.1995 an den Autoren)

Mädel" (BHM)[23], und der nach dem ANS/NA-Verbot seit 1984 operierenden Nachfolgegruppe "Deutsche Frauenfront" (DFF) schreibt Kühnen in seinem "Lexikon":

"Da die nationalsozialistische Partei (...) als Männerbund organisiert ist, der Nationalsozialismus als Weltanschaung sich aber an alle Volksgenossen - Männer wie Frauen - wendet, um sie mit dem politischen Willen zu Arterhaltung und Artentfaltung zu erfüllen, bedarf es der Organisation der weiblichen Nationalsozialisten in einer autonomen nationalsozialistischen Frauenbewegung.
Diese doppelte Organisation des Nationalsozialismus als Männerbund und als Frauenbewegung entspricht der biologischen Natur[24] der Geschlechter und dem nationalsozialistischen Grundsatz, daß jeder entsprechend seiner Natur, seinen Anlagen, Fähigkei-

---

[23] Der Hamburger Mädelbund ist nicht viel mehr als ein provokanter Name. Mit selten mehr als zwei Mitgliedern dürfte die Gruppe nicht in der Lage zu bedeutender politischer Arbeit sein. Im Szeneheft "Die Neue Front" schreibt Michael Kühnen zum Aufmacher "Frauen in der Bewegung" in der Oktober-Ausgabe 1985: "Vor acht Jahren - im Oktober 1977 - wurde der BHM gegründet und stellte sich schon im November anläßlich der formellen ANS-Gründungskundgebung der Öffentlichkeit vor. Von Anfang an haben Frauen den Kampf und den Aufstieg unserer Bewegung also begleitet und unterstützt. Mehr allerdings als für die wenigen jungen Mädchen, die damals in Hamburg und bald auch in Hannover zu uns stießen, gilt das für unsere weiblichen Förderer der älteren Generation ! Wenn ich heute an unsere damaligen illegalen NSDAP/AO-Kundgebungen in Hamburg zurückdenke, dann erinnere ich mich in tiefer Dankbarkeit daran, daß es Frauen, ehemalige Mitglieder und kleine Amtsträgerinnen von BdM und NS-Frauenschaft waren, die neben unseren jungen Aktivisten vernehmlich daran teilnahmen, uns halfen und auch finanziell unterstützten - keine dieser illegalen Kundgebungen brachte weniger als 300 - 500 DM, obwohl unser Kreis doch noch sehr klein war.
Eine ehemalige Ortsfrauenführerin, unsere verehrte Frau Burmester - damals schon über 90 Jahre alt - war die Seele jenes kleinen Kreises, der die Neugeburt unserer Bewegung in Hamburg so sehr förderte! Und auch in den folgenden Jahren - ja bis zum heutigen Tag - hatten wir oft Unverständnis, Besserwisserei, Zurückhaltung und krasses Versagen jener Männer zu klagen, die einst ihren Eid auf den Führer geschworen hatten, spätestens seit dem SRP-Verbot aber sich mit dem System arrangierten, doch viele Frauen waren treu geblieben und begleiteten unsere Gemeinschaft durch alle Höhen und Tiefen! Mit den jungen Mädchen war es sehr viel schwieriger: Für das Problem, eine revolutionäre Bewegung mit einem konservativen Frauenbild zu sein, gab und gibt es keine einfachen Lösungen: revolutionär gestimmte junge Frauen und Mädchen fühlen sich von der Linken und dem 'kämpferischen' Feminismus mehr angesprochen, während konservative, auf Ehe, Kinder und Familienleben ausgerichtete vor unserer revolutionären Haltung, vor der Verfolgung durch das System und unserem antibürgerlichem Lebensgefühl zurückschrecken." (Die Neue Front, Nr. 27, Oktober 1985, S. 3)
Auch die BdM-"Mädelführerin" Andrea Kron muß die mangelnde Anziehungskraft ihrer Truppe eingestehen. Auszüge aus einem Brief vom 12.4.1983:
"Liebe Kameradin! (...) Die Mitgliederzahl dieses Mädelbundes beläuft sich im Moment auf zehn Mädchen im gesamten Bundesgiet. Es hat sich bisher als sehr schwierig erwiesen, neue Mitglieder für den Mädelbund zu werben, denn es gibt einfach zu wenig Frauen, die sich zu unserer Idee bekennen. Deshalb würde ich mich sehr freuen, auch Dich bald als festes Mitglied in unseren Reihen begrüßen zu dürfen."
[24] Im Sommer 1984 distanziert sich Andrea Kron von der Neonaziszene. Sie lebt heute in den USA.

ten und Neigungen, an seinem Platz, nach besten Kräften seine Aufgabe in der Volksgemeinschaft erfüllen soll. Die nationalsozialistische Frauenbewegung ist autonom: Frauen für Frauen." (Kühnen 1987b, S. 72)

In der ANS/NA haben die meist jungen Frauen allerdings keinen hohen Status. Lediglich auf Pressefotos posieren "die Mädels" in weißem Uniformhemd und schwarzen Rock. Die meisten "Kameradinnen" sind Freundinen der Neonazis um Worch und Marx. Die offizielle Sprecherin des "Bund deutscher Mädchen", Andrea Kron, ist mit Marx verlobt. (vgl. Christians 1990, S. 90 f)

- Weitere Vorfeld- und Unterorganisationen sind der Jugendbund "Niebelungen" (für Jugendliche unter 16 Jahren), das "Amt für Gefangenenhilfe", das "Amt für Auslandsbeziehungen", das "Presseamt", die "ANS-Betriebszellenorganisation", das "Amt für nationalsozialistische Lebensanschauung und Schulung", die "Stabswache" (kann als Arnd-Heinz Marx Relikt aus dem **"Sturm 7"** der "Wehrsportgruppe Hoffmann"[25] bewertet werden) und der von der ANS/NA-Führung kontrollierte "Freundeskreis Deutsche Politik" (FKDP). Seine Aufgabe besteht in der Sammlung von Spendengeldern und der Rekrutierung von "Kameraden, die aus Alters- und/oder Berufsgründen nicht als Nationale Aktivisten in Erscheinung treten können oder wollen" ('Innere Front', März 1983, zit. aus Dudek 1984, S. 178). Die Konzeption der FKDP kann durchaus als Kopie des **"Freundeskreis zur Förderung der Wehrsportgruppe Hoffmann"** gewertet werden.

Mit ihrem breiten Angebot wendet sich die ANS/NA an drei Personengruppen:
- Mitglieder und Sympathisanten anderer neonazistischer Organisationen,
- arbeitslose, unzufriedene Jugendliche
- Mitglieder militanter, ausländerfeindlicher Jugendsubkulturen. (vgl. Dudek 1984, S. 179).

Dabei betreibt sie durchaus Zielgruppenarbeit. So gibt Michael Kühnen an die Kameradschaft I in Hamburg den Auftrag, den "Einfluß unserer Bewegung auf Skinheads, Fußballfans etc. auszudehnen". ('Innere Front', Nr.5 1983, S. 11) Anläßlich des Länderspiels der Bundesrepublik Deutschland gegen die Türkei am 26.10.1983 im Berliner Olympiastadion verteilen die Neonazis folgendes Flugblatt:

"Rundschreiben
An alle deutschen Fußball-Fans !!!!!
Am 26. Oktober 1983 steht dem deutschen Volk der Kampf gegen das stinkende Türkenpack bevor. Dann nämlich, wenn die deutsche Nationalmannschaft gegen die scheiss Türken in Berlin um Punkte für die Europameisterschaftsqualifikation antritt. Dieses

---

[25] Die "Stabswache" ist zu "WSG-Hoffmann"-Zeiten ein von Marx gegründeter "Sonderverband" innerhalb des "Sturm 7". Ins Leben gerufen wird sie aus Angst vor gewalttätigen Aktionen antifaschistischer Gruppen und zur Stärkung der eigenen Position in der WSG. Sie umfaßt lediglich vier Neonazis.

Spiel muß Signal für das gesamte Volk Deutschlands, und vor allem für die Politiker unseres Staates sein. (...)
Darum Ausländerstopp und Ausländer Raus. (...) Wir müssen den Anfang machen! Egal welcher Verein: Auf nach Berlin, am 26. Oktober 1983 zum Kampf gegen die Kanacken!!! Im Namen aller Deutschen: Die Fans von Hertha BSC Berlin."
(ANS/NA-Flugblatt, zit. aus von Hellfeld 1987, S. 353 f)

Auch wenn die ANS/NA im Skinhead- und Fußball-Fan-Spektrum keine großen Rekrutierungserfolge verbuchen kann, avanciert sie in ihrer einjährigen Existenz zur größten deutschen Neonaziorganisation. In ihren Schriften tritt die ANS/NA provokativ neonazistisch auf. In einem Flugblatt im März 1983 heißt es:

"Man nennt uns 'NEONAZIS' ! **Na und ?!**
Wir werden beschimpft, verlacht und verfolgt ! **Na und ?!**
Alle Kräfte und Mächte des herrschenden Systems sind gegen uns !
NA UND ?!

Wir sind **gegen**	- Bonzen
	- Bolschewisten
	- Zionisten
	- Gauner, Schieber und Schmarotzer
Wir sind **gegen**	- Kapitalismus
	- Kommunismus
	- Zionismus
	- Überfremdung durch Fremdarbeitermassen
	- Umweltzerstörung
Wir sind **für**	- Deutsche Einheit
	- Soziale Gerechtigkeit
	- Rassenstolz
	- Volksgemeinschaft
	- Kameradschaft

Wir sind politische Soldaten einer NEUEN ORDNUNG.
Wir sind eine unverbrüderliche und unerschütterliche
GEMEINSCHAFT
Wir sind die kämpferische Elite von morgen.
Wir sind 'NEONAZIS'!!! **Na und ?!**
Du suchst ein sinnvolles Leben, eine kämpferische Gemeinschaft, Kameradschaft und Freundschaft ?!
Da reihe Dich ein in unsere AKTIONSFRONT !"

Verbot der ANS/NA und Kontinuität

Am 7.12.1983 löst der Bundesminister des Innern die ANS/NA nebst allen Teilgruppierungen wie AAR[26] und BdM wegen Verfassungswidrigkeit auf. Zu dieser

---

[26] Am 13.5.1986 weist das Bundesverwaltungsgericht die Klagen der VSBD/PdA und der AAR gegen die Verbotsverfügungen des Bundesinnenministers vom 14.1.1982 und 24.11.1983

Zeit hat die Organisation knapp 270 Mitglieder in über 30 örtlichen "Kameradschaften". (vgl. Verfassungsschutzbericht des Bundes 1983, S. 123) Trotz des Verbotes geht die Agitation weiter.

"Gewechselt wurden lediglich die Etiketten. Schon im gleichen Monat erschien 'Das Korps' unter dem Titel 'Die Kameradschaft' und 'Die Innere Front' wurde in 'Die neue Front' unbenannt. Die verbotenen Kameraften schlossen sich zu "Leserkreisen" oder "Freundeskreisen" zusammen." (Dudek 1984, S. 181)

Am deutlichsten skizziert Kühnen selbst, was er denkt. Noch am Tag des Verbots sagte er vor Gleichgesinnten: "Wir sind verboten. Na und? Sieg Heil!" (Kühnen 1987a, S. 2) Bereits einen Monat später schreibt das Neonazi-Organ 'Die Neue Front':

"Es gibt aber durch das Verbot freigesetzten Aktivismus hunderter Kameraden, die auf neuen Wegen und mit neuen Organisationsformen weiterarbeiten, ja, ihre Anstrengungen verstärken. Es ist ein Wettbewerb an Einfallsreichtum, Tatendrang und hin und wieder auch Humor." ('Die Neue Front', Januar 1984, S. 11)

Die Palette der neuen Organisationen, die zum Teil auch unter Mithilfe ehemaliger Mitglieder der Wehrsportgruppe Hoffmann (u.a. Willibald Kraus) entstehen, reicht von neuheidnischen Zirkeln bis hin zu einer neuen Frauenorganisation. Es bilden sich laut Angaben der "Die NEUE FRONT":

- Leserkreise der NEUEN FRONT
- Verein Deutsche Volkshilfe
- Traditionsgemeinschaft ehemaliger ANS-Angehöriger (ANS-TG)
- Deutschchristliche Gemeinschaft - die Nazarener: Die Gruppe, die "ein Positives Christentum im Sinne des Punktes 25 der NSDAP" vertritt, wird in Frankfurt von Peter Fröhlich gegründet. Fröhlich soll nach Schilderungen ehemaliger ANS/NA-Mitglieder auch an Übungen der "Wehrsportgruppe Hoffmann" teilgenommen haben. In der ANS/NA überwirft er sich mit Marx und wird von diesem ausgeschlossen.
- Mitgard-Bund im Arischen Licht-Orden: "Der Mitgard-Bund verehrt Adolf Hitler als göttliche Gestalt". Die vom früheren ANS/NA-Mitglied Gerd Ritter in München gegründete Organisation führt als "religiöses Symbol" das Hakenkreuz.

---

ab. Die AAR sei, nach Auffasssung der Richter, "lediglich eine Teilorganisation" der ebenfalls am 24.11.1983 verbotenen ANS/NA, "und damit vom Verbot der der ANS/NA mit erfaßt". Außerdem habe es "der AAR an dem für eine politische Partei erforderlichen Mindestmaß an Eigenständigkeit der Willensbildung und organisatorischer Selbstständigkeit gefehlt." ('Innere Sicherheit', Nr. 3, 4.Juli 1986)

- Kulturgemeinschaft Deutschland-Obervolta (in Fulda)[27]
- Stammtisch Erste Welle (in Stuttgart)
- Freizeitverein Hansa (in Hamburg)
- Frankfurter Freundeskreis GERMANIA
- Unabhängiger Wählerkreis Würzburg (UWK)[28]
- Deutsche Aktivisten (Nagold)
- Deutsche Arbeiterjugend (Rüsselsheim)
- Handarbeitszirkel (HAZ) als Vorläufer der "Deutschen Frauenfront" ("politische Plattform der nationalsozialistischen Frau")
('Die Neue Front', Januar 1984, S. 8 - 12)

Weiterhin führt das Bundesinnenministerium als Nachfolgeorganisationen auf:

- Karlsruher Front
- Nationale Basisgruppen (München)
- Nationale Sozialistische Widerstandsbewegung Kiel. (Verfassungsschutzbericht des Bundes 1984, S. 141)

Auch an der Fortführung der ANS/NA-Aktivität nach dem Verbot im Dezember 1983 beteiligen sich ehemalige Mitglieder der Wehrsportgruppe Hoffmann, wie beispielsweise Willibald Kraus. Der Hang zahlreicher ANS/NA-Mitglieder zum Wehrsport wird nicht gebremst. So nehmen elf ehemalige Aktivisten der Gruppe, unter ihnen Christian Worch, Ende Juli/Anfang August 1983 "an einer Kolonnenfahrt der 'Nothilfetechnischen Übungs- und Bereitschaftsstaffel e.V.', mit Sitz in Niedersachsen, teil." (Verfassungsschutzbericht des Bundes 1984, S. 142)
Die "Nothilfetechnische Übungs- und Bereitschaftsstaffel e.V." (Teno) wird am 9.9.1978 in Bergen von sieben Rechtsextremen[29] gegründet. Die Organisation verfügt über ungefähr 150 Mitglieder und "veranstaltet kontinuierlich als Katastrophenschutz getarnte paramilitärische Übungen". (blick nach rechts, 11.5. 1987, S. 3) Auch sollen Kontakte zu den Rechtsextremisten Gunnar Pahl (vgl. Kap. 6.4.5.), Heinz Lembke (vgl. Kap. 6.4.10.) und den ehemaligen ANS-NA-Aktivisten Stephan Bauschke, Andreas Reckling und Christian Worch bestehen.

---

[27] Laut Brief von Christian Malcoci vom 9.1.1998 handelt es sich bei Obervolta um einen afrikanischen Staat mit der Staatsflagge schwarz - weiß- rot horizontal gestreift. Die Gründung der Kulturgemeinschaft sollte der Nutzung der Fahne dienen.
[28] Am 27.2.1984 wird der UWK vom bayerischen Staatsminister des Innern als Ersatzorganisation der AAR verboten. (vgl. Verfassungsschutzbericht des Bundes 1984, S. 141)
[29] 1. Vorsitzender ist der Arzt Dr. Uwe Jürgens, 2. Vorsitzender der NPD-Sympathisant Werner Bosselmann, Schriftführer wird der frühere Celler JN-Vorsitzende Eckehard Knoop, Beisitzer das NPD-Mitglied Siegfried Bosselmann. Außerdem sind das NPD-Mitglied Heinrich Hellmann, Peter Swiontowski und die Arzthelferin von Jürgens, Anke Schröter, an der Gründung beteiligt. (vgl. blick nach rechts, 11.5.1987, S. 3)

Aufschluß über die enge Verbindung von Jürgens in die rechtsextremistische Szene gibt das Verhör von Lothar Sch., der Jürgens gemeinsam mit Lutz Wegener und Uwe Rohwer besucht hat. Bei der Befragung durch das LKPA-Niedersachsen vom 9.5.1978 sagt er:

> "Der Doktor scheint über viel Geld zu verfügen. Meines Wissens hat er bereits 16 Unimogs, 1 Bus, mehrere Sturm- und Schlauchboote, angeschafft. Angeblich ist auch eine Einheitliche Uniformierung möglich. (...) Mir war aufgefallen, daß der R o h w e r im Gegensatz zu sonstigen Gewohnheiten den Doktor siezt. Dies ist in der Szene ungewöhnlich, zumal R o h w e r bekannt ist, wie ein bunter Hund. Nach meiner subjektiven Empfindung muß der Doktor zum R o h w e r in einem Vorgesetztenverhältnis stehen, in bezug auf die Stellung innerhalb der politischen Organisation, was immer man darunter verstehen kann.
> Heute glaube ich, daß der R o h w e r uns damals mitgenommen hatte, um uns einmal dem Doktor vorzustellen und zum anderen zu zeigen, daß außer Dörpstedt es noch andere Orte gibt, wo man sich um die Errichtung wehrsportlicher Gruppen bemühte. Der Zeitpunkt dieses Besuches muß ca. 1 Woche vor unserem Überfall auf das Biwak Landsberg gewesen sein.
> Ich weiß von R o h w e r persönlich, daß der Doktor ihn bereits mehrfach mit Geldbeträgen unterstützt hatte. Angeblich sollen diese Geldbeträge für die Arbeit der Wiking-Jugend verwendet worden sein. (...) Ich kann nur noch einmal bestätigen, daß durch das Gespräch zwischen R o h w e r und dem D o k t o r bei mir der Eindruck eines Abhängiskeitsverhältnisses bzw. einer Weisungsbefugnis des Doktors gegenüber Rohwer bestand." (Vernehmungsprotokoll, S. 7 f; Hervorhebungen im Orginal)

Neben der Tätigkeit in ANS/NA-Mini-Nachfolgeorganisationen[30] verfolgt Kühnen die Strategie, die bis dahin wenig bedeutsame "Freiheitliche Deutsche Arbeiterpartei" (FAP) zu unterwandern. In einem Interview, das er dem neonazistischen 'Nachrichten-Austausch-Dienst' des österreichers Walter Ochensberger[31] gibt, kündigt er schon im Mai 1984 an, "daß die ANS/NA unter dem Deckmantel der FAP ihre eigenen neonazistischen Bestrebungen fortzusetzen gedenkt." (Verfassungsschutzbericht des Bundes 1984, S. 143) Er revidierte dies als klar wurde, daß die FAP nicht seinen Zielen entsprach. (vgl. Brief von Christian Malcoci vom 9.1.1998)

Das zentrale Kommunikationsmittel der Anhänger der verbotenen ANS/ NA wird "Die Neue Front". Hier kommuniziert die Szene. Nach dem Vorbild der Nationalsozialisten gliedert Kühnen seine Gesinnungseinheiten in Gaue, die in jeder

---

[30] Nach dem Verbot der ANS/NA steigt die Zahl der neonazistischen Organisationen von 16 auf 34. Zwölf bestehen aus Mitgliedern der ehemaligen ANS/NA. Allerdings umfaßt die Hälfte davon nicht mehr als fünf bis zehn Mitglieder, die restlichen zwischen 15 und 25 Mitglieder. Hier zeigt sich die organisierte Verwirrung, die Kühnen nach dem Verbot der ANS/NA schafft. (vgl. Verfassungsschutzbericht des Bundes 1984, S. 141)

[31] Zu Ochensberger halten die Kader um Kühnen enge Verbindung. Im dessen Blatt 'Sieg' tauchen nach dem ANS/NA-Verbot im Impressum unter der Rubrik "örtliche Schriftleiter" zahlreiche Namen der früheren ANS/NA-Führung auf, darunter Thomas Brehl und Jürgen Mosler. (vgl. Heidenreich/Wetzel 1989, S. 161)

Ausgabe über ihre Aktivität berichten. Diese Schilderungen können als Beleg dafür gelten, daß es Kühnen versteht, auch im europäischen Ausland meist Jugendliche Anhänger an sich zu binden. Aktionen finden statt in den "Gauen": "ANS-GAU Niederlande", "ANS-GAU Flandern", "GAU Groß Berlin", "GAU Nordmark", "GAU Hamburg", "GAU Bremen", "GAU Niedersachsen", "Rhein-GAU", "GAU Rhein-Westfalen", "GAU Hessen", "GAU Schwaben", "GAU Bayern", "GAU Wien" etc.[32] (vgl. Fromm 1993, S. 91; Lange 1993, S. 88)

Nachdem im Mai 1985 wieder zu Informationen über politische Gegner ("Feindaufklärung") aufgerufen worden ist, wird im Januar 1986 die Neuformierung der "Stabswachen der Bewegung" - vor dem ANS/NA-Verbot zuständig für den Personenschutz führender Funktionäre und den Ordnerdienst bei Veranstaltungen (vgl. Innere Sicherheit, Nr.2, 12.Mai 1986) - bekanntgegeben. Voraussetzung für eine Bewerbung ist u.a. eine mindestens einjährige Mitarbeit als "Aktivist in unserer Gesinnungsgemeinschaft" und "Treue und Gehorsam gegenüber der Organisationsleitung". ('Die Neue Front', Nr.1 1986; 10f)

Unter den Veröffentlichungen der Hobbydetektive finden immer wieder Mitglieder der drei Jahre vor der ANS/NA verbotenen Wehrsportgruppe Hoffmann Erwähnung. Im Mittelpunkt steht die Abwehr der auf Michael Kühnen zielenden Anti-Schwulen-Kampagne gegen "die kranken Anhänger des Ludwigshafener Deppen-Königs Ernst Tags" ('Die Neue Front', Nr. 6 1986, S. 12). Das Kühnen-Organ "Die Neue Front" schreibt:

- "Ernst Tag hat in den letzten Wochen einen wahren Kreis von Horrorgestalten des nationalen Lagers um sich gesammelt. Dazu gehören solche abartigen Vögel wie **Arnd-Heinz Marx** und **Heinrich Berger**." (Die Neue Front, Nr.6 1986, S. 13)

- "In den letzten Wochen treibt sich ein gewisser **Markus Grünthaler** aus der Oberpfalz im Lande umher und versucht, auf dem Umweg über Wehrsport Kameraden von der gerechten Sache Michael Kühnens abzubringen. Setzt den Mann einfach vor die Tür." (Die Neue Front, Nr.6 1986, S. 14)

Eine Warnung ganz anderer Art erhält das frühere Mitglied der Libanon-Gruppe Hoffmanns und ANS/NA-Mitglied, Walter-Ulrich Behle. Der V-Mann-Vorwurf ist in der Neonaziszene ein sehr effektives Denunziationsargument: "Der Mitarbeiter des Verfassungsschutzes **Walter-Ulrich Behle** versucht seit einigen Wochen, Bildmaterial für sein Amt bei Kameraden zu beschaffen. Keine Photos an ihn abgeben ! Vor dem VS-Mann Behle wird nach wie vor gewarnt !" (Die Neue Front, Nr.4 1986, S. 19)

---

32 Außerdem kämpft noch eine sehr kleine Gruppe von Neonazis um Kühnen im Libanon. Dazu heißt es im Szeneorgan: "Zwei Jahre sind nun schon Nationale Sozialisten im Libanon, und nehmen dort am militärisch-antizionistischen Kampf, wie auch am Befreiungskampf für den Libanon, für Palästina teil." ('Die Neue Zeit', September 1985, Nr. 9, S. 18)

Außerdem informiert das Organ über internationale Bestrebungen der Neonazis, etwa über die Kooperation des "Komitees zur Vorbereitung der Feierlichkeiten zum 100. Geburtstag von Adolf Hitler" (KAH)[33] mit der Kühnen-Truppe. Das

---

[33] Wegen der Südtirolfrage halten sich allerdings die italienischen Rechten zurück. (vgl. Heidenreich/ Wetzel, S. 160) Mit der in Deutschland aufkommenden Diskussion um Homosexualität in der Szene, kurz die sogenannte "Anti-Homo-Kampagne" gegen Kühnen, und der darauf folgenden Spaltung der deutschen Neonazi-Szene "war eine gravierende Schwächung der 'Europäischen Bewegung' eingetreten, weil die Kameraden in den westeuropäischen Ländern ebenfalls Partei für die ein oder andere Seite ergriffen und somit eine sinnvolle, erfolgversprechende Zusammenarbeit innerhalb des KAH nahezu unmöglich gemacht wurde." (Christians 1990, S. 104)
Entgegen den Darstellungen von Christians behauptet Thomas Brehl in einem Brief vom 21. August 1995, Jürgen Mosler habe der KAH-Gründung nicht beigewohnt. Seine Version: "Irgendwann im Mai 1984 hatte mich Gabriele Krone-Schmalz, die damals für die Monitor-Redaktion arbeitete, in Fulda angerufen und um einen Gesprächs- bzw. Interviewtermin mit Michael Kühnen gebeten, der sich zu diesem Zeitpunkt im französischen Exil befand. Ich leitete daraufhin den Kontakt in die Wege, und kurz darauf reiste Frau Krone-Schmalz mit ihrem Team nach Paris, um einen Monitor-Beitrag über Kühnen zu drehen. Schon während der Dreharbeiten hatte Michael Kühnen darauf hingewiesen, daß er beabsichtigte nach Spanien zu reisen, um neben der Pflege von Kontakten zu spanischen Kameraden (CEDADE), auch Leon Degrelle zu besuchen, um ihn zu einer Zusammenarbeit auf gesamteuropäischem Terrain zu bewegen und ihn für eine Führungsaufgabe in einer noch zu gründeneden europaweiten Organisation zu gewinnen.
Das interessierte Frau Krone-Schmalz derart, daß sie Kühnen fragte, ob sie auch in Spanien drehen könnte, und Michael sagte zu. Ich erhielt einen Anruf von Michael, in dem er mich fragte, ob ich nicht Interesse daran hätte, ihn nach Spanien zu begleiten, und ich sagte meine Teilnahme sofort zu. Da alles ganz schnell gehen mußte, nahm ich lediglich meinen Fuldaer Stellvertreter Dieter Weißmüller, sowie den Frankfurter Kameraden Udo Ganz mit (Ganz ist denn auch im Monitor-Bericht über den Empfang bei Degrelle kurz zu sehen).
Michael Kühnen trafen wir absprachegemäß in Lyon am Bahnhof (...). Mehr beiläufig bemerkte Michael Kühnen, daß die Italiener vor einiger Zeit (...) ein Komitee zur Vorbereitung des Geburtstages von Mussolini gegründet hätten.
Da es unter Nationalsozialisten schon so eine Art Tradition gibt, bei den italienischen Faschisten abzukupfern, übernahmen wir diese Idee und das KAH wurde geboren. Wir - und zwar ausschließlich die bereits oben genannten Personen - gründeten das KAH in der 'Cervezeria Haithi' (...) am Plaza del Sol in Madrid, so wurde in bester SA-Tradition in einer Bierkneipe Geschichte gemacht..."
Um das KAH und Kühnenes Auslandskontakte ranken sich zahlreiche Mythen: "Zweimal wurde Michael Kühnen in seinem 'Exil' in Frankreich bereits von Journalisten aufgestöbert. Am 29. Mai gab er dem Fernsehmagazin MONITOR ein ausführliches Interview. Bei dieser Gelegenheit nannte er offen einige seiner Kontaktpersonen und Unterstützer. So sei er von Le Pens' 'Nationaler Front' aufgenommen und geschützt worden. Bei einem Besuch in Spanien war er von Léon Degrelle, dem ehemaligen belgischen Kommandeur der Waffen-SS-Division 'Wallonie', empfangen worden.
Wer dort vorgelassen wird, hat die Eintrittskarte zur 'Schwarzen Internationale' in der Tasche. Léon Degrelle wurde nach dem Zweiten Weltkrieg zusammen mit 'Stuka-Oberst Hans-Ulrich Rudel und 'Mussolini-Befreier' Otto Skorzeny 'Führer jener geheimnisvollen Organisation, die in Lateinamerika von den einen ehrfurchtsvoll, von den anderen eher mit Schrecken 'Interna-

KAH wird im Mai 1984 in Madrid gegründet, und zwar angeblich von Thomas Brehl, Jürgen Mosler, "Michael Kühnen, Leon Degrelle und Michel Caignet und andere Neonazi-Funktionäre aus zahlreichen westeuropäischen Ländern. (Christians 1990, S. 100) Ziel des KAH ist:

> "einerseits den 100. Führergeburtstag als Fanal für den europaweit wieder aufflammenden Nationalsozialismus gebührend zu feiern und andererseits die vielen kleinen, oft noch zersplitterten, nationalen NS-Bewegungen der westeuropäischen Länder zu einer eigenen nationalsozialistischen 'Europäischen Bewegung' zusammenzuschließen." (Christians 1990, S. 100 ff.)

Dem 'Komitee zur Vorbereitung der Feierlichkeiten zum 100. Geburtstag von Adolf Hitler' sollen sich die französische FNE, die Nationalsozialistische Irische Arbeiterpartei (NSIWP), die Britische Nationalsozialistische Partei (NSPUK), die flämischen Nationalisten des Vlaamse Militanten Orde (VMO) und Teile der Österreichischen 'Nationalen Front' um die neofaschistische Zeitschrift 'Halt' angeschlossen haben. (vgl. Christians 1990, S. 100 ff.)

Regelmäßig berichten die Neonazis über die Aktivität der "Europäischen Bewegung". Zwar wird der Gründungsaufruf Kühnens vom Bundesinnenministerium als "großsprecherisch" abgetan: "In Wahrheit war es ihm aber weder gelungen, im Ausland ernstzunehmende Kontakte zu knüpfen, noch neue Gruppen zu knüpfen." (Verfassungsschutzbericht des Bundes 1984, S. 163). Szenedokumente und Fotos belegen jedoch eine internationale Kommunikation der Neonazis. So berichtet 'Die Neue Front' über ein "Europäisches Führerthing in England" im Jahre 1986:

> "In der Zeit vom 28.3. bis 31.3. fand in der Nähe von London wie geplant das zweite Führerthing der Europäischen Bewegung statt. Organisiert wurde das Treffen diesmal von Kameraden der NAP[34], die durch ihre umfassenden Vorbereitungen einen ordnungsgemäßen Verlauf sicherstellten. (...)
> Anwesend waren bei der Besprechung Kameraden aus England, Schottland, Wallonien, Flandern, Frankreich, Holland und natürlich die Vertreter der Gesinnungsgemeinschaft Michael Kühnen aus Deutschland. (...)
> Auch das zweite EB-Führerthing zeigte deutlich, daß über alle Interessen in den eigenen Bereichen hinweg, eine geschlossene nationalsozialistische Front besteht und der SA-Staat immer weiter Fuß faßt." ('Die Neue Front', Nr.4 1986, S. 18)

Neben den informellen Kontakten in der Szene, von denen der oben genannte nur eines von vielen Beispielen ist, produziert Kühnen 1984 gemeinsam mit Neonazis

---

cional Negra' oder 'International Black', 'Schwarze Internationale' genannt wird. Ihr Ziel: die Faschistische Weltrevolution'." ('die Tat', 20.7.1984)
Léon Degrelle soll das KAH mit "saftigen Spenden" unterstützt haben (vgl. Hundseder 1995, S. 118), was Thomas Brehl jedoch bestreitet.
[34] NAP = National Action Party. Die von Eddy Morrison und später von Kevin Randall geführte Minipartei tritt sehr aggressiv in Erscheinung und verübt "trotz ihrer wenigen in London aktiven Mitglieder Überfälle und Gewalttaten". (EP 1985, S. 57)

der französischen F.N.E.[35] die Schrift 'Unser Europa', die seit der vierten Ausgabe 'Die Neue Zeit' heißt. Das Heft bezeichnet sich als "Zentralorgan der Aktionsfront Nationaler Sozialisten-A.O.". Kontaktadresse der Publikation ist das Postfach der F.N.E.-Publikation 'Notre Europe' in Paris. (vgl. Verfassungsschutzbericht des Bundes 1984, S. 163)

---

[35] Die F.N.E. (= Faisceaux nationalistes européens) ist die Nachfolgegruppe der "Fédération d'action nationale et européenne" (FANE), der wichtigsten französischen Neonaziorganisation in den letzten dreißig Jahren,. Ihr Chef Marc Frédriksen sagt von sich: "Ich bin Rassist, Nazi und stolz darauf". Die FANE wurde 1966 in Paris gegründet und am 3.9.1980 vom Ministerrat aufgelöst. Sofort nach dem Verbot gründet sie sich unter ihrem aktuellen Namen F.N.E. neu. Die FANE war vor allem in Paris und Umgebung und in Nizza aktiv. Ihre Anhänger kommen aus dem Umfeld der belgischen Zeitschrift 'L'Europe réelle' des Nouvel Ordre Européen. Bis Ende der 70er Jahre tritt die FANE außer bei einigen gegen Algerien gerichteten und antimarxistischen Kampagnen nicht mit spektakulären Aktionen an die Öffentlichkeit. 1978 schließt sie sich dem Front National an, für den Marc Frédriksen auch bei Wahlen kandidiert. Am 24. November 1979 organisiert Frédriksen in Paris ein "internationales" Bankett, dessen Teilnehmer in Uniformen mit Hakenkreuzen auftreten. Bei der Veranstaltung sind auch italienische, deutsche und belgische Neonazis anwesend. Im Januar 1980 findet in einem Vorort von Paris ein "Erster faschistischer Rat" statt. Nach Attentaten auf jüdische Einrichtungen und verschiedenen antisemitischen Aktionen im Sommer 1980 gerät die FANE unter Druck. In Süd-Frankreich kursiert eine Liste mit den Namen von etwa 60 Juden aus dem Département Alpes-Maritimes mit der Ankündigung: "Eines Tages werden wir das Blut fließen lassen. Ein einziger Gott: Adolf Hitler!"
Der FANE kann zwar keine Beteiligung an den Anschlägen nachgewiesen werden, dennoch wird die Gruppe Anfang September aufgelöst. Im Oktober 1980 wird ihr Generalsekretär Marc Frédriksen wegen rassischer Diffamierung, Aufstachelung zum Rassenhaß und zur Gewalt und Verharmlosung von Kriegsverbrechen zu 18 Monaten Haft, davon zwölf auf Bewährung, verurteilt. Das Appelationsgericht reduziert die Strafe später auf 13 Monate Haft auf Bewährung.
In den achtziger Jahren wird Frédriksen vorsichtiger. In dieser Zeit vertieft er seine internationalen Kontakte. Als der deutsche Neonazi Michael Kühnen Anfang 1984 nach Paris flieht, wird er von Frédriksen und dessen Freunden aufgenommen. Kühnen ist am 13. Mai 1984 als Beobachter beim Pariser Jeanne d'Arc-Marsch dabei. Verbindungsmann zur FNE in Deutschland ist der Hamburger Christian Worch. Außerdem unterhält Frédriksen Beziehungen zur VSBD des Friedhelm Busse. In Belgien bestehen Verbindungen zu fast alle flämischen Gruppen, unter anderem zur Odalgroep, die den VMO abgelöst hat, zu Voorpost und T.A.K. Weitere Partner sind in Großbritannien die League of St. Georges, die National Front und das British Movement, in der Schweiz der mittlerweile aufgelöste Nouvel Ordre Social, in Portugal Ordem Nova, in Spanien CEDADE und die Partei Fuerza Nueva, in den USA die National Socialist White Peoples Party (NSWPP) (vgl. Rollat 1985, S. 183ff.; Camus/ Monzat 1992, S. 46f., S. 247/248).
Das Organ 'Notre Europe Combattante' wird nach dem FANE-Verbot zur F.N.E.-Publikation. Das Monatsblatt, das auf der ersten Seite jeder Ausgabe die Gefängnismonate "unseres lieben Kameraden Rudolf Heß" auflistet, macht aus seinem Bekenntnis zum Nationalsozialismus nie ein Hehl. Im Januar 1980 läßt 'Notre Europe Combattante' verlauten: "Der Nationalsozialismus ist die Zukunft und der Nationalsozialismus ist die regenerierte Rasse." Im Juni 1980 tauchen in Paris Plakate mit dem Slogan auf: "Faschistischer Arbeiter, komm in unsere Ränge!" und "Für einen nationalen Sozialismus, schließ Dich Deinen Kameraden an!" (vgl. Rollat 1985, S. 187/188).

Die Publikation berichtet gesamteuropäisch über die Aktivität von Alt- und Neonazis. Die Gefahr liegt dabei nicht in der hohen Auflage, die die Herausgeber mit "50 oder 100" versandten Exemplaren angeben ('Unser Europa', Nr. 3, September 1984, S. 2), sondern in der Fülle an internationalen Adressen und Informationen. Berichte über den internen Stand nach dem Verbot der ANS/NA finden sich in der Rubrik "Die Innere Front":

> "Nachdem die ANS seit 7. Dezember letzten Jahres im Bundesgebiet verboten ist, kann sie ihren Zielen nur noch durch Organisierung im übernationalen Geflecht der nationalsozialistischen Weltbewegung und durch gezielte Mobilisierung des Auslandsdeutschtums für den BRD-deutschen Freiheitskampf dienen. Zu diesem Zweck ist sie in zwei Sektionen gegliedert. Die 'Sektion Europa' umfaßt unsere ausländischen ANS-Mitglieder und ist die Speerspitze im Bemühen um einen korporativen Zusammenschluß der europäischen NS-Bewegungen. (...) Die 'Sektion Deutschland' hat es sich zum Ziel gesetzt, das Auslandsdeutschtum zu mobilisieren und für die - vor allem finanzielle - Unterstützung jener kämpfenden BRD-deutschen, nationalsozialistischen Gesinnungsgemeinschaft zu werben, die aus der verbotenen ANS hervorgegangen ist." ('Unser Europa', Nr. 3, September 1984, S. 3)

> "FNE und ANS haben sich endgültig zu einer EUROPÄISCHEN BEWEGUNG zusammengeschlossen." ('Unser Europa', Nr. 2, Juli 1984, S. 6)

Das Blatt dient Kühnen als Plattform in szeneinternen Auseinandersetzungen. In dem Beitrag "Marx, Kraus und Konsorten" rechnet der "Chef" mit seinen früheren ANS/NA-Kameraden und den **WSG-Hoffmann**-Aktivisten Willibald Kraus und Arnd-Heinz Marx ab:

> "Nicht unwichtig scheint in diesem Zusammenhang die Durchleuchtung der Persönlichkeit von Marx zu sein. Er selbst meint, er sei aus der Bewegung aus nichtigen Gründen entfernt worden. Wahr ist aber, daß er den Mädelbund, und insbesondere dessen damalige Führerin Andrea Kron auf den Strich schicken wollte, um die Parteikasse aufzubessern, und daß er in seinem verrückten Übermut Kameraden auf sich selbst vereidigen wollte, statt auf den Führer oder die nationalsozialistische Idee!" ('Die Neue Zeit', März 1985, Nr. 6, S. 6)

In derselben Vehemenz, in der Kühnen vor seiner Konkurrenz in der Szene warnt, huldigt er den modernen "Blutzeugen" der "Bewegung". Verblendeter Rechtsterrorismus wird am Beispiel des ehemaligen VSBD/PdA Mitgliedes Walther Kexel zum Ideal für die gesamte Gesinnungsgemeinschaft:

> "Eines hat Walther Kexel mit seinem Freitod gezeigt. Er war einer unserer Besten, ein aufrichtiger Kämpfer für Freiheit und Ehre, ein Nationalsozialist vom Scheitel bis zur Sohle.
> Walther!
> Du wirst uns ewig als Vorbild vorangehen, wirst neben Horst Wessel und Herbert Norkus stehen und uns ständig daran erinnern, was wir nicht vergessen dürfen.

Dein Tod ist uns eine heilige Verpflichtung, den Kampf bedingungslos weiter zu führen. Wir werden Deine Peiniger nicht mehr aus den Augen lassen und werden sie zur gegebenen Stunde ihrer Bestimmung übergeben.
Vergessen wird nichts ! Das schwören wir Dir heute und für alle Zeit.
Heil Dir Walther !"
('Die Neue Zeit', März 1985, Nr. 6, S. 5)

Der Verehrung der Neonazis kann sich auch Klaus Barbie gewiß sein:

"Mit Geifer und Hetze ein alttestamentarisches Klima geschaffen, jagten die auserwählten 'Humanisten' und ihre 'Kritischen Hiwis' Sturmbannführer Barbie. (...) Deutsche, Europäer, einst die geistigen Träger aller Technik und Kultur werden zum Arsch der Welt. Die Behandlung, die sie heute allseits erfahren, haben sie sich in den letzten vierzig Jahren 'redlich verdient'. Mittlerweile sind sie seelich so krank, dass das Schicksal eines Schwarzen sie stärker berührt als das Leid der Volksgenossen nebenan ! ('Die Neue Zeit', September 1985, Nr. 9, S. 4f)

Über die Adresse von 'Notre Europe' und 'Die Neue Zeit' initiieren die Rechtsextremisten um die F.N.E. und Kühnen ein "HILFSWERK KLAUS BARBIE".

"Unser Kamerad Klaus Barbie, der immer noch von seinen französischen Folterknechten ohne Grund in Vernichtungshaft gehalten wird, hat - wie uns mitgeteilt wurde, in Kürze einen Schauprozeß zu durchstehen ! Nun gilt es die Solidarität auch und gerade gegenüber solch tapferen Männer wie Klaus
B a r b i e, die um Kriege nur ihre eherne Pflicht taten vor dem schlimmsten zu bewahren. (...) Wir müssen dem Weltgaunertum zeigen, daß wir trotz aller Verleumdungen und Greulmärchen wie ein Fels im Meer ehern und naturverbunden - in Treue fest zusammensteh !
FREIHEIT FÜR KLAUS BARBIE !"
('Die Neue Zeit', September 1985, Nr. 9, S. 10)

Außerdem berichtet 'Unser Europa' (später 'Die Neue Zeit') in der Rubrik "Nachrichten aus aller Welt"/ später "Frontmeldungen aus aller Welt" über die Aktivität verschiedenster rechtsextremer Bewegungen samt Kontaktadressen:

- Spanien ("MOVIMIENTO FALANGISTA DE ESPAÑA" und die Zeitschrift 'MUNDO NS' von Ramon Bau) (vgl. 'Unser Europa', Nr. 2, Juli 1984, S. 16)
- Niederlande ("CENTRUMPARTIJ" und das "CONSORTIUM DE LEVENSBOOM") (vgl. 'Unser Europa', Nr. 3, September 1984, S. 12
- Portugal ("MOCIADE PATRIOTICA" und der "CEDADE-Portugal" - "hat eine Kundgebung für die Freilassung von Rudolf Hess organisiert" (vgl. 'Unser Europa', Juli 1984, Nr. 2, S. 16)
- Dänemark ("DÄNISCHE NATIONALSOZIALISTISCHE BEWEGUNG" - "Mit Kontakten zu Basisbewegungen, Infiltration der Friedens- und Umweltschutzbewegung und schließlich auch parlamentarischer Repräsentanten will DNSB-Leiter Kamerad KNUDSEN die dänische NS-Bewegung voranbringen,

womit er sich für eine ähnliche Taktik entschieden hat, wie sie auch von der nationalsozialistischen Gesinnungsgemeinschaft in Westdeutschland vor und nach dem Verbot der ANS/NA betrieben wird." ('Unser Europa', Nr. 2, Juli 1984, S. 8)

- In Italien berichtet 'Unser Europa' ausführlich über die NAR und andere rechtsterroristische Gruppen: "Nach 11 Jahren Gefangenschaft wurde der nationalrevolutionäre Aktivist Maurizio MURELLI - nunmehr 29 Jahre alt - auf Bewährung freigelassen. Seine Überzeugung hat er niemals verraten. Während seiner Haft hat er mit Kamerad Giancarlo ROGNONI den nationalrevolutionären Verlag 'BARBAROSSA' gegründet und vertrieben." ('Unser Europa', Nr. 2, Juli 1984, S. 11)
- Chile: "Am 14. Mai verstarb in Chile der ehemalige SS-Führer Walter RAUFF. Israel, die BRD und andere europäische Staaten hatten mehrmals vergeblich seine Auslieferung beantragt. Die chilenische Regierung gab dem jüdischen Druck nicht nach. Die Begräbniszeremonie wurde von seinem Sohn und seinem Enkel organisiert. Mehrere hundert Nationalsozialisten waren anwesend und verabschiedeten den bis zum Schluß ungebrochen treuen SS-Offizier mit Deutschem Gruß." ('Unser Europa', Nr. 3, September 1984, S. 16)
- In Frankreich informiert das Blatt nicht nur über Neonazis sondern auch über die terroristische Separatistenszene: "Die zweite Ausgabe des 'Kampfblattes für Muttersprache und Heimatrecht' des FREUNDESKREIS KARL ROOS ist erschienen. Herausgeber ist Pierre RIEFFEL, der Leiter der SCHWARZEN WÖLFE, die ihren Kampf um das Deutschtum im Elsass inzwischen mit legalen Mitteln führen. Unter den elsässischen Autonomisten sind die SCHWARZEN WÖLFE bzw. ihr FREUNDESKREIS KARL ROOS sicher die unterstützungswürdigste Gruppe, da sie mit Gesinnungshaft und Vermögensverlust ihren Kampf büßen mußten und doch unverändert an vorderster Front kämpfen!" ('Unser Europa', Nr. 3, September 1984, S. 13)

Trotz der zahlreichen Adressen, Kontakte, News etc., die in 'Die Neue Zeit' und 'Die Neue Front' zusammenlaufen, darf nicht der Eindruck eines funktionierenden Netzwerkes entstehen. Sicher ist jedoch, daß über jahrelange persönliche Kontakte die rechtsextreme Szene um Michael Kühnen international kooperiert und dabei in der Lage ist, nationale Gesetze zu umgehen. So meldet 'Die Neue Zeit' für Frankreich: - "Die 'Auschwitzlüger', berühmte Broschüre unseres Kameraden CHRISTOPHERSEN erscheint in zweiter, französischer Auflage (...). Die erste Auflage wurde noch von unseren Kameraden der FANE herausgegeben. Inzwischen besorgt das Jean-Pierre HAMBLENNE (...), Belgien, bei dem die Broschüre auch bestellt werden kann. Die deutsche Ausgabe, in der BRD verboten, kann aber über den 'Courrier du Continent' bezogen werden." ('Die Neue Zeit', September 1984, Nr. 3, S. 13) Die Schweizer Bestelladresse ist im gleichen Heft auf Seite 9 nachzulesen.

Ein weiterer Beleg für die internationale Kooperation der Rechtsextremisten ist die Unterstützung für Kühnen seitens ausländischer Gesinnungsgenossen. Am 19. 3.1984 entzieht er sich der Strafverfolgung in Deutschland durch die Flucht in die Schweiz, nach Italien und anschließend nach Frankreich. Dort wird er schließlich am 4.10.1984 verhaftet und dann abgeschoben.

> "Kühnen hielt sich von Ende April bis zu seiner Abschiebung durch die französischen Sicherheitsbehörden am 5. Oktober in Frankreich auf, vorwiegend bei Aktivisten der F.N.E. in Paris bzw. Chessy (Département Seine-et-Marne). F.N.E.-Aktivisten gewährten in den vergangenen Jahren auch anderen deutschen Neonazis, die sich der Strafverfolgung durch Flucht ins Ausland entzogen hatten, Unterschlupf und Unterstützung." (Verfassungsschutzbericht des Bundes 1984, S. 163)

Auf der Flucht benutzt Kühnen einen Opel Rekord. Das Auto gehört der hannoveraner Ortsvorsitzenden des altrechten "Deutschen Kulturwerks Europäischen Geistes" (DKEG), Lotte Oppermann. (vgl. 'Stern', 12.6.1984, S. 51). Das DKEG ensteht bereits fünf Jahre nach der deutschen Kapitulation 1945, um NS-belasteten Lyrikern und Schriftstellern eine neue Plattform zu geben. (vgl. Heidenreich/ Wetzel 1989, S. 151)

In diesem rechtsextremen Geflecht spielen ehemalige Mitglieder der **"Wehrsportgruppe Hoffmann"** zwar eine untergeordnete Rolle, sie sind jedoch Bausteine eines funktionierenden Ganzen, das bis heute weiter existiert. Zu erwähnen ist unter anderem die kontinuierliche Aktivität der Rechtsextremisten Arnd-Heinz Marx, Willibald Kraus, Steffen Dupper, etc., die alle auch nach dem Verbot der WSG politisch bis in die späten achtziger Jahre aktiv sind.

6.4.2. WSG - HNG

Die "Hilfsgemeinschaft für nationale politische Gefangene und deren Angehörige e.V." wird am 2.7.1979 in Frankfurt von den Neonazis Wilhelm Bayer alias Henry Beier[36] und Wolfgang Koch[37] gegründet. Ziel ist es, "ein Steuerungsinstru-

---

[36] Bayer arbeitet bereits in der 1972 gegründeten "Nationalsozialistischen Kampfgruppe Großdeutschland" (NSKG) mit, die über schwere Waffen verfügt. In seiner Zeitschrift 'Das Bataillon' rühmt er sich, NSKG-Gründer gewesen zu sein." (vgl. Rosen 1989, S. 52) Nachdem die NSKG noch im Jahr ihrer Gründung von der Polizei ausgehoben wird, treten Bayer und seine Anhänger mit Gruppennamen wie "NSDAP - Kampfgruppe Groß-Deutschland - Gau Hessen-Nassau" oder "NSDAP - Frankfurt" in Erscheinung. Mitstreiter sind Wolfgang Koch und Günter Nisch. 1977 beschlagnahmt die Polizei in Bayers Wohnung 500 Hakenkreuzplakate, 2500 Hakenkreuzaufkleber und anderes rechtsextremes Propagandamaterial. Bis 1979 betreibt er die Zeitung 'Das Braune Bataillon'. (vgl. Hirsch 1989, S. 97 und S. 353 f; Schenk 1983, S. 108 f)
[37] Koch arbeitet eng mit dem VSBD-Mitglied Frank Schubert zusammen, der 1980 zwei Schweizer Polizeibeamte erschießt. Gemeinsam mit Schubert reist Koch "wiederholt zu ausländischen Gesinnungsgenossen". (Verfassungsschutzbericht 1980, S. 26)

ment für neonazistische Gruppen zu schaffen". (Verfassungsschutzbericht 1980, S. 26) Sie sammelt Spenden und unterstützt inhaftierte Gleichgesinnte, um diese auch in der Haftzeit an den organisierten Rechtsextremismus zu binden. Ihr kommt die Aufgabe zu, "einerseits als Sammlungshort der neonazistischen Szene aufzutreten und andererseits die sogenannten nationalen Gefangenen durch ideologischen, materiellen, familiären Zuspruch sowie juristischen Beistand zu unterstützen." (Christians 1990, S. 165) Die HNG betreut auch viele Mitglieder der **"Wehrsportgruppe Hoffmann"**, darunter Karl Heinz Hoffmann selbst. Seine langjährige Verbundenheit mit der HNG ist umso wichtiger zu werten, als Hoffmann das einzige Willensbildungsorgan der WSG ist.

Ein Vorläufer der HNG ist die "Braune Hilfe" aus Mainz. Diese hat Strukturen der linksextremistischen "Roten Hilfe" übernommen.

> "Von der RAF abgekupfert sind auch andere Merkmale des rechtsextremen Untergrundkampfes. Wer als Neo-Nazi per Haftbefehl gesucht wird, taucht ab, geradeso wie die Terroristen von links. Analog der 'Roten Hilfe', die die Logistik abgetauchter Terroristen aufrecht erhält, haben sich auch die Rechtsextremen eine 'Braune Hilfe' zugelegt. Von Konten, die von braunen Helfern meist im Ausland geführt werden, dürfen rechtsradikale Aktivisten zehren, die im Untergrund ohne eigenes Einkommen sind. Der per Haftbefehl gesuchte Ex-Rechtsanwalt Roeder etwa zehrt von einem 'Euro-Sic-Trans'-Konto, das auf den Namen Walser beim Postscheckamt Bern unter der Nr. 30-53436 eingerichtet ist." ('Spiegel', Nr. 20/78, S. 133)[38]

Die Existenz der "Braunen Hilfe" bestätigt auch das Landgericht Koblenz in seiner Entscheidung vom 18.4.1979 (Geschäfts-Nr.: 101 Js 1010/78). Danach ist der Mainzer Neonazi Gunnar Pahl mit der Entwicklung eines rechtsextremistischen "Gefangenenhilfskonzepts" beschäftigt:

> "Pahl, Reisender in 'NS-Sachen', war und ist nach der Überzeugung der Kammer eine maßgebliche Person auf der rechtsextremen Szene und gilt offiziell als rechte Hand und Sprachrohr des Lauck. In seinem umfangreichen sichergestellten Schriftwechsel, vor allem mit Lauck und der Familie Müller, hatte er sich u.a. ganz entschieden für den Einsatz von (Waffen-) Gewalt bei der weiteren verfolgung des politischen 'Kampfes' ausgesprochen. Weiterhin hatte er u.a. in seinen sichergestellten Aufzeichnungen die Errich-

---

[38] Die im "Spiegel" beschriebene "Rote Hilfe" ist der Versuch der Solidarisierung mit den Linksterroristen. Besonders für die Inhaftierten sollen finanzielle Mittel beschafft und Solidaritätsaktionen organisiert werden. Der Name "Rote Hilfe" taucht das erste Mal im Frühjahr 1970 in Berlin auf, wo sich eine "Rote-Hilfe"-Organisation bildet. Gründungen in anderen Städten folgen: im Juni 1970 in München, Anfang 1972 in Frankfurt und Hamburg. Im Dezember 1971 erscheint die erste Ausgabe der Zeitschrift 'Rote Hilfe', für die einige Zeit später die vier gleichnamigen Stadt-Gruppen abwechselnd verantwortlich zeichnen. Eine Ausgabe der 'Roten Hilfe' aus Hamburg veröffentlicht im Sommer 1972 die Bekennerschreiben zu den RAF-Bombenanschlägen im Mai. (vgl. Schwind 1978, S. 14 f) Die "Rote Hilfe" in Frankfurt organisiert am 31.5.1972 ein Teach-in, bei dem die Tonbanderklärung von Ulrike Meinhof abgespielt wird. (vgl. Horchem 1975, S. 40f)

tung ein der linksextremen Szene nachgebildetes 'Info-System' angekündigt und konkret die Aufgaben der zwischenzeitlich bestehenden 'Braunen Hilfe' konzipiert. Die 'Braune Hilfe', das Pendant zur 'Roten Hilfe' auf der extremen Linken, unterstützt primär inhaftierte Parteigenossen und bringt durch (obligatorische) Spenden die Gerichts- und Anwaltskosten sowie Geldstrafen angeklagter bzw. verurteilter Genossen auf; diese Institution hat auch (...) den Angeklagten mit hohen Geldbeträgen unterstützt." (Landgericht Koblenz, 18.4.1979, S. 15 f)

Pahl bekommt von der "Braunen Hilfe" 12.000 Mark zur Deckung von juristischen Streitigkeiten.

"Dieses Geld war dem Angeklagten nach einem vorangegangenen Spendenaufruf der oben erwähnten 'Braunen Hilfe' übersandt worden; die 'Braune Hilfe' hatte dieses Geld zur Verfügung gestellt, damit der Angeklagte ohne finanzielle Opfer die ihm in dem Verfahren - 3 Js 7806/76 - 4 Ns - StA Mainz (...) entstandenen Kosten nebst Geldstrafe begleichen konnte." (Landgericht Koblenz, 18.4.1979, S. 51)

Nach der Konstituierung der HNG 1979 wird es ruhig um Gunnar Pahls "Braune Hilfe". Für personelle Kontinuität sorgt wahrscheinlich das Mainzer Ehepaar Müller, das sowohl mit Pahl aufs engste verbunden ist und gleichzeitig zu den "maßgeblichen Funktionären" (Verfassungsschutzbericht Rheinland Pfalz 1983, S. 65) in der HNG gehört. Zu den "Betreuten" der HNG zählen seit ihrem Bestehen 1979 auch viele Mitglieder der "Wehrsportgruppe Hoffmann". Außerdem ist die HNG Anfang der achtziger Jahre mit der VSBD/PdA Friedhelm Busses eng verflochten und im Rhein-Main-Gebiet mit dieser sogar "teilweise personenidentisch(e)". (Verfassungsschutzbericht 1981, S. 33) Eine enge Kooperation mit der HNG pflegt auch Michael Kühnen. 1983 gibt er den "Organisationsbefehl" aus, für die ANS/NA-Mitglieder bestehe die "Pflicht zur gleichzeitigen Mitgliedschaft in der 'Hilfsgemeinschaft für nationale politische Gefangene' (HNG)". ('Die Innere Front', Nr. 3, März 1983, S. 7) Dieser "Organisationsbefehl" ist laut Christian Malcoci nie realisiert worden: "Ich war damals Kameradschaftsführer der ANS/NA und konnte beobachten, daß der 'Befehl' nie praktisch in die Tat umgesetzt wurde. Es war mehr eine Absichtserklärung." (Brief vom 9.1.1998)

HNG - ausländische Rechtsextremisten

Von Anfang an betreut die HNG auch ausländische Rechtsextremisten. 1981 erklärt sie "offen ihre Sympathie mit Oberst Tejero, dem Führer des gescheiterten Putsches in Spanien am 23. Februar." (Verfassungsschutzbericht 1981, S. 33) Bereits drei Jahre nach ihrer Gründung ist die Gruppe für die Verfassungsschutzbehörden die "bedeutendste neonazistische Organisation", die sich "zu einem Integrationsfaktor der neonazistischen Szene und zugleich zu einer Schaltstelle für Kontakte zu neonazistischen Gesinnungsgenossen im Ausland entwickelt" habe. (Verfassungsschutzbericht 1982, S. 129)

In Frankreich konstituiert sich die Organisation "COBRA" nach dem Beispiel der deutschen HNG, mit der sie eng verzahnt ist[39]. Verantwortlich für die französische Variante (Comité objectif entraide et solidarité avec les victimes de la répression antinationaliste) zeichnet seit Anfang der achtziger Jahre Olivier Devalez.[40] Die "COBRA" besteht seit 1981 und arbeitet mit ähnlichen Gruppen in anderen europäischen Staaten zusammen: mit dem belgischen Hulpkomitee voor nationalistische politieke gevangenen (HNG) und der COFPAC (Commitee to free patriots and anticommunist political prisonners) in den USA (vgl. EP 1985, S. 32/ S. 127; Verfassungsschutzbericht 1984, S. 144).

Die Gruppe, die im Umfeld der FANE bzw. der FNE agiert, ist bis etwa Mitte der achtziger Jahre aktiv und gibt die Publikation 'Information du Cobra' (Lettre confidentielle) heraus. In der Ausgabe vom Februar-März 1984 legt Christian Worch die Arbeitsweise von COBRA dar ("Gefangene ausfindig machen, Adresse finden, Kontakt aufbauen"). Die Gefangenenliste führt "inhaftierte Nationali-

---

[39] Es gibt zahlreiche Belege für die Zusammenarbeit "HNG"-"COBRA". In den 'Informationen der HNG' wird ganzseitig für "COBRA" geworben (vgl. Ausgabe April 1982, S. 6). Andere HNG-Hefte drucken die "Gefangenenliste" der "COBRA" ab. (vgl. 'Informationen der HNG', Februar/März 1983, S. 47)

[40] Devalez arbeitet später für den französischen Ku Klux Klan. Der französische Zweig des KKK gibt ein "Verbindungs- und Informationsblatt" heraus: 'L'Empire Invisible' ensteht 1989 auf Initiative des Neonazis Olivier Devalez, der sich in der Folge auch als Herausgeber des nationalistischen Skinzines 'Le Rebelle Blanc' betätigt. 1993 benennt sich die KKK-Publikation in 'Croix de Feu' um, um der Verfolgung durch die französische Justiz zu entgehen. Bereits Anfang 1991 hat Devalez, der eine Gefängnisstrafe wegen Anstiftung zur Rassendiskriminierung absitzen muß, den Sitz von 'L'Empire Invisible' nach Belgien verlegt und die Redaktion vorübergehend an L. van den Bossche übergeben.

Motto des Klan-Heftes, das seine politische Linie als "nationalistisch und christlich" definiert, ist ein Bekenntnis, das bei auf der ersten Seite jeder Ausgabe steht: "Es gibt Tausende von Organisationen, die sich für die Rechte der Ausländer einsetzen. Aber wieviele sind es, die die Werte und Ideale der WEISSEN MEHRHEIT verteidigen? Wenige! Wir werden heute mit einer umgekehrten Diskriminierung konfrontiert, bei der Vergabe von Arbeitsplätzen, (...) in der Schule (...). Wir haben uns offen und stolz dafür engagiert, die Interessen, die Ideen und die Werte der WEISSEN MEHRHEIT zu verteidigen. Wir sind entschlossen, unser kulturelles europäisches Erbe zu bewahren und zu bereichern".

In einer vierseitigen Broschüre präsentiert 'L'Empire Invisible' den Ku Klux Klan und seinen Anspruch in Europa: "der Klan existiert heute nicht nur als Denkmal der Vergangenheit, sondern als lebendiges Instrument der Ideale der CHRISTLICH ABENDLÄNDISCHEN ZIVILISATION und des Elements, das diese ermöglicht: die Weiße Rasse". Der Klan sei "kein bloßer politischer Zusammenschluß, sondern eine Bruderschaft, eine neue weiße Rassengemeinschaft".

Eintreten kann natürlich nicht jeder. Notwendig ist der absolute Treueschwur und "allein die weißen nicht-jüdischen französischen Bürger, die mindestens achtzehn Jahre alt sind und ihr Leben der Sache des Ku Klux Klan widmen wollen, werden ins UNSICHTBARE REICH aufgenommen". (vgl. Fromm/Kernbach 1993, S. 210 f)

sten" in Österreich (Ekkehard Weil), Deutschland (Friedhelm Busse, Thies Christophersen, Arnd-Heinz Marx (Ex-WSG), Waldemar Pfeffer, Manfred Roeder, Erwin Schönborn), in Frankreich, den USA und Canada auf.[41] (vgl. Fromm/Kernbach 1993a, S. 211)

Das Organ der NSDAP/AO, der 'NS-Kampfruf' druckt ebenfalls unregelmäßig "Gefangenenlisten" der HNG ab. Anfang der achtziger Jahre ist dort internationale "Szeneprominenz" nachzulesen: die italienischen Rechtsextremisten Angelo Croce, Giorgio Franco Freda[42], Maurizio Murelli, Gioncarlo Rognoni[43] und Mario Tuti[44]. ('Informationen der HNG', Juni 1982, S. 19) In Österreich "betreut" die

---

[41] Nachdem es längere Zeit ruhig um "Cobra" ist, wird die Organisation 1990 wieder aktiviert mit dem Ziel der "moralischen, juristischen und finanziellen Unterstützung nationalistischer politischer Häftlinge". (Camus/ Monzat 1992, S. 246)

[42] Der Rechtsterrorist Freda wird zunächst gemeinsam mit Giovanni Ventura als Hauptverdächtiger des Mailänder Bombenanschlags von 1969 verurteilt. Er flieht, kann aber am 20.8. 1979 in Costa Rica verhaftet werden, wie einige Tage zuvor sein ebenfalls flüchtiger Komplize Ventura in Argentinien. (vgl. Frischknecht 1984, S. 481 f) Fredas politischer Werdegang beginnt beim MSI, wo er Anfang der sechziger Jahre die MSI-Studentenorganisation F.U.A.N. leitet. Er gibt sich als großer Bewunderer Hitlers und der SS. Später gründet er seine eigene Organisation, die "Gruppen der arischen Aristokratie", die der "Ordine Nuovo" nahe stehen. (vgl. Laurent 1978, S. 182) Im Sommer 1968 eröffnet Freda in Padua eine Buchhandlung, wo er unter anderem Hitlers "Mein Kampf" und Che Guevara verkauft. Gemeinsam mit Ventura versucht Freda, der sich gern als "Nazi-Maoist" rühmt (vgl. Stehle, S. 66), pro-chinesische Kreise, speziell die "Marxistisch-Leninistisch Kommunistische Partei Italiens" (P.C.d'I.M.-L.) zu unterwandern. (vgl. Laurent 1978, S. 184; vgl. zur Unterwanderung der anarchistischen Szene Italiens durch Neonazis auch Christie 1984, S. 47 ff und S. 63 ff)
Nicht nur die HNG kümmert sich um den inhaftierten Freda. 1979 gründet die schweizer Rechtsextremistenorganisation "Nouvel Ordre Social" (NOS) das "Solidaritätskomitee für Freda". (vgl. Frischknecht 1984, S. 481) Die NOS ist in den siebziger und in den frühen achtziger Jahren in Genf und Lausanne mit den Zeitschriften 'Le Huron', 'Renaissance', 'Avant Garde' und 'Le rat noir' präsent, die Solgans wie "Europa uns Europäern" propagieren. (vgl. Frischknecht 1991, S. 66) Ähnlich wie bei anderen italienischen Prozessen gegen Rechtsextremisten werden Freda und seine beiden Kampfgefährten, ebenfalls Mitglieder der "Ordine Nuovo", 20 Jahre nach dem Mailänder Anschlag mangels Beweisen freigesprochen. (vgl. 'Süddeutsche Zeitung', 13.12.1989)

[43] Das führende Mitglied der Gruppe "Ordine Nuovo" flieht in den siebziger Jahren mit den Gleichgesinnten Clemente Grazini, Salvatore Francia und Elio Masagrande von Italien nach Spanien, "die alle wegen der blutigen Attentate der Windrose oder des Anschlags in Brescia angeklagt waren." (Laurent 1978, S. 308) Darüberhinaus gilt Rognoni mythologisierend als "der König der schwarzen Intrigen" (Sánchez Soler 1993, S. 306). Sicher ist aber, daß der Rechtsextremist die Gruppe "La Elite" gründet, Mitglied des Spanisch-Baskischen Battaillons ist und eng mit Stefano Delle Chiaie kooperiert. Als Rognoni wegen der Bildung einer illegalen Vereinigung angeklagt wird, beschließt der spanische Nationalgerichtshof am 6.7.1977 seine Auslieferung an Italien. Grund dafür ist der Verdacht, Rognoni sei am Attentat auf den Zug Turin-Rom 1973 beteiligt gewesen. Vor seiner Flucht nach Spanien hat er sich in die Schweiz abgesetzt und in Genf und Lugano gelebt. (Sanchez Soler 1993, S. 306 f)

[44] Tuti ist ein gefährlicher Rechtsterrorist, der gemeinsam mit Pierluigi Concutelli der Gruppe "Ordine Nuovo" vorsteht. Wegen terroristischer Morde und Anschlägen wird er inhaftiert.

HNG ihre Mitglieder Egon Baumgartner und Attila Bajtsy (früher WSG), sowie die Nicht-Mitglieder Manfred Luxbacher, Ekkehard Weil und Wolfgang Leitner, allesamt Mitglieder der militanten rechtsextremistischen Szene. ('Informationen der HNG', Februar/März 1983, S. 47) Die HNG ist zur Schnitt- und Kontaktstelle des internationalen Rechtsterrorismus avanciert.

HNG untergräbt Strafvollzug

Eine besondere Funktion in der deutschen "Gefangenbetreuung" hat das HNG-Organ 'Informationen der HNG', später 'Nachrichten der HNG'. Inhaftierte Rechtsextremisten erhalten die Möglichkeit, in der Szene präsent zu bleiben und neue Kontakte zu knüpfen. Das HNG-Organ nutzen zahlreiche rechtsextreme Organisationen als Werbeplattform. Zu den Inserenten zählt der "Völkische Bund", der im HNG-Organ Plakate mit den Logos "Eins kommt der Tag der Rache!" und "Rudolf Heß lebt!" vertreibt. ('Nachrichten der HNG', Dezember 1987, S. 17) Außerdem soll das Blatt die Moral der inhaftierten Neonazis heben. Besonders wichtig sind dabei "Auszeichnungen". Michael Kühnen etwa wird im Juni 1982 zum "Gefangenen des Jahres" gekürt.

Das Blatt gibt inhaftierten Rechtsextremisten in der Rubrik "Selbstdarstellung" die Chance, mit ihrer Straftat zu prahlen. Waldemar Pfeffer[45], der wegen zwei fremdenfeindlich motivierter Bombenanschläge zu drei Jahren Haft verurteilt worden ist, schreibt:

(vgl. Sterling, S. 272; 'Süddeutsche Zeitung', 13.12.1989) Seine Vorbilder sind Hitler, Mussolini, Ghaddafi und Mao Tsetung. (Christie 1984, S. 77). Er gründet die "Italienisch-Libysche Freundschaftsgesellschaft" und arbeitet eng mit deren langjährigen Leiter Claudio Mutti zusammen. Der Verein wird später als Tarnorganisation für Rechtsterroristen verboten. Wegen seiner angeblichen Beteiligung an dem Attentat von Bologna wird Mutti nach dem Anschlag verhaftet, muß aber mangels Beweisen wieder freigelassen werden. (Sterling 1981, S. 272) Außerdem soll Geld aus der Libyschen Staatskasse an die Rechtsextremisten der Freundschaftsgesellschaft fließen. (Vgl. Christie 1984, S. 82, Sterling 1981, S. 272)

[45] Pfeffers politisches Engagement beginnt 1970 bei der NPD, der er bis 1974 angehört. Danach gründet er den Kasseler Bezirksverband der DVU. Wegen "Unstimmigkeiten mit Dr. Frey" ('Informationen der HNG', Juni 1982, S. 4) verläßt er 1976 die DVU und gründet in Kassel die "Aktion Wehrhafter Demokraten". Es folgen die fremdenfeindlichen Attentate. Nach seiner Haftzeit wendet sich Pfeffer den "Republikanern" zu und wird in Kenntnis der Tat Mitglied. Das belegt das Protokoll der hessischen Landesvorstandssitzung vom 12.3.1990. Hier erklärt der Kreisvorsitzende der Kasseler Republikaner:
"Herr Pfeffer warf eine Brandflasche in der Nähe in der Holländischen Straße in ein Haus, eine weitere unter ein einem Türken gehörendes Auto. Es war ein Racheakt für eine Entführung und Vergewaltigung eines deutschen Mädchens. Der Täter wohnte in dem Haus, das Auto gehörte ihm. Das Mitglied ist vor mir in die Partei eingetreten. Ich habe mit ihm vereinbart, daß er Mitte des Jahres 1990 austritt und nach der Landtagswahl wieder eintreten kann. Wegen seiner Tat genießt er noch heute hohes Ansehen in der Nordstadt." (vgl. Fromm/Kernbach 1993, S. 24 - 28)

"ICH BIN EIN REBELL UND VIELLEICHT EIN ABENTEURER,
ABER NICHT UM DES ABENTEURS WILLEN,
SONDERN UM DEUTSCHLANDS WILLEN !"
('Informationen der HNG', Juni 1982, S. 4)

Das HNG-Organ trägt zur wachsenden Gewaltbereitschaft der Szene bei. Rechtsterroristen werden zu Helden stilisiert, wie etwa Ludwig Uhl und Kurt Wolfram, die als junge "Blutzeugen" des Neo-Nationalsozialismus gefeiert werden:

"Wir gedenken unserer gefallenen Kameraden
Klaus-Ludwig UHL   Eduard Kurt WOLFGRAM
Am 20.10. jährt sich zum dritten Mal jener Tag ihres gewaltsamen Todes unter dem Kugelhagel westdeutscher Polizisten.
Ihr Leben - ihr Tod - unsere Verpflichtung!

Kameraden, die Rot-Front und Reaktion erschossen,
marschieren im Geist in unseren Reihen mit !"
('Nachrichten der HNG', Oktober 1984, S. 19)

HNG betreut Hoffmann-Gruppe

Ein Teil der ehemaligen Libanon-Streiter der "Wehrsportgruppe Hoffmann" wird von der HNG betreut:

"**Steffen Dupper** darf lt. Verfügung der Vollzugsanstalt Adelsheim keinen Briefkontakt mit Kameraden haben. Auch der Empfang der HNG-INFORMATION wird ihm verweigert. Die HNG hat einen Rechtsanwalt eingeschaltet. (...) Gegen diese Schikane protestieren wir auf das Schärfste!" ('Informationen der HNG', Dezember 1981, S. 14)

Die HNG bemüht sich um eine Kontaktaufnahme mit Franz Bojarski, ebenfalls Mitglied der Hoffmanntruppe im Libanon:

"Achtung!! Achtung!! Achtung!!
Es wird gesucht
Franz Bovarski
Wie die 'taz' im März mitteilte, wurde ein sogenannter deutscher 'Neonazi' an die BRD ausgeliefert. Er soll angeblich in München inhaftiert sein."
('Informationen der HNG', April 1982, S. 16)

Interessant ist, daß die 'Information der HNG' nach den Folterungen im Libanon lange Zeit konfliktübergreifend alle WSG-Mitglieder unterstützt. Auf der Gefangenenliste in der Dezember 1981-Ausgabe finden sich außer **Karl Heinz Hoffmann** auch Steffen Dupper, Peter Hamberger und Odfried Hepp. Erst im August bezieht die damalige Vorsitzende Christa Goerth Stellung:

"Karl-Heinz Hoffmann ist etliche Zeit auf der von der HNG geführten Gefangenenliste als politischer Gefangener genannt worden. Er wurde aufgrund eines mehrheitlichen Beschlusses des erweiterten HNG-Vorstandes vorläufig gestrichen. Uns liegen schwerwiegende Verdachtsmomente dafür vor, daß Karl-Heinz Hoffmann für die Folterung von Kameraden im Libanon und möglicherweise sogar für das gewaltsame Ableben eines Kameraden dort verantwortlich oder mitverantwortlich ist. Solange die Dinge nicht geklärt sind, will der erweiterte Vorstand der HNG es nicht verantworten, Karl-Heinz Hoffmann zu unterstützen. Das heißt natürlich nicht, daß wir ihn nicht als politischen Verfolgten des demokratischen Systems anerkennen." ('Nachrichten der HNG', August 1984, S. 7 f)

Diese Distanzierung wird von der rechtsextremen Szene nicht unwidersprochen hingenommen. Der Herausgeber der 'Die Bauernschaft', Thies Christophersen, der früher in seinem Organ für die WSG geworben hat, schreibt in einem Leserbrief:

"Es ist nicht die Aufgabe der HNG zu beurteilen, ob der Führer der Wehrsportgruppe Hoffmann sich schuldig gemacht hat. Wenn alle Häftlinge, die in der Anklage für schuldig befunden werden, ausgeschlossen werden, wer bliebe dann noch übrig ? (...)
Die Rivalitäten zwischen den einzelnen nationalen Gruppen sind mir bekannt. Nur sollten sie vergessen werden. Oder will ein Gefreiter sich nun rächen an seinem Feldwebel, weil der Drill der Ausbildung zu hart war ?"
('Nachrichten der HNG', Oktober 1984, S. 9)

Trotz der Solidaritätbekundung Christophersens wird Hoffmann später nicht mehr in die "Gefangenenliste" der HNG aufgenommen. "Die Entscheidung des Vorstands der HNG wurde damals aus Gründen der Glaubwürdigkeit nicht zurückgenommen." (Brief von Christian Malcoci, 9.1.1998) Dennoch läßt sich belegen, daß WSG und HNG eng miteinander verflochten sind. Als Beweis können die zahlreichen Doppelmitgliedschaften gelten. So ist der Flensburger WSG-Anhänger und Ludwig Uhl-Vertraute Axel Kühl, "betreutes" Mitglied der HNG, wie in einer Beilage zu den 'Informationen der HNG' April 1982 zu lesen ist. Der HNG gehören auch die ehemaligen VSBD und WSG-Mitglieder Willi Kraus, Dieter Sporleder ('Informationen der HNG', April/Mai 1983, S. 27), Arnd-Heinz Marx ('Informationen der HNG', Oktober 1983, S. 19) oder Walter Ulrich Behle an. ('Nachrichten der HNG', Januar 1985, S. 19)

Den Selbstmord des ehemaligen Rodgauer WSGlers Stefan Wagner am 3.8. 1982 kommentiert das HNG-Organ: "Sein Tod ist uns unbegreiflich. Stefan war uns immer ein guter Kamerad und Freund. Er war Mitbegründer der HNG und zog sich seit Jahren in die Einsamkeit zurück." ('Informationen der HNG', August 1982, S. 9)

Nach dem Verbot der Wehrsportgruppe 1980 engagieren sich WSG-Mitglieder in der HNG, wie etwa Willibald Kraus.

"**Informationsstand der HNG in Mainz**
Eigentlich ist es sehr bedauerlich, daß ein Bericht wie dieser, in der fast siebenjährigen Geschichte der HNG erstmals geschrieben wird.
Am 5.April 1986 konnten wir hier in Mainz den ersten offiziellen HNG-Infostand durchführern, nachdem wir von der Stadtverwaltung die nötige Genehmigung für das Aufstellen in der Fußgängerzone erhalten hatten. (...)
Gerade in der jetzigen Zeit, in der die nationale Rechte immer größer werdendem Druck ausgesetzt ist, muß auch die Verfolgung mehr und mehr angeprangert werden!
Für die Kameradengruppe:
Willi Kraus"
('Nachrichten der HNG', Mai 1986, S. 8 f)

Das HNG-Heft dient ehemaligen WSG-Mitgliedern als Plattform für ihre Aktivität. Außerdem zeigen die regelmäßigen Berichte von Rechtsextremisten, daß die Organisation weit mehr betreibt "Gefangenenbetreuung". Sie fungiert auch überorganisatorisch als Koordinations- und Vernetzungsfeld. Nicht umsonst ist die HNG bereits 1982, drei Jahre nach ihrer Gründung, Deutschlands mitgliederstärkste Neonazi-Gruppe. Auch Ex-WSG-Mann Dupper nutzt ihre Infrastruktur:

"Am Heldengedenktag, den 18.11., machten wir (vier Aktivisten) uns auf den Weg zum Kriegerdenkmal des Karlruher Friedhofs.
In einheitlicher Uniform und mit schwarz-weiß-roten Fahnen bezogen wir Aufstellung vor dem Denkmal.
Erste Neugierige bestaunten uns und wollten wissen, ob wir 'Nazis' seien. Nachdem wir erklärt hatten, daß es sich um Nationalsozialisten handelt, erhob sich ein wildes Gekreische. CDU, SPD, FDP und ein paar andere demokrötische (sic! - der Autor) Vereine, welche auch dort aufzutreten gedachten, hielten sich ratlos im Hintergrund.
Dafür erschienen dann ein Dutzend Systemschergen und nahmen uns mit, nicht jedoch, bevor wir unsere Fahnen ehrenvoll aufgerollt hatten. In ordentlicher Formation, durch ein Spalier von Zaungästen, verließen wir den Friedhof mit den Rufen: 'Es lebe Michael Kühnen!' und 'Freiheit für Deutschland!'
Im Präsidium gab es ED-Behandlung und so weiter. (...)
Nach sechsstündiger Haft wurden wir wieder freigelassen.
Steffen Dupper" ('Nachrichten der HNG', Dezember 1984, S. 6 f)

Willibald Kraus präsentiert in den 'Nachrichten der HNG' seine neonazistische Provokation:

"Am 5. Mai fuhren wir mit einer Gruppe[46] von Kameraden aus dem Rhein-Main-Gebiet nach Bitburg, um uns den Umzug vieler angereister jüdischer Mitbürger aus aller Welt und die Zeremonie der Kranzniederlegung durch den führenden Hollywoodstar und jetzigen US-Präsidenten Reagan auf dem Ehrenfriedhof Kolmeshöhe anzusehen. Es

---

[46] Insgesamt sind sieben Neonazis nach Bitburg gereist, unter ihnen Ernst Tag, Herausgeber der Neonazi-Postille 'Der Schulungsbrief - Das zentrale Schulungsblatt der GAD'. Willi (oder Willibald) Kraus ist zu diesem Zeitpunkt Vorsitzender der "Sozialistische Reichstreue Patrioten", einer neonazistischen Mainzer Miniorganisation. (vgl. Verfassungsschutzbericht Rheinland-Pfalz 1983, S. 94 - 100)

blieb bei der Absicht. Denn kaum hatten wir auf einem mit einer Mauer umfriedeten Parkplatz in der Bitburger Innenstadt unsere Fahrzeuge abgestellt, kamen auch schon die Hüter der Freiheit, Democratie[47] und anderen schönen Dingen. Die noch freundlichen bzw. höflichen Beamten aus dem Streifenwagen, der die Ausfahrt versperrte, fragten lediglich nach unseren Ausweisen und wollten eine Personenkonrolle durchführen. Was ihnen nur teilweise gelang, da ihre Amtshandlung von einem Kommando unterbrochen wurde, das bei uns spätestens seit dem 22.4.1984 (Führers Geburtstag in Mainz) berüchtigt ist. Mit Holzknüppeln und Plastikfesseln, gekleidet in smartes giftgrün, sprangen sie über die Mauern des Parkplatzes, schrien irgendwas von 'Sie sind festgenommen!', stellten uns an die Mauer, filzten uns (...) und zogen uns die Plastikfesseln an (schön fest - so wie sie es eben gelernt haben). (...) Nachdem sie uns auch noch unsere Flugblätter mit unserer Meinung zum 8.Mai abgenommen hatten, ließen sie uns nach ca. 5 Stunden wieder frei." ('Nachrichten der HNG', Mai 1985, S. 5 f)

Hier belegt auch das HNG-Organ, daß zahlreiche Mitglieder der Wehrsportgruppe Hoffmann auch nach dem Verbot 1980 weiter neonazistisch aktiv waren.

HNG - Alte Rechte

Die HNG fungiert nicht nur als "Kitt" innerhalb der zerstrittenen Neonaziszene, sondern erfüllt auch eine Klammerfunktion zwischen Alt- und Neonazis. Seit seiner Gründung wirbt das HNG-Organ um Kontaktaufnahme mit sogenannten "Kriegsgefangenen". So finden sich auf der "Gefangenenliste" kontinuierlich Namen wie Klaus Barbie (Juni/Juli 1983), Rudolf Hess (April 1982), Walter Reder (April 1982), Josef Schwammberger (November 1992), Jacques Vasseur (April 1982). Als die rechtsextremistische Integrationfigur Hans Ulrich Rudel am 18.12.1982 stirbt, veröffentlicht das HNG-Organ einen ganzseitigen Nachruf von dem früheren Ritterkreuzträger Otto Riehs. ('Informationen der HNG', Februar/ März 1983, S. 2)

Hinsichtlich des Hitler-Stellvertreters Rudolf-Heß betreibt die HNG einen regelrechten Heldenkult. Häufig ziert sein Konterfei die Gefangenlisten. Anläßlich seines 91. Geburtstages schreiben die Rechtsextremisten:

"Am 26. April 1985 ist Rudolf Hess 91 Jahre als geworden. Am 10.5.1985 jährt sich der Tag seines Friedensfluges nach England zum 44. Mal. (...)
An diesem Schicksal erkennt man die moralische Verkommenheit der sogenannten Sieger und die Erbärmlichkeit vieler der Besiegten. (...)
Auch wenn wir wissen wie ohnmächtig wir sind angesichts der Brutalität und Taubheit der dafür Verantwortlichen, fordern wir immer wieder
FREIHEIT FÜR RUDOLF HESS"
('Nachrichten der HNG', April 1985, S. 7)

---

[47] Viele Rechtsextremisten schreiben "Demokratie" bewußt mit "c", um ihre Verachtung vor der Staatsform auszudrücken. An anderer Stelle spricht Kraus auch von "Grundgeschätz" und "Schweineverfassung" (vgl. 'Nachrichten der HNG', Dezember 1984, S. 12)

Nach Hess' Tod veröffentlicht der HNG-Vorstand mythologisierend einen ganzseitigen Nachruf:

**"RUDOLF HESS
DER MÄRTYRER DES FRIEDENS** (...)
Der Lebens- und Leidensweg eines der größten Menschen dieses Jahrhunderts ist vollendet. Sein Schicksal wird über die Zeiten hinweg unvergessen bleiben."
('Nachrichten der HNG', August 1987, S. 7)

Zusammenfassend läßt sich sagen, daß die HNG nicht nur eine Brückenfunktion zwischen Rechtsextremisten verschiedener Staaten einnimmt, sondern auch zwischen den Generationen. In den HNG-Heften finden sich "historische Leitfiguren" wie Rudolf Heß, die offen verehrt werden. Außerdem präsentiert die HNG historische Vorbilder "zum Anfassen": Altnazis, an denen die Szene "die Kontinuität des richtigen, nationalen, nationalsozialistischen Denkens vom "Dritten Reich" bis in die Bundesrepublik" (Eike Hennig in: Filmer/Schwan 1983, S. 30) nachvollziehen kann. Beispiele sind die HNG-Betreuten Erwin Schönborn, Friedhelm Busse und international Klaus Barbie. Darüberhinaus produziert die Neonazi-Szene ihre eigenen Idole, die bei der HNG mit Titeln wie "Gefanger des Monats" oder "Gefangener des Jahres" bedacht werden. Die Organisation liefert über Gefängnismauern hinweg Orientierungsmuster und vermittelt inhaftierten Gesinnungsgenossen das Gefühl, eins mit "großen" Namen der Szene zu sein. Die Präsenz von Mitgliedern der "Wehrsportgruppe Hoffmann" auf den Gefangenenlisten ist nicht verwunderlich - zu tief ist die WSG im deutschen Neonazismus eingebunden. Die Tatsache, daß Karl Heinz Hoffmann lange Zeit von der Neonazi-Hilfsorganisation betreut wird, relativiert seine Abgrenzungsbemühungen gegenüber dem organisierten Neonazismus. (vgl. Rabe 1980, S. 215)

6.4.3. WSG - IHV

Die rechtsextremistische Szene ist Anfang der achtziger Jahre keineswegs homogen. Das belegt die Aktivität des rheinland-pfälzischen Rechtsextremisten Ernst Tag, der die Hauptenergie seiner politischen Tätigkeit in szeneinterne Streitigkeiten steckt. Trotzdem versteht er es, frühere Mitglieder der "Wehrsportgruppe Hoffmann" zu integrieren. Tags poltisches Engagement beginnt bei der NPD. ('Allgemeine jüdische Wochenzeitung, 12.9.1986) Später gehört er dem "Neonazikreis um Curt Müller" an und gilt als "Sympathisant" der 1983 verbotenen ANS/NA Michael Kühnens. (vgl. Verfassungsschutzbericht Rheinland-Pfalz 1983, S. 71)

Tag und die HNG

Zum Bruch mit Kühnen kommt es bereits Anfang der achtziger Jahre, als der ANS/NA-Vorsitzende auf die von Wilhelm Bayer alias Henry Beier geführte HNG Einfluß nimmt. Immer mehr Anhänger Kühnens treten der Gruppe bei. Sie wollen "einen Machtkampf mit Henry Beier und dessen Mentor und Freund Ernst Tag wagen, um die HNG zielstrebig auf einen harten ANS/NA-Kurs zu bringen." (Christians 1990. S. 166)

Auf der HNG-Mitgliederversammlung am 25.4.1984 in Speyer unterliegt Wilhelm Bayer in einer Kampfabstimmung der Kühnen-Vertrauten Christa Goerth. Bayer wird zum kompetenzlosen Ehrenvorsitzenden weggelobt. Bereits einen Monat zuvor, auf der HNG-Hauptversammlung am 7.1.1984, ist es Kühnen gelungen, seinen alten ANS-Kampfgefährten Christian Worch zum Schriftleiter wählen zu lassen. Die HNG wird zur Kühnen-Organisation. (vgl. Christians 1990, S. 166) Der HNG-Vorstand schreibt noch im gleichen Jahr:

"Allen Mitgliedern der HNG wird bekanntgegeben, daß der ehemalige Vorsitzende der HNG, Henry Beier, keine Befugnisse des HNG-Vorstandes mehr besitzt.
Die von Henry Beier geplante Gründung des 'Internationales Hilfskomitee für Angehörige von internationalen Verfolgten aller Länder (I.H.V.)' kann nicht im Zusammenhang mit der HNG gebracht werden. Eine Doppelmitgliedschaft erkennt die HNG nicht an."
('Nachrichten der HNG', August 1984, S. 4)

Die geplante IHV-Gründung bringt Bayer auch noch um seinen HNG-Ehrenvorsitz. Auf der Mitgliederversammlung vom 24.11.1984 in Kassel wird ihm dieser Titel aberkannt, er ist "nur noch ganz normales Mitglied". ('Nachrichten der HNG', Dezember 1984, S. 4)

Tag startet eine Kampagne gegen Kühnen, angeblich wegen dessen Homosexualität. Sein Organ 'Der Schulungsbrief' widmet sich fast ausschließlich der Diffamierungskampagne gegen den ANS/NA-Chef. Kühnen und seine Anhänger werden als "Antideutsche Personen" oder "Kühnen und seine Perverslinge" ('Schulungsbrief', Nr. 12 1986) bezeichnet. An anderer Stelle schreibt Tag "Der Intimus der slawischen Rasse, Herr Kühnen" und "Slawenprinz Kühnen" ('Schulungsbrief', Nr. 7. 1986). Für die Kühnen-Truppe sind diese Angriffe Grund zum Bruch:

"Sehr geehrter Herr Tag!
Der Vorstand gibt Ihnen bekannt, daß Sie mit sofortiger Wirkung aus der 'Hilfsorganisation für nationale politische Gefangene und deren Angehörige e.V." ausgeschlossen sind.
Wir möchten festgestellt wissen, daß dieser Ausschluß nicht wegen Ihrer persönlichen oder politischen Meinungsverschiedenheiten mit Herrn Kühnen erfolgt. Vielmehr ist es die Art und Weise, wie Sie Ihre Auseinandersetzungen mit Herrn Kühnen geführt haben." (Brief vom 15.1.1987, in: 'Nachrichten der HNG', April 1987, S. 8)

Tag kontert in der Mai-Ausgabe seines Organs: "Vielmehr wurde ich aus der HNG ausgeschlossen, weil ich mich gegen die antinationalsozialistische, kommunistische Homosexuellenansicht des Kühnen stellte. (...) Die HNG ist ein Schandfleck für den NS." ('Der Schulungsbrief', Nr. 5, 1987)
Noch im selben Jahr am 20.6.1987 gründet Tag seine eigene "Gefangenenhilfsorganisation", das "Internationale Hilfskomitee für Nationale Politische Verfolgte und deren Angehörige e.V." (IHV) als Konkurenzorganisation zur HNG. (vgl. Fromm 1993, S. 107; Verfassungsschutzbericht Rheinland-Pfalz 1987, S. 95 f) In den folgenden Jahren führt Tags Konfrontationskurs zur Isolation seiner Minigruppen, wie der "Aktion Sauberes Deutschland" (ASD). Wen der IHV-Chef zu seinen Feinden zählt, belegt ein Beitrag aus dem Jahre 1989:

"Weiterhin war und ist die ASD[48] mit ihrem Führer Ernst Tag die einzige ernstzunehmende nationalsozialistische Organisation, die kompromißlos gegen Schwule und Kinderschänder vorgeht. Andere angebliche NS-Gruppen ignorieren die Abartigkeiten von Kühnen und seiner Schwulenbübchen und Kinderschänder. Nicht so die ASD. In ihren Reihen ist kein Platz für Schwule und Kinderschänder. Die FAP, Freiheitliche Deutsche Anal (früher Arbeiterpartei) Partei, sieht dies etwas anders. Sie hat ihre Reihen den Perversen geöffnet, und ließ sich von ihnen zu einem Abkommen mit dem süßen Michael überreden, angeblich wurde sie zu dem Abkommen erpresst. Die Krönung war, daß bei der Europawahl der Kühnenfreund Otto Riehs als Kandidat für die FAP antrat. Die FAP hat daher als Feind zu gelten. Bei der NF, Nationalistische Front, sieht es auch nicht besser aus. (...) Die NF hat daher, wie die FAP, als Feind zu gelten. Weitere Perversen-Freunde sind die Herausgeber des NS-Kampfrufes, die ihr Schwulenblatt von der sicheren USA aus nach Deutschland schicken, und wohl auch noch stolz darauf sind. (...) Wie der NS-Kampfruf, so ist auch 'Die schwule Bauernschaft' von Thies Christophersen, der im sicheren Dänemark lebt und dort seine Schrift verschickt, am besten als Heiz- oder Anzündmaterial zu verwenden." ('Der Schulungsbrief', Nr. 10 1989, S. 2 f)

In einer anderen Ausgabe erteilt er den Rechtsextremisten Jürgen Mosler, Friedhelm Busse, Volker Heidel und Michael Swierczek "lebenslängliches Hausverbot für das NS - Zentrum Weidenthal" - ebenfalls wegen Kontakten zu Michael Kühnen und dessen Anhängern. ('Der Schulungsbrief', Nr. 2 1989, S. 1 ff)

Tag integriert Mitglieder der WSG

Zu Tags engsten Mitstreitern gehört das ehemalige WSG-Mitglied Willibald Kraus. Gemeinsam mit Tag betreibt Kraus den "Bundesrepublikanisch-jüdischen Wiedergutmachungsclub" (WC) und zeichnet auch für eine Anzeige dieses Vereins in den 'Nachrichten der HNG' verantwortlich. Kraus polemisiert gegen den Massenmord an Juden im "Dritten Reich". ('Nachrichten der HNG', Oktober

---

[48] Aktion Sauberes Deutschland.

1984, S. 17 f) Gemeinsam mit Ernst Tag verbreitet er Anfang der achtziger Jahre ein Flugblatt, das die Absender mit provokativ mit "Nationalsozialisten" unterzeichneten:

"Unsere Väter waren keine Verbrecher - sondern Helden !
Der 8. Mai - WIR FEIERN NICHT MIT
Wir gedenken der Verbrechen des Auslandes an unserem Volk -
und unserer toten deutschen Soldaten
Deutschland den Deutschen
Besatzer raus!"

Auch im Tag-Organ 'Der Schulungsbrief' finden sich Aufsätze des ehemaligen WSG-lers Kraus:

"**Recht** des deutschen Volkes ist die Wiedererlangung seiner staatlichen Unabhängigkeit bei gleichzeitiger Rückgabe seiner derzeit unter fremder Verwaltung stehenden Reichsgebiete in den Grenzen vom 1.9.1939 zuzüglich Danzigs, Westpreußens, Polens sowie aller anderen nach 1918 vom Reich abgetrennten Gebiete.
F r e i h e i t des deutschen Volkes bedeutet in erster Linie artgemäß, d.h. frei von fremden Einflüssen, leben zu können und sich eine Staats- und Regierungsform zu geben, die nicht geprägt ist durch Parteienverbote wie es bei der Errichtung der Democratie (sic ! - der Autor) 1945 durch die Siegermächte der Fall war. Fazit daraus: LIEBER FREIHEIT OHNE DEMOKRATIE ALS DEMOKRATIE OHNE FREIHEIT."
('Der Schulungsbrief', Nr. 12 1985)

Außer Kraus engagiert sich Steffen Dupper[49], Mitglied von Hoffmanns Libanon-Truppe, bei Tag. Dupper ist nach seiner Libanonzeit "Kameradschaftsführer" der ANS/NA in Karlsruhe. In einem Bericht im 'Schulungsbrief' schildert der Rechtsextremist, wie er sich während einer Hausdurchsuchung von Tags Weidenthaler Neonazizentrum die Zeit vertreibt:

"Inzwischen spielte ich mit den Dorfkindern 'Schneeballschlacht'. Es war sehr lustig, als eines der Kinder dann spontan rief 'Eil Itler' - und sein Ärmchen hob. Doch dann kam sein Vater gerannt und schlug ihm seine democratische (sic ! - der Autor) Hand ins Gesicht. Das war nicht mehr lustig. Ich denke aber, daß wir auf unsere deutsche Jugend voll vertrauen können." ('Der Schulungsbrief', Nr. 12 1985, S. 2)

Dupper bespricht auch Tags Anrufbeantworter, der über die neuesten Aktivitäten der "Aktion Sauberes Deutschland" informiert. (vgl. Allgemeine jüdische Wochenzeitung, 12.9.1986) Zu den Freunden, die ihn im Weidenthaler Zentrum oft besuchen, gehört der ehemalige WSG-Mann Arnd-Heinz Marx, selbst Autor in 'Der Schulungsbrief'. In einem Beitrag aus dem Jahr 1986 von Marx finden sich

---

[49] Bis 1990 bemüht sich Ernst Tag noch um Steffen Dupper. In seinem 'Schulungsbrief' (SB) schreibt er 1990: "Kam. Dupper ist zu einer Haftstrafe verurteilt worden! Bitte gebt uns die Adresse, damit wir ihm helfen können!" (SB, Nr. 7 1990, S. 1)

alle Klischees rechtsextremistischen Denkens, bis hin zu Verschwörungstheorien und Welteroberungsfantasien:

"WEISSE ORDNUNG FÜR AFRIKA !"
Ein unter bolschewistischer Herrschaft stehendes Afrika, ist eine gigantische Gefahr für unseren alten Kontinent und damit für die weiße Rasse überhaupt.
Parlamentarier, Freimaurer, Bolschewisten, Plutokraten, Kirchen und Gewerkschaften stehen in einer Front um dieses Trauma zu verwirklichen. Mit der Auslöschung der Republik Südafrika, der letzten weißen Bastion auf dem schwarzen Kontinent, soll ein weiterer Schritt zum Welteinheitsstaat vollzogen werden. (...)
Ein zukünftiges nationales Deutschland, daß das z. Zt. herrschende System einmal ablöst, hätte ganz andere Möglichkeiten, um diesem Zustand abzuhelfen.
Allein die in Südwest-Afrika ansässigen Deutschen wären ein Grund genug, zu deren Schutz dort zu intervenieren und Südwest abermals für Deutschland zu annektieren. Von hier aus, könnte das weiße Südafrika militärisch und wirtschaftlich total unterstützt werden. Nicht nur das! Deutsch-Südwest und die Republik Südafrika würden einen unüberwindlichen weißen Machtblock auf dem schwarzen Kontinent bilden, von dem aus deutsch-burische Strafexpeditionen die Swapo-Terroristen bekämpfen, jagen, dezimieren und letztlich auslöschen können. Von diesem Machtblock aus, kann das gesamte Afrika geordnet, geleitet und unter ständiger Kontrolle gehalten werden. Wo sich der importierte Bazillus des Weltkommunismus rührt, muß die ordnende Hand des weißen Mannes erbarmungslos zuschlagen!" ('Der Schulungsbrief', Nr. 3 1986, S. 5 f)

Die Gründe für die Anziehungskraft der Tag-Gruppe auf ehemalige WSG-Mitglieder dürften bei der Orientierung an der SS[50] und der Kompromißlosigkeit der Agitation liegen. Kaum eine andere neonazistische Zeitschrift ruft so offen zum Terrorismus gegen die Demokratie auf und feiert Gewalttaten gegen Demokraten. Anläßlich des Attentats auf Oscar Lafontaine ehrt Tag die Attentäterin in seiner "Aktion Gefangenhilfe" (AG):

---

[50] In seinem Organ gedenkt Tag jährlich des Geburtstags des Reichsführers der SS, Heinrich Himmler. (vgl. 'Der Schulungsbrief', Nr. 8-10 1985; 'Der Schulungsbrief', Nr. 10 1988, S. 18) Dementgegen verachtet den SA-Führer Ernst Röhm, was bei der Anti-Homosexuellen-Kampagne gegen Michael Kühnen deutlich wird. (vgl. 'Der Schulungsbrief', Nr. 6 1986, S. 12). An anderer Stelle schreibt Tag: "Wo Adolf Hitler einen Fehler machte: Röhm 'DIE BEKANNTE UNGLÜCKLICHE VERANLAGUNG'" ('Der Schulungsbrief', Nr. 1 1986, S. 8) Auch in Tags Beitrag "GEDANKEN ZUM GEBURTSTAGE HEINRICH HIMMLERS" wird seine Positionierung deutlich: "Historisch betrachtet, hat der Reichsführer SS - Himmler, dem NATIONALSOZIALISMUS so lange er konnte, stets treu und loyal gedient. Jeder Democrat (sic ! - der Autor) mag darüber denken, wie er will - und ich gebe auch keine Bewertung ab -, aber es war Himmlers SS, es waren **seine** deutschen Männer, deutsche **Männer** und keine Schmutzfinken, die es mit Kerlen trieben, die für den NATIONALSOZIALISMUS da standen, wo man keine anderen hinstellen konnte. (...) Der Reichsführer SS war stets nur der zuverlässigste Soldat seines Führers." ('Der Schulungsbrief', Nr. 8-10 1985)
Außerdem veröffentlicht Tag eigene Fotos in Fantasieuniform auf der Rückseite seiner Gazette. An den Kragenspiegeln fällt auf, daß ein Bezug zur SS beabsichtigt ist. (vgl. 'Der Schulungsbrief', Nr. 9 1988)

"Ab sofort ist Adelheid Streibel zum Ehrenmitglied der AG ernannt. Sie hat mit ihrem Attentat auf den SPD Rotbonzen Lafontaine Mut bewiesen und sich daher um Deutschland verdient gemacht. Wir wünschen Frau Streibel alles Gute, und hoffen, daß sie bald entlassen wird." ('Der Schulungsbrief', Nr. 5, 1990, S. 13)

Ein anderes Beispiel ist die Ehrung von Rechtsterroristen durch die Tag-Organisation "Aktion Sauberes Deutschland". Wie wenig andere stilisiert die Gruppe die "Blutzeugen" der neuen Rechtsextremistengeneration zu Vorbildern für die Leserschaft. In einer Traueranzeige für Klaus-Ludwig Uhl und Kurt Eduard Wolfgram heißt es weiter:

"Am 20. Oktober jährt sich wieder der Tag des Opferganges unserer unvergeßlichen Kameraden Uhl und Wolfgram. So, wie wir in den vergangenen Jahren das Versprechen gegen haben, so leisten wir auch heute den Schwur:

'KAMERADEN, WIR VERGESSEN NICHTS'

ISAAK hat euch getötet, um dem Gesetz der brd Genüge zu tun. Doch ihr seid nicht tot, denn ihr lebt in uns und durch uns fort, immerdar."
('Der Schulungsbrief', Nr. 10 1988, S. 2)

Die Heroisierung der Rechtsterroristen Uhl und Wolfgram findet unter anderem in der Ausgabe zwei Jahre zuvor ihren Höhepunkt:

" 'KAMERADEN, WIR VERGESSEN NICHTS' (...)
ISAAK hat euch getötet, doch ihr lebt fort, denn ihr seid eingegangen in WALHALL und kämpft in uns für den Lichtmenschen - ihr führt uns den Arm, der in naher Zukunft das Böse und Dunkel des Antimenschen zerschlägt, der unser Volk zu Tode würgt."
('Der Schulungsbrief' Nr. 10 1986, S. 18 und 'Der Schulungsbrief' Nr.8-10 1985, S. 1/2)

Tags Umfeld

'Der Schulungsbrief' wird vor Tags Isolierung nicht nur von Mitgliedern der früheren WSG als Organ genutzt. Hier zeigt sich, wie eng Tag in das Umfeld der 1983 verbotenen ANS/NA und den Kreis um das Ehepaar Müller eingebunden ist. Zu den Autoren zählen Ewald Althans mit seinem "Deutsches Jugend-Bildungswerk" ('Der Schulungsbrief', Nr. 12 1985, S. 5 f), Dieter Austermann für die "Nationale Sozialistische Partei Deutschlands" ('Der Schulungsbrief', Nr. 8-10 1985, S. 7 f) oder Ursula Müller[51] mit ihrer "Frauenfront". Sie schreibt:

---

[51] Ursula Müller gehört zu den regelmäßigen Autoren im 'Der Schlungsbrief'. Andere Beiträge finden sich unter anderem in den Ausgaben, Nr. 8-10 1985, S. 4-6; Nr. 1 1986, Nr. 3 1986, S. 7 und in Nr. 4/5 1986, S. 8 f.

"W i r haben unseren eigenen Standpunkt, unabhängig, wir wollen ihn gewahrt wissen. Gesagt sei dies all Jenen, die uns am liebsten im Haus eingegattert sehen würden. Die politische Albernheit findet sich in extrem anderer Form in marxistischen Lager. Die Frau 'emanzipiert'. - total - im Bergwerk, Straßenbau - oder als Flintenweib. Weder das eine noch das andere ist für uns annehmbar. Ein freiheitlich denkender Mensch muß ohnehin eine derartige Fragestellung, besser gesagt: Infragestellung der Frau für unbegreiflich und entwürdigend halten. (...)
Freiheitliches Denken hat niemals die Gleichberechtigung der Frau mit dem Mann in Frage gestellt solange der Nordische Kulturkreis in sich geschlossen war. Erst als das Geistesgift vom Sinai über seine Filiale in Rom alles Gesunde in unserem Volk verseuchte, wurden wir Frauen das 'Gefäß der Sünde'.
Unsere Antwort hier und heute: Wir sind Feind diesem christlich-jüdischen Denken, wie wir Feind sind dem democratischen (sic ! - der Autor), das uns zum Freiwild, zum Lustobjekt heruntergewürdigt hat, vermeinend, alles mit seinem dreckigen Geld kaufen zu können." ('Der Schulungsbrief, Nr. 12 1985, S. 10)

Auch international bemühen sich Tag und seine Mitstreiter um Kontakte. So knüpft Klaus Acker Konktakte zum belgischen "Vlaamse Militanten Orde" (VMO) und zu den spanischen Gruppen "CEDADE" und der "Juventud Viking", dem iberischen WJ-Ableger. (Allgemeine jüdische Wochenzeitung, 12.9.1986) Tag hegt Sympathien für Muamar Gaddafi, über die Intensität dieser Beziehungen ist wenig bekannt. Tag schreibt:

"Oberst Gaddafi ist ein ehrlicher, aufrechter Führer. Seine Wahrheitsliebe und seine redliche Haltung können für die meisten westlichen Politiker nur erstrebenswert sein. Wir NATIONALSOZIALISTEN ERKLÄREN DEM Oberst GADDAFI unsere deutsche Hochachtung." ('Der Schulungsbrief, Nr. 10 1986, S. 3)

Zeittafel

1979: Gründung des "Verein zur Förderung der Wiederherstellung der Einheit Deutschlands und des deutschen Volkes in Frieden und Gleichheit vor allen Völkern e.V" (VDR)[52]
1980: Gründung der "Grüne Aktion Deutschland" (GAD)
1984: Gründung des "Bundesrepublikanisch-jüdischer Wiedergutmachungs-Club" (WC)
1985: Im Juni kauft Tag ein altes Wohnhaus in Weidenthal (Pfalz), das 1986 zu einem "Nationalen Zentrum umgebaut wird. Anläßlich der "Winterwendfeier" am 20.12.1986 tauft er sein Anwesen in "Rudolf-Heß-Haus" um. (vgl. Fromm 1993, S. 107 f) In seinem Blatt prahlt Tag: "Die unerforschlichen Geschicke der Vorsehung haben mich in die Lage versetzt, das NS-Zentrum zu schaffen." ('Der Schulungsbrief, Nr. 4 1988, S. 11)

---

[52] Auch als "Deutsches Vereinigtes Reich" (DVR) bekannt, allerdings nicht im Vereinsregister eingetragen. (vgl. Verfassungsschutzbericht Rheinland-Pfalz 1985, S. 99)

1986: Gründung der "Aktion Sauberes Deutschland" (ASD)
1987: Gründung des "Internationalen Hilfskomitee für Nationale Politische Verfolgte und deren Angehörige e.V." (IHV)
1989 - 1992 ist Tag in Haft: "Er wurde am 31.März 1989 wegen Verstoßes gegen das Waffengesetz, Hehlerei und Beihilfe zur schweren räuberischen Erpressung unter Einbeziehung der Freiheitsstrafen aus früheren Urteilen zu einer Gesamtfreiheitsstrafe von vier Jahren und sechs Monaten ohne Bewährung verurteilt." (Verfassungsschutzbericht Rheinland-Pfalz 1989, S. 97)
1994: In Pirmasens wird am 17. Oktober der Gründungsaufruf der "Deutschen Bürgerwehr" verteilt. Als Initiator tritt wieder Ernst Tag in Erscheinung. (vgl. Walter Zuber/SPD, der rheinland-pfälzische Minister des Innern und für Sport, Landtag Rheinland-Pfalz - 12. Wahlperiode - 93. Sitzung, 9. November 1994)

Es wäre angesichts der Fakten sicherlich vorschnell und verfehlt, Ernst Tags Gruppen als Auffangbecken für "heimatlose" WSG-Mitglieder zu bezeichnen. Das Engagement der drei ehemaligen Hoffmann-Streiter Steffen Dupper, Kraus und Marx in der Tag-Organisation belegt aber, wie tief Mitglieder der WSG in die neonazistische Subkultur der Bundesrepublik verwickelt sind und wie engmaschig das Netz um die ANS/NA und das rechtsextreme Ehepaar Müller in Mainz ist. Außerdem zeigen die Lebensläufe von Dupper, Kraus und Marx, daß zahlreiche Neonazis von einer verbotenen Organisation zur nächsten wechseln (1980: WSG; 1982: VSBD/PdA; 1983: ANS/NA). Viel wichtiger als Organisationsnamen scheint hier das rechtsextremistische Geflecht aus persönlichen Bekanntschaften und Szenetreffpunkten, die auch für Mitglieder der WSG immer wieder Anlaufstellen werden.

6.4.4. WSG - Kampfgruppe Priem

Die "Kampfgruppe Priem" (KGP) ist dominiert von ihrem Führer Arnulf Winfried Priem (geb. 1948) und gehört zu den aktivsten Organisationen in der extremen Rechten. Einige ihrer Mitglieder nehmen an Übungen der Wehrsportgruppe Hoffmann teil. Die KGP orientiert sich stark am politischen Lebenslauf Priems.
Dieser stammt aus der ehemaligen DDR und wird 1968 nach drei Jahren Haft in die Bundesrepublik ausgetauscht. (vgl. Hundseder 1990) Bereits 1971 engagiert er sich dann bei Gerhard Freys Deutscher Volksunion. So meldete der 'Deutsche Anzeiger' anläßlich einer Priem-Rede 1971 in der Koblenzer Rhein-Mosel-Halle:

> "ARNULF PRIEM, der jüngst aus den Zuchthäusern der Sowjetzone, wo er wegen antikommunistischer Betätigung einsaß, in die Bundesrepublik gelangte, bekennt sich leidenschaftlich zu Ostpreußen, dem Land seiner Vorfahren. (...) Priem - besonders aktives Mitglied der Volksunion -, erntete stürmischen Beifall, insbesondere auch bei seinen

Schlußworten: 'Es darf immer einen Schlußverkauf bei Hertie geben - aber niemals in unserem Vaterland!'" ('Deutscher Anzeiger', Juli-August 1971)

Auch für die NPD wird Priem aktiv. 1974 bringt er es bis zum Landtagskandidaten, ohne allerdings Parteimitglied zu sein. Im selben Jahr gründet er die "Kampfgruppe Priem" (KGP) und präsentiert sich auf Flugblättern als "Symbol deutschen Lebenswillens" mit Sitz in Freiburg. Die Satzung vom 8.7.1974 unterschreiben als Vorstand Arnulf Winfried Priem und Hans Peter Ritzau sowie als Mitglieder Peter Specht, Dieter Stockmeier, Ingrid Buderer, Angela Reeb und Dore Thönes. Das Programm der KGP ist offen revisionistisch:

1.) WIR KÄMPFEN FÜR DIE NEUERRICHTUNG DES DEUTSCHEN REICHES IN DEN GRENZEN DES SELBSTBESTIMMUNGSRECHTES.
Als erste Schritte fordern wir:
- den Abzug aller Besatzungstruppen aus West- und Mitteldeutschland.
- die Rückkehr aller Heimatvertriebenen und Siedlungswilligen jungen Deutschen nach Ostdeutschland und Sudetenland.
- keine 'Europäische Gemeinschaft', solange unser Vaterland geteilt ist.

2.) WIR FORDERN DIE GLEICHBERECHTIGUNG DES DEUTSCHEN VOLKES GEGENÜBER DEN ANDEREN NATIONEN, UNSERE NATIONALE EHRE UND WÜRDE IST WIEDERHERZUSTELLEN!
Das bedeutet im Einzelnen:
- die Aufhebung aller ungleichen Verträge (z.B. Atomwaffensperrvertrag, Ostverträge).
- Kampf gegen die Lüge der deutschen Alleinschuld am 2. Weltkrieg.
- Entlarvung der Greuelpropaganda über die KZ's des 3.Reiches, Richtigstellung der Lügen über Auschwitz und '6 Mill. ermordete Juden'.
- Schluß mit einseitigen Kriegsverbrecherprozessen und Wiedergutmachung.

3.) EINE DEUTSCHE REGIERUNG MUSS IN ERSTER LINIE DEN INTERESSEN DES DEUTSCHEN VOLKES DIENEN! Dazu gehört:
- die Stärkung der militärischen Verteidigung und des Wehrwillens.
- Sicherstellung der Ernährung und der Energieversorgung im eigenen Land.
- die schrittweise Rückführung der Gastarbeiter in ihre Heimat.
- Pflege der deutschen Sprache, Vermeidung unnötiger Fremdwörter. (...)

5.) WIR BETRACHTEN DIE VOLKSGESUNDHEIT ALS HÖCHSTES GUT. DIESE GILT ES VORRANGIG ZU BEWAHREN BEZIEHUNGSWEISE WIEDERHERZUSTELLEN.
Dazu sind folgende Maßnahmen erforderlich:
- eine großzügige Förderung des Sports
- Verbot jeglicher Werbung für Genußgifte (Alkohol, Nikotin)
- die Sterilisierung erbkranker Menschen
- der Verseuchung von Luft und Wasser ist durch strenge Gesetze Einhalt zu gebieten, Schluß mit der Vergiftung unserer Lebensmittel durch Chemikalien! Schutz vor radioaktiven Strahlungen.
- Verhinderung jeglichen Arzneimittelmißbrauchs."

Zur politischen Arbeit der KGP gehört die Organisierung von Diskussionsveranstaltungen. Am 4.7.1975 lädt die Gruppe Erwin Schönborn ein, den Vorsitzenden des "Kampfbund Deutscher Soldaten". Priems Verbindungen zur NPD sind auch nach der KGP-Gründung so gut, daß für Aktionen der Kampfgruppe in NPD-Publikationen geworben wird[53]. Selbst die inzwischen politisch-geläuterte Zeitschrift 'Mut' berichtet nebst Kontaktadresse von KGP-Werbeständen[54].

Arnulf Priem bestätigt in einem Gespräch die aktive Mitwirkung von Angehörigen seiner Kampfgruppe bei der WSG-Hoffmann. Zur Erhellung der Verbindungen zwischen der "Kampfgruppe Priem" (KGP) und der extremen Rechten der siebziger Jahre erklärt sich der frühere KGP-Chef zu einem Interview bereit[55]. Auszüge:

Frage: Du hast mir gesagt, Karl-Heinz Hoffmann hätte Dich in Freiburg getroffen. Was für ein Typ war Hoffmann?
Priem: War in Freiburg, glaube 1974 oder 75 und warb für die Hoffmann-Truppe. War ein selbstsüchtiger und teils affektierter Typ, der Briefpapier mit Relieftotenkopf versandte. Mir wollte er Vorschriften bezüglich meines Haarschnittes machen (O-Ton: ich (K.H. Hoffmann) kann Dich erst befördern, wenn Du kurze Haare hast). Habe dankend verzichtet.
Frage: Waren Mitglieder Deiner "Kampfgruppe Priem" auch bei Hoffmanns Übungen in Nürnberg beteiligt?
Priem: 3 Kameraden waren bei den Übungen von Hoffmann dabei - Miksch, Rudiger und ich glaube Benz[56].

Aus einem Sitzungsprotokoll der KGP vom 17.9.1975 geht die Expansion der Organisation von der lokalen Freiburger Truppe zu einer bundesweiten Gruppe hervor. Nach der Neugliederung wird Priem zum "Gruppenführer Deutschland", Siegfried Radziwill zum "stellvertretender Gruppenführer Deutschland". Weitere Posten: Harry Müller ("Landesführer Berlin"), Olaf Barth ("Standortführer Baden-Baden"), Dieter Stockmeier ("Pressereferent"). Michael Miksch, der an Übungen der WSG-Hoffmann teilnimmt, "wird dem Deutschen Block zur Wahrnehmung von dessen Vorstandsgeschäften vorgeschlagen" (zit. aus dem Protokoll - d. Autor). Auf dieser Sitzung beschließt die KGP, die sich gerade über Mitglied Nr. 50 freut, Erwin Schönborn die "Ehrenmitgliedschaft anzutragen".

---

53 "(...) am Samstag, dem 9.8., veranstaltet die 'Kampfgruppe Priem' einen Informationsstand in der Freiburger Innenstadt" (Rundschreiben Nr. 6/1975, NPD, Kreisverband Freiburg).
54 "Junge Leute verteilen immer wieder in Freiburg Flugblätter und Aufklärungsschriften, in denen sie Freiheit für Rudolf Hess und die letzten deutschen Kriegsgefangenen in Italien und Holland fordern" (Mut, März 1975).
55 Die Fragen gehen Priem am 3.8.1992 zu, bereits am 7.8.1992 treffen die Antworten ein.
56 Außerdem existieren Kontakte zu einzelnen WSG-Aktivisten weit über das Organisationsverbot hinaus. So bestätigt Priem im Interview, noch 1983 in Mainz mit Arnd-Heinz Marx politisch kooperiert zu haben.

Vom 1. bis 8.11.1975 organisieren die KGP-Mitglieder Angela Reeb, Michael Miksch, Dieter Stockmeier und Andreas Rösemann in Stuttgart einen öffentlichen Hungerstreik für den Hitler-Stellvertreter Rudolf Hess. Die Aktion zeigt erneut die weitreichende Kooperation rechtsextremistischer Einzelpersonen und Gruppen mit der KGP. Das Regionalblatt der "Jungen Nationaldemokraten" aus Bremervörde 'Fanal' (vgl. Jaschke 1982, S. 72) kommentiert:

"Junge Deutsche haben hier bewiesen, wie man wirkungsvoller und entschlossener für die kriegsgefangenen Kameraden eintreten kann, als durch Unterschriftensammlungen und Bla-Bla-Kundgebungen. Der 'Kampfbund Deutscher Soldaten' ist stolz darauf, daß mit Dieter Stockmeier, ein Mitglied der ersten Stunde sich aktiv an dem Hungerstreik beteiligt hat. Alle vier Teilnehmer wurden auf einer eindrucksvollen Schlußveranstaltung am 8. November in Stuttgart zu Ehrenmitgliedern des KDS ernannt. Alle Redner - Hajo Berg (DSVP), Erwin Schönborn (KDS und VVK), Arnulf Priem (Kampfgruppe Priem), Siegfried Radziwill (Rechtsblock), Rudolf Ernst (JN) und Rechtsanwalt Peter Stöckicht, brachten einhellig ihre Abscheu gegenüber den Mächten zum Ausdruck, die für die weitere Inhaftierung von Rudolf Hess und auch für alle anderen Kriegsgefangenen die Veranstwortung tragen" ('Fanal', Dezember 1975).

Drei Monate später kandidiert Priem auf dem NPD-Ticket erneut für den Baden-Württembergischen Landtag. Er ist allerdings kein Mitglied der NPD, weil er sich weigert, sein "Kampfgruppe Priem" aufzulösen. Trotzdem steht er im Wahlkreis 47 (Freiburg II) auf Platz 1. (vgl. 'Badische Zeitung', 24.3.1976)

Noch Anfang der siebziger Jahre wird Priem als Vorzeige-Dissident der DDR gefeiert. Doch 1978 bricht der Münchner Großverleger Gerhard Frey mit Priem, dessen Kampfgruppe "sich mehrere Male zu Schieß- und Sportübungen" getroffen hat. (Antifa 1980, S. 41) Freys Wochenblatt schreibt:

"Ein Subjekt namens ARNULF WINFRIED PRIEM, 29 Jahre alt, versuchte zunächst, sich in die verfassungstreue DVU einzuschleichen und biederte sich auch der NPD an. Als 'schräger Vogel' rasch erkannt und aus beiden Verbänden ausgeschlossen, wechselte er von Freiburg nach West-Berlin über, wo er Hakenkreuzschmierereien und andere Schandtaten beging" ('National-Zeitung', 28.4.1978).

Von seinem neuen Berliner Domizil in der Wriezener Str. 8 agiert der "Gruppenführer" der KGP, Arnulf Priem, weiter. So arbeitet er nach dem Verbot der Wehrsportgruppe Hoffmann weiterhin mit Mitgliedern der VSBD und der ANS zusammen. Seine "Kampfgruppe Priem" stellt erst 1984 ihre Arbeit ein.

Die ständige Agitation gegen die "Judenrepublik", die es zu beseitigen gelte, nehmen manche junge Rechtsextremisten für bare Münze. Am 21.10.1981 kommt es in München-Waldperlach zu einer Schießerei zwischen fünf Neonazis und einem Sondereinsatzkommando der Polizei. Die Rechtsextremisten sind gerade zu einem Banküberfall aufgebrochen. Als die Polizei das Feuer eröffnet, sterben der 24jährige Nikolaus (Klaus-Ludwig Uhl) und der 21jährige Kurt Wolfgram, beides Anhänger der VSBD. Die drei werden kurz nach dem Feuergefecht festgenommen, unter ihnen der damals 19 jährige schwerverletzte Peter Fabel, Mitglied in Priems KGP. Zu den Kontakten seiner Gruppe zu Fabel sagt Priem:

Priem: "Peter Fabel war eines der ersten Mitglieder der Kampfgruppe Priem e.v.. Wurde geworben durch Dieter Stockmeier und war in der Bremer Kameradschaft."
Frage: Wie stand die "Kampfgruppe Priem" zur VSBD Friedhelm Busses; gab es Kooperation?
Priem: Anfänglich bestanden lose Verbindungen, z.b. waren die erschossenen Kurt Wolfgram und Kamerad Uhl auch bei Aktionen von uns vorher dabei.

Enge Verbindungen bestehen laut Priem zwischen der KGP und Thies Christophersen: "Langjährige Zusammenarbeit mit Thies, 'Bauernschaft' brachte unsere Annoncen und war Schulungsgrundlage". In einem Brief Thies Christophersens vom 12.6.1975 an den KGP-Aktivisten Dieter Stockmeier heißt es:

"Ich habe mich über Ihren Bericht über die Kampfgrupppe Priem sehr gefreut. Das sind Leute, die wir dringend in der heutigen Zeit benötigen. Ich wollte, wir hätten in jeder Stadt so eine Kampfgruppe.
Es hat mich gefreut, daß Sie mit Herrn Roeder und Herrn Schönborn bereits zusammenarbeiten.
Ich habe mir erlaubt, Ihre und die Anschrift der Kampfgruppe Priem in meine Kartei aufzunehmen und werde sie künftig gerne regelmäßig mit meinen Schriften beliefern."

Mit Michael Kühnen kooperiert Priem bis zu dessen Tod 1991. Beiden lernen sich laut Priem bereits Ende der siebziger Jahre auf einer neonazistischen Veranstaltung kennen[57]. In den achtziger Jahren wird Priem zu einem der wichtigsten Mitarbeiter Kühnens und organisiert für ihn am 18.3.1990 den Berliner Block. Dieser setzt sich aus Wotans Volk, der inzwischen verbotenen Deutsche Alternative und der Ostberliner Nationalen Alternative zusammen. Ziel ist die Bündelung der neonazistischen Kräfte Berlins[58]. Zu fast allen politischen Großkundgebun-

---

[57] Priem glaubt beim KDS, wie er im Interview schreibt (vgl. auch Fromm 1993, S. 175).
[58] In ihrem Gründungsdossier schreiben die Neonazis: "Der Berliner Block ist ein Dachverband für alle deutsch-alternativen Kräfte in Berlin. Die in ihm zusammengeschlossenen Verbände haben ihr gemeinsames Wollen in folgenden 5 Punkten zusammengefaßt:
1. Wahl zu einem gesamtberliner Parlament, aus dem eine gemeinsame Stadtverwaltung hervorgeht, noch in diesem Jahr.
2. Beseitigung aller innerstädtischen 'Grenzkontrollen', völliger Abriß der Mauer, Herstellung der völligen Freizügigkeit in ganz Berlin.
3. Konsequenter Kampf gegen Schieber und Spekulanten in ganz Berlin.
4. Berlin soll wieder die Hauptstadt aller Deutschen sein.
5. Berlin soll eine deutsche Stadt bleiben; die Überfremdung Berlins durch Ausländer, die als geschlossene fremde Minderheit sich in der Stadt ansiedeln wollen, muß verhindert werden" ('Die Neue Front', Nr. 72, 1990).

gen in den neuen Bundesländern kommen Vertreter des WV (Dresden, Cottbus, Halbe, Kassel etc.). Trotzdem hält sich Priem lange im Hintergrund, "um Kühnen nicht die Show zu stehlen". (Priem, zit. aus Fromm 1993, S. 175) Er unterstützt Kühnen finanziell und materiell und läßt dem "Chef" die Publicity, wie er heute sagt. (Priem, zit. aus Fromm 1993, S. 175) Priem ist Landesvorsitzender von Berlin der neonazistischen Organisation "Deutsche Alternative" bis zu ihrem Verbot am 8.12.1992.

Paralell zu seiner "profanen" Tätigkeit betreibt Priem esoterische Arbeit im 1980 "bekanntgewordenen Verein 'ASGARD-Bund e.V.", dessen Vorsitz er "seit mehreren Jahren inne hat." (Verfassungsschutzbericht Berlin 1991, S. 63) Der Bund versteht sich als Gemeinschaft heidnisch-germanischer Weltanschauung. Seit 1987 ist auch die Jugendgruppe der Organisation Wotans Volk aktiv und ab 1990 "unternahm die Gruppe (...) Exkursionen in die Berliner Umgebung, um wehrsportähnliche Übungen abzuhalten und Schlachtfelder des Zweiten Weltkrieges nach Waffen und Militaria abzusuchen". (Verfassungsschutzbericht Berlin 1991, S. 64)

In seinem Organ 'Der Wotansspeer' (WS) verbreitet der "ASGARD-Bund" offen rassistische und neonazistische Propaganda. Außerdem erscheint seit 1979 der 'Nordisch-germanische Jahrweiser', ein "bei Neonazis und Angehörigen heidnischer Gemeinschaften im In- und Ausland beliebter Kalender". (Verfassungsschutzbericht Berlin 1992, S. 79) Neben Bildern von Wikingern, Germanen und Kultplätzen präsentiert die Schrift Runenkunde. Neonazistische Tendenzen treten beispielsweise dann zutage, wenn die Herausgeber Reinhard Heydrich zitieren, und auf seinen Geburtstag hinweisen.

Ungeachtet der Organisationsverbote, 1980-1983 (WSG, VSBD, ANS/ NA) und 1992-1993 (DA, NO, NF, NB, HVD etc.) wirkt Priem als eine treibende Kraft der extremen Rechten bis in die neunziger Jahre.

6.4.5. WSG - "Neonazikreis um Müller"

Zu den Schaltstellen des deutschen Neonazismus zählt seit Anfang der siebziger Jahre das Ehepaar Ursula und Kurt Müller. Im Mittelpunkt der Aktivität der Rechtsextremisten steht dabei deren Gärtnerei in Mainz-Gonsenheim. Sie gilt seit Jahren Neonazis aus dem In- und Ausland[59] als Treffpunkt. Hier veranstaltet die Szene ihre Sonnwend- und Hitlergeburtstagsfeiern. Auch Mitglieder der **"Wehr-**

---

[59] Zu den Auslandskontakten schreiben die Verfassungsschutzbehörden: "Hausdurchsuchungen im Januar bei den Neonazis Kurt und Harald Müller, Mainz ergaben, daß diese Verbindungen zur 'World Union of National Socialists' (WUNS) in den USA, zur italienischen 'Ordine Nuovo' und zum britischen 'National Socialist Movement' (NSM) pflegten." (Verfassungschutzbericht des Bundes 1976, S, 48)

sportgruppe Hoffmann" gehören zum Freundes- und Besucherkreis des Ehepaars.

Eine wichtige Position nimmt das WSG-Mitglied Willibald Kraus ein. Er kann als Chefideologe neonazistischer Organisationen bewertet werden, die sich auf dem Müller-Grundstück treffen. Außerdem kooperiert die Müller-Gruppe mit anderen Wehrsportgruppen. So bestehen Kontakte zur im Januar 1983 in Koblenz gegründeten "Wehrsportgruppe Wolfspack/Sturm 12" und zur "Wehrsportgruppe Totila", die in Bad Ems hauptsächlich durch Schmieraktionen auffällt. (vgl. Verfassungsschutzbericht des Landes Rheinland-Pfalz 1983, S. 65f) Von einer organisierten Zusammenarbeit zwischen WSG-Hoffmann und dem Müller-Ehepaar zu sprechen, wäre aber weit übertrieben. Beachtenswert ist vielmehr die Kontinuität, mit der Ursula und Kurt Müller ein privates Kontaktnetz aufbauen können. Vor allem die langjährigen persönlichen Verbindungen zu gefährlichen Rechtsextremisten erscheinen wichtig. Die Aktionen von Organisationen mit interessanten Namen, hinter denen sich jedoch nicht viel verbirgt, haben häufig in den Medien und in antifaschistischen Kreisen zu einer ungerechtfertigten Überbewertung geführt. So schreibt die VVN 1985:

> "Auf dem Anwesen Müller laufen immer wieder die Fäden des gesamten Neonazi-Spektrums zusammen. Es bestehen auch direkte Verbindungen zu den Weiße-Weste-Nazis der NPD und DVU, die in der Öffentlichkeit immer jeden Kontakt zu den Terroristen abstreiten. Ja sogar zu den Schreibtischtätern des Heidelberger-Manifest gibt es enge Kontakte, die für die Arbeitsteilung des Neofaschismus äußerst wichtig sind - die Arbeitsteilung zwischen Vordenkern und Ausführern, zwischen denen, die die Stimmung schaffen und denen, die sie nutzen." (Neonazis 1985, S. 8)

Hier wird übersehen, daß es zwar Kontakte zu Einzelmitgliedern von DVU und NPD gibt, aber keine organisatorische Verflechtung und keinesfalls eine Arbeitsteilung besteht. Die Information von staatlicher Seite über die Gärtnerei in den siebziger Jahren fallen dagegen äußerst spärlich aus. 1979 schreibt das Bundesamt für Verfassungsschutz in seinem jährlichen Bericht kurz und knapp unter "2.2.9.": "Der Führer der NS-Aktivistengruppe in Mainz, Curt Müller (49, Gärtnermeister) unterhielt 1979 ebenfalls enge Kontakte zur ANS und der NSDAP/AO." (S. 30) Diese Feststellung sagt wenig über die Bedeutung und Einordnung der Gärtnerei für den Neonazismus in Deutschland.

Geschichte:

Die Familie Müller kann als Beispiel für die Radikalisierung von Teilen der NPD Anfang der siebziger Jahre betrachtet werden. Kurt Müller engagiert sich seit den sechziger Jahren für die NPD, ohne der Partei beizutreten. 1972 kandidiert er für die Nationaldemokraten zu den Bundestagswahlen. (vgl. 'Mainzer Allgemeine Zeitung', 4.11.1971) Dann kommt es zum Bruch mit der NPD, und Müller schließt sich der "Aktion Widerstand" an. Das Landgericht Koblenz schreibt am 18.4.1979:

> "Grund für diesen Schritt war nicht seine Einsicht in die politische Wirklichkeit in der Bundesrepublik Deutschland und die Hoffnungslosigkeit seiner bisherigen politischen Anstrengungen, zusammen mit seinen Gesinnungsgenossen in der Bundesrepublik Deutschland einen Rechtsrutsch zu erreichen, als vielmehr seine Enttäuschung über das laue Vorgehen der NPD, die sich seit Anfang der 70iger Jahre den Anstrich einer demokratischen, 'deutschnationalen' Partei gibt (...)." (Landgericht Koblenz, 101 Js 1010/73, S. 5f)

Ursula Müller wird sogar NPD-Mitglied. 1971 beteiligt sie sich an der Organisation einer Veranstaltung, bei der als Hauptredner Adolf von Thadden auftritt. (vgl. 'Mainzer Allgemeine Zeitung', 4.5.1971)

Den Sohn Harald Müller erzieht das Gärtnerehepaar im Geist Hitlers. Schon früh besucht er als Schüler gemeinsam mit seinem Vater rechtsextremistische Aufmärsche. Dabei gelingt es den Eltern, den Jungen für den Nationalsozialismus zu begeistern. Anfang der siebziger Jahre ist er Mitglied der "Jungen Nationaldemokraten" und der "Wiking-Jugend". (vgl. Landgericht Koblenz, 18.4.1979, 101 Js 1010/73, S. 5) Es folgen Propagandadelikte und der Einstieg in die militante Neonazi-Szene. Anfang der siebziger Jahre stößt Harald Müller in eine neo-nationalsozistische Organisation, die sich um Hans Joachim Neumann und den damaligen Bundeswehrunteroffizier Willi Wegener aus Munster in der Heide schart. Als die Gruppe im April 1974 ausgehoben wird, findet die Polizei Gewehre und Pistolen. Die Waffen sollten im Fall eines kommunistischen Aufstandes an Gleichgesinnte verteilt werden. Außerdem plant die Gruppe die Entführung von Simon Wiesenthal. Sie wird auch verdächtigt, jüdische Friedhöfe geschändet zu haben. (vgl. 'Der Spiegel', 5.8.1974; Herb/Peters/Thesen 1980, S. 75f; 'Mainzer Allgemeine Zeitung', 16.4.1974)

Am 20.4.1974 reist Harald Müller nach Großbritannien zu einer Hitlergeburtstagsfeier. Später ist er auf Veranstaltungen des "Kampfbund Deutscher Soldaten" (KDS) um Erwin Schönborn anzutreffen. Am 1.3.1975 nimmt der Rechtsextremist an einer KDS-Demonstration vor dem Anwesen des rheinland-pfälzischen Ministerpräsidenten Helmut Kohl teil, am 11.4.1975 erscheint er in Uniform auf einer KDS-Veranstaltung in Frankfurt. (vgl. 'Mainzer Allgemeine Zeitung', 10.1.1976) Auch in der NPD ist Müller aktiv. Am 17.6.1974 tritt er als Fanfarenbläser bei der NPD-Kranzniederlegung am Mahnmal am Fischtor auf.

Nach dem Bruch mit der NPD nehmen die neonazistischen Provokationen der Gärtnerfamilie Müller zu. Einige Eckdaten:

26.04.1974: Festnahme Harald und Kurt Müllers in Westberlin, nachdem sie 40 Ausstellungsschilder der Aktion Sühnezeichen über die NS-Politik in Polen mit roter Farbe beschädigt haben. Unter den 15 randalie-

renden Rechtsextremen befinden sich auch Manfred Roeder und Thies Christophersen.
Mai 1975: Bei Müllers wird ein Waffenlager ausgehoben, das unter anderem drei Gewehre, zwei Pistolen und HJ-Dolche umfaßt.
Februar 1976: Kurt Müller beschmiert ein Polizeiauto mit Hakenkreuzen.
Juli 1976: Bei der Aufführung des Joachim Fest Films "Hitler - eine Karriere" singt die Familie, die Hand zum Hitlergruß erhoben, das Horst Wessel Lied. etc.
(vgl. Neonazis 1985, S. 9 - 12)

Müller - WSG

Das Ehepaar Müller unterhält enge persönliche Kontakte zum hessischen Ableger der **"Wehrsportgruppe Hoffmann"**, und zwar zu Emil Dilger, in dessen Kellerräumen der hessische **"Sturm 7"** tagt.[60] Für ihn gilt wie für viele andere Neonazis die Gonsenheimer Gärtnerei als Rückzugspunkt vor Polizei und Justiz. Hier versteckt Dilger seinen Pflegesohn, nachdem dieser wegen neonazistischer Provokationen in der Schule in ein Erziehungsheim kommt und von dort flieht. Das Schutzverhältnis Kurt Müllers zu Dilger ist Thema einer Szene-Publikation der "Volksbewegung gegen antideutsche Greuellügen", für die der Frankfurter Rechtsextremist Wolf Dieter Rothe verantwortlich zeichnet. Der Titel des Heftchens: "Nazi-Jagd auf Familie Müller in Mainz". Die "Sturm 7" - Mitglieder Michael Satorsky, Stefan Wagner und Arnd-Heinz Marx gehen ebenfalls bei der Gärtnerei Müller ein und aus. (vgl. Interview mit Michael Satorsky vom 1.12.1990)

Ebenfalls enge Beziehungen hat das Ehepaar Müller zu den Rechtsterroristen Frank Schubert (VSBD/PdA) und Odfried Hepp **(WSG-Libanon)**, die beide zeitweilig bei Müllers wohnen. (vgl. Dudek 1985, S. 167) Schubert absolviert bei Müllers sogar eine Lehre in der Gärtnerei. Die Rechtsterroristen Dieter Sporleder **(WSG-Hoffmann, VSBD/PdA)** und Walther Kexel (VSBD/PdA) verkehren regelmäßig bei Müllers. (vgl. Neonazis 1985, S. 27; Stöss 1989, S. 161)

Müller - Aktionsfront Nationaler Sozialisten/Nationaler Aktivisten ANS/NA)

Für die ANS/NA ist das Gelände Müllers zentraler Treffpunkt. Dort gründet die 1983 verbotene Neonazi-Organisation anläßlich eines sogenannten "Führerthing-

---

[60] Für das bayerische LKA gilt auch Emil Dilger als Anhänger der "Wehrsportgruppe Hoffmann". (vgl. Abschlußbericht des Bayerischen Landeskriminalamtes über die Ermittlungen im Komplex WSG-Hoffmann, Nr. 2508/80 - Kt., 30.3.1981 im Zusammenhang mit dem Anschlag auf das Oktoberfest).

Treffens" am 26.6.1983 die "Aktion Ausländerrückführung - Volksbewegung gegen Überfremdung und Umweltzerstörung" (AAR) als "parteipolitischer Arm" der ANS/NA. (vgl. Verfassungsschutzbericht des Landes Rheinland-Pfalz 1983, S. 60). Die enge Anbindung Müllers an die ANS/NA belegt auch die Gründung der "NA-Kameradschaft" Mainz im Herbst 1983. Leiter der Gruppe ist das ehemalige Mitglied der **"Wehrsportgruppe Hoffmann"** Willibald Kraus, zu diesem Zeitpunkt schon wohnhaft bei Müllers.

Nach dem Verbot der ANS/NA am 7.12.1983 treffen sich am 17.12. erneut führende Mitglieder der Gruppe auf dem Anwesen Müllers. Das Thema der "privaten" Wintersonnwendfeier: Die Fortführung neonazistischer Politik unter den neuen Vorzeichen. Ein Versuch der Neonazis um das Ehepaar Müller, die ANS/ NA-Tätigkeit im Rhein-Main-Gebiet weiterzutreiben, ist die Gründung der sogenannter "Leserkreise". Die Leserkreise Mainz und Rüsselsheim schließen sich 1983 zur "Nationalen Volksfront" (NVF) zusammen. (vgl. Verfassungsschutzbericht des Landes Rheinland Pfalz 1983, S. 65) Organ der NVF ist "Die Eiserne Faust", presserechtlich zeichnet der **ehemalige WSG-Mann Willibald Kraus** verantwortlich. In dem neonazistischen Blatt genießt Kurt Müller einen hohen Stellenwert. ("Nazi Müller bleibt der Knüller" - vgl. Ausgabe Juli 1984, S. 8) Historisch findet eine unzweideutige Glorifizierung Adolf Hitlers statt:

"Dieser Adolf Hitler hat dem gesamten deutschen Volk nach der Niederlage von 1918 wieder Hoffnung und Glauben gegeben. Auf friedlichem Wege begann er das Schanddiktat von Versailles zu revidieren und das gesamte deutsche Volk zu einen (Anschluß Österreichs an das Reich, Rückkehr des Sudetenlandes). Im Innern beseitigte er nach 1933 das durch Massenarbeitslosigkeit hervorgerufene Elend großer Volksteile. In einem erfolgreichen Wiederaufbau in den sechs Friedensjahren seiner Regierung stärkte er die Volkswohlfahrt, gab Deutschland seine Wehrmacht wieder und erreichte einen bis dahin nicht gekannten wirtschaftlichen Aufschwung. Im Jahre 1939 wurde dieser friedliche Aufbau des Reiches unterbrochen, da die Weltplutokratie unter dem Vorwand einer 'Garantieleistung für Polen' dem Deutschen Reich einen Krieg aufzwang, der sich alsbald zu einem Weltkrieg ausweitete. Dem Ansturm der neidisch gewordenen Welt der Plutokraten und Bolschewisten trotzte das Deutsche Reich unter seiner Führung sechs Jahre lang. Am Ende aber erlag Deutschland trotz eines heldenhaften Kampfes der Übermacht der Feinde." (Die Eiserne Faust, April 1984, S. 6)

Hoch im Kurs bei den Mainzer Neonazis steht das ehemalige **WSG-Hoffmann-Mitglied Arnd-Heinz Marx**. In der Juni-Juli-Ausgabe 1984 schreiben die Autoren auf Seite 3, Marx sei "zum Ehrenmitglied der NVF ernannt und in die Leitung der NVF aufgenommen" worden.

Im Rahmen des Prozesses gegen **Karl-Heinz Hoffmann** in Nürnberg wegen Anstiftung zum Mord am jüdischen Verlegerehepaar Shlomo Levin und Frieda Poeschke bezieht 'Die Eiserne Faust' pro Hoffmann Stellung:

"Tragisch in diesem Mammutprozeß in Schlecht-Nürnberger-Tradition für K.H. Hoffmann ist, daß sich aus den Reihen seiner ehemaligen WSG Zeugen gefunden haben, die der Systemanwaltschaft Hilfestellung leisten. Auch wenn Karl-Heinz Hoffmann kein Nationalsozialist ist, so hat er sich doch um die Wehrertüchtigung eines großen Teils patriotischer junger Deutscher verdient gemacht." ('Die Eiserne Faust', Oktober 1984, S. 5)

In alter WSG-Tradition führt Kraus auch den "Stosstrupp THEODOR EICKE", als bayerischen Ableger seiner NVF zu. Kopf der Gruppe ist Markus Grünthaler, früheres **Mitglied der "Wehrsportgruppe Hoffmann"**. (vgl. 'Die Eiserne Faust', August 1984, S. 4f) Zum Wehrsportgedanken innerhalb der NVF schreibt Kraus:

"Es gibt keinen Grund sportlicher Betätigung, auch wenn sie sich an militärischen bzw. paramilitärischen Normen ausrichtet, ablehnend gegenüberzustehen, da SPORT IN WELCHER FORM AUCH IMMER BEDEUTEND SINNVOLLER IST, ALS JENE 'PSEUDOFREIZEITBESCHÄFTIGUNG', MIT DER DIE BEFREIUNG DER AMERIKANER IN UNSER LAND KAM. (...)" ('Die Eiserne Faust', Sonderausgabe, Dezember 1984, S. 2)

Kurz vor dem Jahreswechsel 1984/1985 sinkt auch der Stern des Willibald Kraus in der Szene. Der Hauptvorwurf: Kraus soll sich an einem jungen Gleichgesinnten sexuell vergangen haben. In einer "Notausgabe" schreibt 'Die Eiserne Faust':

"Lieber Kameraden!
Wie Ihr alle wißt, hat Willi Kraus alle Ämter niedergelegt und ist aus der NVF ausgetreten. (...) Sein vorzeitiger freiwilliger Austritt hat es ihm erspart, daß er sich aus einem bestimmten Grunde, vor einem Ehrenausschuß der NVF-Führung hätte verantworten müssen." ('Die Eiserne Faust', Dezember 1984, S. 2)

Der engen Anbindung an das Gärtnerehepaar Müller schadet der Bruch NVF-Kraus nicht.

Müller - Willibald Kraus

Nach dem Verbot der **"Wehrsportgruppe Hoffmann"** arbeitet das ehemalige Mitglied Willibald Kraus in zahlreichen Neonazigruppen mit (u.a. VSBD/PdA, ANS/NA, NVF). 1985 gründet Kraus, damals noch bei Müllers wohnend, die Organisation "Sozialistische Reichstreue Patrioten" (SRP). Die SRP ist eine eng an Müllers angebunde neonazistische Splittergruppe, die sich regelmäßig auf deren Anwesen trifft. Sie publiziert den 'SRP-Reichswart', der seit 1984 erscheint und sich später in 'Reichswart der SRP/NS' unbenennt. Anfang des Jahres 1985 veröffentlicht Kraus außerdem das Organ 'Gonsenheimer Warte - Stimme der

Nationalen Sozialisten'. (vgl. Verfassungsschutzbericht des Landes Rheinland Pfalz 1985, S. 94)

Zum Bruch zwischen Kurt und Ursula Müller und Willibald Kraus kommt es ein Jahr später. In der Nacht zum 21. Mai 1986 brennt das "Wallhalla", so heißt die Versammlungsstätte auf dem Anwesen Müller, vollständig ab. Danach zieht Kraus bei Müllers aus und nimmt sich eine Wohnung in Mainz. Während sich die linksextremistische Szene in ihren Publikationen wie 'De Knipselkrant' und 'radikal' zum Anschlag bekennt, vermuten die Neonazis den Täter nicht in der extremen Linken, sondern in den eigenen Reihen. Am 11.8.1986 wird das Ex-WSG-Mitglied Willibald Kraus in seiner Wohnung von zwei Rechtsextremisten überfallen, die ihn beschuldigen, er habe die "Walhalla" auf dem Grundstück Müllers angezündet. (vgl. Verfassungsschutzbericht Rheinland-Pfalz 1986, S. 106)

Müller - Gunnar Pahl

Zu den Bindegliedern des deutsch-amerikanischen Neonazismus gehört als einer der strebsamsten und offensivsten NSDAP/AO-Anhänger Gunnar Pahl. Gleichzeitig steht Pahl in sehr engem Verhältnis zu Ursula und Kurt Müller, die er vor Gericht sogar als seine Eltern bezeichnet. Auch Müllers, bei denen Pahl lange Zeit wohnt, betrachten Pahl als ihren Sohn. (Landgericht Koblenz, 18.4.1979, 101 Js 1010/78, S. 15)

Die enge Anbindung Pahls an die NSDAP/AO ist aktenkundig. So werden bei ihm bei einer Hausdurchsuchung am 7.4.1978 zahlreiche Exemplare des 'NS-Kampfruf', Nr. 24 - Januar/Februar 1978 beschlagnahmt, die er "zur Verbreitung vorrätig hielt", wie der Bundesgerichtshof am 14.2.1979 in einer Urteilsbegründung festhält (3 StR 412/78 (S)). Außerdem stellt die Polizei weitere Belege für Pahls internationale Aktiviät sicher. Die Staatsanwaltschaft schreibt am 9.5.1978 an das Landgericht Koblenz: "Der Angeschuldigte unterhält Schriftwechsel mit Rechtsradikalen im In- und Ausland." (Staatsanwaltschaft, 101 Js 768/78, S. 5) Der brisanteste Fund dürfte jedoch ein Dokument sein, in dem Gary Lauck Pahl zu seinem Stellvertreter in Deutschland macht. Aus dem Inhalt:

"Ernennung
Ich ernenne hiermit den Kameraden Gunnar P. zum Posten meines Ersten Stellvertreters fuer das Reichsgebiet. Als solcher unterliegt er nur mir und Karl Hammer. Diese Ernennung wird ab sofort (25.2.1978) gueltig. (...)
Die anderen massgeblichen Fuehrer sind ihm bereits bekannt. Diese Fuehrer (so z.B. Paul O. u.a.) werden als die Hoechsten Politischen Berater der Organisation dienen. Dieser Beraterkreis ist einem Generalstab vergleichbar.
Aufgabe meines Ersten Stellvertreters bzw. der Hoechsten Politischen Berater sind u.a.:
1. den aktiven Widerstand zu foerdern.
2. die Versorgungs- und Kommunikationssysteme zu bessern. Die groesseren Zellennetze sollen eventuell voneinander unabhaengige Versorgungslinien haben. Groessere

und kleinere Zellen brauchen neutrale Adressen fuer Materialsendungen und Briefwechsel.
3. die Sicherheit und das Zellensystem der voneinander unabhaengig arbeitenden Zellen zu bewaehren. (...)
4. die allgemeine Anerkennung unserer Organisation als die fuehrende Kraft in der Bewegung und ihres Fuehrungsanspruchs zu gewinnen (...).
5. jeglichen Versuch, die Auslandsorganisation von der Aufbauorganisation zu trennen zu bekaempfen; jeglichen Versuch, eine unabhaengige Bundesfuehrung oder sonstige sogenannte 'Reichsleitung' zu gruenden, zu bekaempfen; (...)
6. nach Kraeften finanziell zur Arbeit der Propagandamaschine in Lincoln beizutragen."
(Staatsanwaltschaft, 9.5.1978, 101 Js 768/78, S. 5f; Orthografie wie im Original)

Diese "Ernennung" zum stellvertretenden NSDAP/AO-Chef lehnt Pahl angeblich ab. Pahl selbst will wenige Tage nach Erhalt des Lauck Briefes am 1.3.1978 geantwortet haben:

"Lb. Gerhard!
Kürzlich erhielt ich ein Schreiben von Dir, in dem Du mir die Ernennung zum Stellvertreter mitteiltest.
Ich muß Dir leider mitteilen, dass ich auf gar keinen Fall dieses Amt annehmen werde.
Ich beabsichtige mich in der nächsten - wie Du ja aus früheren Briefen weißt - zu verloben und später zu heiraten.
Um mir und uns nun erst einmal eine vernünftige Grundlage zu schaffen möchte ich mir zunächst einmal voll kommen aus der Politik zurückziehen.
Ich bin sicher, Du wirst es verstehen und dieses Amt einem anderen Kam. übertragen!
88!
Dein Gunnar"
(Staatsanwaltschaft 9.5.1978, 101 Js 768/78, S. 26f; Orthografie wie im Original)

Auch wenn das Schreiben Pahls vom 1.3.1978 echt sein sollte, ist es Beleg für seine enge Kooperation mit der NSDAP/AO. Zu diesem Schluß kommt auch das Landgericht Koblenz, als es am 18.4.1979, den offiziellen Wohnsitz Pahls beim Gärtnerehepaar Müller in Mainz-Gonsenheim bewertend, schreibt:

"In Wirklichkeit hatte er aber in einem konspirativen Appartment in Mainz-Zahlbach Wohnung genommen, von wo aus er dann, stellvertretend für seinen Freund Gary Lauck, bundesweit die rechtsradikale Szene bereiste, die Szene mit Propagandamitteln der 'NSDAP/AO' belieferte, neue Zellen aufbaute, 'Aktivitäten' organisierte u.a.; Pahl, Reisender in 'NS-Sachen', war und ist nach Überzeugung der Kammer eine ganz maßgebliche Person auf der rechtsextremen Szene und gilt offiziell als rechte Hand und Sprachrohr des Lauck." (Landgericht Koblenz, 101 Js 1010/73, S. 15)

Müllers unterhalten desweiteren enge Kontakte zu den VSBD/PdA und NSDAP/AO-Kadern Kurt Wolfgram und Klaus-Ludwig Uhl, die bei einem Feuergefecht mit der Polizei 1981 ums Leben kommen. Für sie organisieren Ursel und Kurt Müller Trauerfeiern. Müllers sind ein Beleg für die Bedeutsamkeit von personeller Kontinuität im bundesdeutschen Neonazismus. Signifikant dafür ist auch das

Verhältnis zu Mitgliedern der WSG. Dient die Gärtnerei vor dem WSG-Verbot zahlreichen WSG-Aktivisten als Hort hitleristischer Glorifizierung und politischer Klüngeleien, so bleibt der Ort nach dem Verbot als Kommunikationszentrum erhalten. Für ehemalige Mitglieder der Wehrsportgruppe Hoffmann wie Willibald Kraus oder Arnd-Heinz Marx bietet die Gärtnerei Rückzugsraum, um trotz der Verbote von WSG und ANS/NA weiter ungestört neonazistische Provokationen organisieren zu können.

Obwohl Müllers in den siebziger Jahren keine Vorstandsposten in neonazistischen Organisationen bekleiden, entwickelt sich ihr Anwesen zu einer wichtigen Konstanten in der Infrastruktur der militantesten neonazistischen Zirkel.

6.4.6. WSG - Wehrsportgruppe Ruhrgebiet

Die "Wehrsportgruppe Ruhrgebiet" (WSGR) wird von dem Bochumer Datenverarbeitungstechniker Udo Albrecht gegründet (vgl. Huhn/ Meyer 1986, S. 124). Dieser ist neben seiner Tätigkeit rechtsaußen auch Informant der STASI, Deckname "König".

Seine Gruppe zeichnet sich nicht nur durch propagandistische, sondern auch durch erhebliche kriminelle Aktivität aus. Als die Beteiligten sich 1981 vor der ersten großen Strafkammer des Landgerichts Kleve verantworten müssen, verhängen die Richter hohe Strafen. Das WSGR-Mitglied Joachim Gröning wird wegen eines am 3.4.1979 begangenen bewaffneten Raubüberfalls auf die Volksbankfiliale im Bochumer Schlachthof (Beute 54 000 DM), mehrerer Karftfahrzeugdiebstähle in Frankreich und Belgien sowie Verstoßes gegen das Kriegswaffenkontrollgesetz und wegen illegalen Waffenbesitzes zu sechs Jahren und sechs Monaten Haft verurteilt. Sein Komplize, der Elektromechaniker Walter-Franz Kohnert aus Bochum, erhält zwei Jahre und sechs Monate Freiheitsstrafe. ('Frankfurter Rundschau', 20.7.1981) Die beiden Rechtsextremisten werden am 13.5.1980 bei dem Versuch, den Inhalt eines zuvor in Holland geplünderten Waffenlagers in die Bundesrepublik zu schmuggeln, am Grenzübergang Niederdorf/ Venlo von deutschen Grenzern verhaftet. Das Duo, das bei einer Routinekontrolle entdeckt wird, hat unter anderem eine Maschinenpistole, eine tschechische Pistole Typ "Ceska" und - ein besonders brisanter Fund - die US-Handgranate vom Typ "Green Def"[61] im Wagen geladen.

---

[61] Mit den gleichen Eierhandgranten sind die arabischen Terroristen ausgerüstet, die 1972 das israelische Olympia-Quartier in München überfallen. Europas Terroristenfahnder stoßen 1976 auf eine Granate dieser Art bei der Durchsuchung einer konspirativen Wohnung in Paris - als Mieter der Wohnung wird der Terrorist "Carlos" geortet. Im gleichen Jahr wird eine Granate dieser Art in einer Hamburger Wohnung sichergestellt. Ihr Mieter: Udo Albrecht ! (vgl. Westfälische Rundschau, 7.6.1980)

Die Aktionen der Gruppe fliegen auf, als sich das Bandenmitglied Helmut Kiprowski nach dem Bombenanschlag auf das Münchner Oktoberfest selbst den Ermittlungsbehörden stellt. (vgl. 'Frankfurter Rundschau', 20.7.1981; 'Westfälische Rundschau', 18.7.1981)

Seit dem 28.8.1980 sitzt auch der Boß Udo Albrecht in Untersuchungshaft. (vgl. 'Westfälische Rundschau', 30.6.1981) Sein früherer inhaftierter Mitstreiter Hans-Georg Buttgereit belastet ihn mit umfangreichen Aussagen zu Banküberfällen mit Geiselnahmen, die von ihm, einem weiteren Bandenmitglied und Albrecht bereits 1976 verübt worden sind. Beamte des Landeskriminalamtes (LKA) Nordrhein-Westfalen und des LKA Baden-Württemberg suchen ihn bereits im Frühjahr 1980 mit der Bitte auf, gegen Albrecht weitere Aussagen zu machen. Buttgereit wartet allerdings, bis er von der zuständigen Oberstaatsanwaltschaft die Zusicherung bekommt, daß er keiner Strafverfolgung ausgesetzt werde, falls er sich im Rahmen seiner Aussagen gegen Albrecht selbst belastet. Seine Ausführungen genügen zur Verhaftung Albrechts in Dortmund im August 1980. (vgl. 'Die Tageszeitung', 14.4.1983)

Der WSGR-Chef, dem unter anderem Bankraub und Geiselnahme vorgeworfen wird[62], entzieht sich jedoch der Verurteilung durch eine spektakuläre Flucht. Am 29.7.1981 will er Polizei und Staatsanwaltschaft in Lauenburg angeblich ein Waffenversteck zeigen. Dabei setzt er sich unter den Augen der Beamten kurzerhand in die DDR ab.[63] Die Generalstaatsanwaltschaft in Ost-Berlin lehnt eine Auslieferung Albrechts an die bundesdeutsche Justiz ab. (Westdeutsche Allgemeine, 2.9.1982)[64] Später taucht er bei der PLO im Nahen Osten auf. Hier soll er die Kontakte zwischen der "**Wehrsportgruppe Hoffmann**" und palästinensischen Gruppen geknüpft haben. (vgl. 'Kölnische Rundschau', 19.2.1982) Albrecht wird seither vom Bundeskriminalamt als "gewaltbereiter Rechtsextremist und krimineller Intensivtäter" eingestuft. ('Frankfurter Rundschau', 15.11.1986)

Ideologie der Wehrsportgruppe Ruhrgebiet

Die WSGR entwickelt keine eigene Ideologie. Ihre Mitglieder kommen zum Teil aus rechtsextremen Organisationen. WSGR-Mitglied Joachim Gröning beispiels-

---

[62] Albrecht soll nach der Anklageschrift der Staatsanwaltschaft in Breda (Holland), Heek bei Borken, Bochum, Bensheim und Weinheim Banken überfallen haben und wird nach dieser Serie auch 1980 verhaftet. Der Gesamtwert der Beute beträgt 1,2 Millionen DM. Die Staatsanwaltschaft Dortmund leitet außerdem gegen Albrecht ein Verfahren wegen Verstoßes gegen das "Kriegswaffen-Kontrollgesetz" ein. (vgl. 'Kölnische Rundschau', 19.2.1982)
[63] vgl. auch 'Stern', Nr. 33, 6.8.1981
[64] Später teilen die DDR-Behörden der bundesdeutschen Justiz (dem Hammer Generalstaatsanwalt Wolfgang Geisel, der die Auslieferung Albrechts beantragt hat) mit, dieser sei ausgewiesen worden. In welches Land man den Rechtsextremisten geschickt hat, wird von den DDR-Behörden nicht erwähnt. Darauf löst die Staatsanwaltschaft Hamm eine internationale Fahndung aus. (vgl. 'Westfälische Rundschau', 11.9.1981)

weise ist von 1975 bis 1979 Vorsitzender der "Junge Nationaldemokraten" in Dortmund. (vgl. 'Frankfurter Rundschau', 20.7.1981; 'Westfälische Rundschau', 6.7.1981) Bei der Gerichtsverhandlung 1981 wegen des Bochumer Banküberfalls und Verstoßes gegen das Waffengesetz nennt er Adolf Hitler sein Vorbild und spricht von seiner "Abneigung gegen Juden und Neger". ('Frankfurter Rundschau', 20.7.1981; 'Westfälische Rundschau', 18.7.1981)

Gröning versucht, seine Rolle in der WSGR herunterzuspielen, bezeichnet sich als "Handlanger" Albrechts, der die Drecksarbeit verrichten mußte, und distanziert sich von der kriminellen Vergangenheit. Gleichzeitig "bekennt er sich nach wie vor zu den Zielen der NPD, deren engagiertes Mitglied er in Dortmund war". ('Rheinische Post', 2.7.1981)

Auch Gruppenchef Udo Albrecht[65] ist Antisemit. Die politische Karriere des am 13.4.1941 in Beyrode (Thüringen) geborenen Rechtsextremen beginnt Ende der sechziger Jahre. 1967/68 wirkt er im rechtsextremistischen "Freikorps Adolf Hitler", das über enge Kontakte zum "Freikorps Arabien" verfügt. Gemeinsames Ziel: Die Vernichtung des Staates Israel. (vgl. 'Welt am Sonntag', 28.11.1976) Über rechtsextreme deutsche Organisationen stößt er zu den Arabern. Seit 1970 Jahr hält sich Albrecht im Libanon auf und unternimmt von dort aus im Auftrag palästinensischer Gruppen Reisen in die BRD[66]. Zu seiner Aktivität gehört auch das Bemühen, rechtsextremistische Jugendliche für den Einsatz in arabischen Ländern zu gewinnen. Einer der Versuche, drei Neonazis zur Ausbildung in Lagern der PLO in den Libanon zu schleusen, scheitert Ende 1975. Der Kieler Gunnar Pahl und die Berliner Günter Bernburg und Ekkehard Weil werden in Jugoslawien verhaftet. (vgl. 'Der Spiegel', 29.8.1977, S. 52) Die Bundesanwaltschaft führt deshalb ein Verfahren gegen ihn, wegen des Verdachts der Mitgliedschaft in einer terroristischen Vereinigung.

Nach einem Dossier des Bundeskriminalamtes soll er angeblich "an der Ermordung des amerikanischen Botschafters in Beirut und dessen zwei Begleitern aktiv beteiligt gewesen" (zit. aus: 'Kölnische Rundschau') sein. Der US-Botschafter Francis Edward Meloy, der Wirtschaftsattaché Robert Warning und der Bot-

---

[65] Neben Albrechts politischer "Karriere" lohnt sich auch ein Blick in sein eindrucksvolles Register an Taten und Strafen, das mit seinem 16. Lebensjahr - Fahrraddiebstahl - beginnt. 1956: Vier Wochen Jugendarrest wegen Einbruchs, Autodiebstahl und Falschgelddelikt; 1960: Drei Jahre Gefängnis wegen der gleichen Vorwürfe, zunächst auf freien Fuß gesetzt; 1961: Verhaftet wegen weiterer Delikte; 1962: Wegen Diebstahls von Blankoausweisen und Stempeln festgenommen, aus dem Gefängnisrevier geflohen; 1967: In der Schweiz verhaftet, wieder geflüchtet. In der Bundesrepublik erneut festgenommen, beim Haftprüfungstermin entkommen; 1968: Verhaftet und wegen verschiedener Rückfalldelikte zu acht Jahren Zuchthaus verurteilt; April 1970: Aus der Strafanstalt Werl geflohen. Im Dezember in Zürich mit Sprengstoff und falschen Ausweisen verhaftet. Aus dem Züricher Polizeigefängnis geflohen; 1971: In Wien wegen Einbruchs verhaftet und zu fünf Jahren schwerem Kerker verurteilt; 1973: In die Bundesrepublik ausgeliefert; 1974: Aus der JVA-Bielefeld entflohen; etc.... (vgl. 'Der Spiegel', Nr. 37/1981)
[66] Ein wichtiges Rekrutierungsfeld Albrechts soll laut Spiegel-Information der "Bund Heimattreuer Jugend" sein. (vgl. 'Der Spiegel', 29.6.1981, S. 32)

schaftschauffeur Zohair Moghrabi werden am 16.6.1976 unter ungeklärten Umständen auf offener Straße aus ihrem gepanzerten Cheveverolet-Impala gekidnappt und wenige Stunden später mit Kopfschüssen ermordet. Udo Albrecht gibt in einer BKA-Vernehmung zu, den Wagen im Auftrag der Palästinenser-Organisation "Al Fatah" beiseite geschafft und versteckt zu haben. (vgl. 'Kölnische Rundschau', 19.2.1982)[67]

In der BKA-Vernehmung sagt Albrecht, er habe zusammen mit anderen Deutschen als Freiwilliger an der Seite der Palästinenser gekämpft: "Ich gehörte zu einer Fatah-Gruppe". Der Mord an US-Botschafter Meloy sei jedoch nicht von "Al Fatah" sondern von einer Gruppe verübt worden, die von dem Chef der PFLP, George Habbasch, kontrolliert wird. ('Kölnische Rundschau', 19.2.1982) In der Hierarchie der palästinensischen Gruppen steht Albrecht weit oben: "Udo Albrecht, das ergaben Polizeirecherchen, ist ein 'General' in der Palästinensischen Befreiungsorganisation (PLO) des Yassier Arafat" ('Welt am Sonntag', 28.11.1976).

Im September des Jahres 1976 tauchen Inserate in deutschen Zeitungen auf, in denen eine "Firma Eurab, Herr Jäger, P.O. Box 1400 Tunis" Bundeswehrreservisten als Söldner für Einsätze im arabischen Raum anwerben will. Als Auftraggeber wird ein "Dr. Gerhard Jäger" ermittelt, der in Wirklichkeit Udo Albrecht ist. ('Kölnische Rundschau', 19.2.1982)[68]

Am 21.10.1976 stellt die Polizei Albrecht in Hamburg mit einem umfangreichen Waffenarsenal[69]. Die Beamten verhaften Albrecht, als er Freunde von Michael Gartenschläger, der im April 1976 bei der Demontage von Todesautomaten von DDR-Grenzern erschossen wird, für den palästinensischen Untergrund anheuern will. Im Handgepäck hat Albrecht bei seiner Inhaftierung eine Maschinenpistole, mehrere Pistolen, eine Handgranate und 80 000 Schweizer Franken in bar. Aus-

---

[67] Weitere Vernehmungen über die Terroraktivität Albrechts im Nahen Osten durch das BKA sind nicht möglich, da Albrecht am 29.7.1981 in die DDR flieht.

[68] Als Udo Albrecht am 21.10.1981 in Hamburg verhaftet wird, findet die Polizei falsche Pässe, die auf die Namen "Scherkamp" und "Dr. Gerhard Jäger" ausgestellt sind. (vgl. 'Welt am Sonntag', 28.11.1976)

[69] Interessant ist, daß Albrecht bei den Freunden Michael Gartenschlägers von dem militanten Rechtsextremisten Ekkehard Weil eingeführt wird. Sein Pseudonym: "Dr. Schreck aus Westdeutschland".
Sind die ehemaligen Weggefährten Gartenschlägers von der Menge an Geld und Waffen, die Albrecht (alias Dr. Schreck) mitbringt, fasziniert, so erregt das diskrete Interesse Albrechts an den Lebensgewohnheiten der Gruppenmitglieder Mißtrauen. Noch bedenklicher stimmt die "Gartenschläger-Gruppe", daß der Antikommunist und DDR-Hasser öfters via Ostberlin nach Nahost fliegt. So wurde dann auch durch einen Tip aus der Szene verraten und in der Wohnung eines DDR-Gegners verhaftet. In ihrem MfS-Verdacht sieht sich die "Gartenschläger-Gruppe" noch zusätzlich bestätigt, als kurz nach Albrechts Verhaftung ein angeblicher Journalist namens Andreas Jost genaue Einzelheiten zu der Polizeiaktion erfragen will. Derselbe Jost wird später wegen geheimdienstlicher Agententätigkeit für das MfS in Hamburg verurteilt. (vgl. 'Der Spiegel', Nr. 37/1961)

serdem findet die Polizei gefälschte Pässe und Sonderausweise der PLO, zusammen mit Telefonnummern und Deckadressen in Beirut, Tripolis und Kairo. (vgl. 'Welt am Sonntag', 28.11.1976)

Im Gefängnis versichert er, er habe dem Terror abgeschworen und wolle nunmehr weiteren Schaden verhindern. Der Wunsch der Polizei, Albrecht als eine Art "V-Mann" für weitere Informationen über Verbindungen deutscher Neonazis und militanter Palästinenser zu gewinnen, erfüllt sich jedoch nicht. Gleich nach seiner Entlassung 1977 taucht er wieder unter. 1977 entdeckt ihn die jugoslawische Polizei in einem Konvoi, in dem in Italien gestohlene Wagen in den Libanon geschafft werden sollen. (vgl. 'Kölnische Rundschau', 19.2.1982)[70]

Das Bochumer WSGR-Mitglied Walter-Franz Kohnert lernt Albrecht während der Verbüßung einer Haftstrafe wegen Unterschlagung kennen. Er wird nach der Freilassungs bei der Organisation aktiv und beteiligt sich an einem von Albrecht angeordneten Kraftfahrzeugdiebstahl. Vor Gericht bestreitet Kohnert jedoch jedes "politische Engagement". ('Westfälische Rundschau', 6.7.1981)

Zu den engsten Mitstreitern Albrechts gehört Willi Pohl[71], der später unter dem Pseudonym E.W. Pless den "Tatsachen-Roman" "Geblendet" veröffentlicht. Pohl beschreibt seinen Weg in den Terrorismus sehr ausführlich und geht dabei besonders auf seine pyschologischen Dispositionen ein. Alleine das macht die Lektüre einzigartig für die Analyse rechtsextremer PLO-Sympathisanten. So schreibt Pohl, ein Kind armer Eltern, über seine Schulzeit:

---

[70] Die Schmuggelroute Albrechts hat regen Betrieb. Am 16.8.1976 werden drei Deutsche, Hans-Georg Buttgereit, Walter Offen und Kurt Giovanni Wolany, die aus Beirut kommen, in Nis an der jugoslawisch-bulgarischen Grenze verhaftet. Sie haben ihn ihrem Wagen Waffen, Nachtsichtgeräte und Spezialsprengstoff deponiert. Während Wolany in jugoslawischer Haft unter ungeklärten Umständen stirbt, gestehen Offen und Buttgereit in jugolawischer Haft einen Banküberfall in Ründeroth/Gummersbach. (vgl. 'Die Tageszeitung', 14.4.1983) Nach der Auslieferung nach Deutschland machen die beiden den Behörden weitere brisante Aussagen. So sei Albrecht Planer eines Überfalls mit Geiselnahme auf die Sparkasse Ründeroth im Oberbergischen Kreis gewesen sein. Die Beute, 26 000 DM und Devisen, seien auf Konten der PLO geflossen. Darüberhinaus berichten sie von einer geplanten Geiselnahme in der Bundesrepublik, um inhaftierte Baader-Meinhof-Leute für die PLO freizupressen.
Als im Oktober 1977 eine andere deutsche Dreiergruppe an der italienisch-jugoslawischen Grenze festgenommen wird, haben die Extremisten mehr Glück. Sie dürfen die jugoslawischen Zellen nach wenigen Tagen verlassen und nach Libyen ausreisen. Auch sie geben an, mit Albrecht in Kontakt zu stehen. Sie werden freigelassen, nachdem der Ehrenpräsident der "Gesellschaft für Deutsch-Arabische Freundschaft", Rechtsanwalt Wilhelm Schöttler, interveniert. Schöttler ist in der palästinensischen Terrorszene ein bekannter Mann. Er verteidigt die drei palästinensischen Terroristen, die das Olympia-Massaker von 1972 überleben und deren Freilassung durch eine Flugzeugentführung erpreßt wird. Außerdem ist Schöttler auch der Rechtsanwalt Udo Albrechts. (vgl. 'Welt am Sonntag', 28.11.1976)
[71] Willi Pohl ist wie Udo Albrecht nach eigenem Bekunden Mitglied der "Al Fatah" (vgl. Pless 1979, S. 14)

"Man kam mir mit Argumenten, als ich mich im ersten Schuljahr weigerte, weiterhin barfuß in die Schule zu gehen. Sie machten mir klar, daß sie die Mittel nicht aufbringen konnten, Schuhe zu kaufen. Und sie meinten, es sei keine Schande, arm zu sein. Recht hatten sie, aber sie taten, als wüßten sie nicht, daß es nur unter Armen keine Schande ist, arm zu sein. Ich aber saß als Armer unter Wohlhabenden barfuß in der grüngestrichenen Schulbank, und ich war es, der die Blicke zu ertragen hatte, die Frotzeleien und das Bewußtsein einer Stärke, die sich auf die Wohlhabenheit der Eltern meiner Mitschüler stützte, also kein eigenes Verdienst genannt werden konnte. Ich begann den Kampf um meine Gleichberechtigung zu führen. Und es war ein Kampf um ein Paar Schuhe, die ich schließlich bei Einbruch des Winters bekam." (Pless 1979, S. 24 f).

Außerdem beschreibt der Terrorist detailliert den gemeinsamen politischen Weg mit seinem Mentor Udo Albrecht, der im Buch als "Schickel" verfremdet wurde. An die politische Einstellung Albrechts erinnert sich Willi Pohl in seinem Roman:

"Sein Vater sei - so erzählte er einmal - von Russen nach jahrelanger Haft liquidiert worden, weil er im Dritten Reich einen höheren Posten bei den Nazis innegehabt hatte. Die Hinrichtung war für ihn ein traumatisches Erlebnis. Er fühlte sich verpflichtet, seinen Vater an den Mördern zu rächen. (...) Aber hier im Westen, den er verächtlich 'Peter-Stuyvesant-Republik' nannte, habe er lediglich fette Ärsche und schwülstiges, lügenhaftes Gerede vorgefunden. Und während er von diesem Verrat erzählte, zuckten seine Lippen, die Hände ballten sich in ohnmächtiger Wut zu Fäusten, und seine braunen, unergründlichen Augen glühten vor Haß. Damals begriff ich noch nicht, welch einem Fanatiker ich gegenüberstand." (Pless 1979, S. 28)

Wie Albrecht mit biologistischen, typisch rechtsextremistischen Denkmustern argumentiert und agitiert, beschreibt Pless deutlich:

"'Du bist ein kompletter Idiot, ein zahnloser alter Tiger, der davon schwätzt, nicht töten zu wollen, weil er Angst hat, gefressen zu werden', schrie Schickel mich an. 'Begreife doch, daß die Gewalt der einzige Antrieb ist, der Bewegung bringen kann. Wo du auch hinschaust, nur die Gewalt hat die Veränderungen bewirkt. Wo sie nicht angewendet wird, werden die Kulturen von jungen und frischen Kräften hinweggefegt. Gewaltsame Veränderung ist das Urprinzip der Geschichte unserer Welt. Nur die verdammten Pfaffen und Philosophen kommen aus mit einer Welt der Feigheit und Weichheit, in der sie ihre schwulen Verbrüderungsträume haben. Die Wahrheit findest du in der Natur. Sie frißt und mordet. Und das ist die wahre Welt. - Denk darüber nach.'" (Pless 1979, S. 31)

Pohl erinnert sich an die Anfänge der Organisation, aus der dann die "Wehrsportgruppe Ruhrgebiet" hervorgeht:

"Die Übereinstimmung mit Fragen des politischen Aktionismus führte dazu, daß wir die Konspiration in der Praxis erprobten. Es begann mit dem nächtlichen Ankleben von schlecht gedruckten Flugblättern, die zum Widerstand gegen die Regierung des Verrats an Deutschland aufrufen. Diese Tätigkeit eskalierte zum Diebstahl einer richtigen

Druckmaschine und anderer Materialien zur Herstellung wirksamer Propagandamittel. Wir fühlten uns berufen, Geld zu 'enteignen'." (Pless 1979, S. 32 f)

Hinsichtlich der frühen Kooperation mit anderen rechten Gruppen in der Bundesrepublik schildert Pohl eine Schlüsselszene, die die Auslagerung der Infrastruktur durch Albrecht in den Nahen Osten erklärt. Möglicherweise haben diese Zeilen Karl-Heinz Hoffmann zu seinem Libanon-Projekt inspiriert:

"Der Versuch, mit rechten Gruppen zu kooperieren, deckte einen Abgrund von Unterwanderung auf. Diese rechten Gruppen waren durchsetzt von Verfassungsschutz. Das bis in die Spitzen. Wir selbst waren nach dem Beginn der Zusammenarbeit nach kurzer Zeit in der Lage, daß mehr Beamte des Verfassungsschutzes als wirkliche Mitglieder vorhanden waren. Über Nacht wurde das wenige, das wir aufgebaut hatten, zerschlagen. Der größte Teil unserer Mitglieder wurde eingesperrt. Schickel und mir gelang die Flucht nach Holland, wo wir von Freunden versteckt und anschließend nach Spanien weitergeleitet wurden. Von dort aus reisten wir nach Südtirol, wo wir in relativer Sicherheit daran gingen, die alten Beziehungen wieder aufzunehmen. Die Erfahrung mit der 'Rechten' war ein Schock. (...) Aber aus dem Desaster hatten wir eine Lehre gezogen: Aufgrund der Effektivität der deutschen Sicherheitsorgane mußte jeder Versuch, die konspirative Anfangsphase der Guerilla auf deutschen Boden zu verwirklichen, als fragwürdig eingestuft werden. Was zum Aufbau einer Organisation nötig war, war eine sichere Basis im Ausland." (Pless 1979, S. 38 f)[72]

Auch die Beschreibung Pohls über einen Vertrag mit Abu Ijad[73] könnte Hoffmann als Vorlage gedient haben. Hier ist das erste Mal eine Kooperation einer rechtsextremen Auslandsbasis deutscher Ultras mit palästinensischen Terroristen erwähnt:

"Konkret legten wir fest: Errichtung einer deutschen Basis unter dem Schutz der Fatah. Bereitstellung von Unterkünften, Waffen, Fahrzeugen und Geldern, um von arabischen Staaten aus den deutschen Befreiungskampf sicher organisieren zu können. Mittel zur Rekrutierung deutscher Männer und Frauen, Ausbildungsgelegenheiten und Material zur Bildung einer wirksamen Propaganda innerhalb Deutschlands. Dabei war von der ersten Stunde an ein gemeinsames Vorgehen geplant. Unter dem Motto des gemeinsamen Kampfes des palästinensischen und des deutschen Volkes gegen Kapitalismus, Imperialismus und Zionismus sollte ein Organ geschaffen werden, das über die verschiedensten Kanäle der deutschen Bevölkerung zugeleitet werden kann." (Pless 1979, S. 51)

Pohl unterstützt die palästinensischen Terroristen beim Aufbau ihrer Infrastruktur und bei der Vorbereitung von Attentaten. Er beschreibt ein Treffen mit Abu Dawud im Vorfeld des Massakers des Schwarzen September im Olympiadorf 1972. (Pless 1979, S. 43 f) Pohl übernimmt Botengänge für die palästinensische Terror-

---
[72] In dieser Phase folgt die Kontaktaufnahme mit der "Al Fatah". (vgl. Pless 1979, S. 38 f)
[73] Der am 15.1.1991 ermordete Abu Ijad ist der Chef des PLO-Geheimdienstes. Sein richtiger Name war Salah Chalaf. (vgl. Seale 1992, S. 45 ff)

gruppe: "Die Bedeutung der Botschaft, die ich in Paris zu übergeben hatte, blieb mir lange unklar. Ich ahnte, daß sie sich auf den kommenden Anschlag bezog, jedoch blieb es für mich ein Rätsel, warum ich derjenige war, der sie überbringen mußte." (Pless 1979, S. 65)

Drei Wochen nach der Bluttat gegen die israelische Olympia-Mannschaft in München wird Pohl mit einer Ladung Waffen, wie sie die Attentäter in München benutzt haben, erwischt. Der zuständige Richter begründet seinen Haftbefehl: "Der Beschuldigte plante gemeinsam mit ... Walli Saad alias Abu Daud die gewaltsame Befreiung ... des Albrecht" ('Der Spiegel', Nr.37/1981).[74]

Eine Großaktion wie die mit dem Top-Terroristen Abu Daud unternehmen die Mitglieder des palästinensischen Terrorkommandos "Schwarzer September" nicht nur für den inhaftierten Albrecht. Als Pohl einsitzt, kann auch er sich der Solidarität der Terroristen gewiß sein. Als palästinensische Geiselnehmer 1973 die saudiarabische Botschaft in Khartum stürmen, steht die Freilassung Pohls aus deutscher Haft auf der Liste der Forderungen (vgl. 'Der Spiegel' Nr. 37/1981; Pless 1979, S. 134 ff).

Neben den sehr detaillierten Informationen zur Zusammenarbeit der Albrecht-Truppe mit palästinensischen Terroristen liefert Pohl auch verifizierbare Informationen zur Kooperation Albrechts mit deutschen Rechtsextremisten. Beispielsweise arbeite Albrecht mit der "Nationalsozialistischen Kampfgruppe Großdeutschland" (NSKG) zusammen:

> "Unabhängig von mir hatte Schickel von sich aus Befreiungsinitiativen ergriffen. Er stützte sich dabei auf einen jungen Mann, der von München aus eine Kampfgruppe aufgestellt hatte, die teilweise aus Angehörigen der Bundeswehr bestand. Es war ein Haufen, der sich daran ergötzte, Versammlungen in Uniform abzuhalten, während denen markige Reden gehalten, Drohungen ausgestoßen und Visionen beschworen wurden. Selbstverständlich befand sich unter ihnen ein V-Mann des Verfassungsschutzes, der die Blase hochgehen ließ, als die ersten halb verrotteten Maschinenwaffen angeschafft wurden." (Pless 1979, S. 112)

Umgekehrt bescheinigt die Fachliteratur der NSKG "Kontakte" auch "zu palästinensischen Terroristen". (Rosen 1989, S. 52) Folglich sind die politischen Ansprechpartner der Albrecht-Gruppe in Deutschland Neonazis. Die NSKG betrachtet sich als "Testamentsvollstrecker des Führers" (Rosen 1989, S. 52).

Aktivität der Wehrsportgruppe Ruhrgebiet

Folgt man den Aussagen des ehemaligen JN-Funktionärs Joachim Grönings 1981 vor Gericht, so haben die Mitglieder der WSGR unter der Leitung von Albrecht

---

[74] Mit Abu Daud ist Abu Dawud gemeint, "einer der bekanntesten Guerilla-Kommandanten der Fatah" (Seale 1992, S. 56). Er hieß eigentlich Muhammad Auda (vgl. Seale 1992, S. 66).

in einem Versteck in Belgien die Handhabung von Waffen, Sprengstoffen und Fälscherwerkezugen geübt. Als ihnen das Geld ausgeht, rauben sie gemeinsam die Bank in Bochum aus und trennen sich danach. Kurze Zeit später tritt Albrecht erneut an Gröning heran und bietet ihm die Teilhaberschaft in seiner Firma "Special Car Service" an. Albrecht will ausgemusterte Bundeswehrfahrzeuge aufkaufen und sie der PLO anbieten. Zu diesem Zweck nimmt er Kontakt zu Hoffmann auf, dessen Aktivisten den Transport der Fahrzeuge nach Beirut übernehmen. (vgl. Die tageszeitung, 14.4.1983)

Die Wehrsportgruppe Ruhrgebiet steht nach den Erkenntnissen der Ermittlungsbehörden in enger Verbindung zur Wehrsportgruppe Hoffmann. Auf das Konto des WSG-Chefs Hoffmann soll angeblich auch die Beute des Bochumer Banküberfalls vom 3.4.1979 geflossen sein. ('Frankfurter Rundschau', 20.7.1981; 'Westfälische Rundschau', 18.7.1981)

6.4.7. WSG - Volkssozialisten

Das Verhältnis der Wehrsportgruppe Hoffmann zur Volkssozialistischen Bewegung Deutschlands (VSBD) ist trotz zahlreicher Doppelmitgliedschaften sehr ambivalent. Im Gespräch mit dem Undercover-Journalisten Jürgen Pomorin lehnt der VSBD-Vorsitzende Friedhelm Busse eine Bewaffnung seiner Volkssozialisten ab:

> "Wir brauchen jetzt keine Waffen - wenn es einmal soweit ist, dann wird uns der Apel (der damalige Verteidigungsminister - Anm. d. Autors) schon selbst welche geben. Auf uns kann er sich verlassen. Auf seinen Juso-Vorstand kann er sich doch nicht verlassen, auf die jungsozialistischen oder jungdemokratischen Wehrdienstverweigerer. Dann muß er Leute haben, die beim Hoffmann durch die Schule gegangen sind". (Pomorin/Junge 1979, S. 176)

Ideologisch gab es jedoch Differenzen, wie Busse 1992 im Gespräch bestätigt:

> "Wir haben damals einmal von der VSBD Karl-Heinz Hoffmann auf einer öffentlichen Veranstaltung besucht. Und da wir Zweifel als legitim angemeldet haben, daß Hoffmann überhaupt ein nationaler Sozialist ist, oder Volkssozialist, haben wir die Gelegenheit wahrgenommen, ihn mal in aller Öffentlichkeit zu fragen, wie er zu verschiedenen Problemen überhaupt steht. Und in dieser Diskussion habe ich ihn ganz klar befragt, wie steht er zu den Punkten Rasse, Boden, Staat, Ehre und Arbeit. Und die Antwort von Hoffmann war für mich erschütternd, so daß wir feststellen konnten, er hat absolut nichts mit den Prinzipien des Nationalsozialismus zu tun gehabt. Er ist auch nicht im Sinne des Wortes Rassist gewesen, weil ihn Rassefragen absolut nicht interessiert haben, das war ihm völlig gleichgültig. Und über Bodenfragen konnte man sich mit ihm überaupt nicht unterhalten. (...) Das hat ihn alles nicht interessiert, so daß man den Eindruck hatte, er ist ein reiner Machtmensch, der zur Militärdiktatur hinneigte, mit ihm als diesem großen Militärdiktator, der nur Befehle gibt und dann nicht in der Lage ist, nach diesen Befehlen zu leben." (Interview, 22.5.1992)

An anderer Stelle bezeichnet Busse Hoffmann als einen ehrenwerten Mann und sich selbst als Befürworter des "Wehrsportgedankens". (Chaussy 1989b, S. 137) Außerdem ist Busse 1979 geladener Gastreferent auf einer Veranstaltung der WSG. (vgl. VSBD 1981, S. 28)

> "Auf einem ersten Mai im Ingolstädter Raum habe ich dann die Gelegenheit wahrgenommen und habe auf einer Veranstaltung gesprochen. Das waren alles Hoffmann-Leute, wobei aber auch ein Teil Mitglieder der VSBD waren. (...) Es gab eine große Anzahl von Mitgliedern der VSBD, die zu Hoffmann gefahren sind, am Wochenende zum Beispiel, um dort an sogenannten Wehrübungen teilzuzunehmen." (Interview, 22.5.1992)

Wichtige Doppelmitglieder sind Dieter Sporleder (Landesvorsitzender der VSBD-Hessen) und Willibald Kraus (Mitglied im VSBD-Landesvorstand Bayern und VSBD-Kreisvorsitzender von München).

> "Beim Kraus weiß ich, daß es parallel lief. Denn Kraus hat einmal die Verbindung zwischen Hoffmann und mir hergestellt. Daher wußte ich überhaupt erst, wo Hoffmann wohnte. Wir sind dahin gefahren, und da habe ich den Hoffmann, den ich übrigens auch als absoluten Waffenfetischisten Uniformspinner ansehe, der lief da mit einer selbstgemachten Uniform rum mit vier Sternen, also bei der Waffen-SS wäre das Sturmbannführer gewesen, undals ich den Hoffmann in dieser Fantasieuniform sah, habe ich erst einmal gelacht." (Interview, 22.5.1992)

Die Doppelmitgliedschaften waren Friedhelm Busse ein Dorn im Auge:

> "Mir waren unsere Leute zu schade, als daß man dahin ging und sich da durch die Gegend scheuchen ließ in einer Fantasieuniform mit einem unbrauchbaren Gewehr. Die wurden da von der eigentlichen politischen Arbeit abgehalten. Unsere Aufgabe ist es doch nicht, daß wir bei Nacht und Nebel und im Winter und im Sommer durch die Gegend robben, sondern wir haben politische Arbeit zu leisten im Sinne eines nationalen Befreiungskampfes." (Interview, 22.5.1992)

VSBD und WSG unterscheidet jedoch ein unterschiedliches Politikverständnis. Während die VSBD ihre Präferenzen politisch setzt und die Wiederherstellung einer nationalsozialistischen Gesellschaftsordnung anstrebt, sieht die WSG ihre Hauptaufgabe in der militärischen Ausbildung. Politische Agitation besitzt zweite Priorität.

Erste Station: Partei der Arbeit (PdA)

Die Wurzeln der VSBD liegen in der am 17.6.1971 von Friedhelm Busse[75] gegründeten "Partei der Arbeit" (PdA) in Krefeld. Die cirka 40 Gründungsmitglie-

---

[75] Busse wird 1929 in Bochum geboren. Das ehemalige HJ-Mitglied absolviert eine Lehre als Schriftsetzer und arbeitet zeitweilig als Bergmann und Omnibusschaffner. Später besitzt er eine

der kommen wie Busse selbst aus der NPD, die ihnen nicht aggressiv genug ist. Viele haben sich bei der "Aktion Widerstand" und der "Deutsch-Sozialen Aktion" engagiert. (vgl. Rosen 1989, S. 65; VSBD 1981, S. 7f, S. 13) Die Partei orientiert sich ideologisch an den Vorstellungen des Strasser-Flügels der NSDAP und betont die "sozialistische" Ausrichtung. (vgl. Backes/Jesse 1993, S. 92) In ihrem vorläufigen Parteistatut definiert sie sich als "radikaldemokratische Partei" und "politische Opposition des Volkssozialismus gegen kapitalistische und kommunistische Ausbeutung".

Das Organ der PdA, die 'Dritte Republik', erscheint seit September 1971. In der Nullnummer kündigen die Volkssozialisten den Aufbau einer zentralistisch geführten Kaderpartei an, mit dem Ziel "diese Gesellschaft und die sie tragende Ordnung" zu ändern. Auch aus der Neigung zur Gewalt machen die Herausgeber kein Geheimnis. Die PdA werde, "wenn es notwendig erscheint" auch mit Maos Worten argumentieren: "Alle Macht kommt aus den Gewehrläufen" und die PdA wolle "jedes Mittel benutzen, das gesteckte Ziel zu erreichen". ('Dritte Republik', Nullnummer, zit. aus VSBD 1981, S. 13 f)

In der Folgezeit arbeitet Busses PdA eng mit der "Unabhängigen Arbeiterpartei" (UAP) zusammen, deren Organ 'barricade' in seinem Organisationsteil auch über die PdA-Aktivitäten berichtet. 1972 veranstalten PdA und UAP gemeinsam eine 1. Mai-Kundgebung in Bonn, auf der der UAP-Vorsitzende Erhard Kliese und der PdA-Kopf Busse sprechen. (vgl. VSBD 1981, S. 14f) Danach beteiligt sich Busse am Aufbau der "Aktion Neue Rechte" und wird deren Nordrhein-

---

kleine Druckerei. Anlaß zum Einstieg in die Politik sind für ihn nach eigenen Aussagen die Nürnberger Prozesse, die den Anstoß gegeben hätten, die Art der Auseinandersetzung mit dem Nationalsozialismus kritisch zu beleuchten. Bald engagiert er sich für die Amnestierung von NS-Kriegsverbrechern. (vgl. Backes/Moreau 1993, S. 77) Busse stößt zum rechtsradikalen "Bund Deutscher Jugend" (BDJ). (vgl. Dudek/ Jaschke 1984, S. 356 ff; Müller 1991, S. 66 ff) Seit 1953 ist seine Mitgliedschaft auch aktenkundig. Bei einem BDJ-Pfingsttreffen in Frankfurt am Main kommt es mit aus der DDR angereisten FDJ-Funktionären zu Auseinandersetzungen, Busse wird wegen Amtsanmaßung und Beihilfe zur Freiheitsberaubung zu sechs Wochen Gefängnis verurteilt. Nach seiner Haftentlassung tritt er der Deutschen Reichspartei (DRP) bei und übernimmt diverse Führungspositionen (u.a. Kreisvorsitzender von Wattenscheid). Noch als Mitglied der DRP wird er 1963 wegen eines Sprengstoffdelikts im Zusammenhang mit seinem Engagement für den "Freiheitskampf der Südtiroler" verurteilt. Nach seiner Haftentlassung tritt er 1965 der NPD bei. (vgl. Backes/Jesse 1993, S. 293) Hier gehört Busse als Exponent des sozialrevolutionären Fügels zu denen, die für die Bildung einer Kaderpartei und die Abkehr vom parlamentarischen Legalismus plädieren. Anfang 1971 wird er wegen gewalttätiger Ausschreitungen am Rande einer von der Parteileitung nicht gebilligten Protestveranstaltung aus der NPD ausgeschlossen. Im Juli des gleichen Jahres gründet er gemeinsam mit ehemaligen NPD-Mitgliedern die "Partei der Arbeit - Deutsche Sozialisten" (PdA). 1972 zieht er von Bochum nach Neubiberg bei München und schließt sich der "Aktion Neue Rechte" (ANR) Siegfried Pöhlmanns an. 1973 gehört er dem ANR Bundesvorstand an und leitet das "Referat Strategie". 1975 wird die PdA, die weiterbestanden hat, in "Volkssozialistische Bewegung Deutschlands/Partei der Arbeit" (VSBD/PdA) umbenannt und Busse zum Vorsitzenden gewählt. (vgl. Backes/Jesse 1993, S. 293; Backes/Moreau 1993, S. 77)

Westfalen-Beauftragter, später sogar der Leiter des "Referats Strategie". Nach der Spaltung und dem Niedergang der ANR aktiviert Busse 1975 wieder die "Partei der Arbeit" und bringt neue Ausgaben der Publikation 'Dritte Republik' heraus. Am 1.3.1975 benennt sich die 60 Mitglieder starke PdA auf ihrem Parteitag in München in "Volkssozialistische Bewegung Deutschlands/Partei der Arbeit" (VSBD/PdA) um. (vgl. Dudek 1985, S. 163)

Geschichte der VSBD

Noch 1975 baut der VSBD-Vorsitzende Busse seine Kontakte ins neonazistische Lager aus. Im November 1975 beteiligt er sich an einer Tagung Thies Christophersens auf Burg Rothenfels am Main und am 8. desselben Monats legen Mitglieder der VSBD/PdA einen Kranz an der Münchner Feldherrnhalle nieder. Der Text der Schleife: "Ihr werdet doch siegen". (VSBD 1981, S. 19)

Zu den neuen Mitstreitern Busses zählt Werner Kosbab[76] aus Frankfurt, der die Organisation "Aktion Deutscher Sozialismus" leitet, die sich ebenfalls als "volkssozialistisch" definiert. Am 27./28.9.1975 tagt in Frankfurt das von Kosbab einberufene "Nationale Forum für Volkssozialisten". Es erarbeitet einen Grundlagenkatalog "künftiger volkssozialistischer Politik":

> 1. Herausstellung der Reichs-Kompetenz in allen deutschen Fragen und Bekenntnis zu den deutschen Reichsfarben Schwarz-Weiß-Rot. (...)
> 4. Zurückweisung jeder Völker- oder Rassenhaß-Propaganda; Eintreten für Rassentrennung. (...)
> 6. Aktive Solidarität mit allen nationalrevolutionären Kräften in Europa und in Übersee.
> 7. Kampf gegen Imperialismus in jeder Erscheinungsform (Monopolkapitalismus, Kommunismus, Zionismus u.a.)." (zit. aus VSBD 1981, S. 29)

Das "Forum" wählt außerdem eine "Ständige politische Kommission", die Beleg für das enge internationale Kontaktnetz ist:

Deutschland: Dr. Hans-Achim Holtz
               Erna Belbe-Hindenburg
               Heinrich von Hirschhausen
               Friedhelm Busse
               Werner Kosbab
Österreich: Otto Erlach[77]

---

[76] Zur gleichen Zeit ist Kosbab auch Redakteur der von Erwin Schönborn verlegten Zeitschrift 'Deutsche Freiheit'. (vgl. VSBD 1981, S. 20 f)
[77] Erlach ist außerdem Autor verschiedener rechtsextremistischer Blätter in Österreich, darunter die Neonazi-Postille 'Halt' und das Blatt des Traditionsverbandes der ehemaligen Insassen des US-Internierungslagers für NS-Funktionäre und Kriegsverbrecher "Camp Marcus W. Orr"

Josef Haffner[78]
Schweiz: Bruno Meier[79]
(vgl. VSBD 1981, S. 21)

1976 arbeitet Busse mit verschiedenen deutschen Rechtsextremisten zusammen. Auf einer Veranstaltung Thies Christophersens im November 1976 wiederum auf Burg Rothenfels am Main nehmen angeblich Vertreter aus 30 Organisationen teil, darunter auch Karl-Heinz Hoffmann, Erwin Schönborn und Manfred Roder. (vgl. VSBD 1981, S. 22)
Am 4./5.3.1978 gründet in Frankfurt eine Versammlung von Volkssozialisten und Nationalrevolutionären eine Arbeitsgemeinschaft namens "Volkssozialistische Einheitsfront" (VSE). In den Vorstand wählen sie Friedhelm Busse, Karl Jochheim-Armin[80], Werner Kosbab und Alfred Warton[81] aus Wien. In ihrem "Aktionsprogramm" fordern sie:

---

in Salzbach-Glasenbach namens 'Mitteilungen. Wohlfahrtsvereinigung der Glasenbacher'. (vgl. Handbuch 1993, S. 212, 236 ff) Auch Ochensbergers Neonaziorgan 'Sieg' druckt Beiträge von Erlach ab, möglicherweise allerdings ohne Autorisierung. (vgl. Handbuch 1993, S. 226)
[78] Haffner arbeitet nach seiner volkssozialistischen Zeit in der 1985 gegründeten rechtsextremen österreichischen Kleingruppe "National-Konservative Union" (NAKU) mit. (vgl. Handbuch 1993, S. 167 ff)
[79] Meier gründet im Sommer 1974 in Zürich gemeinsam mit Gerd Zikeli, Konrad Hess und Arnold Sennhauser die Neonazi-Gruppe "Nationale Basis Schweiz" (NBS). In ihrem Manifest erläutern die Rechtsextremisten ihre Ziele: "Wir kämpfen für ein verantwortungsvolles Handeln und Denken unserer Volksgemeinschaft gegenüber. (...) Wir kämpfen für die Erhaltung der natürlichen Ordnung und ihrer ungeschriebenen ewigen Gesetze. (...) Wir kämpfen für den Fortbestand unserer abendländischen Kultur, die sich über Jahrtausende hindurch entwickelt hat. (...) Wir wissen uns in diesem Kampf mit allen Gleichgesinnten in jedem Volk verbunden." (zit. aus Frischknecht 1991, S. 66) National arbeitet die NBS eng mit der Genfer Gruppe NOS und dem 'Courrier du Continent' von Gaston-Armand Amaudruz zusammen. Zur Kooperation der Schweizer Neonazis schreibt das NBS-Organ 'Visier': "Nationaleuropäische Aktivisten aus der französischen und deutschen Schweiz kamen am 30. Mai 1976 zu einer Aussprache in Bern zusammen. Vertreten waren folgende Organisationen: NOUVEL ORDRE SOCIAL, COURRIER DU CONTINENT und die NATIONALE BASIS SCHWEIZ. Sie haben gemeinsame Massnahmen festgelegt, die auf schweizer Ebene im Kampf gegen die Plutokratie und den Marxismus und für die nationaleuropäische Neugestaltung zu ergreifen sind." (3/1976)
International arbeitet die Gruppe außer mit den Deutschen Volkssozialisten mit Österreichs Szene zusammen. Die NBS-Mitbegründer Hess und später Sennhauser sind die Schweizer Korrespondenten des österreichischen Neonaziblattes 'Aktuell', dem Vorläufer von 'Sieg'. In ihrem eigenen zweimonatlich erscheinenden NBS-Organ 'Visier' träumt die Gruppe vom Großdeutschen Reich und Nationalsozialismus, druckt ungeniert Hitler nach und agitiert gegen Juden. (vgl. Frischknecht 1984, S. 456 ff)
[80] Der politische Werdegang des Rechtsextremisten beginnt 1924 mit dem Beitritt zum "Jungstahlhelm" und zur "Brigade Ehrhardt". Seit 1927 ist Jochheim-Armin Mitglied der NSDAP und 1944/1945 Untersturmführer der Waffen-SS. Die erste Etappe seiner Nachkriegslaufbahn

1. Kampf gegen die Kolonialisierung Deutschlands und Europas durch Bolschewisten und Amerikaner; für die Auflösung der imperialistischen Militärbündnisse "Warschauer Pakt" und "Atlantische Allianz"; für den Abzug aller Besatzungstruppen aus Ost- und Westeuropa.
2. Kampf für die Bildung der NATION EUROPA auf der Grundlage freier Selbstbestimmung der Völker; Verwaltungs- und Kulturautonomie der Völker (...).
3. Kampf gegen liberalistischen Monopolkapitalismus und marxistischen Staatskapitalismus; Brechung der sozialen Knechtschaft des Volkes durch Überführung aller gesellschaftlichen Konzentrationsformen (der Produktionsmittel und des Kapitals) in Volkseigentum (freie Genossenschaften) (...).
4. Kampf für die Sicherung menschlicher Bedürfnisse: Förderung der Familie (...).
5. Kampf für eine breite Volksbildung und Volkskultur: Einheitliche Bildung (Aus-, Weiter- und Fortbildung). (zit. aus Hirsch 1989, S. 113 f; VSBD 1981, S. 23)

Der Zusammenschluß innerhalb der VSE hält jedoch nicht lange, und Busse wird aus dem "VSE-Zentralbüro" ausgeschlossen. Grund hierfür sind laut einer Presseerklärung seiner ehemaligen Mitstreiter "konspirative Kontakte zu rechts-faschistischen Personen und Gruppen", darunter "u.a. Erwin Schönborn, Thies Christophersen, Michael Kühnen, Henry Beier, Karl-Heinz Hoffmann ..." (vgl. VSBD 1981, S. 25). Nach seinem Ausschluß bleibt Busse volkssozialistischen Zusammenschlüssen fern und geht mit der VSBD/PdA eigene Wege.

Radikalisierung der VSBD

1979/1980 kommt es zu einem Wandel in der VSBD. Durch die Rekrutierung militanter Jugendlicher beginnt eine gefährliche Aktionsdynamik, die direkt in den Bereich eines rechten Terrorismus führt. (vgl. Dudek 1985, S. 163) Das Bundesinnenministerium diagnostiziert, die VSBD/PdA und ihre Jugendgruppe "Junge Front" (JF) hätten "im neonazistischen Bereich eine Führungsrolle erlangt" und "intensiv die bundesweite Ausweitung der VSBD/PdA" betrieben. (vgl. Verfassungsschutzbericht 1981, S. 33) Die Partei wird zunehmend für Aktivisten ande-

---

ist 1951 die Mitgründung der "Nationalen Jugend Deutschlands", zehn Jahre später hebt er die "Deutsch-Spanisch-Südamerikanische Gemeinschaft" aus der Taufe. 1968 schafft er die "Nationale Kampfgemeinschaft Deutschland" (NKD) und 1971 die "Bürgerinitiative Neue Ordnung". In den siebziger Jahren arbeitet er mit der "Volkssozialistischen Bewegung Österreichs" zusammen. 1980 gründet er eine weitere Splittergruppe namens "Kampfeinheit Nationale Sozialisten" (KNS). (vgl. Hirsch 1989, S. 389 f)

81 Warton ist bis heute Mitglied der Bundesführung der unbedeutenden Splitterorganisation "Volkssozialisten Österreichs" (VSÖ), früher "Volkssozialistische Arbeiterpartei/ Volkssozialistische Bewegung Österreichs" (VSB). Die Gruppe arbeitet seit Ende der siebziger Jahre auch im ökologischen Bereich. So tritt Warton 1978 als Kandidat der "Wahlgemeinschaft für Bürgerinitiative und Umweltschutz" bei den Wiener Gemeinderatswahlen an. (vgl. Purtscheller 1993, S. 359) Heute beschränkt sich die VSÖ auf die Herausgabe ihrer Publikation 'Der Volkssozialist', die rechtsextremes Gedankengut verbreitet.

rer Gruppierungen interessant. Durch gezielte neonazistische Provokationen macht sich die Organisation einen Namen.

11.11.1978: Vortragsabend der Münchner VSBD unter dem VSBD-Kreisvorsitzenden und WSG-Mann Willbald Kraus. Der Landesvorsitzende Alfred Nusser gedenkt in seiner Begrüßungsrede der "toten Helden" des Hitlerputsches 1923.

02.02.1979: Busse referiert in München zum Holocaust-Fernsehfilm. Thema: "Holocaust - Volksaufklärung oder Volksverhetzung?"

05.02.1979: Busse stört an der Münchner Volkshochschule mit uniformierten Jugendlichen der VSBD eine Diskussionsveranstaltung zum Film "Holocaust".

17.03.1979: Busse tritt auf einer Veranstaltung der **"Wehrsportgruppe Hoffmann"** in Heroldsberg auf. Er propagiert die tragenden "Werte" der VSBD-Ideologie "Rasse, Boden, Staat, Ehre und Arbeit" und fordert, Österreich wieder "heim ins Reich" zu holen. (VSBD 1981, S. 28)

22.05.1979: Thies Christophersen lädt Gleichgesinnte zu einer Tagung nach München ein. Busse erscheint mit uniformierten Parteimitgliedern (teilweise auch mit Hakenkreuzen) und hält eine Rede zur Koordinierung der Szene, um "unsere Kräfte zu konzentrieren". Busse wörtlich: "Eine künftige Lösung kann nur eine völkische Weltanschauung bringen. Und die muß auf fünf Fundamenten basieren. Auf Rasse, Boden, Staat, Ehre, Arbeit." Für diese Anschauung müßten Kämpfer auch Opfer bringen: Nur derjenige zähle, der "den Mut hat, durch Gefängnisse zu gehen." (vgl. VSBD 1981, S. 28)

Anfang August 1979 nennt die Münchner Staatsanwaltschaft die Aktivität der Jugendgruppe um Willbald Kraus "sehr ernst". Unter seiner Führung hat sie in ganz München NS-Parolen und Hakenkreuze geschmiert. Zunächst orientiert sich die Organisation an Kühnens Hamburger ANS. Später wird sie unter dem Namen die "Junge Front" zur VSBD-Jugendorganisation. Bei Hausdurchsuchungen beschlagnahmt die Polizei Stahlhelme, Schlagstöcke, Stichwaffen, Uniformteile, NS-Embleme, Fahnen und Hitlerbilder. Gegen den Jugendführer Willibald Kraus wird Haftbefehl erlassen, weil er bereits wegen nationalsozialistischer Schmierereien zu zehn Monaten Haft verurteilt ist. Der Inhaftierung kann er sich durch eine Flucht nach Großbritannien entziehen. (vgl. VSBD 1981, S. 29) Mitte 1981 wird er in Bradfort verhaftet. Kraus gibt nach seiner Festnahme den britischen Behörden an, er sei von der 'League of St. Georg' und dem 'British Movement' betreut worden, was Beleg für die hervorragenden internationalen Kontakte der Neonazis ist. (vgl. VSBD 1981, S. 59)

Im Oktober 1979 veranstaltet die VSBD "Zum Gedenken an die 1946 hingerichteten NS-Führer" eine Feier. In deren Verlauf behauptet Busse, die Bürger der Bundesrepublik lebten in der unfreiesten und modernsten Kolonie des Erdballs. (vgl. VSBD 1981, S. 30)

16.12.1979: Mitglieder der VSBD verletzen zwei Personen an der Frankfurter Katharinenkirche.

12.01.1980: Ungefähr 20 Anhänger der Partei überwiegend schwarz uniformiert organisieren in der Frankfurter Innenstadt einen VSBD-Informationsstand. Als etwa 100 Personen gegen das braune Spektakel mit "Nazis raus!" - Slogans protestieren, gibt der Rechtsextremist Frank Schubert das Kommando "Auschwärmen". Mit Stahlhelmen, Knüppeln und Schlagringen verletzen die Rechtsxtremisten zahlreiche Passanten und zwei Polizisten. Zu dem am Überfall beteiligten Rechtsextremisten gehörten die **WSG-Hoffmann-Mitglieder** Arnd-Heinz Marx, Gerhard Jürgen Förster und Dieter Sporleder, sowie Walther Kexel, Klaus Müller, Peter Müller und Klaus-Peter Thomas. (vgl. Verfassungsschutzbericht des Landes Hessen 1980, S. 15 f; VSBD 1981, S. 34) Im Interview mit dem Autor bestätigt Klaus Müller, daß Walther Kexel zumindest an einer Übung der "**Wehrsportgruppe Hoffmann**" teilgenommen hat. Der Kontakt zur WSG läuft über Arnd-Heinz Marx. (Interview mit Klaus Müller am 26.8.1995)

09.02.1980: Gründung des VSBD-Landesverbandes Hessen in Frankfurt am Main. Erster Vorsitzender wird Dieter Sporleder, sein stellvertreter Walther Kexel. Die Partei hat in Hessen cirka 20 Mitglieder (vgl. Verfassungsschutzbericht des Landes Hessen 1980, S. 16). Auf einem Anwerbeflugblatt aus dem Jahr 1980 schreibt Sporleder:

"DEUTSCHE JUGEND !
IHR HABT ETWAS GEGEN:
- Discothekenmief und Krach, daß uns das Coca-Cola und Kaugummi-Imperium USA brachte!
- Langweilige Samstagabende mit Alkohol!
- Verlorensein in der Großstadt!
- Egoistische Anpasser und Duckmäuser!
DANN SEID IHR BEI UNS GENAU RICHTIG!
WIR BIETEN EUCH:
- Kameradschaftserlebnis, u.a. auf großer Fahrt!
- Lagerromantik, Spiele, Volkstanz!
- Kameraden, auf die ihr Euch verlassen könnt, die euch mit euren Schwierigkeiten niemals allein lassen!
- Du brauchst nur 12 Jahre alt sein und Idealismus und Begeisterung mitbringen!
VSBD-Landesverband Hessen." (zit. aus VSBD 1981, S. 38)

Von der WSG zur VSBD

Das Verbot der WSG stärkt andere rechtsextreme Organisationen, die die ehemaligen Hoffmann-Mitstreiter mit offenen Armen empfangen. So "profitiert" auch die VSBD, die mit falschen Versprechungen von "Kameradschaft" und Stärke lockt (vgl. Chaussy 1989a, S. 114). Busse prahlt: "Wir sind eine Elite. Je kleiner die Volkssozialistische Bewegung in der heutigen Zeit, desto besser. Wir verstehen uns als straff geführte Kaderorganisation." (vgl. VSBD 1981, S. 24) Die VSBD ist auf alle Fälle eine der militantesten und konspirativsten Gruppen. So stellt die "am stärksten auf offene Gewaltbereitschaft ausgerichtete Organisation dieses politischen Lagers" (Jaschke 1982, S. 3) für einen Teil der nach dem Verbot heimatlosen Aktivisten der Hoffmann-Truppe im Kampf gegen die verhaßte Demokratie eine interessante Alternative dar. "Ähnlich wie die WSG ist sie eine Schule des Rechtsterrorismus gewesen". (Dudek 1985, S. 162) Da ohnehin, wie beispielsweise in der in Hessen agierenden "Wehrsportgruppe Hoffmann - Spurmgruppe 7", zahlreichen Doppelmitgliedschaften vorhanden sind, und eine "Szene" um Organisationen wie VSBD, WSG und "Junge Nationaldemokraten" existiert, ist der Wechsel für viele Jugendliche nur ein kleiner Schritt. Gemeinsame politische Agitation wird bereits Jahre vor dem WSG-Verbot betrieben, und unabhängig "von festen organisatorischen Gruppierungen werden gemeinsame Aktionen geplant". (Verfassungsschutzbericht des Landes Hessen 1980, S. 11) Der "prominenteste" WSG-ler, der nach dem Verbot in die VSBD/PdA eintritt, ist Arnd-Heinz Marx:

> "Kennengelernt hat Marx die VSBD-Gruppe Frankfurt am 12.1.1980 während der Schlägerei an der Katharinenkirche. Marx hatte sich gerade auf dem Flohmarkt eine Tarnjacke gekauft. Als er die Schlägerei sah, schoß er mit Leuchtkugeln auf die Gegendemonstranten. Im Polizeiwagen beschließt er auf den Weg zum Revier der VSBD einzutreten." (Interview mit Klaus Müller, 26.8.1995)

Verbot der VSBD

Daß die VSBD/PdA bereits zwei Jahre nach dem Aufwärtstrend verboten wird, liegt neben der neonazistischen Propaganda und der gezielten Anwerbung jugendlicher Rechtsextremisten auch an der zunehmenden Militanz der Organisation, die zum Teil terroristische Züge trägt:

Am 21.12.1980 reist der gewalttätige Rechtsextremist und Mitbegründer der hessischen VSBD Frank Schubert (vgl. Hennig 1984, S. 54ff) mit einem zweiten Volkssozialisten in die Schweiz, um Waffen zu beschaffen. Seinen Kontaktmann trifft er nicht an, denn der Waffennarr ist für ein paar Wochen in der Fremdenlegion[82]. Schubert kann sich aus anderen Kanälen illegal Waffen, Munition, Einbruchswerkzeug und falsche Ausweise beschaffen. Mit einem Schlauchboot will er die Beute am 24.12.1980 nach Deutschland bringen. Als er bei seinen Vorbereitungen überrascht wurde, erschießt er in der Nähe der Zollstation Koblenz/ Schweiz den Grenzbeamten Josef Arnold, den Aargauer Kantonspolizisten Walter Wehrli und anschließend sich selbst. (vgl. Frischknecht 1991, S. 128 f.)

Friedhelm Busse holt die Leiche seines Frankfurter Parteifreundes bei der Aargauer Polizei ab. (Frischknecht 1984, S. 737) Erst im Februar 1981 wird bekannt, daß Schubert am 15.10.1980 in Zwingenberg eine Bank überfallen und 34.000 DM erbeutet hat. Der 1977 aus der DDR geflüchtete Rechtsextremist steht auch im Verdacht, an einem Bankraub in Bensheim beteiligt gewesen zu sein und mit Walther Kexel in der Schweiz Waffen für die VSBD besorgt zu haben. (vgl. Rosen 1989, S. 65) Nach dem Tod Schuberts radikalisieren sich die jugendlichen VSBD-Mitglieder immer stärker:

12.1.1981: Walther Kexel, Peter Müller und Kurt Wolfgram verletzen in einem U-Bahn-Zug in Frankfurt ein Mitglied einer "Antifaschistischen Bürgerinitiative".
24.3.1981: In München kommt es während einer Veranstaltung der Humanistischen Union zu Ausschreitungen zwischen VSBD-Mitgliedern, darunter Busse, und Besuchern.
31.7.1981: Walther Kexel und Klaus Müller beleidigen in einer U-Bahn einen burundischen Staatsbürger und gehen mit Knüppeln und einer Gaspistole gegen protestierende Fahrgäste vor.
23.9.1981: Mitglieder der VSBD überfallen als "Kommando Schubert" eine Bank in Rennerod. (vgl. Dudek 1985, S: 167 f)

Mit der Gründung eines "Kommando Schubert" wird klar, daß sich die neonazistische Szene ihre eigenen Vorbilder schafft: die "Blutzeugen" der "Bewegung". Nicht umsonst ruft der VSBD-Vorsitzende Friedhelm Busse während der Trauerfeier für Frank Schubert Januar 1981 seinen Anhängern zu: "Es gilt zu rächen,

---

[82] Schuberts Kontaktmann ist der 1964 geborene, damals 16 Jahre alte Neonazi Marcel Ryter. Ryter hält sich bei Schuberts Ankunft seit 14 Tagen in Marseille in einem Auffanglager der Fremdenlegion auf. Als die Franzosen realisieren, wie jung er ist, schieben sie ihn ab. Er wird kurz nach Weihnachten 1980 verhaftet, als er über Basel in die Schweiz wieder einreisen will. Während der Vernehmung zeigt er sich beeindruckt, daß Kamerad Schubert "den Opfertod gestorben" sei. Wegen seines jugendlichen Alters kommt er mit einer Erziehungsverfügung davon, was ihn jedoch nicht davon abhält, auch später Rechtsextremistentreffen zu besuchen. Außerdem soll Ryter nach Berichten von Gesinnungsfreunden als Mohammedaner auch intensive Kontakte zu den "Grauen Wölfen" unterhalten. (vgl. Frischknecht 1984, S. 737)

zu brechen die Macht. Wir müssen bereit sein zu sterben, zu retten die Ehr".[83] (vgl. Dudek 1985, S. 168)

Am 20.10.1981 stellt die Polizei in München ein Auto mit fünf schwerbewaffneten VSBD-Mitgliedern, es kommt zu einer Schießerei.[84] Das "Kommando Omega" ist von Busses Wohnung aus zu einem Bankraub nach Rennerod/Westfalen aufgebrochen. Busse sollte zur Anschaffung von Druckmaschinen und zur Finanzierung einer Neuausgabe des 'Völkischen Beobachters', der in Großbritannien gedruckt werden sollte, einen Beuteanteil von 20.000 DM bekommen. (vgl. Chaussy 1989b, S. 140)

Busses persischer Untermieter Achmed Famili[85] hat Autos für den geplanten Bankraub beschafft. Famili meldet die Aktion dem bayerischen Verfassungsschutz, und so werden die Rechtsterroristen von der Polizei beobachtet, als sie Maschinenpistolen in ihr Auto laden. In München-Waldperlach stoppt ein ziviles Sondereinsatzkommando das Fahrzeug. Als die fünf VSBD-Aktivisten auf die Anweisung der Polizei hin ihr Auto verlassen, detoniert eine Handgranate der Rechtsextremisten. Die Polizei eröffnet das Feuer. Die Neonazis Kurt Wolfgram und Klaus Ludwig Uhl sterben im Kugelhagel, der erst 18jährige Peter Fabel wird schwer verletzt. Das ehemalige Mitglied der Wehrsportgruppe Hoffmann Peter Hamberger und der Franzose Pascal Coletta bleiben unverletzt und werden verhaftet. Zum politischen Lebenslauf der Neonazis:

- Klaus Ludwig Uhl: Das NSDAP/AO-Mitglied fällt erstmals als 16jähriger Handelsschüler durch NS-Propaganda und antisemitische Schmierereien auf. 1977 finden Polizeibeamte in seiner Wohnung große Mengen an NSDAP/AO-Material.

---

[83] Busse bestreitet, den Racheschwur für Schubert ausgesprochen zu haben. (Interview mit Friedhelm Busse in Madrid, November 1994). Klaus Müller, der ebenfalls der Beerdigung beigewohnt hat, bestätigt Busses Darstellung. Nicht Busse, sondern Walther Kexel habe den Racheschwur ausgerufen. (Interview mit Klaus Müller, 26.8.1995)

[84] Die abendliche Schießerei in der Putzbrunnerstraße wird in Bayern zum Politikum. So ergeben die Ermittlungen, daß die schwerbewaffneten Neonazis keinen Schuß abgefeuert haben. Die Polizei hat die Schlacht allein veranstaltet und dabei auch einen Kollegen lebensgefährlich verletzt. Unklar bleibt, ob einem Neonazi, der bereits auf dem Boden gelegen hat, eine selbstgebastelte Handgranate aus der Tasche "kullerte", die dazu führt, daß "kampferprobten Anti-Terror-Polizisten die Nerven (verloren)" ('Stern', Nr. 48, 19.11.1981) oder ob sie durch den Rechtsextremisten Peter Fabel vorsätzlich gezündet wird und die Polizei "in Notwehr" Schüsse abgibt. (Verfassungsschutzbericht 1981, S. 26) Sicher ist jedoch, daß sich die Oppositionsparteien und die Medien durch das bayerische CSU-Innenministerium schlecht informiert sehen. ('Frankfurter Allgemeine Zeitung', 13.11.1981; 'Süddeutsche Zeitung', 9.11.1981, 26.11.1981; 'Die Welt', 13.11.1981).

[85] Der damals 37jährige Iraner wird 1979 in München von der Polizei wegen Drogenhandels verhaftet. Seither arbeitet er für die Polizei, später für den Verfassungsschutz mit dem Auftrag, Khomeini-Anhänger auszuhorchen. Die 5000 DM für den gebrauchten Citroen GS, den die Rechtsextremisten für den geplanten Bankraub benutzen, bezahlt der bayerische Verfassungsschutz. Vor der Übergabe des Wagens von Famili an die Neonazis werden von der Polizei Peilsender installiert.

1979 wird er vom Landgericht Zweibrücken wegen NS-Propaganda und Volksverhetzung zu zwei Jahren ohne Bewährung verurteilt. Vor Beendigung des Revisionsgutachtens setzt sich Uhl nach Frankreich ab, wo er bei der Rechtsextremistengruppe FANE Unterschlupf findet. Hier will er gemeinsam mit dem **WSG-Hoffmann-Financier Axel Kühl**[86] (vgl. eidesstattliche Erklärung Kühls vom 27.5.1979) eine neonazistische Organisation aufbauen (vgl. 'Die Welt', 27.3.1981). Unter dem Pseudonymen "Werwolf" und "Bormann" schreibt Uhl im 'NS-Kampfruf' und versendet NSDAP/AO-Briefe an die Szene. In einem Flugblatt heißt es, die VSBD sei für illegale NSDAP-Kämpfer die einzig legale Gruppe, in der nebenbei auch gearbeitet werden könne:

> "Darum unterstützt die NSDAP/AO den legalen Kampf der VSBD mit allen zur Verfügung stehenden Mitteln. Jeder nationalsozialistische Aktivist wird aufgerufen, die VSBD ideell und finanziell zu unterstützen. Jeder Aktivist der NSDAP/AO, der auch zu legaler Arbeit bereit ist, hat die Verpflichtung, Mitglied der VSBD oder ihrer Jugendorganisation Junge Front zu werden." (zit. aus Chaussy 1989b, S. 139)

Uhl nutzt seinen Aufenthalt in Paris, um seine Position in der Neonazi-Szene auszubauen. Von hier aus verhandelt er mit Vertretern des amerikanischen Ku-Klux-Klan, mit spanischen Faschisten und dem flämischen VMO "über ein weltweites Aktionsbündnis. Sein Ziel war 'Der Marsch auf Deutschland'." ('Stern', Nr. 45, 9.10.1981, S. 23) Bei der FANE wirbt Uhl nach Informationen des 'Stern' den Fahrer des Citroens Pascal Coletta. Außerdem nimmt er Kontakt zur **"Wehrsportgruppe Hoffmann"** auf und organisiert militärische Übungen in den Ardennenwäldern. (vgl. 'Stern', Nr. 45, 9.10.1981, S. 23)

- Kurt-Eduard Wolfgram: Ist Mitglied der "Jungen Nationaldemokraten" und wird 1979 wegen Schmierereien in Bergen-Belsen zu zwölf Monaten Haft auf Bewährung verurteilt. 1980 wird er gemeinsam mit Klaus-Dieter Hewicker und Paul Otte wegen eines geplanten Attentats auf Stoltenberg und der Entführung Willy Brandts verhaftet. Im selben Jahr meldet er in Frankfurt Informationsstände einer "Hilfsgemeinschaft für Rudolf Heß" an, auf denen fast ausschließlich VSBD-Material ausliegt. 1981 stiehlt Wolfgram den Wagen, mit dem VSBD-Aktivisten die Rennroder Sparkasse überfallen.

---

[86] Wenige Tage nach dem Anschlag auf die Pariser Synagoge am 3.10.1980, bei dem es vier Tote und 16 Verletzte gibt, wird Kühl von der französischen Polizei in der Wohnung des FANE-Aktivisten Christian Bonniol verhaftet und am 26.10.1980 nach Frankfurt am Main abgeschoben. Kühl ist bereits 1975 wegen gegen ihn laufenden Fahndungsmaßnahmen im westlichen Ausland untergetaucht. Hier organisiert er die Neuauflage des 'Völkischen Beobachters', die bei Londoner Gesinnungsfreunden gedruckt und in Deutschland verteilt wird. Kühl arbeitet außerdem sehr eng mit der NSDAP/AO Gary Laucks zusammen. Bei der Verhaftung durch die französische Polizei beschlagnahmen die Beamten neben Papieren, die Kühls internationale Kontakte belegen, auch Dossiers über BKA-Beamte, die gegen deutsche Neonazis Ermittlungen führen. (vgl. 'Die Welt', 27.3.1983)

- Peter Hamberger: Mit fünf Klassenkameraden findet Hamberger am 5.5.1979 auf einer DVU-Veranstaltung in Fürstenfeldbruck den Einstieg in den organisierten Rechtsextremismus. Danach folgt eine kurze Zwischenstation bei der NPD und den Jungen Nationaldemokraten, von denen er sich aber wieder abwendet: "man lief nicht zackig herum und hatte Angst vor den Roten". Seine Suche nach "Kameradschaft" und Militärisches erfüllt sich kurze Zeit später bei der "Jungen Front". Als im Mai 1980 wegen des Verstoßes gegen das Uniform-Verbot, Tragens der Kennzeichen verbotener Organisation und neonazistischer Propaganda eine Verhaftung droht, beschließt er sich aus der Bundesrepublik abzusetzen. Er kommt zu Hoffmanns WSG-Gruppe im Libanon. Was er dort zwischen Ende 1980 und Juni 1981 erlebt, reicht von körperlichen Schikanen bis zur Haft. Mitte Juni 1981 gelingt ihm die Flucht, er stellt sich den deutschen Behörden. Er sagt über Hoffmann aus und wird wegen nationalsozialistischer Propaganda zu einer Bewährungsstrafe verurteilt. Ende Juli 1981 ist er wieder auf freiem Fuß und findet erneut Anschluß an die "Junge Front". Anfang Oktober 1981 lernt er Uhl in seiner konspirativen Pariser Wohnung kennen. Gemeinsam mit Peter Fabel und Kurt Wolfgram schwärmen Hamberger und Uhl von der Gründung eines "Kommando Omega".

- Peter Fabel: Der Rechtsextremist aus sozialdemokratischem Elternhaus beginnt sein politisches Engagement "1976 zwar nicht als Mitglied, so aber doch als Sympathisant" der KPD/ML. (Selbstdarstellung Peter Fabels in 'Informationen der HNG', August 1982, S. 3) 1977 tritt er der neonazistischen Bremer "Nationalrevolutionären Arbeiterfront" bei. Im Frühjahr 1981 wird er wegen früherer rechtsextremistischer Schmierereien zu drei Wochen Jugendarrest verurteilt. Zu seiner ideologischen Rochade schreibt Fabel:

> "Die politische Realität der KPD/ML unterschied sich jedoch von den 'gepredigten' Parolen und Zielen so sehr, daß mir bald klar wurde, daß ich im Rahmen dieser Partei, nie und nimmer die Verwirklichung meiner Ideale sehen würde. (...) Dort, beim 'faschistischen' Feind von gestern, fand ich den Weg zu dem, was mir im innersten vorschwebte. Die soziale Gemeinschaft der Tat. Der nationale Sozialismus, gebaut auf dem Fundament der völkischen Weltanschauung, erwies sich nicht nur als Träger der Verwirklichung der Ziele der Arbeiterklasse, sondern auch als Begründer der wahren Volksgemeinschaft ohne jeden Klassenunterschied. Hier brauchte man keine leeren Parolen und hohle Phrasen." (Fabel in 'Informationen der HNG', August 1982, S. 3)

- Pascal Coletta: Der französische Rechtsextremist steht der Organisation FANE nah und ist in der VSBD aktiv. (vgl. Chaussy 1989b, S. 137ff; Monzat 1992, S. 19ff; Rosen 1989, S. 66; VSBD 1981, S. 75 ff)

Der Werdegang der fünf jugendlichen Rechtsextremisten belegt die sogenannte "Durchlauferhitzerthese". Der Einstieg erfolgt mindestens bei Wolfgram und Hamberger durch eine "gemäßigte" Organisation (DVU, JN). Der Prozeß der Identifikation mit dem organisierten Rechtsextremismus wird durch Mechanismen der Ausgrenzung, die die Mehrheitskultur auf die Subkultur ausübt, unter Umständen intensiviert (Verurteilungen Fabels und Wolfgrams wegen Schmierereien). Je mehr die Verbindungen der Rechtsextremisten zur "Außenwelt" verlorengehen, je ungehemmter kann sich die Gruppendynamik entfalten, desto stärker sind Aktionismus und Militanz (Uhl sitzt zwei Wochen vor der Münchner Schießerei schwerbewaffnet in seiner Pariser Wohnung und schwärmt von Sprengstoffanschlägen auf Staatsanwälte und Richter). (vgl. Backes/Jesse 1993, S. 91) Die Entfremdung gegenüber der Realität und das Denken in Schwarz-Weiß-Rastern sind bei Uhl so stark, daß er auch unbeteiligte Opfer in Kauf nimmt. So erinnert sich Hamberger an einen Gedanken Uhls wenige Stunden vor dessen Tod: "Ob Unschuldige dabei ums Leben kämen, sei egal. Schließlich seien sowieso nur 13% der deutschen Bevölkerung für die Rechtsextremisten". (vgl. Chaussy 1989b, S. 141)

Am Tag der Münchner Schießerei explodiert im jüdischen Diamantenhändlerviertel Antwerpens ein Auto mit 100 Kilogramm Dynamit. Drei Menschen sterben und über 100 werden verletzt. Nach Zeugenaussagen sollen die deutschen Rechtsextremisten Ernst Balke (NSDAP/AO)[87], Gerhard Töpfer (VSBD)[88] sowie das Ehepaar Kirstin und Klaus Hewicker (beide ANS-Gruppe Braunschweig und VSBD) nach der Explosion am verwüsteten Schauplatz des Anschlages gewesen sein. Am 22.10.1981 werden sie von einer belgischen Antiterror-Einheit in Gent und Laethem-Saint-Martin verhaftet. (vgl. dpa, 23.10.1983) Für den belgischen Justizminister Philippe Moureaux ist der Ort der Festnahme der Beweis für die Existenz eines Netzes extremistischer Elemente. Die Deutschen wohnen bei Personen, die als Kollaborateure mit dem Nazi-Regime bekannt sind. (vgl. dpa, 25.10.1981) In ihrem Versteck finden die Beamten Waffen, falsche Papiere und rechtsextremistische Kontaktadressen in Frankreich, Spanien und Irland. Zwar glaubt die Polizei nicht, daß die Deutschen den Anschlag verübt haben, hält es aber für durchaus möglich, daß sie den Attentätern bei der Flucht behilflich gewesen sind. ('Wiesbadener Kurier', 30.10.1981)

---

[87] Der 1943 in Celle geborene Balke ist vor seiner NSDAP/AO-Aktivität einige Jahre Mitglied in der SPD, wechselt dann zur NPD, die er aber nach kurzer Zeit wieder verläßt. Sein Engagement für die NSDAP/AO begründet er mit der Betroffenheit darüber, daß sein Vater, der als Angehöriger der Waffen-SS gefallen ist, später als Kriegsverbrecher hingestellt worden sei. (vgl. dpa, 26.10.1981) Bereits 1980 wird Balke zu einer Geldstrafe verurteilt, weil er die Besitzer eines Celler Buchladens als "rote Säue und bolschewistische Zuhälter" und einen Angestellten als "Volksverräter, von denen im Dritten Reich viel zu wenige liquidiert worden" seien, beschimpft. Außerdem habe er den Redakteur eines Celler Wochenblattes bedroht und einen türkischen Arbeiter attackiert. (vgl. dpa, 26.10.1981)

[88] Töpfer (geb. 1956 in Bremen) ist 1972 bis 1974 Mitglied der Jungen Nationaldemokraten. 1979 gründet er die "Nationalrevolutionären Schülergruppen", er zeichnet für Flugblätter der "Nationalrevolutionären Arbeiterfront" verantwortlich. (vgl. VSBD 1981, S. 78)

Wie Töpfer und Balke engagieren sich auch Hewickers schon lange in der Szene. Beide sind zuvor im militanten Neonazi-Kreis um Paul Otte[89] aktiv. Das ehemalige NPD-Mitglied und "Stabsführer der NSDAP/AO" Otte geht davon aus,

> "daß es durch aufsehenerregende Anschläge auf öffentliche Gebäude, auf Grenzanlagen der DDR, auf Lastkraftwagen im Transitverkehr nach Berlin, aber auch durch Attentate gegen Persönlichkeiten des öffentlichen Lebens, gegen - mit Verfolgung nationalsozialistischer Gewaltverbrecher und neonazistischer Straftäter befaßte - Richter und Staatsanwälte gelingen werde, in der Öffentlichkeit Aufsehen zu erregen, den Staat zu unterhöhlen, die Bevölkerung zu verunsichern, auf diese Weise das Verlangen nach mehr Härte hervorzurufen und schließlich neue Anhänger für die neo-nazistische Bewegung zu gewinnen". (Anklageschrift des Generalbundesanwalts beim BGH vom 6.6.1980 (1 StE 2/80), S. 10 zit. aus Neidhart 1982, S: 445)

Um diesem Ziel näher zu kommen, baut er eine straff geführte Gruppe um seine Person auf, die sich aus ehemaligen NPD-Freunden Ottes (z.B. Wolfgang Sachse und der V-Mann Hans-Dieter Lepzien), dem Hannoveraner "Kampfbund Rudolf Heß" der JN (z.B. Wolfgang Heidel und Oliver Schreiber) und Ottes privatem Umkreis rekrutiert. (vgl. Neidhart 1982, S. 445) Auf das Konto der militanten Rechtsextremisten geht am 2.9.1977 ein Rohrbombenanschlag auf die Amtsanwaltschaft Flensburg, die den Rechtsterroristen Manfred Roeder wenige Monate zuvor verklagt hat. Am 21.10.1977 zündet das Gruppenmitglied Oliver Schreiber vor dem Amtsgericht Hannover eine zweite Bombe. Der Fund einer dritten Rohrbombe, die offenbar für einen Sprengstoffanschlag auf die Lübecker Synagoge bestimmt ist, führt am 30.11.1977 zur Verhaftung Ottes.

Klaus Dieter Hewicker wird am 10.3.1979 wegen seiner Mitarbeit in der Otte-Gruppe gemeinsam mit Kurt Wolfgram in U-Haft genommen. (Antifa 1980, S. 67) Im Juni 1983 steht das Ehepaar dann mit den Kadern der inzwischen verbotenen VSBD (Friedhelm Busse, Peter Fabel und Pascal Coletta) vor Gericht. Beiden kann nachgewiesen werden, am 23.9.1981 an dem Überfall auf die Bank in Rennerod durch das "Kommando Schubert" beteiligt gewesen zu sein und 73.000 DM erbeutet zu haben. (vgl. Dudek 1984, S. 170; VSBD 1981, S. 74; Rosen 1989, S. 66) Am 25.11.1983 wird Klaus Dieter Hewicker zu sieben und seine

---

[89] Gegen die Mitglieder der Otte-Gruppe verhängt das OLG-Celle am 19.2.1981 folgende Freiheitsstrafen:
- Paul Otte: 5 Jahre und 6 Monate
- Hans Dieter Lepzien: 3 Jahre und 3 Monate
- Wolfgang Sachse: 3 Jahre und 3 Monate
- Volker Heider: 2 Jahre und 9 Monate
- Oliver Schreiber: 6 Jahre Jugendstrafe (vgl. Rosen 1989, S. 59)
Der "NSDAP/AO-Gaubeauftrage" Volker Heidel ist bereits 1979 wegen neonazistischer Propaganda zu einer Bewährungsstrafe verurteilt worden. 1980 hat das Landgericht Lüneburg eine Strafe wegen Aufstachelung zum Rassenhaß ebenfalls zur Bewährung ausgesetzt. Nachdem Heidel wenige Wochen nach dem Celler Urteil wieder auf freiem Fuß ist, wird er 1981 Leiter der VSBD-Niedersachsen. (vgl. Rosen 1989, S. 59 f; VSBD 1981, S. 76)

Frau zu sechs Jahren Haft verurteilt, auch wenn der Vorwurf der "Mitgliedschaft in einer terroristischen Vereinigung" gegen das Ehepaar fallengelassen wird. Die Beteiligung der deutschen Rechtsextremisten am Attentat von Antwerpen läßt sich nicht beweisen. Für Experten wie Klaus-Henning Rosen ist jedoch sicher, daß beide "wahrscheinlich in Antwerpen an einem Attentat einer belgischen Terrorgruppe mitgewirkt" haben. (vgl. Rosen 1989, S. 66) Vor der Urteilsbegründung proklamieren Hewickers in einer "Erklärung zum Prozeß im April 1983"[90], die sie der 'Tageszeitung' zusenden, ihren ideologischen Wechsel vom Neonazismus zum "antiimperialistischen Befreiungskampf". Das Schreiben bleibt ohne Echo bei der Linken. (Rosen 1989, S. 72) Im selben Prozeß wird Busse zu einer Freiheitsstrafe von drei Jahren und neun Monaten wegen Hehlerei, Begünstigung, Strafvereitelung und Vergehens gegen das Waffen- und Sprengstoffgesetz verurteilt.

Auch die vier in Belgien verhafteten Rechtsextremisten sind wie das "Kommando Omega" Beleg für die Durchlauferhitzerfunktion der NPD. Balke und Töpfer gehören vor ihrer Neonazizeit der NPD an, Hewickers lernen sich auf einer NPD-Veranstaltung kennen. Für alle vier ist diese Partei die erste Begegnung mit dem organisierten Rechtsextremismus und der Einstieg in eine gewalttätige Politlaufbahn. (Backes/Jesse 1993, S. 91)

Am 27.1.1982 verbietet Bundesinnenminister Friedrich Zimmermann die "Volkssozialistische Bewegung", denn die "Tätigkeit der VSBD/PdA sei in kämpferisch-aggressiver Form darauf gerichtet, die verfassungsmäßige Ordnung der Bundesrepublik Deutschland zu untergraben. Die Erringung der Macht wird nicht mit demokratischen Mitteln, sondern auf gewaltsamem Wege angestrebt." (zit. aus Verfassungsschutzbericht des Landes Bayern 1982, S. 107 f)

6.4.8. WSG-KDS/ANE

Der Rechtsextremist Erwin Schönborn[91] wird wegen der Gründung von zahlreichen Mini-Vereinen und Parteien immer wieder überschätzt. Dabei hat er 1979

---

[90] In dem Papier schreiben sie: "Wir, Klaus-Dieter und Christine Hewicker, mehrfach vorbestrafte frühere Nazi-Aktivisten, haben die Konsequenzen aus einem geistigen Lernprozeß vollzogen" und beklagen, gemeinsam mit dem Rechtsextremen Busse auf der Anklagebank zu sitzen. Die Analyse der "westlich bürgerlich-kapitalistischen Ausbeuterordnung" führe zur Notwendigkeit eines erfolgreichen "antiimperialistischen Befreiungskampfes" und schließlich zur sozialistischen Revolution". Auf der Basis eines "neutralen-unabhängigen-antiimperialistischen Westdeutschlands" sei auch die Möglichkeit eines Gesamtdeutschlands nicht mehr Utopie und der "real existierende Sozialismus der Länder des Ostens als dem Lager", mit dem sie als Undogmatische nicht konform gingen, stünde ihnen jedoch in vielerlei Hinsicht näher, "weil es immer noch der einzig vorhandene Anwalt der Enterbten und Entrechteten auf dieser Erde ist". Hingegen sei der "US-Imperialismus als der militante Arm der USA bzw. des US-Kapitals verantwortlich für ein unermeßliches Leid seit Jahrzehnten" ('Die Tageszeitung', 11.4.1984).
[91] Der 1914 geborene Rechtsextremist ist vor 1945 Reichsarbeitsdienst Oberfeldmeister und Adjudant beim Gau Franken. Nach dem Zweiten Weltkrieg gründet er 1952 die "Arbeitsge-

nicht mehr als 50 Anhänger. (vgl. Verfassungsschutzbericht des Landes Bayern 1979, S. 82) Namen der Schönbornvereine sind "Kampfbund Deutscher Soldaten" (KDS), "Aktionsgemeinschaft Nationales Europa" (ANE) und "Neues Nationales Europa" (NNE), um nur drei Beispiele zu nennen. In Dokumentationen zum Rechtsextremismus in den siebziger Jahren wird er im Zusammenhang mit der **"Wehrsportgruppe Hoffmann"** und dem "Bückeberger Prozeß" sogar als "der eigentliche Drahtzieher" des Rechtsterrorismus präsentiert. (vgl. Nazi-Terror 1979, S. 29) Dagegen nehmen die gewaltbereiten Neonazis Schönborn nie ernst. Alwin Meyer und Karl-Klaus Rabe schildern eine Begegnung mit Schönborn nach einer ANS-Pressekonferenz im Mai 1978:

> "Es dauert nicht lange, bis Kühnen mit einigen von seinen Leuten kommt. Schönborn ist wieder wie in Köln mit von der Partie. Fast 2 1/2 Stunden lang redet er uns voll. Gelegentlich schaffen wir es, auch mal Kühnen etwas zu fragen, aber dann ist Schönborn wieder an der Reihe. Die Jugendlichen, die mitgekommen sind, interessiert unser Gespräch nicht. Hähnchen und Bier sind wichtiger. Hinter Schönborns Rücken zeigen sie uns, was sie von ihm halten. Per Zeichensprache geben sie uns zu verstehen, er sei eine Quasselstrippe. So ganz haben sie nicht Unrecht." (Rabe 1980, S. 149)

Auch **Karl-Heinz Hoffmann** hat ein ambivalentes Verhältnis zu Schönborn. Es gibt gemeinsame Treffen, wie am 8.2.1975 in Nürnberg, als Schönborn an einer Veranstaltung der "Wehrsportgruppe Hoffmann" teilnimmt. (vgl. Antifa 1978, S. 159; Frankfurt o.J., S. 10) Ein weiteres Beispiel ist die Veranstaltung des "Freundeskreises 'Denk mit!'" am 14.1.1977 im Verkehrsmuseum Nürnberg. Auf der Rednerliste stehen neben Klaus Huscher, Edda Zell und Prof. Herrmann Oberth auch Karl Heinz Hoffmann und Erwin Schönborn. Trotz der gemeinsamen Auftritte kritisiert Hoffmann Schönborns politische Hochstapelei:

> "Und was nun den Herrn Schönborn anbelangt, da muß ich sagen, ich bin nicht sonderlich gut zu sprechen auf den Herrn Schönborn, weil seine Aktionen mir nicht gefallen. Ich habe verschiedene Aktionen verfolgt. Ich habe Gerichtsverhandlungen besucht. Ich habe ihn dort erlebt, wie er sich dargestellt hat. Und mir gefällt einfach nicht, mal abge-

---

meinschaft Nationales Europa". Wegen öffentlicher Sympathien zu Adolf Hitler wird die Organisation 1953 vom Berliner Senat verboten. 1954 versucht er vergeblich, die "Deutsche Freiheits-Partei" in Berlin zu etablieren doch der Senat versagt seine Zustimmung. Für wenige Monate schließt sich Schönborn nun der "Deutschen Reichspartei" an. 1956 gründet er das "Komitee Freiheit für Dönitz" und die "Deutsch Arabische Gemeinschaft" (DArG). 1961: Schönborn gründet die "Freien Sozialisten Deutschlands" und beteiligt sich 1962 unter dem Namen "Freie Sozialistische Partei" (FSP) an den hessischen Landtagswahlen. Zwei Jahre später gründet er die "Nationaldemokratische Wählervereinigung Frankfurt". 1967 initiiert er den "Frankfurter Kreis Deutscher Soldaten". Weitere Schönborn-Organisationen: die "Aktionsgemeinschaft Nationales Europa" (1977) und die Gruppe "Neues Nationales Europa" (1977), die "Bürgerinitiative gegen Terrorismus und 5%-Klausel" (1978), die "Bürgerinitiative für Volksaufklärung" (1978), der "Nationalsozialistische Schülerbund" (1979), die "Nationalsozialistische Demokratische Arbeiterpartei" (NSDAP) (1980). (vgl. Hirsch 1989, S. 440 f)

sehen von der politischen Richtung, wenn er sich vor Gericht hinstellt und sagt: 'Wissen Sie, daß die deutsche Rechte nicht gewalttätig ist, das haben sie meinem Einfluß zu verdanken. Ich habe nämlich maßgeblichen Einfluß in der außerparlamentarischen Rechten.' Und das ist dann der Moment, wo ich dann eigentlich am liebsten aufstehen möchte, wenn mir das nicht einen Verweis einbringen würde, und sagen: 'Herr Schönborn, halten sie ihren Mund! Das ist einfach nicht wahr! Mit den fünf Mann, die Sie befehligen, da haben Sie keinen Einfluss auf die deutsche Rechte, weder auf die parlamentarische noch auf die außerparlamentarische!' Das ist eine anmaßende Geschichte! Ich habe es erlebt, daß auf einer Tagung, wo rechtsgerichtete nationale Autoren ihre Sprechzeit hatten, ihre Bücher vorstellten, auch der Herr Schönborn zehn Minuten Sprechzeit hatte, und er sprach nun irgendwas, und plötzlich sagte er dann: 'Und nun, meine Freunde, wollen wir uns alle erheben.' Und alles stand auf. Keiner wußte, was da kommen soll. Und dann sagte der Schönborn: 'Und nun wollen wir im Geiste Francos', der war damals gerade gestorben, 'schwören, daß wir sein Werk fortsetzen' und so weiter. Da muß ich sagen, also da meine, das ist doch eine Vergewaltigung Andersdenkender! Das kann man doch nicht machen! Das war doch nur peinlich! Und das ist etwas Übles! Die Herrschaften wie Schönborn und andere bringen selber organisatorisch nichts auf die Beine, bemächtigen sich der Veranstaltungen anderer, nicht, betteln da rum, daß sie dort sprechen dürfen, und versuchen dann, die ganze Gesellschaft in ihrem Sinne umzufunktionieren und sich dann die fremden Federn an den Hut zu stecken. Und das lehne ich von der Sache her einfach ab." (Rabe 1980, S. 214 f)

Hoffmann will sich auch ideologisch von Altnazis wie Schönborn absetzen:

"Diese Herrschaften, die ja nun auch ein gewisses Alter haben, haben ein starkes Interesse daran, das Geschichtsbild zu revidieren. Und ich muß sagen, ich gebe dieser Sache, dieser Geschichtsrevision, im Moment ohnedies keine große Chance. Es ist einfach eine, es ist eine verwurstelte Zeit! (...) Und vernünftige Alternativen zur bestehenden Politik höre ich von diesen Leuten überhaupt nicht! Wenn der Mund aufgemacht wird, irgendein Lamentieren zur Geschichtsfälschung. Bitte, ich meine, Sie werden auch in meinen Veröffentlichungen gelegentlich eine kurze Stellungnahme finden zu diesen Dingen, aber daß ich das nun zum Hauptthema mache, nicht. Ich meine, zu diesen Leuten gehöre ich nicht, die glauben, wenn man das Fenster aufmacht und alle Mann hängen die Hakenkreuzfahnen zum Fenster 'raus, dann wird alles gut. Das ist Unsinn sowas!" (Rabe 1980, S. 215)

Trotzdem darf nicht übersehen werden, daß zahlreichen WSG-Mitgliedern Schönborns Entlastung des Nationalsozialismus gefällt. Auf der Europawahlliste der "Aktionsgemeinschaft Nationales Europa" stehen zwei Anhänger der "Wehrsportgruppe Hoffmann". Umgekehrt werben Schriften der Schönborn-Organisation "Vereinigung Verfassungstreuer Kräfte" in Anzeigen für die "Wehrsportgruppe Hoffmann".

Schönborns - "Aktionsgemeinschaft Nationales Europa" (ANE)

Die ANE wird im Oktober 1977 in Nürnberg wegen der Europawahl 1979 von Schönborn konstituiert. Das Datum der "symbolischen Gründung" wird bewußt auf den 1.10. gelegt, um an die Urteilsverkündung des "Internationalen Militär-Tribunals" (ITM) am 1.10.1946 in Nürnberg zu erinnern. (vgl. 'UNION-V', Ausg. 7/8 1977, S. 4; Verfassungsschutzbericht des Bundes 1977, S. 34) Der "symbolischen Gründung" folgt am 28./29.1.1978 in Fürth die "organisatorische Gründungsversammlung". Vorsitzender wird Erwin Schönborn, seine drei Stellvertreter sind Karl-Heinz Keuken (1. Vorsitzender der VVK), Horst-Ulrich Schesmer und Friedrich Heckmann (ehemaliger MdL der NPD für Fürth und **1. Vorsitzender des "Freundeskreis zur Förderung der Wehrsportgruppe Hoffmann"**). Außerdem im Vorstand: Ferdninand Hake, Helene Rehm, Karl Schmerfeld, Robert Paulus, Wolf-Dieter Waag und Erhard Pfeffer. ('UNION-V', Ausg. 7/8 1977, S. 4) Im Programm fordert die Organisation, die sich selbst als "Rudolf-Heß-Bewegung" betracht:

> "1. Bildung von Groß-Europa als ein Staatenbund freier Völker (...)
> 2. Kampf gegen alle europafeindlichen Ideen und Kräfte, vor allem gegen den US-Imperialismus genau so wie gegen den Sowjetischen Terror und damit verbunden Ablehnung von liberalistischem Kapitalismus, marxistischem Kommunismus wie auch dem völkerfeindlichen Zionismus. (...)
> 5. Pflege der europäischen Kultur bei Zurückdrängung nichteuropäischer Kultur- und Zivilisationseinflüsse. (...)
> 6. Kampf den gegen das deutsche Volk gerichteten Lügen und Verleumdungen.
> 7. Einsatz für die Freilassung aller Kriegsgefangenen, die einseitig nach 1945 von den den Siegern verurteilt wurden oder Opfer einer besatzungshörigen Justiz wurden und die heute noch in europäischen Gefängnissen sitzen. (...)
> 8. Forderung der Todesstrafe für ganz Europa und Kampf gegen Pornographie und Sittenverfall."
> (zit. aus ANE-Flugblatt: Rückseite der Einladung zur ANE-Veranstaltung am 5.11.1977 im Düsseldorfer "Haus des deutschen Ostens")

Die ANE betrachtet sich als "Sammlungsbewegung aller nationalen und konstruktiven Kräfte, um für die Direktwahlen zum Europaparlament (West) den etablierten, destruktiven und kommunistischen Parteien der Bundesrepublik eine einzige Liste" entgegenzustellen. (zit. aus Hirsch 1989, S. 27) Unterstützt wird die ANE von Organisationen, die zum Teil ebenfalls Satelittengruppen um Schönborn sind, so vom "Kampfbund Deutscher Soldaten" und der "Vereinigung Verfassungstreuer Kräfte", außerdem von neonazistischen Splittergruppen, darunter die "Deutsch-Völkische Gemeinschaft" (DVG) und Michael Kühnens "Aktionsfront Nationaler Sozialisten" (ANS). Auf der Kandiatenliste der ANE zur Europawahl 1979 stehen verschiedene Neo- und Altnazis und auch die beiden WSG-ler Stefan Wagner und Emil Dilger.[92] Zur Besetzung des 4. Platzes mit der vor Gericht stehenden

---

[92] Die Bundesliste der ANE vom 3.3.1979: 1. Erwin Schönborn (Frankfurt am Main), 2. Eberhard Engelhardt (Nürnberg), Erich Biber (Bonn), Hildegard Lächert (Reichartshausen), Therese Zimmermann (Bad Homburg), Ralf Platzdasch (Frankfurt am Main), Emil Dilger (Rodgau), Dieter Werner (Fürth), Martin Vogel (Mainz) und Stefan Wagner (Rodgau).

ehemaligen KZ-Aufseherin Hildegart Lächert erklärt Schönborn: "Mit Hildegard Lächert wollen wir, gleichsam als Symbol, unsere Solidarität mit allen unschuldigen Opfern der Sieger-Rache-Justiz zum Ausdruck bringen." (ANE-Flugblatt, März 1979)
"Handgreifliche" Unterstützung beim Wahlkampf kommt aus den Reihen der **"Wehrsportgruppe Hoffmann"**. Emil Dilger, ANE-Kandidat und WSG-Anhänger, erinnert sich:

> "Bei der 'Aktionsgemeinschaft Nationales Europa' stand damals Stefan Wagner auch auf der Kandidatenliste, und er brachte es sogar fertig, überall seine Pflicht zu tun. Einige Hoffmann-Jungs haben zu dieser Zeit versucht, drei Wahlveranstaltungen zu schützen von der 'Aktionsgemeinschaft Nationales Europa', obwohl sie von keinem Funktionär beauftragt waren. (...) Der Einsatz der Jungs - soweit ich das beurteilen kann - war in keinem Fall gegen unseren Staat gerichtet, sondern nur gegen die Linken oder antifaschistischen Banden, wie sie zu sagen pflegten." (zit. aus: Filmer/Schwan 1983, S. 170)

Die Hilfe der WSG ist der "Arbeitsgemeinschaft Naionales Europa" recht. Auf einer ANE-Veranstaltung am 26.3.1979 kommt es zu Ausschreitungen, Jugendliche Neonazis beschießen protestierende Veranstaltungsgegner mit Gaspistolen. Unter den rechtsextremen Gewalttätern sind die WSG-Mitglieder Hans-Michael Förster, Michael Satorsky, Stefan Wagner. (vgl. Frankfurt o.J., S. 9; 'Frankfurter Rundschau', 27.3.1979) Emil Dilger droht, in Zukunft "Ordnungskräfte" einzusetzen. In Frankfurt stünde die "Sturmgruppe 7" der "Wehrsportgruppe Hoffmann" und die "Kampfgruppe Großdeutschland" abrufbereit. (vgl. 'Offenbach-Post', 30.3.1979) Anwesend ist auch der NDBB-Chef Roland Tabbert.

Seinen Plan, bei den Europawahlen 1979 anzutreten, gibt Schönborn trotz WSG-Unterstützung auf. (vgl. Verfassungsschutzbericht des Landes Bayern 1979, S. 82) Wegen der Verunglimpfung ehemaliger KZ-Insassen wird er im gleichen Jahr zu eineinhalb Jahren ohne Bewährung verurteilt. (vgl. Verfassungsschutzbericht des Bundes 1979, S. 32)

Der Schönborn-Zögling Ralf Platzdasch[93] ist auch Geschäftsführer und Gesellschafter der Frankfurter "Volk und Kosmos Buchhandlung und Verlags-GmbH" mit einer Stammeinlage von 15 000 DM. Den Rest von 5 000 DM hält ein Schulfreund Platzdaschs. (vgl. Frankfurt o.J., S. 9; Bericht 1979, S. 167) Im Geiste Erwin Schönborns vertreibt Platzdasch in seinem im Spätsommer 1979 eröffneten Bornheimer Buchladen eine rechtsextreme Literatur-Palette "vorwiegend mit in-

---

[93] Platzdasch begleitet Schönborns Aktivität über Jahre. 1976 wird er Mitglied im Vorstand der "Vereinigung Verfassungstreuer Kräfte" (VVK), 1977 tritt er dem "Kampfbund Deutscher Soldaten" (KDS) bei. Im selben Jahr wird er Pressesprecher von Schönborns 'Bürgerinitiative für die Todesstrafe, gegen Pornographie und Sittenverfall'. 1978 übernimmt Platzdasch den Posten des Pressesprechers bei VVK und KDS, 1979 auch für die ANE. Im August 1979 gründet er mit Schönborns "Genehmigung" den "Nationalsozialistischen Schülerbund" (NSB) in Frankfurt. Am 30.1.1980 gibt er die Leitung des NSB an Harald Lauer ab. (vgl. Frankfurt o.J., S. 9)

teressanten Neuerscheinungen - übrigens nicht nur traditionell 'rechter' Verlage." (Platzdasch zit. aus: Rabe 1980, S. 133; vgl. auch Verfassungsschutzbericht des Landes Hessen 1979, S. 15) Im Angebot sind auch Werke des **WSG-Chefs Karl Heinz Hoffmanns**. Der hessische "Sturm 7"-Sektionschef Arnd-Heinz Marx relativiert das Verhältnis der WSG zum Laden: "Wir haben praktisch nichts damit zu tun, kommen nur einmal rein, kaufen unsere Sachen, Schallplatten oder Bücher. Vom Chef haben wir einmal die Bücher zum Verkauf reingebracht." (Interviewmitschrift mit Arnd-Heinz Marx für die 'Neue Hanauer Zeitung', 1980, S. 6)
Zwar stehen die Kontakte der WSG nicht im Vordergrund. Doch der Buchladen entwickelt sich "zum Treffpunkt der Ewiggestrigen in der Mainmetropole". (Schenk 1983, S. 114; vgl. Verfassungsschutzbericht des Landes Hessen 1979, S. 15) Konflikte mit der Polizei werden häufiger. Im Rahmem von Ermittlungsverfahren finden 1980 "mehrfach polizeiliche Durchsuchungen des Ladens statt, da in ihm u.a. rechtsextreme Literatur offen angeboten wurde, die als jugendgefährdend eingestuft ist." (Verfassungsschutzbericht des Landes Hessen 1980, S. 16) Nach dem WSG-Verbot 1980 knapp zwei Jahre später ist auch das Buchladenprojekt am Ende. Als die Liegenschaft den Eigentümer wechselt, wird dem "Nazi-Buchladen" gekündigt. Nach einem Räumungsurteil ziehen "die Neonazis dann im November 1981 aus den Räumen aus." (Schenk 1983, S. 114)

Schönborn - "Neues Nationales Europa" (NNE)

Am 3.4. 1977 wird auf dem Europa-Kongreß der "Vereinigung Verfassungstreuer Kräfte" (VVK) die Organisation "Neues Nationales Europa" gegründet. (vgl. 'V', Ausg. 3/4 1977, S. 2) Ziel ist die Beteiligung bei den Europawahlen 1979 mit allen "lebensgesetzlich denkenden, national-unabhängigen und der Zukunft unseres Volkes und der Menschheit verpflichteten" Kräften. (zit. aus Hirsch 1989, S. 98) Der Hitlerstellvertreter Rudolf Heß sollte auf einem Spitzenplatz nominiert werden. Als Vorsitzender des NNE fungiert der im rechtsextremen Spektrum von Elsaß-Lothringen bekannte Franzose Marcel Iffrig[94], was der Gruppe wohl einen

---

[94] Der Arzt Marcel Iffrig ist in der regionalistischen-autonomistischen Szene aktiv. Am 15. November 1970 entsteht der Mouvement régionaliste d'Alsace et de Lorraine (MRAL), dessen Vorsitzender er ist. Das Programm der Bewegung - abgedruckt in der zweisprachigen Zeitung 'Elsa' - tritt für die ethnische Homogenität und für die territoriale Einheit Elsaß-Lothringens ein. Unter Iffrigs Führung wendet sich der MRAL schnell dem Neonazismus zu. Dennoch ist Iffrig recht populär. Bei den Kantonalwahlen im Mai 1971 erreicht er in Lauterbourg 30 Prozent der Stimmen. Der MRAL radikalisiert sich und fordert nicht mehr die Zweisprachigkeit sondern Deutsch als einzige Sprache. 1974 veröffentlicht Iffrig einen Artikel, in dem er die Waffen-SS von jeglicher Verantwortung bei dem Verbrechen in Oradour sur Glane freispricht. 1975 öffnet er dem deutschen Revisionisten Heinz Roth die Spalten der Zeitung 'Elsa'. Das Blatt, das offen Neonazismus und Antisemitismus predigt, wird mehrfach wegen Verteidigung des Rassismus verurteilt. (vgl. Camus/ Monzat 1992, S. 292/293)

internationalen Flair verleihen soll. (vgl. Hirsch 1989, S. 98) "Leiter der Sektion Deutschland" des NNE ist der bekannte Rechtsextremist Karl-Heinz Keuken aus Bruchsal.[95] Später bemüht sich die NNE um die Unterstützung der ANE.

Schönborn - "Kampfbund Deutscher Soldaten" (KDS)

Der "Kampfbund Deutscher Soldaten" ensteht im April 1975 als Nachfolgegruppe des bereits 1967 von Schönborn initiierten "Frankfurter Kreis Deutscher Soldaten". 1. Vorsitzender des KDS ist Erwin Schönborn, sein Stellvertreter Friedrich Heckmann, zugleich Vorsitzender des **"Freundeskreis zur Förderung der Wehrsportgruppe Hoffmann"**. (vgl. u.a. 'V', Ausg. 3/4 1977, S. 12) Bei der KDS-Gründungsversammlung gibt Schönborn unzweideutig die poltische Richtung an: "Wir sind Nationalsozialisten gewesen, wir bleiben Nationalsozialisten." (vgl. Hirsch 1989, S. 441; Pomorin/Junge 1978, S. 99) Im Programm steht:

> "Kampf um die Wiederherstellung der Grenzen des Deutschen Reiches, Durchsetzung der Prinzipien des Volkstums, Bestrafung aller Widerstandskämpfer als Volksverräter, Freilassung von Rudolf Heß, Widerlegung der Lüge um die Massenverbrechen von Auschwitz." (Zit. aus Bericht 1977, S. 52)

Mitbegründer des KDS ist Dr. Eberhard Taubert, der im "Dritten Reich" eine Schlüsselposition im Goebbels-Ministerium eingenommen hat. (vgl. Christie 1984, S. 107 f; Pomorin/Junge 1978, S. 43) Der KDS tritt äußerst provokativ und menschenverachtend auf. Im September 1977 verteilt die Gruppe folgendes Flugblatt:

> **"10.000.- DM Belohung**
> *zahlen wir* für jede einwandfrei nachgewiesene 'VERGASUNG' in einer *'GAS - KAMMER'* eines *deutschen KZ's*. Wir akzeptieren keine KZ - Zeugen aus Polen, Israel oder den USA, die, wie in den NS - Prozessen *MEINEIDE* geschworen haben, ohne dafür belangt werden zu können.
> *Wir benötigen:*
> NAME, VORNAME, WOHNORT, GEBURTSTAG, GEBURTSORT, WO VERHAFTET, IN WELCHES KZ EINGELIEFERT UND IN WELCHEM KZ 'VERGAST'."

Signifikant für die Geisteshaltung und das Engagement des KDS ist auch die Dokumentation 'UNSER KAMPF gegen die größte Lüge der Weltgeschichte', die 1976 von Wolf Dieter Rothe und Erwin Schönborn herausgegeben wird. Im Mit-

---

[95] Keuken ist 1974 Bezirksbeauftragter der DVU in Karlsruhe. Seit 1975 ist er Vorsitzender der "Vereinigung Verfassungstreuer Kräfte" und verantwortlicher Redakteur der VVK-Publikation 'Union'. (Bericht 1977, S. 60)

telpunkt der Publikation steht die Solidarität des KDS mit den Tätern des Majdanek-Prozesses in Düsseldorf.[96] In der Einleitung schreibt Schönborn:

> "'Auschwitz', eines der großen Internierungs- und Arbeitslager, die von der Deutschen Reichsregierung eingerichtet wurden, um neben Kriegsgefangenen, kriminelle, arbeitsscheue und asoziale Staatsbürger davon abzuhalten, vor allem während des Krieges durch Sabotage, Spionage und andere volks- und reichsfeindliche Aktivitäten Volk und Reich zu schädigen oder zu gefährden, steht heute als Symbol für alle die dem deutschen Volk angedichteten 'Massenverbrechen an Juden'." ('UNSER KAMPF' 1976, S. 4)

Es folgen Solidaritätsaufrufe und Aktionen mit den inhaftierten Kriegsverbrechern. So gründet Schönborn einen Düsseldorfer Kreis, der sich zur Aufgabe gesetzt hat, die "Einstellung aller NS-Prozesse und die Freilassung der immer noch in Kriegsgefangenschaft befindlichen Kameraden" durchzusetzen. ('Allgemeine Jüdische Wochenzeitung', 19.12.1975) Am 25.11.1975 schreibt Schönborn an den Vorsitzenden Richter des Schwurgerichts:

> "Als Deutscher schäme ich mich, daß es in unserem Volk Juristen gibt, die - auch diesmal wieder unmittelbar vor Weihnachten - gegen unschuldige Landsleute einen solchen Schauprozeß eröffnen, nachdem kein anderes Volk eigene tatsächliche Kriegsverbrecher verurteilt hat." ('UNSER KAMPF' 1976, S. 9)

Die Arbeit zugunsten der in Düsseldorf vor Gericht stehenden SS-Verbrechern ist nur ein Beispiel für die öffentlichkeitswirksamen Tabuübertretungen der Schönborn-Organisation. Außerdem organisiert der KDS

> "unter Schönborns Leitung militante Demonstrationen gegen den ehemaligen US-Ankläger in den Nürnberger Prozessen, Rechtsanwalt Robert Kempner, gegen den damaligen Ministerpräsidenten von Rheinland-Pfalz, Dr. Kohl, wegen der Ablehnung einer Begnadigung, gegen einen VVN-Prozeß in Offenbach und gegen die Zentrale Stelle der Landesjustizverwaltungen zur Aufklärung von NS-Verbrechen in Ludwigsburg." (Horchem 1978, S. 209)

Schönborn - "Vereinigung Verfassungstreuer Kräfte" (VVK)

Die VVK wird von Erwin Schönborn Mitte der siebziger Jahre gegründet. Vorsitzender ist Karl-Heinz Keuken, "Kooperationsberater" Erwin Schönborn und

---

[96] In Düsseldorf stehen 14 SS-Mitglieder vor der 17. Großen Schwurgerichtskammer, die 1942 bis 1944 an der industriellen Menschenvernichtung im KZ Majdanek beteiligt gewesen sind. In der 300seitigen Anklageschrift geht es um Massenmord in 250 000 Fällen, begangen an Kindern, Frauen und Männern, an Kranken, an politisch und religiös Andersdenkenden, zumeist an Juden, aus 50 Nationen. (vgl. 'Frankfurter Allgemeine Zeitung', 25.11.1975; Kogon 1991, S. 176; 'Konkret', April 1976)

"Geschäftsführer" Ralf Platzdasch, was zeigt, daß auch die VVK einer der zahlreichen Schönborn-Satelliten ist. (vgl. Bericht 1977, S. 55)
Ein Beleg für die recht einseitige Willensbildung ist die Materialliste 1978/79 des "VVK-Verlages". Unter den elf angebotenen Titeln befinden sich: Erwin Schönborn "Fest und sein Zeuge"; Erwin Schönborn "Soldaten verteidigen ihre Ehre", Erwin Schönborn "Der Prozess gegen die Zentralstelle", Erwin Schönborn "Los von Amerika"[97] sowie die KDS-Dokumentationen "Nationalismus - Sozialismus" und "Unser Kampf". Ziel der VVK ist die Vernetzung im rechtsextremen Lager:

> "Mitglieder und Funktionsträgers des konstruktiven Lagers gründeten die VVK, um alle nationalgesinnten Deutschen zu erfassen und somit eine dauerhafte Plattform für zukünftige politische Zusammenarbeit zu schaffen und der Zersplitterung der konstruktiven Kräfte ein endgültiges Ende zu setzen." ('UNION-V', Ausg. 9/10 1976, S. 24)

Das Organ der VVK ist das zweimonatlich erscheinende Heft 'UNION-V', ab Ausgabe 1/2 1978 unbenannt in 'Einigkeit für Recht und Freiheit' ('Einigkeit'). Das Blatt verbreitet neben politischen Inhalten im Geiste Schönborns auch Reklame anderer rechtsextremistischer Organisationen, darunter die **"Wehrsportgruppe Hoffmann"**. Werbung macht das Organ unter anderem für

- "Gesellschaft für biologische Anthropologie, Eugenik und Verhaltensforschung e.V." ('UNION-V', Ausg. 9/10 1976, S. 7 f)
- "Hilfskomitee Palästina" - P.O.Box 864, Tripolis/Lybien ('UNION-V', Ausg. 9/10 1976, S. 8)
- "Samisdat Publishers LTD" - Toronto/Canada ('UNION-V', Ausg. 9/10 1976, S. 13)
- 'Unabhängige Nachrichten' ('UNION-V', Ausg. 1/2 1977, S. 20)
- "Junge Nationaldemokraten" fordern in einer ganzseitigen Anzeige: "Freiheit für Rudolf Hess"; verantwortlich zeichnet Peter Naumann. ('UNION-V', Ausg. 5/6 1977, S. 20)
- Der NDBB-Vorsitzende Roland Tabbert teilt mit, daß das NDBB-Organ 'Gerechtigkeit' mit 'Einigkeit' fusioniert ist. ('Einigkeit', Ausg. 7/8 1978, S. 6f)

---

[97] In seinem Buch "Los von Amerika" gibt Schönborn möglicherweise Anregungen, die junge Rechtsterroristen in seinem Umfeld wie Walther Kexel zum Terror gegen US-Einrichtungen treibt: "Die Zersetzung der Moral ging immer parallel mit dem Untergang der Kulturen. Wer Moral und Sittlichkeit untergräbt, zerstört nicht nur die Kultur, sondern er bereitet den Weg für die Kräfte, die auch politisch an die Stelle der demoralisierten Macht treten. Der Amerikanismus ist deshalb keine Antithese gegen den Kommunismus, sondern, im Gegenteil, er bereitet überall dort, wo er sich ausbreitet, das Feld für ihn. Der Kampf gegen den Amerikanismus ist darum Grundvoraussetzung, wenn man die Weltherrschaft des Kommunismus verhindern will." (Schönborn 1966, S. 101)

'UNION-V' publiziert auch eine ganzseitige Werbung samt Konto-Nummer für **Karl Heinz Hoffmann**: Der Titel: "Hoffmann - 100 Tage Haft wofür?" (vgl. 'UNION-V', Ausg. 3/4 1977, S. 20) Ab der Ausgabe 'Einigkeit' 7/8 1978 ist die redaktionelle Anschrift des VVK-Organs das Rodgauer Postfach des **WSG-Anhängers Emil Dilger**, der schon in der Ausgabe zuvor verantwortlich für das Blatt zeichnet.

Schönborn - DVG

Die "Deutsch-Völkische Gemeinschaft" (DVG) wird 1973 in Bamberg vom ehemaligen SA-Obersturmführer Joachim Floth gegründet. Nach dessen Tod übernimmt Werner Braun den Vorsitz, bereits seit 1974 Jugendreferent der Organisation. (Antifa 1978, S. 196; Chairoff 1977, S. 83; Hirsch 1989, S. 56 und S. 356 f)
Ralf Platzdasch und Erwin Schönborn arbeiten eng mit Braun zusammen. Organe der DVG sind 'Der Angriff' und 'Die Wahrheit für Deutschland', außerdem 'Antikommunist' als "Mitteilungsblatt für die Jugend in der Deutsch-Völkischen Gemeinschaft". Das Blatt ist wie die anderen DVG-Organe offen neonazistisch. Im 'Antikommunist' Nr. 1/1975 heißt es: "Eine kleine Clique von Schmarotzern war - wie heute auch - zusammen mit Artfremden, von Ostgalizien zugewanderten, verlausten und stinkenden Plattfußtypen der Nutznießer, während das deutsche Volk in Not und Elend darbte."
Im Gegensatz zu Schönborn, der für eine gewaltfreie politische Auseinandersetzung plädiert, will Braun den bewaffneten Kampf führen. Braun versucht, von einem V-Mann der Polizei vier Maschinenpistolen und 2 200 Schuß Munition zu kaufen, und wird daraufhin am 23.8.1978 verhaftet. Er kommt glimpflich davon, die Richter werten die Aktion als "minder schweren Fall". (Rabe 1980, S. 126) Wegen Verstoßes gegen das Waffengesetz wird er zu einem Jahr Haft auf Bewährung, einer Geldbuße von 3 000 DM und 14 000 DM Geldstrafe verurteilt. (vgl. Verfassungsschutzbericht 1978, S. 37) Auch andere Anhänger der DVG greifen zur Gewalt. Drei Wochen nach Braun werden drei weitere DVGler verhaftet. Die Polizei findet Handgranaten, Pistolenmunition und Sprengstoff. (vgl. Rabe 1980, S. 126; 'Stern', 2/1979, S. 128) Auch ideologisch ist die Agitation der DVG von starker Gewaltbereitschaft geprägt. Auf Flugblättern fordert sie:

> "Einweisung in Arbeitslager für die Lügner in Presse, Rundfunk und Fernsehen wegen Volksverhetzung und Verunglimpfung des Andenkens Verstorbener! Standesrechtliche Erschießung aller lebenden Verräter! Wiederherstellung der Ehre Adolf Hitlers, Rudolf Heß' und aller unschuldig verurteilten deutschen Soldaten!" (zit. aus Hirsch 1989, S. 56)

Zu den "persönlich gut bekannten" (Landgericht Koblenz, 18.4.1979, 101 Js 1010/78, S. 45) Gesinnungsfreunden Brauns gehört auch der Rechtsextremist

Gunnar Pahl, der eng mit der Familie Müller aus Mainz verbunden ist.[98] Bei einer Hausdurchsuchung bei der Familie Müller in Mainz Gonsenheim am 11.4.1976 beschlagnahmt die Polizei unter anderem sechs Abreißblocks mit je 80 Aufklebern der DVG. Das Propagandamaterial ist Pahl bereits Ende 1977 von Braun zugeschickt worden. Das Koblenzer Landgericht charakterisiert das Verhältnis zwischen Braun und dem Angeklagten Pahl:

"Das verfolgte Ziel des Braun und der DVG ist identisch mit dem des Angeklagten: die Ehre Hitlers, 'der größte Sohn des deutschen Volkes', wiederherzustellen, die Nazi-Ideologie zu verherrlichen und für die Zulassung der NSDAP zu kämpfen." (Landgericht Koblenz, 18.4.1979, 101 Js 1010/78, S. 46)

Nachdem sich Braun wegen der Bewährungsstrafe aus der ersten Reihe zurückgezogen hat, zeichnet das ANS-Mitglied Christian Worch für die DVG-Schriften verantwortlich (vgl. 'Quick', 1.3.1979) Als auch dieser vorübergehend in U-Haft sitzt, leitet Ralf Platzdasch kommisarisch die Geschäfte der DVG. (vgl. Antifa 1980, S. 52; Rabe 1980, S. 126) Unter seiner Verantwortung betreibt das DVG-Organ 'Der Angriff' Wahlkampf für Schönborns ANE:

"**In Verantwortung für die K o m m e n d e n handeln !**
Wir 'besitzen' den hierfür nötigen Idealismus - im Gegensatz zu den Diätenerhöhern und Pöstchenverteilern der Bonner Parteien,
Wir 'besitzen' keine Massenpresse - im Gegensatz zu den Interessenverrätern unserer Nation und der europäischen Völker.
Eine ANE-Fraktion im (vorerst) westeuropäischen Parlament wird sich - neben vielen anderen - für folgende Forderungen einsetzen:
Todestrafe für Terroristen, Rauschgiftmörder, Polizistenmörder, Sexualmörder und Taximörder. (...)
Freilassung aller 'NS-Verurteilten', die als Unschuldige durch meineidige Zeugen und gefälschte Dokumente verurteilt wurden. (...)
Förderung der Volksgesundheit durch Unterstützung des Breitensports (...)." ('Der Angriff', Ausgabe 2/1979)

Geworben wird in dem DVG-Organ auch "Um einer geordneten Zukunft willen" für "Aktionsgemeinschaft Nationales Europa". Als dessen "ANE-Wahlkampfzentrale" wird das Rodgauer Postfach 271 angegeben. ('Der Angriff' Ausgabe 2/1979) Verantwortlich für das Postfach ist **der ANE-Kandidat und WSG-Anhänger Emil Dilger**. Als sich im September 1980 Neonazis zur Hoffmann-Truppe in den Libanon absetzen, sind darunter zwei Mitglieder der "Deutsch Völki-

---

[98] Das Koblenzer Landgericht schreibt am 18.4.1979 zum Verhältnis des Verurteilten Pahl zur Familie Müller: "Er war nach Verbüßung einer 18-monatigen Gefängnisstrafe in Italien am 7. Januar 1978 entlassen worden, ist dann direkt zu der Familie Müller gefahren, die er - auch in dieser Hauptverhandlung - als seine Eltern und Geschwister bezeichnet und ansieht - umgekehrt betrachten auch die Müllers ihn als ihren Sohn bzw. Bruder-, wo er dann auch offiziell seinen Wohnsitz begründete." (S. 15)

schen Gemeinschaft". Sie wollen sich der Strafverfolgung in Deutschland entziehen. (vgl. Verfassungsschutzbericht des Landes Baden-Württemberg 1980, S. 87 f)

Schönborn - "Bürgerinitiative Grüne Aktion Deutschland" (BGAD)

Zum Bruch Schönborns mit einem Teil der militanten Neonaziszene kommt es 1979. Schönborn initiiert die BGAD. Mitarbeiter am BGAD-Organ 'Grüne Korrespondenz' sind neben Erwin Schönborn und Ralf Platzdasch auch Walther Kexel (VSBD/PdA), Dieter Sporleder (VSBD/PdA; WSG-Hoffmann), Fiedrich Lohmann, W.A. Husni und der Nürnberger Rechtsanwalt Eberhard Engelhardt[99]. (vgl. 'Grüne Korrespondenz', Nullnummer 1979) Die Grundthesen der "Grünen Bewegung" lauten: "Entweder die Welt wird nationalsozialistisch, also g r ü n oder sie versinkt im Chaos - entweder im Chaos des liberalistischen Kapitalismus oder im Chaos des kommunistisch-marxistischen Terrors!"

Ein Jahr später gründet Schönborn im Rahmen der BGAD eine "Nationalsozialistische Demokratische Arbeiterpartei" (NSDAP). Die NSDAP-Gründung nimmt der VSBD/PdA-Vorsitzende Friedhelm Busse zum Anlaß um mit Schönborn zu brechen. Er erklärt die "sog. NSDAP" zum "Familienunternehmen des Herrn Schönborn" und fordert seine Anhänger auf, jegliche Zusammenarbeit aufzugeben. (vgl. Fankfurt o.J., S. 17) Sporleder und Kexel folgen der Anordnung Busses und distanzieren sich in "aller Form" vom "Hühnerfarmbesitzer" Schönborn. Umgekehrt verweist Schönborn auf die "Gewaltlosigkeit" seiner "NSDAP" und verurteilt die Schläger von "VSBD" Und "WSG". (vgl. Frankfurt o.J., S. 17) Die Attacke von WSG und VSBD-Mitgliedern vom 12.1.1980 in der Frankfurter Innenstadt auf politisch Andersdenkende wertet er als Resultat "jugendlichen Leichtsinns und Fehlverhaltens", die sich durch ihre Aktivität in der "VSBD" dem Einfluß von Ralf Platzdasch und ihm entzogen hätten. ('Grüne Korrespondenz', Nr. 1/1980)

Schönborn - Fiebelkorn

Der rechtsextreme Söldner Joachim Fiebelkorn wird des öfteren in Zusammenhang mit Schönborns "Kampfbund Deutscher Soldaten" (KDS) gebracht. So bezeichnet ihn Stuart Christie als "Paladin and Kampfbund Deutscher Soldaten". (Christie 1984, S. 104) Der Hinweis Christies ist zu hinterfragen[100], da seine Be-

---

[99] Engelhardt ist auch Vorsitzender der Schönborn-Organisation "Bürgerinitiative gegen Terrorismus und 5%-Klausel". (vgl. 'Einigkeit', Ausg. 3/4 1978, S. 35)
[100] Sehr problematisch sind auch Christies Ausführungen, "many Members of the Paladin Group were recruited from the ranks of the KDS, as were many mercenaries who fought in Rhodesia (39 in June, 21 in July and 34 in September 1976)." (Christie 1984, S. 108) Dement-

schreibung des KDS maßlos übertrieben ist. So soll der KDS 1500 Mitglieder haben (Christie 1984, S. 107), in Wirklichkeit dürften es bestenfalls 30 sein. Interessant ist Christies Hinweis deshalb, weil Friedhelm Busse Fiebelkorn einmal bei einer Sitzung der Schönborn-Organisation gesehen haben will. (Interview mit Friedhelm Busse am 22.5.1992)

6.4.9. WSG - "Bauern- und Bürgerinitiative"

Zu den umtriebigsten Organisatoren im rechtsextremistischen Lager Deutschlands gehört über Jahrzehnte Thies Christophersen[101]. 1969[102] gründet er seine Zeitschrift 'Bauernschaft', und von November 1971 an veröffentlicht er die Schriftenreihe 'Kritik - Die Stimme des Volkes'. Diese ist zunächst als Sammlung für kritische Briefe an die Fernsehanstalten gedacht. Dann erklärt Christophersen aber, die Publikation diene der "Aussprache mit unseren Freunden". Im November 1972 er bezeichnet sich zum ersten Mal als Inhaber des "Kritik-Verlages" mit Sitz in Mohrkirch. (vgl. Horchem 1978, S. 206) Unter diesem Titel gibt er die erste Ausgabe der Schriftenreihe der "Deutschen Bürgerinitiative" des Rechtsextremisten Manfred Roeder heraus: "Unser Kampf gegen eine widernatürliche Justiz".

Mit dem Vorwort von Manfred Roeder ist dann auch die Publikation versehen, die Christophersen international bekannt macht: Die 1973 publizierte Broschüre "Die Auschwitz-Lüge" - Ein Erlebnisbericht Christophersen aus seiner Zeit als Bediensteter in Auschwitz, der den Holocaust leugnet. (vgl. 'blick nach rechts', 21.2.1995, S. 5; Horchem 1978, S. 206) Das Heft kann als die "argumentative Grundlage des Kampfes der Neo-Nazis gegen die Wahrheit, die sie verleugnen" (Höffken/Sattler 1978, S. 50) bewertet werden.

---

gegen ist festzuhalten, daß es weder im Verfassungsschutzbericht, noch in der Fachliteratur auch nur irgendeinen Beleg für die Aktivität von Rhodesiensöldnern in Schönborns Mini-Gruppe gibt.
[101] Christophersen wird 1918 geboren. Während des Zweiten Weltkriegs ist er "SS-Sonderführer für Pflanzenschutz" (vgl. Hirsch 1989, S. 361) und übernimmt nach dem Krieg den vom Vater geerbten Bauernhof in Mohrkirch-Kälberhagen bei Flensburg. ('blick nach rechts', 21.2.1995, S. 5) Er ist nach eigenen Angaben Mitglied der CDU, später der "Deutschen Partei" (DP) und der NPD. (vgl. Antifa 1978, S. 29; Stöss 1989, S. 162) Schließlich verläßt er auch die NPD mit der Begründung, sie sei ihm "zu demokratisch". (Opitz 1978, S. 71) 1968 veranstaltet er als Landesgeschäftsführer der "Notgemeinschaft Deutscher Bauern e.V." (NDB) in Bad Oldesloe ein Bauerntribunal, für das er im Verbandsorgan 'Deutscher Bauer' wirbt. Noch im gleichen Jahr wird das Vereinsorgan vom rechtsextremen Großverleger Gerhard Frey übernommen. Für Christophersen Anlaß, ein Jahr später eine eigene Zeitschrift, 'Die Bauernschaft - Für Recht und Gerechtigkeit' zu gründen. (vgl. Horschem 1978, S. 206)
[102] Andere Quellen nennen 1968 als Gründungsjahr der Zeitschrift 'Die Bauernschaft'. (vgl. Lange 1993, S. 84)

Auch später veröffentlicht Christophersen immer wieder Schriften, die der Legitimation des nationalsozialistischen Unrechtsstaates dienen. Beispiele sind Heft 27: "Der Auschwitz-Betrug"; Heft 31: "Staatsfeinde und andere Deutsche" (von Martin Voigt[103]); Heft 33: "Ist Rassebewußtsein verwerflich ?" (von G.A. Amaudruz[104]); Heft 37: "Der größte Verbrecher aller Zeiten?" oder Heft 39 "Rassenethik" (von René Binet[105]). In der Werbung zu Binets Heft heißt es: "Der Franzose René Binet erkennt die Gefahr der rassischen Unterwanderung für Europa und fordert eine neue Rassenethik".

Die Gründung seiner Gruppe "Bauern- und Bürgerinitiative" (BBI), im Juni 1973 als Verein eingetragen, erfolgt bereits 1971. Der damalige Präsident des Landesamtes für Verfassungsschutz Hamburg vergleicht sie mit Roeders "Deutscher Bürgerinitiative":

"Wie diese ist auch die 'Bürger- und Bauerninitiative' das Mittel eines Wortführers nazistischer Ideen, um eine Klientel von Anhängern durch Veranstaltungen und Publikationen zu beeinflussen und als Anhänger und Propagandisten für diesen Nationalismus zu gewinnen. Die finanzielle Grundlage beider Initiativen sind nicht Beiträge oder Bezugsgebühren, sondern Spenden, zu denen bei vielfältigen Anlässen aufgerufen wird. In der Publizistik stehen die Rechtfertigung nazistischer Ideen, ein grundsätzlicher Haß gegen die Demokratie und eine massive Agitation gegen die Bundesrepublik Deutschland und die sie tragenden Parteien im Fordergrund." (Horchem 1978, S. 207)

---

[103] Zum Autor heißt es im Heft: "MARTIN VOIGT (...) ist der Sprecher der UNABHÄNGIGEN FREUNDESKREISE. Als solcher ist er auch Herausgeber der UNABHÄNGIGEN NACHRICHTEN (UN)." ('Kritik', Nr. 31)
[104] Amaudruz arbeitet schon in den fünfziger Jahren bei der rechtsextremen deutschen Zeitschrift 'Nation Europa' mit, außerdem bei der Publikation der Naziemigranten in Argentinien 'Der Weg'. (vgl. Camus/ Monzat 1992, S. 253)
In den siebziger Jahren brüstet er sich in Interviews, neofaschistische italienische Terroristen beherbergt zu haben. Auch der deutsche Rechtsterrorist Manfred Roeder hält sich eine Zeitlang bei Amaudruz (und bei Hugo von Senger) auf. Als Roeder in Stuttgart-Stammheim inhaftiert ist, veröffentlicht der 'Courrier du Continent' seine Gefängnisbriefe. (vgl. Frischknecht 1991, S. 126) Amaudruz gilt als einer der Initiatoren der Nationalen Koordination (NK), der Dachorganisation der militanten Rassisten in der Schweiz. Frischknecht zufolge ist Amaudruz "der einzige Aktivist" der rechtsradikalen Nachkriegsszene, "dem nach 1945 eine kontinuierliche Arbeit gelang; er ist nach wie vor eine wichtige Scharnierfigur sowohl der nationalistischen Kräfte in der Schweiz wie der faschistischen Internationalen". (Frischknecht 1991, S. 44)
[105] Binet (1914 - 1957) ist zunächst Mitglied der kommunistischen Jugend, wird 1934 ausgeschlossen. Trotzkist, Redakteur und Mitglied der trotzkistischen 'Commune'. 1934-1939 entwickelt er antisowjetische und antisemitische Ideen, gerät in deutsche Kriegsgefangenschaft. Nach der Entlassung schließt er sich der Panzergrenadierdivision SS "Charlemagne" an. Nach 1944 gründet er mehrere Parteien und Zeitschriften auf der extremen Rechten. 1951, beim Treffen europäischer Faschisten in Malmö, protegiert er die Gründung einer faschistischen Internationale, er beteiligt sich an der Gründung des Nouvel Ordre Européen (NOE). (vgl. Jaschke 1990, S. 92).

Zu den **Verbündeten** Christophersens kann zweifelsfrei **Karl-Heinz Hoffmann** gezählt werden. Hoffmann gehört zu den beliebten Referenten der "BBI"-Veranstaltungen, wie am 26.2.1978 in Hamburg zum Thema: "Warum Wehrsport". Unter den 80 Besuchern befindet sich ein Teil der norddeutschen "Szeneprominenz": die ANS-Anhänger Peter Teuffert, Michael David, Thomas Bons und Frank Stubbemann, der KDS-Vorsitzende Erwin Schönborn, der neonazistische Publizist Edgar Geiss sowie das Wiking-Jugend Vorstandsmitglied Uwe Rohwer. (vgl. Pomorin/Junge 1978, S. 38 - 40) Jürgen Pomorin beobachtet:

> "Hoffmann weiß sich in Gestik und Rhetorik als bekannter rechter Publikumsliebling zu verkaufen. Hitler-Fan Hoffmann ('Mir imponierte die Figur Adolf Hitlers. Wie er's machte. Wie er's schaffte. Mit Sicherheit war er kein Irrer, sondern ein genialer Mensch') gibt sich heute äußerst unpolitisch, meidet jede Aussage, die seinen Standort in der politischen Rechten deutlich macht. Er berichtet von seinen paramilitärischen Übungen, von den Auseinandersetzungen mit der Polizei, über die Gebote, auf seinen Veranstaltungen keine Uniform und Waffe zu tragen. Er sagt es vorsichtig gut formuliert in eine bestimmte Richtung: 'Wir wollen den Herren vom Verfassungsschutz keine Gelegenheit bieten, diese Veranstaltung zu schließen. Legen Sie doch bitte Ihre Fahrtenmesser beiseite, beziehungsweise geben Sie sie bitte an der Garderobe ab.'
> Die drei Angesprochenen reagieren auf ihre Weise. Fank Stubbemann und zwei weitere Mitglieder der 'Aktionsfront' (ANS) springen von ihren Stühlen auf: 'Das kommt überhaupt nicht in Frage!' Sie verlassen den Raum." (Pomorin/ Junge 1978, S. 41f)

Pomorins Schilderung macht Hoffmanns Spannungsverhältnis zum Neonazismus eines Michael Kühnen deutlich, den er als gefährliche Provokation bewertet. Die betulichen Kreise der Altnazis liegen Hoffmann mehr. Nicht umsonst bittet er die Ritterkreuzträger Hans-Ulrich Rudel und Otto Riehs zu Vorträgen. Auch mit Altnazi Thies Christophersen sieht er sich verbunden. Am 17.3.1979 gehört Christophersen neben dem VSBD/PdA-Vorsitzenden Friedhelm Busse und 'Denk mit!'-Herausgeber Klaus Huscher zu den geladenen Gästen auf einer WSG-Veranstaltung in Heroldsberg. Dort wirbt Hoffmann für einen Auftritt Christophersens am nächsten Tag. (vgl. 'Innere Sicherheit', 12.3.1980, S. 22)

Außerdem **wirbt Hoffmann in seinem Organ 'Kommando'** für 'Die Bauernschaft'. (vgl. 'Kommando', Ausg. März 1979, S. 20; Ausg. Mai 1979, S. 20; Ausg. Juli 1979, S. 20, Ausg. September 1979, S. 20) Auch Christophersen macht für Hoffmann Propaganda: Beispiele sind 'Die Bauernschaft' (Ausg. März 1979, S. 72; Ausg. Juli 1979, S. 74). Hoffmann zählt zu den Autoren des Organs. Hier polemisiert er: "Falls mir, dem 'rechtsradikalen' Hoffmann in Gegenwart eines Journalisten ein harmloser Darmwind entweichen sollte, so wird der dabei entstehende ländliche Geruch als Gas, und somit als antisemitische Äußerung gedeutet werden." ('Die Bauernschaft', Juni 1977, S. 27f) Beim Verbot der Wehrsportgruppe Hoffmann 1980 schreibt Thies Christophersen solidarisch:

"In der Verbotsverfügung wird der 'Gruppe Hoffmann' vorgeworfen, gegen die verfassungsmäßige Ordnung zu verstoßen. Sie sei als militante Kaderorganisation organisiert. Ihre Angehörigen trügen bei veranstaltungen SS-ähnliche Uniformen. Doch weil sie diese Uniformen nicht zum Ausdruck ihrer politischen Gesinnung trugen, waren Strafanträge bisher erfolglos. Wehrsport betreibt man überall - besonders auch in den Ostblockstaaten. In unserer Jugendzeit, an die ich gerne zurückdenke, haben wir mit ganzen Schulklassen Geländespiele gemacht. Unsere Väter und Großväter taten es auch. Doch nun wird die verfassungsmäßige Ordnung dadurch gestört. Unsere Jugend darf in der Bundeswehr dienen - aber Wehrsport darf sie nicht treiben.
In einer 'Report-Sendung' aus München, war man beflissen bereit, der Öffentlichkeit ein völlig falsches Bild von dieser Gruppe zu zeigen. (...) Ich selbst wurde als Hintermann gezeigt. Da tut man mir der Ehre zuviel an." ('Die Bauernschaft', März 1980, S. 45)

Als Hoffmann wegen § 129a im Karlsruher Untersuchungsgefängnis einsitzt, bittet er Thies Christophersen um Briefkontakt:

"Es ist eben überaus leicht zu sagen: Herr Hoffmann hatte die Absicht diesen oder jenen zu töten. Und es ist ebenso schwer für uns zu beweisen, daß ich diese Absicht nicht hatte. Dabei kommen die Verleumder diesmal aus den eigenen Reihen. Neulich bekam ich einen Brief von M. Kühnen. Er hat wohl das gleiche erleben müssen. Ich würde mich sehr freuen, wenn Sie mir auch einmal schreiben würden."

Christophersen solidarisiert sich in einer Anmerkung zum Leserbrief: "Von unserer Presse ist K.H. Hoffmann bereits verurteilt. Ich halte Herrn Hoffmann nicht für schuldig. Im Geiste habe ich auch schon gemordet. Wer hat das nicht ? Aber es ist ja auch unser Geist, der verfolgt und bestraft wird." ('Die Bauernschaft', Oktober 1981, S. 44)

Als die "Hilfsgemeinschaft für nationale politische Gefangene und deren Angehörige" (HNG) wegen der Folterungen im Libanon mit Hoffmann bricht, springt 'Die Bauernschaft' ein. Das Christophersen-Heft bietet dem früheren WSG-Chef eine Plattform für seine entlastende Version der Söldnerzeit im Libanon:

"Sie schreiben mir, daß mich die HNG vorerst nicht aufnehmen will. (...) In der HNG sind diejenigen aufgenommen worden, die sich mir gegenüber so hinterhältig und treulos gezeigt haben. Die jungen Leute haben einen guten Namen in gewissen nationalen Kreisen, so daß man ihnen alles glaubt. Sie haben mich erfolgreich getäuscht, und sie werden auch die Gerichte ebenso zu täuschen wissen. Ich hingegen wurde im nationalen Lager immer mit Mißtrauen betrachtet, weil ich mich nicht zum Nationalsozialismus bekannte, sondern einfach nur national und gesamtdeutsch dachte. Ich habe im Jahre 1980 4 Leute der erwähnten politischen Richtung für das Libanonprojekt akzeptiert. Es war mein größter Fehler. Ich selbst war nie engstirnig und habe alle nationalen Prägungen toleriert. Umgekehrt wurde mir die leidenschaftliche politische Borniertheit dieser jungen Leute zum Unglück. Sie waren von Anfang an nicht in der Lage, in unseren arabischen Gastfreunden etwas anderes zu sehen als 'fremdvölkische' Kanaken. (...) Diese arrogante Einstellung vergiftete von Anfang an das Klima." ('Die Bauernschaft', Dezember 1981, S. 48ff)

Das Organ dient der Neonaziszene auch als Podium für inhaltliche Kontroversen. Hier diskutieren Odfried Hepp und Walther Kexel ihren "Abschied vom Hitlerismus" ('Die Bauernschaft', September 1982, S. 52f), hier denkt das terroristische Ehepaar Hewicker über die Bedeutung Rußlands für die Wiedervereinigung Deutschlands nach:

> "Das Sowjetsystem ist mit Sicherheit nicht das unserer Träume. Wir haben aber mit ihm gemein die Verachtung und Feindschaft des Kapitalismus. Wir erkennen auch seine Unterdrückungspraxis, aber der Bolschewismus kann nur körperlich vernichten; die westliche Dekadenz vernichtet seelisch." ('Die Bauernschaft', Dezember 1982, S. 32)

Zu den Autoren der 'Bauernschaft' gehören alle, die im rechten Lager bis hin zum Rechtsterrorismus Rang und Namen haben: der Herausgeber des 'Courrier du Continent'[106], Gaston Armand Amaudruz (Dezember 1982, S. 11f), der Herausgeber des 'Leitbrief', Johann Brand (Juni 1982, S. 13f), Carlus Baagoe (März 1980, S. 69f), Michel Caignet (September 1981, S. 49)[107], Ferdinand Christian Fürst zu Schaumburg-Lippe (Dezember 1978, S. 3), Edgar Geiss (Oktober 1981, S. 50) das frühere WSG-Libanon-Mitglied Odfried Hepp (Dezember 1981, S. 45), Walther Kexel (Juni 1980, S. 40), Michael Kühnen (Oktober 1979, S. 7), Ursula Müller (Juni 1980, S. 38f), Karl Prinz zu Salm (September 1981, S. 36f), Manfred Roeder (Dezember 1981, S. 35), der Herausgeber der Schriften 'Volksbewegung gegen antideutsche Greuellügen', Wolf Dieter Rothe (April 1981, S.

---

[106] Der 'Courrier du Continent' des Lausanners Gaston-Armand Amaudruz wird 1946 gegründet. Seit 1951 fungiert es als Mitteilungsblatt der im selben Jahr in Zürich entstandenen Europäischen Neuordnung (ENO) bzw. des Nouvel Ordre Européen (NOE). In einem Rundschreiben an die Abonnenten des 'Courrier du Continent' formulierte Amaudruz 1969 Kriterien, die neue politische Parteien erfüllen müßten. Er fordert vor allem: die Ablehnung der Rassenmischung, die Ablehnung der Idee der Gleichheit aller Menschen, die Forderung nach einem von den Blöcken unabhängigen Europa, die Kritik des angeblich negativen Einflusses jüdischer Kreise. (vgl. Frischknecht 1991, S. 170f.)
Regelmäßig macht Amaudruz auf seinen Buchversand aufmerksam, der auf Deutsch und auf Französisch ziemlich alle einschlägigen Werke dieses Jahrhunderts anbietet: "Der Auschwitz-Mythos" von Wilhelm Stäglich, "Sechs Reden aus der Vorkriegszeit" von Rudolf Heß, "Der Jahrhundert-Betrug" von Arthur R. Butz (Kommentar: Ein Amerikaner widerlegt die Holocaust-Legende), Der "Mythos des 20. Jahrhunderts" von Alfred Rosenberg, René Binets "Rassentheorie", Amaudruz' "Werden die weißen Völker überleben?", "SS-Mann und Blutsfrage" (Schulungsbrief der SS). Außerdem vertreibt Amaudruz Hefte aus der "Kritik"-Schriftenreihe des von Dänemark aus agierenden deutschen Rechtsextremisten und Revisionisten Thies Christophersen.
Der Nouvel Ordre Européen veranstaltet regelmäßig Treffen: im Dezember 1974 in Lyon, 1975 in Paris, 1976 in Barcelona, 1977 in Wien und mehrmals im elsässischen Haguenau. (vgl. Fromm/Kernbach 1994a, S. 48ff)
[107] Vorstandsmitglied der französischen Gruppe "Fédération d'Action Nationale et Europénne" (FANE) (vgl. 'Die Bauernschaft', April 1981, S. 33)

40), Erwin Schönborn (Dezember 1981, S. 35) und Klaus Ludwig Uhl (März 1980, S. 70f). In der 'Bauernschaft' werben neben der WSG unter anderem[108]:

- 'CEDADE' (Barcelona/Spanien) (Ausg. 2/82 - Juni 1982, S. 72)
- 'Courrier du Continent' (Lausanne/Schweiz) (Ausg. 2/82 - Juni 1982, S. 2)
- 'Denk mit!' (Nürnberg) (Ausg. 2/79 - Juli 1979, S. 75)
- "Deutscher Rechtsschutzkreis e.V." (Bochum) (Aussg. 3/81 - Oktober 1981, S. 34f)
- 'Deutscher Standpunkt' (Stuttgart) (Ausg. 2/78 - Juni 1978, S. 80)
- 'Die Wählermacht' (Rheinstetten) (Ausg. 2/79 - Juli 1979, S. 74)
- 'Eidgenoss' (Winterhus/Schweiz) (Ausg. 4/81 - Dezember 1981, S. 66)
- 'Gäck' (Köln) (Ausg. 2/78 - Juni 1978, S. 80)
- "Hilfsorganisation für nationale poltische Gefangene und deren Angehörige e.V." (Frankfurt) (Ausg. 2/82 - Juni 1982, S. 72)
- 'Grabert-Verlag' (Tübingen) (Ausg. 3/81) - Oktober 1981, S. 70)
- "HUGIN - Gesellschaft für politisch-philosophische Studien" (Ausg. 4/81 - Dezember 1981, S: 65)
- 'Juan Maler Verlag' (Bariloche/Argentinien) (Ausg. 4/80 - Dezember 1980, S. 58)
- "Kampfgruppe Priem" (Berlin) (Ausg. 2/82 - Juni 1982, S. 72)
- "Ku Klux Klan" (Denham Springs/USA) (Ausg. 4/81 - Dezember 1981, S. 63)
- "Kulturwerk für Südtirol e.V." (München) (Ausg. 2/79 - Juli 1979, S. 41)
- 'Nordland Forlag' (Alborg/Dänemark) (Ausg. 2/82 - Juni 1982, S. 78)
- 'Nordland-Verlag' (Norderstedt) (Ausg. 2/79 - Juli 1979, S. 75)
- 'Notre Europe' (Paris/Frankreich) (Ausg. 1/81 - April 1981, S. 79)
- 'Samisdat-Verlag' (Toronto/Kanada) (Ausg. 4/81 - Dezember 1981, S. 65)
- 'STOSSTRUPP' (Österreich/Wien) (Ausg. 1/81 - April 1981, S. 79)
- 'Südtirol-Verlag', (München) (Ausg. 4/81 - Dezember 1981, S. 65)
- "The Northern League" (Amsterdam/Niederlande) (Ausg. 1/81 - April 1981, S. 79)
- 'The Spotlight' (Washington/USA) (Ausg. 2/82 - Juni 1982, S. 72)
- 'Verlag für Volkstum und Zeitgeschichtsforschung' (Vlotho) (Ausg. 4/81 - Dezember 1981, S. 61)
- 'Verlag K.W. Schütz KG' (Oldendorf) (Ausg. 4/81 - Dezember 1981, S. 71)
- "Wiking-Jugend" (Stolberg) (Ausg. 2/82 - Juni 1982, S. 77)
- 'White Power' (Arlington/USA) (Ausg. 2/82 - Juni 1982, S. 73)

'Die Bauernschaft' hat in der neonazistischen Szene Forum-Charakter. Hier werden Inhalte und Personen diskutiert, Strategien im Kampf gegen die verhaßte Demokratie besprochen. So schreibt Thies Christophersen:

---

[108] Die Auswertung der 'Bauernschaft'-Ausgaben erfolgt bis zum Juni-Heft 1982. Fast alle Organisationen, Verlage und Publikationen benutzen das Blatt als Werbeträger.

"Sobald eine Gruppe es mit der Justiz zu tun bekommt, müssen sich andere Gruppen von dieser Gruppe distanzieren. Jedenfalls müssen sie das öffentlich bekannt geben. Dafür muß man Verständnis haben - denn wir leben eben nicht in einer freiheitlichen Demokratie. Es gibt auch Gruppen, die sich von der 'Bauernschaft' distanzieren. Nur deren Mitglieder kümmert es wenig." ('Die Bauernschaft', Oktober 1979, S. 71)

In diesem Sinne organisiert Christophersen Diskussionsforen, die verschiedene Flügel integrieren. Sein stetiges Anliegen: Das Schaffen von Kontaktbörsen:

"Eine Einigung in dem sogenannten nationalen Lager würde eine Katastrophe mit sich bringen. Wir müssen weiter wie bisher in kleinen Gruppen arbeiten. Nur so werden wir auf Dauer Erfolg haben. Ein großer Zusammenschluß würde sofort zerschlagen werden. Die Zeit ist noch nicht reif - aber sie arbeitet für uns." ('Die Bauernschaft', Juli 1979, S. 49)

Die Schulterschluß-Aufsätze im Christophersen-Organ bleiben keine Theorie. Seit Anfang der siebziger Jahre kommt es zu Veranstaltungen mit anderen Rechtsextremisten. Besonders eng ist die Zusammenarbeit mit Manfred Roeder und Erwin Schönborn. Am 22.7.1972 kippen Roeder und Christophersen eine Fuhre Mist vor die Kasseler "documenta", ihr "Protest gegen den gesteuerten Kulturzerfall". ('Die Bauernschaft', 20.8.1972 zit. aus Antifa 1978, S. 156; vgl. auch Antifa 1978, S. 21) Am 25./26.4.1974 laden sie zum 80. Geburtstag von Rudolf Hess nach Berlin. Dem Aufruf folgen cirka 50 Rechtsextremisten. Wegen Verunglimpfung der Alliierten werden Manfred Roeder und ein Gesinnungsfreund namens Otmar Ganz zu 2.000 DM beziehungsweise zu 1.000, DM Geldstrafe verurteilt. (vgl. Antifa 1978, S. 77) Gemeinsam mit dem Neonazi Wilhelm Wübbels organisiert Thies Christophersen eine der größten neonazistischsten Provokationen in der Geschichte der Bundesrepublik. Durch Strohmänner der NPD angemietet ermöglichen beide am 10.11.1974 dem NSDAP/AO-Chef Gary Lauck im Hamburger "Haus des Sports" eine Werbeveranstaltung. Sein Thema: "Warum wir Amerikaner noch Adolf Hitler verehren." Zu den Gästen gehört der Chef des "Bund Deutscher National-Sozialisten" (BDNS), Wolf-Dieter Eckart. Insgesamt kamen 100 Rechtsextremisten zu dem braunen Spektakel. (vgl. Hirsch 1989, S. 366; Horchem 1978, S. 207; Pomorin/Junge 1978, S. 68)

Regelmäßiges Forum Thies Christophersens ist die zweimal jährlich organisierte "Tagung", die jeweils im Frühjahr und im Herbst stattfindet. Zu den Gästen zählen nach einer Auswertung der Einladungen Mitglieder der verschiedensten rechtsextremistischen Organisationen :

- Manfred Roeder: "Frühjahrstagung" 1974 zum Thema "Eines Volkes Lebenskampf"; "Herbsttagung" 1974 zum Thema "Ich suchte das Recht und fand die Wahrheit"; etc. Auch 1975 und 1976 ist Roeder anwesend. (vgl. 'Die Bauernschaft', 3/75, 4/75, 2/76 und 4/1976)

- Martin Voigt ("Unabhängiger Freundeskreis"): "Herbsttagung" 1974 zum Thema "Staatsfeinde und andere Deutsche".
- Heiko Oetker ("Wiking-Jugend"): "Herbsttagung" 1974 zum Thema "Jugend für Deutschland - Traum oder Wirklichkeit".
- Ferdinand Böttger ("Freie Soziale Union"): "Herbsttagung" 1974 zum Thema "Der Betrug mit Geld und Währung".

Die "Herbsttagung" vom 19. bis 23.11.1975 auf Burg Rothenfels am Main steht unter dem Motto "An alle, die sich noch zum Deutschen Reich bekennen" (vgl. 'Bauernschaft', 3/1975). Zu den Organisationen, die dem Aufruf folgen, gehören der "Unabhängige Freundeskreis", die "Bürgerinitiative Deutsches Reich", der "Kampfbund Deutscher Soldaten", der "Denk mit!-Verlag" und die dänische DNSU des Povl Riis Knudsen. (vgl. 'Die Bauernschaft' 4/1975) Zu den Besuchern soll auch **Karl-Heinz Hoffmann** gehört haben. (vgl. Antifa 1978, S. 168) Der Hoffmann-Mitstreiter Klaus Huscher referiert bei der "Herbsttagung" der Bauernschaft vom 17. bis 21.11.1976 am Schliersee. Er berichtet "über seine Erfahrungen als Verleger und freier Schriftsteller". ('Die Bauernschaft' 4/1976 zit. aus Antifa 1978, S. 169)

Auch mit der rechtsextremistischen Szene Amerikas ist Christophersen verbunden. Am 28.6.1977 treffen sich seine Anhänger auf einer als Kreuzfahrt getarnten Reise auf der Ostsee. Unter den Besuchern ist der Vorsitzende der "NS-White Power Party" (NSWPP), Matt Koehl. (Verfassungsschutzbericht des Bundes 1977, S. 50) Erwähnenswert ist 1979 Christophersens Gegenbesuch in den USA, wo er bei der NSWPP Matt als Referent auftritt:

> "Meinen Vortrag hielt ich in einer Kirche. (...) So muß man das Bekenntnis der Amerikaner zu Adolf Hitler (...) auch mehr religiös verstehen. Adolf Hitler ist der makellose Heiland und der Nationalsozialismus ist die Religion der Naturgesetze." ('Die Bauernschaft', Oktober 1979, S. 6)

Christophersen arbeitet auch mit mit Karl Heinz Hoffmann zusammen. Anhaltspunkte hierfür sind:

- Regelmäßige gegenseitige Werbung in den Organisationsorganen 'Kommando' und 'Die Bauernschaft'.
- Die Referententätigkeit Hoffmanns bei Christophersen in Hamburg am 26.2.1978 oder Hoffmanns Präsenz bei Treffen der BBI (bei der "Herbsttagung" im November 1975).
- Die Präsenz Thies Christophersens auf Treffen der WSG. (z.B.: WSG-Veranstaltung am 17.3.1979 in Heroldsberg)
- Vor und nach dem Verbot der WSG wird die 'Bauernschaft' zum Forum von Karl-Heinz Hoffmann. (vgl. 'Die Bauernschaft', Juni 1977, S. 27f; Oktober 1981, S. 44; Dezember 1981, S. 48)

Die Sympathie Christophersens für Karl Heinz Hoffmann bleibt bis in die späten achtziger Jahre erhalten. In der 'Bauernschaft' (Ausg. Juni 1988, S. 73) lobt Christophersen Hoffmanns apologetischen "Tatsachenroman" "Verrat und Treue". Nach unmutigen Leserreaktionen verteidigt der BBI-Vorsitzende die Rezension:

> "Einige Leser haben es mir übel genommen, daß wir dieses Buch in unserer BAUERN-SCHAFT besprochen haben. Was die meisten von uns über Karl Heinz Hoffmann wissen, stammt aus Pressemeldungen. Wie sich nun herausstellt waren diese Presseberichte falsch. Warum sollten wir Herrn Hoffmann nicht selbst einmal zu Worte kommen lassen. Wenn er sein Buch auch als Roman bezeichnet, so ist dieser Roman doch auf Tatsachen begründet. Über diese Söldnergruppe mag man urteilen wie man will. Ich halte dieses Buch für eine wertvolle und notwendige Gegendarstellung." ('Die Bauernschaft', September 1988, S. 28)

6.4.10. WSG - Deutsche Bürgerinitiative (DBI)

Unter den Wortführern des Rechtsextremismus der siebziger Jahre befindet sich Manfred Roeder[109]. In der Literatur wird er auch immer wieder im Zusammenhang mit der **"Wehrsportgruppe Hoffmann"** genannt. (vgl. Opitz 1988, S. 72; Pomorin 1978, S. 93) Das Nachrichtenmagazin 'Der Spiegel' spricht sogar vom "Roeder-Freund Karl-Heinz Hoffmann". ('Der Spiegel', 6.10.1980, S. 38) Zum ersten Mal tritt das frühere CDU-Mitglied 1970 in seinem damaligen Wohnort Bensheim mit einer "Bürgerinitiative" auf, die mit Flugblättern gegen die "moralische und politische Anarchie" mobilisieren soll. (vgl. Horchem 1978, S. 204) Im November 1971 gründet Roeder die "Deutsche Bürgerinitiative", die am 25. Januar 1971 offiziell ins Bensheimer Vereinsregister eingetragen wird. Es folgen weitere Anti-Porno Aktionen. Der Schritt zum organisiertem Rechtsextremismus kommt erst 1973, als er Christophersens "Die Auschwitzlüge" in seiner Schriftenreihe der "Deutschen Bürgerinitiative" veröffentlicht und dazu das Vorwort schreibt. In seinem '18. Brief' vom Dezember 1973 steht: "Mit dem Thema Auschwitz haben wir den Rubikon überschritten." Sein immer aggressiverer Anti-

---

[109] Der am 6.2.1929 in Berlin geborene Roeder ist durch seine Familie vorgeprägt. Sein Vater gehört bereits vor 1933 der SA und der NSDAP an. Seine Schulbildung genießt er auf einer "National-Politischen Erziehungsanstalt" und ist seit 1943 in einem der SS zugeordneten Internat. 1947 macht er Abitur und studiert Jura. (vgl. Backes/Moreau 1993, S. 89) Am 23.1.1967 wird er in Westberlin als Rechtsanwalt zugelassen. 1970 siedelt er nach Bensheim über, wo er am 6.5.1971 eine lokale Zulassung als Rechtsanwalt erhält. (vgl. Antifa 1978, S. 20) Mit spektakulären Aktionen streitet er gegen Sittenverfall. Im August 1970 wirft er mit Farbbeuteln auf der ersten westdeutschen "Sex-Messe", der "Intim 70" in Offenbach. Einige Wochen später geht er mit Buttersäure gegen einen Nürnberger Sex-Laden vor. Im März 1971 zerstört Roeder die Schaukästen eines Kino, in denen für den "Schulmädchen-Report" geworben wird. Mai: Krawall auf einer "Sex-Messe" in Saarbrücken. Juli: Überfall auf einen Zeitschriftenkiosk in Bensheim, weil dort eine 'Stern'-Ausgabe mit brustfreier Titelfrau aushängt. (vgl. Antifa 1978, S. 20f; 'Bergsträßer Anzeiger', 10.7.1971)

semitismus und die Glorifizierung Hitlers haben im Jahr 1975 einen ersten Höhepunkt. In seinem '34. Brief' vom Dezember 1975 nennt er "das offene Bekenntnis zu Adolf Hitler als dem Führer und Vorbild unseres Volkes" eine für ihn selbst befreiende Tat. (vgl. u.a. Horchem 1978, S. 205f) Im selben Jahr übernimmt er im nordhessischen Schwarzenborn ein Anwesen als Stützpunkt für seine Anhänger. Für den Preis von 170.000 DM ersteht er ein 15 Zimmer-Hotel, das er "Reichshof" tauft. (vgl. Stöss 1989, S. 163)

Wegen seiner propagandistischen Tätigkeit wird er in den folgenden Jahren immer wieder verurteilt und flieht Anfang 1978 ins Ausland, in die Schweiz, nach Österreich, Süd- und Nordamerika, in den Nahe Osten[110] und nach Großbritannien, wo er mit Neonazikreisen und palästinensischen Organisationen Kontakte knüpft. Fasziniert ist er anfangs von der Politik und Persönlichkeit des iranischen Revolutionsführer Ayatolla Khomeini:

"Ich gehe immer nach der altbewährten Regel: Wenn ich eine Persönlichkeit nicht selber kenne, schaue ich mir seine Gegner an; dann weiß ich Bescheid. **Khomeinis Hauptgegner sind imperialistischer Amerikanismus und Zionismus.** Ist er damit wirklich so weit von der Wahrheit? Und wenn ich dann noch lese, daß eine Organisation militanter Homosexueller eine Million Dollar für die 'Ergreifung' Khomeinis ausgesetzt hat, dann wird wohl klar, daß es sich hier um einen hervorragenden Staatsmann handeln muß, der Schwulen und Geschäftemachern das Handwerk legt. (...) Aber Khomeini ist Fanatiker, den kann man nicht kaufen. So wenig wie man Hitler kaufen konnte. Weil die Waffe der Korruption bei charakterfesten Persönlichkeiten versagt, sind sie für die Demokratie, die auf Käuflichkeit gegründet ist, die größte Gefahr und werden zu Todfeinden erklärt." ('Europäische Befreiungsbewegung - Deutsche Bürgerinitiative e.V.', Dezember 1979)

---

[110] Hier versucht er, Kontakte zu Palästinenser-Organisationen zu knüpfen. Zwar gelingt es dem "bekanntesten deutschen Anti-Zionisten" (Roeder über Roeder) während seines Libanon-Aufenthaltes, mit den PLO-Funktionären Abu Fadé, Mahmud Labidé und Abu Abbas zu sprechen, aber sein Wunsch, Arafat möge die rechtsradikalen Aktionsgruppen offiziell anerkennen, bleibt unerfüllt. In seinem Tagebuch schreibt Roeder über Arafats Haltung: "Völlig ungerührt, daß wir verfolgt werden" und "sie glauben, viel mehr durchzumachen". ('Stern', 29.1.1981) Außerdem ist Roeder über die Gespräche Arafats mit dem Wiesbadener Bundeskriminalamt beunruhigt. Über seine Erfahrungen vor Ort schreibt der Rechtsextremist euphorisch: "Es ist ein merkwürdiges Gefühl, endlich wieder frei reden und sich bewegen zu können. (...) Es wurde höchste Zeit, daß ein **Abgesandter der Europäische Freiheitsbewegung in den Nahen Osten** kam. Alle Gesprächspartner waren begeistert, daß es unsere Bewegung gibt." ('Europäische Befreiungsbewegung - Deutsche Bürgeinitiative e.V.', März 1980) Trotz seiner Schwärmereien bekommt Roeder auch von Khomeini nicht das Interesse, das er sich als deutscher "Befreiungskämpfer" wünscht - seine Klagen über "35 Jahre Ami-Besatzung" finden nur geringes Interesse. Wütend schreibt er in sein Tagebuch: "... können sie mir mit ihrer iranischen Revolution gestohlen bleiben." ('Stern', 29.1.1981) Die Aufzeichnungen Roeders sind auch Beleg dafür, daß zahlreiche rechtsextreme Netzwerke nur in den szeneinternen Publikationen existieren und die eigenen Anhänger selten über die reale Bedeutungslosigkeit hinwegtäuschen.

Im August 1979 kehrt er heimlich nach Deutschland zurück. (vgl. Backes/Moreau 1993, S. 89f) Seit Juli 1979 nennt er seine Rundbriefe 'Europäische Befreiungsbeweung. Deutsche Bürgerinitiative e.V.' (EFDB).[111] In Deutschland mietet Roeder eine konspirative Wohnung in Hannoversch-Münden. Er rutscht in den Terrorismus ab. Begünstigt wird die Entwicklung durch die Aktivität eines militanten Trios: Dem der DBI verbundenen Hals-Nasen-Ohrenazt Heinz Colditz, seiner Röntgenassistentin Sibylle Vorderbrügge und dem Werkmeister Raymund Hörnle. Die drei Rechtsextremisten wollen durch einen Sprengstoffanschlag am 21.2.1980 auf das Landratsamt Esslingen den Abbruch der dort veranstalteten Auschwitz-Ausstellung erzwingen. Durch die Detonation entsteht ein Schaden von 10.000 DM. (Pressemitteilung der Generalbundesanwaltschaft beim Bundesgerichtshof, 28.7.1981, S. 2) Manfred Roeder schließt sich dem Trio an. Er drängt darauf, sich öffentlich zum Anschlag zu bekennen und weitere Attentate vorzubereiten. Dabei erfindet er die Bezeichnung "Deutsche Aktionsgruppen" (DA)[112] und übernimmt zugleich die Führung der so entstandenen terroristischen

---

[111] Im ersten unbenannten Rundbrief beschreibt Roeder seine internationale Schulterschlußphilosophie: "70 Briefe haben wir der Erneuerung Deutschlands und seiner Befreiung gewidmet. Unser Kampf hat inzwischen nicht nur Widerhall in 35 Ländern der Erde gefunden, sondern hat auch gezeigt, dass er nur weltweit geführt und gewonnen werden kann. (...) Französische Freunde schreiben: Die Briefe der DEUTSCHEN BÜRGERINITIATIVE sind ja gut, aber zu sehr auf deutsche Verhältnisse abgestimmt. Warum nicht eine europäische Freiheitsbewegung? Wir leiden doch genauso unter der Tyrannei des Unternehmertums, der Rassenvermischung, der Zerstörung unserer Kultur. Haben wir nicht schon im letzten Krieg Schulter an Schulter mit deutschen Soldaten zusammen gekämpft gegen die Rote Flut und demokratischen Bombenterror? War das nicht schon das Grossgermanische Reich, die Einheit der europäisch-teutonischen Völker? Sollten wir dahinter zurückgehen? (...)
Diese Überlegungen gaben den letzten Anstoss, unserer Bewegung den Namen zu geben, den sie in Wahrheit längst verwirklichte: EUROPÄISCHE FREIHEITSBEWEGUNG. Es geht um die Erneuerung der abendländischen Kultur und um die Einigkeit aller teutonischen Völker der Welt. (...) Unsere **französischen Freunde** würden gut daran tun, sich endlich vom Pöbelgeist der **französischen Revolution** loszusagen und diesen Aufstand der Gosse nicht mehr zu feiern. Denn damit begann der Untergang des Abendlandes. Unsere amerikanischen Freunde müssen sich endlich lossagen von der Vorstellung einer weltweiten Demokratie, die auch dem minderwertigsten Zweibeiner technischen Fortschritt und Bequemlichkeit bringen will. Es ist niemals unsere Aufgabe, einem minderwertigen Rassengemisch das Überleben und Wohlbehagen zu sichern. Es ist ein Verbrechen, primitive Völker zu "entwickeln". Es ist nicht unsere Aufgabe, die Hungrigen der Welt zu füttern. Wenn wir diesem Wahnsinn 'ade' sagen, gibt es kein Energie- und kein Nahrungsproblem mehr. Für die Schöpferischen und Kämpferischen ist immer genug da. Die andern verdienen es nicht. Das ist das Gesetz der göttlichen Natur. (...)
Teutonen aller Länder vereinigt Euch! Wir gehören weder dem Westen noch dem Osten. Wir schaffen unser eigenes Reich." ('Europäische Befreiungsbewegung - Deutsche Bürgerinitiative', Juli 1979, S. 1f)
[112] Nicht zu folgen ist an dieser Stelle Richard Stöss, der ein falsches Datum nennt: "1979 gründete der von der Polizei mit mäßigem Fleiß gesuchte Roeder ungehindert die Deutschen Aktionsgruppen (DA)." (Stöss 1989, S. 164)

Vereinigung. (Pressemitteilung des Bundesgerichtshof, 28.7.1981, S. 3; vgl. auch Neidhart 1982, S. 445f) In seiner Publikation erklärt Roeder:

> "**Nach 8 Jahren war der 'legale' Weg erschöpft.** Den gibt es jetzt nicht mehr, auch nicht für andere. Es wäre sinnlos, noch einmal dasselbe zu versuchen, was wir durchexerziert haben. Jeder wird nur solange geduldet, wie er unwirksam ist. Sobald er mit seiner Tätigkeit in der Öffentlichkeit Widerhall findet, wird er mit allen Mitteln mundtot gemacht. Wir haben alles versucht. Entweder mußten wir jetzt aufgeben oder in den Untergrund gehen. Aufgeben kam nicht in Frage, denn für uns galt die Verpflichtung: Nie mehr locker zu lassen, wenn wir ein Übel einmal erkannt hatten. Der Kampf muß jetzt auf einer anderen Ebene mit noch größerer Entschlossenheit forgeführt werden, denn wir werden niemals tatenlos zusehen, wenn Deutschland zerstört wird. Entweder werden wir siegen oder untergehen!" ('Deutsche Bürgerinitiative', '9. Brief', April 1980, S. 2)

Diesmal wird aus den Phrasen blutiger Ernst. Noch im selben Jahr verübt die Organisation, nun unter der Führung Roeders, sechs weitere Sprengstoff- und Brandanschläge, bei denen zwei Menschen sterben und drei verletzt werden. (vgl. 'dpa', 13.1.1982; Frischknecht 1991, S. 235; Dudek 1985, S. 185f; Rosen 1989, S. 63f) Am 1.9.1980 wird Roeder verhaftet[113], somit endet sein "über zehn Jahre andauernder Radikalisierungsprozeß". (Dudek 1985, S. 186) Gemeinsam mit Roeder werden in Hamm bei Münden seine Mitstreiter Vorderbrügge, Hörnle und Colditz festgenommen.

Neben den vier Angeklagten werden noch zwölf weitere DA-Aktivisten als Täter und Unterstützer identifiziert. Die Sicherheitsbehörden konstatieren eine neue Qualität rechter Terrorgruppen: Erstmals beteiligen sich Personen an den Anschlägen, die sich zuvor nur am Rande rechtsextremistischer oder neonazistischer Organisationenen bewegen, zum Teil den Sicherheitsbehörden sogar unbekannt sind. (vgl. Hennig 1984, S. 58) Zu ihnen gehören Menschen aus den verschiedensten Berufen, sogar ein Schüler[114]. Neu ist für eine rechtsterroristische Organisation die Präsenz von Frauen[115].

---

[113] Im folgenden Verfahren vor dem Oberlandesgericht Stuttgart kann Roeder die Mittäterschaft an den Anschlägen nicht nachgewiesen werden. Er wird wegen Gründung einer terroristischen Vereinigung zu 13 Jahren verurteilt, Vorderbrügge und Hörnle erhalten lebenslänglich, Codlitz sechs Jahre. (vgl. Rosen 1989, S. 64)
[114] Im Stammheimer Prozeß gegen einen Helfer der "Deutschen Aktionsgruppen" wird der Schüler Peter Glaser zu einer Freiheitsstrafe von vier Jahren und zehn Monaten verurteilt. Er wird dabei des gemeinschaftlich versuchten Mordes in drei Fällen, der versuchten besonders schweren Brandstiftung und der Beihilfe zu Sprengstoffanschlägen für schuldig befunden. Am 6.8.1980 hat Glaser gemeinsam mit Raymund Hörnle und Sibylle Vorderbrügge auf ein Hotel in Leinfelden bei Stuttgart einen Brandanschlag verübt, in dem Flüchtlinge untergebracht sind. Ein Asylsuchender wird verletzt. Auch hilft Glaser beim Bau zweier Rohrbomben, die bei Anschlägen gegen die Asylheime in Zirndorf und Lörrach verwendet werden. Außerdem fährt er gemeinsam mit Raymund Hörnles Sohn, Werner Hörnle, im April 1980 in die Schweiz, um fünf

Ein Mitstreiter Roeders mit einschlägiger rechtsextremer Vergangenheit ist der Forstmeister Heinz Lembke[116]. Er wird in Zeitungsberichten als Scharnier zwischen der "**WSG-Hoffmann**" und Manfred Roeders "Deutscher Bürgerinitiative" bezeichnet, in der er aktiv ist. Nach dem Anschlag auf das Münchner Oktoberfest 1980 erhält das Bundeskriminalamt einen Hinweis, Lembke sei der Sprengstofflieferant. Der Hinweis kommt von dem inhaftierten Mitglied der "Deutschen Aktionsgruppen" Raymund Hörnle. Er berichtet den Vernehmungsbeamten,

> "daß Lembke depotweise Sprengmittel, Sprengschnüre, mehrere Zentner Plastiksprengstoff, Panzergranaten und Panzerfäuste, zumeist noch in Originalverpackungen der Bundeswehr, versteckt hatte. Hörnle erzählte den BKA-Beamten von der Terroristenwerkstatt in Lembkes Keller und davon, daß Lemkbe Sprengkommandos ausbildete, die ab Herbst 1980 einsatzbereit sein sollten. Außerdem sagte er aus, daß Lembke dem Roeder jede Menge Sprengstoff angeboten hatte und über Kontakte zu zahlreichen rechten Terrorgruppen verfüge. Auch über Lembkes Pläne war Hörnle informiert. Er wollte Brücken hochjagen (etwa die Fehmarnsund-Brücke), Polizeischulen sprengen und vor allem 'Atomeinrichtungen' bombardieren." ('Stern', 21.1.1982, S. 116; vgl. Hannover 1991, S. 53 f)

Kilogramm Schwarzpulver zu besorgen. Sein Begleiter Werner Hörnle wird bereits im Dezember 1982 verurteilt. (vgl. 'AP', 23.3.1993)

[115] Zu den Mitstreitern der "Deutschen Aktionsgruppen" zählt auch das Ehepaar Gabriele Schulze und Klaus-Peter Schulze. Die medizinische Angestellte wird im Dezmber 1983 wegen der "Herbeiführung einer Bombenexplosion", der Unterstützung einer terroristischen Vereinigung, der Verunglimpfung des Andenkens Verstorbener und der besonders schweren Brandstiftung für schuldig erklärt und zu vier Jahren Haft verurteilt. Ihr Mann bekommt wegen der Unterstützung einer terroristischen Vereinigung sowie der Beihilfe zu den anderen Taten zwei Jahre Haft auf Bewährung. ('dpa', 21.12.1983)
Der fünfte Strafsenat des Oberlandesgerichts Stuttgart verurteilt sechs Frauen und Männer zu Haftstrafen zwischen 10 und 21 Monaten sowie Geldstrafen zwischen 6.000 und 12.000 DM. So wird der Kraftfahrer Werner Hörnle wegen Beihilfe zu Sprengstoffanschlägen zu einem Jahr und neun Monaten und einer Geldstrafe von 8 000 DM verurteilt. Die Kinderpflegerin Ursula Bauscher wird wegen der Beihilfe zur versuchten Brandstiftung zu einer einjährigen Haftstrafe und 8 000 DM Geldstrafe verurteilt. ('AP', 15.12.1982) Signifikant ist auch bei Roeders Helfershelfern die heterogene Herkunft. Seine Mitstreiter lassen sich weder sozial noch vom Geschlecht her zuordnen. Alle Angeklagten verfügen über bürgerliche Existenzen.

[116] Der am 24.3.1937 in Stralsund geborene Lembke kommt 1959 als Flüchtling aus der DDR in die Bundesrepublik und wird nach Angaben des Leiters des niedersächsischen Verfassungsschutzes Hans-Peter Mahn bereits seit 1962 als Rechtsextremist auffällig. Bis zu ihrem Verbot am 17.7.1962 ist Lembke Bundesgeschäftsführer des "Bund Vaterländischer Jugend" (BVJ). Der "strikt nach dem Führerprinzip paramilitärisch ausgerichtete Bund" widmet einen großen Teil seiner Aktivität dem Veranstalten von Lagern und Fahrten. "Hier wurden die Jugendlichen an militärischen Drill und Gehorsam gewöhnt und durch völkische und stark antisemitische Schulungsangebote indoktriniert." (Dudek 1985, S. 95) Nach dem BVJ-Verbot wird Lembke Mitglied im "Bund Heimattreuer Jugend" (BHJ). 1968 kandidiert er bei der Kommunalwahl auf der Liste der NPD. Darüberhinaus ist Lembke gern gesehener Gast bei Manfred Roeders "Deutscher Bürgerinitiative". (vgl. 'dpa', 2.11.1981; 'Die Welt', 3.11.1981; 'Frankfurter Allgemeine', 6.11.1981; 'Frankfurter Rundschau', 3.11.1981; 'Süddeutsche Zeitung', 3.11.1981)

Ebenso berichtet Sibylle Vorderbrügge am 27.9.1980, einen Tag nach dem Oktoberfestattentat, von Lembkes Waffendepot. Am 3.10.1980 räumt auch Roeder ein, daß Lembke seinem "Freundeskreis" angehört. (Hannover 1991, S. 54) Es kommt zu einer Hausdurchsuchung. Die Polizei findet ein leeres Magazin eines Bundeswehrschnellfeuergewehres und einige Zündschnüre. Die brisante Spur wird nicht weiter verfolgt. (vgl. 'Frankfurter Allgemeine Zeitung', 3.11.1981; 'Frankfurter Rundschau', 3.11.1981; 'Stuttgarter Nachrichten', 3.11.1981) Die Bundesanwaltschaft erklärt am 3.11.1981, es bestünden keinerlei Erkenntnisse bezüglich einer Beteiligung Lembkes am Oktoberfestattentat. Die Hausdurchsuchung nach dem Anschlag hätte lediglich "routinemäßig" stattgefunden, wie gegen viele Rechtsextremisten. ('Die Welt', 4.11.1981). Demgegenüber erklärt die Staatsanwaltschaft Lüneburg, die Nachforschungen der Münchner Polizei seien ohne Ergebnis geblieben: "Obwohl der Verdacht bestehen blieb, habe man die Ermittlungen eingestellt." ('dpa', 1.11.1981)

Lembke wird am 13.4.1981 wegen der DA-Anschläge verhaftet. Da er sich weigert gegen Roeder auszusagen, kommt er sechs Monate in Beugehaft. Am 17. Oktober 1981 kommt er auf freien Fuß. Zehn Tage später (27.10.1981) stößt ein Waldarbeiter unweit von Lembkes Wohnung im Wald auf eine vergrabene Munitionskiste. Lembke wird erneut in U-Haft genommen und zeigt sich kooperativ. Er führt die Polizei zu einer zweiten Kiste, in der sich ein Plan des Waffenlagers befindet. In 31 Verstecken findet die Polizei in insgesamt 88 Kisten, ein riesiges Waffenlager - zusammengestellt aus Bundeswehrbeständen: 156 Kilo Sprengstoff, 230 Sprengkörper, 50 Panzerfäuste, 258 Handgranaten, 13 520 Schuß Munition, 15 zum Teil automatische Schußwaffen und größere Mengen chemischer Stoffe. Lembke kommt erneut in Untersuchungshaft. Fragen zu seinem politischen Hintergrund will er nicht beantworten. Am 1.11.1981 begeht er in seiner Zelle im Lüneburger Gefängnis Selbstmord. Aus Abschiedsnotizen ist nach Meinung der Justiz ein Motiv für den Freitod erkennbar. Lembke habe zu verstehen gegeben, daß er aus Ehrgefühl verhindern wollte, weitere Einzelheiten und vor allem Namen von möglichen Mitwissern preiszugeben. (vgl. 'Die Welt', 3.11.1981; 'Frankfurter Rundschau', 3.11.1981)

Der Analyse des 'Spiegel', daß am Beispiel der DA "ganz getreu dem Vorbild der linksaußen abgetauchten Baader-Meinhofs, auch der rechtsradikale Untergrund mobil" gemacht habe, kann in Bezug auf die Roeder-Gruppe nicht gefolgt werden. Der Helferkreis Roeders hat die bürgerliche Existenz zu keinem Zeitpunkt aufgegeben. Eine Ausnahme ist Sibylle Vorderbrügge, die ihre privaten Kontakte zu Eltern und Freund abbricht, ihre Stellung kündigt und ausschließlich für Roeders politische Aktionen lebt. (vgl. Dudek 1985, S. 186) Die restlichen Terroristen der DA führen ein Doppelleben zwischen Terror und bürgerlichem Broterwerb.

Zu den beständigen Partnern Roeders seit Anfang der siebziger Jahre gehören die Rechtsextremisten Thies Christophersen und Erwin Schönborn, mit denen er oft auftritt.[117] In der Literatur wird Roeder aber auch als wichtiger politischer Partner **Karl Heinz Hoffmanns** dargestellt. So schreibt Jürgen Pomorin: "Roeder arbeitet eng zusammen mit Thies Christophersens 'Bauernschaft', mit der 'Wehrsportgruppe Hoffmann' und Erwin Schönborns 'Kampfbund Deutscher Soldaten' (KDS)." (Pomorin 1978, S. 93)

Belege für eine Kooperation Roeders mit Hoffmann existieren allerdings nur wenige. Während Pomorin einen Beweis für die von ihm beschriebene Zusammenarbeit schuldig bleibt, gibt es immerhin ein belegbares Beispiel. Am 21./22. 5.1977 organisiert die DBI in Regensburg eine Veranstaltung zum "Reichstag". Hauptredner ist DBI-Chef Roeder, der Hitler als "Friedensbringer" lobt und die Juden als "Hauptfeinde des deutschen Volkes" beschimpft. Den Schutz der Veranstaltung übernimmt die **"Wehrsportgruppe Hoffmann"**, die "in Uniform und Nagelstiefeln angetreten" ist. (Bericht 1977, S. 18; Rosen 1989, S. 55) Nach massiven Protesten durch Gegendemonstranten löst die Polizei die Verantaltung auf. (vgl. Antifa 1978, S. 74) Darüberhinaus gibt es keine abgesicherten Quellen über eine weitere Kooperation von DBI und WSG. Allerdings besuchen Kampfgefährten Roeders Veranstaltungen der "Wehsportgruppe Hoffmann". Zu ihnen gehört auch Roy Godenau. (vgl. Interview mit Roy Godenau, 17.3.1992)

Ein weiterer Beleg dafür, daß die Zusammenarbeit Roeders mit Hoffmann nicht allzu eng ist, ist Roeders Reaktion auf das WSG-Verbot am 30.1.1980. Das Organ 'Deutsche Freiheitsbewegung - Deutsche Bürgerinitiative' widmet dem Ereignis weder in der Februar-Ausgabe ('7. Brief') noch in der März-Ausgabe ('8. Brief') nur eine Zeile. Außerdem ist Roeder seit 1978 auf der Flucht. Eine Zusammenarbeit mit Hoffmann wäre ohnehin in Deutschland nicht möglich gewesen.

Manfred Roeder knüpft weltweit Kontakte. Am 5./6. Juli 1975 organisiert Poul Henrik Riis-Knudsen, Vorsitzender der dänischen Neonazisorgnisation "Danmarks Nationalsocialistiske Ungdom", in Aarhus ein internationales Treffen. Unter den Gästen aus den USA und Westeuropa befindet sich Manfred Roeder. Das Bundesamt für Verfassungsschutz konstatiert "die Absicht der 'World Union of National Socialists', eine Plattform für die Zusammenarbeit aller NS-Gruppen auf internationaler Ebene zu schaffen." (Verfassungsschutzbericht des Bundes 1975, S.38) Wenige Monate später unternimmt Roeder vom 18.10. bis 16.11. eine Vortragsreise durch Südafrika. In Namibia ist er Gast des "Bundes Nationaler Deutscher" und gründet eine "Deutsche Bürgerinitiative - Verteilerstelle Südafrika." (Verfassungsschutzbericht des Bundes 1975, S. 39) Besonders enge Tuchfühlung

---

[117] Einige Beispiele: April 1974: Roeder und Christophersen demonstrieren in Berlin zum 80. Geburtstag von Rudolf Heß; 29.11.1974: Roeder und Schönborn demonstrieren vor der Haftanstalt in Dietz an der Lahn für die Freilassung des NS-Verbrechers Leopold Windisch; 1.3. 1975: Roeder und Schönborn demonstrieren vor der Wohnung Helmut Kohls für die Freilassung des Leopold Windisch; 8.6.1975: Ein Polizeiaufgebot verhindert eine Demonstration von Anhängern Roeders und Schönborns im KZ Bergen-Belsen aus Anlaß des Besuches des israelischen Ministerpräsidenten Rabin. (vgl. Verfassungsschutzbericht des Bundes 1975, S. 34; vgl. Antifa 1978, S. 156 ff)

hat Roeder zu amerikanischen Rechtsextremisten. Er reist 1976 fünf Wochen durch die USA. In New Orleans, Louisiana, besucht er den "Nationalistischen Weltkongreß", der von dem amerikansichen Rechtsextremisten James Warner[118] veranstaltet wird:

> "Vier Tage trafen sich dort die Verantwortlichen von 30 Organisationen aus USA, Kanada, Mexiko und vielen europäischen Ländern. (...) Wir waren kaum bei unserem Gastgeber und dem Veranstalter des Kongresses, **Dr. James K. Warner,** angekommen, als die Polizei an seine Tür klopfte und ihn unter fadenscheinigem Grund verhaftete. (...) Einige Stunden später ließ man ihn gegen eine hohe Kaution wieder frei. Dasselbe Spiel wiederholte sich am Wochenende noch zweimal! Bei einer öffentlichen Versammlung des Ku-Klux-Klan, an der wir teilnahmen, fotographierte die Kripo jeden, der in das Hotel ging. (...)
> **Ziel des Kongresses** war es, die Zusammenarbeit nationaler Gruppen weltweit abzustimmen und sich gegenseitig Hilfe zu geben (...) Der 'Christian Vanguard', die Zeitung von Dr. Warner, schreibt über den Kongreß: 'Alle Anwesenden waren sich darüber einig, daß die wirkliche Ursache der Weltprobleme klar beim Namen genannt werden müßte - nämlich das organisierte Weltjudentum. Es geht um einen weltweiten Gegenangriff gegen die zerstörerischen Kräfte des internationalen Zionismus." ('Deutsche Bürgerinitiative', 41. Brief, Oktober 1976, S. 1)

Eine weiter Station seines USA-Aufenthalts ist das Vorstädtchen Cheektowaga, Buffalo/New York. Hier besucht er Alexi Erlanger[119]. Der Rechtsextremist ist für den amerikanischen Vertrieb der Roeder-Publikation 'Teutonic Unitiy' verantwortlich. (vgl. ADL 1988, S. 86) Gemeinsam mit Erlanger und dem Briten Bruno Clifton gestaltet Roeder den internationalen Cirkel "Teutonic Unity"[120], dessen

---

[118] Warners rechtsextreme "Karriere" beginnt schon in den frühen sechziger Jahren als Funktionär in Lincoln Rockwells "American Nazi Party". Nach seinem Bruch mit Rockwell engagiert er sich bei der antisemitischen und rassistischen "National States Rights Party" (NSRP). Mitte der sechziger Jahre eröffnet er die "Sons of Liberty", einen Buchvertrieb mit rechtsextremistischem Szenematerial. (vgl. ADL 1988a, S. 168) 1971 gründet der rührige Neonazi die "New Christian Crusade, die zweimonatlich die antisemitische Zeitung 'Christian Vanguard' herausgibt. Ab 1976 bekommt Warner einen Posten in David Dukes Klan-Gruppe, den "Knights of the Ku Klux Klan", die er aber 1977 wieder verläßt. Im selben Jahr gründet er die "Christian Defense League" und ist Präsident der Organisation. Noch im gleichen Jahr gibt Warner auch das monatlich erscheinende Organ 'The CDL Report' heraus. (vgl. ADL 1988a, S. 168f; Fromm/Kernbach 1994b, S. 54) In der Publikation propagiert Warner primitiven Antisemitismus.
[119] Roeders amerikanischer Stadthalter ist kein unbeschriebenes Blatt. In James K. Warners 'The Christian Vanguard', dem Organ seiner "New Christian Crusade Chuch", wird Erlanger als deren "Außenminister" bezeichnet. Außerdem stand er schon im Impressum des rassistischen Monatsmagazins 'White Power Report'. (vgl. ADL 1988, S: 80f) In der Publiaktion der rechtsextremistischen Organisation "Aryan Nation" des Richard Grint Butler finden sich ebenfalls Beiträge Erlangers. Hier bezeichnet er Hitler-Stellvertreter Rudolf Heß als "Deutschen Helden". ('Aryan Nation', Ausg. 55 zit. aus ADL, 1988a, S. 86)
[120] In dem Positionspapier "What is Teutonic Unity" beschreibt sich die Organisation als "eine Gemeinschaft nordeuropäischer Menschen und ihrer Freunde. Sie erwuchs aus der Deutschen

Ziel es ist, die Ideen der DBI weltweit zu verbreiten. Stützpunkte hat die Organisation in Schwarzenborn/ Deutschland, London/Großbritannien und in Buffalo/ New York in den USA. Der britische Kreis veröffentlicht das Heft 'Teutonic Unity - British Circle of Friends'. (vgl. Fromm/Kernbach 1994a, S. 55ff)

Hier zeigt sich, daß eine internationale Vernetzung von Rechtsextremisten in den siebziger Jahren durchaus existent ist und sogar organisatorische Züge trägt. Auch die Hausdurchsuchungen in Rahmen der Ermittlungen gegen Roeders "Deutsche Aktionsgruppen" bringen die internationale Kooperation zum Vorschein:

"Bei Hausdurchsuchungen konnten die Namen vieler Spender zugunsten der DBI festgestellt werden, die von Sommer 1979 bis Sommer 1980 insgesamt rund DM 8. 000,- auf die Konten der DBI überwiesen haben: Unter ihnen befinden sich auffällig viele Rentner und Pensionäre (45% der Einzahler). Rund 12% der Spender wohnen im Ausland (u.a. in Nord- und Südamerika und Südafrika)." (Verfassungsschutzbericht des Bundes 1980, S. 23)

6.4.11. WSG - Denk mit !

Zu den kontinuierlichen Mitstreitern Karl-Heinz Hoffmanns in der rechtsextremistischen Szene gehört der Herausgeber der Neonazi-Postille 'Denk mit!', Klaus Huscher. In seiner zweimonatlich erscheinenden Zeitung wirbt er für Schriften, in denen die Ermordung von "Millionen Juden" im "Dritten Reich" geleugnet wird. (vgl. Verfassungsschutzbericht des Landes Bayern 1980, S. 93) Die Auflage des Blattes wird von Sicherheitsbehörden auf etwa 1000 geschätzt. (vgl. Verfassungsschutzbericht des Jahres Bayern 1982, S. 122)

Der 'Denk mit!'-Herausgeber Huscher soll 1979 Karl-Heinz Hoffmann bei Finanzgeschäften behilflich gewesen sein, so bei dem Versuch, das Schloß Illesheim bei Bad Windsheim für die Wehrsportgruppe anzukaufen. (vgl. Heidenreich 1980, S. 164) Zu dem baufälligen Schloß gehört auch ein größeres Gut, beides im Besitz der Bundesrepublik Deutschland. Huscher wird als Käufer vom Bund abgelehnt, nachdem bekannt wird, daß er Organisator des "Denk mit!-Freundes-

---

Bürgerinitiative, die 1971 von Manfred Roeder gegründet wurde, der damit anfing, gegen Degeneration und den Ausverkauf traditioneller Werte und den Verrat der Weißen Nationen von unseren Politikern." Die Teutonic Unity wendet sich gegen den "überproportionalen Einfluß der Juden in den meisten Nationen und Lebensstellungen (Beruf). Das jüdisch dominierte Amerika ist zur größten Gefahr für die ganze Menschheit geworden". Die Teutonic Unity "ist gegen die Mischung aller Rassen und Nationen. Sie ist für die Vielzahl und Schönheit vieler verschiedener Rassen und Nationen". Darüberhinaus versteht sich die Organisation als "keine politische Partei, es ist eine weltweite Gemeinschaft und Kameradschaft (...). Jeder der unseren Absichten zustimmt, kann sich zu unserer Gemeinschaft gesellen. Die Zeitungen schicken wir allen Mitgliedern in englisch oder deutsch."

kreises" ist und 1978 wegen Volksverhetzung usw. verurteilt worden ist. (vgl. Bericht 1979, S. 150)

Die Publikation 'Denk mit!' berichtet über Hoffmanns Aktionen. Der "Freundeskreises 'Denk mit!'", ein der Zeitung angeschlossener Diskussionszirkel, lädt Hoffmann zu Veranstaltungen ein, etwa am 14.1.1977 ins Verkehrsmuseum Nürnberg, wo Hoffmann, Hermann Oberth und Erwin Schönborn referieren. Hoffmann und Huscher treten in den siebziger Jahren "mehrfach gemeinsam auf Veranstaltungen in Nürnberg" auf. (Antifa 1977, S. 34) Am 13.5.1977 lädt der "Freundeskreis 'Denk mit!'" zu einer öffentlichen Versammlung nach Ingolstadt. Sprecher sind neben Klaus Huscher Karl-Heinz Hoffmann und Erwin Schönborn. ('Innere Sicherheit', 12.3.1980, S. 22) Umgekehrt ist Huscher zu Gast bei einer Veranstaltung der "Wehrsportgruppe Hoffmann" am 17.3.1979 in Heroldsberg. Anwesend sind auch Thies Christophersen und der Vorsitzende der VSBD/PdA, Friedhelm Busse. ('Innere Sicherheit', 12.3.1980, S. 22)

Bereits 1976 organisiert der "Freundeskreis 'Denk mit!' gemeinsam mit dem "Freundeskreis zur Förderung der Wehrsportgruppe Hoffmann" eine Vortragsveranstaltung, an der 200 Besucher teilnehmen. (vgl. schriftliche Auskunft des Landesamtes für Verfassungsschutz Bayern vom 25.5.1992)

Huscher hält auch zu anderen Rechtsextremisten Kontakt. Auf Huschers Einladung tritt am 25.4.1975 im "Hotel Reichshof" in Nürnberg Thies Christophersen auf. ('Die Bauernschaft', Nr. 2/1975 zit. aus Antifa 1978, S. 159) Am 1.10.1976 organisiert der "Denk-Mit-Verlag" in Frankfurt eine Demonstration, um gegen die Entscheidung des Berliner Justizsenators Baumann zu protestieren, der sich gegen die Entlassung von Rudolf Heß aus dem Spandauer Gefängnis ausgesprochen hat. Zu den Anwesenden gehören Vertreter des Kreisverbandes des Frankfurter NPD, der VVK, des KDS, der "Jungen Nationaldemokraten" und anderer rechtsextremistischer Organisationen. Das VVK-Organ 'UNION-V' berichtet:

> "Die Anwesenden protestierten mit aller Schärfe gegen die empörende Diskriminierung von Rudolf Heß, der als Märthyrer des Friedens, das Symbol des Deutschen Reiches und damit als der
> **größte lebende Deutsche unserer Zeit**
> betrachtet wird.
> Als Unterzeichner für die Organisationen: Thies Christophersen, Erich Sparwel, Klaus Huscher, Erwin Schönborn, Ingo Botzem, Ralf Platzdasch und Clemens Weinel."
> ('UNION-V', Ausg. 9/10 1976, S. 20f)

Am 16.10.1976 starten Klaus Huscher und Manfred Roeder in Nürnberg eine Aktion gegen "30 Jahre Mord von Nürnberg". (vgl. 'Deutsche Bürgerinitiative', 41. Brief, Oktober 1976, S. 6f) Die geplante Kranzniederlegung am Justizgebäude endet jedoch in handgreiflichen Auseinandersetzungen mit der Polizei. Sie nimmt sieben Rechtsextremisten fest. Dazu Roeder:

"Punkt 16.20 marschierten wir zu zweit aus einer Seitenstraße mit einem riesigen Kranz auf das Hauptportal zu. Das französische Fernsehen und eine studentische Filmgruppe nahmen alles auf, wie jetzt der Einsatzleiter Schmidt mit drei Sternen uns entgegentrat und fragte, was wir mit dem Kranz wollten. 'Wir wollen den Kranz am Tor niederlegen, um unsere Toten zu ehren!' Das dürften wir nicht, weil es eine nicht genehmigte politische Demonstration sei. 'Wenn wir unsere Toten ehren wollen mit einem Kranz, brauchen wir keine Behörden zu fragen.' Mit diesen Worten marschierten wir an ihm vorbei. 'Der Kranz ist beschlagnahmt', schrie er und stürzte sich auf uns. Sofort gab es ein wildes Handgemenge, da einige Passanten dazwischentraten und ihrem Zorn über Polizeiwillkür Luft machten. Weitere Polizisten, alles junge, umerzogene, langhaarige Typen, prügelten dazwischen, teilten Fausthiebe und Fußtritte aus, zerfetzten den Kranz 'Alles für Deutschland' und schlugen einen jungen Mann, der eine Blume in der Hand hielt, so brutal zusammen, daß ihm der Arm gebrochen wurde. (...) Wir Kranzträger und fünf andere waren inzwischen festgenommen worden. Ich hatte dem Einsatzleiter zugerufen: 'Wer sich antideutsch benimmt, ist ein Lump!', worauf er mich im Polizeigriff von zweien seiner aufgehetzten Tuppe abführen ließ." ('Deutsche Bürgerinitiative e.V.', 41. Brief, Oktober 1976, S. 6/7)

Gemeinsam mit Erwin Schönborn organisiert Huscher im August 1977 im bayerischen Kleingeschaidt bei Nürnberg einen "Auschwitz-Kongreß". Huscher leitet die Veranstaltung, zu der knapp 180 Besucher kommen, Referenten sind unter anderem Erwin Schönborn, Udo Walendy und der nordrheinwestfälische Vorsitzende des "Kampfbund Deutscher Soldaten", Ferdinand Hake. Das Ergebnis des revisionistischen Kongresses überrascht niemanden: "in Auschwitz wurde nicht 'vergast'." (zit. aus: 'UNION-V', Ausg. 5/6 1977, S. 25; vgl. auch Bericht 1977, S. 15)

Kontakt hält Huscher auch zum britischen Revisionisten David Irving, dem er 1979 seine Prozessunterlagen überreicht. Bei der Übergabe der Akten ist auf dem Foto neben Huscher und Irving auch der WSG-Chef **Karl Heinz Hoffmann** zu sehen. (vgl. Foto in: 'Denk mit!', Ausg. 2/3 1979, S. 33)

Insgesamt darf die Rolle Huschers in der neonazistischen Szene nicht überbewertet werden. Seine Zeitschrift hat eine geringe Auflage, die Inhalte, wie beispielsweise der feste Glaube an übermächtige UFO isolieren den Rechtsextremisten zusätzlich. (vgl. 'Denk mit!', Ausg. 2/3 1979, S. 88) Trotzdem trügt auch hier das Bild des ungefährlichen Einzelgängers, da er mit den Köpfen des Neonazismus kommuniziert und organisiert. Folglich ist die Zusammenarbeit Hoffmanns mit Huscher auch ein sicherer Beleg, daß der Wehrsportgruppenchef bei der Wahl seiner Mitstreiter keinerlei politische Tabus kennt. Auch das Bayerische Landesamt für Verfassungsschutz schreibt: "Neben seinen Wehrsportübungen hielt Hoffmann mehrere Veranstaltungen ab, an denen auch Klaus Huscher (Freundeskreis Denk mit) und Erwin Schönborn (KDS) teilnahmen." (Verfassungsschutzbericht des Landes Bayern 1977, ohne Seite - zit. aus Brief des LfV vom 14.8.1995, S. 3)

Die Abgrenzungen Hoffmanns vom Neonazismus werden vor diesem Hintergrund erneut unglaubwürdig.

Werbeflugblatt der "Aktionsfront Nationaler Sozialisten" aus dem Jahr 1978.

Propagandaplakat der "Deutsch-Völkische Gemeinschaft" (DVG).

> Kameradschafts- und Sonderführer der ANS/NA:
> Bislang wurden folgende Kameraden zu Kameradschaftsführern bzw. Sonderführern bestimmt und mittlerweile ernannt (in einigen Fällen wurde aus naheliegenden Gründen auf die Nennung des Nachnamens verzichtet:
> Kameradschaftsführer Hamburg: Michael Kühnen
> Kameradschaftsführer Main-Franken (Würzburg): Jürgen Bock
> Kameradschaftsführer Fulda: Thomas Brehl
> Kameradschaftsführer Frankfurt: Arnd-Heinz Marx
> Kameradschaftsführer Nagold: Jürgen Theurer
> Kameradschaftsführer Karlsruhe: Steffen Dupper /
> Kameradschaftsführer Bielefeld: Martin X.
> Kameradschaftsführer HH-Rahlstedt: Jörg X.
> Kameradschaftsführer Hanau: Helmut X.
> Sonderführer u. Leiter d. Presseamtes: Lothar Zaulich
> Sonderführer u. Leiter d. Amtes f. Gefangenenhilfe: Christian Worch
> Sonderführer u. Leiter d. Jugendamtes: Peter Müller
> Sonderführer u. Leiter d. ANS/BO: Dieter Weissmüller
> Sonderführer u. Inspekteur d. Stabswachen: Matthias Becker
> Mädelführerin: Veronika Alten
> Für besondere Verdienste um die Bewegung verleiht die Org.-Leitung der ANS/NA silberne und goldene Ehrenzeichen.
> In der Regel erhält ein Kamerad nur dann das goldene Ehrenzeichen, wenn er das silberne bereits trägt und sich erneut ausgezeichnet hat:
> Träger des goldenen Ehrenzeichens der ANS/NA:
> Michael Kühnen, Hamburg: Gründer der ANS, vierjährige Gesinnungshaft
> Thomas Brehl, Fulda: Gründer der Nationalen Aktivisten
> Arnd-Heinz Marx, Frankfurt: Aktivist seit 1976, Kampfausbildung im Libanon, Gründungsmitglied der NA
> X.Y. Fulda, Förderer der WSG Fulda seit ihrem Bestehen
> Dieter Weissmüller, Fulda: Gründungsmitglied WSG Fulda u. NA-Fulda
> Träger des silbernen Ehrenzeichens der ANS/NA:
> Hans Meier, Hamburg: ANS-Aktivist seit 1977
> Heiko John, Hamburg: Für besondere Pflichterfüllung seit dem Wiederbeginn der ANS-Arbeit
> Thilo Schuchert, Fulda: Aktivist der WSG-Fulda, besonders treue Pflichterfüllung
> Stefan Wanke, Fulda: Aktivist der WSG-Fulda, besonders treue Pflichterfüllung
> Peter Müller, Frankfurt: Aktivist seit 1978 (15. Lebensjahr)
> Klaus Müller, Frankfurt: Aktivist seit Ende der 70iger Jahre
> Dietmar Gumpricht, Frankfurt: Für besondere Pflichterfüllung.

Von der "Wehrsportgruppe Hoffmann" in die Führungsriege einer neonazistischen Organisation: Arnd-Heinz Marx und Steffen Dupper auf einer internen ANS/NA-Liste, in: 'Innere Front', Nr. 4/1983

INFORMATION
Dezember 1981, Seite 15

GEFANGENENANSCHRIFTEN

Wir veröffentlichen hier die Namen und Anschriften von Untersuchungshäftlingen und Verurteilten, soweit sie uns bekannt sind. Bitte schreiben Sie uns und weisen Sie uns auf weitere Gefangene hin, von denen Sie wissen. Bei den Mitgliedern der HNG e.V. sind die Geburtsdaten angeführt. Wir können mit unseren geringen Mitteln nicht alle Gefangenen unterstützen, sondern nur die, die im Gefängnis keinerlei Mittel zur Verfügung haben. Gefangene wollen uns offen schreiben, wenn sie in Not sind. Schamgefühl kennen wir in dieser Lage nicht!
HNG

```
Beier, Henry, Postfach 320, 6308 Butzbach, HNG-Vorsitzender
Börm, Manfred, Am Hasenberg 26, 2 Hamburg 63, geb. 26.10.50
Busse, Friedhelm, üb. Ermittlungsrichter beim BGH, Herrenstr. 45a
                                                   75 Karlsruhe 1
Coletta, Pascal, üb. Ermittlungsrichter beim BGH, Karlsruhe 1
Dupper, Stefan, JVA Durlach, 75 Karlsruhe 41, geb. 30.12.58
Fabel, Peter, üb. Ermittlungsrichter beim BGH, Karlsruhe 1
Hamberger, Peter, üb. Ermittlungsrichter beim BGH, Karlsruhe 1
Hartl, Walter, Hindenburgring 12, 8910 Landsberg/Lech
Hepp, Odfried, Riefstahlstr. 9, 75 Karlsruhe 1, geb. 18.4.58
Hoffmann, Karl-Heinz, üb. Ermittlungsrichter beim BGH, 75 Karlsruhe 1
Koch, Wolfgang, Postfach 320, 6308 Butzbach, geb. 5.1.31
König, Olaf, über Amtsgericht Abt. 30, Marliring 41, 24 Lübeck
König, Torsten, über Amtsgericht Abt. 30, Marliring 41, 24 Lübeck
Kühnen, Michael, Trift 14, 3100 Celle, geb. 21.6.55
Pfeffer, Waldemar, Postfach 101946, JVA Kassel I, D4, Kassel 1
Puls, Dieter, Trift 14, 3100 Celle, geb. 1.12.42
Roeder, Manfred, OLG 5-1 StE 3/81, Urbanstr. 18, 7 Stuttgart 1
Rohwer, Uwe, Trift 14, 3100 Celle, geb. 22.6.37
Schulte, Lothar, Trift 14, 3100 Celle, geb. 9.11.53
Vorderbrügge, Sibylle, OLG 5-1 StE 3/81, Urbanstr. 18, 7 Stuttgart 1
                                                       geb. 23.6.56
Wagner, Lutz, Willohstr. 12, 2848 Vechta, geb. 31.5.57
Wagner, Willi, über Amtsgericht Abt. 30, Marliring 41, 24 Lübeck
Werner, D.J., Kl-Nr. 300/81, JVA St.Georgen, 8580 Bayreuth
Worch, Christian, Suhrenkamp 98, 2 Hamburg 63, geb. 14.3.56

Hewicker, Christine, Rijksgevangenis Nieuwe Wandeling 86, B-9000 Gent
Hewicker, Klaus-D., Rijksgevangenis Nieuwe Wandeling 86, B-9000 Gent
Balke, Ernst, Rijksgevangenis Nieuwe Wandeling 86, B-9000 Gent
Toepfer, Gerhard, Rijksgevangenis Nieuwe Wandeling 86, B-9000 Gent

Die folgenden Kameraden sind nicht aus politischen Gründen inhaftiert,
fühlen sich uns aber gesinnungsmäßig verbunden und möchten auch Briefwechsel haben:

Brüggen, Peter, Masurenstr. 28, 5630 Remscheid
Kacziany, Robert, Am Hasenberg 26, 2 Hamburg 63
Sander, Norbert, JVA Hahnöfersand, 2155 Jork 1
Thiess, Gerhard, Postfach 600, 325 Hameln, JVA

Bitte keine Geldspenden an Sibylle Vorderbrügge schicken, weil ihr
ganzes Geld gepfändet wird!
```

Karl-Heinz Hoffmann - Nach seinem gescheiterten Libanon-Projekt wird er zeitweise von der HNG betreut. Seine früheren Mitstreiter Steffen Dupper und Peter Hamberger finden sich ebenfalls auf der Liste, in: 'Informationen der HNG', Dezember 1981

Michael Kühnen

GEFANGENER DES JAHRES

Michael wurde am 21. Juni 1955 bei Bonn geboren, sein Beruf ist Journalist.
Seit 3. August 1978 verbüßt er mit Stolz eine vierjährige Haft.
Wegen Verbreitung nationalsozialistischen Gedankengutes und sogenannter "Volksverhetzung" wurde er damals verurteilt.
Vor über einem Jahr ließ er sich freiwillig zu anderen Kameraden in den Hochsicherheitstrakt der Justizvollzugsanstalt Celle verlegen.
Während seines gefängnisaufenthaltes schrieb er ein, über 300 Seiten dickes Buch.
Trotz schärfster Zellenkontrollen gelang das Manuskript in dritter Hand, aber noch nicht zur Veröffentlichung.
Das Manuskript wurde durch die Staatsanwaltschaft sichergestellt und gegen Michael Kühnen Strafantrag gestellt (wegen Aufstachelung zum Rassenhaß).
Michael Kühnen erhielt dafür 9 Monate ohne Bewährung.

Ein CHINESISCHES SPRICHWORT

Wer ein Buch schreibt, sollte sich vorher ein gutes Pferd kaufen.

Mit Titeln wie "Gefangener des Monats" oder "Gefangener des Jahres" untergräbt die HNG den Strafvollzug, in: 'Informationen der HNG', Juni 1982

Arnulf Priem auf einem Werbeflugblatt. Anhänger seiner "Kampfgruppe Priem" besuchten Übungen der "Wehrsportgruppe Hoffmann".

Aktionsgemeinschaft Nationales Europa
(Postscheckk.:Ffm.7929-602)

Sitz Nürnberg
1. Vorsitzender
6ooo Frankfurt a.M.56
März 1979

Zentral- Wahlkampfbüro
6054 Rodgau 3
Postfach 271

Landesverband:
☐ Schleswig-Holstein
☐ Niedersachsen
☐ Nordrhein-Westf. 1
☐ Nordrhein-Westf. 2
☐ Rheinland-Pfalz
☐ Baden-Württemberg

☐ Hamburg
☐ Bremen
☐ Hessen
☐ Bayern
☐ Saar
☐ Berlin

Liebe Freunde, Kameraden !

Am 3. März 1979 wurden die folgenden nationalen Frauen und Männer auf die Bundesliste der ANE gewählt:

1. Erwin Schönborn , Frankfurt a.M.
2. Rechtsanw.Eberhard Engelhardt,Nürnb.
3. Erich Bieber, Bonn
4. Hildegard Lächert, Reichartshausen
5. Theresa Zimmermann, Bad Homburg
6. Ralf Platzdasch, Frankf.a.M.
7. Emil Dilger, Rodgau
8. Dieter Werner, Fürth i.B.
9. Martin Vogel, Mainz
1o. Stefan Wagner, Rodgau

Diese Namen erscheinen auf allen Wahlzetteln in der gesamten Bundesrepublik bei den Direktwahlen zum Europa-Parlament am 1o. Juni 1979.
Mit den 3 Spitzenkandidaten befinden sich auf der ANE-Liste - neben allen anderen, von denen der 18-jährige Ralf Platzdasch vielleicht besonders engagiert hervorgetreten ist - genau solche Persönlichkeiten, die nicht nur seit Jahren in vorderster Front des nationalpolitischen Kampfes stehen, sondern die vor allem vorrangig immer wieder die

EINIGUNG DES ZERSPLITTERTEN NATIONALEN LAGERS

forderten und die deshalb bei der Basis aller nationalen Parteien, Gruppen und Grüppchen hohes Ansehen genießen. Dieses positive Moment, das sich bei den Wahlen sicher niederschlagen wird, hat allerdings zur Folge, daß wir zwangsläufig nicht über eine bundesweite straffe Organisation verfügen, wenngleich wir natürlich mit Mittelfranken, Hessen, Raum Hamburg, Karlsruhe, Köln-Bonn und Rheinland Pfalz durchaus über sehr aktive Schwerpunkte verfügen, ohne die wir nicht den Mut gehabt hätten, zur Wahl anzutreten, nachdem wir als nicht in den Parlamenten vertretenePartei nur dann wählbar werden, wenn wir im gesamten Bundesgebiet 4ooo Unterstützungsunterschriften beibringen. Diese wollen wir aus dem gesamten Gebiet der Bundesrepublik vorlegen und zwar haben wir uns das Ziel gesetzt, möglichst die doppelte Zahl der geforderten Unterschriften beim Bundeswahlleiter vorzulegen, um dann endgültig an der Wahl teilnehmen zu können.

Deshalb unsere Bitte, uns dabei zu helfen.

Und wenn Sie der Meinung sein sollten - warum auch immer - <u>uns</u> nicht unterstützen zu können, dann tun Sie es bitte unserer Kandidatin auf Platz 4 zuliebe, denn Hildegard L ä c h e r t ist die derzeitige Hauptange - klagte im Düsseldorfer sogenannten "Majdanek-Prozeß". Wer den STERN Nr.1o gelesen hat, der kann sich einen Begriff machen, wie hier eine deutsche Frau, die unschuldig ist,wie man nur sein kann, zum "Abschaum der Menschheit" gemacht wird. Dieser Bericht, ausgerechnet auch noch im STERN des Herrn Nannen, hat uns nur darin bestätigt, diese Frau auf die Liste der ANE zu wählen und zwar einstimmig, ohne Gegenstimme, nachdem sie uns ihre Zustimmung zu dieser Wahl schriftlich gegeben hatte.

Mit Hildegard Lächert wollen wir,gleichsam als Symbol,unsere Solidarität mit allen unschuldigen Opfern der Sieger-Rache-Justiz zum Ausdruck brin-

- 2 -

gen. Wenn wir den Wahlvorschlag ordnungsgemäß einreichen, dann muß Frau Lächert für den Wahlkampf freigegeben werden mit Konsequenzen, die Sie wohl ermessen können. Damit steht Frau Lächert stellvertretend auch für Rudolf Heß, dessen Freistellung wir - rechtlich - erzwingen wollten, was aber nicht möglich war, weil wir die schriftliche Zustimmungserklärung nicht erhielten. Sie steht aber auch stellvertretend für die anderen Unschuldigen, wie z.B. Leopold Windisch, dessen Zustimmung vorlag, der aber in seinem Urteil die bürgerlichen Ehrenrechte abgesprochen erhielt, sodaß wir die Wählbarkeitsbescheinigung nicht erhalten konnten. Die Kandidatur von Frau Lächert hat aber noch zusätzliche Auswirkungen, deren Dimensionen unübersehbar werden können. Sie kann zum archimedischen Punkt werden, um die Umwertung aller Werte rückgängig zu machen:

1) Die gesamte Diskussion um die "Verjährung" wird zur Farce, weil wir mit Frau Lächert beweisen, daß man die Verjährung für "Morde" aufheben will, die nie geschehen sind.
2) Der gesamte HOLOCAUST-Rummel wird zu dem gemacht, was er ist, ein proisraelischer Propagandaschwindel, mit dem die "moralische" Basis dieses Unrechtsstaates erhalten werden soll. Carter in "Yad Vashem" machte es wieder deutlich, wie damals Sadat in der gleichen Gedenkstätte antideutscher Greuellügen.
3) Die gesamte Nachkriegs-Siegerjustiz wird massenwirksam entlarvt, wenn Frau Lächert als Kandidatin auf einer rechtlich unanfechtbaren Liste erscheint.
4) Da ich vor der Abgabe der Unterschrift unter die Zustimmungserklärung von Frau Lächert das Ehrenwort - "bei allem was ihr heilig ist" - verlangte und auch erhielt und zwar spreche ich hier als preußisch-deutscher Offizier, der auch Frau Lächert die Bedeutung des Ehrenworts ins Gedächtnis rief, bevor sie ihre totale Unschuld ehrenwörtlich bekräftigte, erhält auch der Eid als tragender Grundwert jeder Jurisdiktion und aller staatlichen Ordnung seine Bedeutung zurück, der nicht nur durch den "20. Juli 1944" sondern auch durch die Zeugen in den NS-Prozessen aber auch durch die "Zimmermanns" und "Carstens" diskreditiert wurde.
5) Es wird mit diesem Vorgang aber auch die Hintergrundszene entlarvt, die von einer Reihe von Vertretern sogenannter "nationaler" Organisationen, Zeitungen und Zeitschriften bis hin zu den Verteidigern der Angeklagten in NS-Prozessen reicht, die für jeden Sitzungstag rund 700.- DM kassieren und sicher nur ungern auf diese Pfründe verzichten wollen.

Deshalb unsere Bitte, uns zu unterstützen!
Die Sammlung von Unterschriften auf den anliegenden Einzelblättern hat den großen Vorteil, daß Freunde, die als Beamte oder sonst Abhängige Bedenken haben könnten, eine Liste der nationalen Opposition zu unterstützen, ohne solche Bedenken unterschreiben können, weil das Datenschutzgesetz verhindert, daß Unbefugte davon erfahren.

TERMIN für die Rücksendung ist spätestens der 10.April 1979. Wegen der Übersicht, wären wir dankbar, wenn Sie die Prozedur beschleunigen.

Wenn übrigens besonders vorsichtige Freunde ganz sicher gehen wollen, können sie den Passus "Ich bin damit einverstanden ...eingeholt wird". streichen und mit den anliegenden DIN A 5 - Blättern die Bescheinigung des Wahlrechts selbst bei ihrer Gemeindebehörde einholen. Aus Portoersparnisgründen wären wir dankbar, wenn Sie die Bescheinigung des Wahlrechts - soweit es in Ihrem Heimatort geschieht, geschlossen einholen könnten.

Für finanzielle Unterstützung-auch in Form von Briefmarken - sind wir natürlich auch dankbar, denn nur gemeinsam ist ein echter Erfolg gemeinsamer Arbeit aller nationalen Kreise wird! - Im übrigen hoffen wir, auch diejenigen Freunde davon zu überzeugen, daß es richtig war, den Entschluß zur Teilnahme an der Wahl zu fassen, um nicht den antideutschen Kreisen das Feld allein zu überlassen, auch ohne den Vorgang, der zentrales Thema dieses Schreibens ist, die bisher skeptisch waren.

In Kameradschaft

Die Anhänger der hessischen WSG-Sektion "Sturm 7", Emil Dilger und Stefan Wagner auf einer Wahlliste vereint mit der KZ-Schlächterin Hildegard Lächert. Werbeblatt der "Aktionsgemeinschaft Nationales Europa", März 1979

SATZUNG und PROGRAMM

in Auszügen zum 1.1o.1977 vorgelegt vom ANE - Gründungsausschuß

A) Auszug aus der Satzung als wichtigste Passagen für die ordnungsgemäße organisatorische Arbeit und ungestörte Teilnahme an Wahlen:
   a) Bekenntnis zur parlamentarischen Demokratie, soweit sie nicht gegen das deutsche Volk oder andere europäische Völker gerichtet ist.
   b) Bekenntnis zur gewaltlosen Durchsetzung der politischen Ziele.
   c) Bekenntnis - bis zur Verabschiedung einer gesamtdeutschen Verfassung - zum provisorischen Grundgesetz der Bundesrepublik mit dem ausdrücklichen Hinweis, daß der Artikel 21 (2) im Sinne des Urteils des Bundesverfassungsgerichts vom 31. Juli 1973 revidiert werden muß, weil die Wiedervereinigung Deutschlands, wie sie in dem genannten Urteil gefordert wird, automatisch den Bestand der Bundesrepublik gefährdet oder zur Auflösung bringt.

-o-o-o-o-o-o-

B) Auszug aus dem Gesamtprogramm als Wahlprogramm 1978

1) Bildung von Groß-Europa als ein Staatenbund freier Völker im Sinne des Selbstbestimmungsrechts der Völker bei Unabhängigkeit von allen außereuropäischen Staaten und Kräften.
2) Kampf gegen alle europafeindlichen Ideen und Kräfte, vor allem gegen den US-Imperialismus genau so wie gegen den Sowjetischen Terror und damit verbunden Ablehnung von liberalistischem Kapitalismus, marxistischem Kommunismus wie auch dem völkerfeindlichen Zionismus.
3) Kampf gegen alle Ideen und Bestrebungen, die Deutschland spalten und damit die Vereinigung Europas verhindern. Deshalb politischer Kampf gegen die Institutionen, die Instrumente dieser Spaltung sind oder die den Zustand der Spaltung vertiefen und zementieren. Ablehnung der Integration teildeutscher Institutionen in die von antieuropäischen oder nichteuropäischen Kräften geleiteten Organisationen. Bekenntnis zum Befreiungsnationalismus als Konnationalismus der europäischen Völker.
4) Einsatz für eine naturgerechte Ordnung in Europa im Sinne des Umweltschutzes.
5) Pflege der europäischen Kultur bei Zurückdrängung nichteuropäischer Kultur- und Zivilisationseinflüsse. Einsatz von vorwiegend europäischen Künstlern im kulturellen Bereich, besonders bei Theater, Film und Fernsehen.Ausschaltung nichteuropäischer Publizisten bei Presse und Fernsehen.
6) Kampf den gegen das deutsche Volk gerichteten Lügen und Verleumdungen.
7) Einsatz für die Freilassung aller Kriegsgefangenen, die einseitig nach 1945 von den Siegern verurteilt wurden oder Opfer einer besatzungshörigen Justiz wurden und die heute noch in europäischen Gefängnissen sitzen. Hess (Spandau), Reder (Italien), Fischer, Kotalla, Aus der Fünthen (Holland) Vasseur (Frankreich) und Windisch (Diez an der Lahn)stehen hier als Beispiele, an denen geprüft werden kann, in welchem Geist ein kommendes Europa gebildet werden soll.
8) Forderung der Todesstrafe für ganz Europa und Kampf gegen Pornographie und Sittenverfall.
9) Einführung eines europäischen Arbeitsdienstes im Sinne des Europäischen Sozialismus als entscheidendes Mittel zur Beseitigung der Arbeitslosigkeit, Lösung bestehender und kommender Gastarbeiter-Jugend-Probleme und zur Pflege der europäischen Volks- und Völkergemeinschaft.
10) Bekenntnis zu preußischer Sparsamkeit und Pflege preußischer Tugenden, die das "Ich" dem "Wir" unterordnen. "Gemeinnutz geht vor Eigennutz" soll vom preußischen zum europäischen Prinzip gemacht werden.

Verantwortlich: ANE - Gründungsausschuß   (Erwin Schönborn)

Das "Gesamtprogramm" der "Aktionsgemeinschaft Nationales Europa"

> **Persönliche Einladung**
>
> Der „Freundeskreis 'Denk mit!'" gibt sich die Ehre, Sie zu folgender Veranstaltung zu bitten:
> Zeit: Freitag, den 14. Januar 1977 um 19 Uhr 30 · Ort: Saal des Verkehrsmuseums Nürnberg, Lessingstr. 6, 1. Stock
>
> Es sprechen in zeitlicher Reihenfolge:
> KLAUS HUSCHER: „Gedenkworte zur Reichsgründung"
> EDDA ZELL: „Verpflichtende Mahnung"
> Professor Dr. Dr. h.c. HERMANN OBERTH: „Ein Schlüsselthema unserer Zeit"
> Pause
> KARL HEINZ HOFFMANN: „Südliches Afrika – ein Reizthema unserer Zeit"
> ERWIN SCHÖNBORN: „Politischer Prozeß, aktuell"
>
> *
>
> *Festliche Kleidung erwünscht.*   *Unkostenbeitrag DM 3,·.*   *Möglichkeit zum Erwerb handsignierter Bücher.*

Der "Freundeskreis 'Denk mit!'" läd zu einer Veranstaltung mit Karl Heinz Hoffmann und Prof. Hermann Oberth.

Deutsche Bürgerinitiative e.V.

61. Brief
Scheiding 1978

Liebe Freunde,

wir sind uns alle klar darüber, daß nur der Sturz der Bonner Regierung die Befreiung Deutschlands einleiten kann, die Beseitigung der Bonner Militärdiktatur ist die Voraussetzung für ein neues Deutsches Reich. Da diese Militärdiktatur uns von außen aufgezwungen wurde, kann sie auch nur mit Hilfe von außen beseitigt werden.

Das ist der Grund, warum ich durch ferne Länder reise. Wir müssen den Weltklammern, welches Terrorregime die Deutschtum unterdrückt und mit welchen Polizeimethoden man jeden unabhängigen Deutschen verfolgt. In diesem Kampf ist jeder unser Verbündeter, der dieses gegenwärtige System ablehnt.

Den ersten Widerhall mit unserer Freiheitsbewegung hatten wir in Chile und der dortigen Presse. Jetzt erschien im August ein großer zweiseitiger Bericht in der Wochenzeitung SPOTLIGHT in Washington über die politische Verfolgung in der BRD unter der Überschrift: "In Westdeutschland gibt es weder Freiheit noch Demokratie". Es war wie ein Hammerschlag gegen den Bonner Größenwahn, von einer amerikanischen Zeitung als "vorläufige Regierung" und als Militärherrschaft bezeichnet zu werden. Die Zeitung SPOTLIGHT geht gegenüber weiter und spricht von einer Tyrannei, in der die Menschenrechte ebenso mit Füßen getreten werden wie in Israel.

Dieses Verständnis für unseren Freiheitskampf und diese Unterstützung aus Amerika hätten wir uns nicht träumen lassen. Inzwischen sind weitere gute Artikel in anderen Zeitungen erschienen.

INSTAURATION, eine hochgeistige Monatszeitschrift aus Florida, behauptet sogar zu wissen, daß die Verurteilung in Flensburg nur ein Vorwand war. Der eigentliche Grund für die 6 Monate Gefängnis sei die Kronzeugenlage in Nürnberg gewesen, mit der Roeder den die Alliierten in lekererregende Art zu ehren wollte!. Dann heißt es:

"Ursprünglich wollte die Bonner Regierung, die sich angstgefüllt vor Washingtons Füßen windet, die einfachen Artikeln in Sande verlaufen lassen ohne eine Entscheidung, denn das öffentliche Aufsehen bedeutete für die Drahtzieher der politischen Weltverschwörer unerwünscht. Denn Roeder hält den Gerichten ihre unzähligen und unbeschreiblichen Grausamkeiten vor, die sie nach dem Krieg gegen Deutsche begangen haben."

Sie können sich die Wut in Bonn vorstellen, wenn INSTAURATION dann fortfährt: "Roeder hat selbstverständlich recht, wenn er behauptet, daß es nach Mai 1945 keine deutsche Regierung mehr gegeben hat" -- und die Monatszeitschrift NATIONAL VANGUARD aus Arlington, Virginia schließt einen ausführlichen Bericht über die Verfolgung von nationalen Deutschen mit der Feststellung, daß es unerträglicher Zustand ist, wenn Deutschland weiter geteilt und besetzt bleibt; ein Deutschland nicht einer einzigen Fraktion dienen darf, sondern dem Selbstbestimmung allein verwaltet können. "Deutschland den Deutschen!"

Wenn diese Anerkennung unseres Freiheitskampfes aus dem Land kommt, in dem die freiheitsfeindliche demokratische Umordnung gezeugt und ausgebrütet wurde, dann haben wir seit 1945 leiden, dann haben wir Grund zur Hoffnung, daß dieser Spuk bald vorüber ist.

Die Reaktion in Bonn auf unsere Freiheitskämpfer in den USA ist die wütende Verfolgung unseres Ebene durch die internationalen Beziehungen zwischen Bundesrepublik u. Zeigt das nicht in aller Deutlichkeit, daß sie unseren Zweifel an ihrer Legalität haben?

- 2 -

Sodann ging eine Warnung an alle Botschaften, sich nicht mit irgendwelchen Neonazis einzulassen. Man fürchtet also in Bonn, daß unsere Aktivität unter den Diplomaten einige Verwirrung anrichten könnte, ob sie bei oder von den richtigen Regierung stehen sollten, oder ob sie bei oder von den richtigen Regierung einiges schärferen Denken sogar "Zweifel" kommen, ob sie bei oder von den richtigen Regierung Gewißheit werden, daß es noch ein Deutsches Reich gibt, was mit Bonn nichts zu tun hat.

Wir haben eine sehr einfache Strategie: In diesem Kampf ist jeder unser Verbündeter, der das jetzige System ablehnt, das heißt noch lange nicht, daß jeder auch am Neubau unserer natürlichen Volksordnung beteiligt werden kann, aber es ist, daß erst mal das faule Fundament beseitigt werden muß, auf dem nichts Neues aufgebaut werden kann. Und es ist ein Fundament von Vergewaltigung und Lüge. Kann man nichts Neues und Besseres aufbauen. Ein Staat, der mehr Polizei und Gerichte braucht als jede angebliche Diktatur unter Hitler, ist für jeden anständigen Menschen einfach undiskutabel. Von Pornographie, Rauschgift, Korruption und Sittenverfall ganz zu schweigen.

In einem großen amerikanischen Staat traf ich einen Führer der Schwarzen Moslem. Ich wollte nur, daß sie gegen die Rassenmischung und für eine eigene schwarze Kultur sind. Verschiedene Freunde hatten mich gewarnt, die seien Radikale, wer weiß, ob ich da irgendeinen Gruppen raushätte. Aber wenn ich immer nur die "guten Rauschläge" von Freunden gehört hätte, dann wäre ich heute noch als Rechtsanwalt in Bensheim, würde in irrationellen Gruppen verharren, und es gäbe keine Deutsche Bürgerinitiative und keine Freiheitsbewegung. Und der Auschwitz - Lüge wäre zum Platzen gekommen.

Der Besuch bei den schwarzen Moslem war die größte Überraschung. Wir wurden nicht nur auf das Freundlichste begrüßt und gleich zum Tee eingeladen, sondern mit den Worten empfangen: "Wir haben über Ihre Bewegung viel in der Zeitung gelesen und stehen hinter der Idee der Befreiung der Völker von der Judenherrschaft". Wir hatten die Entwicklungshilfe haben.

Ehrlich gesagt waren wir über diesen Empfang so perplex, daß wir ins Auft holen, ob er so wirklich so gemeint sei, ja natürlich, sagte er, der Jude ist unser großer Feind, denn nur er will die Rassen vermischen. Wir Schwarzen Moslem, fuhr er fort, wollen die Rassenmischung, wir wollen eine totale Trennung der Rassen, in unserem Land, wo wir uns selbst regieren und unsere eigene Kultur entwickeln können. Wir hassen den weißen Mann nicht, aber wir wollen frei und unabhängig von ihm sein, von unserer eigenen Hände Arbeit leben und kein Geld und keine Entwicklungshilfe haben.

Wir waren keine leeren Worte, denn dieser junge Mann war der Leiter einer von ihm selbst aufgebauten Landwirtschaftlichen Genossenschaft, in der nach besten deutschen Vorbild genossenschaftlich gewirtschaftet wurde. Das Erstaunlichste des Falles Ich konnte es mir kaum verkneifen zu sagen: "Sie sind ja ein schwarzer Nazi. Sie haben ja dieselbe Ideologie wie Adolf Hitler". Die Antwort: Ja, ja, wir haben für ihn, gebetet, aber zu früh, denn wenn einer einen Juden kann, oder mich, dann ist ein Nazi und wird von den Juden genauso so verfolgt wie Adolf Hitler oder wie Sie!".

Den Betrieb hat er vor 10 Jahren gegründet, "Vor 6 Jahren hat man ihn den Betrieb niedergebrannt. Dann hat man mich eingezäunt und 9 Monate eingesperrt mit einer Schnellfirma gegen mich, die ich trotz der Verletzungen widerstanden, danach raus und jetzt wieder auf die Straße gesetzt."

"Vielleicht," philosophierte er weiter, "war Adolf Hitler zu früh. Die Welt hat noch nicht verstanden, was er wollte. Aber jetzt ist die Zeit reif für dies aber, sagen, ja nicht. Die Zeit arbeitet für sie. Das wissen auch ihre Feinde, daß ihre Tage gezählt sind. Vielleicht wünschen einige von denen, die Sie heute verfolgen, ein Blinder kann sehen, Erfolg haben mögen. Als Blinder kann sehen, daß es so nicht weitergeht. Spätestens in 2. Jahren werden wir einen neuen Weltkrieg haben. Und dann kommt unsere große Stunde!

Wie wird denn dieser Krieg kommen? "Amerika macht immer Krieg, wenn seine Wirtschaft kaputt ist. Die Juden sehen den Dollar dem Abgrund zu. Der Yankee muß einfach wieder Krieg machen. Die ganze Wirtschaft ist auf diesen Zyklus eingestellt!"

Manfred Roeder ruft zum Umsturz auf, in: "Deutsche Bürgerinitiative e.V.", 61. Brief 1978

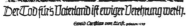

Die Neonazis der VSBD/PdA schaffen ihre eigenen "Blutzeugen", eine der wichtigsten Stationen der Radikalisierung vieler ihrer Anhänger, Aufruf von Walther Kexel

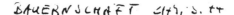

BAUERNSCHAFT 2/79, S. 74

Kommando
Zeitung der Wehrsportgruppe Hoffmann

Hier ist die spezielle Information, wie sie in der allgemeinen Presse selten zwischen den Zeilen, meistens aber überhaupt nicht zu finden ist.

Unsere Themen sind:
Information für und über die WSG
Militärfachliche Betrachtungen
Kritische Beobachtungen im sogenannten Rechtsstaat
Politische Analysen aus ungewohnter Sicht

Bestelladresse:
Zeitung Kommando   Sofienhöhe 5, D-8501 Heroldsberg

VLAANDEREN / NEDERLAND

SLUIT AAN!
STEUN ONS!

GIRO 4048706 U-J.
BANK 001-0410217-80 – BAELEN.
VERBONDSLEIDING: MÖSCHEMEN 12
B / 4832 BAELEN
NEDERLAND: Postbus - Amsterdam: 53039
Geleen: 3022

DIE WÄHLERMACHT

Monatszeitschrift für reales, biologisches Heimatrecht, Edeldemokratie & Volksgemeinschaft. Mir 12 Protesten zum Volksentscheid. Schluß mit allen Parteien. Die Wähler ihre eigenen Kandidaten. Die Wählermacht ist Restseutschlands letzte Hoffnung. Sonderheft anfordern DM 3,80.

7512 Rheinstetten 1 · Postfach 1208

Thies Christophersens Publikationen enthalten Inserate der "Wehrsportgruppe Hoffmann" und von Klaus Huschers "Denk mit!-Verlag", in: 'Die Bauernschaft' Nr. 2/1979

Im Repertoire der Anzeigen im WSG-Organ "Kommando": Der "Kritik-Verlag" des Thies Christophersen, in: 'Kommando' Nr. 2, März 1979

Eng mit der WSG verbunden: Der rassistische "Vlaamse Militanten Orde" (vgl. Kapitel 7.1.)

6.5. WSG - Alte Rechte

Die Rechtsextremismusforschung diskutiert immer wieder die Bedeutung ranghoher NSDAP-Politiker und Militärs aus der Epoche des Nationalsozialismus für die heutigen Neonazis. In einem Teil der Literatur gelten Hitlers Gefolgsleute als Financiers, Drahtzieher und Hintermänner der modernen Rechtsextremisten.[121] Auch der "Wehrsportgruppe Hoffmann" werden Kontakte zur "Prominenz" der Altnazi-Szene nachgesagt. (vgl. Koch 1988, S. 125)

Im Mittelpunkt der Mythologisierung steht die "Organisation der ehemaligen SS-Angehörigen" (ODESSA).[122] Diese wird kurz nach dem Krieg gegründet, um "alten Kampfgefährten" bei der Flucht zu helfen. (vgl. Giefer/Giefer 1991, S. 131 f)[123] Altnazis wie Hans Ulrich Rudel und Reinhard Kopps[124] alias Juan Maler und Naziverbrecher wie Adolf Eichmann[125], Alois Brunner, Walter Rauff, Klaus Barbie und der KZ-Arzt Josef Mengele gelangen mit Hilfe der ODESSA ins sichere Exil nach Südamerika. Als Organisator des Netzwerks gilt Otto Skorze-

---

[121] vgl. Hundseder 1995, S. 118; Schmidt 1993, S. 80; Falkner 1990
Beispielhaft für derartige Gerüchte: "ODESSA verfügt immer noch über riesige Geldsummen, die schon während des Krieges von Agenten des Reichs-Sicherheits-Hauptamts auf Schweizer Geheimkonten und in Übersee deponiert worden waren. Mit diesen Geldern werden seit langem bundesdeutsche Neonazi-Truppen finanziert. Einer der Geldempfänger soll der ehemalige Offizier der Bundeswehrhochschule Hamburg, Michael Kühnen, gewesen sein, der sich als Anführer der 'Aktionsfront Nationaler Soldaten', auch als 'Hansa-Bande' bekannt, einen rechten deutschen Ruf gemacht hat. Der Karlsruher Werner Braun, bundesdeutscher Vorsteher der 'Deutsch-Völkischen Gemeinschaft', konnte mit ODESSA-Geldern seinen 'Angriff' und den 'Völkischen Beobachter' drucken. Roeder wurde in den letzen Jahren als ODESSA-Bote durch die europäischen Lande geschickt." ('Konkret', November 1980, S. 16)
[122] Angeheizt wird die Mythenbildung durch den Roman des britischen Schriftstellers Frederik Forsyth, in dem er der NS-Fluchthilfeorganisation großen Einfluß zuschreibt. Sie soll sogar über eigene Killer verfügt haben. Forsyth behauptet außerdem, ODESSA-Angehörige hätten in Deutschland die Wirtschaft und den Staatsapparat unterwandert. (vgl. Forsyth 1987, S. 140 ff)
[123] Erste ausführliche Veröffentlichungen zur Geheimorganisation stammen von Simon Wiesenthal, der die ODESSA als funktionale Gruppe beschreibt, die Gleichgesinnten die Flucht in sichere Länder ermöglicht. (vgl. Wiesenthal 1961, S. 194 ff; Wiesenthal 1976, S. 79 ff) Amerikanische Geheimdienstakten bestätigen die Existenz der "ODESSA". Zeugen, wie zum Beispiel Fritz Fischers schreiben: "Es gibt eine Untergrundorganisation, die den Codenamen ODESSA trägt, was soviel heißt wie 'Organisation der ehemaligen SS-Angehörigen' oder 'Organisation für die Entlassung der SS-Angehörigen'." (CIC-Archiv, 1/F 4763, 20.1.1947, Akte-Nr. 4763) Über die Arbeit der ODESSA existiert bislang nur wenig seriöses Sekundärmaterial. Abgesicherte Informationen liefern Primärquellen aus den amerikanischen oder britischen Militärarchiven sowie Autobiographien von Flüchtlingen.
[124] Kopps lebt nach Angaben der Nachrichtenagentur 'Diarios y Noticias' seit cirka 1954 in der südargentinischen Stadt Bariloche, vor dem Krieg ist er im Waffen-SS-Regiment Brandenburg. (Maler 1987, S. 310) Er verfaßt später eine Autobiografie, in der die Existenz des Netzwerkes alter Nazis bestätigt. (Maler 1987, S. 302 f; S. 307 ff)
[125] vgl. zur Person Eichmanns: Arendt 1963

ny[126], eine der schillerndsten Figuren der Nachkriegszeit: "Der Führer dieser Gruppe ist Otto Skorzeny, der die Bewegung von dem CIC-Lager in Dachau aus leitet, wo er interniert ist. Die polnischen Wachen helfen den Männern, die von Skorzeny den Befehl erhalten, zu flüchten." (CIC-Archiv, 1/F 4763, 20.1.1947, Akte-Nr. 4763) Christopher Simpson vermerkt zur Rolle Skorzenys:

> "In den ersten Jahren nach dem Krieg war er intensiv damit beschäftigt, die Flucht von Faschisten durch Spanien und Syrien zu organisieren. Die SS-Fluchthilfeorganisationen 'Odessa' und 'Die Spinne' hingen zum größten Teil mit der Persönlichkeit - und der Legende - von Otto Skorzeny zusammen." (Simpson 1988, S. 299)[127]

Die Stilisierung Skorzenys zum "gefährlichsten Mann der Welt"[128] dürfte einer realistischen Einschätzung seiner Tätigkeit eher hinderlich sein.[129] Besonders die

---

[126] Skorzeny wird am 12.6.1908 in Wien geboren. Er studiert Maschinenbau und wird Mitglied der schlagenden Burschenschaft "Markomannia". Schon 1930 engagiert er sich bei der NSDAP. Im März 1938 tritt er dem "Motorsturm der SS" bei. Im September 1939 meldet sich der SS-Mann freiwillig zur Luftwaffe und wird am 3.9.1939 in das Luftwaffen-Nachrichten-Regiment Wien einberufen. (Krätschmer 1982, S. 566) Von dort aus führt sein Weg im Februar 1940 zur Leibstandarte SS "Adolf Hitler". Am 26.7.1943 beauftragt Hitler Skorzeny mit der Befreiung des am Vortag verhafteten Mussolini. Am 12.9.1943 landet Skorzeny mit Lastenseglern auf dem 2900 Meter hohen Gran Sasso in den Abruzzen und überrumpelt dort Mussolinis Bewacher. Für den tollkühnen Einsatz wird er am 13.9.1943 mit dem Ritterkreuz ausgezeichnet. (vgl. Schütz 1990, S. 423) Anschließend bildet er SS-Jagdverbände für Kommandoeinsätze an der Front aus. Am 8.3.1945 wird Skorzeny mit dem Eichenlaub ausgezeichnet. 1949 nimmt er gemeinsam mit Otto Ernst Remer in Goslar an einer Veranstaltung zur Gründung der Sozialistischen Reichspartei teil.
Nach dem Krieg setzt sich Skorzeny nach Spanien ab, wo er ein florierendes Import-Export-Unternehmen betreibt. Er soll in den fünfziger Jahren mit der ägyptischen Regierung zusammengearbeitet haben: "Otto Skorzeny stattete der ägyptischen Hauptstadt Kairo einen dreitägigen Besuch ab. Während sein Besuch nach außen hin geschäftlichen Interessen galt, verlautete aus Kreisen der ägyptischen Presse, Skorzeny habe eine Unterredung mit der 'rechten Hand' Ministerpräsident Naguibs, Oberstleutnant Gomal Abd el Nasser gehabt, die sich um die Ausbildung ägyptischer Kommandotruppen drehe." ('BfV Presse und Informationsspiegel dtd, 16.6.1953)
1965 beteiligt er sich an der Gründung des nationalsozialistischen Círculo Español de Amigos de Europa (CEDADE). (vgl. Fromm/Kernbach 1994b, S. 272)
[127] Auch Infield behauptet Skorzeny habe sich - wie im übrigen von Südamerika aus Rudel - um die Unterstützung der ehemaligen SS-Angehörigen bemüht. (vgl. Infield 1981, S. 179 ff)
Unklar bleibt Skorzenys Beteiligung an den bekannten Fluchthilfefällen Mengele, Eichmann und Barbie. Zwar schreibt Jürgen Pomorin: "SS-Agent Otto Skorzeny organisierte die Flucht von Nazi-Mördern", bleibt jeden Beweis für seine Ausführung schuldig. (Pomorin 1981, S. 55) Unbestritten ist, daß nach dem Zweiten Weltkrieg planmäßig Kriegsverbrecher aus Deutschland nach Südamerika, Spanien oder in arabische Staaten geschleust worden sind. Den organisatorischen Rahmen hierfür bilden Fluchthilfegruppen wie die "Spinne", das "Sechsgestirn" oder die bereits oben genannte "ODESSA". (vgl. Reynolds 1961, S. 187 ff)
[128] So der Titel einer 'Quick'-Serie, zit. aus: Giefer/Giefer 1991, S. 133

DDR- Literatur bauscht seinen Einfluß auf. Thomas Falkner präsentiert ihn als Drahtzieher des weltweiten Terrorismus, der mit westlichen Geheimdiensten paktiert:

> "Doch Skorzenys Apparat war nicht allein als Personalreserve oder als Quelle von Ratschlägen gefragt. Benötigt wurde er vor allem als eigenständiger politisch-subversiver Faktor, stellte er doch ein geschlossenes, straff durchorganisiertes Netz hochgedrillter Profikiller und - Diversanten dar. Eben darüber verfügen die amerikanischen Ultras nicht. Die CIA und die anderen Geheimdienste gehörten ihnen nicht ganz, und die seit 1958 verbreitete, 1966 aber erst endgültig gebildete Antikommunistische Weltliga (WACL) verfügte zwar über politisch hochkaraätigere Kontakte als Skorzenys Leute, jedoch bei weitem nicht über deren Logistik." (Falkner 1990, S. 48)

Statt sachlicher Analyse liefert Falkner unsachliche Verschwörungstheorien:

> "Auch die Verbindung mit Borghese florierte weiter, und zwar so intensiv, daß Skorzeny in Italien seine größten Erfolge verzeichnen konnte. Der Geheimdienstapparat war schon nach kurzer Zeit so weit von Skorzeny/ Borghese Leuten infiltriert, daß die Altnazis eine Reihe von Operationen des italienischen Geheimdienstes ohne Wissen und Zutun seiner Führung manipulieren konnten. Mit gleichem Ziel hatten sie sich auch dem amerikanischen CIA und dem bundesdeutschen Bundesnachrichtendienst (...) zugewandt, waren jedoch nicht ganz so weit gekommen. Skorzenys faschistische Untergrundorganisation zielte darauf ab, über Staatsstreiche oder subversive Aktionen an die Macht zu kommen, sich in der Dritten Welt festzusetzen und den Kommunismus mit breitangelegtem Terror zu bekämpfen." (Falkner 1990, S. 39)

Skorzeny - Hoffmanns Lehrmeister ?

Diese Legende spinnt Günter Koch weiter. Ihm zufolge widmet sich Skorzeny

> "in San Lorenzo de Escorial, keine Autostunde von Madrid entfernt, und in speziellen Lagern an anderen Orten der Ausbildung neofaschistischer Terrorkommandos. Rechter Nachwuchs aus Spanien und auch aus der BRD wurde hier ideologisch und militärisch gedrillt."

---

129 Eine Woche nach Skorzenys Tod bemerkt die 'Welt am Sonntag' suffisant: "Zu dem, was der berühmteste aller irregulär-regulären Kämpfer des Führers sonst noch geplant haben soll, gehören die Entführung oder Ermordung Stalins, Churchills, Roosevelts, Eisenhowers, die Beschießung New Yorks, und - natürlich - hat Skorzeny auch Hitler selbst entführt, 1945 nach Südamerika. (...) Nach dem Krieg gab es keinen Krieg, an dem Skorzeny nicht als Waffenhändler oder Instruktuer oder beides mitgewirkt haben soll. Kubanische Konterrevolutionäre holten sich seinen Rat für einen Plan zur Ermordung Fidel Castros. Angeblich. Nicht zuletzt sollen in Skorzenys Madrider Prunkvilla US-Generäle ein- und ausgegangen sein zu Gesprächen über eine bessere Taktik in Vietnam. (...) Mit 193 cm Körpergröße, Schrankschultern und Mensurenschmiß entsprach Skorzeny äußerlich in mustergültiger Weise dem Angstbild der Welt vom NS-Supermann." ('Welt am Sonntag', 13.7.1975) Skorzeny soll sogar auf der Gehaltsliste des MOSSAD gestanden haben. (vgl. 'Frankfurter Rundschau', 21.9.1989)

Von Spanien aus soll der ehemalige SS-Standartenführer paramilitärische und Neonazigruppen finanziert haben.[130] Koch behauptet sogar, Karl Heinz Hoffmann sei von Skorzeny persönlich ausgebildet worden, die WSG sozusagen spätes ein Produkt des Altnazis. Für ihn

"steht außer Zweifel, daß er (Skorzeny, d.Verf.) sowohl als Ausbilder wie als Mäzen neonazistischen Nachwuchses zahlreiche Nachfolger gefunden hat. Zu den Kursanten aus der BRD zählte Anfang der 70er Jahre auch ein nicht mehr ganz junger Mann aus Nürnberg, der sich als freier Künstler ausgewiesen hatte: Karl-Heinz Hoffmann. 1974 gründete der gelernte Schildermaler und Grafiker zu Hause eine sogenannte Wehrsportgruppe und demonstrierte im Bayrischen Wald und auf Versammlungen der Friedensbewegung, was er in Spanien bei Skorzeny gelernt hatte." (Koch 1988, S. 125)

Für alle diese "Enthüllungen" existieren keine Belege. So wird in der spanischen Literatur von einem Treffen Karl Heinz Hoffmanns mit dem ehemaligen Mitarbeiter des Reichsministeriums Rosenberg für die besetzten "Ostgebiete", Walter Matthaei, berichtet. Er soll an einem Festakt zu Ehren des "capitán Walter" für "seine Verdienste bei der Verteidigung des Nationalsozialismus" am 23.11.1986 im Madrider Restaurant "La Tropical" teilgenommen haben. Weitere Anwesende: der Führer der Christkönigskrieger Mariano Sánchez-Covisa und einige Mitglieder der spanischen Nazigruppe CEDADE. (Sánchez Soler 1993, S. 94) Zum fraglichen Zeitpunkt sitzt Hoffmann im Gefängnis.

Die Auswertung von Primärquellen (Interviews, persönliche Briefe, Szenepublikationen) ergibt nur wenige Bezugspunkte der WSG zu Funktionsträgern aus dem "Dritten Reich". Nachgewiesen wurde bereits in früheren Kapiteln die Zusammenarbeit Hoffmanns mit Altnazis wie Erwin Schönborn oder Thies Christophersen. Im folgenden Abschnitt sollen seine Beziehungen zu Martin Pape, Otto Riehs und Hans Ulrich Rudel diskutiert werden.

6.5.1. WSG - Martin Pape

Zu den aktivsten Rechtsextremisten der letzten Jahrzehnte zählt der Herausgeber des 'Deutschen Standpunkt' (DS), Martin Pape[131]. Am 17.3.1979 gründet der ehemalige HJ-Führer Pape in Stuttgart die "Freiheitliche Deutsche Arbeiterpartei" (FAP), die sich in den achtziger Jahren zur gefährlichsten neonazistischen Organi-

---

[130] In Spanien gehört er "zu den besten Kreisen der Gesellschaft. Und nicht nur das. Das Geschäft bot eine hervorragende Tarnung für umfassende finanzielle Transaktionen im In- und Ausland. Über Skorzenys Firma floß das Geld aus angezapften Schweizer Nummernkonten, ohne die zahlreiche neonazistische und paramilitärische Bewegungen und Unternehmungen nicht lebensfähig gewesen wären." (Koch 1988, S. 125)
[131] Von März 1967 bis November 1968 ist Pape kommissarischer Landesvorsitzender der "Unabhängigen Arbeiterpartei" (UAP) in Baden Württemberg. 1969 gründet er die "Sozial-Liberale Deutsche Partei (SLP), die er 1979 in FAP umbenennt. (vgl. Christians 1990, S. 21 f)

sation entwickelt. Hauptgrund hierfür ist der Masseneintritt von Neonazi-Kadern nach dem Verbot von Michael Kühnens "Aktionsfront Nationaler Sozialisten/Nationale Aktivisten" (ANS/NA)[132] im Dezember 1983. Über die ANS/NA gelangen auch Anhänger der WSG zur FAP: Steffen Dupper, Arnd-Heinz Marx und Ulrich Behle, alle drei Mitglieder von **Hoffmanns Libanon-Truppe**. Martin Pape steht auch mit dem WSG-Chef Karl-Heinz Hoffmann in Verbindung. Er wirbt für Hoffmanns Roman "Verrat und Treue":

"Karl-Heinz Hoffmann: Verrat und Treue - vor gut zehn Jahren lernten wir uns auf einer Rudel-Versammlung kennen. Etwas harte Ansichten dachte ich mir. Nun hat er viele harte Zuchthausjahre hinter sich und steht immer noch im schwersten Verdacht, der ehemalige Wehrsportführer aus Franken." ('Deutscher Standpunkt', Nr.1 1991)

---

[132] Bis zum Ende des Jahres 1984 ist die FAP fast in der ganzen Bundesrepublik vertreten, die ehemaligen ANS/NA-Kader haben die FAP mit der Billigung Papes zu ihrer Partei gemacht. Sein Einfluß als Parteichef verringert sich beträchtlich. 1988 wird er schließlich als Vorsiztender von Friedhelm Busse abgelöst.
Die Behörden werten die Entwicklung folgendermaßen: "Ehemalige Anhänger der verbotenen Aktionsfront Nationaler Sozialisten/Nationale Aktivisten (ANS/ NA), die trotz des Verbots ihre Aktivitäten nicht einstellen wollten, traten die 1979 von dem Kaufmann Pape gegründete Freiheitliche Deutsche Arbeiterpartei ein. Diese in den ersten Jahren ihres bestehens völlig unbedeutende, damals nicht eindeutig rechtsextreme Gruppierung entwickelte sich durch den zunehmenden Eintritt ehemaliger Anhänger der verbotenen ANS/NA zur inzwischen mitgliederstärksten neonazistischen Organisation." (Verfassungsschutzbericht Hessen 1988, S. 17).
"Die FAP ist seit ihrer Gründung 1979 bis Ende 1983 bundesweit ohne wesentliche Bedeutung geblieben. Das 'Aktionsprogramm' der FAP, das bisher unverändert blieb und offiziell für alle Untergliederungen der Partei verbindlich ist, enthält bei einer Gesamtbeurteilung keine eindeutig rechtsextremistischen Tendenzen. Seit dem verbot der 'Aktionsfront Nationaler Sozialisten/ Nationale Aktivisten' (ANS/NA) am 7.Dezember 1993 versuchten jedoch ehemalige Angehörige dieser Organisation, die FAP zu unterwandern und in Übereinstimmung ihrer Anschauungen für ihre neonazistischen Zwecke umzufunktionieren." (Verfassungsschutzbericht Rheinland-Pfalz 1985, S. 88).
Den Eintritt der ehemaligen ANS/NA-Mitglieder 1983 und 1984 nimmt Pape zwiespältig auf: "Einerseits genoß er die Expansion der FAP mittels Neugründungen von Landes- und zahlreichen Kreisverbänden und die steigende Medienresonanz, die der FAP zuteil wurde, während ihn andererseits der Machtverlust an die Führerfigur Michael Kühnen in seinem Ehr- und Selbstwertgefühl verletzte" (Christians 1990, S. 31; vgl. außerdem "Deutscher Standpunkt, Nr.1 1985). Die Einschätzungen der Verfassungsschutzbehörden, Pape sei von der ehemaligen ANS/NA überrollt oder "unterwandert" (Verfassungsschutzbericht des Bundes 1984, S. 143) worden, können nicht geteilt werden. Hätte Pape die Absicht gehabt, den militanten ANS/NA-Neonazis den Eintritt in die FAP zu verwehren, hätte er die Eintritte in seiner Partei durch eine kurze Überprüfung der Personen filtern können. Dem hingegen mußten die ehemaligen ANS/NA-Aktiven die FAP nur anschreiben, um aufgenommen zu werden. (vgl. Christians 1990, S. 31 f) Bereits im März 1984, ganze drei Monate nach dem ANS/NA-Verbot läßt Pape Kader der verbotenen Organisation bei den baden-württembergischen Landtagswahl antreten.

In früheren Ausgaben seiner Zeitschrift verteidigt Pape Hoffmann, etwa nachdem das Landgericht Nürnberg-Fürth die Eröffnung des Hauptverfahrens im Erlanger Mordfall Levin/Poeschke gegen Hoffmann abgelehnt hat:

"Man kann nur froh sein, dass eine Anzahl Richter noch den Mut und Charakter hat, für die Wahrheit hinzustehen. Wir müssen aber auch hier, wie in anderen Fällen, wie beim Anschlag auf das Münchner Oktoberfest oder beim großen Mordanschlag im Bahnhof von Bologna sagen, die, die so schnell andere als Täter nennen und festnageln wollen, sind selbst höchst verdächtig. (...) **Was nützte denn dieses Treiben gegen K.H. Hoffmann? - Es nützte sehr wohl etwas: Die wahren Täter konnten sich inzwischen sehr dünn machen und Spuren gründlich verwischen.**" ('Deutscher Standpunkt', Nr.4 1983)

Später klagt Pape über "Patrioten hinter Gittern":

"Einige unserer besten Patrioten oder die sich selbst offensichtlich dafür halten, sind im Knast. Kühnen, Brehl, Worch, K.H. Hoffmann. Und noch einige mehr. Eine ganze Serie wartet auf den Prozeß oder ist gerade mitten drin.
Es ist schön, wenn einer bereit ist, für die vaterländische Sache ins Gefängnis zu gehen. Bloß Kameraden, es muß auch einen Sinn haben! (...)
Leider haben diese meist recht tapferen Patrioten aber oft auch einen nicht vertretbaren Antisemitismus immer noch im Gepäck. Wir müssen hier wissenschaftlich streng denken und höchst beherrscht handeln und reden. Denn eingesperrte Helden nützen uns nichts" ('Deutscher Standpunkt', Mai 1985).

Schon im FAP-Parteiprogramm von 1979, Punkt 17, begrüßt Pape den Wehrsportgedanken: "Die freiwillige Pflege von Wehrsport ist wie im Osten zu fördern". So ist nicht verwunderlich, daß rechtsextreme Wehrsportler den Deutschen Standpunkt als Forum nutzen. Auszüge aus einem Leserbrief:

"Liebe Kameraden der FAP. Bin Deutscher und seit drei Jahren im Libanon. Bin 1983 durch NS- und WSG-Kameraden hierher gekommen, und kämpfe aktiv im Bürgerkrieg hier. Ich war von 1979 bis Ende 1980 in der BW als Fallschirmjäger, von 1977 bis Ende 1980 in der JN/NPD, Stahlhelm und WJ ... Bin den BRD-'Staatsschutz'behörden gut bekannt. Stamme aus Bayern.
Habe eine Tücke, Ihr werdet es vermutlich so nennen, aber ich bin religiös - Moslem, also glaube wirklich. Aber Religionsfreiheit sollte, mit Ausnahme der Jüdischen, möglich sein. Werde fest im Libanon bleiben und bald hier heiraten, Haus bauen etc...
Sieg Heil!
Euer Kamerad J.E., poste restante, Libanon."
('Deutscher Standpunkt', Mai 1986)

Pape unterhält natürlich zahlreiche Kontakte in die alte Rechte, etwa zu Otto Riehs, den er als "alten Freund" ('Deutscher Standpunkt', Nr. 2 1993) bezeichnet. In Papes FAP bringt es Riehs in den achtziger Jahren zum Spitzenkandidaten von

Frankfurt am Main. Kontinuierliche Beziehungen bestehen auch zu dem Revisionisten Thies Christophersen.

> "Thies Christophersen aus Morkirch bei Flensburg wurde nun eingesperrt. Die belgischen Behörden haben ihn der deutschen Polizei überstellt. Seine Frau war dabei und berichtete darüber. Nun, wir hielten von seinem belgischen Asyl nie etwas und rieten ihm, es besser in Dänemark oder Holland oder England, auf jeden Fall nicht in einem katholischen Land zu versuchen. Wir folgten auch nicht seiner Einladung, dieses Frühjahr in Belgien einen Vortrag zu halten. Der Herausgeber des DS schrieb damals an Christophersen, dass er jederzeit nach Holland oder England oder Dänemark käme". ('Deutscher Standpunkt', Nr.4 1983).

Pape fungiert Ende der siebziger und in den achtziger Jahren im rechten Lager als Integrationsfigur. Folglich bewegt sich Karl-Heinz Hoffmann in seinem Dunstkreis. Von einer koordinierten Kooperation läßt sich nicht sprechen. Die Drähte Hoffmann-Pape laufen über persönliche Kontakte und nicht über ein strukturiertes Netzwerk. Bedeutung erlangt Papes FAP für militante WSGler nach dem Verbot der WSG und der ANS/NA.

6.5.2. Otto Riehs

Die paramilitärische WSG sucht immer wieder die Nähe zu militärischen Würdenträgern des Dritten Reichs, die als Vorbilder bewundert werden, so auch zum Ritterkreuzträger Otto Riehs.[133] Er wird als Referent für WSG-Veranstaltungen gewonnen. In einer Einladung schreibt der Vorsitzende des "Freundeskreises zur

---

[133] Das Ritterkreuz wird ihm für zehn Panzerabschüsse in zwölf Minuten im Jahre 1943 verliehen. (vgl. 'Der Landser', Nr. 798) Riehs ist Mitbegründer der HNG und Funktionär in zahlreichen Gruppen des Neonazis Michael Kühnen. Hier kandidiert er für die "Aktion Ausländerrückführung - Volksbewegung gegen Überfremdung und Umweltzerstörung" (AAR), die am 7.12.1983 als "unselbstständige Nebenorganisation" im Zuge des ANS/ NA-Verbotes aufgelöst wird. (vgl. Verfassungsschutzbericht des Bundes 1983, S. 155) Kühnen sagt über ihn: "Es ist diese mittlere Generation, die der Minuswelt von Massenkonsum und Umerziehung vollständig erlegen ist. Doch auch unter ihnen gibt es Kameraden, die zu uns gefunden haben - Frontkämpfer des Zweiten Weltkriegs und Trümmerkinder der 'Stunde Null', so unser Ehrenmitglied Otto Riehs, Ritterkreuzträger aus dem Mannschaftsstand, der als Obergefreiter mit einem defekten Flakgeschütz unter persönlicher Lebensgefahr eine russische Panzereinheit aufhielt und teilweise vernichtete - der aber auch in der Nachkriegszeit Mut und Rückgrat bewies: in der SRP, der DRP und der NPD, bis er schließlich in die Reihen unserer Gesinnungsgemeinschaft fand, Vorsitzender des 'Freundeskreis Deutsche Politik', einer Unterstützungsorganisation der ANS/NA, und schließlich Spitzenkandidat unserer Gemeinschaft bei der Kommunalwahl in Frankfurt/M. des Jahres 1985 wurde! Dieses kämpferische Vorbild von Kriegs- und Nachkriegszeit, dieser treue Gefolgsmann von Idee und Bewegung wird auch in der Zukunft an unserer Seite stehen!" (Kühnen 1985a, S. 62)

Förderung der Wehrsportgruppe Hoffmann", Friedrich Heckmann, am 30. November 1976:

> "Sehr geehrter Herr R i e ß ! (!)
> Der Freundeskreis der Wehrsportgruppe gibt sich die Ehre, Sie als Träger des RITTERKREUZES zum Eisernen Kreuz zur Jahresabschlußfeier recht herzlich einzuladen. Wir alle, - besonders unsere jungen Kameraden- würden uns freuen, Sie als Ehrengast begrüßen zu dürfen."

Anlaß des Beisammenseins in Heoldsberg ist eine "militärische(n) Adventsfeier", zu der 200 WSG-Sympathisanten aus dem In- und Ausland kommen. Statt "Stille Nacht" wird der "Preußische Defiliermarsch" eingestimmt, anstatt Lametta schmücken Tarnnetze die Bühne. Über dem Rednerpult hängt ein schwarzes Tuch mit einem überdimensionalen Totenkopf. Hoffmann spricht zum Thema "Der deutsche Soldat und das Totenkopfsymbol." Prominentester Besucher ist Otto Riehs. Zahlreiche Grußtelegramme aus der ganzen Welt werden verlesen, so auch aus Südafrika und Südamerika. Von dort läßt der Flieger-Oberst Hans-Ulrich Rudel grüßen. "Er bedaure, daß er wegen seines Auslandsaufenthalts nicht dabeisein könne." ('Erlanger Tagblatt', 21.12.1976) Ein weiterer Höhepunkt der Veranstaltung ist die Verleihung von Fantasieorden. Die Zuschauer erheben sich geschlossen von den Plätzen. Otto Riehs ist "sehr (...) beeindruckt. (...) Man hat sich so ein bisschen an die alte Zeit erinnert, als es noch Ordnung gab in dem Staat."

Riehs hat ferner 1962 den "Reichsverband Deutscher Soldaten" (RdS) mitbegründet.[134] Vorsitzender des Soldatenverbandes ist Oberst a.D. Walter Dahl, in der letzten Phase des "Zeiten Weltkrieges" Kommandeur der "Rammjäger". Im Gegensatz zu den zahlreichen eher unpolitischen Soldatenverbänden legt der RdS seinen politischen Standpunkt in der "Nationalen Opposition" fest. Dahl ist Spitzenkandidat der DRP in Mannheim und erscheint später häufig bei Lagern der Wiking-Jugend. (vgl. Frederik 1966, S. 145 ff)

Otto Riehs trifft sich öfter mit Hoffmann - eine Tatsache, die dessen angebliche Distanz zur Politik relativiert, wie Riehs scharfsinnig erkennt:

> "Und wenn er sich mit mir in Verbindung setzt, da habe ich ihn gewarnt, dann ist er nicht mehr unpolitisch, wie er betont. Denn ich bin ja nun auf der scharf rechten Seite national bekannt. Und wer mit mir Verbindung aufnimmt oder mich auf seinen Versammlungen sprechen läßt, kann nicht mehr von unpolitisch reden." (Interview mit Otto Riehs am 13.5.1991)

---

[134] Interview mit Otto Riehs am 13.5.1991

6.5.3. Hans-Ulrich Rudel

Zu den Legenden in der Altnazi-Szene gehört Hans-Ulrich Rudel[135], im Zweiten Weltkrieg Fliegeroberst und Träger der höchsten deutschen Tapferkeitsauszeichnung. Natürlich bewundern junge Neonazis und die militärisch orientierten WSGler das "Flieger-As". Rudel gehört zu den unermüdlichen Apologeten des Hitler-Regimes.[136] Er beobachtet den Neonazismus in Deutschland mit Wohlwollen. Seine Bewertung von Michael Kühnen: "99 Prozent von dem, was Kühnen sagt und macht, ist richtig. Aber Politik ist die Kunst des Möglichen. Davon versteht der junge Mann leider nicht so viel. Ich habe Terror immer abgelehnt." (Pomorin/ Junge 1979, S. 37)

Der Feststellung, die "Wehrsportgruppe Hoffmann" habe großen Einfluß auf Jugendliche, stimmt er zu:

---

[135] Rudel wird am 2.7.1916 als Sohn eines Pfarrers in Konradswaldau in Schlesien geboren. 1936 tritt er als Fahnenjunker in die Luftwaffe ein. Als junger Offizier nimmt er an den Kämpfen der "Legion Condor" in Spanien teil. 1939 wird Rudel Beobachter in einer Aufklärungstruppe bis er im Dezember 1940 zum Sturzkampfgeschwader Immelmann versetzt wird. Rudel bringt es hier zum am höchsten dekoriertesten Soldaten der deutschen Armee und wird Träger des "Goldenen Eichenlaubes mit schwertern und Brillanten zum Ritterkreuz". Nach dem Zweiten Weltkrieg zieht Rudel nach Argentinien, von wo aus er den Wahlkampf der DRP unterstützt. Nach dem Sturz des argentinischen Präsidenten Peron, der ihn protegiert hat, flieht er nach Paraguay und kommt Anfang 1956 nach Deutschland, um jedoch bald darauf wieder nach Südamerika zurückzukehren. (Frederik o.J., S. 73 f; Hirsch 1989, S. 435)
Nach der Selbstauflösung der "Deutschen Reichspartei" am 4.12.1965 überträgt er seine Sympathien auf die NPD. Auch internationale Rechtsextremisten erweisen dem "Epos des Heldentums" (Mosley 1968, S. 351) seine Hochachtung. In Deutschland tritt Rudel in den siebziger Jahren bis zu seinem Tod 1982 bei der "Deutschen Volksunion" des Münchner Großverlegers Gerhard Frey auf. (Pomorin/Junge 1979, S. 39; Pomorin 1981, S. 118 und S. 125) So erhält Rudel auch den "Europäischen Friedenspreis der Deutschen Nationalzeitung". Nach seinem Tod läßt es sich Gerhard Frey nicht nehmen, auch einen "Ehrenbund Rudel" zu initiieren, eine "Gemeinschaft zum Schutz der Frontsoldaten". (vgl. Hirsch 1989, S. 437)
[136] Rudel steht in Kontakt mit Josef Mengele und Klaus Barbie alias Klaus Altmann. In der "Kameradenhilfe" bzw. dem "Kameradenwerk" engagiert er sich für Familien von Kriegsverbrechern:
"Den sieben Häftlingen in Spandau kann leider auf keine Weise irgendwelche Hilfe zugeleitet werden. Aber da sind die Angehörigen, die oft in bitterer seelischer und materieller Not leben. Da sind die Familien von allein 300 in Nürnberg und Landsberg Gehängten (...).
Aber zum Verzweifeln ist keine Zeit. Also packten wir die Aufgabe an. Natürlich mußte das auf breitester Basis geschehen, wenn es überhaupt einen Sinn haben sollte. So entstand das Kameraden-Werk mit seinem Hauptsitz in Buenos Aires. (...)
Ich warb in Argentinien, Brasilien und - seit 1952 - auch in Chile. Überall entstanden organisatorische Grundlagen, in deren Rahmenehrenamtliche Helfer und Mitarbeiter wirkten, und überall zeichneten sich bald einzelne besonders opferfreudige Spender aus, denen nicht nur die Heimat allgemein, sondern gerade das Schicksal der verfemten, von allen verstoßenen, oft treuesten Söhne dieser Heimat, eben Opfer der Siegerjustiz, am Herzen lag, und die bedeutende Teile ihres Vermögens bedenkenlos an diese Sache verwandten." (Rudel 1987, S. 166 f)

"Da haben Sie recht. Und das ist gut so, die Jugend will militärisch erzogen werden. Die brauchen Abenteuer und Kameradschaft. Ich merke das immer wieder, wenn ich bei unseren Verbänden auftrete. Am liebsten sind mir der BHJ (Bund Heimattreuer Jugend) und die Wiking-Jugend. Sie laden mich immer zu ihrem Lager in Bassum ein, Pfingsten ist das meistens. Nur dieses Jahr hat es leider nicht geklappt. Aber das habe ich mir immer fest im Terminkalender eingetragen. Pfingsten gehts immer zum BHJ nach Bassum." (Pomorin/Junge 1979, S. 37 f)

Auch **Karl-Heinz Hoffmann** will Rudel als Referenten gewinnen, was jedoch an Rudels Aufenthalt im Ausland scheitert. Das Verhältnis Rudels zu Hoffmann erhellen die schriftlichen Antworten von Rudels langjährigem Eruopa-Repräsentanten Kurt Eigenbrodt. (Brief vom 24.6.1991 an den Autoren)

Frage: Wissen Sie, ob (...) Rudel in Verbindung mit Karl Heinz Hoffmann stand?

Antwort: Bei einem Briefeingang von ca. 200 im Monat, ist mit Sicherheit auch einmal Post von der Wehrsportgruppe dabei gewesen. Von einer wirklichen Verbindung kann man da wohl kaum sprechen. So ziemlich alle Personen, die sich bei uns mit den Alliierten oder deren restdeutschen Hiwis anlegten, sind mit großer Wahrscheinlichkeit irgendwann einmal bei Rudel schriftlich oder mündlich aufgetaucht.

Frage: Referierte Rudel ebenso wie Ritterkreuzträger Otto Riehs vor der WSG?

Antwort: Rudel referierte wohl kaum vor der WSG. Seit 1970 war er durch den schweren Schlaganfall in seinen Bewegungen und seinem Sprechen eingeschränkt. Die politische Tätigkeit lief bei Rudel einfach zwangsläufig mit. (...) Mit Karl-Heinz Hoffmann war er nicht befreundet.

Obwohl Hoffmann immer wieder betont, unpolitisch zu sein, sucht er den Kontakt zu Altnazis. In seiner Zeitschrift 'Kommando' wirbt er um Solidarität mit dem in Italien inhaftierten österreichischen Waffen-SS-Offizier Reder: "Walter Reder. Noch Kriegsgefangen in Italien. GAETA." ('Kommando', Januar 1979, S. 16) Nachweisbar ist auch, daß Mitglieder der "Wehrsportgruppe Hoffmann" den Ausbruch des Hitler-Stellvertreter Rudolf Heß aus Spandau planen. Bei Karl-Heinz Hoffmann wird im Rahmen einer Hausdurchsuchung auf Schloß Ermreuth eine eingemauerte Blechdose gefunden, die schriftliche Unterlagen, Fotografien und eine Tonbandcassette enthielt, die für die geplante Befreiung des Hitler-Stellvertreters Rudolf Heß angefertigt wurden. Die geplante Befreiungsaktion soll schon einmal so konkret geworden sein, daß das WSG-Mitglied Gilbert Heindl in der Kanalisation von Berlin herumtauchte. (vgl. "Hoffmann Prozeß", S. 14)

Bedeutung hat Hoffmanns Hinwendung zu diversen Altnazis für die ideologische Bewertung der WSG. Seine Solidarität mit unverbesserlichen, ewiggestrigen Altnazis stellt die angebliche Distanz zum Nationalsozialismus in Frage. Sie macht auch deutlich, daß Hoffmann neben der Zusammenarbeit mit kleinen NS-Chargen wie Thies Christophersen und Erwin Schönborn den Schulterschluß mit den Repräsentanten des Nationalsozialismus nicht scheut.

Ritterkreuzträger der Wehrmacht, die die Unbesiegbarkeit des Deutschen Reiches symbolisieren sollen - Idole für die meisten Neonazis. Hans-Ulrich Rudel und Otto Riehs referieren häufig bei rechtsextremistischen Organisationen.

Freundeskreis zur Förderung der Wehrsportgruppe Hoffmann

Herrn
Otto R i e ß
~~...~~
6000 Frankfurt a.M.

Eberbach, 30.11.76

Sehr geehrter Herr R i e ß !

Der Freundeskreis' der Wehrsportgruppe gibt sich die Ehre,
Sie als Träger des RITTERKREUZES zum Eisernen Kreuz zur
Jahresabschlußfeier recht herzlich einzuladen.
Wir alle, -besonders unsere jungen Kameraden- würden uns
freuen, Sie als Ehrengast begrüßen zu dürfen.

Mit freundlichen Grüßen

[Unterschrift]
(Friedr. Heckmann)
1. Vorsitzender

PS. Herr Oberst Hans Ulrich Rudel wurde ebenfalls eingeladen.
Ich wäre Ihnen dankbar, wenn Sie mir Ihre Teilnahme kurz
ankündigen würden.

Anlage: Einladung
Neuer Prospekt der WSG

Präsident: Dr. Bruno Weigand
Finanzverwalter: Franz Lippert, Neue Gasse 6, 8500 Nürnberg
1. Vorsitzender: Friedrich Heckmann, Postfach 212, 6930 Eberbach
2. Vorsitzender: Franz Spell, Gundekarstraße 13, 8070 Ingolstadt
Bevollmächtigte Repräsentanten: Joh. Koessling, Taunusstr. 6, 1000 Berlin 41
Josef Oberheid, Geisenfelderstraße 17/I, 8070 Ingolstadt
Für Österreich: Hellmut Schönangerer, Haunsperstr. 17, A 5020 Salzburg
Jürgen Leihmayer, Obere Wiener Straße 58, A 3495 Rohrendorf
Informationsstelle Bonn: Ermekeilstraße 15 (P. Weinmann)
Gerichtsstand Nürnberg

Spendenkonto: Konto-Nr. 1867 62-054, Postscheckamt Nürnberg

Einladung des "Freundeskreises zur Förderung der Wehrsportgruppe Hoffmann"
an den Ritterkreuzträger Otto Riehs.

NS KAMPFRUF

KAMPFSCHRIFT DER NATIONALSOZIALISTISCHEN DEUTSCHEN ARBEITERPARTEI — AUSLANDSORGANISATION

NUMMER 20   WINTER 1976-77

Frontbericht: Rhein/Pfalz

Rhodesien: Opfer des Judentums

Der 'NS-Kampfruf', Organ der "NSDAP/AO". Zahlreiche Anhänger der "Wehrsportgruppe Hoffmann" sind heimlich Mitglieder der NSDAP-Auslands/Aufbau-Organisation.

7. Die internationalen Kontakte der WSG

Die "Wehrsportgruppe Hoffmann" ist international ausgerichtet. Das belegt unter anderem ihre Publikation 'Kommando', in der ein Teil der Artikel in Englisch und Französisch erscheint. Der Kopf des Blattes ist sogar sechssprachig aufgemacht, der Versuch, dem Anspruch als "Zeitung der WSG für den europäischen Freiwilligen" gerecht zu werden. Auch in der Praxis kooperiert die WSG mit ausländischen Organisationen. In einer BKA-Sudie heißt es, Hoffmann habe zeitweise zu mehr als 78 Organisationen weltweit Verbindung gepflegt: Zu zwölf Gruppen in Österreich, neun in den Niederlanden[1], sieben in Italien, acht in den USA, drei in der Schweiz, zehn in Großbritannien, neun in Frankreich, fünf in Dänemark und sechs in Belgien. (vgl. Müller 1984, S. 239) Ansonsten findet sich in der Fachliteratur kaum ein Hinweis auf die internationale Verflechtung der WSG, ebensowenig in den Verfassungsschutzberichten. Dagegen brüstet sich Hoffmann: "Mehrmals im Jahr finden unter Einbeziehung mehrerer Gruppen Manöver mit unterschiedlichen Zielen statt." (WSG-Werbeflugblatt, zit. aus Huhn/Meyer 1986, S. 121)

Um die Frage nach Auslandskontakten der WSG zu beantworten, muß zunächst ein Kriterienkatalog aufgestellt werden. Folgende Aspekte erscheinen mir wesentlich:

- WSG-Mitglieder, die aus anderen Staaten kommen
- Aktionsbündnisse oder eine kontinuierliche koordinierte Zusammenarbeit mit ausländischen Organisationen
- Werbung in Publikationen nichtdeutscher Gruppen
- Mitarbeit/Mitgliedschaft von deutschen WSG-Mitgliedern in ausländischen Gruppen
- Referentenaustausch bei Veranstaltungen/Seminaren

Die Auswertung der Sekundärliteratur sowie der Briefe und der Primärquellen (Szenepublikationen etc.) läßt sich in einem Schaubild (vgl. S. 278) systematisieren. Keine Erwähnung finden sporadische Kontakte zu ausländischen Organisationen.

Ferner ist die "Wehrsportgruppe Hoffmann" immer wieder Anlaufpunkt für militante Rechtsextremisten. Um diese Funktion international zu dokumentieren, stelle ich auch Rechtsextremisten vor, die sich erst nach dem Verbot der WSG ra-

---

[1] Die von Müller zitierte BKA-Studie steht in Widerspruch zu meinen Recherchen. In den ausgewerteten Gerichtsurteilen und in der Literatur existieren keinerlei Hinweise auf holländische Kontakte Hoffmanns. Im Interview am 10.8.1995 bestreitet auch der erste holländische ANS/NA-"Kameradschaftsführer" Martijn Freling die Teilnahme von Holländern an Übungen der WSG.

dikalisiert haben und in den Terrorismus abgetaucht sind. Erwähnenswert scheinen mir folgende frühere WSG-Aktivisten:

- Attila Bajtsy, der sich nach dem WSG-Verbot in der Terror-Gruppe um Ekkehard Weil engagiert.
- Dirk Betton, der nach dem WSG Verbot in Spanien das "Kommando Eichmann" gründet, das zumindest Attentatsvorbereitungen ausgearbeitet hat.
- Herbert Hegewald, der nach seiner Zeit in der "WSG-Hoffmann" bei der Südtiroler Terrororganisation "Ein Tirol" mitwirkt.

Kontakte: ---------- Staaten:	Mitglieder in der WSG	Zusammenarbeit/Bündnisse	Werbung	Mitglieder von der WSG	Referentenaustausch
7.1. Belgien	+ (VMO)	+ (VMO)	-	-	-
7.2. USA	-	-	-	+ (NSDAP/AO)	-
7.3. Frankreich	+ (FANE)	-	-	-	-
7.4. Rhodesien	-	-	-	+ (Armee/RLI)	-
7.5. Österreich	+ (NBN,NDP)	-	+ ('SIEG')	-	-
7.6. Südtirol/ Italien	+	-	-	-	-

Die Analyse der Auslandskontakte der "Wehrsportgruppe Hoffmann" widerlegt Positionen, die eine internationale Kooperation der extremen Rechten negieren. Beispielhaft hierfür stehen die Ausführungen von Hans Günter Merk:

"Auch auf der Ebene rechtsextremistischer Organisationen sind internationale Kontakte nach Intensität und Häufigkeit weit geringer einzuschätzen, als es bei anderen Organisationen politischer oder sonstiger Zweckbestimmung heute üblich ist. An diese Beobachtung läßt sich die Feststellung knüpfen, daß der Rechtsextremismus im internationalen Raum über keine gemeinsame geistige Basis verfügt, ein organisatorischer Zusammenhang nicht besteht und auch von einer gegenseitigen materiellen oder ideellen Unterstützung in nennenswertem Umfang nicht gesprochen werden kann." (Merk 1978, S. 131)

Dagegen konstatiert Heinrich Sippel internationale Zusammenhänge, in die auch deutsche Neonazis verstrickt sind:

- Die USA als Propagandalieferant: eine "neonazistische Propagandamittelquelle", die auch Deutschland versorgt.

- Paris hat "wie eh und je seine Bedeutung, wenn es darum geht sich zu treffen, oder abzusetzen, wenn die deutsche Strafjustiz mit Zugriffen droht".
- Die Schweiz gilt in militanten neonazistischen Kreisen als Land, in dem Waffen und Munition einfach zu haben sind.
- Belgien ist jährliches Reiseziel, wenn sich am Rande der Volkstumsveranstaltung Ijzerbedevaart Rechtsextremisten aus ganz Europa treffen.
- In ähnlicher Weise finden in Österreich kulturell aufgemachte Kundgebungen statt.

(vgl. Sippel 1989, S. 54)

Die Beobachtungen, die Sippel im rechtsextremen Lager allgemein macht, treffen auch auf das Gebaren zahlreicher WSG-Mitglieder zu. Hoffmann selbst soll im Januar 1979 an einer Koordinierungssitzung der Europäischen Rechten in Lyon teilgenommen haben:

"Aus einem Bericht der Magdeburger 'Volksstimme' vom 6. Juli 1979 ging hervor, daß auf dem Treffen bekannte Neofaschistenführer aus Italien, Frankreich, Spanien, Portugal, der BRD und weiteren westeuropäischen Ländern anwesend waren, darunter die berüchtigten 'Kampfgruppenführer' Röder und Hoffmann aus der BRD und der ehemalige SS-Führer Willem Aantjes aus den Niederlanden." (Militärwesen Nr. 6/1981)

Entgegen anderer Pressemeldungen[2] lassen sich Spanien-Kontakte von ehemaligen Wehrsportlern erst ab 1983/84 belegen. Der WSG-Mann Dirk Betton engagiert sich 1984 bei der spanischen Fremdenlegion. Während seiner Zeit als Söldner baut er die Verbindungen in die spanische Rechte aus. Auch Arnd-Heinz Marx knüpft Beziehungen zum Neonazikreis CEDADE[3], bei dem deutsche Alt-

---

[2] Karl-Heinz Hoffmann soll an einem rechtsextremen Treffen am 23.11.1986 teilgenommen haben. (vgl. Sánchez Soler 1993, S. 94) Er sitzt zu diesem Zeitpunkt allerdings im Gefängnis.

[3] An der Gründung des Zirkels 1965 in Deutschland beteiligen sich Altnazis wie der ehemalige Chef der Arbeitsfront im Dritten Reich in Hamburg, Friedrich Kuhfuss, der italienische Faschist Leon Negrelli, der seit 1947 in Spanien Zuflucht gefunden hat, der ehemalige Frontkämpfer der División Azul Miguel Repull, Tomas García Repull, General bei der División Azul, und Otto Skorzeny. Die Existenz der Organisation wird am 30.9.1966 in Barcelona offiziell bekanntgegeben. Dort befindet sich auch der Hauptsitz des CEDADE, der seit 1973 eine weitere spanische Sektion in Madrid unterhält. Ferner verfügt der Zirkel über vielfältige internationale Kontakte und eigene Repräsentationen in Portugal (Círculo Europeu de Amigos de Europa), den USA, Argentinien (Círculo Argentino de Amigos de Europa), Uruguay (Centro de Estudios de América y de Europa), Ecuador (Círculo Equatoriano de Amigos de Europa), Bolivien, Chile und Peru.
Seit 1977 wird die Gruppe von Pedro Varela Geiss geleitet. Sie gilt mit schätzungsweise 1000 bis 1500 Mitgliedern allein in Spanien als eine der stärksten und aktivsten Neonazigruppen in Westeuropa. Zum CEDADE gehören "paramilitärische Abteilungen in zahlreichen spanischen Städten und viele assoziierte sogenannte Frontgruppen, einschließlich einer Jugendorganisation unter der Bezeichnung "Juventudes Nacional-Revolucionarias". Die Mitglieder, die zu 60 Prozent aus dem universitären Milieu kommen, trinken keinen Alkohol, rauchen nicht und leben

nazis wie Thies Christophersen und Manfred Roeder aus und ein gehen. (vgl. Fromm/Kernbach 1994a, S. 288)
Mit Sicherheit unterhält die "Wehrsportgruppe Hoffmann" Verbindungen nach Großbritannien. So schreibt das Bundesinnenministerium:

> "HOFFMANN versuchte mit Nachdruck, seine Kontakte ins Ausland, insbesondere nach England und Frankreich zu intensivieren. Auf einer Reise zu Gesinnungsgenossen in England wurde er jedoch mit einigen Anhängern am 3. November in Dover zurückgewiesen." (Verfassungsschutzbericht des Bundes 1978, S. 46)

Erfolgreicher mit den Inselkontakten ist Hoffmanns Sektion "Sturm 7". 1978 besucht der hessische WSG-Chef Arnd-Heinz Marx gemeinsam mit drei weiteren Gesinnungsgenossen in London ein Mitglied der "National Front". (vgl. Müller 1993, S. 95)

Willibald Kraus setzt sich zunächst zum VMO nach Belgien und dann nach Großbritannien ab, nachdem seine Münchner "ANS" durch NS-Provokationen die Aufmerksamkeit der Polizei auf sich gezogen hat. (vgl. VSBD 1981, S. 29) Elf Wohnungen werden durchsucht[4], Kraus wird mit Haftbefehl gesucht. (vgl. Verfassungsschutzbericht des Bundes 1979, S. 30) Hier wird er von Anhängern der rechtsextremistischen "League of St. George"[5] und des "British Movement"[6] be-

---

wie der "Führer" vegetarisch. (vgl. El País, 2.9.1993; Ellwood 1991, S. 156; Fromm 1993a, S. 33; L'Europe en chemise brune 1992, S. 92f.; Monzat 1992, S. 199, Fromm 1993a, S. 33f.)
Die gleichnamige Publikation der Gruppe 'CEDADE' existiert seit 1968 und entwickelt sich zu einem Hochglanzmagazin. "Kennen Sie die beste politische Zeitschrift ?" fragt 'CEDADE' in einem Prospekt. "Die Lösung hat einen Namen. NATIONALSOZIALISMUS !" Die Selbstdarstellung läßt an Deutlichkeit nichts zu wünschen übrig:
"(...) Rasse. Die weiße Rasse verschwindet. Angesichts dieser Tatsache, die von denen, die die Welt regieren, vorsätzlich geplant ist, wird alles andere unwichtig: Parteien, Parlamente, ideologische und politische Differenzen etc. Die Zeitschrift CEDADE entdeckt die Bedeutung der Rasse und ihrer politischen Einheit.
Ideologie. Diese Zeitschrift repräsentiert die einzig mögliche politische Position angesichts der ungeheuren Probleme unserer Welt: eine Alternative zum herrschenden Kapitalismus und Kommunismus, die beide für das heutige Chaos verantwortlich sind. Diese Lösung heißt Nationalsozialismus. (...)
Aktualität. Judentum, Freimaurerei und Marxismus haben ihre Klauen in die abendländische Zivilisation geschlagen. Aus diesem Grund steigt die internationale Verschuldung, verlieren die Völker Freiheit und Leben, verschwinden ganze Nationen unter den Ketten der Panzer, verstärken sich soziale Unterschiede, Elend und Haß zwischen Mitgliedern derselben Gemeinschaft. In CEDADE finden Sie die Erklärung dieses Dramas und eine mögliche Lösung."
[4] Bei den Hausdurchsuchungen stößt die Polizei auf Stahlhelme, Schlagstöcke, Stichwaffen, NS-Embleme sowie NSDAP/AO und VSBD/PdA-Propagandamaterial. (vgl. VSBD 1981, S. 29)
[5] Die League of St. George wird 1974 von früheren Mitgliedern der Sir Oswald Mosley Union Movement gegründet. Ihre Mitglieder sind häufig auch Anhänger anderer ultrarechter britischer Organisationen. Die Gruppe wird "als Schaltstelle zwischen britischen, europäischen und amerikanischen rechtsextremen Gruppen" bewertet. (EP 1985, S. 56)

treut. (vgl. Campbell 1981, S. 67; VSBD 1981, S. 30) Als die Polizei ihn wegen Diebstahls verhaftet, läßt Kraus selbst die internationalen Verbindungen hochgehen. Er erzählt, nach seiner Ankunft in England hätten ihm Gesinnungsgenossen mit £ 1000 Starthilfe ausgeholfen. Nachdem er das Geld nicht hätte zurückbezahlen können, habe er Angst bekommen und gestohlen, um die Summe begleichen zu können.

"Diese seltsame Geschichte erzählte er, als er wegen des Diebstahls verhaftet wurde. Er erzählte Beamten der politischen Polizei Special Branch, dass er nur einer von vielen Mitgliedern der verbotenen nazistischen Hoffmann-Gruppe sei, die von seinen hiesigen fanatischen Mitstreitern nach England geschmuggelt werden sollten. (...) Kraus hat nun eine panische Angst vor seinen politischen Freunden in der englischen rechten Szene. Und er befürchtet, dass ihn seine ehemaligen deutschen Helfershelfer töten könnten." ('The Sun', 24.3.1982)

Nach über einem Jahr England-Aufenthalt wird Kraus ausgeliefert. Meldungen der britischen Presse, Kraus sei "ein enger Freund des Terroristen, der 1980 ums Leben kam, als er während des Oktoberfestes eine Bombe deponierte" ('The Sun', 24.3.1982), sind unhaltbar. Es gibt keine Hinweise, daß Kraus und Gundolf Köhler sich kennen.

Trotz der zahlreichen internationalen Verbindungen der "Wehrsportgruppe Hoffmann", kann nicht von einem internationalen "Spinnennetz" gesprochen werden. Zweifelsohne existieren die zahlreichen internationalen Fäden, die koordinierende Spinne ist allerdings nicht in Sicht.

7.1. WSG - VMO

Zu den Verbündeten der "Wehrsportgruppe Hoffmann" zählt der belgische "Vlaams Militanten Orde" (VMO). Er gehört zu den ältesten europäischen rechtsextremistischen Organisationen. Der VMO wird 1949 von Bob Maes gegründet und trägt zuerst den Namen "Vlaamse Militante Organisatie". Später wird die

---

6 Das British Movement geht 1968 aus der Selbstauflösung der National Socialist Movement hervor und wird nach der Verhaftung ihres Vorsitzenden Colin Jordan von M. Mc. Laughlin geführt. 1983 löst sich die Organisation nach inneren Querelen, die 1981 von einem antinazistischen Infiltranten ausgelöst worden sind, auf. Zu ihrem Höhepunkt 1980/1981 gehören der Gruppe zwischen 2000 und 3000 weiße Skinheads an, damals der Großteil der Mitglieder. (vgl. Greß 1990, S. 196)
1986 legte Colin Jordan in der Publikation der League of St. George seine Ideen für die weitere Entwicklung der Bewegung bis ins neue Jahrtausend dar. Er fordert dabei den Aufbau einer Partei von Männern und Frauen, die bereit sind, auch in den Untergrund zu gehen. Ein Ergebnis des Aufrufs ist die Wiederbelebung seiner schon alten Organisation British Movement. Enge Beziehungen bestehen zur niederländischen und deutschen Szene (Michael Kühnen-Umfeld) und zum Ku-Klux-Klan. (vgl. EP 1991, S. 43)

Gruppe in "Vlaamse Militanten Orde" umgetauft. (vgl. Gijsels 1993, S. 38) Die Geschichte der uniformierten Organisation - VMO-Uniform: graues Hend, schwarze Hose und schwarze Krawatte - ist die Geschichte einer beständigen Militarisierung. Noch in den fünfziger Jahren hat der VMO enge Kontakte zur Volksunie, die ihn zum Plakatekleben und als Ordnungsdienst nutzt. VMO-Gründer Bob Maes wird sogar Senator für die Volksunie. Das militärische Auftreten des VMO bringt die Volksunie jedoch in Mißkredit. 1961 kommt es offiziell zum Bruch, dennoch existieren die Verbindungen weiter. Als politischer Mentor des VMO gilt der damalige Volksunie-Funktionär Karel Dillen. (Gijsels 1993, S. 42ff)

Seit 1958 steht der VMO unter der Leitung von Wim Maes, der die Organisation bis zu seinem Tod im Jahre 1968 führt. Er ist auch für die Radikalisierung des VMO verantwortlich. Im September 1963 bereitet der VMO einen nächtlichen Angriff in Ostende vor, der nach der Yserwallfahrt stattfinden soll. Das VMO-Kommando wird aber von der Polizei angehalten. Es kommt zu Verhaftungen und zu Gerichtsverfahren: 17 VMO-Mitglieder, darunter Wim Maes, werden zu Geldstrafen verurteilt. Am 12. Juni 1971 löst sich der VMO, der wegen seiner Gewalttätigkeit immer wieder Probleme mit der Polizei hat, auf. Bereits am 2. Juli 1971 gründen Piet Peeters und Armand alias Bert Eriksson (seit 1943 Mitglied der Hitler-Jugend) die Organisation neu. Der VMO entwickelt sich zur Neonazi-Miliz. (vgl. Gijsels 1993, S. 44f)

Der international arbeitende VMO unterhält nun auch verstärkt Kontakte zu Gleichgesinnten, wie zu den türkischen "Grauen Wölfen", zur französischen "FANE", zum italienischen "Ordine Nuovo" und zu paramilitärischen Gruppierungen in Nordirland. Diese Verbindungen kommen bei einem Prozeß gegen 14 Mitglieder der Protestant Ulster Volunteer Force (UVF) in Großbritannien ans Licht. Der VMO hatte die UVF aufgefordert, in Großbritannien Bombenattentate auf Juden zu verüben und als Gegenleistung Schußwaffen angeboten (...). Die UVF lehnte ab. (vgl. EP 1991, S. 20)

Auch zur "Wehrsportgruppe Hoffmann" existieren enge Verbindungen. Es gibt zahlreiche gemeinsame Wehrsportübungen und auch Doppelmitgliedschaften. So erklärt das VMO-Mitglied Michel Graisse zwei Tage nach dem Oktoberfestattentat gegenüber dem belgischen Fernsehen: "Ich war auch Mitglied der Wehrsportgruppe Hoffmann." ('Der Spiegel', 6.10.1980, S. 46; vgl. auch Huhn/ Meyer 1986, S. 121) Graisse ist beim VMO für internationale Kontakte zuständig. Ob auch Gundolf Köhler bei seiner Organisation Wehrsport getrieben hat, will Graisse im Fernsehinterview nicht bestätigen. (vgl. 'Der Spiegel', 6.10.1980, S. 46)

In seiner Publikation 'Alarm' gibt sich der aggressive Flamenbund auch terroristisch. Die Juni-Ausgabe 1977 der VMO-Zeitschrift enthält folgenden Aufruf:

> "Unserer Meinung nach müssen die Mitglieder des VMO und alle radikalen jungen Nationalisten endlich aufhören, diese Art eines national-flämischen Pfadfindertums zu praktizieren in dem naiven Glauben, ihren Gegnern Angst zu machen ... Wir müssen un-

bedingt und mit allen uns zur Verfügung stehenden Mitteln ein Klima des Terrors, der Gefahr und der Unsicherheit schaffen: für die Französischsprachigen im flämischen Brabant (und anderswo, an der Küste, in Gent, in Courtrai, in Mol etc.), aber auch für die flämischen Verräter, damit ihnen die Lust vergeht, in unseren Gefilden ihre Seelenruhe zu suchen."

Die Polizei bewertet den Text als Aufruf zum Terrorismus und stellt heimlich Ermittlungen an. Der VMO muß davon erfahren haben, denn in der Folgenummer von 'Alarm' erscheint eine Distanzierung. (vgl. Gijsels, S: 47) Nicht vertuschen kann die 1982 verbotene Organisation[7] ihre Militanz: 33 ihrer rund 600 Mitglieder werden zu Gefängnisstrafen bis zu vier Jahren wegen Überfällen, Anschlägen und Totschlag verurteilt. (vgl. Schulz 1990, S. 157) Hugo Gijsels liefert einen Überblick über die Aktivität des VMO (vgl. Gijsels, S. 49f), der sich unter der Führung von Buisseret und Eriksson weiter radikalisiert:

- Der VMO hat Kontakte zur **WSG Hoffmann.** So nehmen im August 1979 VMO-Mitglieder an einer Wehrsportübung in der Nähe von Nürnberg teil.
- Am 12. Dezember 1978 verüben die beiden VMO-Mitglieder Jos de Jonghe und Werner van Steen einen Anschlag auf den polnischen Fußballer Lubanski. Vier Schüsse werden abgegeben. Bei dem Attentat wird der Trainer Vacenovsky verletzt.
- Am 10. Februar 1979 endet eine vom VMO-organisierte Demonstration gegen die Einwanderung mit einer Schlägerei mit der Polizei.
- Am 15. April 1979 stürmen VMO-Mitglieder die französisch-sprachige Schule 'Les Abeilles' in Mortsel und richten Sachschäden an.
- Am 12. Mai 1979 zünden drei VMO-Aktivisten ein türkisches Café in Antwerpen an.
- Im Mai 1979 zünden Mitglieder des VMO das Auto eines Wallonen an.
- Im Juni 1979 organisiert der VMO ein militärisches Trainingslager in Houffalize, einer wallonischen Gemeinde.
- Im August 1979 werden Mitglieder des VMO bei einer Verkehrskontrolle wegen illegalem Transport von Waffen festgenommen.
- Im September 1979 organisiert der VMO ein Übungslager in Nisramont.
- Am 29. September 1979 nimmt der VMO an einem Training in einem internationalen paramilitärischen Lager in Nîmes in Südfrankreich teil.
- Am 21. Oktober 1979 besetzt der VMO mit Bert Eriksson an der Spitze das Gemeindehaus in Fourons.

---

[7] Die Nachfolgeorganisation des VMO, die VMO-Odal, gilt als die in der Nachkriegszeit aktivste und gewalttätigste rechtsextreme Gruppe. Bis Juni 1985 wird sie von Bert Eriksson geführt, anschließend von Jef Eggermont. Unter Eriksson organisiert der VMO-Odal auch Ausbildungslager. (vgl. EP 1985, S. 37)

- Am 22. Oktober 1979 durchsucht die Kriminalpolizei von Termonde die Wohnung von Leo Robbijns, eines VMO-Chefs, in Tamise. Sie konfisziert militärisches Material, ein Scharfschützengewehr und einen SS-Dolch.
- Am 13. Januar 1980 stört der VMO die Einweihung der Ausstellung "Das Kind und die Apartheid" in Bruges. Fenster gehen zu Bruch, es kommt zu einer Schlägerei zwischen dem VMO und der Polizei.
- Am 2. Februar überfällt ein siebenköpfiges VMO-Kommando die linke Buchhandlung 'De Rode Mol' in Malines. Die VMOler verwüsten die Räume total und verletzen zwei Personen. Die Täter werden verhaftet und zu Gefängnis- und Geldstrafen verurteilt. (Täter: Rudolf Dosfel, Edward Hernie, Florent Lulder, Joost Pyck, Luc Dieudonné, Dirk Dockx, und Johny Massenhove.)
- Im selben Monat verüben Juul Brogniet, Johan Dijlsat, Michel Cornelissen und Eric van der Keilen ein Attentat mit einer Granate auf das Café des Sports in Mouland.
- Im März 1980 greifen VMO-Mitglieder einen Ball von alten Frontkämpfern an und verletzen einige Personen. Die Täter fliehen.
- Am 13. April 1980 stürmen VMOler den Rathausturm von Bruges und verletzen den Glöckner der Stadt schwer.
- Am 20. April 1980 stürmt ein 15köpfiges VMO-Kommando einen Raum des Schulmuseums in Gand, in dem sich eine Ausstellung gegen die Apartheid befindet. Die VMOler mißhandeln sechs Besucher, darunter ein acht- und ein zehnjähriges Kind. Sie zerstören Teile der Ausstellung.
- Im Oktober 1980 entführen VMO-Mitglieder Marc Nève und mißhandeln ihn.
- Ebenfalls im Oktober 1980 wird eine VMO-Delegation, die sich mit dem Ku Klux Klan treffen wollte, aus den USA ausgewiesen.
- Am 4. Oktober 1980 organisieren Voorpost, Were Di und der VMO in Antwerpen eine - verbotene - Demonstration gegen die Einwanderung.

In den siebziger Jahren spielen Roger Spinnewyn und seine Söhne John und Willy im VMO eine bedeutende Rolle, besonders was gewalttätige Aktionen und die internationale Kooperation anbelangt. 1975 und 1980 reist Spinnewyn nach Großbritannien und Nord-Irland, um an paramilitärischen Übungen teilzunehmen. 1975 bildet er bei einer dieser Übungen, die von den englischen Neonazis von "Column 88" organisiert wird, in einem paramilitärischen Lager in Essex die Teilnehmer im Umgang mit Sprengkörpern aus. 1980 taucht er in einem Lager der rechtsextremen protestantischen Organisation "Ulster Volunteer Force" auf. Einige Jahre lang ist er der Vertreter des VMO bei der "World Anti Communist League" (WACL). Die Anti Kommunistisch Front, eine Bewegung, die 1976 vom Front de la Jeunesse, der Solidaristische Beweging und dem VMO gegründet wird, hat ihren Sitz in der Wohnung von Spinnewyn in Bruges.

Natürlich unterhält Spinnewyn gute Kontakte ins Ausland. 1980 organisiert er in Bruges, am Vorabend der Yser-Wallfahrt, gemeinsam mit Karel Dillen ein

Treffen. Laut Hugo Gijsels sollen an dem Treffen auch Mitglieder der "Wehrsportgruppe Hoffmann" teilgenommen haben. Zu den Besuchern zählt er:

- Friedhelm Busse (VSBD) und Michael Kühnen (ANS)
- Mike Griffin und Tim Burrows (von der League of St. Georges aus England)
- Mark Frediksen (von der französischen FANE)
- Arnd-Heinz Marx (Wehrsportgruppe Hoffmann)
- Gundolf Köhler (der mutmaßliche Attentäter auf das Oktoberfest in München)

(vgl. Gijsels 1993, S. 51)

Die Kontakte von Mitgliedern der "Wehrsportgruppe Hoffmann" zur "VMO" überdauern die Existenz der WSG. Nach dem Schrecken im libanesischen Ausbildungslager Bir Hassan setzt sich das WSG-Mitglied Peter Hamberger im Juni 1981 ab, stellt sich den deutschen Behörden und belastet Hoffmann schwer. Bereits Ende Juli 1981 wird Hamberger mit einer Auflage aus der Untersuchungshaft entlassen: Keine Kontakte zu Rechtsradikalen. Trotzdem begibt er sich zum damaligen VSBD/PdA-Vorsitzenden Friedhelm Busse, bei dem er als Hilfsarbeiter in der Durckerei anheuert. Dann findet Hamberger über Busse Kontakte zum VMO. Der Führer der belgischen Extremistengruppe begrüßt ihn in seinem Antwerpener Hauptquartier "Café Odal". Hamberger nimmt an VMO-Wehrsportübungen in den Ardennen teil, wo er sich mit flämischen Gleichgesinnten fotografieren läßt. (vgl. 'Stern', 9.19.1981, S. 32)

Das WSG-Mitglied Franklin Leroy Paul flieht nach seinem Aufenthalt im libanesischen Ausbildungslager Bir Hassan 1980 und 1981 mit zwei anderen Hoffmann-Anhängern, Joachim Bojarski und Klaus Hubel, nach Italien. Die beiden werden in den Abruzzen festgenommen, Paul kann entweichen, wie der belgische Justizminister Jean Gol bekanntgibt. (vgl. 'Süddeutsche Zeitung', 7.5.1982) Mit einem gefälschten Paß auf den Namen Peter Krause reist der Rechtsextremist in Belgien ein, wo er bei einem Mitglied des VMO Unterschlupf findet. Seinen Lebensunterhalt verdient Paul in Belgien auf dem Bau. Anfang Mai 1982 wird er schließlich in Brügge auf Grund eines Haftbefehls des Amtsgerichts Nürnberg verhaftet. Der Vorwurf: Gefährliche Körperverletzung und Freiheitsberaubung im Libanon. (vgl. 'Süddeutsche Zeitung', 7.5.1982)

7.2. WSG - NSDAP/AO

Die NSDAP/AO[8] wird 1972 von dem Amerikaner Gary Lauck[9] gegründet. Seine rechtsextremistische "Laufbahn" beginnt sehr früh. Mit 13 Jahren liest er 'Mein

---

[8] vgl. Fricke 1994, S. 528
[9] In Deutschland gerät Lauck des öfteren mit dem Gesetz in Konflikt. 1972 wird er mit einigen tausend Hakenkreuzaufklebern verhaftet und abgeschoben. Im November 1974 hält er in Ham-

Kampf und weiß angeblich seitdem, daß er Nationalsozialist sein will. Er schließt sich der amerikanischen "Kampfgruppe Horst Wessel" an und beendet die East Highschool in Lincoln. Danach studiert er zwei Jahre lang Deutsch und Philosophie an der Universität von Nebraska. Hier wird er Propagandachef der militanten "National Socialist Party of America" (NSPA) in Chicago. (vgl. 'Süddeutsche Zeitung Magazin', 4.3.1994, S. 12) Laucks nächste Station ist 1972 die Gründung der NSDAP/AO, der er bis heute vorsteht. Sie entwickelt sich zur propagandistisch aggressivsten Neonazigruppe. Von der amerikanischen Basis in Lincoln/ Nebraska aus versorgt sie die europäische Szene und insbesondere die deutschen Gleichgesinnten massiv mit Propagandamaterial, vor allem mit Hakenkreuzplaketten und -aufklebern. Bei der Verbreitung des Gedankengutes kommt dem NSDAP/AO-Organ 'NS-Kampfruf' (NSK) besondere Bedeutung zu. Zu ihren Zielen schreibt die Gruppe:

"WAS WIR WOLLEN
- Deutsche Selbstständigkeit, frei von US- und Sowjetbesatzung und Herrschaft.
- Europäische Neuordnung im Rahmen einer arischen Volksgemeinschaft.
- Ausschaltung des jüdischen Einflusses.
- Ueberwindung des kapitalistischen und kommunistischen Materialismus durch die Lehre Adolf Hitlers - den Nationalsozialismus."
('NSK', Winter 1976-77, Nr. 20, S. 4)

Eine koordinierte organisatorische Verflechtung zwischen der NSDAP/AO und der "Wehrsportgruppe Hoffmann" ist zu keiner Zeit festzustellen. Es gibt aber zahlreiche Belege dafür, daß Einzelmitglieder der Hoffmann-Gruppe mit der neonazistischen Organisation in Verbindung stehen und deren Propaganda beziehen. Das zeigt sich bei Hausdurchsuchungen bei WSGlern:

---

burg auf Einladung der DBI und der BBI einen Vortrag zum Thema: "Warum Hitler in Amerika noch immer populär ist". Nach der Lobrede auf Hitler wird er festgenommen und hat seitdem Einreiseverbot. (vgl. Asheuer/Sarkowicz 1990, S. 82) Laucks Versuch, 1976 erneut NS-Material nach Deutschland zu schmuggeln, scheitert. Am 25.3.1976 wird er in Mainz verhaftet und nach viereinhalb Monaten Haft in die USA abgeschoben. Im Gefängnis verfaßt er das Grundsatzprogramm seiner Organisation. Er fordert ein im Untergrund operierendes Zellensystem, das von einer legal arbeitenden Zentrale in den USA mit Propaganda versorgt wird. Sobald die Untergrundorganisation stark genug ist, soll daraus am "Tag X" eine schlagkräftige NSDAP neu entstehen. (ADL 1988a, S. 118 f; AVS-Info, März 1995, S. 9; Fromm/Kernbach 1994b, S. 23; 'Süddeutsche Zeitung Magazin', 4.3.1994, S. 9-15) Heftige Demonstrationen löst Laucks Deutschland-Besuch 1979 aus. Er bekommt von den Behörden drei Tage "freies Geleit" zugesichert und sagt am 23.8.1979 im "Bückeburger Prozeß" aus. Als er den Gerichtssaal betritt, erheben sich die 20 neonazistischen Zuhörer. Sein Statement: Die NSDAP/AO lehne Gewalt aus "taktischen Gründen" ab und betreibe "ausschließlich den politischen Kampf für die Wiederzulassung der 'NSDAP' in Deutschland." ('Nürnberger Zeitung', 24.8.1979) Im Juni 1990 kommt Lauck wieder nach Deutschland. In Ostberlin trifft er Michael Kühnen. Thema des "Frontbesuches": Die rechtsextremistische "Aufbauarbeit". ('NSK', Sept./Okt. 1990, S. 1) 1995 wird Lauck in Dänemark verhaftet und im September nach Deutschland abgeschoben.

"Die bei zahlreichen Durchsuchungen bei WSG-Männern gefundenen Schriften und Zirkulare erklären jedoch eindeutig, aus welcher Richtung der innere Wind der Truppe weht. Die Funde beweisen, daß die überwiegende Mehrheit der WSG-Männer die Ideologie der 'NSDAP-Auslands- und Aufbauorganisation' akzeptiert."
(Müller 1980, S. 231)

Ähnliche Resultate ergeben Hausdurchsuchungen nach dem Oktoberfestattentat bei den WSG-Mitgliedern Karl-Heinz Hoffmann, Michael Ruttor, Walter Ulrich Behle, Stefan Faber, Robert Funk und Rudolf Klinger. Im Abschlußbericht des Bayerischen Landeskriminalamtes über die Ermittlungen im Komplex WSG-Hoffmann (Nr. 2508/80 - Kt.) vom 30.3.1981 heißt es:

"Bei den Durchsuchungen wurden
- zahlreiche Munition
- Granatenteile und Schwarzpulver
- verschiedenartige Waffen
- neonazistische Schriften, Zeichen und Uniformteile sichergestellt."
(Bayerisches LKA 9.4.1981, S. 16)

Das LKA konstatiert: "Innerhalb der WSG waren auch verstärkt nationalsozialistische Tendenzen festzustellen." (S. 2) Kontakt zu neonazistischen Organisationen pflegt auch der hessische WSG-Ableger "Sturm 7", was nicht nur die Nähe zur ANS Michael Kühnens belegt. So beschlagnahmt die Staatsanwaltschaft Frankfurt am 30.1.1980 bei dem WSG-Mitglied Michael Satorsky unter anderem:

"46 Aufkleber der NSDAP-AO, 10 Exemplare 'Wille und Weg', drei Exemplare 'Das schwarze Korps', vier Exemplare 'Das braune Bataillon', 2 Exemplare 'NS-Kampfruf', sechs Flugblätter 'Der Angriff' und drei Briefe der "Aktionsfront Nationaler Sozialisten". (vgl. Staatsanwaltschaft beim Landgericht Frankfurt, 50 Js 9119/80, 11.6.1980, S. 1)

Hoffmanns Einordnung als Neonazi, die aus derartigen Funden gefolgert wird, ist jedoch vorschnell. So behauptet Rudolf Müller:

"In seiner ideologischen Herkunft identifiziert sich Hoffmann mit der Zielsetzung der 'Nationalsozialistischen Deutschen Arbeiterpartei - Auslands- und Aufbauorganisation' des Amerikaners Gerhard (Gary Rex) Lauck aus Nebraska(USA). Hoffmann wie Lauck behaupten, daß 'einzig und allein die Verfassung, die die deutsche Reichsregierung von 1933 installiert hat, die rechtmäßige Verfassung dieses Landes ist. Die Regierung des Dritten Reiches hat ja auch nie abgedankt. Sie ist ja nur gefangengenommen worden' (Hoffmann am 29. Oktober 1976)." (Müller 1980, S. 223)

Der Autor übersieht, daß Hoffmann den biologischen Rassismus - Kernpunkt der NSDAP/AO-Ideologie - ablehnt. In einem Interview distanziert sich der WSG-

Chef von der neonazistischen Agitation gegen angebliche "jüdisch- bolschewistische Untermensch(en)". (Hoffmann in Rabe 1980, S. 214)
Auf der Ebene des europäischen Rechtsextremismus ist Laucks Truppe ein weiterer Beleg für die internationale Verzahnung und Arbeitsteilung der Neonazi-Szene. Gute Kontakte pflegt die Gruppe nach Großbritannien[10], Frankreich[11], Österreich[12] und besonders nach Deutschland. Im 'NS-Kampfruf' erklärt Lauck, sein organisatorischer Schwerpunkt sei Deutschland. (vgl. Meyer/Rabe 1983, S. 224) Diese Präferenz erklärt sich schon aus Laucks Biografie. Grund für die Nähe seit der NSDAP/AO-Gründung ist die sehr enge Bindung an die "Nationalsozialistische Kampfgruppe Großdeutschland" (vgl. Kap. 5.3.1.3.), der Lauck ebenfalls angehört. (vgl. Christians 1990, S. 139) Nach der Zerschlagung der NSKG 1972 durch die deutschen Behörden ändert Lauck seine Taktik. Nationalsozialistische Propaganda verstößt in den USA nicht gegen bestehende Gesetze. Dort findet er ein sicheres Hinterland für seine propagandistische Tätigkeit. Beleg für Laucks Lernprozeß ist folgender Beitrag im 'NS-Kampfruf':

"Die 'Nationalsozialistische Kampfgruppe Großdeutschlands' (NSKG) wurde 1972 gegründet und im Oktober desselben Jahres zerschlagen. Ideologisch nationalsozialistisch und taktisch vom arabischen Terrorismus stark beeinflußt arbeitete sie umstürzlerisch und sammelte Waffen. Da von Anfang an infiltriert, hatte sie keine Chance. Zuviele Mitarbeiter kannten sich, und eine Verhaftung in Düsseldorf machte der ganzen Gruppe ein jähes Ende. Während des Prozesses erwiesen sich die Rädelsführer als echte Idealisten, die in der Abwesenheit eines begabten Führers trotzdem die Gründung einer NS-Untergrundorganisation auf sich nahmen, weil sie das Bedürfnis erkannten. Doch waren sie sich darüber nicht im klaren, was sie damit tun wollten, geschweige wie. (...) Abgesehen davon, daß die NSKG noch ein Beispiel der Richtung zum Nationalsozialismus darstellt, hat sie zwei weitere Bedeutungen: erstens bestätigt sie, daß eine Untergrundorganisation in kleineren, voneinander unabhängig arbeitenden Einheiten ('Zellen') organisiert werden muß, um eine Zerschlagung der ganzen Organisation durch eine Infiltration oder eine einzige Verhaftung vorzubeugen, und zweitens, daß man damals unter 'Untergrundkampf' nur einen 'bewaffneten' Kampf verstand. Der Begriff des organisatorischen Untergrundkampfes fehlte noch." ('NSK', Nr. 27 und 28 1978 zit. aus Meyer/ Rabe 1983, S. 230)

---

[10] "Enge Verbindungen" hält Lauck unter anderem zu Mike Mc Laughlin, Bebington, dem "Führer" des in Großbritannien agierenden "British Movement". (Verfassungsschutzbericht des Bundes 1977, S. 48)
[11] Seit 1984 verschickt Lauck die französischsprachige Zeitschrift 'Le Flambeau Européen'. In der ersten Ausgabe zeichnet der Lauck-Freund Russel Raymond Veh als "Directeur de la Publication" verantwortlich, dann tritt Lauck an seine Stelle. (vgl. Christians 1990, S. 140)
[12] Wichtiges Mitglied ist Gottfried Küssel, der sich seit 1977 engagiert. (Schmidt 1993, S. 155) Ein weiterer in den siebziger Jahren aktiver Anhänger ist Egon Baumgartner, der gemeinsam mit Küssel und anderen Neonazis der Alpenrepublik 1984 wegen NS-Wiederbetätigung verurteilt wird. Im Geiste der NSDAP/AO hat er zuvor "den Aufbau einer Einsatzgruppe 'Großdeutschland'" geplant. (Handbuch 1993, S. 289)

Die Analyse der NSDAP/AO-Schriften macht eine Radikalisierung der Strategie hin zum Terrorismus deutlich. Noch 1976 distanziert sich Lauck im Grundsatzprogramm von Gewalt: "Ein Untergrundkampf kann kann vorwiegend friedlich mit Propagandamitteln oder gewaltsam mit Waffen geführt werden. Von Anfang an hat die NSDAP/AO den propagandistischen Untergrundkampf verkörpert." (NSDAP/AO-Grundsatzprogramm, S. 3)

Drei Jahre später ändert er den Kurs. Seit 1979 ruft die NSDAP/AO im 'NS-Kampfruf' regelmäßig zur Gewaltanwendung auf, gegen Juden, Ausländer, Parlamentarier und Sicherheitsorgane, aber auch gegen das demokratische System schlechthin. (vgl. AVS-Info, März 1995, S. 10). Es werden Namen und Adressen von Abgeordneten genannt, die sich gegen den Rechtsextremismus engagieren. Dazu folgender Kommentar:

"Dass es Existenzen gibt, die zwar blutsmaessig Deutsche sind, die sich aber an ihrem eigenen Volk versuendigen, ist eine Schande, die nur mit Blut vom deutschen Blutskoerper abgewaschen werden kann.
Wer sich, wie die Parlamentarier, in den Schwatzbuden von Hamburg bis Wien, am eigenen Volk vergeht, ist vogelfrei !" ('NSK', März-April 1979)

Im Hinblick auf Prozesse gegen deutsche Kriegsverbrecher aus dem Nationalsozialismus heißt es:

"Wir koennen das, was jetzt und nach 1980 auf die alten Kaempfer zukommt, im wesentlichen nicht verhindern. Was getan werden kann, wird getan werden. Im uebrigen aber, muessen wir auf unsere Stunden warten. Und die kommt! Dann aber Gnade den parlamentarischen Menschenjaegern ihr Gott!" ('NSK', März-April 1979)

Außerdem erinnert der 'NSK' "an die Worte des Führers", daß "man Zwang nur wieder durch Zwang bricht und Terror nur durch Terror". ('NSK', Januar/Februar 1979) In späteren Ausgaben propagiert das Blatt den "totalen Angriff" und den "Übergang von der Theorie zur Aktion bzw. Provokation", um diesem "System aus dem Untergrund heraus das Leben zur Hölle zu machen." ('NSK', November/Dezember 1979)

Die Radikalisierung der Lauck-Publikation findet 1981 ihren vorläufigen Höhepunkt. Die NSDAP/AO sucht die Zusammenarbeit mit der RAF. Der 'NSK' ruft dazu auf, sich nicht mehr "gegenseitig zu bekämpfen", sondern "unsere ganze Kraft für die Zerstörung des westdeutschen Besatzersystems" einzusetzen, das "unter allen Umständen und mit allen Mitteln vernichtet werden muß." ('NSK', September/Oktober 1981) Das Angebot an "alle linken Aktionsgruppen" bleibt jedoch ohne Resonanz. Dagegen nehmen Auseinandersetzung militanter Rechtsmit und Linksextremisten kontinuierlich zu. (vgl. AVS-Info, März 1995, S. 10; Rosen 1989, S. 72)

Kriegseinsätze und die Idealisierung des Söldnertums sind für Laucks Anhänger keine Seltenheit. In großformatigen Artikeln berichtet der 'NSK', so zum Beispiel über den rhodesischen Bürgerkrieg, an dem auch Anhänger der "**Wehrsportgruppe Hoffmann**" teilnehmen:

"Nun scheint auch das Bollwerk Rhodesien der Macht des Weltjudentums zum Opfer gefallen zu sein. Was durch den Fleiss, Mut und schoepferische Kraft des arischen Menschen aufgebaut wurde, soll nun einer kulturlosen Masse von primitivsten Untermenschen geschenkt werden. Ein Zeitalter der Tyrannei, Chaos und Kulturlosigkeit wie in Uganda, Angola und im übrigen Schwarzafrika soll nun auch in Rhodesien beginnen. Millionen Arier überall in der Welt haben hoffnungsvolle Augen auf Rhodesien gerichtet, in dem Glauben, dass mindestens dort die Welle der Minderwertigen aufzuhalten waere. Einige junge, arische Idealisten haben sogar den Kampf Rhodesiens zu ihrem Kampf gemacht, indem sie bei der rhodesischen Armee sich gemeldet haben." ('NSK', Winter 1976-77, Nr. 20, S. 1)

Besonders die körperliche Ertüchtigung und die Militanz der Propaganda erklären die Anziehungskraft der WSG für Anhänger der NSDAP/AO. Da Karl-Heinz Hoffmann kein neonazistisches Material produziert, müssen sich seine rechtsextremistischen Anhänger anderweitig versorgen. Hier wird die konspirativ arbeitende NSDAP/AO für zahlreiche Wehrsportler interessant. Insgesamt kann die NSDAP/AO mit ihrer Publikation als ideologischer Einpeitscher der deutschen und europäischen Neonaziszene bewertet werden, folglich auch für Mitglieder der WSG, die untrennbar mit dem rechten Lager verflochten sind.

7.3. WSG - Frankreichs Rechtsaußen

Auch zu neonazistischen französischen Organisationen hält die **Wehrsportgruppe Hoffmann** Kontakt. Immer wieder nehmen Franzosen an Übungen teil. (vgl. 'Konkret', November 1980, S. 17) In unserem Zusammenhang relevant ist die "Fédération d'Action Nationale et Européenne" (FANE) unter der Führung von Marc Frédriksen[13]. Zu ihr soll die "WSG" vorzügliche Beziehungen besitzen. (vgl. Moreau 1994, S. 291) Gute Verbindungen bestehen ferner zwischen der FANE und der ANS/NA, in deren Umfeld sich viele WSGler bewegen.[14]

---

[13] Der FANE-Vorsitzende wird in der deutschen Berichterstattung immer wieder mit Michel Faci alias Michel Leloup verwechselt. (so in Drahtzieher 1992, S. 125) Quelle dieses Irrtums ist eine 'Spiegel'- Meldung vom 6.10.1980: "Führer war der im grauen Anzug auftretende Michel Leloup, der seinen Namen kernig zu 'Marc Fredriksen' aufnordete." (S. 53) Die beiden Personen sind nicht identisch. Der 1936 geborene FANE-Chef ist viel älter als Faci. Im Oktober 1980 wird Frédriksen wegen rassischer Diffamierung, Aufstachelung zum Rassenhaß und zur Gewalt und Verharmlosung von Kriegsverbrechen verurteilt. Er erhält 18 Monate Haft, davon zwölf auf Bewährung. Das Appelationsgericht reduziert die Strafe später auf 13 Monate Haft auf Bewährung.
[14] Als Michael Kühnen Anfang 1984 nach Paris flieht, wird er von Frédriksen und dessen Freunden aufgenommen. Kühnen ist am 13. Mai 1984 als Beobachter beim Pariser Jeanne d'Arc-Marsch dabei. Die Kontakte nach Frankreich pflegt außerdem der Hamburger Kühnen-

Die "FANE" ist bis zu ihrem Verbot 1980 die wichtigste französische Neonaziorganisation in den letzten dreißig Jahren. 1978 schließt sie sich dem Front National (FN) an, für den der "FANE"-Vorsitzende Marc Frédriksen bei Wahlen kandidiert. (vgl. Fromm/Kernbach 1994a, S. 206; vgl. auch Camus/Monzat 1992, S. 46 ff) Am 24. November 1979 organisiert Frédriksen in Paris ein "internationales" Bankett, dessen Teilnehmer in Uniformen mit Hakenkreuzen auftreten. Bei der Veranstaltung sind auch Neonazis aus Italien, Belgien und Deutschland anwesend. Im Januar 1980 organisiert die "FANE" in einem Vorort von Paris einen "Ersten faschistischen Rat".

Nach Attentaten auf jüdische Einrichtungen und verschiedenen antisemitischen Aktionen im Sommer 1980 gerät die "FANE" unter Druck. Der "FANE" kann zwar keine Beteiligung an den Anschlägen nachgewiesen werden, dennoch wird sie Anfang September aufgelöst. Nach der Auflösung durch den Ministerat am 3.9.1980 gründet sich die Organisation unter ihrem neuen Namen "Faisceaux nationalistes europeens" (FNE) sofort neu. (vgl. Fromm/ Kernbach 1994a, S. 206)

Michel Faci[15] alias Michel Leloup ist Chefredakteur des Organisationsorgans 'Notre Europe Combattante'. Faci besucht auch Übungen der WSG-Hoffmann in Nürnberg, die er allerdings als "Kinderspiel" abtut. (vgl. Interview des Autors mit Faci vom 6.3.1995) Seit 1975 engagiert er sich bei der militanten Organisation "GUD", später beim "Front National de la Jeunesse" (FNJ).

Wichtiger Kontaktmann zwischen der WSG und den französischen Rechtsextremisten ist der WSG-Financier Axel Kühl. Dieser leitet die nordeutsche Neonazigruppe "Abwehrverband, volkstreue nordisch-germanische Volksbewegung Deutschlands e.V."[16]. Zugleich ist er Funktionär der "Jungen Nationaldemokra-

---

vertraute Christian Worch. Frédriksen unterhält auch kontinuierliche Beziehungen zur VSBD des Friedhelm Busse. Am 30. Januar 1980 besucht eine Abordnung der VSBD einen FANE-Parteikongreß, bei dem Marc Frédriksen und Michel Faci anwesend sind Einen Monat später erfolgt der Gegenbesuch zu einer HNG-Veranstaltung in Frankfurt. Dort sind auch VSBD-Mitglieder vertreten. (vgl. VSBD 1981, S. 59; Schmid 1981, S. 71).
Weitere Auslandskontakte der FANE: In Belgien fast alle flämischen Gruppen, unter anderem die Odalgroep, die den VMO abgelöst hat, "Voorpost" und T.A.K. In Großbritannien die "League of St. Georges", die "National Front" und das "British Movement", in der Schweiz der mittlerweile aufgelöste "Nouvel Ordre Social", in Portugal "Ordem Nova", in Spanien CEDADE und die Partei "Fuerza Nueva", in den USA die "National Socialist White Peoples Party" (NSWPP) (vgl. Rollat 1985, S. 183ff.; Camus/ Monzat 1992, S. 46f., S. 247/248).
[15] Der Neonazi läßt sich später auch als Söldner engagieren. Am Vorabend des Golfkrieges hält er sich mit 20 weiteren Rechtsextremisten in Bagdad auf. Der irakische Informationsminister Abdel Lateef Jassem begrüßt ihn. Die Reise wird von der irakischen Regierung über ein Komitee namens "Freundschaft, Solidarität und Frieden mit Irak" gesponsert. (vgl. 'blick nach rechts', Nr. 22, 21.10.1991)
[16] In der Satzung vom 1.8.1978 Artikel IV schreibt die Organisation: "Der ABWEHRVERBAND, volkstreue nordisch-germanische Volksbewegung Deutschlands e.V. ist ein volkspflegerischer Bund, dessen Schwerpunkt auf Fahrt und Lager, auf kulturellen Veranstaltungen, Körperertüchtigung und der geistigen und körperlichen Weiterbildung beruht. Der ABWEHRVERBAND unterstützt Vereine, Verbände und Personen die im Sinne des ABWEHRVER-

ten"[17]. Zu seiner Finanzierung der "Wehrsportgruppe Hoffmann" hat er eine eidesstattliche Erklärung abgegeben:

"EIDESSTATTLICHE ERKLÄRUNG (...)
Herr Benz überwies die Summe 310,04 DM auf Konto Axel Kühl 413729-106 bei dem Postscheckamt Berlin, mit dem Zweck, daß ich diese Summe der Wehrsportgruppe Hoffmann in Nürnberg Konto Nr.: 71387778 bei der Stadtsparkasse Nürnberg überweisen soll. (...) Zwei Spendenbeträge von Herrn Benz der letzten Zeit in Höhe von 9500,- DM und 12000,- DM die mir auf mein Mittelsmannkonto für Herrn Hoffmann angewiesen wurden, habe ich in 36 Teilbeträgen an das o.a. Konto weitergeleitet."

Zu Kühls französischen Partnern zählt das "FANE"-Mitglied Bruno Renoult.[18] Bei Kühls "Abwehrverband" fungiert er als "Commissaire de la Normandie". Die beiden lernen sich im Sommer 1977 bei einem rechtsextremen Ausbildungslehrgang im Schloß Viemontiers kennen. Im selben Jahr besucht Renoult auch einen "Lehrgang" der "Wehrsportgruppe Hoffmann". Nach einer Woche verläßt er die WSG, weil er die Hoffmann-Ausbildung als "Kindergarten-Sandkastenspiel" empfindet. (Interview des Autors mit Renoult am 5.3.1995) Renoult sucht den realen Krieg. Im Oktober 1977 reist er über Brüssel nach Rhodesien und kämpft dort in der "Regiment Light Infantrie". Im Mai 1978 kehrt er nach Europa zurück, weil die Söldnerverträge der rhodesischen Armee annulliert werden. (Interview des Autors mit Renault am 5.3.1995) In einem Brief vom 1.10. 1978 an das "FANE"-Mitglied Michel Caignet, den Kühl als "Hauptsturmführer" Caignet anschreibt, erklärt er die Ausweitung seines "Abwehrverbandes" auf Paris:

"Hauptsturmführer Caignet
Obersturmführer Sebill

Ich befehle hiermit mit sofortiger Wirkung:
1. In der Hauptstadt der französischen Republik eine Abteilung-Frankreich- der Abwehr zu bilden. Aufgabe dieser Abwehr ist es, alle Angriffe politischer und manueller

---

BANDES arbeiten. In einem bestimmten Rahmen will er die Anteilnahme des ganzen Volkes am nationalen politischen Geschehen wecken. Weiter will er die Anteilnahme des Volkes an der germanischen Glaubenskultur und der deutschen Kulturgeschichte wecken und fördern."
Die satzungsgebende Versammlung der Organisation findet bezeichnenderweise am 20.4.1978 in Fahrdorf bei Schleswig statt. Gründungsmitglieder sind am 1.8.1978 als "Gebietsführer" Axel Kühl, "Schatzführer" Ernst Koch, "Scharführer" Siegrud Setzer, "Rechtsführer" Johannes Blaas, "o.Rang" Höltke, "Mädelführerin" Annemarie Testensen, "Jungenschaftsführeranwärter" Helmut Testensen und "o.Rang" Manfred Rainer Beckert.
[17] Der Landesvorsitzende der JN-Schleswig-Holstein Möske beruft Kühl per Schreiben vom 12.5.1978 in den Landesvorstand: "Unser Mitglied Herr Axel Kühl wurde von mir am 29.4.78 kraft meines Amtes und im Auftrage der Landesvorstandsmitglieder in den Landesvorstand der Jungen Nationaldemokraten berufen. Herr Axel Kühl übernahm die Ämter Propaganda und Presse." (Dokument ist im Besitz des Autors)
[18] Renoult nimmt am 26.1.1980 am 1. Kongreß der "FANE" teil. (vgl. Monzat 1992, S. 29)

Art gegen das wiedererwachsende nationale Deutschland und seiner Organisationen abzuwehren. (...)
4. Die Abteilung hat jede 2. Woche einen schriftlichen Bericht über ihre Arbeit und die gegnerische Tätigkeit an den Reichsführer zu geben. (...)"
("Befehl Nr.1 Ausland")

Ein Ergebnis der Arbeit der "Abteilung - Frankreich" sind Schnüffelberichte über angebliche Verfassungsschutzagenten. Auch wenn viele Darstellungen des "Abwehrverbandes" übertrieben scheint. Die Existenz der Organisation belegt eine länderübergreifende neonazistische Struktur, die mit der "Wehrsportgruppe Hoffmann" Berührungspunkte aufweist.

In Paris arbeitet Kühl mit dem NSDAP/AO-Terroristen Klaus Ludwig Uhl zusammen, der wegen einer in Deutschland drohenden Verurteilung nach Frankreich flieht. Er findet bei Gesinnungsfreunden der "FANE" Unterschlupf. Kühl und Uhl wollen gemeinsam eine neonazistische Organisation aufbauen. Ferner steht Kühl in "enge(r) Verbindung" mit Gary Lauck (NSDAP/AO). (vgl. 'Die Welt', 27.3.1981) Wenige Tage nach dem Bombenattentat auf die Pariser Synagoge am 3.10.1980, bei dem es vier Tote und 16 Verletzte gibt, wird Kühl in der Wohnung des "FANE"-Funktionärs Christian Bonniol verhaftet und bereits am 26.10.1980 nach Frankfurt abgeschoben. Bei den Staatsanwaltschaften Flensburg und Schleswig stehen gegen ihn Verfahren wegen Fahnenflucht und wegen des Diebstahls von Geheimunterlagen der Bundeswehr an. Darüberhinaus findet die Polizei bei dem Rechtsextremisten Dossiers über Beamte des Bundeskriminalamtes, die Verfahren gegen Neonazis führen. ('Die Welt', 27.3.1981; 'Welt am Sonntag', 29.3.1981)

Mit der deutsche Szene kooperiert auch Olivier Devalez. Schon zu Beginn der achtziger Jahre zeichnet er für die Gefangenen-Hilfsorganisation COBRA[19] (Comité objectif entraide et solidarité avec les victimes de la répression antinationaliste) verantwortlich. Die Gruppe agiert im Umfeld der "FANE" bzw. der "FNE" und ist ungefähr bis Mitte der achtziger Jahre aktiv. In ihrer Publikation 'Information du Cobra' legt Christian Worch die Arbeitsweise von COBRA dar: "Gefangene ausfindig machen, Adresse finden, Kontakt aufbauen" (Februar-März 1984). COBRA betreut auch ehemalige Mitglieder der "Wehrsportgruppe Hoffmann". Die Gefangenenliste führt "inhaftierte Nationalisten" in Österreich (Attila Bajtsy, Ekkehard Weil), Deutschland (Friedhelm Busse, Thies Christophersen, Arnd-Heinz Marx, Waldemar Pfeffer, Manfred Roeder, Erwin Schönborn), in Frankreich, den USA und Canada auf. (vgl. Fromm/Kernbach 1994a, S. 211)

---

[19] Sie besteht seit 1981 und widmet sich der Unterstützung für Neonazis in ganz Europa. Sie arbeitet mit Gruppen in anderen Ländern zusammen, so mit der Hilfsorganisation für nationale politische Gefangene und deren Angehörige HNG in Deutschland, dem belgischen Hulpkomitee voor nationalistische politieke gevangenen und der COFPAC (Committee to free patriots and anticommunist political prisoners) in den USA. (vgl. EP 1985, S. 32/ S. 127)

7.4. WSG - Rhodesien

Im Blickpunkt Karl-Heinz Hoffmanns steht immer wieder der rhodesische Bürgerkrieg Mitte der siebziger Jahre. 'Die Bunte' behauptet: "Karl-Heinz Hoffmann baut Kampfgruppen auf und vermittelt Söldner nach Afrika". ('Die Bunte', 1.3.1979, S. 52) Diesem Vorwurf widerspricht Hoffmann und erstattet Strafanzeige.[20] Sicher ist jedoch, daß zahlreiche Aktivisten der "Wehrsportgruppe Hoffmann" in Rhodesien Kriegserfahrung gesammelt haben. Die Mitschrift eines Telefonates, das ein Redakteur eines deutschen Magazins[21] 1979 mit dem ehemaligen WSG-Mitglied Peter Altmann aus Schliersee führt,[22] belegt diese These. Altmann erinnert sich gut an den französischen Rechtsextremisten Bruno Renoult, mit dem er von September 1977 bis Mai 1978 im "Regiment Light Infantire" (RLI) der rhodesischen Armee gedient hat. Wie Renoult wird auch Altmanns Dreijahres-Vertrag in der Armee gekündigt, weil sich die politischen Verhältnisse ändern. Vor seinem RLI-Einsatz gehört er der WSG an.

"Er sagt: als ich bei der WSG war, wurde auch über die politischen Probleme in Rhodesien gesprochen. Heute, Mai 79 glaube ich nicht daran, daß in Rhodesien noch Söldner sind. Die politischen Verhältnisse haben sich ja geändert.
Hoffmann selbst hat mir damals abgeraten, nach Rhodesien zu gehen. Er war enttäuscht, er selbst hatte es ja mal versucht, da unten einen Trupp zusammenzustellen. Er war mehrfach da unten. In Rhodesien, in Südafrika, auch in Namibia.
In Salesbury hat er versucht mit dem Generalmajor Lamprecht klar zu kommen, dem Chef des Rekrutierungsbüros der rhodesischen Armee. Meiner Erinnerung war das im Frühjahr 1976. Hoffmann stellte jedoch Forderungen auf, die für Lamprecht bzw. das Militär unannehmbar waren. Hoffmann forderte:

1) sein WSG-Trupp soll als eigenständige Gruppe innerhalb der rhodesischen Armee zusammenbleiben dürfen. Unter Hoffmanns eigenem Kommando.

2) WSG-Uniformen

Beide Forderungen wollte Lamprecht nicht zugestehen, Ausländer als Söldner wurden grundsätzlich aufgeteilt. Ein weiterer Grund für die Ablehnung, so Altmann, Hoffmann und seine Truppe schien zu rechtslastig. Man hatte scheinbar keine Lust, die Jungs da unten in SS-Uniformen rumlaufen zu lassen. Wenn die WSG-Uniformen auch keine SS-Runen zieren, politische Demos wollten die Rhodesier aber umgehen.
Beispiel die Belgier. Die haben sie unten auf mehrere Verbände aufgeteilt, deshalb sind viele auch wieder abgehauen.
(...) Der Hoffmann ist ein Fanatiker, bissl wirr im Kopf, da passt halt hinten und vorn nichts zusammen. Ich distanziere mich heute auch von Hoffmann. Stellen sie sich mal

---

[20] Strafanzeige des "Freundeskreis zur Förderung der Wehrsportgruppe Hoffmann" gegen die Zeitschrift 'Bunte' (vgl. Staatsanwaltschaft beim Landgericht Nürnberg-Fürth, 8.3.1979)
[21] Mitarbeiter will anonym bleiben - Dokument im Besitz des Autors.
[22] Das Gespräch zwischen der 'Bunten' und Altmann kommt auf eine Empfehlung des französischen Neonazis und Rhodesienkämpfers Bruno Renoult zustande.

vor, er wäre damals mit seinen Leuten runtergegangen - mit d e r Ausbildung - da wären vielleicht gerade zwei zurückgekommen.
Ich möchte mich jedoch weiter nicht mehr über Hoffmann äußern, sie wissen, das ganze ist ja strafbar. Nein nein, ich war bei keiner Vermittlung eines Söldners dabei, er selbst hat mich auch nicht vermittelt. Und am Telefon kann ich dazu schon gar nichts sagen."
Zu weiteren Gesprächen kommt es nicht, der Kontakt bricht ab. Im Gegensatz zu Altmann behauptet der Vorsitzende der deutsch-französischen Neonaziorganisation "Reichsverband", Axel Kühl, Hoffmann sei in Rhodesien aktiv geworden. In einem Dossier[23] vom 9.11.1978[24], das Kühl einem Journalisten übergibt, beschreibt er das Rhodesien-Engagement der "WSG":

"Die Gruppe steht teilweise auf der Weltanschauung des Führers, verbindet sich aber mit ausländischen Kräften, die mit dem Kampf der Bewegung nichts zu tun haben.
Hoffmanns erklärtes Ziel ist die Ausbildung wehrfähiger Deutscher für den militärischen Einsatz zur Erhaltung des demokratischen Staatsgebildes 'Rhodesien'.
Diese Ausbildung und Einberufung geschieht in Übereinstimmung mit dem Hauptquartier der Rhodesian Army in Causeway/Rh. (...)
Hoffmann erhält für die Ausbildung und Einberufung einen festgesetzten Bonus, der aus dem rhodesischen Staatshaushalt bestritten wird. Das Geld wird mittels Kurier ausgezahlt.
Um den Punkt der Einschleusung nach Rhodesien abzuklären, haben wir den Verbindungsführer in Swakepmund um Kameradenhilfe gebeten. Daraus ergibt sich die Erkenntnis:
Daß Söldner entweder über Brüssel NF nach Salisbury verschoben oder den Weg über London/Johannisburg nehmen. Die Söldner erhalten durch die WSG ein Flugticket 2. Klasse nach Südafrika. (...)
Durch WSG-H eingeschleuste Söldner haben bereits Verluste hinnehmen müssen. In der Kariba-Schlucht, am Sabi und Umtalki sollen mehr als 15 deutsche Kameraden den Heldentod gefunden haben. (...)

---

[23] Im selben Schreiben analysiert auch der "Reichsabwehrverband" Kühls die "Wehrsportgruppe Hoffmann" und stellt gewagte Thesen auf (vgl. Punkt 10):
"6. Die Zahl der aktiven und aktenkundigen Angehörigen der WSG beträgt 128 Personen. Davon stammt der größte Teil aus dem Bereich Nürnberg. Es wurde durch Werber versucht dem Verband Personal abzuwerben. (...)
8. Wie zuerst angenommen besitzt die WSG keine Kontakte zur PLO oder anderen Organisationen. Lediglich ein Personenkontakt zur IRA besteht in Form einer persönlichen Bekanntschaft Hoffmanns zu Hiller (RK-A 115).
9. Die Aktionen Hoffmanns beschränken sich nicht mehr auf reine Propagandaarbeit, sondern nehmen stark kämpferischen Raum ein. Zitate H's in diesem Zusammenhang: 'Wir scheißen auf die Republik und warten nur auf den Moment zum Zuschlagen!'. 'Die Stunde des Kampfes ist nicht mehr weit, dann zeigen wir Ihnen, was Deutsche zu kämpfen vermögen!'.
10. Aktionen die durch die WSG durchgeführt wurden: 1. Anschläge auf jüd. Synagogen im süddeutschen Raum, 2. Anschlag auf jüdische Synagoge in Paris, 89, 3. Attentatsdrohungen, 4. Anlegen von Waffendepots".
[24] 9.Nebelung 89 - Zeitrechnung nach dem Geburtsjahr Hitlers im Originaltext. Häufige Praxis bei Neonazis.

Weiter haben wir HStF[25] RK aufgefordert uns seine Erkenntnisse in der Ermittlungssache mitzuteilen. HStF Renault ist bereits 2 Jahre bei der rhodesischen Kavallerie gewesen[26], und daher prädestiniert hier genauste Auskünfte zu geben."

Eine Gesamtbewertung über das tatsächliche Engagement Hoffmanns in Rhodesien ist schwierig. Einem Zeitungsbericht zufolge soll er versucht haben, dem Smith Regime mehrere Hundert Männer für den Kampf gegen die "Nationale Befreiungsfront" anzubieten, was dieses abgelehnt habe. ('Frankfurter Allgemeine Zeitung', 28.10.1975) Hoffmann selbst bestätigt gegenüber dem 'Berliner Extradienst', in Salisbury gewesen zu sein. (Ausg. 31.10.1975) In welchem Umfang nach den gescheiterten Verhandlungen mit der rhodesischen Armee trotzdem WSG-Anhänger nach Rhosesien gegangen sind, läßt sich heute nicht mehr nachweisen. Glaubt man dem Dossier Kühls, hat Hoffmann Söldner ausgebildet und verschickt. Glauben wir Hoffmann, handelt es sich um Verleumdung. Egal, ob man letztendlich Hoffmann oder Kühl folgt, unbestritten bleibt, daß 1977/1978 noch Mitglieder der WSG-Hoffmann in Rhodesien kämpfen und so aus dem Nürnberger Geländespiel ernst gemacht haben. In seiner Publikation idealisiert Hoffmann die rhodesische Einheit RLI, in die Renoult und Altmann integriert sind:

"So gilt zum Beispiel die RHODESIAN LIGHT INFANTRIE gemessen an Ausbildung und Leistungsstand als eine der besten Truppen der Welt. Wahrscheinlich ist es sogar zutreffend, wenn man der RLI als Partisanenbekämpfungstruppe die höchste Effektivität im Vergleich zu ähnlichen Einheiten anderer Länder zuspricht." ('Kommando', Mai 1979, S. 10)

7.5. Österreich
7.5.1. WSG und Österreichs Rechte

1980 konstatiert der Bundesinnenminister: "Mitglieder des 1979 gegründeten österreichischen "Nationalistischen Bundes Nordland" unterhielten Verbindungen zur Wehrsportgruppe Hoffmann bis zu deren Verbot. Das NBN-Organ 'Der Stoßtrupp' verbreitet nationalsozialistisches Gedankengut". (Verfassungsschutzbericht des Bundes 1980, S. 43)

Der "Nationalistische Bund Nordland" (NBN) gilt in Österreich als eine der aggressivsten Neonaziorganisationen. Die Registrierung der Truppe um die Rechtsextremisten Dr. Herrmann Plessl und den NBN-Chef Dr. Martin Neidhart als Partei wird durch das Innenministerium wegen zu erwartender staatsvertrags- und verfassungswidriger Tätigkeit abgelehnt. (Handbuch 1993, S. 211) Auftritte in

---

[25] HStF steht für den gruppeninternen, vom NS-Staat kopierten Titel "Hauptsturmführer".
[26] Die Auskünfte über Renoult decken sich exakt mit einem Interview, das der Autor am 5.3.1995 mit diesem geführt hat.

SS-ähnlichen Uniformen, die Teilnahme an hitleristischen Feierlichkeiten und eigene Wehrsportlager gehören bei der Organisation zum festen Programm. (vgl. Handbuch 1993, S. 311; Die Volksstimme 22.11.1983 und 8.12.1983; Salzburger Nachrichten, 23.11.1982) Der NBN entsteht am 10.5.1979, Mitglieder kamen unter anderem aus der "Aktion Neue Rechte" (ANR)[27]. Auszüge aus dem ANR-Grundsatzprogramm:

> "I. WIR BEKENNEN UNS ZUR BIOLOGISCHEN SUBSTANZ UND ERERBTEN VERANLAGUNG DES MENSCHEN.
> (1) Ziel rechter Politik ist es, der Erbmasse des Menschen Rechnung zu tragen und vor Zersetzung zu schützen.
> (2) Wir bekennen uns zur biologischen Verschiedenheit von Menschen, Völkern und Rassen, zum elitären Prinzip der Natur, zum Wert der Persönlichkeit und zur politischen Vertretung dieses Bekenntnisses. (...)
> II. WIR BEKENNEN UNS ZUR DEUTSCHEN NATION ALS POLITISCH BINDENDER EINHEIT.
> ... (3) Wir lehnen den Begriff einer 'österreichischen Nation' entschieden ab und bekennen uns zum deutschen Charakter diesen Gebietes. Wir bekämpfen alle Versuche zur Überfremdung und Entdeutschung unserer Heimat. ...
> III. UNSER ZIEL IST DIE GESUNDE VOLKSGEMEINSCHAFT.
> ... (3) Kultur und Wissenschaft als Ausdruck der geistig-schöpferischen Kräfte unseres Volkes und Grundlagen seiner Zukunft sind zu fördern. Die Kunst ist vor Schmutz und Schund sowie vor Entartung zu schützen."

Der ehemalige ANR-Ideologe Neidhart geißelt später als NBN-Vorsitzender den angeblichen Verrat der anderen rechtsextremistischen Organisationen, weil sie ihm zu demokratisch sind:

> "Wir lehnen die Demokratie ab. Wir grenzen uns ab von Vereinigungen im sogenannten Nationalen Lager wie ANR und NDP. Wir brechen mit den Grundsätzen, die in diesem Lager herrschen und bekennen uns zu den soldatischen Traditionen unseres Volkes, wie

---

[27] Die ANR wurde 1973 gegründet. Im Urteil des Prozesses gegen führende Mitglieder der ANR am 2.4.1984 klassifiziert das Gericht das ANR-Programm als nationalsozialistische Wiederbetätigung. 1988 erfolgt die Unbenennung in "Partei für Recht und Ordnung". (Bailer-Balanda, Wien o.J., S. 91) In der österreichischen Literatur heißt es zur ANR: "In den späten siebziger und frühen achtziger Jahren war der Begriff Neofaschismus in Österreich mit der Aktion Neue Rechte (ANR) untrennbar verbunden. Während Burgers Stammtisch-Nostalgikerverein Nationaldemokratische Partei (NDP) lustlos vor sich hin dümpelte, die politische Ächtung der Volkstreuen bejammerte und - falls überhaupt - durch großspurige Ankündigungen des Vorsitzenden auffiel, prügelte und krakeelte sich die ANR mit jugendlich-sportivem Aktionismus in die Schlagzeilen". (Purtscheller 1993, S. 177).
Im Gegensatz zur ANR in Deutschland, die auf ideologische Erneuerung setzt, sieht sich die österreichische ANR mehr den Traditionen des Nationalsozialismus verpflichtet "während von der sich in Flügelkämpfen zerfransenden deutschen ANR immerhin jene Impulse ausgingen, aus denen u.a. die Neue Rechte hervorgehen sollte, machten sich die österreichischen Namensvettern als othodoxe Nazi-Schlägerparade einen Namen". (Purtscheller 1993, S. 177)

z.B. dem preußischen Ordnungssinn. Wir haben die Bedeutung der Rasse erkannt und sprechen dies auch aus". (NBN-Flugblatt, zit. aus Purtscheller 1993, S. 196)

Verantwortlich für Wehrsportlager des NBN ist unter anderem Attila Bajtsy (vgl. Kap. 7.5.2.), der sich wie Neidhart und Plessl vor seiner NBN-Zeit bei der ANR engagiert. Bajtsys führende Rolle in paramilitärischen Lagern des NBN wird 1983/1984 im bisher größten österreichischen Nachkriegs-Neonaziprozeß durch verschiedene Zeugen bestätigt. Der Rechtsextremist nimmt auch an Manövern der Wehrsportgruppe Hoffmann teil.

Auch andere Gruppen aus Österreichs rechtsextremem Lager sind mit der WSG verwoben, wenn auch nicht als "Schwarze Legionäre" mit Kampfanzug bei Nürnberg. Vertreter der Alpenrepublik im "Freundeskreis zur Förderung der Wehrsportgruppe Hoffmann" sind der Rohrendorfer Hans Jürgen Lethmayer[28] und der Salzburger Helmut Schönangerer[29], der damals gleichzeitig der "Nationaldemokratischen Parei" (NDP)[30] angehört. (vgl. Purtscheller 1993, S. 207) Außerdem

---

[28] Lethmayer ist kein Mitglied einer rechtsextremistischen Partei, sondern war ÖVP-Gemeinderatsmitglied. Er lernt Hoffmann 1975 bei einem Schwimmwagen-Treffen am Mondsee kennen. Kurz darauf feiert er beim WSG-Chef Weihnachten und wird später Mitglied des WSG-Freundeskreises. Nach dem Verbot der WSG distanziert sich der Kommunalpolitiker und Vertriebsleiter Lethmayer im Interview von seinem früheren Mitstreiter: "Für mich ist das seit Jahren abgeschlossen." (Wochenpresse, 20.9.1983).

[29] Schönangerer engagiert sich nach der Zeit im WSG-Freundeskreis bei der 1982 gegründeten "Volkstreuen Sozialen Ordnung" (VSO). Für sie kandidiert er im Oktober 1982 bei den Salzburger Gemeinderatswahlen. Obmann der VSO ist Fritz Rebhandl, Organ ist 'Der Volkstreue'. Zur Charakteristik der Gruppe schreibt das Dokumentationsarchiv des österreichischen Widerstandes: "Die 'Volkstreue Soziale Odrnung' ist eine neonazistische Kleingruppe mit regionaler Bedeutung (Salzburg), die im wesentlichen von der Person des ehemaligen NPD-Landessprechers Fritz Rebhandl getragen wird. Inhalt ihrer Publikationen und Aktivitäten ist die Verharmlosung bzw. Beschönigung des NS-Regimes, insbesondere auch die Infragestellung und Leugnung der Ermordung der Juden durch Giftgas in den nationalsozialistischen Konzentrations- und Vernichtungslagern. Fritz Rebhandl, führender Aktivist der VSO, ist im April 1992 von einem Salzburger Geschworenengericht wegen NS-Wiederbetätigung zu einer bedingten Haftstrafe verurteilt worden, wodurch seine Aktivitäten zumindest vorübergehend lahmgelegt wurden." (Handbuch 1993, S. 233)

[30] Die NDP entsteht als radikale Abspaltung der FPÖ. Sie ist die einzige politisch bedeutsame Kraft der radikalen Rechten in Österreich. Die FPÖ wird am 7.4.1956 von Mitgliedern des ehemaligen "Verbandes der Unabhängigen" (VdU), einem Konglomerat von ehemaligen Nationalsozialisten und Deutschnationalen, gegründet. Politisch setzt die FPÖ in den sechziger Jahren auf ein liberales Image. Auf dem Parteitag 1964 erklärt Parteiobmann Friedrich Peter erstmals, daß "Nationale und Liberale in der FPÖ gemeinsam Platz haben." Dies führt zu einer Abspaltung des radikalsten FPÖ-Flügels. Die ehemaligen Südtirol-Extremisten Norbert Burger, Peter Kienesberger und zahlreiche andere treten aus der FPÖ aus und gründen im Juni 1966 in Innsbruck die "Nationaldemokratische Partei" (NDP) in Innsbruck. Dort konstituiert sich im Februar 1967 der erste NDP-Bundesvorstand. (vgl. Fromm/Kernbach 1994, S. 247) Die NDP wird die wichtigste Partei für Österreichs Neonazis: Walter Ochensberger, Gottfried Küssel, Gerd Honsik und viele andere sogenannte "Führungskader" gehen durch ihre politische Schule NDP. (vgl. Purtscheller 1993, S. 58)

unterstützt Schönangerer mit anderen rechtsextremen Organisationen wie der ANR[31], der Deutschen Kulturgesellschaft im "Komitee zur Wahl eines nationalen Deutsch-Österreichers"[32] die Kandidatur des NDP Vorsitzenden Dr. Norbert Burger zur Bundespräsidenten 1980.

Schönangerers Frau, Waltraud Schönangerer, ist ebenfalls in der NDP und zahlreichen anderen Neonazigruppen und Publikationen aktiv. Sie engagiert sich bei den einschlägigen Blättern 'Sieg' und 'Halt' und gleichzeitig bei der ANR-Salzburg.

Um die Zeitschrift 'Sieg' des Rechtsextremisten Walter Ochensberger[33] scharen sich die fanatischsten Neonazis der Alpenrepublik. Die neonazistische Postille ist das Organ des Deutsch-Österreichischen Instituts für Zeitgeschichte (DÖIZ) und erscheint seit 1978. Herausgeber, Vorsitzender und Autor ist Walter Ochensberger. Das Monatsblatt gibt selbst eine Auflage von cirka 30 000 Exemplaren an. Das Heft ist primitiv fremdenfeindlich, antisemitisch und revisionistisch.[34] Weitere Publikationen von Ochensberger sind 'NAD Nachrichten Austausch Dienst', 'FZ Flugblattzeitung', 'Tele-Blitz', 'Sonderblatt' und das sogenannte 'Sieg-Telegramm', das den anderen Heften beiligt. In 'Sieg' wird für Organisationen wie die

---

[31] Die Unterstützung des NDP-Vorsitzenden durch die ANR ist durchaus kohärent. Zwar spaltet sich die ANR Anfang der siebziger Jahre von der NDP ab, doch herrscht bereits 1978 wieder Einigkeit. Am 17.6.1978 (Tag der deutschen Einheit) schließt der ANR-Vorsitzende Bruno Haas mit dem NDP-Vorsitzenden eine "Arbeitsübereinkunft": Norbert Burger soll dem "Förderkreis der ANR" beitreten, Haas nimmt seine Tätigkeit in der NDP wieder auf. Seit dem 15.9.1978 sitzt Haas im Beirat der NDP-Bundesleitung. Für die aggressiven ANR-Streiter ein schlechter Pakt. Er wird als zu "legalistisch" und "demokrötisch" abgelehnt. Militante Abspaltungen machen von sich reden, eine ist der NBN. (vgl. Purtscheller 1993, S. 183 f)
[32] Vorsitzender des Komitees ist Dr. Otto Roßkopf, Chef des "Verbands Österreichischer Kameradschaften" (VÖK), der das Periodika "Prinz Eugen, Kampf-Organ des VÖK" herausgibt. Die rechtsextreme Traditionstruppe organisiert Preisschießen, Julfeiern, "Helden"-Ehrungen und Flugblattaktionen. Im Mittelpunkt der Agitation des VÖK steht das Bekenntnis zum "deutschen Volkstum", der Kampf gegen die "Überfremdung" und die "seit 1945 betriebene Geschichtsschreibung". (Handbuch 1993, S. 203 f)
Außerdem ist Roßkopf seit 1977 Beiratsmitglied der "Deutschen Kulturgemeinschaft" und ANR-nah. 1983 kandidiert er für die "Ausländer-Halt-Bewegung" bei den Nationalratswahl. 1985 ist er Gast auf der jährlichen Veranstaltung der DVU in Passau. 1992/93 fällt er durch Leserbriefe im FPÖ-Organ 'Neue Freie Zeitung' auf. (vgl. Handbuch 1993, S. 316)
[33] Walter Ochensberger, Jahrgang 1942, ist Gründungsmitglied der NDP. 1967 konstituiert er den "Bund Volkstreuer Jugend", der am 8.7.1975 behördlich aufgelöst wird. 1970 wird er erster Landessprecher der NDP-Voralberg.
[34] In dem an Zynismus kaum zu überbietenden Beitrag "Wir und die Juden" heißt es: "In Amerika sind sie Kapitalisten! In Rußland sind sie Bürgerrechtskämpfer! In Europa sind sie Kommunisten (und Wehrdienstverweigerer)! In Israel aber sind sie Nationalsozialisten! Wo stehen die Juden wirklich? (...) Im eigenen Land, in Israel, trägt man nationalsozialistische Gesinnung zur Schau, man kämpft für ein Idyll aus Blut und Boden! Innerhalb der übrigen also nicht auserwählten Völker gibt sich das Judentum antinational, liberal und in Mitteleuropa stets marxistisch. Damit lebt das Judentum jedoch in dem Irrglauben, sich selbst Vitamine zu verordnen und den anderen aber Gift anzubieten" ('Sieg', Nr. 6/7 1978).

Patriotische Union (Polen), Externsteinbund (Österreich), Hilfsgemeinschaft für nationale politische Gefangene und deren Angehörige e.v. (Deutschland), Freiheitliche Deutsche Arbeiterpartei (Deutschland), Consortium de Levensboom (Niederlande), The Northern League (Niederlande), Weltbund gegen Geschichtsfälschung (Deutschland), Nationalistische Front (Deutschland) und den 'Jahrweiser-Verlag' (Österreich) geworben. (vgl. Fromm/Kernbach 1993, S. 256 ff)

Zu 'Sieg'-Mitarbeitern und Freunden gehört ferner ein Gutteil der rechtsextremen Szene Europas. Auch Anhänger der ·WSG Hoffmanns befinden sich im Dunstkreis des neonazistischen Organs. Als Mitglied des "Redaktionskollegium" nennt Ochensberger zwei Jahre nach dem WSG-Verbot Helmut Dieterle, vormals aktiver WSG-ler. ('Sieg', Nr. 2/3 1982 und 'SIEG', Nr. 5/6 1983) Außerdem ist der Lehrer Dieterle Kopf der Wiking-Jugend von Baden-Württemberg und zugleich Mitglied der NPD. (vgl. Handbuch 1993, S. 225) Als "Korrespondent" nennt 'Sieg' nennt weiterhin Arnd-Heinz Marx aus Hanau. ('Sieg', Nr. 5/6 1983)

Auch der Berliner Michael Wrosch arbeitet bei 'Sieg' mit. (vgl. Handbuch 1993, S. 225) Der militante Rechtsextremist soll Verbindungen zur inzwischen aufgelösten WSG Hoffmann gehabt haben, wie das österreichische Innenministerium nach seiner Verhaftung in der Alpenrepublik im Juli 1983 mitteilt. Wrosch wird beschuldigt, mit drei österreichischen Neonazis in Graz und Umgebung Anschläge auf Gedenkstätten für Opfer der NS-Verbrechen verübt zu haben. Bei Hausdurchsuchungen bei den Inhaftierten findet die Polizei neonazistisches Propagandamaterial und ein umfangreiches Adressenverzeichnis. Die Gruppe soll noch weitere Anschläge geplant haben. (vgl. 'ap', 18.7.1983)

Erwin Schönborn, der gemeinsam mit Karl-Heinz Hoffmann auf rechtsextremen Veranstaltungen auftrat (vgl. Hoffmann-Interview in Rabe 1980, S. 214 f), steht ebenfalls in Verbindung mit Ochensberger. Das neonazistische "Deutsch-Österreichische Institut für Zeitgeschichte" zeichnet den Altnazi im Dezember 1983 sogar wegen des "unverdrossenen Kampfes für das Selbstbestimmungsrecht des deutschen Volkes und die historische Wahrheitsfindung" mit einem "Würdigungspreis des DÖIZ" aus. (vgl. Purtscheller 1983, S. 277; 'Sieg', Nr. 1 1984)

Weitere Redaktionsmitglieder und Mitarbeiter der Zeitung sind einschlägige Neo- und Altnazis wie beispielsweise Thomas Brehl, Christian Malcoci[35], Jürgen Mosler[36], Peter Saunders[37], Berthold Dinter[38], Michael Krämer[39] und der Szene-Publizist Edgar Geiss.

---

[35] Der 1963 geborene Malcoci ist bereits Anfang der achtziger Jahre in der Zeitschrift 'Sieg' als "Berichterstatter" aufgeführt. Seine Haupttätigkeit zu dieser Zeit ist die des Kameradschaftsführers der ANS/NA. (breif vom 9.1.1998) Außerdem ist er sehr aktiv im Vorstand der HNG. (vgl. Kap. 6.4.2.) Weitere Stationen nach dem ANS/NA-Verbot sind die inzwischen ebenfalls verbotenen Gruppen FAP und Nationale Offensive (NO). Auch in der esoterischen Szene am äußersten rechten Rand ist er kein Unbekannter. Am 22.11.1992 wird der "ORDEN VON THULE" neu gegründet, Ordensleiter ist Christian Malcoci.
[36] Mosler ist führendes Mitglied der "Aktionsfront Nationaler Sozialisten/ Nationaler Aktivisten", 1984 Mitbegründer der FAP Nordrhein-Westfalen und deren erster Vorsitzender. (vgl.

Die Postille druckt ganzseitige Propaganda für die "WSG Hoffmann" ab. In der 'Sieg'-Ausgabe Nr. 3/4 1979 wirbt die Truppe um "Frauen in der WSG". Sie will politisierte Frauen ansprechen, die dann "bei der Beschaffung von Aufklärungsergebnissen" eingesetzt würden (S. 25). Die WSG wird in 'Sieg' öfter thematisiert. Nach dem Verbot der Gruppe beklagt Ochensberger den "Justizterror in der 'BRD'."('Sieg' Nr. 1/2 1980)

Nicht nur die Kontakte, sondern auch die Inhalte der Ochensberger-Schriften gehen über politische Agitation hinaus. So gibt er "getarnt als Verhaltensmaßnahmen für den Fall eines Krieges" (Hirsch 1989, S. 78) eine Anleitung zum Bürgerkrieg heraus. Die Schrift sollte

> "zur Schulung militanter rechtsradikaler Nachwuchskräfte dienen. Der Abschnitt (...), der sich mit Zivilverteidigung befaßt, gilt nach den Worten des Herausgebers 'selbstverständlich nur in einem Kriegsfall oder im Falle eines Einmarsches od. Überfalls einer ausländischen Macht'. Die Anleitung zum Zivilschutz enthält u.a. Anweisungen zur Taktik-Schulung, zur Bildung von Zellen des Widerstands, zu Sabotage, 'lautlosem Erledigen eines Wachpostens', zum 'Kampf um die Jugend' und zur 'Taktik der Wider-

---

Christians 1990, S. 100) Als sich die FAP Mitte der achtziger Jahre wegen Kühnens positven Aussagen zum Verhältnis von "Homosexualität und Nationalsozialismus" spaltet, ist Mosler sein wichtigster Gegenspieler im internen Machtkampf.

37 Der in Zürich wohnende britische Staatsangehörige Peter "Pit" Saunders gründet im September 1981 die neonazistische schweizer Gruppe "Kameradschaft Adlerhorst". Die Ideologie des "Adlerhorst" orientiert sich am Nationalsozialismus. Ab Herbst 1982 tritt Saunders Gruppe als "Neue Europäische Ordnung" (NEO) auf und versucht über Inserate in der 'Bauernschaft' Anhänger zu werben. Saunders ist auch Mitglied beim deutschen "Stahlhelm". Ab dem Sommer 1983 wird es ruhig um die Organisation. Im Oktober 1985 durchsucht die Polizei seine Wohnung wegen des Verdachts auf Drogenhandel und findet neben zahlreichen scharfen Waffen auch 2,610 Kilogramm Haschisch. Er kommt für 14 Monate in Haft und tritt anschließend nicht mehr in der Neonazi-Szene auf. (vgl. Frischknecht 1991, S. 72 ff; WOZ, 6.8.1982). Neben Saunders gehören Roberto Ferretto und Roy Aversano zur "Züricher Redaktion" von 'Sieg' (Frischknecht 1991, S. 73), zwei schweizer Rechtsextremisten mit europaweiten Kontakten. In Österreich besucht Aversano mit Saunders im April 1981 ein NDP-Treffen in Lustenau bei Bregenz. Kurz vor Weihnachten 1982 reisen Aversano und Ferretto zum ersten Frankfurter Treffen von Michael Kühnens "Aktionsfront Nationaler Sozialisten". (vgl. Frischknecht 1991, S. 83) Als Michael Kühnen wieder ins Visier der deutschen Behörden gerät, taucht er in der Schweiz bei Roberto Ferretto unter. (vgl. Frischknecht 1991, S. 126)

38 Das ehemalige Mitglied der Waffen-SS ist Herausgeber der rechtsextremen Publikation 'Wehr Dich' und Vorsitzender des "Volksbundes Rudolf Hess". Dinter meldet fast jedes Jahr den Aufmarsch zum Gedenken an den Hitler-Stellvertreter Rudolf Heß an. (vgl. Schmidt 1993, S. 333)

39 Auch Krämer ist Mitglied bei der ANS/NA. Später bringt er es in den Bezirksvorstand bei den oberbayerischen Republikanern. Ferner engagiert sich der jahrelange Kühnen-Vertraute beim rassistischen neuheidnischen "Armanen-Orden". Anton Schleipfer, Großmeister des "Armanen Ordens": "Religion kann man sich nicht aussuchen wie eine Parteimitgliedschaft. Sie ist rassebedingt, und für den Arier ist die germanische Urreligion der einzige ihm artgemäße Glaube." (blick nach rechts, 4.12.1989). Wegen seiner Mitgliedschaft bei den Armanen muß Krämer die Republikaner verlassen. Derzeit betreibt er einen eigenen Szene-Verlag.

standsbewegung' gegen die Besatzungsmacht. Vor allem die beiden letzten Abschnitte machen deutlich, daß es dem Verfasser nicht um Widerstand in einem kommenden Krieg, sondern um Vorbereitung zu einem Bürgerkrieg geht" (Hirsch 1989, S. 78f).

Ochensberger gibt auch Tips zum Horten von Waffen:

"Taktik der Widerstandsbewegung
Verbergen von Waffen und Munition
Allgemeines:
- (...) Verstecke Waffen und Munition so, daß sie:
a) vom Gegner nicht gefunden werden können;
b) durch Feuchtigkeit nicht verderben.
Das sicherste Versteck ist vergraben. Der Gegner kann dann das ganze Haus niederreissen, ohne etwas zu finden.
Die Technik der Einlagerung von Waffen:
- die ganze Waffe stark einfetten. (Nur Waffenfett verwenden!)
- Die Laufmündung mit einem Fett- oder Wachstropfen schließen.
- Den Verschlußkasten mit einem ölgetränkten Lappen umwickeln.
- Die ganze Waffe in ein großes Tuch einhüllen und diese mit Schnüren festbinden.
- Die so verpackte Waffe in eine Holzkiste legen.
- Die Fugen der Holzkiste abdichten. Mittel: Kerzenwachs, Bienenwachs, Kitt (...)"
(Ochensberger-Schrift, Blatt XIII/35 zit. aus Hirsch 1989, S. 80).

Daß Ochensberger von staatlichen Verboten betroffene oder gefährdete rechtsextreme Gruppen (beispielsweise die WSG Hoffmann) ansprechen will, bleibt in dem Dokument kein Geheimnis:

"Der Gegner fürchtet die gemeinschaftsbildenden Kräfte, die in der freien und nationalistischen Jugendbewegung lebendig sind. (...) jedes äußere und innere Festhalten an der alten Form wird konsequent verfolgt. Es wird den nationalen und volkstreuen Jugendbewegungen insbesondere verboten: Tragen von Uniformen oder uniformähnlichen Kleidungsstücken, Führen von Abzeichen, Wimpeln, Fähnlein usw., geschlossene Aufmärsche, Wandern, Zelten."

Insgesamt läßt sich die Zusammenarbeit der "Wehrsportgruppe Hoffmann" mit der rechtsextremistischen Szene Österreichs folgendermaßen zusammenfassen:

1. Zumindest ein Mitglied des "Nationalistischen Bundes Nordland" besucht Übungen der WSG.
2. Zwei österreichische Staatsbürger, davon ein einschlägig bekannter Rechtsextremist, gehören dem "Freundeskreis zur Förderung der Wehrsportgruppe Hoffmann" an.
3. Das militant-neonazistische Organ 'Sieg' wirbt für die Wehrsportgruppe Hoffmann.
4. In der 'Sieg'-Redaktion befinden sich Gefolgsleute Hoffmanns.

7.5.2. Von der WSG zur österreichischen Terrorszene

Am 17.10.1983 beginnt vor dem Wiener Landgericht der größte Neonaziprozeß in der Nachkriegsgeschichte der Alpenrepublik. Hauptbeschuldigter: der deutsche Rechtsextremist Ekkehard Weil. Ihm werden diverse Sprengstoffanschläge[40] und das Bombenattentat auf das Wohnhaus des Leiters des Jüdischen Dokumentationszentrums in Wien, Simon Wiesenthal, angelastet. Die Szene beschreibt den Anschlag heute als "Lachnummer", da nur eine winzige Menge Schwarzpulver verwendet worden sei. Die Justiz sieht das anders. Auf der Anklagebank sitzen ferner der ehemalige WSG-Angehörige Attila Bajtsy, Gottfried Küssel[41], Egon Baumgartner[42], Dr. Herrmann Plessl[43], der ANR-Vorsitzende Dr. Bruno Haas[44],

---

[40] Die Anschläge richten sich gegen den ORF-Journalisten Alexander Griese sowie gegen zwei Schöps-Filialen.
[41] Küssel ist seit 1976 ist Mitglied in der ANR, seit 1977 nach eigenen Angaben Mitglied der NSDAP/AO (vgl. Handbuch 1993, S. 304), 1980 wird er in Reichenau an der Rax Spitzenkandidat der FPÖ Harald Ofners (vgl. profil, 7.11.1983; Handbuch 1993, S. 333). 1980/1981 gibt Küssel die NS-Postille 'Halt' heraus (vgl. Handbuch 1993, S. 304), 1981-1983 agitiert er im Fußballstadion und wirbt über 60 Jugendliche für die ANR an. Küssel lädt sie zu verschiedenen Ausbildungslagern ein, wo sie militärisch geschult werden. Nazilieder werden gesungen, Küssel läßt sich als "Hauptsturmführer" anreden. Er wird inhaftiert (vgl. Arbeiter Zeitung, 30.9.1993, Volksstimme, 30.9.1983) und 1983/1984 wegen NS-Wiederbetätigung verurteilt. Weitere Stationen: 1985 Mitglied in der "Nationalen Front", 1985 Mitglied der "Volkssozialistischen Partei", 1986 Gründung der "Volkstreuen Außerparlamentarischen Opposition" (VAPO), 1987 Teilnahme an Treffen von Michael Kühnen in Höchst bei Frankfurt und Ernennung zum "Bereichsleiter Ostmark", 1990 Organisation einer VAPO-Demonstration in St. Pölten und Wehrsportübungen im Raume Langenlois. Teilnahme an Veranstaltungen in ganz Europa: Unter anderem mit Gary Lauck in Dänemark und bei der "Deutschen Alternative" in Cottbus/Brandenburg, Redner bei der Rudolf Heß-Demonstration in Wunsiedel. 1991 Verhängung eines Einreiseverbots nach Deutschland durch den Bundesinnenminister. Trotzdem nimmt Küssel an zahlreichen rechtsextremistischen Demonstrationen in Deutschland teil: 1992 wird er in Wien zusammen mit dem deutschen Neonazi Klaus Kopanski verhaftet und 1993 durch das Landgericht für Strafsachen in Wien zu zehn Jahren Haft wegen NS-Wiederbetätigung verurteilt. (vgl. Handbuch 1993, S. 305 f)
[42] Baumgartner (gestorben 1990) gerät bereits 1965 und 1967 mit den österreichischen Behörden wegen Verstoßes gegen das NS-Verbotsgesetz in Konflikt. Er hat später Kontakte zur NSDAP/AO. (vgl. Handbuch 1993, S. 289) 1979 Mitorganisator der neonazistischen Kundgebung in Braunau am Inn anläßlich des 90. Geburtstages von Adolf Hitler. Coorganisatoren sind die ANR und der NBN. 1988 Anstiftung von Jugendlichen zur Gründung einer "Aktionsfront Nationaler Sozialisten" und zu Hakenkreuzschmiereien. Im selben Jahr wird er zu vier Jahren wegen NS-Wiederbetätigung verurteilt. (vgl. Handbuch 1993, S. 289 und S. 442)
[43] Der Rechtsextremist wird 1971 erstmals festgenommen, als er am österreichischen Staatsfeiertag die Feier vor dem Heldenmal stört und NDP-Flugblätter streut. 1972 schmiert er "Juden raus!" ans internationale Studentenheim im 19. Bezirk (vgl. 'profil', 7.11.1983). Von 1973 bis 1975 ist er verantwortlicher Redakteur der 'Nationaldemokratischen Nachrichten' und gründet für die NDP-Bundesführung am 21.10.1973 den inzwischen verbotenen "Bund Nationaler Studenten" (BNS). 1979 ist Plessl Mitorganisator der neonazistischen Kundgebung in Braunau anläßlich des 90. Geburtstages von Adolf Hitler. Er wird im selben Jahr bei paramilitärischen

Michael Witt[45], Dr. Martin Neidhart[46], Manfred Luxbacher[47]. Bajtsy brüstet sich, in Lagern der PLO ausgebildet worden zu sein. (vgl. 'profil', 7.11.1983). Der überzeugte Neonazi gibt vor Gericht zu, Kontakte zu rechtsextremen Lager zu haben:

> "Durch ein Flugblatt, fuhr Bajtsy fort, sei er ungefähr 1977 auf das Vereinslokal einer ANR-Untergruppe in Wien-Alsergrund, Müllnergasse, aufmerksam geworden und habe Leute vorgefunden, deren Ideale mit seinen harmonierten. Wörtlich sagte Bajtsy: 'Sie hatten ein anständiges Auftreten, ausgeprägtes Kameradschafts- und Verantwortungsbewußtsein und ein klares Ziel vor Augen.' Er betonte weiter, er sei nie ein Mitglied der ANR gewesen, sondern habe sich diesem Personenkreis zugehörig gefühlt. Nach der Abspaltung der Angeklagten Dr. Neidhart, Dr. Plessl und Küssel der ANR und Gründung einer eigenen Vereinigung 'Nationalistischer Bund Nordland' habe er Kontakt zu den Kameraden aufrecht erhalten. Etwa fünfmal habe er auch an Lagern teilgenommen" ('Wiener Zeitung', 20.10.1983).

Die Zentralfigur des Prozesses Weil ist bereits 1971 in Westberlin wegen des Mordanschlages auf einen Wachsoldaten[48] am sowjetischen Ehrenmal zu sechs Jahren Haft verurteilt und 1975 begnadigt worden. Damals bezeichnet sich Weil als Mitglied der "Europäischen Befreiungsfront" (EBF). (vgl. 'Neues Volksblatt',

---

Übungen im Wienerwald verhaftet. 1979 gehört er zu den Gründern der ANR-Abspaltung "Nationalistischer Bund Nordland" (NBN). (vgl. Handbuch 1993, S. 311).
[44] Dr. Bruno Haas, früher uneingeschränkter Chef der österreichischen ANR. Am 3.4.1970 gründet er die "Arbeitsvereinigung für Mittelschüler" (AVM). Sie wird 1973 in erster Instanz verboten, das Verbot 1975 wieder aufgehoben, im Oktober desselben Jahres erneut verboten. 1981 gründet Haas die "Partei für Recht und Ordnung" (PRO) als Nachfolgeorganisation der ANR. 1984 Verurteilung im Wiener Neonaziprozeß zu einer bedingten Haftstrafe von neun Monaten. 1985 Vortrag bei der NDP zum Thema "Strategie gegen das Regime - neue Formen des Widerstandes - der Angriff". 1986 Vortrag bei der NDP zum Thema "Enteignet die Bonzen". 1990 Vortrag bei der Wiener Burschenschaft Olympia zum Thema "Politjustiz in Österreich" und offener Unterstützer der Liste "Nein zur Ausländerflut". 1991 referiert Haas auf einer Veranstaltung der Bürgerinitiative "Nein zur Ausländerflut". (vgl. Kreiswahlbehörde Wien in MA 62 - 53/N 90, S. 6; Verwaltungsgerichtshof Wien W I-II/90 - 9)
[45] Witt veröffentlicht in den vergangenen Jahren wiederholt Autor in Gerd Honsiks revisionistischem Organ 'Halt' (vgl. Handbuch 1993, S. 212), früher Organisationsleiter der ANR in Wien. (vgl. Purtscheller 1993, S. 216)
[46] Gemeinsam mit Plessl und anderen Rechtsextremisten gründet Neidthart 1979 den NBN und wird dessen Obmann. Im selben Jahr Beteiligung an NBN-Provokationen in Linz-Urfahr und Salzburg, bei der NBN-Mitstreiter in SS-ähnlichen Uniformen auftreten. Neidthart wird zu einer Geldstrafe verurteilt. 1980 Hausdurchsuchung der Staatspolizei in seiner Wohnung und Beschlagnahmung rechtsextremistischen Propagandamaterials. Am 1.12.1980 wird er als verantwortlicher Redakteur der NBN-Zeitschrift 'Der Stoßtrupp' durch das Strafbezirksgericht Wien wegen Beleidigung des Nationalrates verurteilt. (vgl. Handbuch 1993, S. 311)
[47] Beim Wiener Neonazi-Prozeß 1983 erfährt die Öffentlichkeit heraus, daß Luxbacher sieben Jahre in der Fremdenlegion gedient hat. Er ist ferner nach eigenen Aussagen bis 1977 Mitglied der NDP.
[48] Datum des Anschlages ist der 7.10.1970, der Jahrestag der Oktoberrevolution.

19.10.1983) 1977 verübt er einen Brandanschlag auf die Geschäftsstelle der "Sozialistischen Einheitspartei West-Berlin" (SEW), legt Feuer in einem Berliner Kaufhaus und attackiert den evangelischen Bischof von Berlin. Er wird zu drei Jahren Gefängnis verurteilt. Nach der Haftentlassung im Oktober 1979 flieht er ins Ausland und taucht bei Rechtsextremisten in Frankreich, Belgien und in Österreich unter. Am 4.8.1982 wird er in Österreich verhaftet. (vgl. Verfassungsschutzbericht des Bundes 1982, S. 124)

Weil wird der Kontakt zu Hoffmanns Geschäftspartner im Libanon, Udo Albrecht, zum Verhängnis. Der in der BRD inhaftierte Albrecht entzieht sich der Verurteilung durch eine spektakuläre Flucht. Am 29.7.1981 will er Polizei und Staatsanwaltschaft in Lauenburg angeblich ein Waffenversteck zeigen. Unter den Augen der Beamten setzt er sich kurzerhand in die DDR ab. Später taucht er in einem PLO-Lager auf. 1983 zur Zeit des Prozesses soll er sich im Südjemen befinden. (vgl. 'Salzburger Nachrichten', 27.10.1983) Albrecht gilt bei seinen ehemaligen Gesinnungsgenossen als STASI-Informant, ein Verdacht, der sich später bestätigt. Die österreichischen NDP-ler, die Weil zunächst verstecken, glauben, auch er sei ein "Ostagent", und liefern ihn der Staatspolizei aus. (vgl. Purtscheller 1993, S. 202 ff)

Anhand von Weils Telefonregister, in dem Baumgartner, Bajtsy und Plessl stehen, kommt es zu weiteren Verhaftungen. Beim Wiener Prozeß 1983 werden Weil neben NS-Wiederbetätigung vier vollendete und ein versuchter Sprengstoffanschlag vorgeworfen. Seinen ersten Prozeßtag nutzt er für Neonazipropaganda und antisemitische Hetze: "Es gibt nur einen Kriegstreiber auf dieser Welt, und das ist das internationale Weltjudentum". ('Volksstimme', 25.10.1983) Die sogenannte Umerziehung des Volkes habe zum Ziel, Deutschland zu kriminalisieren und ihm die Kriegsschuld zuzuschieben. Die Massenvernichtungslager samt Vergasungsstätten seien eine Propagandalüge der Alliierten.

Der ehemalige WSG-Mann Bajtsy gibt am zweiten Prozeßtag zu, in Weils Auftrag Schwarzpulver besorgt zu haben. Er gesteht, an einem Einbruch bei der Salzburger Firma Roitner teilgenommen zu haben, bei dem Weil, Luxbacher und er 300 Kilo Schwarzpulver erbeutet haben. Es sei "ein Kameradschaftsdienst" für Weil und Luxbacher gewesen. ('Die Presse', 20.10.1983) Das Schwarzpulver wird bei den inkriminierten Sprengstoffattentaten verwendet. Aufschlußreich für Bajtsys ideologischen Hintergrund sind die folgenden Dialoge mit dem vorsitzenden Richter Dr. Heinrich Gallhuber.

Richter: "Wären S' doch zu den Pfadfindern gegangen." Bajtsy: "Ich war Pfadfinder." Richter: "Wären S' dort geblieben." Bajtsy: "Alte Pfadfinder sind lächerlich." Richter: "Wie alt waren S' denn, als Sie zur ANR gegangen sind?" Bajtsy: "Sechzehn" (...) Bajtsy: "Die Demokratie ist die schlechteste Staatsform. Das hat schon Churchill gesagt." Richter: "...und, daß er keine Bessere kenne." Bajtsy: "Nationalsozialismus. Das ist Volksherrschaft." Richter: "Furchtbar, aber bitte." ('Kurier', 20.10.1983)

Bajtsy gibt an, "im nationalen Sinne" erzogen worden zu sein. Sein Vater gehört vor dem Krieg der ungarischen Faschistenpartei an, die eine blutige Diktatur ausübt. Bajtsy vor Gericht dazu: "Diese Regierung wurde gewaltsam gestürzt wie die deutsche Reichsregierung. Wenn sie nicht beendigt worden wäre, stünde ich nicht hier". ('Volksstimme', 20.10.1983)

Bajtsy bekennt sich nicht nur verbal zum Nationalsozialismus. Er engagiert sich bei der radikalen ANR-Abspaltung "Nationalistischer Bund Nordland" und fungiert hier nach Zeugenaussagen als Kommandant von Wehrsportlagern, so im Sommer 1979 in Ebenau. Michael Wendlinger, ein junger Mann, der über seine Begeisterung für Moto-Cross-Fahren zufällig in einem Bajtsy-Lager landet, erinnert sich:

"Besonders 'feierlich' ging es im Salzburger NBN-Lager beim Hissen der Hakenkreuzfahne zu: Eine Viertelstunde wurde der 'deutsche Gruß' und treudeutsches Liedgut gepflegt. Dem Anlaß angemessen, etwa das Horst-Wessel-Lied: 'Die Fahne hoch (...)'."

Außer der ideologischen Indoktrination wird auch hart "gearbeitet". Zeuge Wendlinger: "Wir mußten Kampfstellungen ausbauen, Schützengräben tarnen und so Scherze. Dann gab es noch so Alarmübungen. Das war im wesentlichen im Schützengraben rein- und raushüpfen."

Bajtsy sieht sich als Führer und läßt sich im Lager mit "Heil Hitler, Herr Unterscharführer" ansprechen. Dazu die passende Uniform: original SS-Ledermantel, schwarzes Hemd, Stiefel, Reithose, Schulterriemen, Hakenkreuzabzeichen auf der Krawatte, Reichsadler und SS-Runenzeichen am Mantel. Die Übung klingt in einem Gasthaus auf dem Gainsberg mit einem "anschaulichem Unterricht" über das Deutsche Reich aus, so der Zeuge. Dabei sei auch von der Säuberung Österreichs von Ausländern und Juden die Rede gewesen. Bajtsy bestreitet die Schilderungen als "falsche Aussage". ('Volksstimme', 22.11.1983; 'Salzburger Nachrichten', 23.11.1983)

Auch der ehemalge Neonazi Günther Schnabel, Ex-ANR und Ex-NBN, belastet Bajtsy und hebt den Rassismus des NBN hervor. Schnabel beschreibt sich vor Gericht als Antikommunist. Mit dem NBN habe er gebrochen, denn er sei "selbst nicht ganz arisch": "Was ich nicht g'wollt hab' ist die Rassenpolitik g'wesen. Es kann niemand was dafür, ob er weiß, gelb oder schwarz ist." Auch ansonsten orientierten sich die NBN-Aktivisten am "Dritten Reich". Schnabel: "Adolf Hitler war das Idol." Politisches Ziel des NBN "war, was der Führer auch g'wollt hat, aber nicht g'schafft hat." Zu den Konzentrationslagern habe der NBN gemeint, "es würde nicht schaden, wenn wir noch KZs hätten." Schnabel bestätigt auch die NBN-Fahrten zum Hitlergeburtstag nach Braunau und berichtet über Bajtsys "Kampflager", deren Sinn die "körperliche Ertüchtigung" für den "Ernstfall" gewesen sei. ('Volksstimme', 8.12.1983)

Im Unterschied zu anderen Besuchern von Hoffmanns Wehrsportübungen orientiert sich Bajtsy kompromißlos am Nationalsozialismus. Im Wiener Ge-

richtssal steht er mit seiner politischen Einstellung nicht allein. Bereits am ersten Prozeßtag provoziert Egon Baumgartner mit dem Hitlergruß, Neidhart erklärt am zweiten Tag: "Schuldig ist die österreichische Demokratie als Dienerin des Zionismus und Kommunismus".
Nach fünfeinhalb Monaten werden alle Angeklagten nach dem Verbotsgesetz verurteilt. Ferner werden zwei Rechtsextremisten der Anschläge auf Geschäftslokale in Wien und in Salzburg und des Einbruchs in ein Sprengstofflager einer Salzburger Firma für schuldig befunden, darunter der ehemalige WSG-Mann Bajtsy. Die Strafen im einzelnen:

- Ekkehard Weil (45 Jahre): 5 Jahre

Weil wird wegen der Anschläge auf "Schöps"-Filialen in Salzburg und in Wien im Sommer 1982, wegen des Einbruchs in ein Sprengstofflager eines Salzburger Unternehmens, der Urkundenfälschung und des unerlaubten Waffenbesitzes verurteilt. Hinsichtlich der Attentate auf die Wohnungen von Simon Wiesenthal und Prof. Alexander Giese sowie auf dem Wiener Rudolfsplatz erfolgt Freispruch.
- Attila Bajtsy (24 Jahre): 3 Jahre

Bajtsy beteiligt sich am Anschlag in Salzburg und - ebenso wie Luxbacher - am Einbruch in das Sprengstofflager.
- Egon Baumgartner (61 Jahre): 20 Monate
- Dr. Herrmann Plessl[49] (33 Jahre): 18 Monate
- Dr. Martin Neidhart (27 Jahre): 15 Monate
- Gottfried Küssel (25 Jahre): 12 Monate
- Dr. Bruno Haas (32 Jahre): 9 Monate
- Michael Witt (25 Jahre): 3 Monate

Weil und Bajtsy nehmen das Urteil noch am selben Tag an. Zur Begründung des Urteils sagt der Vorsitzende Richter Dr. Gallhuber Haas, Witt, Neidhart und Bajtsy sei die Unbescholtenheit, Witt, Küssel und Bajtsy das Alter unter 21 Jahren zugute gekommen. Als erschwerend nennt er im Falle von Haas und Neidhart - und in Bezug auf die Anschläge auch im Falle von Weil - deren Führungsrolle bei der Ausführung der Taten. (vgl. Salzburger Nachrichten, 4.4.1984)
Die Rolle Bajtsys als Wehrsportfanatiker in Deutschland wie in Österreich belegt den schmalen Grad zwischen paramilitärischer Traumwelt und terroristischer Realität. Wie in zahlreichen anderen Lebensläufen wirkt die Wehrsportgruppe Hoffmann als Durchlauferhitzer. (vgl. Backes/Jesse 1993, S. 91)

---

[49] Plessl hat enge Kontakte zu Weil, wie die Ermittlungen im Verlauf des Prozesses ergeben. Weil besitzt einen Schlüssel zu Plessls Wohnung. Dort befindet sich das Schweißgerät, mit dem das Sprengstoffdepot für Weils Anschläge geknackt worden ist. Um sich ein Auskommen zu sichern, darf Weil in der Villa von Plessls Eltern Möbel restaurieren. Weils Mutter übernachtet in Plessls Wohnung, wenn sie in Wien ihren Sohn im Gefängnis besucht. (vgl. Purtscheller 1993, S. 218; profil, 7.11.1983; Volksstimme 28.12.1983)

7.6. WSG in Südtirol

Einige Mitglieder der WSG engagieren sich im Südtirol-Konflikt, darunter Peter Weinmann, Herbert Hegewald und Vincenzo Garufi. Weinmann und Hegewald sind jedoch mehr als nur "gewöhnliche" Rechtsextremisten. Beide arbeiten im Auftrag des italienischen Geheimdienstes SISMI und der STASI, so daß nach Bekanntwerden der Schnüffelaktivität in Szenepublikationen wie 'Der Tiroler'[50] vor ihren gewarnt wird.

Der am 11.5.1937 in Dübrichen geborene Hegewald ist schon seit den sechziger Jahren in der militanten separatistischen Szene Südtirols aktiv. Er knüpft 1964 Kontakte zu Attentätern des Befreiungsauschusses Südtirol (BAS)[51] und wohnt

---

[50] vgl. 'Der Tiroler', Heft 40, 1992.
'Der Tiroler' ist das Organ der "Kameradschaft der ehemaligen Südtiroler Freiheitskämpfer" und wird heute u.a. von dem früheren Südtirol-Extremisten Peter Kienesberger in Nürnberg herausgegeben. Das Blatt befürwortet einen Anschluß Südtirols an Österreich und hält Lobreden auf alte Südtirol-Terroristen. Außerdem werden Politiker der ultrarechten Parteienlandschaft Europas wie Jörg Haider (Heft 4, 1986) oder die 1989 für die Republikaner ins Europaparlament gewählte Johanna Grund (Heft 2/3, 1989) interviewt.
Über dieselbe Postfachanschrift wie 'Der Tiroler' agitiert auch der "Tiroler Heimatbund" gegen die EG: "Kein Maastricht-EG-Einheitsbrei mit überheblichen Eurokraten an der Spitze, kein Esparantogeld statt DM, sondern ein Europa der Vaterländer, ein Europa mit gegenseitigem Respekt könnte eine gute Zukunft sein". Für den "Tiroler Heimatbund" zeichnen Prof. Dr. Erhart Hartung ("Kameradschaft der ehemaligen Südtiroler"), Herwig Nachtmann ("Tiroler Heimatbund") und Dr. Robert Detzel ("Louis-Amplatz-Spende") verantwortlich. Der ehemalige militante Südtirol-Separatist Hartung ist einer der treuesten Norbert Burger-Mitkämpfer und NDP-Gründungs- und Bundesvorstandsmitglied, Nachtmann beteiligt sich in den sechziger Jahren an militanten Aktionen in Südtirol und gibt heute die rechtsradikale Haidernahe Monatsschrift 'Aula' heraus. (vgl. Purtscheller 1993, S. 60, 68, 155)
[51] Der BAS wird 1959 als katholisch-konservative Organisation gegründet, die das Selbstbestimmungsrecht für Südtirol fordert, was implizit den Anschluß an Österreich bedeutet. BAS-Gründer Wolfgang Pfaundler zur Motivation seiner Organisation: "Es mag übertrieben klingen, heute ist es ja fast schon ein Schimpfwort, aber wir haben uns als 'österreichische Patrioten' gefühlt, und zu unserer Meinung eben auch Südtirol gehört". (zit. aus Purtscheller 1993, S. 47) Neben Pfaundler sorgen auch Fritz Molden und Gerd Bacher für die finanzielle Unterstützung der Organisation, die mit Gewalt für die Südtiroler Autonomie kämpft. Interessanterweise ist vor 1945 nur Bacher Mitglied der NSDAP, während Pfaundler und Molden sogar Meriten im bürgerlich-konservativen Widerstand gegen den Nationalsozialismus erwerben. Auch zu den Rechtssextremisten um Norbert Burger, die später im BAS wirken, bleibt der BAS anfänglich auf Distanz. (vgl. Purtscheller 1993, S. 47) Die berüchtigste Gewalttat des BAS ist die "notte dei fuochi" (Feuernacht) vom 11. auf den 12.6.1961, in der 37 Strommasten in die Luft gejagt werden und in großen Teilen Südtirols der Strom ausfällt. In Oberitalien zerstören die Attentäter außerdem sieben der neun Oberlandleitungen. Ein Mensch stirbt. Am 12.7.1961 folgt die "kleine Feuernacht", in der acht Strommasten vernichtet werden. Bereits einige Tage später kann die italienische Polizei einen Großteil der Südtirol-Attentäter des BAS verhaften. Nun kommt die Stunde der Rechtsextremen um den späteren NDP-Chef Norbert Burger, die den Terror der ersten BAS-Generation fortsetzen. Von 1962 bis 1967 sterben im Südtirol-Konflikt über 30 Menschen, entweder wegen der heimtückischen Bomben der Separa-

bei Gabriele Kinz, der damaligen Leiterin des Tiroler Büros des Deutschen Kulturwerkes. Gegen Hegewald besteht bereits damals in der Attentäter-Szene der Verdacht, er sei Geheimdienstmann, und so erstattet der damalige Terrorist und heutige 'Der Tiroler'-Herausgeber Peter Kienesberger gegen ihn Anzeige. Hegewald, in Deutschland wegen einer abzubüßenden Haftstrafe von sechs Monaten (Waffenbesitz) gesucht, kommt in Schubhaft und wird an Deutschland ausgeliefert. Zugleich wird gegen ihn in Österreich, mit Wirkung ab 1965, ein zehnjähriges Aufenthaltsverbot als "unerwünschte Person" verhängt. (vgl. Peterlini 1992, S. 289) In den siebziger Jahren ist er mit der extremen Rechten Deutschlands eng verquickt und hier aktiv in der Wehrsportgruppe Hoffmann. Auch nach dem Verbot der WSG 1980 geht das politische Engagement Hegewalds weiter.

Als die Karl Außerer-Truppe, bekannt als "Ein Tirol", im April 1986 eine Anschlagswelle in Südtirol startet, ist Hegewald wieder dabei. Von den rund 40 zum Teil schweren Attentaten der Südtiroltterroristen sind Schulen, Kaufhäuser, Wasserversorgungsanlagen Kirchen und Wohnsiedlungen betroffen. (vgl. Sippel 1989, S. 47f) Grund der Attentate ist die Losung "Los von Rom" und der Unmut über die politische Sammelbewegung der deutschsprachigen Minderheit, der Südtiroler Volkspartei. Ihr wirft man zu lasche Verhandlungen und zu großzügige Kompromisse ("Paketabschluß") mit der italienischen Regierung vor. Die Terrorgruppe um Außerer will die Autonomie Südtirols herbeibomben. In einem Flugblatt, das der Sohn Karl Außerers beim ORF abgibt, steht:

"Die Gruppe 'Ein Tirol' meldet sich zum Kampf für ein Tirol.
Das Paket ist Verrat und Betrug an dem deutschen Volk in Südtirol. Die Gruppe 'Ein Tirol' bekennt sich zu den 20 Anschlägen und Mündungsfeuern auf die italienische Besatzung im Vorjahr und dieses Jahres.
Wir fordern die sofortige Volksabstimmung.
Wir kämpfen bis zum Sieg!!!
Gegen Italien stehen wir am Kriegsfuß.
Heil Tirol!
GOTT mit uns!" (zit. nach Peterlini 1992, S. 200).

Am 16. August 1988 verüben die Terroristen um Außerer einen Bombenanschlag auf die Hochdruckleitung der Enel bei der Kleinstadt Lana. Im Bekennerschreiben heißt es:

"DIE KAMPFGRUPPE EIN TIROL
KAMPF DEN WALSCHEN!
EIN TIROL VON KUFSTEIN BIS SALURN! (...)
EIN TIROL BEKENNT SICH AUCH ZU DEM JÜNGSTEN ANSCHLAG in LANA
'EIN TIROL'
GOTT MIT UNS !" (zit. nach Peterlini 1992, S. 209)

---

tisten oder in Polizeigewahrsam der italienischen Polizei, die BAS-Aktivisten bestialisch foltert. (vgl. Purtscheller 1993, S. 47 ff)

Obwohl der inzwischen überführte und verurteilte Terrorist Außerer[52] von ehemaligen Freunden gewarnt wird, kooperiert er mit Hegewald. Ferner erhalten zahlreiche ehemalige Südtirol-Aktivisten, unter ihnen auch Außerer, 1986 ein anonymes Schreiben. Als Absender zeichnet eine "Tirolinformation - Abteilung Spionageabwehr". (Peterlini 1992, S. 289) Aus dem Inhalt:

> "Vertrauliche Informationen für alle die es wissen sollten!!!
> Herbert Hegewald aus Mannheim ist ein V-Mann des Bundesdeutschen Verfassungsschutzes. (...)
> Er benutzt folgende Arbeitsweise: Er besucht einen Kameraden, berichtet, daß er vor einigen Tagen bei einem guten Kameraden war, von dem er viele Grüße bestellt. Er erzählt von dessen netten Kindern, netter Frau u.s.w. als wäre dies der beste Freund von Hegewald.
> Es ergeht an alle folgende Order: 'Still sein und das Maul halten!' Sofort berichten, wann und wo er auftaucht.
> Hegewald hat einen Freund, der auch V-Mann ist. Dieser heißt Friedrich Heckmann aus Ebersbach am Neckar. Beide treten auch oft gemeinsam auf. Heckmann interessiert sich besonders dafür, wer mit wem Kontakt hat, welche Organisationen zusammenarbeiten. Er ist Mitglied einer Südtirol-Organisation, wurde aber dort rechtzeitig erkannt. Heckmann hat eine Druckerei. Wer bei ihm Material drucken läßt, weiß, wo seine 'Werbeexemplare' landen, bevor er selbst sein Material in den Händen hält.
> Beide sind sehr gute Fotografen. Sie machen laufend 'Familienfotos' von den Kameraden. Die Negative landen bei den Auftraggebern."
> (Dokument im Orginaltext wiedergegeben, in: Peterlini 1992, S. 290)

Die Tätigkeit Hegewalds und Heckmanns für VS-Behörden ist nicht verifizierbar, Denunziation aus internen Streitereien möglich. Sicher ist jedoch, daß Heckmann nicht nur in seiner Südtirol-Aktivität mit Hegewald in Kontakt stand. Ein weiteres Bindeglied ist die "Wehrsportgruppe Hoffmann". Hier ist Heckmann 1. Vorsitzender des "Freundeskreises zur Förderung der Wehrsportgruppe Hoffmann".

Den Kontakt zwischen Hegewald und Außerer stellt der inzwischen verstorbene überzeugte Nationalsozialist und Ex-Südtirol-Attentäter Karl Schafferer her, der Hegewald in die Szene einführt. Außerer und Hegewald beginnen einen regen Handel mit militärischer Ausrüstung. Nach der Verhaftung Außerers als Chef der Terrororganisation "Ein Tirol" werden zahlreiche Waffen und militärisches Zubehör beschlagnahmt.

Am 3. November 1988 wird Karl Außerer nach erfolgreichen polizeilichen Ermittlungen bei seinem Sprengstofflieferanten Josef Gretler verhaftet. Gretler gesteht, nachdem die Polizei durch Sprengstoffvergleiche auf seine Spur gekommen ist, dem Terroristen 115 Kilogramm Sprengstoff verkauft zu haben. Bei den Hausdurchsuchungen im Rahmen der Außerer-Inhaftierung finden die Beamten in Außerers Insbrucker Tischlerei, Innstraße 51, ein Maschinengewehr, Maschinen-

---

[52] Außerers Tischlerei in Innsbruck erscheint bis zur zweiten Hälfte der achtziger Jahre als österreichische Kontaktadresse der Zeitschrift 'Der Tiroler'.

gewehrbestandteile, Patronen, Sprengkapseln, zwei leere Reiseweckeretuis und einen neuen Reisewecker der Marke Anker, die bereits zu Zeitzündern umgebaut waren.

Bei der Durchsuchung der Außerer-Wohnung im Innsbrucker Schillerweg 2 findet die Polizei Patronen, Magazine und Munition für Maschinengewehre, acht Karabiner verschiedener Größe etc... Eine Woche später erfährt die Polizei von einem neuen Versteck Außerers in der Innstraße 6, in der Nähe der Tischlerei. Hier findet sich das größte Arsenal: Ein deutsches Sturmgewehr MP 44 mit Munition, vier Pistolen, acht Maschinenpistolen, Futterale für Gewehre und Pistolen, Zündschnüre, Brimont-Sprengkapseln, elektrische Minisekundenzünder und drei rudimentäre Rohrbomben. Als einen Tag darauf noch einmal Außerers Wohnung und seine Tischlerei durchsucht werden, finden die Beamten auch das angekaufte Material von Ex-WSG-Mann Hegewald. Die Polizei beschlagnahmt Feldrucksäkke, Feldflaschen, sieben Tarnzelte, Stahlhelmtarnüberzüge, Tarnhosen, Tarnjakken, einen Wehrmachtshelm und Munition. (vgl. Peterlini 1992, S. 227)

Laut der späteren Gerichtsaussage von Außerer-Sohn Reinhard Breitenberger stammt das bei seinem Vater beschlagnahmte "Militärzubehör" von Hegewald. Während seiner polizeilichen Vernehmung am 5.12.1988 sagt er der Stapo: "Einen Großteil der militärischen Gegenstände (gemeint Uniformen, Tarnanzüge, Zelte, Offiziermeldetaschen) hat mein Vater vor ca. ein bis zwei Jahren vom deutschen Staatsangehörigen Herbert Hegewald bekommen." (zit. aus Peterlini 1992, S. 291) Daß Hegewald auch die Waffen liefert, kann vor Gericht nicht nachgewiesen werden.

Im Herbst 1991 ermittelt die Generalbundesanwaltschaft gegen Hegewald "wegen Verbindungen zum Ministerium für Staatssicherheit in der ehemaligen DDR" (Peterlini 1992, S. 298), außerdem im Zusammenhang mit den Südtirol-Anschlägen. Sein BKA-Aktenzeichen lautet: ST-32-0850001/91.

Ebenfalls wegen des "Verdachts geheimdienstlicher Agententätigkeit" ermittelt die Generalbundesanwaltschaft gegen den Rechtsextremisten Peter Weinmann. Dieser firmiert auf Briefen des "Freundeskreises zur Förderung der Wehrsportgruppe Hoffmann" als "Informationsstelle Bonn: Ermekeilstraße 15". Das Ziel des "Förderkreises", dem Weinmann angehört, wird von dessen Präsidenten Bruno Weigand klar umrissen:

> "Die WSG Hoffmann-Truppe unterhält in vielen Städten Deutschlands und Österreichs Truppen, sie pflegt Kontakte mit vielen artverwandten Vereinigungen. Der angedeutete Umfang macht deutlich, daß die Unterhaltung der WSG Hoffmann-Truppe materielle Mittel benötigt, die über die Möglichkeit einer einzelnen Person weit hinausgehen.
> Aus diesem Grunde hat sich ein 'Freundeskreis zur Förderung der Hoffmann-Truppe' die Aufgabe gestellt, die materiellen Voraussetzungen zur Erhaltung und Ausbreitung der WSG zu organisieren."[53]

---

[53] zit. aus der Selbstdarstellung des "Freundeskreis zur Förderung der Wehrsportgruppe Hoffmann".

Diesem Ziel arbeitet Weinmann in seiner Tätigkeit als "Informationsstelle" emsig zu. Zu seiner Arbeit in der WSG schreibt er:

> "Zählt zu den Vernehmungspunkten. Habe den ersten Film über die Hoffmann-Gruppe (1973) an den Westdeutschen Rundfunk ARD, Redaktion Monitor, geliefert und DM 400 Honorar bekommen. Redakteur Erich Potthaus. War zudem mit Karl-Heinz Hoffmann abgestimmt. Daraus kann eine Spende erwachsen sein. Kann mich nur noch daran erinnern, daß eine Feier im Schloß stattgefunden hat, wo die Gelder für H. gesammelt worden sind." (Brief Peter Weinmanns an Hans Karl Peterlini vom 4.3.1992, in: Peterlini 1992, S. 310)

Gleichzeitig arbeitet Weinmann für zahlreiche Geheimdienste, darunter auch für die STASI, was aber erst 1991 bekannt wird, und zwar im Zusammenhang der Vernehmung des Fregattenkapitäns der Bundeswehr Wolfram Lindner am 22.10.1991 durch BKA-Beamten. Es geht um Archivakten der STASI, die Lindner als eines der vielen bespitzelten STASI-Opfer ausweisen. Der Südtirol-Bezug der Affäre entsteht durch Linders frühere Tätigkeit im Verein der Luis-Amplatz-Spende, eines Fonds für die Familien der Südtirol-Attentäter der sechziger Jahre. Bei der Durchsicht der STASI-Akten wird klar, daß Weinmann STASI-Informant gewesen ist. So notiert Lindner über die BKA-Vernehmung:

> "Akten des Ministeriums für Staatssicherheit der ehemaligen DDR. Verfasser: Peter Weinmann, der über jedes Zusammentreffen einen Bericht nach dort geschrieben hat; darunter Beschreibung des Büros im Bundesministerium für Verteidigung mit Einrichtungsgegenständen, der Wohnung im Schwalbenweg 2 mit Angaben zu: Nichtraucher, getrunkener Biermenge usw. und der Behauptung, ich würde Anschläge in Süd-Tirol befürworten." (Wolfram Lindner über die BKA-Vernehmung am 22.10.1992, ST32 zit. aus Peterlini 1992, S. 305)

Daß es sich dabei nicht um Vermutungen oder eine Verschwörungstheorie handelt, belegen inzwischen auch offizielle Dokumente. In einem Brief des Landeskriminalamtes Rheinland-Pfalz an die Staatsanwaltschaft Mainz heißt es im Protokoll der Vernehmung Peter Weinmanns vom 10.4.1992:

> "Der Generalbundesanwalt in Karlsruhe führt gegen Peter Weinmann ein Ermittlungsverfahren wegen Verdachts der geheimdienstlichen Agententätigkeit für das ehemalige Ministerium für Staatssicherheit (MfS) der DDR.
> Der Beschuldigte steht im Verdacht, von August 1984 bis zum Sommer 1989 dem MfS Informationen über die bundesdeutsche und Südtiroler Rechtsszene geliefert zu haben.
> Neben seiner nachrichtendienstlichen Tätigkeit für das MfS war Weinmann ab 1976 bis zuletzt als Quelle für den italienischen Geheimdienst SISMI tätig.
> Arbeitsgegenstand von Weinmann war hier die Informationsbeschaffung über die Südtiroler Seperatistenbewegung und deren bundesdeutsche Unterstützerszene." (Dokument in: Peterlini 1992, S. 307)

Am 17.2.1992 gesteht Weinmann schließlich im Verhör beim LKA Rheinland-Pfalz seine Tätigkeit für STASI und SISMI[54]. Bei der STASI trägt er den Decknamen "Rolf Römer". Darüberhinaus arbeitet Weinmann für das Kölner Bundesamt für Verfassungsschutz. Der "dreifache" Weinmann: IM Römer, SISMI-Agent "Sigmund" und zuvor V-Mann "Werner". (vgl. 'Der Spiegel', Nr.7/1994, S. 36) In einem Interview erklärt er, er sei dort von 1968 bis 1977 tätig gewesen und ergänzt: "Ich bin 23 Jahre meines Lebens in diesem Job, ich mach doch gar nichts anderes." ('Südtirol-Illustrierte' 8/1993, zit. aus 'Der Tiroler', Heft 41, 1993, S. 10) Im selben Zeitungsgespräch bestätigt Weinmann, daß auch sein alter WSG-Gefährte Hegewald für SISMI und STASI tätig war. Zum gemeinsamen Interesse von STASI und SISMI an Südtirol erklärt Weinmann:

"Die Italiener sagen, unsere Grenze geht bis zum Brenner bis ins Jahr 3000, und das MfS hat gesagt, das ist gut, der Streit da unten, der gefällt uns, wir setzen uns rein und mischen da richtig mit, auf daß da unten richtig Tumult ist. Denen ging es ganz eindeutig darum, in Südtirol eine instabile Zone innerhalb der NATO zu haben." ('Südtirol-Illustrierte' 8/1993, zit. aus 'Der Tiroler', Heft 41, 1993, S. 12).

Die politische Karriere des Agenten Weinmann (geb. am 1.3.1946) beginnt 1966 mit dem Eintritt in die NPD, die er 1969 wieder verläßt. Grund dafür ist der Druck seines Chefs beim 'Westfalenblatt', der die Nationaldemokraten als zu radikal einstuft. Im selben Jahr tritt er dann in die CDU ein und wird Sprecher der Jungen Union im Kreis Warendorf. Kurze Zeit später verläßt er die CDU und engagiert sich 1971 in der NPD-Abspaltung "Aktion Neue Rechte". Hier lernt er Friedhelm Busse kennen, mit dem er am 17.6.1971 in Krefeld die rechtsextreme "Partei der Arbeit" gründet. 1972 stürmt Weinmann mit der "Aktion Widerstand" in Düsseldorf eine DKP-Veranstaltung und befreit ferner mehrere Gesinnungsgenossen aus dem Polizeigewahrsam. ('Der Spiegel', Nr. 7/94, S. 37) Während seiner Zeit im "Freundeskreis zur Förderung der Wehrsportgruppe Hoffmann" sammelt er Geld für den WSG-Chef und wirbt Jugendliche für Wehrsportübungen, die bei einer Kiesgrube in St. Augustin Hangelar stattfinden.

"Bei Geländespielen und Schießübungen allein bleibt es bald nicht mehr. Die Jugendlichen bekommen nach Auskunft von Michael (einem Aussteiger der Weinmann-Gruppe, Anm. d. Autors) Anleitungen in die Hand, wie man einen separatistischen Kampf durchführt, wie man Sprengstoff bastelt, um Gebäude oder Brücken oder anderes zu zerstören." ('Der Rechte Rand', April-Mai 1993, S. 7)

---

[54] vgl. Dokument: Bundesnachrichtendienst 51CA/51CA (1Hs), Az 54-75, 51c - 0942/93 VS-NfÜ vom 1.7.1993 auf Anfrage des Landeskriminalamtes Rheinland-Pfalz. Darin schreibt der BND: "Eine Identifizierung der 'Führungsoffiziere' WEINMANN's von Seiten des Bundesnachrichtendienstes nicht möglich. Eine Nachfrage bei SISMI würde mit an Sicherheit grenzender Wahrscheinlichkeit zu keinem Ergebnis führen, obwohl SISMI zugab, daß WEINMANN für sie gearbeitet hat". (S. 2)

Später distanziert sich Weinmann von Hoffmann: "Der Hoffmann war mir nicht geheuer, ein unangenehmer Typ." ('Der Spiegel', Nr. 7/1994, S. 37) In den achtziger Jahren tritt Weinmann, eingeführt von Friedhelm Busse, bei der Bonner FAP auf und veranstaltet dort ideologische Schulungen. Ende der achtziger Jahre wird der Geimdienstmann erneut aktiv, diesmal als Mitarbeiter der damals "Republikaner"-nahen Zeitschrift 'Europa Vorn'[55]. Außerdem veröffentlicht er im NPD-Organ 'Deutsche Stimme', in den 'Deutschen Annalen' und in der rechtsextremen Ideologie-Schrift 'Nation und Europa'. (vgl. 'Der Tiroler', Heft 40, 1992, S. 17) Er versucht auch, Redaktionsmitglied in 'Der Tiroler' zu werden. Zur Absage an Weinmann schreibt das Blatt später: "Insbesondere seine Nähe zur 'Wehrsportgruppe Hoffmann', die klar neonazistisch ausgerichtet und darüber hinaus auch noch mit Spitzeln von Geheimdiensten aller Richtungen durchseucht war, verbot eine Zusammenarbeit." ('Der Tiroler', Heft 40, 1992, S. 17)

Diese Erkenntnis hat inzwischen auch in zahlreichen Publikationen ihren Niederschlag gefunden.[56] In der Dokumentation "Der Hoffmann Prozeß" nimmt die Auflistung von mutmaßlichen Geheimdienstlern in den Reihen der WSG zwei Seiten in Anspruch. (S. 18f)

Auch der Italiener Vincenzo Garufi gerät bei seinen Südtirol-Mitstreitern in Verruf. So warnt 'Der Tiroler' mit vier steckbrieflichen Fotos, Garufi "steht im dringenden Verdacht als Agent und Provokateur für den italienischen Geheimdienst zu arbeiten und ist in Schwarzgeldgeschäfte verwickelt". Weiter schreibt das Blatt: Garufi

"verkehrt in neofaschistischen Kreisen und gibt sich vor allem in rechten Kreisen in Deutschland als glühender Verehrer des Nationalsozialismus aus. Er unterhielt zum Beispiel intensive Kontakte zur später verbotenen 'Wehrsportgruppe Hoffmann'. Am liebsten läßt er sich in 3. Reich-Phantasieuniformen abbilden und hofft offenbar, damit in bestimmten Kreisen Eindruck zu schinden und Vertrauen zu gewinnen". ('Der Tiroler', Heft 40, 1992)

---

[55] Inzwischen ist 'Europa Vorn' das publizistische Sprachrohr der deutschen Anhänger der Nouvelle Droite. Herausgeber ist noch immer Manfred Rouhs, der allerdings nicht mehr den "Republikanern" angehört, sondern der "Deutschen Liga für Volk und Heimat". Autoren sind neurechte Publizisten wie Michael Walker, Robert Steuckers, Karl Richter und Alain de Benoist.
Seit 1993 versucht sich 'Europa vorn' - Herausgeber Rouhs auch als Tonträgerproduzent. In der ganzseitigen Werbung "Wir machen Musik" ist zu lesen: "Ob Rock, Oi, Heavy Metal oder stimmungsvolle Balladen = wir produzieren nonkonforme Musik jeder Art". Unter den angepriesenen Bands, finden sich rechtsextreme Formationen wie Commando Pernod, Skrewdriver, No Remorse und The Klansmen. (vgl. Fromm/Kernbach 1993, S. 314 f)
[56] Nachdem Weinmann am 20.8.1984 dem MfS seine Dienste angeboten hat, spioniert er 1987 unter anderem bei einer Veranstaltung der Jungen Union in Bonn unter dem Motto "Forum Menschenrechte" über die Betreuung politisch Verfolgter und Gefangener in der DDR.

7.7. Beispiel eines Einzelkämpfers

Bindeglied zwischen dem "Kommando Adolf Eichmann" und der WSG ist der Rechtsextremist Dirk Betton. Der lange Zeit aktive Spaniensöldner wird mit 16 Mitglied der "Jungen Nationaldemokraten". Dann kommt er über die Wiking-Jugend zur "Wehrsportgruppe Hoffmann". Dort nimmt er an drei Übungen teil und baut später selbst eine WSG in Düsseldorf auf. (Roth 1992, S. 203)

Auch internationale Kontakte kann Betton in dieser Zeit knüpfen, so zur "National Front" in Großbritannien und zum "Vlaamse Militante Orde" in Belgien. Am 7.3.1984 tritt er in den Dienst der spanischen Fremdenlegion. Auch hier setzt er seine politische Aktivität fort. In seiner Legionärszeit hält Betton wie sein Freund Gerhard Kuhn Kontakt zu 'Capitain Walter'[57], der ihm Drähte zur Neonazigruppe CEDADE[58] macht.

Ein Beleg für die kontinuierliche politische Aktiviät Bettons ist ein Femegericht, das Betton angeblich in der Legionärskaserne 'Tercio D. Juan de Austria' in Pontodel Rosaria auf Fuerteventura abgehalten haben soll. Außer Betton nehmen der Deutsche Gerhard Kuhn[59], der Spanier C. Tena und der türkische "Graue Wolf" Nasir Demir an dem Spektakel teil. Angeklagt sind Simon Wiesenthal, Serge und Beate Klarsfeld. Sie werden symbolisch zum Tode verurteilt. Bettons zynische

---

[57] Walther Matthaei (1916-1991), in der Neonazi-Szene "Capitan Walter" genannt, vor 1945 NSDAP-Ordensjunker und Mitarbeiter im Ministerium Rosenberg für die besetzten "Ostgebiete". Bereits 1950 beteiligt er sich an der Gründung der rechtsextremistischen "Reichsjugend" als Jugendorganisation der 1952 verbotenen "Sozialistischen Reichspartei" (SRP), bei der er Hauptgeschäftsführer wird. Nach dem SRP-Verbot gründet er noch im selben Jahr die "Wiking-Jugend" und ist auch in deren spanischer Variante, der "Juventud Vikinga", aktiv. (vgl. Schröder 1992, S. 87; Wikinger 1/1991, S. 2; Pressemitteilung zur Gründung der "Deutschen Alternative" vom 14.1.1990, S. 1) 1988 greift Matthaei erneut in die deutsche Neonaziszene ein und wird am 17.12.1988 in Bielefeld in Folge der internen FAP-Auseinandersetzungen um Kühnens Homosexualität Kühnens Vorsitzenden eines Kühnen-treuen "Notvorstandes" gekürt. (vgl. 'Die Neue Front', 7. Jahrgang Nr. 61, S. 6-10) Am 13.1.1990 organisiert die im Mai 1989 in Bremen gegründete "Deutsche Alternative" ihren ersten ordentlichen Bundesparteitag bei Bonn. Erster Bundesvorsitzender der Dezember 1992 verbotenen Partei wird Matthaei. Dieser ist für die rechtsextremistische Szene Deutschlands ein Vorbild, was der Nachruf im Organ der Wiking-Jugend belegt: " Als wir ihn, wie gewünscht, den Flammen übergaben, grüßten Freunde und Kameraden aus ganz Europa mit dem Lied: 'Wenn alle untreu werden, so bleiben wir doch treu ...' Er gehörte zu jenen, die ihren Eid getreu hielten. Möge dieser Offizier aus der Erlebnisgeneration Vorbild bleiben für jene, die in der Zukunftsgeneration die Verantwortung tragen!" (Wikinger 1/1991, S. 2)

[58] Laut Roth sollen Walter und die CEDADE den deutschen Legionären geraten haben, die "Nationalsozialistische Europäische Arbeiterpartei" zu gründen, als deren militärischer Arm das "Kommando Adolf Eichmann" eingerichtet wird. (Roth 1992, S. 202 und S. 204)

[59] Der zweite Femerichter Gerhard Kuhn kommt ebenfalls aus der militanten Rechtsaußen-Szene in Deutschland. Das Mitglied der Wiking-Jugend muß 1984 aus Berlin flüchten, als die Polizei Waffen in seiner Wohnung findet. In Madrid komt er dann über den Rechtsextremisten 'Captain Walter' in die Legion. (Roth 1992, S. 204)

Begründung: "Sie haben dazu beigetragen, daß der Held Adolf Eichmann nach Israel entführt und hingerichtet worden ist. Das war Mord. Sie haben dazu beigetragen, daß Barbie an Frankreich ausgeliefert worden ist." (Roth 1992, S. 202)

Gewalt scheint Betton ein Mittel zur Einigung der Ultrarechten: "Wir sind der Meinung, daß die rechtsextreme Szene in Europa zu zerstritten ist. Wir wollen viele Leute für unsere politischen Ziele rekrutieren. Dazu brauchen wir erst mal Öffentlichkeit. Deshalb wollen wir Anschläge verüben." (Roth 1992, S. 202) Beeindruckt von der öffentlichen Wirkung des Oktoberfestattentats 1980 in München prahlt er:

> "Man wird lachen über die paar Leute, die in München (13 Tote) gestorben sind. Wir haben geplant, auf Fußballplätzen Anschläge zu machen. Wir haben uns vom Stadion in Madrid Pläne besorgt, also Baupläne. Und wir haben uns mit unseren militärischen Fachbüchern ausgerechnet, was notwendig wäre, um große Stützpfeiler wegzusprengen. Wir haben auch Pläne aus München gehabt, vom Olympiastadion. Es ist dort ziemlich einfach, diese Netze, die auf diesen hochgezogenen Trägern sind, wegzusprengen. Wir haben Pläne besorgt von jüdischen Kindergärten in Düsseldorf und Berlin. Auch von einem Altersheim. So, haben wir uns dann gesagt, gehen wir ganz konkret nach München. Schlägst du uns auf die rechte Backe, schlagen wir dir beide Augen aus. Unser Feindbild ist das Volk." (Roth 1992, S. 205 f)

Die Widersprüchlichkeit des Rechtsextremisten wird dann deutlich, wenn er wenig später seinen Widerwillen gegenüber terroristischen Aktionen zum Ausdruck bringt, weil dann zu viele Menschen "dran glauben müssen". (Roth 1992, S. 206) In diesem gefährlichen Spannungsverhältnis bewegen sich zahlreiche Rechtsextremisten, denen der politische Meinungsstreit als Partizipationsmittel viel zu lange dauert. Für spätere Legionäre, die vom Kriegsspiel in Nürnberg zu realen Kampfeinsätzen in Schwarzafrika ziehen, wirkt die WSG als Durchlauferhitzer - politisch und militärisch.

8. Rechtsterrorismus

"Der Begriff 'Rechtsterrorismus' ist neueren Datums, nicht aber der Terror von rechts." (Jaschke 1982, S. 3) Diese Einschätzung umschreibt ein Mankum, das die Terrorismusdiskussion der siebziger und achtziger Jahre prägt. Terror von rechts findet insbesondere in der Fachliteratur kaum Beachtung, obwohl die jüngere deutsche Geschichte in der Weimarer Republik und mit dem Staatsterrorismus der nationalsozialistischen Diktatur auf eine lange rechtsextreme Terrortradition zurückblicken kann. In der Weimarer Republik finden sich die Wurzeln des deutschen Rechtsterrorismus:

> "Reparationen und eine 'verlorene' Frontkämpfergeneration, die (sich) nur zu einem Teil in den republikanischen Grundkonsens (...) einfügen konnte, waren die Ausgangsbedingungen für gewalttätige Versuche von rechts zur Liquidation der Republik. Ihre Organisationsprinzipien lassen sich anhand von vier Begriffen erläutern: Verschwörung, politische Attentate und Putschismus, getragen von antisemitischen, militärisch-männerbündischen Verbänden, beherrschten die Anfangsjahre der Weimarer Republik (bis 1924). (...) Allein im Zeitraum zwischen Januar 1919 und Juni 1922, als die Republik ihr sechstes Kabinett erlebte (Wirth, Zentrumspartei), sind 354 politische Morde von rechts präzise dokumentiert." (Jaschke 1982, S. 5)

Seit Mitte der siebziger Jahre gibt es zahlreiche rechtsextremistische Gruppen, die sich in die Tradition der militanten und terroristischen antidemokratischen Vorkriegsorganisationen stellen. Vorbild für die meisten Neonazis ist die SA, die in ihrer "Kampfzeit" vor der "Machtübernahme" der NSDAP 1933 als Terrorinstrument der Nationalsozialisten fungiert. Trotz einer wachsenden Zahl von Neonazis in der SA-Tradition und der Zunahme neonazistischer Ausschreitungen in den siebziger Jahren scheuen die meisten Autoren den Begriff "Rechtsterrorismus". Diese Haltung verwundert, denn bereits 1977 bombt die Otte-Gruppe vor Gerichtsgebäuden, ein Jahr später verübt Rohwers "Werwolf-Gruppe" bewaffnete Überfälle auf Kasernen und Banken.

Signifikant für die Radikalisierung der rechtsextremen Szene ist der rasante Anstieg der Mitgliedschaften in neonazistischen Vereinigungen. Die "Wehrsportgruppe Hoffmann" mit etwa "60 Aktivisten und rund 400 Mitgliedern" avanciert in diesem Kreis bis zu ihrem Verbot am 30.1.1980 laut Einschätzung des Bundesinnenministeriums zur "bislang stärksten neonazistischen Organisation". (Verfassungsschutzbericht des Bundes 1980, S. 26)

Mitgliedschaften in neonazistischen Organisationen:

Jahr	1975	1976	1977	1978	1979	1980	1981
Mitglieder	400	600	900	1000	1400	1200	1250

(vgl. Greß/Jaschke 1982, S. 11)

Neben einem Anstieg der Mitgliedschaften in neonazistischen Organisationen läßt sich auch eine Zunahme von rechtsextremen Gesetzesverstößen verzeichnen.

Gesetzesverstöße mit rechtsextremen Hintergrund:

Jahr	1974	1975	1976	1977	1978	1979	1980	1981	1982
Gesetzesverletzung	136	206	319	616	992	1483	1643	1824	2047

(vgl. Verfassungsschutzbericht des Bundes 1981, S. 54; Verfassunggschutzbericht des Bundes 1982, S. 153)

Analysieren wir diese Taten genauer im Hinblick auf Gewaltmerkmale, so läßt sich seit Mitte der siebziger Jahre ebenfalls ein rapider Anstieg der Gewalttaten feststellen.

Gesamtverzeichnis der rechtsextremen Ausschreitungen:

	Summe	Gewalt	Androhung	Anwendung	Brandstiftungen/ Sprengstoff	Personen	Sachen	Sonstige
1974	136	49	27	22	2	1	19	
1975	206	41	20	21	2	1	18	
1976	319	35	19	16	1	3	12	
1977	616	75	35	40				
1978	992	90	38	52		13	32	7
1979	1.483	234	117	117	4	26	85	2
1980	1.643	236	123	113	21	27	61	4

(vgl. Greß/Jaschke 1982, S. 47)

Im Zeitraum 1968 bis 1980 zählt Neidhardt 51 Rechtsterroristen, die aus zwölf verschiedenen Organisationen und Parteien kommen:

Organisation:	NPD	ANS	WJ	JN	NSDAP/AO	BHJ	WSG	BVJ	DVG	DRP/SRP	DBJ	CDU
Anzahl:	15	15	12	11	9	4	4	2	2	2	1	1

(vgl. Neidhardt 1980, S. 454)

In Bezug zur "Wehrsportgruppe Hoffmann" läßt sich beobachten, daß die terroristische Aktivität ihrer Mitglieder nach dem Verbot beträchtlich zunimmt:

26.09.1980: Der mutmaßliche Tätet Gundolf Köhler bombt auf dem Münchner Oktoberfest: 12 Tote, 219 zum Teil schwer Verletzte.
19.12.1980: Uwe Behrendt ermordet "mit ziemlicher Sicherheit" (Rosen 1989, S. 57) das jüdische Verlegerpaar Shlomo Lewin und Elfriede Poeschke.
20.10.1981: Peter Hamberger bricht mit vier Gleichgesinnten zu einem Banküberfall auf. Es kommt zum Feuergefecht mit der Polizei.
13./14.12.1981: In dieser Nacht legt eine rechtsterroristische Organisation drei Sprengsätze unter Kraftfahrzeuge amerikanischer Soldaten. Unter den Tätern sind die früheren WSG-Männer Odfried Hepp, Dieter Sporleder und Hans-Peter Fraas.

Auch Hoffmanns Anbindung an terroristische Palästinensergruppen fällt in die Zeit nach dem WSG-Verbot. (vgl. Rosen 1989, S. 55)

Eine weitere Untersuchung, die im Zeitraum von September 1978 bis Dezember 1982 alle Strafverfahren rechtskräftig wegen mutmaßlicher rechtsextremistischer Aktivitäten abgeurteilter Personen auswertet, stellt fest, daß im Untersuchungszeitraum 25 terroristische Täter ermittelt werden. Davon richten sich fünf Anschläge gegen Personen aus dem eigenen neonazistischen Bezugskreis. Die Neonazis knüpfen offensichtlich "an die Tradition der Femmorde aus der Weimarer Zeit" an. (Kalinowsky 1986, S. 36)

I. Terroristische Handlungsziele	Verurteilte
Angriffe gegen Personen aus dem eigenen rechtsextremistischen Bezugskreis	5
Angriffe gegen Personen (Versuch/Vollendung)	3
Anschläge gegen Sachen/Einrichtungen	8
Vorbereitung eines terroristischen Anschlags	1
Handlungen, die auf die Schaffung und Erhaltung der finanziellen, technischen und organisatorischen Voraussetzungen einer terroristischen Gruppe ausgerichtet sind	8
	= 25

(Kalinowsky 1986, S. 36)

Außerdem läßt sich eine rechtsextremistische Militanz belegen, die quantitativ über die terroristischen Aktionen der Rechtsextremisten hinausgeht (vgl. Tabelle auf der folgenden Seite).

Vor diesem Hintergrund kritisiert Klaus-Henning Rosen zu Recht "die Versuche in Politik und Wissenschaft, Terrorismus als ein ausschließlich 'linkes' Phänomen darzustellen." (Rosen 1989, S: 49) Hans-Dieter Schwind etwa zählt in seiner "Chronik des Terrorismus" von Juni 1967 bis August 1978 lediglich eine einzige rechtsterroristische Tat, nämlich das Attentat eines jungen Rechtsradikalen auf den Studentenführer Rudi Dutschke am 11.4.1968. (Schwind 1978, S. 13 - 24) Iring Fetscher führt in der Liste über "politische Gewalttaten in der Bundesrepublik und im Ausland, soweit Bundesdeutsche daran beteiligt waren (1967 - 1980)" nur eine rechtsextreme Aktion auf. (vgl. Fetscher 1981, S. 167 - 175)

II. Rechtsextremistische Militanz	Verurteilte
Militanz gegen Personen	83
Militanz gegen Sachen	11
Vorbereitung militanter Aktionen	3
Handlungen, die auf die Schaffung und Erhaltung der finanziellen, technischen und organisatorischen Voraussetzungen einer militanten rechtsextremistischen Gruppe/Organisation ausgerichtet sind	38
	= 135

(Kalinowsky 1986, S. 37)

Auch Christa Meves verengt in ihrem Aufsatz "Psychologische Voraussetzungen des Terrorismus" die Sichtweise eklatant auf den Linksterrorismus:

"Um Terrorist zu werden, ist wohl meist ein gewisser Bildungs- und Intelligenzgrad nötig, muß man geistig beeinflußbar sein. Für unsere Terroristen erwies sich die Ideologie des Neides, der Neomarxismus, dafür als besonders geeignet. Er machte den Mißmutigen die Notwendigkeit gewaltsamer Gesellschaftsveränderung deutlich. Indoktrination dieser Art hat es in der Bundesrepublik Deutschland auf dem Boden der Frankfurter Schule in den letzten zehn Jahren auf Universitäten und Schulen reichlich gegeben." (Meves 1978, S. 75)

Desgleichen trägt das Bundesinnenministerium in seiner Broschüre "Gewalt und Terrorismus" zur Bagatellisierung des Terrors von rechts bei. In der mehr als hundertseitigen Dokumentation widmen sich knapp zwei Seiten diesem Thema. Dabei rüsten militante rechtsextremistische Gruppierungen seit Anfang der siebziger Jahre gegen die Demokratie auf, wie die Beispiele der "Europäischen Befreiungsfront" (EBF) oder der "Nationalsozialistischen Kampfgruppe Großdeutschland" (NSKG) überdeutlich belegen. Anfang der achtziger Jahre schließlich existiert eine Form des Rechtsterrorismus, die an Destruktivität dem linksterroristischen Gegenpart kaum nachsteht: "1980 markiert den Durchbruch des rechten Terrorismus (vergleichbar der Bedeutung des Jahres 1977 für den Linksterrorismus)." (Hennig

1984, S. 57) Der Wandel im Rechtsterrorismus läßt sich an mehreren Merkmalen festmachen:

> "Die neuen Täterkreise verhalten sich konspirativ und schotten sich auch gegenüber eigenen Gesinnungsgenossen ab. Sie machen als aggressive und unberechenbare, geschulte Tätertypen einen nicht unerheblichen Teil der insgesamt 150 militanten Neonazis in der Bundesrepublik Deutschland aus." (Hennig 1984, S. 58)

Als Schmiede dieser militanten neonazistischen Generation kann die "Wehrsportgruppe Hoffmann" gelten. Zahlreiche spätere Terroristen wie Peter Hamberger, Odfried Hepp oder Dieter Sporleder gehen durch ihre Schule. Auch Arnd-Heinz Marx, der 1984 als Initiator eines brutalen "Femegerichtes" von sich reden macht, läßt sich bei Hoffmann trainieren. (vgl. Riehl-Heyse, S. 146 ff) Auch militante Rechtsextremisten und Terroristen, die in anderen Staaten für Anschläge oder Attentatsplanungen verantwortlich sind, können auf eine WSG-Karriere verweisen. Unter ihnen sind Attila Bajtsy, der sich nach dem WSG-Verbot in der österreichischen Terrorgruppe um Ekkehard Weil engagiert, Dirk Betton, der nach dem WSG-Verbot in Spanien das "Kommando Eichmann" gründet, das zumindest Attentatsvorbereitungen ausgearbeitet hat, und der Südtirol-Terrorist Herbert Hegewald, der nach seiner Zeit in der "WSG-Hoffmann" in der Gruppe "Ein Tirol" mitwirkt.

Auffällige Veränderungen haben sich insbesondere bei den Anwerbestrategien vollzogen, vergleicht man die ersten rechten Terrororganisationen im Nachkriegsdeutschland (etwa die "Otte-Gruppe" oder später Uwe Rohwers "Werwolfgruppe") mit modernen Organisationen wie der "Hepp-Kexel-Gruppe". Odfried Hepp und Walther Kexel gehen konspirativ vor und setzen auf persönliche Szenekontakte. (vgl. Urteil des Oberlandesgericht Frankfurt am Main, 4-1 StE 4/84 - 2/84, S. 28) Banal und unprofessionell wirkt dagegen das Vorgehen von Rohwers "Werwolfgruppe". Bei der Vernehmung durch das LKPA-Niedersachsen am 9.5. 1978 sagt das Gruppenmitglied Lothar Sch.:

> "Ich möchte kurz auf den Jahreswechsel 1977/78 eingehen. Wir wußten durch Kühnen, daß der gesamte SA-Sturm 8. Mai Hamburg im Süden Hamburgs auf einem Grundstück eines Vaters, der dort neben Karpfenteichen ein Wochenendhäuschen errichtet hatte, eine zünftige Silvesterparty feiern wollte. An dieser Feier nahmen außer Lutz Wegener, Manuela Kaliebe und mir weitere 14 männliche Personen teil.
> **Ich erinnere mich an folgende Namen:**
> Michael K ü h n e n
> Tibor S c h w a r z
> Christian W o r c h
> Friedhelm P ü t z m a n n
> Carsten T r e d e
> Christian G r a b s c h
> Hans M e y e r - Sohn des Vaters - (Besitzer) (...)

Zur vorgerückten Stunde haben wir unsere bei dem Banküberfall benutzten Waffen (MP Sten Mark II und die FN Pistole 9mm Para) der Silvestergemeinschaft vorgeführt. Für Lutz war dieses Vorführen der Waffen ein Beweis gegenüber den anderen, daß er nicht nur zum Kreis der Redenden zählte, sondern zum harten Kern des Aktivisten vorgestoßen war. Die Waffen wurden herumgereicht und von den anderen bestaunt. Es wurde auch kurz damit geschossen. (...)
Wir hatten mit dem Vorführen der Waffen auch beabsichtigt, motivierend auf die Gruppe einzuwirken. Dazu hatten wir unsere Panzerkombies, unsere Springerstiefel, unsere Tarnjacke und das Bundeswehrkoppel angelegt."

Auch das "Werwolfgruppen"-Mitglied Lutz W. bestätigt das plumpe Auftreten:

"Anläßlich einer Silvesterfeier waren Lothar Schulte und ich in der Begleitung der Manuela Kaliebe auf dem Grundstück des Hans Meier (...) um dort den gesamten SA-Sturm 8. Mai Hamburg durch unser Auftreten für unsere Untergrundarbeit zu gewinnen.
Wir erschienen in Panzerkombis und waren mit Maschinenpistolen (Waffen, die beim Hamburger Banküberfall benutzt wurden) bewaffnet.
Unser Auftritt hätte fast zu einem Bruch mit Kühnen geführt, weil er bemerkte, daß seine Leute hellauf begeistert waren und er offenbar um seinen Einfluß bangte." (Vernehmungsprotokoll von W. durch das LKPA Niedersachsen, 23.5.1978)

Den Ausführungen Hennigs über die Veränderung des Profils rechtsterroristischer Organisationen seit 1980 ist jedoch nicht zu folgen. Er schreibt: "Bemerkenswert ist darüberhinaus, daß nunmehr auch Sicherheitsbehörden und ihre Repräsentanten als Angriffsobjekte von militanten Neonazis in Betracht gezogen werden." (Hennig 1984, S. 58)
Bereits die Angriffe der ersten militanten Rechtsaußen-Organisationen Anfang der siebziger Jahre richten sich gegen Vertreter der wehrhaften Demokratie. (vgl. EBF und NSKG, Kap. 5.3.) Auch wendet sich die im Umfeld der NSDAP/AO operierende Gruppe um Paul Otte, früher NPD-Mitglied, dann "NSDAP/AO-Stabschef", gegen die Justiz. Sie will Strafprozesse gegen "Nationale" verhindern. (vgl. Rosen 1989, S. 59) Am 2.9.1977 detoniert eine Rohrbombe vor der Staatsanwaltschaft Flensburg, die im Juni desselben Jahres eine Anklage gegen Manfred Roeder vertreten hat. Eine zweite Bombe wird am 21.10.1977 von Oliver Schreiber vor dem Amtsgericht Hannover gezündet. Vor ihrer Zerschlagung 1977 hat die Organisation auch "Attentate auf Personen des öffentlichen Lebens zwecks Verunsicherung und Verhärtung der öffentlichen Meinung" geplant. ('Die Tageszeitung', 6.10.1980; vgl. auch Rosen 1989, S. 59)

Vergleich zwischen Links- und Rechtsterrorismus

Rechts- und Linksterrorismus unterscheiden sich - unabhängig von ideologischen Differenzen - durch verschiedene Charakteristika.

Merkmalskatalog der rechtsterroristischen Gruppierungen 1978 bis 1982:

	"Werwolf-Gruppe" (ANS/WJ) (Rohwer)	"Deutsche Aktionsgruppen" (Roeder)	"Kommando Omega" (Uhl/ Wolfgram)	"Hepp-Kexel-Gruppe"	"Gruppe Otte"
Beteiligung von WSG-Mitgliedern[1]	nein	nein	ja (Hamberger)	ja (Hepp, Sporleder, Fraas)	ja (Wegener)
Aufgabe sozialer Existenz (Beruf)	nein	nein (außer Vorderbrügge und Roeder)	ja	ja	nein
Abschottung von der NS-Szene	nein	nein	nein	ja	nein
Ideologische Entfremdung zur Szene	nein	nein	nein	ja	nein
Überfälle zur Geldbeschaffung	ja	nein	ja (Gruppe auf Weg zu Bank-überfall am 17.10.1981 zerschlagen)	ja	nein

1. Die Altersstruktur:

In einer ersten, Links- und Rechtsterrorismus vergleichenden Untersuchung ermittelt der Soziologe Friedhelm Neidhart:

> "Bedeutsam ist für den Gruppenvergleich allerdings weniger der Altersdurchschnitt ihrer Mitglieder als die Altersverteilung. In dieser Hinsicht fällt auf, daß es sich bei linksterroristischen Gruppierungen in stärkerem Maße um altershomogene Kollektive handelt. Demgegenüber weist die rechtsterroristische Gesamtheit eine zweigipflige Altersverteilung oder anders formuliert: eine Mehr-Generationen-Zusammensetzung auf - ein Muster, das sich auch in den meisten ihrer einzelnen Aktionsgruppen wiederfindet."
> (Neidhart 1982, S. 448)

---

[1] Inklusive Auslands-WSG.

Geburts-jahr	Rechtsterr. %	Linksterr. %	RAF %	2. Juni %
1965 und später	51	3	3	3
1951 bis 1955	12	29	15	41
1946 bis 1950	4	34	36	39
1945 und früher	33	34	46	17
(1930 und früher)	(12)	(0)	(0)	(0)

(Neidhardt 1980, S. 448)

Interessant ist dabei die Altersverteilung innnerhalb der "Deutschen Aktionsgruppen" (DA). Der terroristische Kern besteht aus vier Personen und kann als Alt-Nazi-Gemeinschaft bezeichnet werden. Erster Berührungspunkt des späteren Terroristen Raymund Hörnle mit dem organisierten Rechtsextremismus ist ein nostalgisches Gespräch über seine Zeit in der Hitler-Jugend, das er am 20.4.1979 mit Heinz Colditz führt. ('dpa', 18.3.1982) Das ehemalige Mitglied der "Flieger-HJ" lernt über diese Freundschaft im Herbst 1979 Manfred Roeder kennen und wird selbst kein halbes Jahr später zum Terroristen. Die Altersangaben der "DA"-Mitglieder:

- Manfred Roeder (geb. 6.2.1929 in Berlin)
- Heinz Coldnitz (geb. 2.1.1930 in Leipzig)
- Raymund Hörnle (geb. 7.12.1930 in Vioflay/Frankreich)
- Sibylle Vorderbrügge (geb. 23.6.1956 in Flensburg)

Unter den Helfern der Gruppe finden sich, Neidharts Theorie der "Mehr-Generationen-Zusammensetzung" treu, auch ganz junge Helfer, etwa Raymund Hörnles Enkel, Werner Hörnle, und dessen Freund, der Schüler Peter Glaser. (vgl. 'AP', 23.3.1983)

Eine unterschiedliche Altersverteilung hat auch die "Otte-Gruppe". Resoluter Rädelsführer der Organisation ist der 1924 geborene Paul Otte. Dem ehemaligen Mitglied von Hitlers Jugendreiterstaffel stehen wesentlich jüngere Rechtsterroristen beiseite: Volker Heidel (geb. 1954), Oliver Schreiber (geb. 1959) und die 1943 geborenen Dieter Lepzien und Wolfgang Sachse. (vgl. 'Die Tageszeitung', 6.10.1980)

Auch das 1981 aktive terroristische "Kommando Omega" hat einen heterogenen Altersdurchschnitt. Gemeinsam mit fünf jungen Männern wird dem 1929 geborenen VSBD/PdA-Vorsitzendenen Friedhelm Busse vorgeworfen, Mitglied der terroristischen Vereinigung zu sein, die sich Anschläge auf staatliche Einrichtungen, Richter und Staatsanwälte zum Ziel gesetzt hat. (vgl. 'dpa', 8.12.1982; 'Süddeutsche Zeitung', 10.12.1981). Die Gruppe fliegt auf, als sie auf dem Weg zu einem Banküberfall ("Aktion Geldbeschaffung") von der Polizei gestellt wird. Dabei werden zwei Rechtsterroristen erschossen, ein dritter sowie zwei Polizeibeamte verletzt. Vor dem Weg zum Bankraub haben sich die fünf jungen Gruppenmitglieder in Busses Wohnung getroffen und ihm 20 000 DM Beuteanteil zugesichert. Zur Verurteilung Busses und seiner Mitstreiter wegen § 129a kommt es aber nicht. Dazu erklärt Bundesanwalt Klaus Hecking im Plädoyder der Anklage:

> "Zwar hätten die bei der Festnahme am 20. Oktober 1981 umgekommenen Rechtsextremisten Nikolaus Uhl und Kurt Wolfgram zweifellos in Paris eine terroristische Vereinigung mit dem Namen 'Kommando Omega' gegründet. Aber diese Vereinigung habe eben nicht auf bundesdeutschen Boden bestanden: Es sei nicht zweifelsfrei beweisbar, daß Busses Wohnung in den Tagen vor der Verhaftung der jetzt angeklagten Rechtsextremisten tatsächlich zu einer 'Filiale' dieser terroristischen Vereinigung geworden sei. Nach dem § 129a dürfen aber nur terroristische Vereinigungen bestraft werden, die ihren Sitz in der Bundesrepublik haben." (zit. aus: Chaussy 1989b, S. 142)

Stattdessen wird Busse wegen Hehlerei, Strafvereitelung und Vergehen gegen das Waffen- und Sprengstoffgesetz zu drei Jahren und neun Monaten Haft verurteilt. Die anderen deutschen Mitglieder des "Kommando Omega" sind erheblich jünger: Peter Fabel (geb. 1963), Peter Hamberger (geb. 1963), Ludwig Uhl (geb. 1957) und Kurt Wolfgram (geb. 1960).

Die zitierten Beispiele belegen Neidharts These, daß die großen Altersunterschiede schlechte Voraussetzungen für das Abtauchen in den Untergrund bedeuten. (vgl. Neidehart 1980, S. 448)

2. Geschlechterzusammensetzung

Hier sieht Neidhart den zweiten, für rechtsextreme Untergrundarbeit hinderlichen Grund. Linksterroristischen Organisationen gehören wesentlich mehr Frauen an als Vereinigungen der äußersten Rechten.

Geschlecht	Rechts-terrorr. %	Links-terrorr. %	RAF %	2.Juni %
männlich	90	67	66	61
weiblich	10	33	34	39
N =	51	223	74	41

(Neidhardt 1980, S. 449)

Der daraus resultierende Männerüberschuß gefährde die Autarkie der Terrororganisation, da Männer dazu gezwungen wären, Liebesbeziehungen mit Frauen einzugehen, die nicht in die Gruppe eingebunden sind. Das schränke die erfolgreiche Subversivität ein: "Die Anwesenheit beider Geschlechter ermöglicht das Ausleben erotischer und sexueller Bedürfnisse in der Gruppe, erlaubt ihr in dieser Hinsicht also eine Autarkie, die in mehrfacher Hinsicht für subversive Existenzführung funktional ist." (Neidhardt 1980, S. 450)

Das Gegenteil ist bei Rechtsterroristischen Gruppen der Fall. Eine Studie des Bundesinnenministeriums kommt zum dem Ergebnis, militante rechtsextremistische Organisationen seien Männerbünde: "Nach einer Untersuchung der 559 seit 1977 wegen Taten mit rechtsextremistischem Hintergrund rechtskräftig verurteilten Personen (...) befinden sich 15 Frauen." (Verfassungsschutzbericht des Bundes 1980, S. 20), und

"Eine Untersuchung der 212 (Stand 31.12.1980) erfaßten militanten rechtsextremistischen Aktivisten, die Gewalt angedroht haben, oder als Gewalttäter, Unterstützer von Gewalttätern, Planer von Gewalttaten, Gewaltpropagandisten, Waffenlagerer oder Sprengstoffbesitzer erkannt worden sind, (...) befinden sich sechs Frauen." (Verfassungsschutzbericht des Bundes 1980, S. 21)

Die erwähnten nach 1980 aktiven rechtsextremen Terrgruppen wie das "Kommando Omega" und die "Hepp-Kexel-Gruppe" haben keine weiblichen Mitglieder. Dennoch mißt Peter Dudeks dem Fehlen von Frauen eine weit geringere Bedeutung bei als Neidhart. Für ihn "korrespondiert der männliche Charakter militanter rechter Kadergruppen auch mit den nachweisbaren homoerotischen Bedürfnissen ihrer Aktivisten." (Dudek 1985, S. 195) Diese homoerotischen Bedürfnisse finden sich unter anderem in der "Hepp-Kexel-Gruppe" wieder. Über deren Zusammenanhalt heißt es bei einem Angeklagten: "An den willensstarken und intelligenten Kexel war er in einer homoerotischen Bindung gekettet, ohne daß es zu sexuellen Kontakten kam und ohne daß ihm die Ursache dieser Verstrickung voll bewußt wurde." (vgl. Urteil des Oberlandesgerichts Frankfurt am Main, 4-1 StE 4/84 - 2/84, S. 80)

Ein Grund für die Männerdominanz in rechtsextremen Terrgruppen liegt an der Männerdominanz in den "Rekrutierungsfeldern" wie ANS, WSG, VSBD/PdA, WJ, JN und NSDAP/AO. Der Frauenanteil in der "Wehrsportgruppe Hoffmann" ist minimal. Auch die Versuche Hoffmanns, Frauen mit eigens für sie angefertigten Prospekten zu rekrutieren, scheitern kläglich. Die "WSG" kann nur eine Frau ansprechen, die regelmäßig an Übungen teilnimmt. (Interview des Autors mit Leroy Paul, 22.6.1991)

Bei den rechtsextremen Jugendorganisationen ist der Frauenanteil erheblich größer. So dürften es bei der "Wiking-Jugend", eine der brisantesten Durchlauferhitzerorganisationen, 30 Prozent "Wikingerinnen" sein, für die auch spezielle "Mädellager" veranstaltet werden. (vgl. Huhn/Meyer 1986, S. 94) Noch höher dürfte der Anteil beim "Bund Heimattreuer Jugend" (BHJ) liegen, nämlich zwischen 30 und 40 Prozent. (vgl. Huhn/Meyer 1986, S. 88) Daß über diese Verbände, die als die potentielle "'Einstiegsdrogen' für politische Gewalttaten" (Kalinowsky 1986, S. 26) fungieren, nicht mehr Frauen in terroristische Organisationen schwappen, ist wohl auf die Frauenrolle im rechtsextremen Lager zurückzuführen. Die ideale deutsche Frau im rechtsextremen Lager soll sich nicht dem Kampf, sondern der Hege und Pflege der Familie widmen. Emanzipation wird als Auflehnung gegen die angebliche natürliche Bestimmung des weiblichen Geschlechts abgelehnt. (vgl. Ginzel 1983, S. 155f)

Die einzige rechtsterroristische Organisationen, der Frauen angehören, sind die "Deutschen Aktionsgruppen". Der Grund hierfür findet sich in der Rekrutierungspraxis der Organisation, die ihre Anhänger im Freundes- und Verwandtenkreis findet, das heißt in den Primärbeziehungen. (vgl. Skizze in Neidhardt 1980, S. 446) Hier zeigt sich erneut die Bedeutung überregionaler rechtsextremistischer Treffpunkte für die Szene, wie etwa Roeders "Reichshof". Die Frauen in den "Deutschen Aktionsgruppen" nehmen allerdings einen eher untergeordneten Status ein. Sie treten kaum als eigene Persönlichkeit, sondern als Freundin, Braut, Tochter oder Ehefrau der männlichen Mitglieder in Erscheinung. (Neidhardt 1980, S. 449) Die Beziehung der Terroristin Sibylle Vorderbrügge zum DA-Kopf Manfred Roeder wird von der Justiz als "hochgradiges Hörigkeitsverhältnis" bezeichnet. (vgl. Rosen 1989, S. 63)

Bildungsstand:

Ein weiteres Kriterium, das links- und rechtsterroristische Organisationen unterscheidet, ist der Bildungsstand ihrer Mitglieder.

Bildungsstand	Rechtsterrorr. %	Linksterrorr. %	RAF %	2.Juni %
Volksschule	49	17	15	22
Mittel-, Fach-, Handelsschule	22	15	12	25
Gymnasium	17	19	22	17
Hochschule	10	42	50	29
KA	2	7	1	7
N =	51	227	74	41

(Neidhardt 1980, S. 450)

Ein differenzierter Blick auf die Hochschulabschlüsse ergibt folgendes Bild: Die von Neidhardt untersuchten Linksterroristen haben vor allem geisteswissenschaftliche Studiengänge absolviert: Erziehungswissenschaften (26%), Kulturwissenschaften (24%) sowie Sozialwissenschaften (20%). Diese Gebiete sind bei Rechtsterroristen überhaupt nicht vertreten. Sie studieren eher Rechts- oder Wirtschaftswissenschaft. (vgl. Neidhardt 1980, S. 451)

Der unterschiedliche Bildungsgrad wirkt sich auf den theoretischen Hintergrund des Terrors aus. Viele rechtsextreme Gewaltverbrechen können als Terror aus dem Bauch bezeichnet werden. Beispielhaft hierfür steht der Amoklauf des 26jährigen NSDAP/AO-Anhängers Helmut Oxner. Am 24.6.1982 erschießt er in Nürnberg drei Ausländer, verletzt drei weitere schwer und begeht nach einem Schußwechsel mit der Polizei Selbstmord. ('Stern', 1.7.1982, S. 146 ff) Als Motiv für die Tat wird die Verurteilung seines langjährigen Freundes zu 15 Monaten Haft eine Woche zuvor vermutet, weil er gemeinsam mit Oxner Juden und Ausländer telefonisch bedroht hat. ('AP', 28.6.1982) Genauso diffus kann der Selbstmord Frank Schuberts am 24.12.1981 bewertet werden. Nachdem er beim Waffenschmuggel von der Schweizer Polizei ertappt wird, erschießt er zwei Schweizer Beamte und dann sich selbst. (vgl. Dudek 1985, S. 167 ff) Ein weiteres Paradebeispiel ist der Fememord an dem 27 Jahre alten Neonazis Johannes Bügner. Er wird von Mitgliedern der "Aktionsfront Nationaler Sozialisten" im Rahmen einer szeneinternen Aktion gegen Schwule mit 20 Messerstichen abgeschlachtet. Peinlicherweise haben die fünf Tatbeteiligten interessante Biografien. Der Anstifter der Bluttat, Michael Frühauf, ist ein V-Mann des Hamburger Verfassungsschutzes (Deckname 'Paul') und der Täter Friedhelm Enk ein ehemaliger Bundeswehr-Unteroffizier mit Nahkampfausbildung (Szenename: "Kampfsau-Oma"). (vgl. 'Spiegel', 19/1982, S. 114 ff) Im Zusammenhang mit den oben genannten Bluttaten weist Peter Dudek "auf den eruptiven und primär affektiven denn zweckrationalen Charakter des rechten Terrorismus hin." (Dudek 1985, S. 196)

Die Plan- und Konzeptlosigkeit rechtsterroristischer Gewalttäter vergrößert die Unberechenbarkeit ihrer Anschläge. Der daraus resultierende Aktionismus ist häufig ideologisch nicht untermauert oder legitimiert. Peter Dudek beschreibt das Phänomen als einen "Terrorismus aus dem Stande":

> "Im Gegensatz zu linksterroristischen Gruppen verfügen die militanten Rechten nicht über ein ausdifferenziertes Unterstützerfeld, das nicht nur personelle, sondern auch politisch-ideologische Funktionen übernimmt. Dies hat Auswirkungen auf die Aktionsformen terroristischer Täter. Denn die fehlende stabile Untergrundstruktur bei Rechtsterroristen und auch die geringe Stabilität ihrer Gruppen führen zwangsläufig zu einer Art Terrorismus aus dem Stande, der ohne umfangreiche infrastrukturelle Absicherungen und ideologische Begründungsleistungen auskommt." (Dudek 1985, S. 196)

Vor diesem Hintergrund werden scheinbar unmotivierte Gewalttaten wie das Oktoberfestattentat des früheren WSG-Aktivisten Gundolf Köhler verständlicher.

Bewertung:

Wesentlich negativer als die heterogene Altersstruktur, der Männerüberschuß, der Bildungsgrad oder die ideologischen Defizite wirkt sich die Aufspaltung der Szene auf die "Erfolglosigkeit" des rechten Terrorismus aus. Selbsternanntes Führertum und Gruppenegoismen bestimmen in den siebziger und achtziger Jahren das Handeln der extremen Rechten. Außerdem herrscht in den rechtsterroristischen Organisationen eine weit geringere Gruppensolidarität als im Linksterrorismus:

> "Sobald verhaftet, 'singen' und 'verpfeifen' Angehörige rechtsterroristischer Gruppierungen in weit höherem Anteil, als dies auf der Gegenseite der Fall ist. Für alle hier untersuchten rechtsterroristischen Formationen (Kühnen-Schulte/Wegener-Otte und Roeder-'Gruppe', auch das Netzwerk rund um Eisermann) lassen Vernehmungsprotokolle, Anklageschriften bzw. Urteilsbegründungen zuverlässig erkennen, daß jeweils mehrere Mitglieder über Interna ausführlich berichtet und sich dabei gegenseitig erheblich belastet haben - trotz aller vorherigen Treueschwüre und aller Sanktionsandrohungen für den Fall von Verrat." (Neidhardt 1980, S. 464 f)

Auch bei den späteren rechtsterrorisitschen Organisationen wie dem "Kommando Omega" oder der "Hepp-Kexel-Gruppe" bleibt die große Aussagewilligkeit erhalten. Es ist dem Rechtsterrorismus bis in die achtziger Jahre (Ende des Untersuchungszeitraumes) nicht gelungen, widerstandsfähige Loyalitäten zu gründen. So erklärt sich, daß die wenigen konspirativen Momente des Rechtsterrorismus schon lange vor der Bildung eines handlungsfähigen Untergrundes kaum eine Chance haben, sich zu konstituieren. Trotzdem entsteht im Zuge des sich stetig militarisierenden Neonazismus gegen Ende der siebziger Jahre ein rechtsterroristisches Umfeld, das durch unberechenbare Attentate und ein seit 1980 zunehmendes Maß an Professionalität viel mehr Beachtung verdient hätte, als in der Literatur ersichtlich ist. Die "Wehrsportgruppe Hoffmann" als Kaderschmiede und internationale Kontaktbörse, hat in dieser Entwicklung ihren Platz.

8.1. WSG - rechtsextremistische Attentate

> "Gewaltsamkeit - bis hin zur physischen Vernichtung des 'Gegners' - ist ein Wesenszug rechtsextremen Denkens und Handelns. Die fast mythologische Verehrung der Gewalt und der unerschütterliche Glaube an ihre konfliktlösende, 'reinigende' Kraft kennzeichnen die Gefährlichkeit des neonazistischen Terrorismus in der Bundesrepublik. Die Formen konkreter Gewalthandlungen und die Zahl der Opfer sind dabei im Grunde beliebig, eine Frage taktischen Kalküls, da ja im rechtsextremen Denken keine ethisch-moralischen Grenzen der Grausamkeit angelegt sind. Ziellos tötende Attentate wie in München und Anschläge auf Asylunterkünfte entsprechen daher durchaus der entsetzlichen 'Logik' rechtsextremer Gewaltsamkeit. Sie sind nicht Randerscheinung, sondern Konsequenz." (SINUS-Studie 1981, S. 83)

Die hier zitierte These, die Terrorakte als logische Folge rechtsextremer Militanz sieht, läßt sich auch bei der Biografie einiger WSG-Anhänger beobachten, insbesondere bei vielen Libanon-Aktivisten. Ideologisch begründet werden Terror und Militanz durch die Elemente "Antiamerikanismus", "Antikommunismus" und "Feindabwehr".

Dieter Epplen ist der erste WSG-Anhänger, der bereit ist, aus dem militärischen Training ernst zu machen. Anfang Mai 1976 versucht der Bundeswehrgefreite, den amerikanischen Sender AFN in die Luft zu sprengen. Nachdem Epplen mit einer Bombe in der Tasche über die Mauer des Englischen Gartens in München geklettert ist, um sich dem Gebäude zu nähern, explodiert die selbstgebastelte Bombe zu früh. Der Rechtsextremist wird schwer verletzt. (vgl. Chairoff 1977, S. 87; 'Der Spiegel', 9.8.1976) Bei einer Diskussion am 29.10.1976 im Nürnberger Mautkeller nimmt Hoffmann zu dem Anschlag Stellung:

> "Der AFN in München - da wird doch nur in englischer Sprache gesendet - kann mir doch völlig gleichgültig sein, ob die ihre Staatsangehörigen verblöden wollen, das ist kein Objekt für mich, ich will Ihnen mal was sagen, die Leute, die mich kennen, die wissen ganz genau, daß das ein ganz großer Lapsus sein muß, denn wenn ich ein Bombenattentat planen würde, dann wäre das Ding in die Luft geflogen, das ist doch wohl mal sicher." (zit. aus Antifa 1977, S. 12)

Es folgen zahlreiche Demonstrationen, die die Militanz der WSG untermauern. Am 4.12.1976 kommt es zu einem Schlägereinsatz von Angehörigen der "Wehrsportgruppe Hoffmann" in der Tübinger Universität. Als cirka 250 Gegendemonstranten einen Auftritt Hoffmanns beim "Hochschulring Tübinger Studenten" verhindern wollen, attackieren die zum Teil schwer bewaffneten WSG- und HTS-Mitglieder ihre Gegner. Dabei werden zehn Menschen verletzt, zum Teil schwer. (vgl. Verfassungsschutzbericht des Bundes 1976, S. 40) Außerdem machen die regelmäßigen Wehrsportübungen die Militanz der Organisation deutlich. Ansonsten gibt sich Hoffmann verbalradikal: Sein Slogan bei einer Veranstaltung am 17.3.1979: "Die neue Ordnung kommt". (vgl. Verfassungsschutzbericht des Landes Bayern 1979, S. 75) In seiner Publikation diskutiert er unumwunden die Machtfrage im Staat und Perspektiven eines möglichen Umsturzes:

> "'Chef, wie lange dauert es bis zur Machtübernahme noch?'
> so höre ich oft die jungen Kameraden fragen. Teils unmißverständlich als Spaß gedacht, teils aber auch mit durchaus ernstem Unterton.
> 'Jungs', sage ich dann, 'wir sind schwach, unsere Position ist z.Zt. erbärmlich hoffnungslos, wie sie wohl niemals zu anderen Zeiten für ähnliche Zielsetzungen gegeben war.'
> Aber darf uns das hindern, diesen Kampf zu führen - diesen Kampf, von dessen Rechtmäßigkeit und Ehrhaftigkeit wir überzeugt und durchdrungen sind? - Nein. (...)
> Am Ende wird unser Sieg stehen."
> ('Kommando', Juli 1979, S. 2)

So kann der WSG Zeit ihres Bestehens eine große Militanz - verbal und nonverbal - bescheinigt werden. Das ist sicherlich auch die Absicht Hoffmanns gewesen. Eine terroristische Qualität hingegen bekommt seine Aktivität erst nach dem Verbot der "Wehrsportgruppe" am 30.1.1980. Backes und Jesse konstatieren völlig zu recht: "Die Wirkung des Verbotes war ambivalent: Das Signal gegenüber der Öffentlichkeit hatte den Preis zunehmender Gewalt." (Backes/Jesse 1993, S. 95)

Für Hoffmann bedeutet die Weiterführung der WSG im Ausland den Eintritt in illegale Strukturen. Im Libanon kooperiert er mit palästinensischen Terroristen und schmiedet Zeugenaussagen zufolge offen Terrorpläne.[2] Frühere Anhänger der Hoffmann-Truppe morden am 26.9.1980 mutmaßlich beim Münchner Oktoberfest und am 19.12.1980 in Erlangen. Läßt sich im ersten Fall keine Mitwirkung Hoffmanns feststellen, so sieht es bei der Ermordung des in Erlangen lebenden jüdischen Verlegerpaars Lewin und Poeschke anders aus. Vor Gericht kann Hoffmann zwar keine unmittelbare Tatbeteiligung nachgewiesen werden, dennoch spricht das Urteil von einem "erheblichen Tatverdacht". (Backes/Jesse 1993, S. 95) Klaus-Henning Rosens schreibt zutreffenderweise zu Hoffmanns Entwicklung: "Seine eigenen und von ihm beeinflußte terroristische Aktivitäten fallen in die Zeit nach dem Verbot der Wehrsportgruppe." (Rosen 1989, S. 55)

8.1.1. Oktoberfestattentat

Am 26.9.1980 um 20.20 Uhr explodiert im Eingangsbereich zum Oktoberfest auf der Theresienwiese eine Bombe. Die Detonation fordert 13 Tote und 211 zum Teil Schwerverletzte. (vgl. Gewalt 1982, S. 24) Unter den Toten befindet sich auch der (mutmaßliche) Attentäter Gundolf Köhler. Im Hinblick auf Köhlers Biografie und seine Verbindungen zur "Wehrsportgruppe Hoffmann" existieren in der Literatur etliche Defizite. So behauptet Klaus Hennig Rosen, Köhler sei 1976 aus der DDR freigekauft worden und in Hoffmanns Zeitschrift 'Kommando' (Titelseite, Ausgabe Juli 1979) bewaffnet abgebildet. (vgl. Rosen 1989, S. 55) Beides ist falsch. Quelle für diesen Irrtum ist eine Ente des Nachrichtenmagazins 'Stern'. (vgl. 'Stern', Nr. 42, 9.10.1980)

Köhler wird am 27.8.1959 in Schwenningen geboren und zieht später mit seiner Familie nach Donaueschingen. Kurze Zeit engagiert er sich bei der NPD. Seit Anfang 1975 steht der Schüler mit Karl-Heinz Hoffmann in Korrespondenz. ('Quick', 2.10.1980, S. 24) In einer internen Meldung des Bayerischen Landesamtes für Verfassungsschutz an den Leiter der Abteilung Staatsschutz im Bayerischen Innenministerium vom 27.9.1980 heißt es:

---

[2] Geplant wird unter anderem die Ermordung eines Staatsanwaltes, der gegen die Hoffmann-Gruppe penibel ermittelt hat, die Ermordung eines abtrünnigen Mitgliedes und ein Anschlag mit einer Panzerfaust auf einen US-Panzer.

"vs - vertraulich -
aus dem 1977 bei karlheinz hoffmann (wsg-leiter) sichergestellten material ergibt sich, dass koehler im februar 1976 mit hoffmann in briefwechsel stand und seine absicht bekundete, in donaueschingen eine ortsgruppe der wsg aufzubauen. koehler war laut vertraulicher mitteilung 1977 und 1979 in der wsg-kartei als aktiver anhänger erfasst, nach einer notiz des hoffmann auf der karteikarte 1979 hat er an zwei übungen teilgenommen." (zit. aus Chaussy 1985, S. 45)

Bereits mit 15 Jahren, erzählen ehemalige Mitschüler dem Nachrichtenmagazin 'Der Spiegel', muß Köhler "auf irgendwelche Weise in den Bann rechter Ideen gekommen sein." ('Der Spiegel', 6.10.1980) Außerdem experimetiert er mit Sprengkörpern und zieht sich bei einem mißglückten Versuch Gesichtsverletzungen zu. Nach dem Abitur meldet sich der Schüler mit WSG-Erfahrung 1978 freiwillig zur Bundeswehr und verpflichtet sich für zwei Jahre. Sein Wunsch, als "Feuerwerker oder Waffen-, Raketen-, und Munitionstechniker" eingesetzt zu werden, erfüllt sich nicht. Beim Panzer-Grenadier-Bataillon 292 in Immerdingen muß der leidenschaftliche Hobbychemiker Köhler als Kraftfahrer und im Bürodienst arbeiten. Er ist enttäuscht und entzieht sich der Dienstverpflichtung im November 1978 durch eine wahrscheinlich simulierte Taubheit. Die für ihn ernüchternde Bundeswehrzeit erschüttert Köhlers rechtsextremes Weltbild. Er besucht im Frühjahr 1980 Veranstaltungen der "Grünen" in Donaueschingen. (vgl. Chaussy 1985, S. 227) Um einen tiefen ideologischen Wandel handelt es sich jedoch nicht, so der Bundesinnenminister: Köhler "vertrat schon seit Jahren rechtsextremistisches Gedankengut." (Verfassungsschutzbericht des Bundes 1980, S. 44) Auch Köhlers Teilnahme an Veranstaltungen des WSG-nahen "Hochschulrings Tübinger Studenten" (HTS) 1979 belegt diese Einschätzung. Themen der HTS-Treffen: "ein Gemisch aus kaum kaschiertem Rassismus und dumpfem Antikommunismus, aus CSU- und Freikorps-Programmatik." ('Der Spiegel', 6.10.1980)

Köhler - WSG

Aus verständlichen Gründen versucht Hoffmann nach dem Oktoberfestattentat, Köhlers WSG-Kontakte zu bagatellisieren. Im 'Spiegel'-Interview sagt er:

"Zunächst muß klargestellt werden, daß Herr Köhler kein Mitglied der Wehrsportgruppe war.
SPIEGEL: ... aber Anwärter ...
HOFFMANN: ... gut, aber viele Jahre vorher, fünf Jahre vorher, und in der ganzen Zwischenzeit habe ich keinen Kontakt mit ihm gehabt. (...)
Schauen Sie, wenn ein Angehöriger der Rheinarmee mit seinem Panzer Amok fährt, geht doch auch niemand zu Prinz Charles und macht ihm Vorwürfe. Aber bei mir ist es eben so gehandhabt worden." (vgl. 'Der Spiegel', Nr. 31/1989, S. 39)

Im Polizeiverhör am 28.9.1980 macht der WSG-Chef detailliertere Angaben. Er gibt zu, sich noch 1978 oder 1979 mit Köhler getroffen zu haben:

> "Den Getöteten Gundolf Köhler habe ich etwa 1976 oder 1977 dadurch kennengelernt, daß er sich schriftlich an mich gewandt hat, und ich ihm geantwortet habe. Vermutlich habe ich ihm geschrieben, er könne mal vorbeikommen. Irgendwann kam er, besuchte mich und nahm bei dieser Gelegenheit an einer Wehrsportübung teil. Seine Eltern haben ihn von dieser Veranstaltung wieder abgeholt. Er hat sich nicht wieder gemeldet, und ich bin auch nicht an ihn herangetreten. Möglicherweise hat er wegen einer bei mir stattgefundenen Razzia kalte Füße bekommen. Etwa 1978 oder 1979 habe ich ihn rein zufällig in Tübingen getroffen. Er kam auf mich zu, und ich unterhielt mich zwischen Tür und Angel mit ihm über belanglose Dinge. Die Unterredung dauerte keinesfalls länger als fünf Minuten.
> Zu keiner Zeit war zwischen mir und Köhler von der Bildung einer Untergruppe in Donaueschingen die Rede. (...)" (zit. aus: Chaussy 1985, S. 66)

Hoffmann unterschlägt dabei den Inhalt seines Briefwechsels mit Köhler. 1976 bittet der Schüler Hoffmann um Hilfe: "Ich will in meiner Heimatgemeinde eine Wehrsportgruppe bilden." Hoffmann verweist Köhler an den Vorsitzenden des "Hochschulring Tübinger Studenten", Axel Heinzmann. (Bayerisches Landeskriminalamt, Nr. 2508/80 - Kt, den 30.3.1981, S. 4) 1977 kommt es zu einem Treffen. Nachdem Köhler 1979 in Tübingen studiert, intensiviert sich sein Kontakt mit dem HTS. Seit März desselben Jahres besucht er sporadisch Veranstaltungen des HTS. (vgl. Chaussy 1985, S. 208 ff) So verfügt Köhler bis zum Münchner Anschlag über einen direkten Draht zu einem der treuesten Hoffmann-Partner. Nach dem Verbot der "Wehrsportgruppe Hoffmann" organisiert Heinzmann Solidaritätsdemonstrationen. Auch Gundolf Köhler hat an Wehrsport-Übungen teilgenommen. Verschiedene WSG-Mitglieder erinnern sich präzise an ihn.

1. Arnd-Heinz Marx:

Nachdem der Libanon-Aktivist Marx im Juni 1981 an der deutschen Grenze verhaftet wird, macht er neue Aussagen zum Oktoberfestattentäter. Er kann sich im Polizeiverhör an ein Wochenende im Juli 1976 erinnern, als Köhler an einer Wehrsportübung teilgenommen hat:

> "Das war also folgendermaßen: Der Hoffmann brachte eine Illustrierte mit in den Libanon. Es war die QUICK oder die BUNTE. Da war ein großes Bild, ich glaube, über eine Seite ging das, von Köhler drin. Der Name sagte mir nichts. Das Bild kam mir irgendwie bekannt vor. Und der Alte sagte, daß das der wäre, der damals eine Handgranate geworfen hätte, da hat's bei mir aufgedämmert. Da wußte ich, wer es war.
> Ich glaube, das war eine selbstgebastelte Handgranate. Die Hülle sah ziemlich profihaft aus. Sie war silberfarbig und sah aus wie eine Eierhandgranate. Der Köhler sagte, daß er den Sprengstoff selbst hergestellt habe. Er sagte, daß es sein Hobby wäre, so etwas

herzustellen. (...) Als der Köhler seine Handgranate geworfen hat, waren alle Übungsteilnehmer dabei. Das waren ungefähr zwanzig Leute. Ich bin nicht bereit, diese namentlich zu nennen. Der Hoffmann war auch dabei.
Alle Mann waren natürlich geschockt, als sie hörten, daß der Köhler eine Handgranate mit sich herumtragen würde.
Der Alte sagte noch: Mensch sind Sie wahnsinnig! Wenn uns jemand überprüft oder wenn das Ding in die Luft geht, dann ist der Teufel los! Der Hoffmann wußte nichts von der Granate. Das hat ihm der Köhler erst im Laufe der Übung erzählt. In einem Wald konnte Köhler die Handgranate werfen.
Er war ganz geil darauf, das Ding zu schmeißen. Wir alle sind hinter Holzstößen in Deckung gegangen. Das war geschlagenes Holz, wie es im Wald herumsteht. Die Handgranate ist explodiert. Es erfolgte eine ziemlich laute Detonation. Köhler hat den Sicherungsring abgezogen und hat sie weggeschmissen. Halt so, wie man eine Handgranate wirft. Die anderen Übungsteilnehmer nannten Köhler einen Daniel Düsentrieb, weil er halt so Experimente machte." (zit. aus: Chaussy, S. 84 f)

2. Ralf Rößner:

Rößner ist langjähriges WSG-Mitglied und gehört der "Wehrsportgruppe Hoffmann" seit Januar 1975 bis zu ihrem Vebot an. Danach folgt er Hoffmann noch in den Libanon. Im Verhör durch die Generalbundesanwaltschaft sagt er:

"Ich erinnere mich an eine Übung, bei der einmal eine scharfe Handgranate 'hochgegangen' ist. Dies war innerhalb der Wehrsportgruppe nicht üblich. Vielmehr war es streng verboten, zu solchen Übungen scharfe Waffen, scharfe Munition oder scharfe Sprengkörper mitzubringen. Wann die Übung, in deren Verlauf es zu der Handgranatenexplosion kam, staatgefunden hat, kann ich heute nicht mehr mit Sicherheit sagen. Ich meine jedoch, es müßte am Anfang meiner Mitgliedschaft in der "Wehrsportgruppe Hoffmann" gewesen sein. Ich würde heute sagen, daß die Übung im Sommer oder Frühherbst stattgefunden hat. Die Übung hat in der Fränkischen Schweiz stattgefunden. (...)
Im Verlauf der Übung teilte uns ein Übungsteilnehmer, es war dies ein jüngerer Mann, mit, daß er 'etwas mitgebracht hätte'. Das Mitgebrachte erwies sich als ein 8 bis 10 cm hoher zylindrischer Körper aus Metall. (...) Soweit ich mich heute erinnere, hat der junge Mann gesagt, daß es sich um einen selbstgebauten Gegenstand handele. Der Wehrsportgruppenleiter Hoffmann hat gleich erkannt, daß es sich um einen scharfen Gegenstand gehandelt hat. Er hat deshalb den jungen Mann geschimpft. Ich kann mich daran erinnern - wenigstens bin ich mir heute darin ziemlich sicher -, daß Hoffmann zu dem jungen Mann gesagt hat, er brauche ihn bei der Gruppe nicht mehr zu lassen. Ich bin mir in meiner heutigen Erinnerung auch sicher, daß ich den jungen Mann nach dem Vorkommnis mit der Handgranate auch nicht mehr bei der Gruppe gesehen habe. Im weitere Verlauf der Ereignisse hat Hoffmann dann gesagt, daß man das 'Ding' so schnell wie möglich loswerden müsse. Er befahl uns allen, in Deckung zu gehen, und dann hat der junge Mann die Handgranate gezündet. (...) Den jungen Mann, der die Handgranate gezündet hatte, hatte ich schon früher bei der Gruppe gesehen. (...) Wie bereits erwähnt habe ich den von mir als Gundolf Köhler identifizierten jungen Mann nach dem Vorkommnis mit der Handgranate nicht mehr gesehen." (Vernehmungsprotokoll des Generalbundesanw. b. Bundesgerichtshof, 1 BJs 201/80 - 5, Karlsruhe, 4.12.1981, S. 1 - 5)

3. Helmut Krell:

Das Mitglied der WSG-Untergruppe in Neuburg an der Donau erzählt, Köhler habe auch später noch an WSG-Veranstaltungen teilgenommen:

"Ja. (...) Ich hatte ihn bei einem Treffen im Raum Ingolstadt oder Neuburg kennengelernt. Wann dies war, weiß ich nicht. Es kann 1977 und 1979 gewesen sein. Es war bei einer Übung. Daß Köhler bei uns war, weiß ich deshalb, weil wir nach dem Anschlag in München uns darüber unterhalten haben und dabei bekannt wurde, daß Köhler einmal bei uns war. Ich berichtige, es war nicht bei einer Übung sondern bei einer Versammlung." (Vernehmungsprotokoll des Landeskriminalamt Rheinland-Pfalz, ST 11, Mainz, 20.10.1981, S. 2)

Durch Krells Ausführungen gelangen die Beamten an Hoffmanns Ingolstädter "WSG-Unterführer" Bernd Grett.

4. Bernd Grett:

Der Ingolstädter WSG-"Unterführer" erinnert sich an eine WSG-Übung in der Nähe von Eitesheim im Landkreis Eichstätt. Damals habe ein 14 bis 15 Jahre alter Jugendlicher auf offenem Feld eine Rauchbombe gezündet. Es habe eine Rauchwolke gegeben, aber keine Detonation. Der Junge wird später von einem anderen Übungsteilnehmer zum Nürnberger Bahnhof gebracht, weil er mit dem Zug nach Donaueschingen zurückfahren muß. Aus Donaueschingen ist bisher kein anderer Interessent an der "Wehrsportgruppe Hoffmann" als Gundolf Köhler bekanntgeworden. (vgl. Chaussy, S. 85 f)

Auch bei einer anderen Organisation taucht Köhlers Name auf: Bei Odfried Hepps neonazistischer "Kampfgruppe Schwarzwald". Als Hepps Wohnung im September 1979 von der Polizei durchsucht wird, findet sie eine 200 Namen umfassende Adressenliste, auf der auch Köhler steht. Ferner stoßen die Beamten auf einen handgeschriebenen Zettel mit weit weniger Namen: Schwer lesbar ist "WSG (testen) (...) 3. Gundolf Köhler" mit der Anmerkung "Mitgl. an 2 Übgf. teilg., letzter Kontakt 19.5.1977" zu entziffern. (zit. aus: Chaussy 1985, S. 52) Über Köhlers Namensnennung in dem beschlagnahmten Hepp-Material hinaus erhält die Polizei keine Anhaltspunkte für eine Zusammenarbeit. Auch die Vernehmungen von 15 Mitgliedern der "Kampfgruppe Schwarzwald" ergeben "keine Anhaltspunkte, daß Köhler Verbindungen zu dieser Gruppe hatte." (Abschlußbericht des Bayerischen Landeskriminalamtes über die Ermittlungen im Komplex WSG-Hoffmann, Nr. 2508/80 - Kt., 30.3.1981, S. 4) Offen bleibt die Frage, wie Köhlers Adresse in Hepps Besitz gelangt.

Die WSG und das Oktoberfestattentat

Aus Vernehmungsprotokollen ergeben sich verschiedene Hinweise auf Verbindungen von WSG-Mitgliedern und von Karl-Heinz Hoffmann zum Oktoberfestattentat. Das Bayerische Landeskriminalamt schreibt an den Generalbundesanwalt in Karlsruhe:

"Am 03.03.1981 teilte ein Tunesier der Deutschen Botschaft in Paris mit, er habe in Syrien zwei Deutsche getroffen, die am Sprengstoffanschlag auf dem Oktoberfest beteiligt gewesen sind.
Der Hinweisgeber, SALAH Hamsi Mohammad, wurde am 10.03.1981 von (...) in Paris vernommen. Er gab an, Anfang Oktober 1980 im Hotel Byblos in Damaskus zwei Deutsche kennengelernt zu haben. Der kleinere der beiden habe ihm gegenüber erklärt, wegen des Sprengstoffanschlages auf das Oktoberfest nicht mehr nach Deutschland zurückkehren zu können. Der Deutsche, den der Hinweisgeber bei einer Lichtbildvorlage sicher als den hier bekannten BEHLE, Walter[3], 26.09.1959, identifizierte, habe in bezug auf den Anschlag gesagt:
'Wir waren das selbst.'
Den anderen Deutschen identifizierte der Hinweisgeber anhand eines Lichtbildes als den Anführer der WSG, Karl-Heinz HOFFMANN.
Die Angaben des Hinweisgebers erscheinen glaubhaft, zumal hier aus anderer Quelle bekannt ist, daß HOFFMANN bei den Palästinensern vorgibt, den Anschlag auf dem Oktoberfest mit seiner Gruppe verübt zu haben.
BEHLE und HOFFMANN können aber, wie bereits ausgeführt, aufgrund von Observationserkenntnissen als unmittelbare Täter sicher ausgeschlossen werden." (Bayerisches Landeskriminalamt, Nr. 2508/80 - Kt. 30.3.1981, S. 24)

Beim Verhör durch das bayerische Landeskriminalamt führt Behle seine Bemerkung in Damaskus später auf seinen Alkoholkonsum zurück:

"Zu dem Zeitpunkt des Gesprächs, es fand am Abend in der Hotelbar statt, hatte ich bereits eine erhebliche Menge Bier getrunken und war deshalb noch ziemlich stark angetrunken. Darauf führe ich auch, diese von diesem Araber zitierten Aussprüche, die ich angeblich machte, zurück." (Vernehmungsprotokoll des Bayerischen Landeskriminalamtes, BLKA SG 731, 7.7.1981, S. 45; vgl. auch Chaussy 1985, S. 52 f)

Auch das WSG-Mitglied Stefan Wagner behauptet am 2.8.1982, am Oktoberfestattentat beteiligt gewesen zu sein. Wagner sieht im Fernsehen den Film "Blut und Ehre" über die "Hitlerjugend". Er gerät derart in Wut, daß er von seiner Wohnung im 13. Stock in Rodgau Nieder-Roden aus Passanten beschießt. (vgl. Filmer/Schwan 1983, S. 167; Verfassungsschutzbericht des Bundes 1982, S. 124) Beim Eintreffen der Polizei klettert er über eine Nottreppe in den 13. Stock des Nebenhauses und dringt in schwarzer Uniform mit SS-Kragenspiegel und Hakenkreuz

---

[3] Behle heißt mit Vornamen Walter Ulrich.

auf der Brust, außerdem mit einer abgesägten Schrotflinte und und einem Schnellfeuergewehr bewaffnet in ein Penthouse ein. Er bedroht den Besitzer:

"Ist dir die Wehrsportgruppe Hoffmann ein Begriff? - Die Polizei ist hinter mir her. Lebend bekommen die mich nicht. Wenn die mich greifen, bekomme ich mindestens zehn Jahre Zuchthaus. Ich war bei der Aktion gegen das Oktoberfest in München dabei." (zit. aus Chaussy 1985, S. 55)

Wagner nimmt Geiseln, die er aber wieder laufen läßt. Er flieht vor der Polizei, die ihn über Megaphon als "Scharführer Wagner" anspricht. (Filmer/Schwan 1983, S. 167) Im Schutz der Dunkelheit klettert Wagner aus dem 13. Stock des umstellten Hauses. Er wickelt das Nylongeflecht eines Gartenstuhls ab, der auf der Dachterasse steht und läßt sich damit herunter. Unten angekommen schleicht Wagner ein paar Häuser weiter, legt sich zwischen einem Springbrunnen und einer Bank auf den Boden, steckt den Gewehrlauf in den Mund und drückt ab. Zu einem Alibi Wagners zur Zeit des Oktoberfestattentats erklärt die Bundesanwaltschaft im Gespräch mit den Sternjournalisten Peter Höbel und Rudolf Müller: "Sein Alibi ist eindeutig". (Stern, 12.8.1982, S. 93) Ein hoher BKA-Beamter behauptet jedoch das Gegenteil:

"Die BKA-Terrorexperten rätseln, wie es zu diesem Vermerk kommen konnte. Ein hoher Sicherheitsbeamter zum STERN: 'Mir ist unverständlich, wie der Generalbundesanwalt zu einem Wagner-Alibi gekommen sein will. Es gibt nämlich keins. Wir haben den jungen Mann aus taktischen Gründen nämlich nie persönlich befragt, wo er am 26. September 1980 gewesen ist.' Auch Freunde und Nachbarn Wagners sind nach BKA-Akten nicht zum Alibi befragt worden." ('Stern', 12.8.1982, S. 93)

Auch aus dem Bericht des Bayerischen Landeskriminalamtes geht hervor, daß bei Wagner im Zuge der Ermittlungen nach dem Oktoberfestattentat keine Hausdurchsuchung stattfand. (vgl. Bayerisches Landeskriminalamt, Nr. 2508/ 80 - Kt., 30.3.1981, S. 6 - 15; Chaussy 1985, S. 55 f) Im Schlußbericht des Generalbundesanwaltes steht dennoch, Wagners Selbstbezichtigung sei "indessen nachweislich unwahr. Bereits zu einem früheren Zeitpunkt erfolgte Nachforschungen haben zweifelsfrei ergeben, daß er sich zur Tatzeit bei einer Familie in Rodgau-Niederroden aufgehalten hatte. Zudem fehlen Anzeichen, die bei Wagner auf eine Tatbeteiligung anderer Art schließen lassen könnten." (zit. aus Chaussy 1985, S. 55 f) Bei den Behörden steht Aussage gegen Aussage. Weitere Belege, die über die Selbstbezichtigung Wagners hinausgehen, existieren bis heute nicht. (vgl. Filmer/Schwan 1983, S. 168) Hoffmann selbst äußert Zweifel, daß Köhler der Täter sein könne. Außerdem habe das Münchner Attentat "der gesamten nationalen Bewegung bis in die Steinzeit und darüberhinaus geschadet." Als Erklärung liefert er Klischees und Verschwörungstheorien: "So etwas tut überhaupt kein Deutscher, (...) das tun nur Leute, die alles was deutsch ist, furchtbar hassen." In Israel gebe es Leute, denen das zuzutrauen sei. ('General-Anzeiger', 21.9.1984)

Zeugen des Attentates:

Im Polizeibericht der zuständigen "Sonderkommission Theresienwiese" im Bayerischen Landeskriminalamt heißt es nach Abschluß der Ermittlungen:

> "Nachdem über die mögliche Beteiligung der WSG-HOFFMANN an dem Sprengstoffanschlag in der Presse berichtet worden war, gingen etwa 60 Hinweise auf die WSG und deren Anhänger ein.
> Zum Teil wurden Personen genannt, die Anhänger der WSG gewesen sein sollen. Die Überprüfung dieser Personen ergab keine Anhaltspunkte für eine Tatbeteiligung. (...) Sachdienliche Hinweise waren nicht eingegangen."
> (Abschlußbericht des Bayerisches Landeskriminalamtes über die Ermittlungen im Komplex WSG-Hoffmann, Nr. 2508/80 - Kt., 30.3.1981, S. 17)

Dementgegen gibt es zahlreiche glaubwürdige Zeugen, die Köhler in Begleitung von WSG-Mitgliedern gesehen haben wollen:

1. Nach dem Attentat von München fertigt die zeichnerisch begabte Zeugin Nana Holzapfel für die Polizei eine Skizze von Tatverdächtigen an. Nach den Ermittlungen tritt der 'Stern' mit der Zeichnerin in Kontakt und legt ihr ein Foto von Uwe Behrendt vor. Sie erkennt in ihm einen der Männer von der Theresienwiese. Auch der Münchner Rechtsanwalt Werner Dietrich, der die Interessen der Hinterbliebenen und Überlebenden des Attentats vertritt, stößt beim Studium der Akten auf die Skizzen der Frau. Ihm fällt eine Ähnlichkeit zwischen einer Person und Franziska Birkmann auf. (vgl. 'Konkret', Nr.8 1986; Metall, Nr. 7/30, März 1984) Das Gewerkschaftsmagazin 'Metall' vermutet nicht ganz unbegründet:

> "Hätte die Polizei Skizzen von Nana Holzapfel sofort auf Fahndungsplakaten verbreitet - so wie es bei Linksterroristen üblich ist -, dann könnten Levin und Poeschke noch leben. (...) Nach Aktenlage hat das Landeskriminalamt nach dem Attentat weder das Alibi des inzwischen angeblich im Orient umgekommenen Behrendt überprüft noch das von Franziska Birkmann. Die Polizei ließ sich statt dessen von Hoffmann erzählen, seine Freundin sei am Attentatstag bei ihren Eltern in Österreich gewesen." ('Metall', Nr. 7/30, März 1984)

2. Die Sonderkommission zur Aufklärung des Oktoberfestattentats erhält hunderte von Hinweisen aus der Bevölkerung. Nachdem in der ARD-Abendsendung "Tagesschau" ein Interview mit zwei Mitgliedern der "Wehrsportgruppe Hoffmann" gesendet wird, meldet sich ein Zeuge aus Nürnberg: Er habe am Mittwoch vor dem Anschlag im Nürnberger Café "Treffpunkt" einen der beiden WSG-Männer zusammen mit einem blonden Mädchen gesehen. Dabei soll der Mann gesagt haben: "Morgen fahren wir nach München aufs Oktoberfest, da lassen wir ein Ding steigen, da geht's rund." (vgl. 'Stern', Nr. 42, 9.10.1980)

3. Ein wichtiger Zeuge, dem auch das Bayerische Landeskriminalamt "besondere Bedeutung" beimißt, ist der homosexuelle Frank Lauterjung. Er hat kurz vor dem Attentat den "Wuschelkopf", wie er Gundolf Köhler nennt, besonders genau beobachtet, weil er "als Homosexueller Männer, die ihm gefallen, vergleichbar so mustere, wie ein Mann eine Frau ansehe, die ihm gefällt." Während er sich auf der dem Haupteingang gegenüberliegenden Festwiese unterhält, erblickt er den "Wuschelkopf" Köhler im Gespräch mit zwei Männern. Alle drei reden heftig aufeinander ein. Bald darauf sieht er Köhler wieder, der links einen kleinen Koffer und rechts einen erkennbar schweren Gegenstand trägt. Lauterbach vermutet, daß Köhler möglicherweise ein Nachtquartier sucht und geht ihm nach. Im Vernehmungsprotokoll sagt er:

> "Ich hatte freie Sicht auf ihn ... Ich habe seine Augen wiedergesehen; er hatte schreckhafte, angstvolle Augen. Ich dachte mir, jetzt kommt er daher; ich laß ihn erstmal vorbeigehen. Ich dachte mir, jetzt schaust einmal, was auf dich zukommt, vielleicht geht er vorbei, vielleicht sucht er Kontakt. Der Mann blieb aber plötzlich stehen, ich sah dann, wie er sich linksseitig bückte... Zeitgleich mit dieser Beobachtung sah ich, daß meist links von mir viele Personen die Wies'n verließen. Ich erinnere mich an eine Familie mit Kindern. Die Passanten versperrten mir dann die Sicht auf den jungen Mann mit dem Wuschelkopf. Ich erinnere mich deutlich, daß ich von dem Ort ausgehend, wo sich der junge Mann befand, ein deutliches schrilles, scharfes, langgezogenes Zischen vernahm ... Als nächste konkrete Beobachtung ist mir erinnerlich, daß ich die helle Plastiktüte hochgehen sah. Ich sah auch zwei Hände. Dann sah ich eine große Stichflamme, hörte Schreie. Mit etwa zeitgleichem Knall erfaßte mich eine ungeheure Druckwelle. Ich verlor das Bewußtsein." (zit. aus 'Metall', Nr.7/30, März 1984)

Nachdem er aus der Bewußtlosigkeit wieder aufwacht, liegt Lauterjung neben der entstellten Leiche Köhlers. Durch seine Aussagen kann die Polizei den früheren WSG-Anhänger als Täter überführen. Der Koffer, den Köhler bei sich trägt, gilt seither als verschwunden. (vgl. Chaussy 1985, S. 32 und S. 68 ff) Lauterjung ist nicht der einzige Zeuge, der Köhler in Begleitung beobachtet hat. (vgl. Chaussy 1985, S. 25, S. 30 ff und S. 256)

4. Dem Rechtsanwalt der Opfer Werner Dietrich fällt noch ein weiteres Detail auf. Bereits am Sonntag vor dem Attentat muß es eine Art Generalprobe gegeben haben. Eine Zeugin soll an diesem Tag Köhlers Auto (einen Ford mit dem Kennzeichen VS-DD 500) gesehen haben, das auf dem Festgelände parkt. Da sie den Wagen mit dem eines Bekannten verwechselt, tritt sie an ihn heran. Fünf Insassen schrecken hoch und versuchen, einen schweren länglichen Gegenstand zu verbergen. (vgl. 'Metall', Nr. 7/30, März 1984)

5. Eine weitere Zeugin erinnert sich an ein Erlebnis unmittelbar nach der Explosion. Dabei will sie in der Tatortnähe einen nicht identifizierbaren cirka 25 bis 26 Jahre alten Mann gesehen haben, der weinend ruft: "I kann nicht mehr ! I wollt's

nicht! I kann nichts dafür! Helft's ma!" (zit. aus Chaussy 1985, S. 27) Ein 35jähriger in seiner Begleitung versucht, ihn zu beruhigen. "Das Auffallende war, daß er ziemlich nah an diesem Toten stand." (zit. aus Chaussy 1985, S. 29) Die Zeugin geht erst eine Woche nach dem Erlebnis zur Polizei. Diese unternimmt nichts, um die beiden Männer zu finden. Seit ihrer zweiten Vernehmung im Oktober 1980 hat die Zeugin nie mehr von der Polizei gehört. (vgl. Chaussy 1985, S. 30) Der Abschlußbericht des Generalbundesanwaltes in Karlsruhe beharrt darauf, Köhler sei Einzeltäter: "Für eine Tatbeteiligung Dritter sprechen nur einige unterschiedliche Beweiserkenntnisse, die einen Nachweis der Tatbeteiligung nicht zulassen." (zit. aus: Chaussy 1985, S. 25 f) Trotzdem sind die Beobachtungen der Zeugen nicht von der Hand zu weisen oder widerlegt worden.[4] Es gibt folglich drei seriöse Argumentationsstränge, die Zweifel an der Einzeltäterthese begründen und in Richtung WSG führen:

1. Köhler hat seit 1975 Verbindung zur WSG. Noch bis 1979 ist er in den HTS eingebunden, der der WSG sehr nahe steht.
2. Zeugen wollen Köhler in Begleitung von Personen gesehen haben, die mit WSG-Anhängern identisch sein könnten.
3. Hoffmann selbst und weitere Mitglieder seiner WSG prahlen mit einer angeblichen Beteiligung am Attentat.

In der Fachliteratur stehen zwei Positionen einander gegenüber. Die Ermittlungsbehörden sprechen von einer Tat, die mit "aller Wahrscheinlichkeit" ohne Mittäter oder Hintermänner verübt wird. (vgl. Backes/Jesse 1993, S. 210; Verfassungsschutzbericht des Bundes 1980, S. 44) Auf der anderen Seite stehen die Recherchen des Journalisten Ulrich Chaussy (vgl. Chaussy 1985) und des Magazins 'Der Stern'. Dort steht: "Für Bayerns Innenminister ist der Bombenleger von München ein Einzeltäter. Doch die These ist nicht haltbar." ('Stern', 9.10.1980) Beide Positionen liefern Belege für ihre Schlußfolgerungen. So schreibt die Sonderkommission Theresienwiese in ihrem Abschlußbericht:

---

[4] Nicht zu vergessen ist auch eine anoyme Anruferin mit französischem Akzent, die sich im Laufe des Samstagnachmittags (27.9.1980) bei mehreren Münchner Zeitungen meldet. Dabei diktiert sie jeweils den gleichen Text: "Wir sind die Rechten von Bologna. Wir sind gegen die Roten. Wir haben gestern einen Streich gemacht. Wir werden weitermachen." (zit. aus: Vinke 1981, S. 13)
Tatsächlich folgt exakt eine Woche nach dem Münchner Attentat ein weiteres, diesmal in Paris auf eine Synagoge, dem vier Menschen zum Opfer fallen. Ein hoher italienischer Sicherheitsoffizier meint, die drei Anschläge seinen zeitlich zu dicht aufeinander gefolgt, um ohne Zusammenhang zu sein. Auch die Frau des römischen Oberrabbiners spricht von einer 'geheimen Verbindung zwischen München, Bologna und Paris'." (zit. aus: Strothmann 1981, S. 55) Ein Zusammenhang zum Münchner Attentat läßt sich allerdings nicht nachweisen.

> "Soweit die WSG-Mitglieder angetroffen werden, ergaben die Alibiüberprüfungen keinen Tatverdacht gegen einzelne Personen. Über die sechs WSG-Mitglieder die als Beschuldigte vernommen worden waren, liegen Observationserkenntnisse vor, wonach mit Sicherheit gesagt werden kann, daß sie sich zur Tatzeit nicht in München aufhielten. Es handelt sich hierbei um die WSG-Mitglieder Karl Heinz Hoffmann, Michael Ruttor, Ulrich Behle, Stefan Faber, Robert Funk und Rudolf Klinger." (Abschlußbericht des Bayerischen Landeskriminalamtes über die Ermittlungen im Komplex WSG-Hoffmann, Nr. 2508/80 - Kt., 30.3.1981, S. 16)

> "Der zu Beginn der Ermittlungen gegebene Tatverdacht gegen die WSG-Hoffmann konnte durch die umfangreichen Ermittlungen nicht bestätigt werden. (...) Außer der kurzen Kontakte des G. Köhler zur WSG (1975/76) ergaben sich keine weiteren Verdachtsmomente. Die exekutiven Maßnahmen gegen WSG-Mitglieder erbrachten keine weiteren Verdachtsmomente." (Abschlußbericht des Bayer. Landeskriminalamtes über die Ermittlungen im Komplex WSG-Hoffmann, Nr. 2508/80 - Kt., 30.3.1981, S. 23)

Selbst wenn Chaussys Recherchen nicht den zwingenden Beweis erbringen, daß Köhler nicht alleine gebombt hat, ist sein Bericht ein schlüssiges Dokument für die nachlässigen Ermittlungen. So schließt das Bayerische Landeskriminalamt nicht nur eine WSG-Beteiligung aus, sondern versteift sich außerdem auf die Einzeltäterthese. Bereits wenige Monate nach der Bluttat kommt die zuständige "Sonderkommission Theresienwiese" in ihrem Abschlußbericht zu dem Ergebnis: "Gundolf Köhler dürfte als Alleintäter gehandelt haben. Für eine Mittäterschaft oder auch nur Mitwisserschaft anderer an dem Sprengstoffanschlag auf das Münchner Oktoberfest ließen sich keine konkreten Anhaltspunkte erkennen." ('Münchner Merkur', 2.6.1981) Ein unbefriedigendes Resultat. Die Untersuchung der Bombe durch Sprengstoffexperten des Bundeskriminalamtes (BKA) wirft weitere Fragen auf. Das BKA negiert die These von Köhler als Einzeltäter: "Hier haben Fachleute den Sprengkörper vorher zerlegt und mit zusätzlichen Metallteilen gefüllt, um eine Splitterwirkung bei der Explosion zu erhöhen. Das war eine gefährliche Präzisionsarbeit. Das kann kein Laie." ('Stern', Nr. 42, 9.10.1980)

Nach dem bisherigen Forschungsstand können Karl-Heinz Hoffmann und seine Wehrsportgruppe nicht für das Attentat auf das Oktoberfest verantwortlich gemacht werden[5]. Trotzdem bleibt festzuhalten, daß Köhler eng mit der WSG kom-

---

[5] Rechtsextreme Kreise sehen - wie üblich - die Quelle des Übels bei den Juden: Der israelische Geheimdienst "Mossad" habe das Attentat verübt. Auslöser der Verschwörungstheorie ist Hoffmanns Roman "Verrat und Treue". Hier malt er das Bild des unschuldigen Köhler in den Fängen des Mossad, der ihn mit in die Luft sprengt. Das perfide Motiv: Rache am Deutschen Volk. Zum fiktiven Gefühlsleben des Mossad-Killers schreibt Hoffmann:
"Irgendwie spürt er ein Gefühl in sich hochsteigen, das er sich selbst nicht schlüssig erklären kann. Könnte es Mitleid sein? Er sieht die vielen ahnungslosen Frauen und Kinder, verflucht, was ist los mit ihm? Sollte er Mitleid haben? Mitleid mit den Angehörigen dieses Volkes? Mit den Gojim, den Philistern, den Hitleristen, den Gestapobanditen?
Hat dieses Schweinevolk Erbarmen gehabt, als es um jüdische Frauen und Kinder ging? Nein, er, Jehuda Aronescu ist Jude. Er wird nicht zögern, Rache für sein tausendfach geschundenes

muniziert hat. Addieren wir zum Oktoberfestattentat durch den früheren WSG-Anhänger Köhler den Mord an Levin und Poeschke und die Anschlagsvorbereitungen im Libanon, so entstehen Hinweise, die Rudolf Müllers These von der WSG als "Schule des Terrorismus" untermauern. (vgl. Müller 1984, S. 238)

8.1.2. Mord an Shlomo Levin und Elfriede Poeschke

Am 16.6.1981 wird Hoffmann bei seinem Versuch, vom Frankfurter Flughafen aus in ein arabisches Land auszureisen, verhaftet. Kurz danach nimmt die Polizei seine Lebensgefährtin Franziska Birkmann in Ermreuth fest. Der Vorwurf: "Bildung einer terroristischen Vereinigung". Dieser Haftbefehl wird jedoch vom 3. Strafsenat des Bundesgerichtshofes aufgehoben, weil eine terroristische Vereinigung gemäß § 129a StGB im Ausland nicht erfaßt ist. Die Bundesrichter stellen fest, bei diesem Paragrafen sei es der Wille des Gesetzgebers, die Verfolgbarkeit von Straftaten im Bereich terroristischer oder krimineller Vereinigungen auf das Inland zu beschränken. Somit könne die Beteiligung eines Deutschen an einer derartigen Vereinigung in der Bundesrepublik auch dann nicht verfolgt werden, wenn er hierher zurückkomme. Der Begriff der terroristischen Vereinigung sei folglich nur auf jene Organisationen anwendbar, die im räumlichen Geltungsbereich des Grundgesetzes bestehen (Az: 1 BJs 350/81, StB 53/81). (vgl. 'Süddeutsche Zeitung', 14.1.1982)

Weiterhin wird Hoffmann und seiner Lebensgefährtin vorgeworfen, am Mord am jüdischen Verlegerehepaar Shlomo Levin und Frieda Poeschke beteiligt gewesen zu sein. Das Paar wird am Abend des 19.12.1980 in seinem Bungalow 13 Kilometer vom ehemaligen WSG-Hauptquartier in Ermreuth entfernt mutmaßlich von dem WSG-Mitglied Uwe Behrendt erschossen. Der Täter:

Volk zu nehmen. Jawohl, und er wird diese Rache genießen. Die Vergeltung an diesem verfluchten Volk ist noch längst nicht ausreichend vollzogen. Er muß es tun. Er wird es tun!" (Hoffmann, "Verrat und Treue", S. 343 f)
Außerdem sollen auf diesem Wege angeblich neue Zahlungen Deutschlands an Israel erpreßt werden. Im fiktiven Vorgespräch zum Oktoberfestattentat sagt ein hoher Mossad-Agent: "Es hilft nichts, das deutsche Volk muß mit 'lebendigem Naziterror' konfrontiert werden. Und zwar Terror, der sich konkret gegen die deutschen Bürger selbst richtet, sonst ist auf Dauer alle Liebesmühe vergebens. Nur so läßt sich wenigstens ein Minimum an notwendigen Schuldgefühlen wachhalten. Nur über den Schuldkomplex geht der Deutsche in die Tasche." (Hoffmann, "Verrat und Treue", S. 237)
Die rechtsextremistische "Wiking-Jugend" macht die Täter ebenfalls beim Mossad aus. Hoffmanns Fantastereien werden hier zum historischen Faktum: "Erinnern wir uns an das Attentat auf dem Oktoberfest, das der Mossad ausführte, um dann eine falsche Spur in nationalen Kreisen legte." ('Wikinger', 4/1989, S. 35) Diese Verschwörungstheorie findet auch in Rod Taylors "Tödliche Zufälle" ihren Niederschlag, erhältlich unter anderem im Buchdienst Otto Ernst Remers. Hier wird der potentielle Mittäter zum "Ausländer - Südländer oder Orientale". (Taylor 1990, S. 152)

Uwe Behrendt stammt aus der DDR, wo er in jungen Jahren zu zwanzig Monaten wegen Republikflucht verurteilt wird. Mitte der siebziger Jahre kauft ihn die Bundesregierung gemeinsam mit anderen Häftlingen für 50.000 DM frei. Im Westen studiert er in Ulm, Erlangen und Tübingen Theologie, Germanistik und Medizin und unternimmt Reisen nach Südafrika und Rhodesien. In Tübingen engagiert er sich beim "Hochschulring Tübinger Studenten" (HTS), dessen Chef Axel Heinzmann Hoffmann gelegentlich als Redner einlädt. Über diesen Kontakt gelangt Behrendt zur "Wehrsportgruppe Hoffmann" und gehört dort schnell dem harten Kern an. Nach einem mehrmonatigen Aufenthalt in Südafrika siedelt Uwe Behrendt im Oktober 1979 endgültig nach Heroldsberg über, wo er seitdem bei Hoffmann wohnt. Nach dem Verbot der WSG folgt er Hoffmann in den Libanon und begleitet im Sommer 1980 einen Autotransport dorthin. Im Oktober desselben Jahres kehrt er nach Deutschland zurück. Am 19.12.1980 ermordet er Shlomo Lewin und Frieda Poeschke. Nach der Bluttat besucht er über Weihnachten seine in der DDR lebende Mutter und geht dann erneut in den Libanon, wo er sich bis zu seinem Selbstmord im September 1981 aufhält. (vgl. 'Der Spiegel', 20.8.1984, S. 37 ff) Das Verhältnis Behrendts zu Karl Heinz-Hoffmann wird später vor Gericht von einem früheren WSG-Mitglied mit dem zwischen "Herr und Hund" verglichen. Ein weiteres WSG-Mitglied bezeichnet Behrendt als "Killer", der ohne jede Gefühlsregung jede Aufgabe übernehmen würde. Eine andere Einschätzung charakterisiert Behrendt als einen "Selbstmordtyp", der jede Aktion durchgeführt hätte, selbst um den Preis seines eigenen Lebens. Hoffmann beschreibt Behrendt als "todessüchtig". (vgl. Staatsanwaltschaft bei dem Landgericht Nürnberg-Fürth, Az 340 Js 40387/81, 10.1.1983, S. 36 f) Das frühere WSG-Mitglied Arnd-Heinz M. erinnert sich:

"Der BEHRENDT ist so ein verkrachter Student. Er lebt in einer Traumwelt, er hat sich im Libanon wie ein moderner Kreuzritter gesehen. Er gibt sich auch nach außen hin wie ein eiskalter Typ. Ich glaube, der würde auch einmal den Finger krumm machen. Der fühlt sich überlegen. Er gibt gerne an, aber er ist hochintelligent. Er hat Abitur und war Medizinstudent." (Vernehmungsprotokoll, Hessisches Landeskriminalamt, V/1 - P 8244, 24.8.1981, S. 6)

Die Tat: Bekleidet mit einer Wollmütze und der Sonnenbrille Franziska Birkmanns macht sich Behrendt auf den Weg zu den Opfern:

"Unter Benutzung dieser Brille und der mit dem Schalldämpfer versehenen Waffe begab sich Behrendt am 19.12.1980 zwischen 18.42 Uhr und 19.02 Uhr zu dem Bungalow Ebrardstraße 20. Shlomo Lewin, der mit keinem Angriff rechnete, öffnete arglos die Haustüre. Behrendt nützte diese Situation aus, drängte Lewin, der keine Abwehr- oder Fluchtchance hatte, in den Windfang zurück und gab auf ihn mit Tötungsvorsatz drei Einzelschüsse ab. In den rechten Unterarm, in die rechte Gesichtshälfte und in die rechte Brust getroffen, stürzte Lewin zu Boden. Um der tödlichen Wirkung seiner Schüsse sicher zu sein, feuerte Behrendt, entweder anschließend an dieses Geschehen

oder erst beim Verlassen der Wohnung, auf Lewin einen Nachschuß ab, der diesen in die rechte Wange traf. Zentrales Versagen infolge einer Schädelhirnverletzung durch den zuletzt erwähnten Schuß führte zu einem sofortigen Tod.
Da Behrendt bemerkt hatte, daß sich eine zweite Person im Haus aufhielt, setzte er den Plan, auch Augenzeugen zu töten, in die Tat um. Er trat in die Diele und schoß von dort zweimal auf Frieda Poeschke. Von zwei Schüssen in die linke Bauchseite getroffen und durch einen Streifschuß an der Innenseite des linken Unterarms verletzt, brach Frieda Poeschke hinter der Türe im Wohnzimmer zusammen. Behrendt trat an sein Opfer heran und gab noch zwei weitere Schüsse ab. Einer davon traf Frieda Poeschke in die linke Kopfseite. Der Tod trat durch zentrales Versagen infolge der schweren Hirnverletzung und Verblutung in die Bauchhöhle ein." (Staatsanwaltschaft bei dem Landgericht Nürnberg-Fürth, Az 340 Js 40387/81, 10.1.1983, S. 4)

Den Grund für die Tatbeteiligung Hoffmanns sieht die Staatsanwaltschaft in der terroristischen Energie der Hoffmann-Truppe und einem Legitimationsdruck gegenüber seinen palästinensischen Partnern:

"Seiner politischen Zielsetzung folgend, die freiheitlich-demokratische Ordnung in unserem Staat zu erschüttern und zu zerstören, um sie durch ein faschistisches, nach dem Führerprinzip organisiertes Regime zu ersetzen, beschloß der Angeschuldigte Hoffmann, Terroranschläge in der Bundesrepublik Deutschland durchzuführen. Gleichzeitig wollte er sich damit gegenüber der PLO-Führung 'profilieren', sich für die gewährte Unterstützung erkenntlich zeigen und beweisen, daß er und seine Männer nützliche Partner der PLO seien, die ihre Waffen ohne Rücksicht auf Menschenleben gebrauchen, wann immer es gefordert wird." (Staatsanwaltschaft bei dem Landgericht Nürnberg-Fürth, Az 340 Js 40387/81, 10.1.1983, S. 3)

Bis zum Beginn des Strafverfahrens gegen Hoffmann und seine WSG-Ausland vergehen über drei Jahre. Nach der Eröffnung des Hauptverfahrens wird die Anklage um 40 Anklagepunkte erweitert, die im Zusammenhang mit Straftaten Hoffmanns im Libanon stehen. (vgl. Rosen 1989, S. 57) Am Ende des Verfahrens spricht das Gericht Hoffmann vom Mordvorwurf frei. In der Fachliteratur stößt die Entscheidung auf Unverständnis:

"Obwohl die mitangeklagten WSG-Mitglieder Keeß, Mainka und Fraas von Attentatsplänen berichteten, die dem Erlanger Mord im Detail entsprachen; obwohl zahlreiche antisemitische Äußerungen Hoffmanns belegt waren und bei ihm ein Beitrag des später ermordeten Lewin für die italienische Zeitschrift Oggi gefunden wurde, in dem vor den neonazistischen Aktivitäten Hoffmanns gewarnt wurde; obwohl schließlich eine Sonnenbrille der Begleiterin Hoffmanns am Tatort gefunden wurde, sprach das Gericht Hoffmann von der Beteiligung an dem Mord frei. Die Hoffmann belastenden Aussagen der früheren WSG-Mitglieder Hepp, Fraas und Keeß wurden vom Vorsitzenden Richter Koop als Wichtigtuerei abgetan." (Rosen 1989, S. 57 f)

Zu den angeblich wichtigtuerischen Aussagen der früheren Hoffmann-Mitstreiter gehören Hoffmanns Versuche, andere WSG-Mitglieder zum Mord zu überreden:

"In Verfolgung dieses Planes, versuchte der Angeschuldigte Hoffmann, im Oktober 1980 den Zeugen (...) für die unmittelbare Tatausführung zu gewinnen. In mehreren Gesprächen unter vier Augen, die sich im Lager Bir Hassan über einen Zeitraum von ca. 1 Woche erstreckten, wollte der Angeschuldigte Hoffmann seinen Gefolgsmann (...) überreden, einen Juden umzubringen. Der Zeuge bekundete im Verlauf mehrerer Vernehmungen, er habe damals noch zu den engsten Vertrauten des Angeschuldigten gehört und sei dazu ausersehen gewesen, an 'Kommandounternehmungen' teilzunehmen. Hoffmann habe ihm erklärt, das Opfer wohne ca. 40 km entfernt von Ermreuth. Falls der Mann einen PKw besitze, könne an diesem ein Sprengsatz angebracht werden. Andernfalls müsse er das Opfer in seinem Haus erschießen. Sofern bei der Tatausführung dessen Frau oder sonstige erwachsene Angehörige hinzukämen, müßten auch diese 'umgelegt' werden, damit keine Zeugen verhanden seien. Eine Waffe werde er besorgen und ihn am Objekt einweisen. Um nicht erkannt zu werden, sei eine Tarnung mit Brille, Perücke oder Bart nützlich. Nach der Tat sei es notwendig, Kleidung und Schuhe zu wechseln, die Waffe zu beseitigen und nach Möglichkeit Deutschland zu verlassen." (Staatsanwaltschaft bei dem Landgericht Nürnberg-Fürth, Az 340 Js 40387/81, 10.1.1983, S. 42)

Ein weiteres Indiz ist die Aussage des ehemaligen WSG-Mitgliedes Uwe Mainka, der 23 Tage lang als Zeuge vernommen wird. Er sagt aus, Behrendt habe ihm berichtet, der Mordauftrag sei von Hoffmann gekommen. (vgl. 'Stern', Nr. 41/1985) Der frühere Hoffmann-Mitstreiter Odfried Hepp ortet einen anderen Auftraggeber. Er erinnert sich an ein vertrauliches Gespräch mit Behrendt, das er im März 1981 in Tripolis geführt haben will:

"'Nach Behrendt hat Hoffmann es dem Albrecht zu verdanken, daß er durch dessen Vermittlung mit der Fatah in Kontakt kam. Hinsichtlich seiner persönlichen Ziele hat Behrendt mir gesagt, er könne nicht mehr nach Deutschland zurückkehren, weil er zwei Agenten des israelischen (Geheimdienstes, Red.) Mossad in der Bundesrepublik hingerichtet habe.' Hoffmann, so gab Hepp sein Gespräch mit Behrendt wieder, sei wegen der Tat verärgert gewesen. Der Befehl für die Ausführung sei ihm, Behrendt, von Udo Albrecht gegeben worden. Albrecht habe den Einsatz geplant, um die Glaubwürdigkeit und den Wert von Hoffmann gegenüber der Palästinenserorganisation zu erhöhen." ('AP', 27.1.1986)

Hoffmann erfährt nach eigenen Angaben als erster von dem Doppelmord Behrendts, der sich nach der Tat ins Schloß Ermreuth begibt. Nach Hoffmanns Ausführungen habe Behrendt ein Bad genommen und gesagt: "Chef es ist etwas passiert, ich habe ein Attentat verübt. Ich habe den Vorsitzenden der jüdischen Kultusgemeinde in Erlangen erschossen." ('Bonner Generalanzeiger', 28.9.1984; vgl. 'Der Spiegel', 13.11.1984, S. 71)

Vor dem Nürnberger Gericht behauptet Hoffmann, die Tat sei ein Alleingang Behrendts gewesen, und er habe von nichts gewußt. Er spricht von "einer sinnlosen Tat, die unschuldige Leute getroffen hat". Behrendt habe in "übertriebener Aktionsgeilheit" gehandelt. Außerdem sei sein WSG-Mitstreiter ein unberechenbarer und schwermütiger Mann gewesen. (vgl. 'Der Spiegel', 13.11.1984, S. 74)

Der Grund für den Doppelmord sei "ein Racheakt seines Anhängers Uwe Behrendt für die Verdächtigungen gegen Hoffmann im Fall des Oktoberfestattentats. So habe Behrendt ihm zur Begründung der Tat gesagt: 'Ich habe es auch für Sie getan, Chef, da mußte was gemacht werden.'" ('AP', 20.9.1984)

Hoffmann behauptet, Behrendt wegen des Mordes schwere Vorwürfe gemacht zu haben. Es darf jedoch nicht außer acht gelassen werden, daß Hoffmann sich trotz Behrendts Mordeingeständnisses nicht von diesem trennt:

> "Im Gegenteil, Behrendt wurde in den folgenden Monaten sogar sein engster Vertrauter. Der Angeschuldigte beförderte Behrendt 1981 zum Leutnant und ernannte ihn nach der Abreise von (...) zum Lagerkommandanten. Am 5.9.1981 vernommen, versuchte der Angeschuldigte zunächst, den Zeitpunkt der Beförderung auf 1980, also vor die Tatzeit zu verlegen. Mit dieser Beförderung und der Funktion des Lagerkommandanten wurde Behrendt gleichzeitig mit Befugnissen ausgestattet, die ihm einen Sonderstatus innerhalb der WSG-Ausland verliehen. Wie mehrere Zeugen bekunden, verfügte Behrendt plötzlich über größere Geldbeträge, während er in Deutschland stets mittellos war, genoß er Freizügigkeit in Beirut, konnte teilweise die Wohnung des Angeschuldigten Hoffmann in der Stadt mitbenutzen und brauchte nicht im Lager zu übernachten. Auch durfte er im Gegensatz zu den übrigen Angehörigen der WSG-Ausland seinen deutschen Paß behalten. Im Juni 1981 wurde Behrendt sogar die Möglichkeit zu einem Urlaub in Griechenland geboten." (Staatsanwaltschaft bei dem Landgericht Nürnberg-Fürth, Az 340 Js 40387/81, 10.1.1983, S. 91 f)

Hoffmann gesteht zwar, früher im Besitz der Tatwaffe gewesen zu sein. Diese sei jedoch von Behrendt ohne sein Wissen entwendet worden. Außerdem gibt er zu, Behrendt nach der Tat mit Geld zur Flucht in den Libanon verholfen zu haben. Allerdings, so seine Version, um nicht mit dem Mordfall in Verbindung gebracht zu werden, da ihn Berendt bedroht habe: "Sie sind der einzige, der mich nicht anzeigen kann. Wenn sie mich anzeigen, reißt es Sie natürlich mit." ('Bonner Generalanzeiger', 28.9.1984)

Daraufhin habe er Behrendts Kleider verbrannt, die dieser zum Zeitpunkt der Tat getragen hat, und ihm Fluchtgeld gegeben. Am 25.12.1980 setzen sich Behrendt und Hoffmann in den Libanon ab. Am Ende bleibt das Gericht trotz gegenteiliger Indizien bei der Einzeltäterthese. Die Richter kommen nach der Lektüre der Anklageschrift nicht zu der für eine Verurteilung Hoffmanns erforderlichen "vollen Überzeugung". ('Der Spiegel', 20.8.1984, S. 38). Das Gericht schreibt: "Bei einer Würdigung der einzelnen und der in ihrer Gesamtheit verbundenen Verdachtsmomente gegen den Angeklagten verbleibt kein ausreichendes Maß an Sicherheit für die Annahme seiner Tatbeteiligung." (Landgericht Fürth, 3 Ks 340 Js 40387/81, S. 1042)

Über die Gefährlichkeit der Hoffmann-Gruppe sagt das Urteil allerdings wenig aus, sondern nur über die Frage der Mitschuld ihres Chefs im Erlanger Doppelmord. Für eine Bewertung der "Wehrsportgruppe Hoffmann" ist festzuhalten, daß der Doppelmörder Uwe Behrendt langjähriges Mitglied der WSG ist und nach deren Verbot auch der Auslands-WSG angehört. Nach Angaben von anderen

Gruppenmitgliedern erschießt sich Behrendt im September 1981 in Beirut und wird dann von seinen Mitstreitern beerdigt. Den Selbstmord bestätigt unter anderem der Behrendt-Kampfgefährte Leroy Paul. (vgl. 'Der Spiegel', 20.8.1984, S. 40) Am 13.8.1984 treffen Polizeibeamte des Bayerischen Landeskriminalamtes und des BKA im Libanon ein, um Nachforschungen wegen des vermutlich ermordeteten WSG-Mitgliedes Kay-Uwe Bergmann und wegen Behrendt anzustellen. Während die Nachforschungen hinsichtlich des Verbleibs von Bergmann erfolglos bleiben, finden die Beamten am 20.8.1984 im Bereich des ehemaligen PLO-Lagers "Bir Hassan" die Leiche von Behrendt. ('Tageszeitung', 24.8.1984; 'Die Welt', 11.9.1984)

8.1.3. Bologna-Attentat

Im Gegensatz zur rechtsterroristischen Szene in Deutschland, die erst seit Ende der siebziger Jahre aktiv ist, bomben Italiens Rechtsterroristen schon ein Jahrzehnt früher. Spektakuläre Beispiele:

12.12.1969: Anschlag auf die Landwirtschaftsbank in Mailand (17 Tote, 88 Verletzte.
07.04.1973: Versuchter Anschlag auf den Schnellzug Turin-Rom durch den Neofaschisten Nico Azzi.[6] Durch den Ruck des Waggons explodiert die Bombe vorzeitig und verletzt den Terroristen.
28.05.1974: Anschlag auf eine Protestveranstaltung der Gewerkschaft in Brescia, die dem Protest gegen den Faschistenterror gewidmet ist (8 Tote, 94 Verletzte).
02.08.1974: Attentat auf den Italicus-Schnellzug, Linie Bologna-Florenz (12 Tote, 105 Verletzte). Auf einem Flugblatt zeichnet die Gruppe "Ordine Nuovo - Anno Zero" verantwortlich.
02.08.1980: Attentat auf den Bahnhof von Bologna (85 Tote, 210 Verletzte). Die Verantwortung für das Attentat übernimmt die Rechtsterroristengruppe "Nuclei Armati Rivoluzionari" (NAR).

---

[6] Ein Gericht in Genua verurteilt daraufhin Azzi gemeinsam mit vier anderen Neofaschisten. Azzi ist Mitglied im "Giovane Italia" und im "Ordine Nuovo" Pini Rautis. Seit 1971 arbeitet er in der Redaktion eines Szeneblattes, das nach dem Symbol der griechischen Obristen 'La Fenice' ("Der Phönix") benannt ist und vom Mailänder "Ordine Nuovo" herausgegeben wird. Azzi wird zu zwanzig Jahren Haft verurteilt. Der zweite Täter, Giancarlo Rognoni, Herausgeber von 'La Fenice', ist flüchtig. In Abwesenheit bekommt er 23 Jahre Gefängnis. Der dritte Verurteilte ist Mauro Marzato. Er ist Mitglied in der MSI-"Fronte della Gioventù" und hält Kontakte der Zeitung 'La Fenice' zu den französischen Rechtsextremisten des "Ordre Nouveau" (ON). Gemeinsam mit den anderen Mitangeklagten hat er an deren Kongressen teilgenommen. Der vierte Täter vor Gericht, Francesco de Min, ist für die Polizei als Rechtsextremist ein unbeschriebenes Blatt. (vgl. Rosenbaum 1975, S. 93 f)

Italiens Behörden unterscheiden Rechts- und Linksterrorismus nach folgender Faustregel: Bombenattentate werden Rechtsterroristen zugeschrieben, während Überfälle mit Maschinenpistolen in der Regel Linksterroristen angelastet werden. (vgl. 'Frankfurter Allgemeine Zeitung', 27.12.1984) Zu den Ausnahmen gehört die Ermordung des italienischen Staatsanwaltes Vittorio Occorsio, der mit einer Maschinengewehrsalve durchsiebt und getötet wird. Occorsio untersucht zu diesem Zeitpunkt unter anderem die politischen Verbindungen der extremen Rechten Italiens. (vgl. EP 1985, S. 50; Yallop 1988, S. 170)

Um die Hintermänner des blutigsten aller Anschläge im Nachkriegsitalien, das Bologna-Attentat, ranken sich seit der Tat Spekulationen. Die amerikanische Autorin Claire Sterling versucht beispielsweise über den Rechtsterroristen Claudio Mutti eine Spur zu Ghaddafi als Hintermann zu verfolgen, da Mutti[7] auch langjähriger Leiter der "Italienisch-Libyschen Freundschaftsgesellschaft" ist. Für die Autorin ist "Ghaddafi, der heilige Nikolaus des Terrorismus", an dessen langer Leine der mutmaßliche Bologna-Attentäter Mutti agiert habe. (vgl. Sterling 1981, S. 271 ff) Tatsächlich wird Mutti auch am 29.8.1980 als mutmaßlicher Komplize am Attentat verhaftet. Dem Rechtsextremisten, der bereits 1974 aus dem MSI ausgeschlossen wird, kann jedoch die Mittäterschaft nicht nachgewiesen werden. Mangels Beweisen wird er entlassen. Damit ist auch die direkte Spur zu Ghaddafi nur noch Spekulation.

In anderen Publikationen finden sich Überlegungen über geheimnisvolle Drahtzieher einer faschistischen Internationalen, freilich ohne Belege für einen gesteuerten Rechtsterrorismus. Beispielhaft hierfür ist die Berichterstattung des Nachrichtenmagazins 'Der Spiegel':

"Scheinbar wahl- und sinnlos schlägt die 'Schwarze Internationale' zu, sei es gegen die Synagoge an der Pariser Rue Copernic, sei es auf dem Münchner Oktoberfest, sei es, immer wieder, in Italien. Und was die Bürger verunsichern soll, ist meist das Werk derselben Personen, Organisationen, Ideologen." ('Der Spiegel', Nr. 5/1983, S. 124)

In diesem Zusammenhang sind auch die Berichte weiterer deutscher und britischer Quellen zu beurteilen, die eine Mitarbeit deutscher Rechtsaußen am Bologna-Attentat behaupten. So sollen Karl-Heinz Hoffmann und Joachim Fiebelkorn an den Vorbereitungen des Anschlags beteiligt gewesen sein. Dieser Verdacht gegen Hoffmann oder Mitglieder seiner Wehrsportgruppe läßt sich zu keiner Zeit erhärten. Auch Fiebelkorn wird vom Vorwurf der Tatbeteiligung vor Gericht freigesprochen. Dennoch scheint mir die angebliche Verstrickung der beiden in die Bluttat diskussionswürdig und zwar aus folgenden Gründen:

- Aussagen von Rechtsextremisten vor Gericht, die Fiebelkorn und Hoffmann belasten.

---

[7] vgl. zum Werdegang von Mutti auch Laurant 1978, S. 184 f

- Zahlreiche Meldungen in Presse und Literatur über eine Tatbeteiligung Fiebelkorns und Hoffmanns.
- Dokumentationen über die internationale Hilfe, die mutmaßliche Bologna-Attentäter von europäischen Gleichgesinnten erfahren.

Außerdem faßt das vorliegende Kapitel erstmals deutschsprachig die Lebensläufe von Stefano Delle Chiaie und Joachim Fiebelkorn zusammen. Die vorliegenden Informationen stammen u.a. aus der Auswertung der Akten zum Bologna-Attentat und von Zeitungsarchiven vor Ort, wie der spanischen Tageszeitung 'El Pais'. Ferner sind zahlreiche Hintergrundinterviews geführt worden, so mit Joachim Fiebelkorn, Ralf Platzdasch (KDS) und Friedhelm Busse (VSBD/PdA).

Hauptergebnis der Recherche ist ein Überblick zur Tätigkeit der Personen in den siebziger und Anfang der achtziger Jahre, die in der deutschen Publizistik über ein halbes Jahrzehnt als Hintermänner des Bologna-Anschlages gelten. Eine Antwort auf die Frage, wer den Anschlag letztendlich verübt hat, kann das Kapitel auch nicht geben. Es räumt jedoch mit zahlreichen Fehlinformationen auf, die ungeprüft Einzug in die Fachliteratur gefunden haben und dort bisher unwidersprochen verbreitet werden: So die These von Hoffmann, Fiebelkorn und Delle Chiaie als Hintermänner des Attentats von Bolgona. Nicht umsonst meldeten viele großen Tageszeitungen am 8.4.1987:

"Nach über sechsjährigen Ermittlungen endete das Verfahren gegen den Söldner Joachim Fiebelkorn (40) aus Eppstein nun mit einem Freispruch durch den Untersuchungsrichter in Italien. Die Justiz hatte Fiebelkorn im Verdacht, einer der Drahtzieher des Bombenanschlags auf den Bahnhof von Bologna im August 1980 gewesen zu sein. (...) Wie das Gericht herausfand, hatten zwei inzwischen verhaftete Offiziere des italienischen Geheimdienstes bewußt die falsche Fährte zu Fiebelkorn gelegt." ('Frankfurter Neue Presse', 8.4.1987; vgl. auch 'Abendpost', 8.4.87; 'Frankfurter Rundschau', 8.4.87; 'Bild', 8.4.87; 'Hanauer Zeitung', 8.4.87)

8.1.3.1. Hoffmann - Attentat

Die Wurzel einer potentiellen Mitwirkung Hoffmanns und Fiebelkorns am Attentat von Bologna sind die Aussagen des Rechtsterroristen Elio Ciolini, die er gegenüber dem Richter beim Landgericht in Genf, Chappiuis, in der Haftanstalt von Champ Dollon macht. Der Jurist leitet die Aussagen an die Legion der Karabinieri in Bologna weiter, die sie am 20.1.1982 in einem versiegelten Umschlag erhalten. Auszüge:

"a) im Monat Juli 1980 erschien in Rom kommend aus Bolivien und geschickt von Delle Chiaie Stefano, der deutsche Staatsangehörige Joachim Fiebelkorn, der beauftragt war mit der Ausführung der terroristischen Aktion, die von der TRILATERALE vorge-

sehen war und von dieser dem Delle CHIAIE anvertraut worden war zwecks Organisation und Vorbereitung.
In Rom wandte sich FIEBELKORN zwecks Unterstützung an die Firma ODELPRIMA und an ihren Verantwortlichen CARMELO (siehe gerichtlicher Bericht no. 3889/3, datiert vom 21.12.1981 dieses Berichts). Hier hatten sich zuvor getroffen, aus Argentinien kommend, der Maurizio GIORGI, bereits identifiziert und der genannte Mario BONOMI mit dem Ziel, mit der vorgenannten Gesellschaft und mit deren Verantwortlichen, die ersten Kontakte zu knüpfen in Hinblick auf die Aktion.
b) In der Folge trafen sich bei der gleichen Firma ODELPRIMA der deutsche Staatsangehörige Karl Heinz HOFFMANN und der französische Staatsangehörige Olivier DANET, beide in Kontakt mit der terroristischen Organisation von Delle Chiaie wegen der 'Aktionen' in Europa und auch von diesem nach Rom beordert. Diese beiden letzeren sollten dem FIEBELKORN Instruktionen erteilen, ein gewiss nicht voll vertrauenswürdiges Element in intellektueller Hinsicht. Der Ciolini sagte ferner aus, dass sich der DANET, vermutlich, um den benötigten Sprengstoff kümmerte, da er diesbezüglich Erfahrungen hatte.
c) Was deren Reisen nach Bologna betrifft, fügte Ciolini hinzu, dass er nicht genau sagen könne, ob alle drei Personen sich in diese Stadt begeben hätten, dass er jedoch Adressen kenne, bei welchen der Fiebelkorn Unterstützung hätte finden können in Bologna. Es handelte sich um Adressen, die ihm von dem selben Delle CHIAIE gegeben worden sind im Augenblick der Abreise in Bolivien. (...)
Zusatzinformation über die organizazione terroristica (terroristische Organisation) - Bezug Bologna.
Im Monat Juli des Jahres 1980 befindet sich in Rom ein von Stefano Delle Chiaie entsandter Mann, Herr Joachim Fiebelkorn, deutscher Staatsangehöriger, für die Ausführung der von der 'Trilateralen' vorgesehenen Aktion. Der Fiebelkorn wird in Rom von den Herren Olivier Danet, französischer Staatsangehöriger, und Karl Heinz Hoffmann, deutscher Staatsangeöriger, eingeholt; beides Verbindungsleute von 'Delle Chiaie', die er in Europa für besondere Aktionen hat.
'Nach den Informationen, die von Delle Chiaie mündlich in Bolivien erteilt wurden, sollen alle drei (3) oben Genannten an der Aktion teilgenommen haben.' Außerdem wurde das 'notwendige' von den beiden Verbindungsleuten nach Italien gebracht."

Eine belastende Aussage, für die Ciolini harte Belege schuldig bleibt. Trotzdem finden seine Aufführungen schnell Einzug in die europäische Fachliteratur. So veröffentlicht Stuart Christie vermutlich ungeprüft, am 26.6.1980 sei es zu einem Treffen in Rom gekommen. Anwesend sollen die frisch aus Argentinien eingeflogenen Italiener Pierluigi Pagliai und Maurizio Giorgi[8] sein, die in einem Hotel auf den Franzosen Olivier Danet und die Deutschen Joachim Fiebelkorn und Karl-Heinz Hoffmann stoßen. (vgl. Christie 1984, S. 119)
Tatsächlich ermittelt dann auch die Staatsanwaltschaft Bologna auf Grund der Aussagen Ciolinis gegen die Gruppe der in Südamerika lebenden Rechtsextremisten. Am 10.9.1982 erläßt die Behörde Haftbefehle gegen Stefano Delle Chiaie, Joachim Fiebelkorn, Maurizio Giorgi, Perluigi Pagliai und den Franzosen Olivier

---

[8] Der Neofaschist ist vor seiner Inhaftierung Mitarbeiter des chilenischen Geheimdienstes DINA. (vgl. 'Der Spiegel', Nr. 5/1983, S. 123)

Danet[9], der im Oktober 1981 wegen illegalen Waffenimports aus Belgien von der französischen Polizei verhaftet wird.[10] (vgl. Christie 1984, S. 121 f; 'Der Spiegel', Nr. 5/1983, S. 123 f) Nicht betroffen ist der Wehrsportgruppenchef Karl-Heinz Hoffmannn.

Über die nicht belegbaren Abhandlungen Christies finden Ciolinis Aussagen über Hoffmanns mögliche Tatbeteiligung auch Einzug in die deutsche Literatur. (vgl. 'Der Stern', 23.9.1982, S. 269) Das Magazin 'Konkret' schreibt: "Nach Recherchen des englischen Journalisten Christie traf Delle Chiaie vor dem Anschlag in Rom mit dem 'Wehrsportgruppenführer' Karl-Heinz Hoffmann zusammen." ('Konkret', Nr. 6/1987, S. 15) 'Konkret' glaubt an eine noch engere Einbindung der Hoffmann-Gruppe:

> "Nach Zeugenaussagen in den Ermittlungsakten versprach Hoffmann, für 'diese Sache' sechs Mitglieder seiner Wehrsportgruppe zur Verfügung zu stellen - allerdings offenbar ohne zu wissen, worum es genau ging: Rudolf Klinger, Stefan Faber, Walter Ulrich Behle, Michael Rutor, Horst Röhlich und Robert Funk sollten für delle Chiaie die Dreckarbeit machen. Daß sich delle Chiaie und seine Auftraggeber dann doch für drei italienische Jugendliche entschieden, die aus verschiedenen neofaschistischen Banden kamen, war vielleicht Zufall. Die Ermittlungsrichter glauben, daß Mitglieder der Hoffmann-Gruppe dennoch zur Tatzeit in Italien waren. Sie sollen unter falschen Namen am 30. Juli 1980 zwei Tage vor dem Anschlag mit dem Flugzeug nach Rimini gekommen

---

[9] Der am 6.2.1954 geborene Franzose studiert Pharmazie. An der Universität politisiert er sich, knüpft Kontakte zur extremen Rechten und beteiligt sich regelmäßig an Schlägereien mit linken Studenten, bis der Rektor entscheidet, drei aufrührerische Studenten beider Seiten auszuschließen. Unter ihnen: Olivier Danet. Im Juli 1976 begibt er sich als Panzerfahrer zu den Falangisten im Libanon. 1978 ist er am fehlgeschlagenen Staatsstreich in Benin beteiligt und bekleidet den Rang eines "Oberleutnants" unter dem Befehl von Bob Denard zur Zeit des Putsches auf den Komoren. Seine nächste Station ist Rhodesien, wo er ebenfalls als Söldner arbeitet. Nachdem er 1981 bei der Gabuner Luftfahrtgesellschaft gearbeitet hat, kehrt er noch im gleichen Jahr nach Frankreich zurück. 1981 wird er u.a. wegen Waffenhandels verhaftet. (vgl. Untersuchungsbericht der französischen Behörden über Olivier Danet an die Turiner Carabinieri, Nr. 3456/26 "P", Turin 9.3.1982, S. 5 und S. 12) Vor seiner Inhaftierung wegen Waffenhandels wird der "für seine rechsextremistischen Ideen sehr bekannt(e)" Danet während der Wahlkampagne zu den Präsidentschaftswahlen 1981 wiederholt dazu berufen, für die Sicherheit Valery Giscard d'Estaings zu sorgen. (vgl. Untersuchungsbericht der französischen Behörden über Danet an die Turiner Carabinieri, Nr. 3456/26 "P", Turin 9.3.1982, S. 9)
[10] Mit Danet werden die Franzosen Yves Cramblin, Thierry Robert Pochez, Patrick Letessier und Thierry Tcheng-Tchun verhaftet. Als Organisator des Waffenhandels gilt Danet. (vgl. 'Quotidien de Paris', 6.10.1981) Seine Mitstreiter sind der 1934 geborene Yves Cramblin, in dessen Auto die Polizei 50 Pistolen und Munition findet. Er nimmt sich am 8.2.1982 im französischen Gefängnis Fleury das Leben. Thierry Robert Pochez ist wie Danet Söldner und soll 1976 ebenfalls auf der Seite der Falangisten im Libanon gekämpft haben. In Frankreich ist er in rechtsextremen Organisationen aktiv. Patrick Letessier hat auch eine Söldnervergangenheit. Wie seine Mitstreiter kämpft er auf der Seite der Falangisten im Libanon. Thierry Tcheng Tchung, ebenfalls Söldner, ist in rechtsextremen Organisationen aktiv. (vgl. Untersuchungsbericht der französischen Behörden über Olivier Danet an die Turiner Carabinieri, Nr. 3456/26 "P", Turin 9.3.1982, S. 7 ff)

sein. Das ist nur gut hundert Kilometer von Bologna entfernt. Vielleicht waren sie als Ersatz vorgesehen - vielleicht sollten sie aber auch mit hineingezogen werden, falls etwas schiefging. Und es ging wirklich etwas schief: der Versuch, den Anschlag linken Terroristen in die Schuhe zu schieben, mißlang." ('Konkret', Nr. 6/1987, S. 15)

Ein Indiz für die Teinahme deutscher Terroristen an dem Attentat von Bologna ist ein merkwürdiger Fund wenige Monate nach dem Anschlag. Am 13.1.1981 entdecken Carabinieri und Sprengstoffexperten im D-Zug 504 vom süditalienischen Taranto nach Mailand einen Bombenkoffer. Er enhält den selben Sprengstoff, der auch beim Bologna-Attentat verwendet wird. Ferner stoßen die Polizisten auf zwei deutsche Zeitungen und Flugtickets, die auf deutsche Namen ausgestellt sind. Zeitgleich warnt der stellvertretende Chef des italienischen Militärgeheimdienstes SISMI, General Musumeci, die Polizeibehörden, daß vier Mitglieder der "Wehrsportgruppe Hoffmann" einen Anschlag auf den Mailänder Hauptbahnhof planen. Später erweist sich der Koffer als vorsätzlich falsch gelegte Spur. Drahtzieher sind die SISMI-Chefs Giuseppe Belmonte und Pietro Musumeci. Sie selbst, so stellt sich heraus, haben den Koffer deponieren lassen und Journalisten und Richter mit falschen Nachrichten gefüttert. ('Konkret', Nr. 6/1987, S. 16 f) So erweist sich die zweite "heiße Spur" nach Deutschland, die über Monate die Presse beschäftigt, als falsch. Die Geheimdienstchefs müssen hinter Gitter. Trotz umfassender Recherchen vor Ort kommt auch 'Konkret' über das Stadium von Vermutungen, die eine Hoffmann-Beteiligung belegen sollen, nicht hinaus.

Wie nicht anders zu erwarten, negieren auch die von den Aussagen Ciolinis betroffenen Rechtsextreme dessen Auskünfte. So leugnet beispielsweise der WSG-Chef Hoffmann, Fiebelkorn und die anderen von Ciolini genannten Rechtsterroristen überhaupt zu kennen. Auszug aus einer Vernehmung Hoffmanns am 29.11. 1982 in der JVA-Straubing:

> "**Frage:** Herr Hoffmann, kennen Sie eine Person F i e b e l k o r n ?
> **Antw.:** Ich habe von der Existenz des Herrn FIEBELKORN erstmals durch die Presse erfahren. Das dürfte im September dieses Jahres gewesen sein. Wenn ich mich recht erinnere, war es das STERN-Journal. Den Namen FIEBELKORN habe ich vorher nie gehört. Weiter kann ich dazu nichts sagen.
> **Frage:** Herr Hoffmann, Ihnen wird ein Lichtbild vorgelegt. Kennen Sie die abgebildete Person? Anmerkung: Es handelt sich um das Libi des Fiebelkorn.
> **Antw.:** NEIN !
> **Frage:** Herrn Hoffmann werden die Lichtbilder des E. CIOLINI, D. CIAIE, O. DANET, F. HÖFLE, S. KAUFMANN, B. SEHM, R. GROB vorgelegt. Kennen sie eine der abgebildeten Personen ?
> **Antw.:** NEIN!"
> (Vernehmung im Rahmen des Ermittlungsverfahrens gegen Joachim Fiebelkorn, StA Frankfurt, Az.: 50 JS 26078/82)

Auch der WSG-Angehörige und Libanon-Aktivist Klaus H. erklärt in der JVA-München Stadelheim am 14.12.1982, er könne Aussagen über eine mögliche Entführung Fiebelkorns durch italienische Behörden aus Deutschland machen. Diese hätten, so H. weiter, ihm ein konkretes Angebot gemacht, falls er ihnen Informationen und den Aufenthaltsort Fiebelkorns nennen könne. Ein Carabineri habe ihm gesagt, daß er nach der Preisgabe der gewünschten Informationen über Fiebelkorn frei sein werde. Ferner habe man ihm angeboten, "ihn mit einem italienischen Paß und einer neuen Identität auszustatten. Dies sei ihm, dem Zeugen H., nicht möglich gewesen, da er keine Kenntnisse über die Person Fiebelkorn gehabt habe." Außerdem sei er auch zu einem solchen Handel nicht bereit gewesen.[11]

Einen letzten Hinweis auf einen Zusammenhang zwischen dem Bologna-Attentat und dem Blutbad von München liefern die libanesischen Falangisten auf einer Pressekonferenz. Hier beschuldigt Naum Farah, Chef der Abteilung für Außenbeziehungen der rechten Christen-Milizen, Abu Ijad von der PLO des internationalen Terrors. Dieser sei für die Sprengstoffanschläge auf das Münchner Oktoberfest und auf den Hauptbahnhof von Bologna verantwortlich. Außerdem sei Ijad der Drahtzieher der Ausbildung rechtsradikaler Europäer bei den Palästinensern. Vermutungen, Hoffmann hätte etwas mit den beiden Bombenanschlägen zu tun, werden von den anwesenden WSG-Männern Behle und Mainka widersprochen. (vgl. 'dpa', 16.6.1981; 'AP', 25.6.1981) Einen Beleg für seine Behauptungen liefert der Falangistenchef freilich nicht.

8.1.3.2. Fiebelkorn - Attentat

Zu den schillerndsten Figuren der Szene gehört Joachim Fiebelkorn, der von der italienischen Justiz lange als potentieller Bologna-Attentäter gesucht und später in Deutschland als potentieller Kokain-Dealer verhaftet und vor Gericht gestellt wird. Zu einer Anklage wegen 85fachen Mordes kommt es mangels Beweisen nicht: Stattdessen präsentiert Fiebelkorn Entlastungszeugen, die bestätigen, daß er zum Zeitpunkt des Anschlags in Bolivien an einem Putsch beteiligt ist.

Der Kraftfahrzeugspengler hat vor seinem Auftritt in der politischen Arena eine Vergangenheit als Legionär in der Spanische Fremdenlegion hinter sich. Dorthin zieht es den gebürtigen Sachsen bereits 1969. Die Legionärserfahrung inspiriert ihn später, eine bolivianischen Spezialgruppe zu gründen. Bereits 1970 kehrt er in die Bundesrepublik zurück und eröffnet ein Abschleppunternehmen. 1977 wandert er nach Paraguay aus. Er kauft für 700 Dollar 100 Hektar Land. Gleichzeitig lernt er die Alt- und Neonazi-Szene des Landes kennen. Eines Nachts spielt der Abenteurer und Waffenfan Fiebelkorn mit dem 63jährigen ehemaligen SS-Mann, Adolf Meinike, "Russisches Roulette". Der schießt sich in den Kopf und Fiebelkorn wird abgeschoben. (vgl. 'Der Spiegel', Nr. 5/1983, S. 125; Linklater/Hilton/

---

[11] Gesprächsprotokoll mit H. vom 15.12.1982, Staatsanwaltschaft beim Landgericht Frankfurt, Az. Js 260788/82, 15.12.1982; vgl. auch Gesprächsprotokoll des Hessischen Landeskriminalamtes der "V/1 - SoKo Fiebelkorn" mit Hubel, 16.12.1982, S. 1-2

Ascherson 1984, S. 272) Diese Pressemitteilungen sind laut Fiebelkorn falsch. Stattdessen habe Meinike Selbst begangen. Er habe sich ohne ersichtlichen Grund mit seiner Waffe erschossen. Fiebelkorns zweite südamerikanische Heimat wird Bolivien, wo er sich 1978 als Gastwirt niederläßt. (vgl. 'AP', 14.6.1984; 'Frankfurter Nachtausgabe', 29.11. 1983) Dort wird er Waffenmeister bei der Polizei in Santa Cruz - ein Job, den ihm der damalige Polizei-Hauptmann David Torrico vermittelt. Zusammen mit dem späteren Polizeimajor Osman Vaca arbeitet Fiebelkorn auf einer Zoll- und Polizeistation zwischen Santa Cruz und Cochabamba. Hierzu Fiebelkorn: "Die bolivianische Polizei hatte fast keine Waffen, höchstens schrottreife. Es gab deswegen eine Kontroverse mit dem Militär, weil das verhinderte, daß die Polizei moderne Waffen bekam." (zit. aus: 'Die Tageszeitung', 12.12.1983) Fiebelkorns Aufgabe ist zu diesem Zeitpunkt die Aufarbeitung alter Flinten. Offiziell bleibt er zum Putsch am 17.7.1980 Waffenmeister. Doch seit Ende der siebziger Jahre ist er auch anderweitig beschäftigt:

1. Er läßt sich von General Hugo Echeverria, dem Kommandanten des 2. Armeecorps in Santa Cruz, als V-Mann anwerben. Deckname "Pedro". Zur Anwerbung durch Echeverria schreibt der ZDF-Journalist Alexander Niemetz:

"Der General kannte sich blendend aus in der Kokainszene seiner Garnisonsstadt. Sein Geheimdienst hielt ihn stets über alle Aktivitäten auf dem laufenden. Es war seine Initiative, den Deutschen Joachim Fiebelkorn in die Suarez-Organisation einzuschleusen und ihn eine gut bewaffnete Mafiaschutztruppe aufbauen zu lassen. Fiebelkorn selbst, ein glühender, aber naiver politischer Radikaler, der in rechten Militärdiktaturen seine Heimat suchte, verehrte Echeverria wie einen Vater, der auf der gleichen Wellenlänge schwamm. Politisch verblendet, will er nichts von den dunklen Absichten 'seines Generals' bemerkt haben und fügte sich ahnungslos in das strategische Konzept Echeverrias ein. (...) Die Kokain-Mafia wußte genau, wo sie Schmiermittel am besten plazierte, um dem geplanten Putsch zur Geburt zu verhelfen. Echeverria übernahm die Rolle, mit Kokaindollars die noch putschunwilligen Kommandeure der Cochabamba-Oruro-Division sowie der wichtigen motorisierten Einheit von Tarapaca unter Oberst Arturo Doria Medina zu kaufen." (Niemetz 1990, S. 46)

2. Fiebelkorn unterhält in Santa Cruz ein Lokal, das er zuerst "Hamburgo" und später "Bavaria" nennt. Es wird zum bekannten Treffpunkt für Militärs und die rechte Szene. Zu den Besuchern gehören auch die italienischen Neofaschisten Elio Ciolini und Stefano Delle Chiaie. (vgl. 'Der Stern', 23.9.1982, S. 268) Die sozialdemokratische Zeitung 'Vorwärts' beschreibt das "Bavaria" als eine Kneipe, "wo Führers Geburtstag stets ein Anlaß für heroische Feiern war." (17.2. 1983, S. 11) In diesem Zusammenhang spricht Christian über "Braune Söldner von der 'Koks-Bonanza'" (Christian 1990, S. 119)

3. Auch der bolivianische Kokainkönig Suarez wird auf Fiebelkorn aufmerksam und macht ihn trotz seines großen Mißtrauens zum Leibwächter. Er habe es "chic" gefunden, einen Gringo, noch dazu einen Deutschen als Leibwächter um sich zu wissen. (vgl. 'Frankfurter Allgemeine Zeitung', 3.12.1983)

4. Nebenbei baut sich Fiebelkorn im Laufe der Zeit eine eigene paramilitärische Truppe auf, die aus sechs oder sieben Europäern und einem Dutzend Bolivianern besteht, die "Novios de la Muerte", zu deutsch die "Verlobten des Todes". Mit dieser schwerbewaffneten Gruppe schützt Fiebelkorn die Kokaingeschäfte des Suarez. (vgl. 'Frankfurter Allgemeine Zeitung', 3.12.1983)

Fiebelkorns Einheit, die sogenannten "Verlobten des Todes"

Ende 1978 gründete Joachim Fiebelkorn im Auftrag des bolivianischen Militärs die paramilitärische Einheit "Grupo Especial Comando". Sie war dem zweiten Armee-Corps unterstellt. Zum Namen "Verlobte des Todes" kam es durch die Legionärsvergangenheit Fiebelkorns. Ustarez schenkte ihm zum ersten Jahrestag des Putsches in Bolivien einen Wimpel mit einer bolivianischen Fahne und dem Titel des Gefallenenliedes der spanischen Legion. So schmückte der Name "Verlobte des Todes" den Schreibtisch des deutschen Söldnerführers - für Pressevertreter eine unwiderstehliche Versuchung.

Ähnlich wie bei den analysierten rechtsterroristischen Gruppen in Deutschland läßt sich bei Fiebelkorns Trupp ein heterogener Altersdurchschnitt feststellen. So gehört ihm u.a. der ehemalige SS-Mann Herbert (Ike) Kopplin an. Auch das frühere Gestapo-Mitglied Hans Stellfeld[12] kämpft zeitweilig mit Fiebelkorn zusammen: "Der war nur politischer Sympathisant, ohne Mitglied gewesen zu sein." (Interview mit Joachim Fiebelkorn am 23.5.1992) Im Unterschied zu rechtsextremen Gruppen Deutschlands setzt sich Fiebelkorns Söldnergruppe aus Angehörigen verschiedener Nationen zusammen, darunter Bolivianer, Deutsche, ein Franzose und ein Schweizer. Mitglieder sind:

1. Primer Comandante: Joachim Fiebelkorn
2. Segundo Comandante: Jaime Gutierrez

---

[12] Stellfeld ist nach Beendigung des Zweiten Weltkrieges nach Südamerika geflohen. Dort arbeitet er als Militärinstruktor, Drogenhändler und Waffenschieber und pflegt enge Beziehungen zum Kokainsyndikat von Roberto Suarez Gomez. In dessen Auftrag soll Stellfeld auch eine Kokainconnection zum alten Kontinent aufgebaut haben. (vgl. Niemetz 1990, S. 223; 'Die Tageszeitung', 25.1.1983) Am 16.12.1980 stirbt der 68jährige Stellfeld an einer Überdosis Kokain. Auf seiner Beerdigung hält Adolfo Ustarez, der Oberste Rechnungsprüfer der Republik Bolivien, die Trauerrede. Hier sagt er, daß "das Vaterland trauert, ein Patriot ist gestorben, ein Soldat im Kampf gegen den Kommunismus." (zit. aus: Sánchez/Reimann, S. 171) Auch ein Beleg für die politische Reputation der Gruppe um Klaus Barbie und Joachim Fiebelkorn.

3. Tercer Comandante: Omar Oassis
4. Comandante Médico: Dr. Alberto Chavez
5. Armero General: Ike Kopplin
6. Camarada: Carsten Vollmer
7. Camarada: Manfred Kuhlmann[13]
8. Camarada: Evert Cespedes
9. Camarada: William Gonzalez
10. Camarada: Alfredo Garcia
11. Camarada: Nestor Serrano
12. Camarada: Slavin Mendoza
13. Camarada: Alberto Cespedes
14. Camarada: Kay Gwinner
15. Camarada: Jose Macchiavello
16. Camarada: Fernandi Alvis
17. Camarada: Vicente Cespedes
18. Camarada: Erwin Cespedes
19. Camarada: Cesar Justiniano
20. Camarada: Jesus Riglos[14]

Anders als rechtsextremistische Gruppen in Deutschland ist Fiebelkorn keineswegs auf ein Dasein im Untergrund angewiesen. Im Gegenteil: Mit Spezialausweisen des Innenministers Arce Gomez ausgestattet können die Ultras sogar im Ministerium ein und aus gehen. Auf den Ausweisen sind Fiebelkorn und sein Mit-

---

[13] Der Neonazi Manfred Kuhlmann stammt aus Berlin. Der gelernte Werkzeugmacher hat eine Vergangenheit als Rhodesiensöldner hinter sich. Aufgrund einer Zeitungsanzeige, in Bolivien würden Minenspezialisten gesucht, reist er nach Südamerika. Da er in den Minen keine Arbeit findet, hilft er zunächst bei einer Elektrofirma aus. In dieser Zeit verkehrt er in Fiebelkorns Kneipe "Bavaria" in Santa Cruz. Hier kommt Kuhlmann mit Fiebelkorn ins Gespräch. Dieser soll geschwärmt haben: "Wir nehmen Rauschgifthändler aus". So gewinnt er Kuhlmann, dessen Vertrag bei der Elektrofirma ausläuft, als Mitarbeiter. Zu seiner Tätigkeit berichtet Kuhlmann: "Die Gruppe habe relativ regelmäßig zusammen mit Beamten der Rauschgiftpolizei Kokainfabriken und Kleinproduktionsstätten, häufig nur einfache Bauernhütten im Busch, ausgenommen. Zimperlich wurde mit denen nicht umgegangen. Das fertige Kokain sei wegen der häufigen Razzien meist versteckt gewesen. Wenn die Fabrikanten das Versteck nicht hätten preisgeben wollen, seien sie gefoltert worden. Es sei auch vorgekommen, daß Wachposten erschossen wurden. Das Kokain, das man sich ohne Bezahlung verschaffte, ging aber an Suarez und dann über die Fiebelkorngruppe an die Bolivianer. Eine echte Kokain-Bekämpfungsaktion habe es nie gegeben. Als Kuhlmann das merkte, sei es schon zu spät gewesen. Nach der ersten Aktion habe Fiebelkorn gesagt: 'Aussteigen ist nicht mehr möglich. Wer sich absetzt wird liquidiert!' Er habe die Pässe eingezogen und eingeschlossen. Gruppenmitglieder, die verlauten ließen, daß sie nicht mehr mitmachen wollen, seien bedroht worden." ('Die Tageszeitung', 8.11.1983) Auch finanziell sei es Fiebelkorns Männern laut Kuhlmann schlecht gegangen. Sie erhielten 100 Dollar pro Woche, Essen und Trinken sei frei: 'In der Bavaria (ein Lokal, das Fiebelkorn gehörte) konnten wir uns kostenlos besaufen.' ('Frankfurter Allgemeine Zeitung', 26.10. 1983)
[14] Aufstellung der Gruppe durch Fiebelkorn und seinen Stellvertreter Gutiérrez

streiter Manfred Kuhlmann als Geheimagenten der bolivianischen Armee und Mitglieder von Interpol deklariert. Immer wieder hilft auch Fiebelkorns Freund, Klaus Barbie. Die 'Frankfurter Allgemeine Zeitung':

> "Der Zeuge Kuhlmann konnte sich erinnern, daß sie bei der Ausstellung der Ausweise Schwierigkeiten hatten, in das stark bewachte Ministerium zu kommen. Da habe Fiebelkorn seinen Bekannten, den deutschen Militärberater Altmann, geholt, bei dem es sich um den ehemaligen Gestapochef von Lyon, Klaus Barbie, handelte. Dieser habe Fiebelkorn und Kuhlmann den Weg zum Innenminister frei gemacht." ('Frankfurter Allgemeine Zeitung', 3.12.1983)

Kuhlmann weiter: "Wir brauchten nie Angst vor der Polizei zu haben." Die Gruppe hat nicht nur den örtlichen Chef der Rauschgiftbekämpfung in ihren Reihen, sondern verfügt über Klaus Barbie über die allerbesten Beziehungen zu den bolivianischen Militärs und Innenminister Gomez. ('Frankfurter Allgemeine Zeitung', 6.10.1983) Gute Drähte existieren in Bolivien nicht nur zu Alt-, sondern auch zu Neo-Nazi-Kreisen.

Fiebelkorn - WUNS

Fiebelkorns Gruppe steht in Kontakt zur bolivianischen Sektion der "Weltunion der Nationalsozialisten" (WUNS). Beleg hierfür ist u.a. ein Brief des bolivianischen "WUNS-Kommandanten" Jorge E. Lazarte vom 22.4.1980, in dem den Paramilitärs "Glückwünsche zum Neuen Hitler-Jahr" geschickt werden. ('Stern', 7.6.1984) Laut 'Stern' soll der in Santa Cruz ansässige Fiebelkorn selbst "Ortsgruppenleiter" der "Weltunion der Nationalsozialisten" sein und "in der Bundesrepublik Söldner für seine Putschgruppe" angeworben haben. (vgl. 'Stern', 23.9.1982, S. 269) Auch wenn es für den angeblichen Funktionärsposten in der WUNS keine Beweise gibt, ist sicher, daß er Mitglied der Organisation ist. Beleg hierfür ist die Anrede im oben zitierten Glückwunschschreiben von Jorge E. Lazarte vom 22.4.1980 an den "Herrn Genossen Joachim Fiebelkorn":

> "Sehr geehrter Genosse,
> Mit diesem Schreiben hoffe ich, daß es Dir und den anderen Genossen gut geht, und daß die ganze Arbeit höchst fruchtbar ist, und daß sich die Menschen bereits in ihrem Bewußtsein auf unsere nationalsozialistische Linie zu bewegen. (...)
> Ich schicke Dir etwas Propagandamaterial, das wir für die Universität San Andrés und andere herausgebracht haben; erzähle mir, was Ihr damit gemacht habt. (...)
> Nun, Joachim, tausend Grüße an Euch alle (Manfred, Ique, Rudy, Frits). (...)
> HEIL HITLER !!!!!"

Auch Kuhlmann besitzt einen Mitgliedsausweis der "WUNS-Bolivia". (Dokument abgedruckt in: Christie 1984, S. 103) Joachim Fiebelkorn lernte Lazarte über Klaus Barbies Vertrauensmann Castro kennen. Lazarte wollte Fiebelkorn für die WUNS gewinnen. Dieser hatte allerdings für politische Eskapaden keine Zeit. Seine Energie galt der Putschvorbereitung.

Kontakt hat Fiebelkorn auch mit dem US-amerikanischen "White Power Publications"-Vertrieb des Deutsch-Amerikaners Georg P. Dietz, der weltweit Neonazi-Publizistik versendet. Dietz, der "der Welt die strahlende Wiedergeburt der Nationalsozialistischen Bewegung mit dem leuchtenden Symbol des Hakenkreuzes über Deutschland verkünden" möchte, ist auch seit 1979 Herausgeber der Publikation Manfred Roeders 'Europäische Freiheitsbewegung'. (vgl. Verfassungsschutzbericht des Bundes 1979, S. 42) Beleg für den Kontakt Fiebelkorns zu der Organisation ist eine Materialofferte der Neonazis an den Söldnerführer.

Belegt ist auch, daß Fiebelkorn mit dem deutschen Kriegsverbrecher Walter Reder kommuniziert, der in Italien und Deutschland als "Schlächter von Marzobotto" in die Geschichte eingehen wird. 1951 wird dieser in Bologna zu lebenslänglich Zuchthaus verurteilt. (vgl. 'Die Neue', 16.9.1980; zum Lebenslauf Reders vgl. 'Der Freiwillige', Juli/August 1980, S. 15)[15] Ihm zu Ehren gründet Fiebelkorn in Santa Cruz eine "Hilfsgemeinschaft Freiheit für Major Walter Reder". Ein Engagement, das er mit **Karl-Heinz Hoffmann** teilt. In seiner Zeitschrift 'Kommando' wirbt Hoffmann um Solidarität mit dem Kriegsverbrecher: "Walter Reder. Noch Kriegsgefangener in Italien. GAETA." ('Kommando', Januar 1979, S. 16)

Zu deutschen Neonazis hält Fiebelkorn während seiner Zeit in Bolivien nach eigenen Aussagen keinen Kontakt. In einer Strafanzeige vom 15.5.1984, die Fiebelkorn wegen eines Hörfunk-Beitrages gegen den Hessischen Rundfunk richtet, schreibt sein Rechtsanwalt: "Der Anzeigeerstatter hat keinerlei Verbindung zu neonazistischen Kreisen Deutschlands." Im Radio-Interview mit dem hessischen Rundfunk bestreitet auch der frühere WSG-Anhänger und Libanon-Aktivist Arnd-Heinz Marx die Verflechtung deutscher Neonazis nach Südamerika:

> "Was nun halt die großen internationalen Verbindungen angeht, z.B., daß wir da irgendwelche geheimen Kontakte nach Südamerika hätten, oder daß von dort irgendwelche Millionenbeträge kämen, oder daß wir Ausbildung beim bolivianischen Geheimdienst, oder beim chilenischen Geheimdienst haben, das sind alles James-Bond-Geschichten, das beruht nicht auf Tatsachen." (zit. aus Sendemanuskript der Hörfunksendung "Die braune Internationale" vom 15.4.1984)

Auch Versuche, etwa des deutschen Neonaziführers Michael Kühnen, mit ihm in Verbindung zu treten, lehnt Fiebelkorn ab. (Interview mit Joachim Fiebelkorn am 28.4.1991) Kühnen hat Fiebelkorn 1984 einen Brief in die Haftanstalt geschickt und um Kontakte gebeten. Aus dem Wortlaut des Kühnen-Briefes geht hervor,

---

[15] In dem Organ der HIAG fehlt selbstverständlich der Hinweis auf die Untaten des Waffen-SS-Offiziers. Im Gegenteil: 'Der Freiwillige' schreibt, Reder sei durch seine anhaltende Inhaftierung "ein Weltzeuge eurokommunistischer Unmenschlichkeit geworden." ('Der Freiwillige', Juli/August 1980, S. 15)

daß sich beide nicht kennen: "Ich hoffe, Sie haben von mir schon gehört, obwohl Sie ja die meisten Jahre wohl weitgehend im Ausland gewesen sind."
Ein weiterer angeblicher Kontakt Fiebelkorns zur rechtsextremen Szene Deutschlands soll ein Besuch auf einer Veranstaltung des "Kampfbundes Deutscher Soldaten" (KDS) gewesen sein. Hier will ihn Fiedhelm Busse einmal beobachtet haben. (Interview mit Friedhelm Busse am 22.5.1992) Für die abenteuerlichen Ausführungen Stuart Christies, der Fiebelkorn zum Paladin und KDS-"Veteranen" macht, gibt es hingegen keinerlei Beweise. Fiebelkorn selbst bestreitet seine angebliche Mitgliedschaft im "Kampfbund Deutscher Soldaten". Im Gespräch sagt Fiebelkorn: "Ich hatte in Deutschland mit diesen Leuten nichts zu tun, außer mit Hans-Ulrich Rudel. Das hatte nichts mit einer Organisation zu tun. Mich interessierte Rudel als Soldat." (Interview am 28.4.1991)

Putschist Fiebelkorn

Etwa im Mai/Juni 1980, etwa zwei Monate vor dem Putsch am 17.6.1980, ändert sich Fiebelkorns Tätigkeit. Er bekommt von General Echeverria den Befehl, sich mit seinen Leuten vom Kokainboß Suarez abzusetzen und die "Revolution" vorzubereiten. So soll auch Barbie[16] zu Fiebelkorn gesagt haben: "Die Zeit ist gekommen, (...) diese Regierung zu stürzen, bevor sie Bolivien in ein großes Kuba verwandelt." (zit. aus: 'Der Spiegel', Nr. 5/1983, S. 125) Der Anlaß ist die geplante Regierungsübernahme des linksliberalen Wahlsiegers Hernán Siles Zuazo. Es kommt anders: Die ultrarechten Militärs putschen, unter den Gehilfen befinden sich auch Fiebelkorn und seine Truppe. Als Berater der Putschisten fungiert der frühere SS- und SD-Mann Klaus Barbie. Schützenhilfe bekommen sie ferner aus Argentiniens Militärkreisen.[17] Mit argentinischen Militärberatern kommen auch

---

[16] Das Nachrichtenmagazin 'Stern' schreibt Barbie eine Schlüsselposition im Staatsstreich zu: "Der Pusch von 1980 war nicht irgendeiner der vielen Staatsstreiche machthungriger Generäle in Bolivien. Er wurde zwei Jahre vorbereitet und sollte eine 'stabile Achse' in Südamerika vollenden - von Chile über Argentinien, Uruguay und Paraguay bis Bolivien. Die Staatsstreiche in Chile 1973 und Argentinien 1976 waren das Vorbild.
So steht es in einem Plan mit dem Code-Namen 'Amapola' ('Mohnblume'), der schon 1978 auf Initiative des bolivianischen Geheimdienstoffiziers Klaus Altmann alias Barbie ausgearbeitet worden war. Auf 145 Seiten werden politische, wirtschaftliche und militärische Aspekte des geplanten Putsches festgelegt. Klaus Barbie selber übernahm die Ausarbeitung des militärischen Teils." ('Stern', 7.6.1984, S. 91; vgl. zur Bedeutung Altmanns in der bolivianischen Regierung auch 'El Pais', 25.4.1981)
[17] Beleg hierfür ist das Vorauskommando argentinischer Geheimdienstler, das 1978 in Bolivien eintrifft. Zu den ersten Geheimdienst-Offizieren, die bei der Planung des bolivianischen Putsches mitarbeiten, gehört der Leutnant Alfredo Mario Mingolla. Bolivianischer Partner ist unter anderem Altnazi Barbie. Im 'Stern'-Interview sagt Mignolla: "Ich hatte noch nicht viel von Altmann gehört. Wir bekamen aber vor der Abreise ein Dossier über ihn zu lesen. Darin hieß es, daß er für Argentinien von großem Nutzen sei, weil er eine wichtige Rolle für ganz

die italienischen Rechtsterroristen Pierluigi Pagliai und Stefano Delle Chiaie nach Bolivien. (vgl. 'Der Spiegel', Nr. 5/ 1983, S. 125) Vor dem Frankfurter Gericht erklärt Fiebelkorn: "Ich hatte die Aufgabe, die Polizei von Santa Cruz zu entwaffnen und das Polizeigebäude zu besetzen." (zit. aus: 'Frankfurter Allgemeine Zeitung', 3.12.1983)

In Santa Cruz verläuft der Putsch unblutig, in anderen Städten wie La Paz wird jedoch die Opposition brutal verfolgt. Nach dem Putsch untersteht Fiebelkorns Einheit direkt dem Militärs. Für Fiebelkorns Gruppe beginnt der Höhepunkt - Monate eines märchenhaften Reichtums. Ein Kampfgefährte erinnert sich: "Wir brachen in Häuser ein, verhafteten nach Belieben. Wir hatten 20 Luxuswagen requiriert und 300.000 Dollar kassiert." (zit. aus: 'Der Spiegel', Nr. 5/1983, S. 128) Diese Ausführungen hält Fiebelkorn für unseriös. Stattdessen verweist er auf korrekte Abwicklungen wie die genaue Abrechnung der beschlagnahmten Gegenstände, egal ob Fuhrpark oder Schmuck.

Die Generäle des Putsch-Generals Garcia Meza beteiligen sich inzwischen ebenfalls am lukrativen Kokain-Geschäft. (vgl. Roth/ Ender 1984, S. 227) Für Kokainboß Suarez eine bittere Erfahrung. Mindestens zeitweise, so scheint es, muß Suarez die Kontrolle über sein Kokainimperium mit dem Militärs teilen. (vgl. Niemetz 1990, S. 52)

Konnten die Kokainmilitärs innenpolitisch fast unumschränkt regieren, so wird die Kritik von außen immer stärker. Unter dem Druck einer Wirtschaftsblockade durch die USA wird die Kokain-Junta in die Knie gezwungen. Diktator Meza muß Anfang 1981 zwei tief ins Rauschgiftgeschäft verstrickte Minister absetzen: Arce Gomez und den Erziehungsminister Oberst Ariel Coca. Auch Fiebelkorn-Gönner und Förderer General Echeveria wird im April 1981 von seinem Kommandantenposten in Santa Cruz abgelöst. Sein Nachfolger haßt Fiebelkorns Söldnertruppe. Aus Angst vor Verhaftung löst sich die Gruppe auf. Joachim Fiebelkorn flieht: seine Odyssee führt ihn durch Südamerika wie nach Brasilien und Argentinien, wo er Schützenhilfe durch die Militärs erfährt. Danach kehrt er nach Frankfurt zurück. In Deutschland gibt er "sein immenses Wissen" der amerikanischen DEA weiter, mit der er bereits in Bolivien zusammengearbeitet hat.

Neben der häßlichen Rolle als paramilitärischer Führer in Südamerika kommt nun die Zeit der unzweifelhaften Meriten Fiebelkorns. Mit seiner Hilfe zerschlägt sich die Kripo Schmuggelrouten von Bolivien nach Europa und kann Kokaintransporteure in der Bundesrepublik und in der Schweiz ergreifen. "Er ist", so ein Rauschgiftfahnder, "für uns ein wertvoller Mann". Er wächst zum begehrten Verbindungsmann für das Bundeskriminalamt (BKA) und die amerikanische Drug Enforcement Administration (DEA). (vgl. 'Der Spiegel', 7.11.1983, S. 93) Mit seiner Hilfe lassen BKA und DEA im peruanischen Lima einen Kokainhändlering auffliegen und stellen fünf Kilo hochwertiges Kokain sicher. Fiebelkorn liefert auch

---

Amerika im Kampf gegen den Kommunismus spiele. Aus dem Dossier ging auch hervor, daß Altmann für die Amerikaner arbeitete." ('Stern', 7.6.1984, S. 93)

seinen ehemaligen Kameraden Rudolf Grob mit anderthalb Kilo Kokain im Main-Taunus-Zentrum bei Frankfurt dem BKA aus.[18] (vgl. Niemetz 1990, S. 247 ff) Ferner sollte Fiebelkorn im Auftrag der DEA den verhafteten Roberto Suarez jun. im Gefängnis treffen und die Bereitschaft signalisieren, ihn aus der Haft zu befreien und irgendwo außerhalb Boliviens seinem Vater zu übergeben. Die DEA hofft dabei, daß der alte Suarez auf den Plan eingehen, seine sichere Festung in Santa Cruz verlassen und den Agenten irgendwo anders in die Falle gehen würde. Der inhaftierte Sohn als Hebel für den Vater: Die Suarez-Familie beißt an ! (vgl. Niemetz 1990, S. 225 f)

Nach seiner Rückkehr nach Deutschland am 10.9.1982 von einer Mission gegen einen deutschen Kokainschmuggelring erfährt Fiebelkorn, daß er von der italienischen Justiz im Zuge der Ermittlungen wegen des Bologna-Attentats gesucht wird. Am 15.9.1982 stellt er sich in Hofheim im Taunus der Polizei. (vgl. 'Stern', 23.9.1982, S. 268) Der Frankfurter Untersuchungsrichter Klaus-Michael Ulrich läßt ihn am folgenden Tag wieder frei: die italienische Justiz habe eine "mangelhafte Akte" mit "ungenauen Zeugenaussagen" und "unpräzisen Ermittlungen" nach Deutschland geschickt. Beweismittel der Italiener sind hauptsächlich die Aussagen des italienischen Rechtsextremisten Elio Ciolini, der auch **Karl-Heinz Hoffmann** mit dem Attentat in Verbindung bringt. Außerdem finden Ermittler bei Ciolini ein Notizbuch, in dem sich die Telefonnummer (Santa Cruz 50383) der bolivianischen Fiebelkorn-Kneipe "Bavaria" befindet. (vgl. 'Stern', 23. 9.1982, S. 268)

Bei seiner Vernehmung in Frankfurt gibt Fiebelkorn an, er sei zum Zeitpunkt des Bombenattentats Kommandant einer paramilitärischen Schutzgruppe in Bolivien gewesen. In dieser Eigenschaft habe er 14 Tage vor dem Anschlag an einem Putsch teilgenommen, der den General Garcia Meza an die Macht bringt. Die Wochen danach habe er mit seiner Truppe in Santa Cruz Säuberungsaktionen veranstaltet. (vgl. 'Die Tageszeitung', 24.10.1983) Nachforschungen der Justiz über die Arbeit der Schutzgruppe führen später zu Fiebelkorns erneuter Verhaftung. So habe er in Bolivien aus dem Rauschgiftgeschäft einen Ertrag von 30 Millionen DM erwirtschaftet. ('Hannoversche Allgemeine Zeitung', 24.10.1983; 'Wiesbadener Kurier', 21.10.1983) 1983 bemühen sich die italienische und die deutsche Justiz um eine Verurteilung Fiebelkorns: Der italienische Haftbefehl liegt schon vor - wegen des dringenden Verdachtes der Mitwirkung am Bombenanschlag in Bo-

---

[18] Der Schweizer, der bis September 1980 in Fiebelkorn Einheit kämpft, versucht sich 1982 auf eigene Faust als Dealer in Deutschland. Grob schmuggelt anderthalb Kilogramm bolivianisches Kokain nach Deutschland, findet aber keine Abnehmer. Er wendet sich an Fiebelkorn, der inzwischen beim BKA angeheuert hat. Kurzerhand liefert Fiebelkorn Grob Scheinkäufern der Polizei aus, die ihn verhaften. Von nun an ist der Schweizer vor Gericht der Hauptbelastungszeuge gegen Fiebelkorn im Frankfurter Rauschgiftprozeß. In den Ermittlungen bezüglich des Bologna-Attentats entlastet Grob Fiebelkorn jedoch unfreiwillig. Er sagt aus, beide seien zur Zeit des Attentats in Bolivien gewesen. (vgl. 'Der Spiegel', 7.11.1983, S. 93 f; 'Die Tageszeitung', 24.10.1983)

logna. Doch die Beweise sind nicht hart genug. Stattdessen steht Fiebelkorn in Frankfurt wegen schwerer Rauschgiftdelikte vor Gericht. (vgl. 'Frankfurter Rundschau', 16.2.1984) Nach den Aussagen zahlreicher Zeugen ist Fiebelkorn zur Zeit des Bologna-Attentats, nämlich im August 1980, in Bolivien mit Rauschgifttransporten beschäftigt. (vgl. 'dpa', 'Westdeutsche Allgemeine Zeitung', 21.11.1983)

Zu den Fakten, die öffentlich werden, gehört das Ausmaß der Verstrickung Fiebelkorns in die bolivianische Rauschgiftszene. So gehört er 1980 mit seiner Einheit zu den Leibwächtern des bolivianischen Kokainkönigs Roberto Suarez.[19] In dessen Auftrag richtet er Rauschgiftsammelstellen ein und verteidigt sie gegen rivalisierende Banden. Zur Anklage in Frankfurt kommt es, da Fiebelkorn im Auftrag Suarez' an der Sicherung eines Transports von 2,2 Tonnen Kokain beteiligt gewesen sein soll. (vgl. 'AP', 4.6.1984; 'dpa', 9.4.1984) Fiebelkorn bestreitet die Tat zwar nicht, behauptet jedoch, im Auftrag des bolivianischen Geheimdienstes gehandelt zu haben. ('AP', 14.6.1984; 'Wiesbadener Tagblatt', 5.6.1984) An dem Geschäft, sei er "nur zum Schein" beteiligt gewesen. ('AP', 12.12.1983) Die 'Frankfurter Rundschau' schreibt:

"Nicht ein profitsüchtiger Rauschgifthändler, sondern ein Agent soll auf der Ankalgebank sitzen: V-Mann 'Pedro' mit der Chiffrenummer P 00147, beauftragt vom Geheimdienst DEA für das rechtsgerichtete Militär, die linksorientierte Polizei mit samt ihren Waffen-Kokaingeschäften auszuspionieren." ('Frankfurter Rundschau', 16.2.1984)

Um seine angeblich redlichen Absichten im Kokain-Geschäft zu dokumentieren, präsentiert Fiebelkorn gemeinsam mit seinem Rechtsanwalt Bernd Kroner bolivianische Entlastungszeugen. Zu ihnen zählt der Polizeimajor David Torcio sowie der ehemalige Polizeimajor und Fiebelkorn-Freund Osman Vaca. Zum Verhör fliegen, der Vorsitzende der 4. Frankfurter Strafkammer, Bernd Bank, Staatsanwalt Peter Korneck und der Fiebelkorn-Verteidiger Kroner mehrfach nach Bolivien. (vgl. 'Frankfurter Allgemeine Zeitung', 7.11.1984) Bereits zwei Wochen zuvor vernehmen die deutschen Juristen in Bolivien Klaus Barbies Rechtsbeistand Ustarez über die Beziehungen Fiebelkorns zu Barbie. ('Frankfurter Allgemeine Zeitung', 17.10.1984) Insgesamt bekommt das Gericht Einblicke in die Tätigkeit Fiebelkorns als Suarez-Leibwächter und seine Zeit als Führer einer paramilitäri-

---

[19] Suarez ist einer der ersten Großdealer, der Ende der siebziger Jahre den amerikanischen Nachfrageboom an Kokain erkennt. Da er sowohl über Flugzeuge, als auch über die notwendigen Kontakte zu Polizei und Militär verfügt, wächst er zur Makler-Figur zwischen Koka-Anbauern, den Verarbeitungslabors und den amerikanischen Großimporteuren. Innerhalb von fünf Jahren kann er sein Geschäft auf ein Volumen ausweiten, das die US-Regierung 1982 auf einen Jahresumsatz von 400 Millionen Dollar schätzt. (vgl. Bower 1984, S. 255) In Bolivien läßt er die Öffentlichkeit mit seinem Angebot aufhorchen, er werde der Regierung mit zwei Milliarden US-Dollar unter die Arme greifen, wenn man sich mit ihm an einen Tisch setze und verhandle, das heißt, ihn in Ruhe sein Geschäft machen läßt. (vgl. Niemetz 1990, S. 25 f) Zur Einigung kommt es nicht. Am 19.7.1988 wird Roberto Suarez Gomez verhaftet, der inzwischen den Beinamen "Kokainkönig Boliviens" trägt. (vgl. Niemetz 1990, S. 18)

schen Gruppe während des 189. Staatsstreich in Bolivien durch Kokainmafia und Militär.
Die Verdienste Fiebelkorns in der Rauschgiftbekämpfung lassen in der Literatur widersprüchliche Einschätzungen entstehen. Ist Fiebelkorn für zahlreiche Publizisten der dämonisch-faschistische Hintermann schlechthin, wird er von anderen Autoren, wie dem ZDF-Journalisten Alexander Niemetz, zu positiv bewertet - allerdings mit anderen politischen Vorzeichen. So schreibt dieser über den Staatsanwalt Schilling:

> "Staatsanwalt Horst Kraushaar etwa, der ein äußerst erfahrener Ermittler und Ankläger in Rauschgift- und speziell Kokainverfahren in Frankfurt ist, wußte jedenfalls den Wert Fiebelkorns richtig einzuschätzen. Sein Kollege Schilling dagegen war auf ein politisches Verfahren programmiert, hat sich von Anfang an in ein Terrorismussyndrom verrannt und war nicht mehr frei genug, zu unterscheiden zwischen der Bedrohung durch rechtsgelagerten Terror und jener ebenso zerstörerischen Wirkung von Kokain. Verhängnisvoll war schließlich, daß in der Zeitspanne des Aufenthalts von Fiebelkorn in Bolivien Kokain und nationalistischer Rechtsradikalismus im Regime des Garcia Meza eine Symbiose eingegangen waren und so scheinbar Wasser auf Schillings Mühle leitete. Ein Blick auf Lateinamerikas politische Landkarte zur Zeit des Prozesses hätte ihn darüber belehren können, daß Kokain keine politische Richtung hat und auch keine sucht. Das ist ja gerade das Phänomen, Kokain infiziert alle: demokratisch gewählte Regierungen, Rechtsdiktaturen, linke Guerrillabewegungen, ja selbst, wie im Fall Fidel Castros oder der Sandinisten, marxistische Regierungen." (Niemetz 1990, S. 253)

Am 8.7.1985 endet nach 75 Verhandlungstagen in 17 Monaten und nach zweieinhalb Jahren Untersuchungshaft der Prozeß gegen Fiebelkorn. Eine Beteiligung am Bologna-Attentat ist schon lange nicht mehr belegbar. In einem Telefonat am 24.1.1985, das protokolliert ist, sagt der italienische Ermittlungsrichter Dr. Luzza dem Mitarbeiter des Staatsanwalts Schilling auf die Frage nach einer Attentatsbeteiligung Fiebelkorns, seine Behörde habe nichts mehr unternommen: "Bologna hat nichts gebracht, für uns ist Herr Fiebelkorn frei." (Aktennotiz, 50 Js 5028/83) In einer zweiten Aktennotiz vom 22.4.1985 der Frankfurter Staatsanwaltschaft wird das Telefonat eines Mitarbeiters von Staatsanwalt Schilling mit Dr. Zincani, einem der beiden Nachfolger von Dr. Luzza, protokolliert. Gefragt nach neuen Erkenntnissen, sagt Zincani:

> "Der Name Fiebelkorn sei weder in positiver, noch in negativer Form genannt worden, er tauche erst in der Aussage Ciolini auf, wobei allerdings die früheren Hinweise des von Musumeci geleiteten Geheimdienstes sich auf einen französischen, einen deutschen und einige italienische Staatsangehörige als Täter bezogen, was zu der späteren Aussage Ciolini eine eigenartige Parallelität aufweise, in der auch Namen genannt werden. Nachdem aber das gesamte Handeln des Musumeci sich als falsch herausgestellt habe, hätten sich die Behörden gefragt, ob nicht auch diese Hinweise darin einzubeziehen und somit falsch seien."

So ist lediglich sicher, daß der verantwortliche SISMI-Offizier General Musumeci sich strafbar gemacht hat. Er hat gemeinsam mit seinem Kollegen Oberst Belmonte die Ermittlungen der Explosion absichtlich in eine falsche Richtung gelenkt. Am 18.10.1984 werden die beiden Geheimdienstoffiziere verhaftet.[20] (vgl. 'Corriere Della Sera', 21.10.1984)

Dafür geht es bei Fiebelkorn vor Gericht noch um schwerwiegende Drogendelikte. Vor einem 13stündigem Verhandlungsmarathon schwört ihn sein Verteidiger auf eine Kompromißlösung ein, weil sonst ein Ende des Verfahrens kaum abzusehen gewesen wäre. Nachdem der Staatsanwalt Schilling neun Jahre gefordert hat, wird Fiebelkorn von Richter Blank zu fünf Jahren und zehn Monaten Haft verurteilt. Unter Anrechnung der Untersuchungshaft verläßt Fiebelkorn als freier Mann das Gericht.

8.1.3.3. Stefano Delle Chiaie

Zu den gefährlichsten Rechtsterroristen der sechziger und siebziger Jahre gehört der 1936 geborene Italiener Stefano Delle Chiaie. In der Publizistik wird er als der "CARLOS der Faschisten" mystifiziert . ('Stern', 16.7.1987) Tatsächlich gibt es nur sehr wenig solide Informationen über Delle Chiaie. Sicher ist: Der Rechtsterrorist kann sich in seiner "Karriere" nicht nur auf die Förderung und Unterstützung zahlreicher Militärdiktatoren (unter anderem in Bolivien und Chile) verlassen, sondern auch auf Gönner im italienischen Geheimdienst. Sie besorgen bereitwillig Geld, Unterschlupf und Reisepässe. (vgl. 'Der Spiegel', Nr. 5/1983, S. 124)

Der politische Lebenslauf Delle Chiaies beginnt 1956 beim MSI. 1958 verläßt er die neofaschistische Partei und schließt sich dem Ordine Nuovo (ON) unter Führung des Journalisten Pino Rauti[21] an. Im Gegensatz zum MSI hat der ON zahlreiche ideologische Anleihen vom Nationalsozialismus übernommen, darunter offener Antisemitismus. Auch das Motto der Gruppe stammt von der SS: "Unsere Ehre heißt Treue". (vgl. Christie 1984, S. 19; Linklater/Hilton/Ascherson 1984, S. 205) 1960 steht ein Organisationswechsel an - diesmal gründet Delle Chiaie

---

[20] Von Musumeci stammt auch ein Bericht an italienische Justizbeamte, in dem vier deutsche Neonazis als Täter bezeichnet werden. Gemeint sind die WSG-Mitglieder Hepp, Bergmann, Dupper und Hamberger, die sich im Juli 1981 in den Libanon absetzen. Die Hypothese Musumecis wird jedoch später von den italienischen Richtern als "haltlos" erachtet. (vgl. 'Corriere Della Sera', 21.10.1984) Damit ist auch eine weitere Spur, in der die WSG-Hoffmann mit dem Bologna-Attentat in Verbindung gebracht wird, nicht mehr haltbar.

[21] 1972 wird gegen den italienischen Abgeordneten Pino Rauti ein Antrag auf Aufhebung der parlamentarischen Immunität gestellt. Grund: Gegen Rauti sind 24 Verfahren anhängig, unter anderem wegen Attentaten, Waffenhandels, Sprengstoffbesitzes und Beleidigung. (vgl. Rosenbaum 1975, S. 92) Ein Beispiel wie eng parlamentarischer Rechtsextremismus und Rechtsterrorismus in Italien Anfang der siebziger Jahre kommunizieren. In diesem Zusammenhang ist immer wieder von der "Strategie der Spannung" die Rede. (vgl. Rosenbaum 1975, S. 91 f)

seine eigene Truppe, die "Avanguardia Nazionale" (AN). (vgl. EP 1985, S. 51) In den folgenden Jahren übernimmt die militante Gruppe während Wahlkämpfen Security-Tätigkeiten für MSI-Abgeordnete. Sie schafft allerdings nie den Sprung zur Massenorganisation und hat selbst zu ihren Hochzeiten nicht mehr als 500 Mitglieder. Ohne besonderen Grund löst Delle Chiaie 1966 die AN auf. (vgl. Christie 1984, S. 20 und S. 38) 1969 gründet er die "Avanguardia Nazionale" in Norditalien wieder neu, diesmal jedoch noch militanter. Die Gruppe ist bewaffnet und verfügt über solide Finanzen. (vgl. Christie 1984, S. 43)

Als in der Nacht vom 7. zum 8. Dezember 1970, dem Jahrestag des japanischen Angriffs auf Pearl Harbor, Fürst Valerio Borghese putscht, ist Delle Chiaie einer der 50 Rechtsextremisten, die ins Innenministerium vordringen. Nachdem Delle Chiaie mit seinen Mitstreitern bereits eingedrungen ist, kommt es um halb ein Uhr nachts zum Abbruch der Aktion. (vgl. Rosenbaum 1975, S. 97 ff) Danach fliehen die Putschisten Stefano Delle Chiaie, Pierluigi Pagliai und ihre Mitstreiter nach Spanien[22], und zwar kommen die italienischen Ultras zunächst nach Barcelona. 1973 mietet einer von ihnen, der mit falschem Paß auf den Namen "Mario Letti" reist, ein Appartment in der Nähe der Straße 'Calle de Horta'. Dort wohnen u.a. Stefano Delle Chiaie, Carlo Cicuttini und Piero Carmassi. Die Gruppe wird in Spanien von Luis Antonio García Rodríguez[23] unterstützt, dem ein Turiner Gericht Konspiration gegen die Institutionen des italienischen Staates, Subversion und Waffenhandel vorwirft. Gegenüber der römischen Tageszeitung 'La Stampa' erklärte er: "Soy falangista y no lo oculto. Soy fascista. Soy nazi." ("Ich bin Falangist und verschweige das nicht. Ich bin Faschist. Ich bin Nazi". zit. aus Sánchez Soler 1993, S. 165)

---

[22] Bereits vor der Flucht auf die iberische Halbinsel kommt es zu einem Gespräch der italienischen Neofaschisten mit spanischen Regierungsvertretern. Am 12. September 1973 trifft der damalige spanische Staatspräsident Luis Carrero Blanco den "Schwarzen Prinzen" Junio Valerio Borghese und Stefano Delle Chiaie. Er sichert den italienischen Neofaschisten Schutz und Zuflucht in Spanien zu. Im Gegenzug bieten die Italiener ihre Hilfe im Kampf gegen den Kommunismus und die ETA an. (vgl. 'El Pais', 13.4.1987) 1972 haben sie die Möglichkeit, in der spanischen Militärdruckerei die Zeitschrift 'Confidencial' (spanische Ausgabe der französischen 'Confidentiel') zu produzieren, die damals nach Einschätzung des spanischen Publizisten Mariano Sánchez Soler als das Hauptorgan der europäischen Neonazis gilt. (vgl. Sánchez-Soler 1993, S. 168 f) Carrero Blanco läßt die Gruppe auch über das spanische Radio faschistische Botschaften in Italienisch, Englisch und Französisch verbreiten. Drei Monate nach dem Treffen mit Delle Chiaie und Borghese wird Luis Carrero Blanco am 20.12.1973 von ETA-Terroristen ermordet. (vgl. 'El Pais', 13.4.1987) Die Informationen über die Gespräche mit Carrero Blanco entstammen einem Memorandum von Stefano Delle Chiaie und darf von der spanischen Tageszeitung 'El Pais' eingesehen werden. Delle Chiaie hat das Dokument nach seiner Verhaftung in Caracas zu seiner Verteidigung aufgesetzt. (vgl. 'El Pais', 13.4.1987)

[23] García Rodríguez soll die Export-Import-Firma "ENIESA" als Deckunternehmen für die Ultras benutzt haben. Der italienische Neofaschist Vincenzo Vinciguerra sagt am 27.8.1984 in Italien aus: "ENIESA war eine Firma, die die Finanzierung und den Lebensunterhalt der (in Spanien - Anmerkung des Autors) Untergetauchten garantierte. Über ENIESA handelten wir mit allem, auch mit Waffen und Munition." (zit. aus: Sánchez Soler 1993, S. 166)

Ein Jahr später wechseln die emigrierten Italiener ihr Domizil. Stefano Delle Chiaie beauftragt 1974 seinen Mitstreiter Guiseppe Calzona damit, in Madrid eine Wohnung zu suchen. Im November mietet Calzona ein Appartment in der 'Calle Valmayor' in der Nähe der 'Calle de Antonio López'. Dort richten die italienischen Ultras ihr erstes "Generalquartier" in Madrid ein. (vgl. Sánchez-Soler 1993, S. 166) Dort treffen sich die neofaschistischen Neuankömmlinge aus Barcelona mit den Italienern, die schon in der Haupstadt leben.

Die Gruppe braucht Geld und beschließt, eine Pizzeria aufzumachen. Das Restaurant mit dem passenden Namen 'El Appuntamento' ("Treffpunkt") liegt in der 'Calle Marqués de Leganés 6', nahe der Gran Vía, mitten im Zentrum von Madrid. Die Pizzeria eröffnet im November 1975. "Mitarbeiter" sind Andrea Mieville, Piero Carmasi und Calzona. Offizieller Eigentümer war der spanische Ultra José Luis Clemente de Antonio. Im Hintergrund steht "der Chef": Delle Chiaie. Nach der Einschätzung der Polizei wird das Lokal "zum Treffpunkt der gesamten spanischen und italienischen Rechten." (zit. aus Sánchez Soler 1993, S. 166; vgl. EP 1985, S. 51)[24] Dorthin kommen unter anderem die großen Führer des Neofaschismus Elio Massagrande, Giancarlo Rognoni und Slavatore Francia. Mario Ricci sagt später vor Gericht in Florenz aus, er habe in Madrid den Fürsten Borghese kennengelernt, außerdem Mariano Sánchez-Covisa und den Anwalt Riesco. Der Falangist José Luis Jerez Riesco ist mit den Altnazis Otto Skorzeny und Léon Degrelle befreundet. Als Anwalt vertritt er die italienischen Neofaschisten Delle Chiaie und Marco Pozzan. (vgl. Sánchez Soler 1993, S. 167)

In Spanien ist die italienische Gruppe keinesfalls auf sich allein gestellt. Auch Delle Chiaie selbst gibt später zu, daß seine Gruppe unter dem Schutz von Franco stand. Zur Instrumentalisierung der italienischen Neofaschisten erklärt der Florentiner Richter Pier Luigi Vigna:

> "Der spanische Geheimdienst benutzte radikale und gewalttätige Mitglieder der italienischen Gruppen für extremistische Provokation in den ersten Jahren des Übergangs zur Demokratie. (...) Polizisten der damaligen Politisch-Sozialen Brigade in Madrid verkehrten in der Pizzeria El Appuntamento, wo sich die Italiener trafen, und suchten Söldner für die Ausführung von extremistischen Provokationen und Attentaten." (zit. aus: Sánchez Soler 1993, S. 167 f)

Zu den Aufgaben von Delle Chiaie und seinen Mitstreitern in Spanien gehört der Kampf gegen die ETA - und zwar außerhalb der Gesetze, aber dennoch im Auftrag spanischer Dienste des Franco-Systems.[25] (vgl. Linklater/Hilton/Ascherson 1984, S. 209 ff)

---

[24] Außerdem soll das Lokal auch Anziehungspunkt für den eng mit Delle Chiaie befreundeten Ernesto Milá Rodríguez (junger Anwalt, Mitglied der Neonaziorganisation CEDADE) und den Prinzen Borbón-Parma sein. (vgl. Sánchez Soler 1993, S. 167)
[25] Nach Informationen der spanischen Zeitung 'tiempo' soll sich Stefano delle Chiaie in seinem Kampf gegen baskische Terroristen in die ETA eingeschleust haben. Angeblich hat er bis 1986

Anfang 1976 wird in der Pizzeria 'El Appuntamento' Guiseppe Calzona für eine Aktion gegen die ETA gewonnen. Calzona macht mit, außerdem beteiligen sich Augusto Cauchi und zwei Spanier mit den Decknamen "Sargento York" und "Lillo". In Bayonne versucht das Kommando, in einem Auto der ETA-Mitglieder Tomás Pérez Revillo alias "Fangio", José Joaquín Villar Gurruchaga u.a. eine Bombe zu zünden, die jedoch nicht explodiert. (vgl. Sánchez Soler 1993, S. 175)
Für die Arbeit im Auftrag spanischer Dienste gegen die ETA gibt es weitere Aussagen. Aldo Tisei, der mit Delle Chiaie nach Spanien emigriert ist, sagt später den untersuchenden Richtern: "Wir eliminierten ETA-Mitglieder, die nach Frankreich geflohen waren - im Auftrag des spanischen Geheimdienstes." (zit. aus: Christie 1984, S. 74) Ein anderer italienischer Neofaschist beteiligt sich (vgl. Sánchez Soler, S. 306 und S. 348 f) am Attentat gegen den ETA-Führer José Miguel Beñarán Ordeñana, der seinerseits den Anschlag auf Carrero Blanco mitorganisiert hat. Außerdem benutzen die Polizei und der Geheimdienst in den ersten Jahren des Übergangs zur Demokratie (nach Francos Tod) die Italiener bei ultrarechten Provokationen. (vgl. 'El Pais', 13.4.1987)
In Madrid kommt es zum erneuten Umzug der Gruppe. Die italienischen Extremisten verlegen ihr Hauptquartier in eine Wohnung der 'Gran Vía 80', keine fünf Minuten zu Fuß von der ehemaligen Pizzeria entfernt. Dort wird am 2. Februar 1977 der Chef der "Ordine Nero" (und zuvor von "Ordine Nuovo") Salvatore Francia Clemente beobachtet. Eine Woche später nimmt die Polizei den mit Haftbefehl gesuchten Mann fest. Er steht im Verdacht am Attentat auf der Plaza Fontana in Mailand beteiligt gewesen zu sein.
Einige Tage später entdeckt die Polizei ebenfalls im Zentrum von Madrid, etwas nördlich der Gran Vía, im 1. Stock der Calle Pelayo 39, eine konspirative Wohnung, die den italienischen Neofaschisten als Waffenlager und Waffenfabrik dient. Verhaftet werden der offizielle Besitzer der ehemaligen Pizzeria 'El Appuntamento', José Luis Clemente de Antonio, und Mariano Sánchez-Covisa, der Chef der Organisation Christkönigskrieger. (vgl. Christie 1984, S. 78)

Festgenommen werden außerdem:

- der Italiener Pietro Benvenuto di fu Giuseppe e di Sinisi María
- der Italiener Mario Tedeschi
- die Italienerin Maria Mascetti
- die Französin Annie Otal

Kontakte zu ETA-Mitgliedern unterhalten, vermittelt über den libyschen Geheimdienst von Gaddhafi. Die spanische Zeitschrift 'tiempo' zitiert als Quellen für diese Behauptungen venezolanische Polizeikreise und die italienische Staatsanwaltschaft. Ausserdem soll sich Delle Chiaie in den Wochen vor seiner Verhaftung in Venezuela mit mit libyschen Agenten getroffen haben. Ferner soll sich der Italiener dem islamischene Extremismus auch ideologisch angenähert haben. (vgl. 'tiempo', 13.4.1987)

- der Albaner mit italienischem Paß Flavio Campo
- die Italienerin Sandra Grocco
- der Italiener Eliodoro Pomar
- der Italiener Elio Massagrande

Nach Mitteilung der Polizei ist der Hauptverantwortliche der Gruppe Elio Massagrande. Die technische Leitung des Projekts obliegt dem Ingenieur Eliodoro Pomar. (Sánchez Soler 1993, S. 197 ff; vgl. auch Christie 1984, S. 78) Die Polizei stößt bei der Operation auch auf ein Schließfach in einer Madrider Bank, in dem sich drei Goldbarren von jeweils einem Kilo befinden. Nach Annahmen der Polizei könnte das Gold aus einem Überfall auf die Société Générale in Nizza im Juli 1976 durch den Ultrarechten Albert Spaggliari stammen. Außerdem findet die Polizei an anderen Verstecken diverse Utensilien zur Fälschung von Dokumenten, technische Apparaturen u.a. zur Fernzündung von Bomben, Waffen, einen Mercedes und einen Chrysler mit italienischen Kennzeichen. (vgl. Sánchez Soler 1993, S. 199)

Damit besiegeln die Polizeiaktionen des Februar 1977 das Ende der italienischen Neofaschisten in Spanien, das bereits seit dem Tod ihres Beschützers Franco 1975 absehbar ist. Auch das Madrider Szenelokal 'El Appuntamento' schließt, als sich Delle Chiaie im Januar 1977 nach Lateinamerika absetzt.

Die nächste Station von Delle Chiaie, Pagliai und einigen anderen italienischen Rechtsextremisten ist Südamerika.[26] Hier arbeiten sie in Chile für den dortigen Sicherheitsdienst DINA. Im November 1977 ziehen die Italiener weiter nach Argentinien und werden dort von der Staatssicherheit bei der "Bekämpfung der Subversion" eingesetzt. Anfang 1980 werden sie von Emilio Carbone, einem Mitstreiter Barbies, kontaktiert, der die Ultras für einen Einsatz in Bolvien gewinnt. (vgl. Bower 1984, S. 256 f; 'Stern', 7.6.1984, S. 93) Hier kooperieren sie dann mit Klaus Barbie und beteiligten sich am 17.7.1980 in Bolivien auf der Seite rechter Militärs an einem Putschversuch. Zur Belohnung für ihren Einsatz rutschen die beiden Italiener auf offizielle Positionen der Geheimpolizei des Landes. Klaus Barbie war bereits seit Jahren beim bolivianischen Militär etabliert. Als 1982 ein erneuter Putsch das Land erschüttert, sinkt der Stern der Rechtsextremisten. Barbie wird nach Frankreich ausgeliefert, Pagliai bei einer Schießerei mit Spezialeinheiten erschossen, und Delle Chiaie taucht unter. (vgl. Bower 1984, S. 264) Ende März 1987 wird der Rechtsextremist in der venezolanischen Hauptstadt Caracas verhaftet und bereits wenige Tage später nach Italien abgeschoben:

---

[26] Für Delle Chiaie ist es nicht der erste Südamerikaaufenthalt. Bereits 1973 fährt er unter dem Decknamen "Mario Fiore" nach Panama, Curaçao und Kolumbien. Auf einer weiteren Reise 1973 geht es nach San José in Costa Rica, diesmal als "Giovanni Martelli". Im April 1974 fliegt er in Begleitung von Fürst Valerio Borghese nach Santiago de Chile und trifft General Pinochet. (vgl. Linklater/Hilton/Ascherson 1984, S. 212)

"Die Polizei vieler lateinamerikanischer Staaten mußte den Mann in unterschiedlichsten Verkleidungen und immer falschen Dokumenten enttarnen. Gelegentlich trat er als Priester auf, als kleiner Händler mit Baskenmütze oder Sombrero, als Interlektueller, in einen dichten Bart gehüllt oder glatt rasiert. Daß Delle Chiaie endlich doch festgesetzt wurde, wird mit seiner Geldgier erklärt. In der letzten Zeit beteiligte er sich offfenbar massiv am Kokain-Handel, gegen den die Nordamerikaner erbittert Krieg führen." ('Frankfurter Rundschau', 1.4.1987)

Über die Verhaftung von Delle Chiaie existieren verschiedene Versionen:

1. Er ist in seinem Haus in Caracas überrascht worden. Zuvor hat er drei Jahre als Vincenso Modugno in Venezuela gelebt.

2. Delle Chiaie soll seine Verhaftung und Auslieferung nach Italien provoziert haben, weil er sich in Lateinamerika nicht mehr sicher gefühlt hat. Das würde erklären, wieso er vor seiner Inhaftierung ein handgeschriebenes Verteidigungsmemorandum verfaßt hat. Delle Chiaie soll laut rechtsxtremen italienischen Kreisen seit einiger Zeit die Unterstützung des CIA verloren haben. (vgl. 'tiempo', 13.4.1987) Auch nach seiner Inhaftierung in Caracas bleibt Delle Chiaie aktiv.[27]

Der Tod Pierluigi Pagliais

Delle Chiaies langjähriger Mitstreiter Pierluigi Pagliai, genannt "Cherubino", wird ebenfalls der Beteiligung am Bologna-Attentat verdächtigt. Nachdem es 1982 zum Gegenputsch gegen die Neofaschisten-Lobbyisten kommt, geht alles ganz schnell. Schon wenige Tage nach der Machtübernahme gestattet der neue Präsident Silez Zuazo der italienischen Regierung, eine Spezialeinheit einzufliegen. Ihr Auftrag: Die Verhaftung der meistgesuchten Terroristen Italiens, Delle Chiaie und Pagliai. Die Italiener landen am 10.10.1982 mit einer Sondermaschine und fahren in Begleitung von bolivianischen Streitkräften direkt zum Haus der beiden Faschisten in Santa Cruz. (vgl. Bower 1984, S. 264) Die Polizei stellt Pagliai, und es

---

[27] Nach Recherchen der spanischen Zeitung 'tiempo' knüpft Delle Chiaie in den achtziger Jahren neue Kontakte, so zur maoistischen Terrorbewegung "Leuchtender Pfad" ("Sendero Luminoso") in Peru. In Genf trifft er mehrere Male den Geschäftsmann und Altnazi François Genoud, einen zum Islam konvertierten Nazi, und dessen rechte Hand, Ahmed Huber. Beide unterhalten gute Beziehungen zu Iran und Libyen. Delle Chiaie verkauft dem Iran Waffen und Munition belgischer, portugiesischer und spanischer Herkunft. Indizien für diesen Handel, der von ehemaligen iranischen Führeren nach ihrer Flucht ins Ausland aufgedeckt wird, finden sich bei schweizer Banken und im Wohnsitz des italienischen Faschisten Carlo Cicuttini in Madrid. Legale Basis für die Tätigkeit von Delle Chiaie sind die Import-Export-Firma Enisea und zuvor die Pizzeria Il Apuntamento und ein Reisebüro. (vgl. 'tiempo', 13.4.1987)

fällt ein Schuß.[28] Dieser trifft den Rechtsterroristen direkt in den Nacken, er sinkt in ein tiefes Koma und wird sofort zurück nach Rom geflogen. Ohne noch einmal aufgewacht zu sein, stirbt er am 16.10.1982. ('Der Spiegel', Nr. 5/1983, S. 123) Von Stefano delle Chiaie finden die italienischen Beamten in Bolivien jedoch keine Spur. Zu den Aussagen, die sich der italienische Geheimdienst von dem groß angelegten Einsatz erhofft, kommt es nicht.

Europäische Vernetzung:

Fluchthilfe für potentielle Attentäter auf den Bahnhof von Bologna wird unter anderen von Mitgliedern der britischen "National Front" (NF) geleistet. Ende 1980 und Anfang 1981 hat sich eine Gruppe italienischer Rechtsextremisten in das Vereinigte Königreich abgesetzt und wird hier von britischen Gleichgesinnten "betreut". Unter den Flüchtlingen befinden sich führende Mitglieder der italienischen Gruppe "Terza Positione" ("Dritter Weg"), die in engem Kontakt mit den rechtsterroristischen "Nuclei Armati Rivoluzionari" (NAR, Bewaffnete Revolutionäre Kader) stehen. (vgl. Greß/Jaschke/Schönekäs 1990, S. 201) Die Gruppe wird für den Bologna-Anschlag verantwortlich gemacht. (EP 1990, S. 34 f)[29] Wichtigster der England-Emigranten ist Roberto Fiore, der in Italien in Abwesenheit wegen "Bildung einer terroristischen Vereinigung" zu einer sechsjährigen Freiheitsstrafe verurteilt wird. Im Gegensatz zu anderen italienischen Verurteilten wird er allerdings nicht ausgeliefert. Grund dafür soll Fiores Tätigkeit für den britischen Geheimdienst M 16 sein, für den er Informationen über die Aktivität der militanten christlichen Falangisten im Libanon beschafft haben soll. Vor seiner

---

[28] Eine andere Darstellung des Todes von Pagliai liefert Christian: "Vorher gelang es jedoch seinen Kumpanen, ihn noch in Santa Cruz so anzuschießen, daß er starb, ohne Aussagen gemacht zu haben." (Christian 1990, S. 122) Die Darstellung ist völlig haltlos.
[29] Entgegen der Behauptung des "Untersuchungsausschusses Rassismus und Ausländerfeindlichkeit" des Europäischen Parlamentes negiert der NAR-Vorsitzende Valerio Fioravanti seine Beteiligung und die seiner Frau Francesca Mambro am Bologna-Attentat. Fioravanti wird vor seiner Zeit als Rechtsterroristenchef in Italien als der TV-Kinderstar "Giusva" bekannt. Zum Zeitpunkt seiner Aussagen zum Bologna-Attentat ist der 31jährige bereits wegen mehrerer Morde und zahlreicher Raubüberfälle zu sechsmal lebenslänglich verurteilt. Zum Bologna-Attentat sagt er im Berufungsverfahren: "Mein Gewissen ist rein". Offenbar suche man einen Sündenbock, und den habe man in ihm gefunden. In der ersten Instanz werden Fioravanti und seine Frau trotz ihres Schweigens verurteilt. Anlaß ist die Aussage eines Freundes, dem sie nach dem Anschlag folgenden Satz gesagt haben sollen: "Hast Du gesehen, was wir in Bologna für einen Knall verursacht haben?" ('Süddeutsche Zeitung', 13.12.1989) Nachdem der NAR-Chef nun in der zweiten Instanz seine persönliche Teilnahme am Attentat leugnet, bleibt fraglich, ob Mitglieder seiner Gruppe den Anschlag nicht doch verübt haben. Immerhin hat die NAR nach dem Attentat offiziell die Verantwortung für das Blutbad übernommen. Es sei zu "Ehren von Mario Claudio" verübt worden. Tuti ist ein Rechtsterrorist, der zum Zeitpunkt des Attentats, ebenfalls für Terrorakte, in Haft sitzt. (vgl. 'blick nach rechts', 15.9.1989, S. 9)

Einreise in Großbritannien hat er dort eine "terroristische Ausbildung" durchlaufen. ('blick nach rechts', 25.9.1989, S. 8)
In England beeinflußt Fiore mit seiner Ideologie der "Terza Positione" auch die "National Front". Indizien dafür bietet das britische NF-Theorieorgan 'Rising', in dem das Ideal des "politischen Soldaten" hochgehalten wird. Dieser gilt in rechtsextremen Kreisen als das absolute Gegenbild zur "extremen Erniedrigung des westlichen Menschen". (vgl. Greß/Jaschke/Schönekäs 1990, S. 165, S. 201)

Die Freisprüche von Bologna:

Am vorläufigen Ende der Ermittlungen nach den Tätern und Hintermännern des Bologna-Attentats stehen Freisprüche. Das italienische Berufungsgericht annuliert im Juli 1990 nach fünftägiger Beratung die Urteile der ersten Instanz. Einen Freispruch gibt es auch für Licio Gelli, Chef der italienischen Geheimloge P 2, der lange Zeit als Hintermann des Bologna-Attentats gilt. (vgl. Yallop 1988, S. 169 f) Damit hat das Berufsgericht die gesamte Rekonstruktion des Verbrechens durch die erste Instanz verworfen. Drei Jahre Freiheitsstrafe erhalten aber die früheren hohen Beamten des italienischen Geheimdienstes SISMI, Pietro Musumeci und Guiseppe Belmonte, wegen Irreführung der Ermittlungsbehörden.
Die Hintermänner der rechtsterroristischen NAR, die nach dem Attentat die Verantwortung übernimmt, kommen frei. Zu ihnen gehören der NAR-Vorsitzende Valerio Fioravanti und seine Mitstreiter Francesca Mambro, Massimiliano Fachini und Sergio Picciafuoco. (vgl. 'blick nach rechts', 25.9.1989, S. 9) Nach der ersten Instanz, die die Rechtsterroristen mit mehreren Jahren Haft belegt hat, sind sie nun von dem Vorwurf frei, das Bombenattentat ausgeführt zu haben. ('dpa', 18.7.1990; 'Tageszeitung', 19.7.1990) Neofaschist Facchini bewertet den Richterspruch als "korrekt und sachlich". Gelli, der von dem Freispruch in seiner Villa Wanda telefonisch erfährt, jubelt über "einen Triumph der Gerechtigkeit". Für Torquato Secci hingegen, den Vorsitzenden der Vereinigung der Opfer des Terroranschlags, ist das Urteil eine Beleidigung der Toten, der Verletzten und der Familien der Opfer. Secci selbst hat bei dem Attentat von Bologna einen Sohn verloren. (vgl. 'blick nach rechts', 30.7.1990, S. 4 f) Die kommunistische Parteizeitung 'L'Unità' erscheint nach dem Urteilsspruch mit einer weißen, unbedruckten ersten Seite - als Zeichen der Empörung. (vgl. 'Tageszeitung', 20.7.1990)

8.2. Psychologische Motivation von Rechtsextremisten und Rechtsterroristen

"Ich bin bereit, für die Nation zu sterben. Alles, was in mir lebt, lebt nur für meine Nation. Wie kann ich mein persönliches Schicksal gestalten, wenn es anders wäre. Ich tue, was ich tun muß, weil ich jeden Tag sterbe. Weil alles das, was ich tue, für diese Macht getan wird, wurzelt alles das, was ich tue, in dieser Macht. Diese Macht verlangt Zerstörung, und ich zerstöre (...) Ich weiß, daß ich selbst nichts bin und daß ich fallen werde, wenn diese Macht mich verläßt." (zit. aus den autobiographischen Notizen von Salomons, zit. aus: Horchem 1988, S. 106)

Diese Sätze verfaßt der Schriftsteller Ernst von Salomon, der in der Weimarer Republik in die Ermordung des deutschen Außenministers Walter Rathenau verwickelt ist. Die Haltung, die in ihnen zum Ausdruck kommt, erscheint mir auch typisch für den Masochismus rechtsextremistischer und rechtsterroristischer Straftäter der siebziger und achtziger Jahre. Die rigorose Ideologie der Neonazis illustriert eine Rede des ehemaligen Mitglieds der "Wehrsportgruppe Hoffmann", Arnd-Heinz Marx:[30]

"Wir sind keine feigen Spießbürger, wir sind auch keine landesverräterischen Bolschewisten, sondern wir sind vaterlandsliebende junge Deutsche, die jetzt mit Konsequenz darangehen, den Karren aus dem Sumpf zu ziehen, die jetzt konsequent dazu übergehen, den Karren aus dem Sumpf zu ziehen, den seit Jahrzehnten parlamentarischen Systemschwätzern in die Eier hineintreten. Sie können uns in die Knäste stecken, sie können uns vor Gerichte zerren, sie können uns halb tot schlagen. Am Ende steht unser Sieg. Wir haben es jetzt für allemal satt, daß unsere Väter als Kriegsverbrecher, als Mörder, als feige hinterlistige Schurken abgestempelt werden - meistens via Bildschirm von irgendwelchen kranken Hollywood-Produzenten, die sich diese Wahnideen in ihrem von geistiger Syphilis befallenen Gehirn ausgedacht haben. Und ich kann all den ehemaligen Landsern von dieser Stelle nur zurufen: Ihr habt eure Knochen nicht umsonst hingehalten, ihr wart der fruchtbare Ackerboden und wir sind die Saat, die jetzt darin aufgeht." (zit. aus: Filmer/Schwan 1989, S. 39)

Viele Zuhörer nehmen solche Durchhalteparolen ernst. Sie sehen das eigene Leben als Teil eines Überlebenskampfes untrennbar verwoben mit dem Schicksal der Nation im Ringen mit anderen Völkern. Zum ideologischen Hintergrund schreibt Schwagerl:

"Die rechtsextremen Bestrebungen sehen in dem 'Volk' einen Organismus aus Menschen mit eigener, gleicher 'Artkraft', dem 'Volkstum', der konkreten Ausprägung der Gemeinschaft, die vor dem Einzelnen da ist.
Im Kern dieser Vorstellungen erscheint stets ein vulgärer Sozial-Darwinismus, der Volk und Rasse individualisiert. Darüber stülpt sich der quasi-religiöse Begriff der 'Nation'.
(...)
Das Sendungsbewußtsein, das auf dem Elitedenken beruht, läßt das Überlegenheitsgefühl wachsen, das der Verteidigung der 'völkischen Substanz' gegen 'artfremde Einflüsse' die erforderlichen Impulse gibt.
Mit der Parole 'Kampf ums Dasein' und 'Kampf als Lebensprinzip' (Kampf hält die Kräfte rege) wird eine permanente Abwehrhaltung begründet (Ursprünge der Konspirations- und Verschwörungstheorien).

---

[30] Gehalten im November 1982 im Frankfurter Vorort Harheim.

So erklärt sich die Vorliebe für alles Militärische. Das Soldaten- und Heldentum erscheint in einer mystischen Verklärung. Kriege sind danach Instrumente der Evolution, eine natürliche Auslese unter den Völkern." (Schwagerl 1985, S. 73 f)

Diese Charakteristika spiegeln sich in Aussagen militanter Rechtsextremisten und Rechtsterroristen wieder, so etwa bei dem VSBD/PdA-Terroristen Frank Schubert:[31]

"Kampf ist zum Beispiel was Natürliches. Auch andere Sachen sind was Natürliches, zum Beispiel Familie, ja. Die Kommunisten sind ja gegen Familie indirekt, nicht, und wir sind für die Familie, also was Natürliches, was schon immer für den Menschen gewesen ist, ja, da sind wir dafür." (Hennig 1984, S. 70)

"Wir können nicht aus einer Schwächeposition mit denen diskutieren. Das geht einfach nicht. Wir müssen erst ganz radikal unsere Stärke zeigen, und dann können wir mit den Leuten reden, das ist ein Naturgesetz. Unsere Weltanschauung ist allgemein kämpferisch. Da gibt's gar nichts anderes als den Kampf. Unsere Weltanschauung beruht auf Stärke. Stärke ist Natur. Der Starke setzt sich in der Natur durch. (...) Wir wollen unser Volk, unseren Staat gesund erhalten; und dieses geht nur aus' ner Stärke heraus, aus dem Kampf heraus. Nur durch den Kampf kann sich unser Volk weiterentwickeln." (Hennig 1984, S. 72)

"Angst ist menschlich. Man muß die Angst überwinden; je größer die Angst ist, desto größer muß der Mut sein, die Angst zu überwinden. Wer was erreichen will, der muß diese Angst eben überwinden." (Hennig 1984, S. 74)

"Dazu kommt natürlich auch, daß wir unsern Wert nicht so sehr persönlich sehen, daß wir unsern Wert nicht so sehr an unserer Persönlichkeit, ja, in unserm Fleisch oder so sehen, sondern daß wir unsern Wert in unserer Effektivität des Kampfes sehen, wie wir praktisch am besten unserer Weltanschauung dienen können.[32] Danach gehen wir. Wir sind praktisch für uns selber nicht. Wir haben für uns selber nicht mehr den Wert, den, sagen wir mal, 'n normaler Konsummensch hat". (Hennig 1984, S. 76)

"Jeder, der in einer menschlichen Gesellschaft lebt und sagt, er lehnt Gewalt ab, ist für mich ein Heuchler, weil er nämlich Gewalt in Kauf nimmt. Weil nämlich der Staat, die Gesellschaft, in der er lebt, übt Gewalt aus, auf andere Gesellschaften." (Hennig 1984, S. 81)

"Da habe ich ihn noch auf den Kopf getreten, damit es so richtig schön geknallt hat. Das mache ich nicht aus persönlichem Sadismus oder so heraus. Das ist einfach ein

---

[31] Auszüge aus den Interviews mit Schubert, die Eike Hennig am 22.4.1980 und am 15.9.1980 mit ihm führt.
[32] Dieselbe Selbstaufgabe spricht aus Äußerungen der beiden Terroristen Uhl und Wolgram ("Kommando Omega"). Das ehemalige WSG-Mitglied Peter Hamberger erinnert sich an die Sätze seiner beiden Mitstreiter: "Wer bei einer solchen Aktion ums Leben komme, der werde innerhalb der rechten Szene als Märtyrer angesehen. Und das rekrutiere neue Leute, hieß es." (Chaussy 1989b, S. 140 f) Wenige Stunden später werden sie von der Polizei auf dem Weg zu einem Banküberfall erschossen.

ganz logischer Denkvorgang. Das ist ganz logisch. Das ist bei Menschen untereinander, sagen wir mal bei Menschen, ich meine, Sie sitzen im Büro, ja, Ihnen tut keiner was, ja aber da wo, sagen wir mal, wo keine staatliche Institution verhanden ist, die einem beisteht, wo man sich selber persönlich, da gilt noch das Gesetz der Stärke und des Wolfsmutes oder so." (Hennig 1984, S. 79)

Ähnlich denkt Joachim Grönings Mitglied der "Wehrsportgruppe Ruhrgebiet" und Begleiter Karl-Heinz Hoffmanns bei seinen Fahrten in den Libanon. Er schließt sich der rechtsextremistischen Szene aus "nationalem Anstand" und "Pflichtgefühl" an: "Ich betrachtete es als Lebensaufgabe, die Ideen des Nationalismus durch die Tat zu verwirklichen. Doch der NPD fehlte es an Durchsetzungsvermögen." ('Stern', 28.4.1983) Er ist bereit, sich zu opfern: "Es war mir die Sache wert, mein ganzes Leben aufzugeben, egal, ob ich dabei draufgehe oder nicht. Ich war mir klar, daß die Sache mit einem Kopfschuß enden kann." ('Stern', 28.4.1983) Ideologische Triebfeder ist der Antisemitismus: "Der größte Feind der Menschheit sind die Agenten des internationalen Zionismus, die einen geheimen Weltkolonialismus betreiben." ('Stern', 28.4.1983)

Gefährlich werden Rechtsextremisten vom Schlage Schuberts oder Grönings deshalb, weil sich ihre verworrenen (oft antisemitischen) Verschwörungstheorien mit Gewaltbereitschaft verbinden. Dabei richten sie Aggressionen nicht nur gegen andere, sondern auch gegen sich selbst. Die Selbstmordrate im rechtsextremen Lager ist hoch. So erschießt sich im September 1981 im Libanon nach Zeugenaussagen der mutmaßliche Mörder des jüdischen Verlegerehepaars Levin und Poeschke, der WSG-Mann Uwe Behrendt. Kein halbes Jahr später erschießt sich am 2.8.1982 das frühere WSG-Hoffmann-Mitglied Stefan Wagner in Rodgau Nieder-Roden nach einem Amoklauf. Am 24.12.1980 wird Frank Schubert bei einem Waffenschmuggel in der Schweiz gestellt. Er erschießt zwei Polizisten und dann sich selbst. Nach seiner Verurteilung zu 14 Jahren Haft erhängt sich Walther Kexel im März 1985 in der Haftanstalt Frankfurt. Ebenfalls Freitod begeht am 1.11.1981 der Waffenhorter Heinz Lembke. Hans Josef Horchem schreibt zur psychischen Dispositionen der Rechtsextremisten:

"Psychologische und psychatrische Untersuchungen von mehreren Rechtsextremisten, die als Täter von Brand- und Sprengstoffanschlägen gefaßt wurden, ordnen diese Gewaltverbrecher in die Kategorie schizophrener Selbstmörder ein. Nach diesen Analysen sind Neo-Nazis bzw. Rechtsextremisten bereit, größere persönliche Risiken auf sich zu nehmen als Linksextremisten, die eine größere Organisation und eine zukunftsweisende Ideologie hinter sich wissen." (Horchem 1988, S. 106)

Nicht selten steht das Engagement in einer rechtsterroristischen Gruppe am Ende einer unglücklichen Jugend. Folgende Beobachtungen treffen zumindest auf einen Teil der Rechtsterroristen zu:

"In vielen Fällen ist die Welt eines solchen Terroristen zerstört, und zwar sowohl sozial als auch moralisch. Bitterkeit und Haß mischen sich mit der Überzeugung, zerstören zu müssen. Dafür ist dieser Terrorist auch bereit, sein Leben zu geben. Er ist der Überzeugung, daß die ureigensten Werte, für die er zu leben glaubte, nicht mehr gültig sind: Nationalismus, die Hierarchie einer elitären Gemeinschaft, nationale oder rassische Reinheit oder Sauberkeit und daß sein 'Vaterland' durch fremde Kräfte gedemütigt worden ist. Die Wertvorstellungen einer sozialen und liberalen Demokratie sagen ihm nichts. Er fühlt sich entwurzelt. Deshalb will er Rache nehmen an dem gesamten neuen sozialen politischen System." (Horchem 1988, S. 107)

Beispielhaft hierfür sind die Gedanken des Rechtsterroristen Ludwig Uhl des "Kommando Omega", der bei seinen geplanten terroristischen Aktionen auch den Tod Unschuldiger einkalkuliert. Sein Mitstreiter Hamberger erinnert sich: "Ob Unschuldige dabei ums Leben kämen, sei egal. Schließlich seien sowieso nur 13 Prozent der deutschen Bevölkerung für die Rechtsextremisten." (zit aus: Chaussy 1989b, S. 141) Haß gegen die "normale" Bevölkerung spricht auch aus den Worten des früheren WSG-Manns und Fremdenlegionärs Dirk Betton:

"Viele sagten, uns ist die politische Arbeit jetzt lieber, desertieren wir doch einfach. Immer nur Drill und so. Wenn jetzt der Tag der Desertation kommt, dann geht es los. Wir hatten die Attentate ja soweit geplant. Man hat uns jahrelang als Kriminelle hingestellt, man hat viele Leute, die nur politisch für unsere Ziele aktiv waren, vor den Richter gebracht. Man hat regelrecht Zukunften zerstört. Und jetzt war unsere Reaktion: Wir gehen nicht gegen den Staat, wir gehen gegen den Bürger vor. Mit Terror. (...) Unser Feindbild ist das Volk." (zit. aus: Roth 1992, S. 205 f)

Im Kampf gegen das verhaßte System "Bundesrepublik Deutschland" signalisieren militante Rechtsextremisten durchaus eine Bereitschaft zum Schulterschluß mit politischen Gegnern. So kündigt Kurt Eduard Wolfgram, wie Uhl Mitglied im "Kommando Omega", zwar zum einen den politischen Kampf an:

"Das hat schon Adolf Hitler gesagt. Da hat er gar nicht so unrecht gehabt: Wem die Straße gehört, dem gehört die Macht. Und zur Zeit haben die Linken die Staße, und erst wenn die Linken von der Straße weggefegt sind, dann kann man überhaupt politisch arbeiten." ('Stern', 9.10.1981, S. 24)

Auf der anderen Seite sieht er Parallalen zu Linksextremisten:

"Die Systemgegner machen sich gegenseitig fertig. Die Anarchisten haben das gleiche Ziel wie zumindest ich, die wollen diesen Staat zerstören, ja. Und genau das will ich auch." ('Stern', 9.10.1981, S. 24)

"Die Linken prügeln sich mit den Rechten die Schädel ein und umgekehrt. Und dieser Staat ist der lachende Dritte." ('Stern', 9.10.1981, S. 24)

Exkurs: Rechts- und Linksterrorismus - Nähe und Distanzen

Die zitierte ideologische Annäherung zum Anarchismus und die Anschläge der Hepp-Kexel-Gruppe bewegen Hans Josef Horchem zu der Einschätzung, schon "mit Beginn der achtziger Jahre verringerte sich der Unterschied zwischen ideologischen Positionen und den Zielen der Terrorgruppen der extremen Linken und der extremen Rechten. (...) Flugschriften der Neuen Rechten und Selbstbezichtigungsschreiben linksextremistischer Terroristen gewannen mehr und mehr Ähnlichkeit. Die Veröffentlichungen der terroristischen Neuen Rechten richteten sich gegen den 'Sowjet- und US-Imperialismus'. Die RAF und die RZ konzentrierten ihre Aktionen gegen den 'US-Imperialismus' und gegen die 'Multinationalen Konzerne'. Die Mitglieder der Hepp/Kexel-Gruppe kämpften für einen 'antiimperialistischen Nationalismus zur Befreiung Deutschlands'." (Horchem 1988, S. 103 f)

Horchems Einschätzung erscheint mir jedoch nicht ganz fundiert. Gemeinsam ist beiden Extremen der Haß gegen den Staat, allerdings aus unterschiedlichen Motiven. Linksextremisten bekämpfen den Staat, weil er für sie die Autonomie der Einzelnen und den Fortschritt und die Emanzipation sozialer Gruppen und Klassen einschränkt. Rechtsextremisten dagegen fordern die Einordnung des Individuums in haltende, "natürliche" Gemeinschaften und die Bindung sozialer Gruppen an eine hierarchische Ordnung (der Blutsgemeinschaft). (vgl. Grebing 1971) Einen Hinweis dafür, daß Wolfgram eine Überwindung seiner rechtsextremistischen Position anstrebt, gibt das 'Stern'-Interview nicht.

Auch Horchems Behauptung, die Hepp-Kexel-Organisation übernehme linksterroristische Positionen, ist fraglich. Die angebliche ideologische Annäherung an den Linksextremismus bedarf einer genauen Überprüfung. Zwar nimmt die Gruppe "Abschied vom Hitlerismus", weil Hitler "das deutsche Volk konsequent in das Verderben von 1945 geführt (hat), in dem wir heute noch stekken."[33] Im Sinnzusammenhang gelesen ist der theoretische Hintergrund der Hepp-Kexel-Gruppe als eine konsequente Weiterentwicklung der rechtsextremen Theorie zu betrachten. Sie kritisieren zunächst die Rechte:

> "Mit Erschrecken mußten wir feststellen, daß die äußerste Rechte immer mehr in einen Hitler-Kult abgeglitten ist, der sich von anderen Sekten und Religionen nur dadurch unterscheidet, daß er noch keine Opfertiere schlachtet und sich mit Weihrauch einnebelt. Wer heute noch meint, Adolf Hitler sei unser Führer und Reichskanzler, dem können wir nur raten, solchen unrealistischen Quatsch nicht Politik zu nennen, sondern irgendeine Kirchengemeinde zu gründen, in der sie dann ja die Reliquien - Jesus Christus, Kreuz, Bibel usw. gegen Adolf Hitler, Hakenkreuz, 'Mein Kampf', austauschen und anbeten können." (zit. aus 'Die Tageszeitung', 11.4.1983)

Doch der "antiimperialistische Kampf" Hepp und Kexels ist nicht primär als Annäherung an die extreme Linke zu werten, sondern als Versuch, mit realistische-

---
[33] vgl. die vollständige Erklärung der Hepp-Kexel-Gruppe in Kapitel 10.3

ren Inhalten als denen der Neonazibewegung rechtsextreme Politik zu machen. Wenn von "17 Millionen gesunde(n) Deutsche(n)" in der ehemaligen DDR die Rede ist oder von einem Kampf, "der unserem Volk das Überleben sichert", wird klar, wie wenig Hepp und Kexel mit dem internationalistischen Anspruch der extremen Linken gemein haben.

Selbst wenn mit den Sprengstoffanschlägen eine Anbiederung an die extreme Linke verbunden gewesen wäre - auf Gegenliebe ist die Hepp-Kexel-Gruppe nicht gestoßen. Bereits im Januar 1983, als die Polizei noch wegen der Attentate auf die US-Einrichtungen in links- und rechtsextremen Kreisen ermittelt, distanziert sich die extreme Linke öffentlich. In einem Flugblatt, das in einschlägigen Lokalen in Darmstadt kursiert, werden außer der "Guerilla Diffusa" die "Faschos" für die Anschläge verantwortlich gemacht. Unter dem Titel 'Zwischen dem Feind und uns einen klaren Trennungsstrich ziehen' und mit einem RAF-Stern versehen, ist darin zu lesen, daß "irgendwelche offen faschistischen Gruppierungen ihre dreckigen Pfoten drin hatten'", um ihre "Schweinereien" gegen "stinknormale" GIs "auf uns zu projizieren und faschistische Aktionen mit linken Angriffen auf Fahndungsblättern zusammenzuschmeißen." Die Linksterroristen wollen verhindern, daß ihre "Ziele verwischt werden". Dabei lehnen sie außer der Gefährdung "Unbeteiligter" auch Aktionen ab, die sie propagandistisch nicht "vermitteln" können, die ihren "Kampfauftrag gegen Imperialismus und Zionismus" torpedieren würden. (Flugblatt zit. aus: 'Die Zeit', 28.1.1983)

In der Praxis orientiert sich die Hepp-Kexel-Gruppe jedoch an Vorgehensweisen der Linksterroristen: "Nach dem Vorbild der RAF hatte die Gruppe Erddepots angelegt und sich konspirativer Techniken bedient." (Backes/Jesse 1993, S. 210) Alle Versuche der rechtsextremistischen Szene Deutschlands, mit Linksextremisten zu kooperieren, scheitern jedoch kläglich. Das muß beispielsweise Michael Kühnen erfahren, der mit dem RAF-Mitglied Uwe Folkerts in Kontakt treten will. (vgl. Rosen 1989, S. 72) Ebenso weist das ehemalige Neonazipaar Christiane und Klaus-Dieter Hewickers, "auf die Notwendigkeit eines koordinierten Vorgehens aller undogmatischen, antiimperilaistischen, nichtpazifistischen Kräfte" hin. Beide träumen von einer antiimperialistischen Einheitsfront:

> "Wir glauben, daß kleinliche Gruppeninteressen gerade bei denen überwindbar sind, die sich undogmatisch nennen, denn dazu bedarf es nur des Besinnens auf ein paar oberste Prinzipien wie die des Antiimperialismus, Antirassismus und Antifaschismus, um zu einer möglichst breiten Front des Widerstandes auf allen Ebenen zu gelangen." ('Die Tageszeitung', 11.4.1983)

Wie nicht anders zu erwarten bleibt auch diese Offerte ohne Reaktion in der extremen Linken. Demgegenüber beobachten Sicherheitsbehörden seit 1982 eine Zunahme gewalttätiger Konfrontationen zwischen Links- und Rechtsextremisten. (vgl. Rosen 1989, S. 72)

Die Entfremdung der junger Rechtsextremisten gegenüber der Gesellschaft vollzieht sich nicht über Nacht. Eike Hennig hat ein Schema entworfen, das den individuellen Prozeß politischer Sozialisation rechtsextremistischer Karrieren erklärt.

Schematischer Verlauf einer rechtsextremistischen Karriere

Alter (ungef.)	Krisenbereich, Konfliktfeld	Orientierung, Teilhabe an Organisationen
	gestörtes Elternhaus	national, konservativ, privatistisch
14 ff	Schulkrise	öffentliche Fragen, erste Stigmatisierungen
15	Probleme mit dem anderen Geschlecht	peer groups, männerbündische Kameradschaft
17	Beruf, Arbeitslosigkeit	Minderwertigkeit, in group-Orientierung
	Stigmatisierung, Auffälligkeit im Alltag	Abschluß der kurzen Orientierungsphase, Beginn der Orientierung von "weichen" zu "harten" Organisationen
18	Polizei, Justiz	"politisches Soldatentum", Abbruch bürgerlicher Karrieremuster

(Hennig 1982, S. 34)

Hennigs Kriterien lassen sich auf zahlreiche Mitglieder der "Wehrsportgruppe Hoffmann" übertragen, ohne daß in jedem Fall alle Kriterien erfüllt sind. Peter Hamberger reflektiert seinen Werdegang:

"Bis ungefähr zu dem Zeitpunkt, als die Fernseheserie 'Holocaust' gesendet wurde, war ich mehr ein stiller Nationalsozialist. Eigentlich wußte ich gar nicht, daß ich mit meiner Einstellung als Nazi gelten konnte. In der Schule gab es damals Diskussionen. Einige meiner Klassenkameraden haben sich meinen Argumenten angeschlossen, und plötzlich waren wir fünf Nazis. Teilweise wurden wir ausgelacht. Das hat mich dann veranlaßt, teils aus Trotz, teils aus Überzeugung, nun erst recht für unsere Sache einzutreten." (zit. aus: Chaussy 1989b, S. 136)

Dieselben Erfahrungen macht Joachim Gröning. Er erinnert sich:

"Einigen linken Lehrern auf der Realschule mißfiel meine Gesinnung jedoch sehr. Anstatt sich aber mit meinen Ansichten auseinanderzusetzen, wurden meine Ideale durch polemische Hinweise auf das Dritte Reich diffamiert und verteufelt, wodurch ich mich sehr bald in Haß und Fanatismus steigern ließ." ('Stern', 28.4.1983)

Neben den Erfahrungen junger Rechtsextremisten in Elternhaus und Schule erfüllen auch Gewalterfahrungen mit politischen Gegnern oder der Polizei eine wichtige Integrations- und Radikalisierungsfunktion. (vgl. Dudek 1985, S. 227) Geschickte Neonaziführer wie Michael Kühnen deuten das als Bestätigung einer umfassenden politischen Vefolgung:

"Es gibt zwei Arten zu lernen: Es gibt emotionales Lernen, von der Gefühlswelt her, und es gibt eben Lernen, rational, nur vom Verstand her. Und die Bewegung, der wir angehören, überhaupt die rechte, hat immer im Grunde mehr das Emotionale angesprochen, ohne - worauf ich ausdrücklich Wert lege - das Geistige zu vernachlässigen. Es ist also nicht so, wie schon in der Weimarer Republik gesagt wurde: 'Der Geist steht links.' Darüber habe ich immer nur gelacht. Aber es ist eine andere Art zu lernen. Wir lernen durch das, was andere uns antun. Wir lernen durch die Aktion schlechthin und überlegen dann, wie kommt das zustande." (zit. aus: Rabe 1980, S. 172 f)

Am Endpunkt neonazistischer Karrieren steht der "politische Soldat". Kühnen beschreibt ihn als das höchste Ideal, das Angehörige der Szene anstreben können:

"Nationalsozialistisches Soldatentum ist Rebellion gegen die bürgerliche Spießerwelt (...) und setzt dem bürgerlichen Materialismus die stolze, heroische Haltung von Kampf, Tapferkeit, Opfer, Verzicht und Dienst entgegen (...). Er ist aber kein militärisches Landsknechts- oder Söldnertum als Selbstzweck, sondern stellt sich als bewußt **politisches** Soldatentum in den Dienst der Nationalsozialistischen Deutschen Arbeiterpartei und ihres Kampfes für die Neue Ordnung.
Dieses politische Soldatentum steht in der Tradition der Sturmabteilung, die seine einzige authentische und legitime Verkörperung ist.
Als höchster nationalsozialistischer Menschentyp gehen aus der Gemeinschaft der politischen Soldaten die Führer der Nation hervor." (Kühnen 1987b, S. 250 f)

Was in der Neonaziszene Status und Wertschätzung einbringt, ist gesellschaftlich häufig eine Katastrophe. Der "politische Soldat" bedeutet hier: "Berufsnationalist, jedweder beruflichen oder privaten Perspektive beraubt." (Dudek 1985, S. 233) Ein Ausbruch aus dieser Lebenswelt ist sehr schwer, da ein Großteil der sozialen Bindungen an die Neonaziszene geknüpft ist. Militante Neonazis wie Ludwig Uhl, Kurt Wolfgram, Walther Kexel, Frank Schubert, Willibald Kraus (WSG), Michael Satorsky (WSG), Stefan Wagner (WSG) aber auch ein Teil der Libanon-Aktivisten Karl-Heinz Hoffmanns (unter anderem Bergmann, Dupper, Hepp, Hamberger) bleiben über Jahre auf dem "rechten" Weg, manche bis zum gewaltsamen Tod. In ihrer neonazistischen Lebenswelt grenzen sie sich von bürgerlichen beruflichen Aufstiegsorientierungen ab und entwerfen, ihrem Leitbild des "politischen Soldaten" treu, eine Ersatzkarriere. Eike Hennig beobachtet mehrere Stufen auf der braunen "Karriereleiter":

- Die **Ausbildungsphase** der orientierenden Einflußgrößen bzw. der konservativ-autoritären und nationalistischen Vorprägungen steht am Anfang.
- Es folgt die **Orientierungsphase**, in der diejenige Organisation gesucht/herausgefiltert wird, der man sich zuneigt. Am Ende dieser Phase steht der Entschluß zum Eintritt in eine rechtsextreme Gruppe.
- Die **Initiation**, das heißt der Eintritt in eine Organisation, ist mit der Bereitschaft verbunden, die äußeren Kennzeichen, das Sprachverhalten und das Programm der ausgewählten Organisation zu übernehmen.
- Vielfach geht der **Initiation** eine **Zugehörigkeit in der rechten Szene** voraus. Möglich ist die Beteiligung an informellen Gruppen (z.B. in Schulen, Kneipen, Treffs), die zur Perfektionierung der Mitgliedsrolle beitragen, aber auch zum "Aussteigen" nach Kennenlernen führen kann.
- Der **Initiation** folgt die **Mitgliedschaft**, die sich durch die sichtbare Eingrenzung und einen auf Gesellschaft und Staat bezogenen Änderungswillen auszeichnet.

Nach dem Grad des Rigorismus und der Radikalisierung kann die Mitgliedsrolle weiter ausdifferenziert werden. Gewaltakzeptanz und Totalitätsperspektive der Mitgliedschaft gegenüber alternativen Entwürfen einer 'bürgerlichen Existenz' sind diejenigen Merkmale, die darauf hinweisen, wie sehr das Mitglied durch praktisches Verhalten dokumentiert, die Ansprüche der rechtsextremistischen Organisationen und Strategien zu übernehmen und als Leitlinie eines mehr und mehr entindividualisierten asketischen Lebens zu akzeptieren." (vgl. Hennig 1982, S. 35) Auffällig ist bei den seit Anfang der siebziger Jahre vermehrt auftretenden neonazistischen Organisationen auch ein Anwachsen der Militanz.

Mit der wachsenden Militanz entstehen rechtsterroristische Organisationen. Die ersten Bomben, am 2.9.1977, gehen aufs Konto der "Otte Gruppe". Im November des selben Jahres überfallen Angehörige der ebenfalls rechtsterroristischen "Werwolf"-Gruppe um Uwe Rohwer eine Bundeswehrkaserne und erbeuten ein G-3-Gewehr. Es folgen 1980 die Sprengstoff- und Brandanschläge der "Deutschen Aktionsgruppen" und beträchtliche terroristische Aktionen von Mitgliedern der "Volkssozialistischen Bewegung Deutschlands/Partei der Arbeit". In Deutschland existiert Rechtsterrorismus unbestreitbar seit 1977. Das Jahr bezeichnet das Ende eines Militarisierungsprozesses, der mit dem Niedergang der NPD 1969 beginnt. Seit dem Aufkommen der "Deutschen Aktionsgruppen" 1980 und der Terrororganisation um Odfried Hepp und Walther Kexel 1982 agieren deutsche Rechtsterroristen mit einer wachsenden Professionalität, die sich an subversiven Verhaltensmustern festmachen läßt.

Rechtsextremistische Ausschreitungen

Ausschreitungen	1975	1980	Anstieg
Ausschreitungen insgesamt	206	1643	+ 697,6 %
darunter mit neonazistischem Hintergrund	92	1267	+ 1277,2 %
neonazistische Auschreitungen in % der Ausschreitungen insg.	45%	77,1%	
Gewaltanwendungen	21	113	+ 438,1 %
darunter Brand- und Sprengstoffanschläge	2	21	+ 95 %

(vgl. Hennig 1982, S. 24)

Eike Hennig nennt verschiedene "Bedingungen" des Umschlagens neonazistischer Militanz in Terrorismus:

1. "Terrorismus" ließe sich als Abwägen des Grenznutzens von Aktivitäten bestimmen, von dem ab die politische Beeinflussung von Öffentlichkeit und Entscheidungsträgern als "unsinnig" erscheint. Neonazistische Militanz markiert in diesem Sinn den Endpunkt aggressiver Partizipation, während der Schritt zum Terrorismus die Unmöglichkeit zu jeder Form der Teilhabe, Beteiligung und Einflußnahme beinhaltet und daher zur Zerschlagung übergeht.

2. Insbesondere der für rechtsextremistische Meinungen und militante Aktiviäten charakteristische "moralische Rigorismus" mit seinen Tendenzen zur Menschenverachtung (nach außen) und asketischen Selbstverleugnung (nach innen) begründet die Möglichkeit des Übergangs von neonazistischer Militanz zu Terrorismus. Auch Dudeks Hinweis, auf den "von homosexuellen Neonazis gelebten Selbsthaß" spielt in diesem Zusammenhang eine Rolle. (Dudek 1985, S. 195) Zahlreiche Mitglieder militanter und terroristischer Gruppen sind schwul.

3. Auslöser für terroristische Aktivitäten können aus der fortschreitenden Radikalisierung und Isolierung herbeiführende Konflikte in oder mit neonazistischen Gruppen sein.

4. Hennig weist auf Radikalisierungsprozesse in Gruppen hin, die zum ansatzweise immer noch politisch-argumentierenden und Ziele und Zwecke abwägenden "rechten Lager" keinen Zugang haben. Als Beispiele dienen die Mitglieder der

"Deutschen Aktionsgruppen" und der Kasseler Gruppe "Aktion Wehrhafter Demokraten" um das ehemalige NPD-Mitglied Waldemar Pfeffer. Gemeinsam mit drei "unpolitischen" Jugendlichen verübt er Anschläge auf Autos von Arbeitsemigranten. (vgl. Hennig 1982b, S. 115)

5. Die Eigenart rechtsextremistischer Einstellungen bedingt ein im Vergleich zum Linksterrorismus zielloses Vorgehen. "Rechter" Terror ist weniger formbestimmt, weil die ihm unterliegende Sichtweise von Staat und Gesellschaft nicht so sehr vom Bild individueller Repräsentanten (die dann für Strukturen und Machtapparate stellvertretend 'ausgeschaltet' werden), als vielmehr vom Gegensatz von aufgeklärter, aktiver Elite und passiv-dumpfer Masse ausgeht. (vgl. Hennig 1982b, S. 123 f) Beispielhaft hierfür steht die Erklärung des VSBD/PdA-Aktivisten Frank Schubert:

"Wir sehen die heutige Zeit in der Heranbildung einer kämpferischen Elite, die dann im entscheidenden Moment bereit ist, die Masse zu führen. Wir sehen im Moment unser Hauptanliegen nicht daran, jetzt die Masse für uns zu gewinnen, da wir in der Hinsicht ... keine Chance haben solange die Deutschen in ihrem Wirtschaftstraum sind ... werden sie eh nicht wach werden." (zit. aus: Hennig 1982b, S. 126 f)

Ein wesentlicher Unterschied für die politische Sozialisation junger Mitglieder der "Wehrsportgruppe Hoffmann" besteht darin, daß bei ihnen nicht immer ein politisches Interesse der Grund des Engagements ist. Viele sind primär an der militärischen Ausrichtung der Hoffmann-Gruppe interessiert und sonst eher unpolitisch. So erklärt das Landgericht Frankfurt zum Zusammentreffen des Hans Peter Fraas mit Karl-Heinz Hoffmann: "Bereits im Alter von 14 Jahre brachten Freunde den Angeklagten in Kontakt mit der 'Wehrsportgruppe Hoffmann'. (...) Dieser war weniger politisch als vielmehr an Militaria sowie Geländespielen und ähnlicher Freizeitgestaltung interessiert." Zit. aus dem Urteil des Oberlandesgerichts Frankfurt/Main, 4-1 StE 4/84 - 2/84, 15.3.1985, S. 12) Die Ausführungen der Frankfurter Richter finden sich auch in den Angaben des WSG-Mitgliedes Helmut Rudolf Krell wieder. Er sagt in der Vernehmung:

"Im Jahre 1975 beim Schloßfest war in Neuburg auch ein Flohmarkt, auf dem ich Uniformen, Orden und sonstiges Zeug verkaufte. Bei dieser Gelegenheit wurde ich von (...) und (...) angesprochen, ob ich an dem Zeug interessiert sei und ob ich kein Interesse hätte, in einer Gruppe, die die gleichen Interessen hat, mitzumachen." (zit. aus dem Vernehmungsprotokoll des Landeskriminalamtes Rheinland Pfalz, ST 11, 20.10.1981, S. 1)

Kalinowsky wertet alle Strafverfahren von zwischen September 1978 und Dezember 1982 rechtskräftig wegen mutmaßlicher rechtsextremistischer Aktivitäten abgeurteilter Personen aus und stellt fest, daß auch eher "unpolitische" Militaria-Fans erheblich zu rechtsextremistischen Straftaten neigen:

Interessenschwerpunkte rechtsextremistischer Täter:

Interessenschwerpunkte	abs.	%
für Politik, aber ohne Waffen/Militaria	36	45,6
für Waffen/Militaria, aber ohne Politik	18	22,8
für Waffen/Militaria und Politik	11	14,0
sonstige, ohne Politik und Waffen/Milit.	14	17,7
	79[34]	100,1

(Kalinowsky 1986, S. 53)

Damit ist belegt, daß auch "unpolitische" Szenemitglieder - ein Merkmal zahlreicher Anhänger der "Wehrsportgruppe Hoffmann" - durchaus nicht immun gegen rechtsextremistische Straftaten sind. Hierfür steht auch die Einstellung vieler Libanon-Aktivisten, die Uwe Backes und Eckhard Jesse als Gruppe von "Abenteurern und Landsknechtsnaturen" beschreiben, die für Versuche anderer Gruppenangehöriger "im neonationalsozialistischen Sinne zu indoktrinieren" weitgehend immun sind. (vgl. Backes/Jesse 1993, S. 305) Trotzdem folgen sie Hoffmann nach dem Verbot in den Libanon und gehören so zu den "treuesten" Weggefährten der rechtsextremistischen WSG, die vom Bundesinnenministerium seit 1979 sogar bei den "neonazistische(n) Gruppen" eingeordnet wird. (vgl. Verfassungsschutzbericht des Bundes 1979, S. 30)

Allerdings wird der Begriff "unpolitisch" von Mitgliedern der Hoffmann-Gruppe sehr stark strapaziert. Walter-Ulrich Behle etwa versichert auf einer Pressekonferenz der libanesischen Falangisten, "weder Neonazi noch Antisemit zu sein" und betrachte sich hingegen "nur als 'Kämpfer'." ('Düsseldorfer Nachrichten', 26. 6.1981) Erstaunlich, daß sich Behle 1983 auf einem Vorstandsposten bei Kühnens neonazistischer "Aktionsfront Nationaler Sozialisten/Nationaler Aktivisten" (ANS/NA) wiederfindet.

Letztendlich ist die Frage, in welchen Organisationen sich Rechtsextremisten bewegen oder gar Mitglied werden, von den individuellen Bedürfnissen abhängig - zeitweilig auch vom Alter:

> "Für pfadfinderische Arbeit, wie sie der 'Bund Heimattreuer Jugend' und die 'Wiking-Jugend' leisten, lassen sich 7- bis 16jährige begeistern. Organisationen, die einen stark konspirativen Charakter besitzen wie die der NS-Szene oder Wehrsportgruppen, wollen von sich aus lieber mindestens 16 jährige als Mitglieder gewinnen. (...) Wer primär politisch sich engagieren will, wird weniger für die pfadfinderisch ausgerichteten Gruppen ansprechbar sein. Umgekehrt gilt natürlich: Wer nichts mit Politik am Hut hat, sondern Wehrsport für die Sache hält, wird nie bei den 'Jungen Nationaldemokraten' landen. Als nächstes gibt es Unterschiede in den Gruppennormen. Wer auf seine langen Haare als Junge nicht verzichten will, dem bleiben nur die 'Jungen Nationaldemokraten', während

---

[34] Bei den 405 von Kalinowsky untersuchten rechtsextremistischen Tätern, finden sich in seinen ausgewerteten Akten nur bei 79 Tätern Angaben zu deren Interessen.

Organisationen der 'Nationalen Sozialisten' letztlich von ihren Mitgliedern die Bereitschaft erwarten, sich verhaften zu lassen und - wenn nötig - ins Gefängnis zu gehen." (Meyer/Rabe 1983, S. 74)

Das neonazistische "Idealbild" des "politischen Soldaten", der für seine Meinung ins Gefängnis geht, ist nicht repräsentativ. Trotzdem ist auffällig, das aus den neonazistischen Gruppen die meisten rechtsextremistischen Strafäter kommen. Kalinowsky geht von fast 80 Prozent aus:

Zugehörigkeit zu rechtsextremistischen Gruppen, nach ideologischen Bereichen:

	absolut	%
nationaldemokratischer Bereich	26	13,6
national-freiheitlicher Bereich	10	5,2
neonazistischer Bereich	150	78,5
sonstige rechtsextremist. Gruppen	5	2,6
	191	99,9

(Kalinowsky 1986, S. 52)

Das liefert eine weitere Bestätigung für Hennigs These, daß Rechtsextremisten nach dem Wechsel von "weichen" in "harte" Gruppen mit Polizei und Justiz in Berührung kommen. (vgl. Hennig 1982, S. 34) Die Aufforderung der Agitatoren wie Arnd-Heinz Marx oder Michael Kühnen, für die nationalsozialistische "Sache" ins Gefängnis zu gehen, fällt auf fruchtbaren Boden.

Bürgerinitiative
DEUTSCHE ARBEITERPARTEI

DER BUNDESSPRECHER
Michael Kühnen

Kontaktanschrift: FRANKREICH
NOTRE EUROPE - Deutsche Ausgabe - B.P.76,F-75462 Paris Cedex 1o

19.8.1984/95

Sehr geehrter Herr Fiebelkorn!

Ich schreibe absichtlich sehr zurückhaltend,damit Sie meinen
Brief auch ausgehändigt bekommen.
Ich hoffe,Sie haben von mir schon gehört,obwohl Sie ja die letzten
Jahre wohl weitgehend im Ausland gewesen sind.
Ich habe von Ihnen natürlich nur aus der Presse erfahren,wo ja die
wildesten Geschichten kursieren.Da ich aus eigener,langjähriger
Erfahrung mit Presseberichten (zuletzt vor ein paar Wochen im STERN)
weiß,wiewenig an solchen Sensationsstories "dran" ist,habe ich
natürlich keine Ahnung,inwieweit das alles in etwa stimmt.
Jedenfalls ergab sich daraus für mich das Bild,daß Sie ziemlich
weit "rechts" eingestellt waren oder sind,daß Sie sich etliche
Zeit in Bolivien aufgehalten haben und auch dort in Verbindung
mit - sagen wir - sehr nationalen und auch deutschfreundlichen
Kreisen standen.
Genau das ist für mich sehr interessant.Ich plane im nächsten Jahr
eine Urlaubsreise nach Südamerika und würde mich sehr freuen,wenn
es Ihnen möglich wäre,mir eine oder mehrere wirklich gute und
zuverlässige Kontaktanschrift zu geben.Sie würden mir damit einen
großen Gefallen tun.
In der Hoffnung,daß dieser Brief Sie erreicht,obwohl mir Ihre
Haftanschrift unbekannt ist,und in der Erwartung Ihrer Antwort
verbleibe ich

mit dem besten Gruß!

Brief von Michael Kühnen an Joachim Fiebelkorn.

**Honorarkonsul
der Bundesrepublik Deutschland**

CÓNSUL HONORARIO
DE LA REPÚBLICA FEDERAL DE ALEMANIA
RK 531 E 1674   VS - NfD

SANTA CRUZ DE LA SIERRA
REPUBLIK BOLIVIEN
21.September 1982
HAH/ra

An die
Deutsche Botschaft

L A   P A Z

Betr.: Bolivianische Neo-NS Vereinigung in Santa Cruz
    hier: Joachim Fiebelkorn, geb. 05.04.47 in Eppstein /Taunus (Leipzig?)
        seinerzeit wohnhaft in Santa Cruz

1 Anlage

Sehr geehrter Herr Eickhoff!

Aus beiliegendem Artikel, der am 16.09.82 in der hiesigen Zeitung
"El Deber" erschien, habe ich ersehen, dass Joachim Fiebelkorn, der
seinerzeit hier sein Unwesen getrieben hat, in Verdacht stand, bei dem
Attentat in Boulogne beteiligt gewesen zu sein. Fiebelkorn hat daraufhin erklärt, dass er zu der Zeit in Santa Cruz gewesen sei und bei dem
Staatsstreich am 17.07.80 aktiv mitgewirkt habe.

Wie Sie aus meinen verschiedenen vertraulichen Berichten ersehen können,
beruht die Aussage von Fiebelkorn auf Wahrheit. Fiebelkorn hat zusammen
mit dem damaligen Contralor General, Dr. Adolfo Ustares, Hans Stellfeld,
Lewadowsky, Kuhlmann und anderen eine paramilitärische Gruppe gebildet,
die hier in Santa Cruz den Staatsstreich durchgeführt hat. Fiebelkorn
war anscheinend vorher in Paraguay gewesen, wo er an dem bisher noch
nicht geklärten Todesfall eines deutschen Staatsbürgers namens Bernhard
Meinecke beteiligt war. Später arbeitete er für das bolivianische Innenministerium und das Rauschgiftdezernat, bis er dann nach Brasilien
fliehen musste, da er anscheinend auch in den Kokainhandel verwickelt
war. Die letzte Nachricht, die ich von Ihnen über Fiebelkorn erhalten
habe, ist Ihre Kurzmitteilung RK 515 SE 402, mit der Sie mir einen
Abdruck des Schreibens des Generalkonsulats aus Sao Paulo vom 04.01.82
an das AA Referat 511 einschickten.
Von Herrn Herbert Kopplin hörte ich, dass Fiebelkorn die Absicht habe,
wieder nach Santa Cruz zu kommen.

                        Mit freundlichen Grüssen

                        Hanns A. Hiller

Der Honorarkonsul Hanns A. Hiller entlastet Joachim Fiebelkorn.

GRUPO ESPECIAL COMANDO SANTA CRUZ

ALLGEMEINE KAMPFGRUNDSAETZE:

1.) Der Angriff ist die wirksamste Kampfart, weil er dem Gegner das Gesetz des Handelns aufzwingt.

2.) Eigene und feindliche Waffenwirkung, sowie das Gelaende bestimmen das Verhalten des Mannes im Angriff. Feuer der eigenen Unterstuetzung zum Vorwaertskommen ausnutzen. Alle sich bietenden Deckungen benutzen, um sich der feindlichen Waffenwirkung zu entziehen.

3.) Das Feuer nimmt der Mann nur im wirksamen Bereich seiner Waffen und so spaet als moeglich auf, um den Gegner dann mit einem schnellen und sicheren Schuss zu vernichten.

4.) Im Sturm ueberwindet er die letzte Entfernung und vernichtet unter ruecksichtslosem Einsatz seiner Person den Gegner.

5.) Zu beachten: Kein Laerm, Rufen, lautes Sprechen und unnoetiges Umherlaufen. Verbindung halten.

6.) Durchfuehrung des Angriffs. Mann ueberwindet das Gelaende bis dorthin wo der Sturm beginnen soll. Angriffsziel im Auge behalten. Verbindung halten.

Joaquin Fiebelkorn
1er. COMANDANTE
GRUPO ESPECIAL COMANDO
SANTA CRUZ

Die makaberen "Allgemeinen Kampfgrundsätze" des Joachim Fiebelkorn in Bolivien.

II A

RELACION NOMINAL DEL GRUPO COMANDO ESPECIAL " EL AGUILA " - SANTA CRUZ
BOLIVIA LIBRE

1.- Primer Comandante   JOAQUIN FIEBELKORN
2.- Segundo Comandante   JAIME GUTIERREZ
3.- Tercer Comandante   OMAR CASCIS
4.- Comandante Médico   DR. ALBERTO CHAVEZ
5.- Armero General   IKE KOPPLIN
6.- Camarada   CARSTEN VOLLMER
7.-   "   MANFRED KUHLMANN
8.-   "   EVERT CESPEDES
9.-   "   WILLIAM GONZALEZ
10.-   "   ALFREDO GARCIA
11.-   "   NESTOR SERRANO
12.-   "   SLAVIN MENDOZA
13.-   "   ALBERTO CESPEDES
14.-   "   KAI GWINNER
15.-   "   JOSE MACCHIAVELLO
16.-   "   FERNANDO ALVIS
17.-   "   VICENTE CESPEDES
18.-   "   ERWIN CESPEDES
19.-   "   CESAR JUSTINIANO
20.-   "   JESUS RIGLOS

Fdo. CDTE. JOAQUIN FIEBELKORN   Fdo. 2° CDTE. JAIME GUTIERREZ
Joaquin Fiebelkorn   *Jaime Gutiérrez*
1er. COMANDANTE   2do. COMANDANTE
GRUPO ESPECIAL COMANDO   GRUPO ESPECIAL COMANDO
SANTA CRUZ   SANTA CRUZ

V° B°

Ike Kopplin
ARMERO GENERAL
GRUPO ESPECIAL COMANDO
SANTA CRUZ

Die Namensliste der Fiebelkorn-Gruppe dokumentiert den Zusammenschluß zwischen deutschen Abenteuerern, Altnazis und Bolivianern.

9. Charakterisierung der WSG
9.1. Mitgliederstruktur der WSG
9.1.1. Anwerbestrategie der "Wehrsportgruppe Hoffmann" und Rekrutierungspotentiale

Die "Wehrsportgruppe Hoffmann" kann ihre Mitglieder aus den unterschiedlichsten Lebensbereichen rekrutieren. Die wichtigsten Zusammenhänge sind:

1. Die Neonazi-Szene
2. Unzufriedene Nationaldemokraten, Wiking-Jugend
3. Jugend-Subkultur: Die Rocker
4. Militaria-Fans
5. Frustrierte sozial verunsicherte Jugendliche, die ihrem Leben einen neuen Inhalt geben wollen

Angeblich betreibt die WSG keine Propaganda. Dazu Hoffmann:

"Ich muß sagen, wir haben eigentlich nie das, was jede Organisation tut, nämlich eine Anwerbung durch gezieltes Ansprechen oder durch Informationsstände und so weiter, das haben wir eigentlich nie getan. Wir bestehen seit knapp fünf Jahren und haben nie jemanden in dem Sinne angeworben, weil das auch gar keinen Zweck hat. Das muß von alleine gehen. Natürlich kann man einen gewissen Anreiz geben, indem man Flugblätter verteilt und darauf aufmerksam macht allgemein, aber so wie das zum Beispiel die KPD/ML und andere tun, daß sie sich aufs Arbeitsamt stelln und an anderen geeigneten Stellen, vor die Schulen, und die Jungs ansprechen und sagen: 'Wie wär's denn? Mach' doch bei uns mit!' Das machen wir nicht." (zit. aus: Rabe 1980, S. 198)

Hoffmanns Behauptung entspricht nicht der Realität. So organisieren Mitglieder der "WSG" im November 1979 in Eschborn bei Frankfurt eine Werbeaktion. (Verbotsverfügung des Bundesinnenministers, in: 'Innere Sicherheit', 12.3. 1980, S. 20) Der Sektionschef des hessischen WSG-Ablegers "Sturm 7" sagt:

"Wir verteilen Flugblätter. Wir laden Schüler und Jugendliche zu unseren Gruppentreffen ein. Es kommen sehr viele, ich bin direkt stolz darauf, das zu sagen, daß wir es hier nicht mit irgendwelchen verwöhnten Großbürgern zu tun haben, sondern - da würden uns viele Linke drum beneiden - daß wirklich die meisten unserer Anhänger und Mitglieder aus der sogenannten Mittelklasse kommen." (Interviewmitschrift mit Arnd-Heinz Marx für die 'Neue Hanauer Zeitung', 1980, S. 3)

Schon Anfang des Jahres 1979 wirbt der "Sturm 7" an der Frankfurter Universität durch Flugblattverteilen. (vgl. Nazi-Terror 1979, S. 10) Der grüne Flugzettel der WSG zeigt den organisationsüblichen Totenkopf und Fotos von einem "Kettenrad im Gelände" und einem "Schlauchbootmanöver auf der Altmühl". Der Inhalt ist unpolitisch und soll vor allem die an Militär interessierten Studenten ansprechen:

"WSG Hoffmann-Truppe

Wie gestaltet sich der Dienst in der WSG ?
Die einzelnen Gruppen der WSG rücken mindestens einmal wöchentlich zur feldmäßigen Übung aus. Und zwar zu Zeiten, die es auch werktätigen erlauben, dabei zu sein. Der Dienst beinhaltet alle Arten der militärischen Ausbildung, Nahkampf, Tarnung, Überlebenstraining, Krafttraining, usw. Theoretisch und praktisch. Mehrmals im Jahr finden Großmanöver unter Einbeziehung mehrerer motorisierter Abteilungen mit verschiedenen Zielen statt.

Ausrüstung
Die WSG verfügt über eine Grundausrüstung an Kfz. (Hanomag, Unimog, Borgward, Kettenrad, Kübelwagen, Motorräder) und anderer militärischer Fahrzeuge. Auch anderes militärisches Gerät steht jeder Zeit zur Verfügung. Die persönliche Ausrüstung, wie Stiefel, deutscher Stahlhelm, militärische Bekleidung, Schlafsack, o. ä. muß mit der Zeit vom Bewerber selbst gestellt werden. (...)

Kein Job
Ein Aktivist der Wehrsportgruppe Hoffmann zu sein, ist kein Job, denn wir bezahlen nichts, ist aber auch kein Nepp, denn auch keine Beiträge werden verlangt. Was wir vom Bewerber verlangen, ist Kameradschaftsgeist, eine idealistische Einstellung zum Leben und den Willen zum physischen Einsatz. Wenn Sie meinen, diesen Anforderungen gewachsen zu sein, dann können Sie sich über die oben angeführte Adresse (WSG-Adresse in Heroldsberg - der Autor) näher informieren."

Die Aktion führt zu heftigen Reaktionen der Evangelischen und der Katholischen Studentengemeinde in Frankfurt. In einem offenen Brief fordern sie eine Stellungnahme des Frankfurter Oberbürgermeister Walter Wallmann, wie "er plane, diesen Untrieben entgegenzutreten." ('Frankfurter Rundschau', 7.2.1979) Außerdem kann Hoffmann auf die erfolgreiche "Mund zu Mund" - Werbung zurückgreifen, die seine Reihen füllt. (vgl. Landgericht Nürnberg-Fürth, 3 Ks 340 Js 40387/81, u.a. S. 207 und S. 792) Ein 16jähriger Schüler erzählt dem 'Stern':

"'Ich war einer von denen, die Schwierigkeiten im Elternhaus hatten, die sich nach Kameradschaft und Erlebnis sehnten. Mich kotzte die Langeweile und Öde an. Statt ständigen Krach mit den Alten wollte ich endlich etwas richtiges erleben.'
Ein Klassenkamerad - selbst Mitglied der 'Jungen Nationaldemokraten' - drückte ihm einen Werbeprospekt der Hoffmann-Truppe in die Hand. Der junge Mann füllte das Formular aus und schickte es der WSG-Zentrale bei Nürnberg. Tage später wurde er von Marx ins 'Moseleck' (Frankfurter Kneipe und eine Zeitlang WSG-Treff - Anmerkung des Autors) befohlen. Der 'Feldwebel' war ganz in seinem Element. Er redete von der 'Elite der Zukunft', von 'hartem Dienst' und 'Kameradschaft'. Der junge Anhänger war begeistert: 'Ich war Feuer und Flamme, in der Frankfurter Gruppe mitmachen zu dürfen." ('Stern', 9.10.1980, S. 37 f)

Da Hoffmann genau weiß, daß er besonders Jungendliche aus rechtsextremen Organisationen für seine Gruppe begeistern kann, wirbt er gezielt in der Szene:

1. Werbung in der Neonazi-Szene

Daß sich Hoffmann auch um neonazistische Mitglieder bemüht, belegen seine Anzeigen in Publikationen der NS-Szene. Am intensivsten wirbt Hoffmann in Thies Christophersens 'Die Bauernschaft'. Hier erscheinen in der März-Ausgabe 1979 und in der Juli-Ausgabe 1979 Anzeigen. Ein anderes Beispiel ist eine ganzseitige Werbung in Walter Ochensbergers österreichischer Neonazi-Postille 'Sieg'. (vgl. Nr. 3/4 1979, S. 25) Hier wird deutlich, daß Hoffmann gezielt auf das neonazistische Klientel zugeht, um Mitglieder abzuschöpfen. Ferner existiert ein weiterer "Aktivposten" im rechten Lager:

2. "Junge Nationaldemokraten" und "Wiking-Jungend" als Durchlauferhitzer für die WSG

Wie bereits in vorherigen Kapiteln ausgeführt, kann sich Hoffmann bei rechtsextremen Jugendorganisationen wie der "Wiking-Jugend" oder den "Jungen Nationaldemokraten" einen Durchlauferhitzer-Effekt zu Nutze machen. Daß Hoffmann um die Anziehungskraft seiner Gruppe auf die Jugendlichen dieser Szene weiß, belegt seine Werbestrategie - so beispielsweise auf Flugblättern der "Wiking-Jugend". Mit dem Ruf, Führer einer harten und unbezwingbaren Gruppe zu sein, spricht er vor allem Jungmitglieder der NPD an, die es leid sind, in Auseinandersetzungen mit Antifaschisten den kürzeren zu ziehen. Ferner stehen NPD und DVU im Ruf, "Altherrenvereine" zu sein, bei denen viel diskutiert, dafür aber umso weniger gehandelt wird. Das WSG-Engagement bedeutet für viele Jugendliche der rechtsextremen Elite anzugehören. So bezeichnet das frühere WJ-Mitglied Michael Satorsky, das später dem hessischen WSG-Ableger "Sturm 7" angehört, seine frühere Gruppe als "Hosenscheißer", denen der Mumm fehle. (zit. aus: Müller 1980, S. 224) Das frühere JN-Mitglied Arnd-Heinz Marx, später Führer des "Sturm 7", schreibt auf einem Werbeflugblatt:

> "WENN DU DAS ABENTEUER SUCHST - DANN BIST DU BEI UNS RICHTIG !
>
> - DU hast den spießbürgerlichen Muff Deines Elternhauses satt.
> - DU suchst ziellos nach einer passenden Freizeitbeschäftigung und Idealen.
> - DU verkehrst mit falschen Typen und bist auf der Suche nach echter Kameradschaft und Zugehörigkeitsgefühl.
>   WIR schaffen Abhilfe! Deshalb gehörst auch DU zu uns!
> - WIR geben Dir eine Beschäftigung die Dich fordert, abhärtet, stählt und ausfüllt.
> - WIR bieten Dir alles, was einem normalen jungen Mann Freude macht: Härtetraining, sportliche Leistung und echte Kameradschaft bis zum Äußersten.
> Deshalb sage noch heute der bürgerlichen Kleinkariertheit und der ziellosen Gammelei 'Aufnimmerwiedersehen!'

Wage den Sprung ins Abenteuer und komm zu uns, in die Wehrsportgruppe 'HOFFMANN'"

Diese Zeilen richten sich vor allem an die frustrierten Jung-Mitglieder rechtsextremer Wahlparteien. Deutlich wird die Ansprache an explizit rechtsextrem vorbelastete Jugendliche durch das Angebot von "Idealen" und "echter Kameradschaft". Auch optisch kann die WSG mehr bieten als die rechtsextremen Wahlparteien. Müssen NPD und DVU auf ihre Reputierlichkeit achten - dazu gehört ein bürgerliches Auftreten - so vermittelt die WSG bereits optisch Militanz und Stärke. Diese Militanz im äußeren Verhalten zeigt sich durch Uniformen, die denen der Waffen-SS gleichen. Hier wird deutlich, daß die **Wehrsportgruppe Hoffmann** dem kriegerischen Ideal der "Wiking-Jugend" auch optisch entspricht. Die WJ sieht in den Freiwilligen der Waffen-SS Vorbilder und propagiert dieses Bild den Jugendlichen gegenüber. Die Waffen-SS gilt als Trutzburg "zum Schutze des gemeinsamen Erbes". (vgl. 'Wikinger', Nr. 1/1978) Das militärische Ideal wird mit einem unverblümten Rassismus, der "Nordlandideologie", gepaart und auf Fahrten, Lagern und Heimatabenden vermittelt. (vgl. u.a. Verfassungsschutzbericht des Bundes 1977, S. 39) Diese "Erziehung zum Haß" (Ex-Führer des "Bund Heimattreuer Jugend", Gernot Mörig) fördert "unzweifelhaft Radikalisierungstendenzen innerhalb des rechtsextrem gesinnten jugendlichen Protestpotentials". (vgl. Dudek 1985, S. 139) Ein Weg, der nicht selten bei der WSG oder der WSG-Ausland im Libanon endet. Beispielhaft dafür steht die Entwicklung der militanten Rechtsextremisten und Rechtsterroristen Kay Uwe Bergmann, Dirk Betton, Steffen Dupper, Odfried Hepp und Michael Satorsky.

Exkurs: Ist die erfolgreiche Rekrutierung Jugendlicher aus den Reihen von JN und WJ der Einbruch in eine Jugend- Protestbewegung ?

Auf den ersten Blick wirkt die rechtsextreme Jugendszene der siebziger Jahre um Organisationen wie "Wiking-Jugend" (WJ), "Bund Heimattreuer Jugend" (BHJ) und "Junge Nationaldemokraten" (JN) wie eine eigene Jugend-Protestbewegung, als Speerspitze einer sich seit 1945 entwickelnden rechtsextremen Subkultur. Peter Dudek und Hans-Gerd Jaschke begreifen den Rechtsextremismus in der Bundesrepublik Deutschland "als Problem politischer Kultur" (Dudek/Jaschke 1984, S. 167) erklären:

"Historisch gesehen bildet sich eine Gegenkultur von rechts im Zeitraum nach 1945, besonders ausgeprägt in den Fünfzigerjahren. Sie entsteht als oppositionelles Lager durch die verweigerte politische Partizipation an der Mehrheitskultur und in Auseinandersetzung mit den Institutionen. Auf beiden Seiten zeigen sich die Nachwirkungen des Dritten Reiches: Die Mehrheitskultur entwickelt auf der Basis dieser historischen Erfahrungen differenzierte Ausgrenzungs- und Unterdrückungsstrategien. Antifaschismus in der

Bundesrepublik - von wem auch immer getragen - erfährt so die zentrale Begründung und Legitimation aus der historischen Erfahrung des Dritten Reiches. Aber auch die andere Seite zehrt auf ihre Weise von dieser Erfahrung des Dritten Reiches: Geschichtsrevisionismus, Anknüpfen an Stilelemente der NSDAP und ihrer Nebenorganisationen und an die Weltanschauung des Dritten Reiches sind, wenn auch in modifizierter Form, Grundelemente des Rechtsextremismus in der Bundesrepublik - die Geschichte des Reibungsprozesses von historisch Unbelehrbaren und den ausgrenzenden Institutionen der Mehrheitskultur." (Dudek/Jaschke 1984, S. 176)

In diesem entwicklungsgeschichtlichen Zusammenhang führt beispielsweise das politische Scheitern der NPD bei der Bundestagswahl 1969 auch zu einer kulturellen Reaktion. Eine radikale Minderheit verläßt die Partei und faßt den Entschluß, künftig militantere Formen des politischen Engagements als den Streit um Wählerstimmen zu gehen. An diese Zeit knüpft auch ein zweiter kultureller Wandel in der extremen Rechten an. Bis 1971 dominieren Parteien wie SRP, DRP und NPD den deutschen Rechtsextremismus, wobei die Jugendgruppen ein relatives Schattendasein führen. Im Verlauf der siebziger (und später noch verstärkt der achtziger) Jahre kommt es zu einer Umkehrung dieses Verhältnisses. (vgl. Dudek/Jaschke 1984, S. 179 f)

Bezeichnend für diese Entwicklung ist die wachsende Bedeutung der "Jungen Nationaldemokraten" innerhalb der NPD. Die JN wird erst nach erheblicher zeitlicher Verzögerung vom Abwärtstrend der NPD erfaßt. Während die NPD von 1970 bis 1976 von ihren 21 000 Mitgliedern 11 3000 verliert, gewinnen die "Jungen Nationaldemokraten" im selben Zeitraum noch 700 hinzu:

Jahr	Mitgliederentwicklung der NPD	Mitgliederentwicklung der JN	Anteil der JN in % an der NPD
1970	21 000	1 100	5,2 %
1971	18 300		
1972	14 500	1 000	6,9 %
1973	12 000	1 400	11,6 %
1974	11 500		
1975	10 800	1 300	12,0 %
1976	9 700	1 800	18,5 %
1977	9 000	1 500	16,6 %
1978	8 500	1 500	17,6 %
1979	8 000	1 400	17,5 %
1980	7 200	1 000	13,9 %
1981	6 600	750	11,3 %
1982	5 900	500	8,4 %

(vgl. Dudek/Jaschke 1984, S. 285 und S. 312)

Ein weiterer Indikator für den Wandel ist das Anwachsen der neo-nationalsozialistische Szenen um Gruppen wie Kühnens "Aktionsfront Nationaler Sozialisten", die es schafft, den etablierten rechtsextremen Parteien ihre Mitglieder streitig zu machen. So wandern auch zahlreiche "Junge Nationaldemokraten" zu den Neonazis ab. Das für den Jugendverband verheerende Ergebnis der Radikalisierung 1979: "In Schleswig Holstein und Hamburg gibt es kaum noch JN-Gruppen." (Verfassungsschutzbericht des Bundes 1979, S. 21)

Ein Indikator für die Verjüngung der Szene ist sicherlich auch die "**Wehrsportgruppe Hoffmann**", der es gelingt, mit einer novellierten Mixtur von paramilitärischem Landsknechtshabitus und Waffen-SS-Charisma hunderte von Jugendliche zu binden. Die Bildung einer rechtsextremen "Jugendszene" zeigt sich aber auch im Verhalten der etablierten Jugendgruppen WJ, JN und BHJ, die gemeinsam mit den Neonazis und den Wehrsport-Fans in ein funktionierendes Netzwerk eingebunden sind, das über Szenepublikationen und gemeinsame Veranstaltungen miteinander kommuniziert. In diesem Zusammenhang negieren Peter Dudek und Hans-Gerd Jaschke auch die immer wiederkehrende These vom rechtsextremen Einzeltäter: "Diese insbesondere bei terroristischen Aktionen vertretene Deutung unterschlägt die faktische Existenz und die funktionalen Beziehungen der Subkultur als Stimulus für einzelne Täter." (Dudek/ Jaschke 1984, S. 175)

Die "Durchlauferhitzerthese" als militantes Merkmal einer neuen Jugendsubkultur ? Bestätigung findet sie bei Uwe Backes und Eckhard Jesse, die die rechts- und linksextreme Szene subkulturell deuten:

"Extremistische Subkulturen verstehen sich als alternative Kulturen und erheben den Anspruch, die Gesellschaft der Zukunft zu repräsentieren. Sie schotten sich bis zu einem gewissen Grad von der Mehrheitskultur ab, um neue Lebensformen ungestört zu erproben, sei es, um ihre Verachtung vor der Mehrheitskultur auszudrücken und sich den Einflüssen der 'Dekadenz' zu verschließen. Innerhalb der Subkultur bilden sich eigenständige Kommunikations- und Interaktionsstrukturen: alternative Medien, autonome gesellschaftliche Organisationen, von der Mehrheitskultur unabhängige Wirtschaftsformen. Allerdings gelingt es einer Subkultur in der Regel nicht, alle Verbindungen zur 'Außenwelt' zu kappen. Die Übergänge zwischen Mehrheitskultur und Subkultur sind daher fließender Natur." (Backes/Jesse, S. 1989, S. 200 f)

In diesem Zusammenhang findet auch die eine Radikalisierung stimulierende Abschottung rechtsextremer Gruppen von der Mehrheitsgesellschaft statt. Das rechtsextreme Denken kennzeichnet sich durch starre Dichotomien:

gut - böse[1]
gesund - krank
sauber - schmutzig
geartet - entartet
natürlich - künstlich

---

[1] Der politische Feind: Meist Demokraten, Liberale, Freimaurer, Ausländer oder Juden.

Diese Zweiteilung der Lebenswelt impliziert ein Sendungsbewußtsein, das das eigene Überlegenheitsgefühl anwachsen läßt und häufig auch die Aggressivität, da die eigene Haltung keine Kompromisse zuläßt. (vgl. Schwagerl 1985, S. 73 f) Hält diese Abschottung rechtsextremer Einzelpersonen oder Gruppen von der Gesellschaft längere Zeit an, kommt es zu einer wachsenden Übernahme szeneinterner Ideologie und der Art zu leben. Die neuen Regeln und Hierarchien lösen immer mehr die der bisherigen Lebenswelt ab.

Trotzdem wäre es verfehlt, die rechtsextreme "Jugend-Subkultur" als "Jugendprotestbewegung" zu deuten. Es gibt zahlreiche organisationssoziologische Indikatoren, die die rechtsextremen Jugendgruppen - auch große Gruppen wie JN oder WJ - von einer Jugendprotestbewegung unterscheidet. Ein Merkmalskatalog:

Rechtsextreme Jugendgruppen sind politisch oppositionelle Gruppen, die mit wenigen Ausnahmen keinen Generationskonflikt kennen. Im Gegenteil. Sie gehören zu einem von Erwachsenen dominierten politischen Lager und "kultivieren politische Traditionen, in denen Erwachsene als Stichwortgeber und Vorbild fungieren." (Dudek 1985, S. 26) Der fehlende Generationskonflikt auf der Organisationsebene findet sich auch bei einem Teil der Familien wieder, aus denen rechtsextreme Jugendliche stammen. Odfried Hepp etwa schließt sich unter dem Einfluß seines Vaters, der selbst Mitglied in einer "Deutschgläubigen Gemeinschaft" ist, dem "Bund Heimattreuer Jugend" an. (vgl. Backes/Jesse 1993, S. 304) Das WSG-Mitglied Michael Satorsky kommt über den Pflegevater Emil Dilger in die Politik: "Nach jahrelangem Hin- und Hergeschube in Heimen und Anstalten landet er schließlich bei einer Rodgauer Familie, bei der das Dritte Reich nie zu bestehen aufgehört hat. Mit zwölf Jahren schleppte ihn der Pfelegevater zur NPD (...)." (Müller 1980, S. 224)

Diese Beobachtung bestätigt die Recherche des Journalisten Ulrich Chaussy, der Hintergrundinterviews mit Mitgliedern des Jugendverbandes der "VSBD/ PdA", der "Jungen Front", führt.

"Ein Jugendlicher aus der 'Jungen Front' hatte einen Vater, der bei der SS war. Aus dieser Zeit hat er seinem Sohn viel erzählt und dabei Wert gelegt, das Bild der grausamen und gefürchteten 'Elitetruppe' umzuretuschieren. Mit den Augen seines Vaters sieht nun der Sohn die SS-Leute als saubere deutsche Soldaten, die heute von heimatlosen Gesellen durch den Schmutz gezogen werden. Ein anderer Jugendlicher aus der 'Jungen Front' hat eine Mutter, die noch heute von ihrer schönen Jugend beim BDM (Bund Deutscher Mädel) schwärmt. In ihren Augen ist die 'Junge Front' für ihren derzeit arbeitslosen Sohn ein 'Halt', den er zu Hause nicht finden kann, zumal sie selbst berufstätig und alleinstehend ist." (Chaussy 1989a, S. 122)

Rechtsextreme Jugendgruppen haben einen geringen Autonomiegrad. Sie sind Bestandteil einer Szene, die organisatorisch ausdifferenziert ist und wenig Platz für Freiräume läßt. So sind Beschlüsse der Mutterpartei NPD für die "Jungen Nationaldemokraten" bindend. Auch müssen Mitglieder der "Wiking-Jugend" sich in das enge Korsett einfügen, das die erwachsene Führungscrew im Zeichen einer arischen Lebenskampfphilosophie vorgibt. (vgl. Dudek 1985, S. 26 f)

Rechtsextreme Jugendgruppen können im Unterschied zu Jugendprotestbewegungen auf politische Traditionen zurückgreifen, die ihnen Deutungsmuster zur Interpretation politischer und gesellschaftlicher Entwicklungen geben. Das Sinnangebot rechtsextremer Jugendgruppen liefert zwar kein geschlossenes Weltbild, vermittelt aber eine Ideologie, die sie gegenüber kritischen Einwänden immunisiert. In gewisser Hinsicht ist diese Haltung mit dem Dogmatismus von Jugendsekten und Psychogruppen zu vergleichen. (vgl. Dudek 1985, S. 28)

Rechtsextreme Jugendgruppen vertreten im Unterschied zu den klassischen Jugendprotestbewegungen regressive politische Positionen, die auf einer biologistisch begründeten autoritären und antidemokratischen Weltanschauung basieren. Das schließt nicht aus, daß es partiell auch Überschneidungen mit Positionen anderer Protestbewegungen gibt. So argumentieren rechtsextreme Jugendliche häufig gegen Kernenergie, für Abrüstung und besonders antiamerikanisch und antiimperialistisch. (vgl. Dudek 1985, S. 28) Allerdings wird aus dem propagierten Umweltschutz der Rechtsextremen bei näherem Hinsehen "Lebensschutz" und Antiamerikanismus beziehungsweise Antiimperialismus gehört zur Ideologie, weil der US "Way of Life" angeblich zu Lasten der "gesunden deutschen Volkssubstanz" geht und die Präsenz amerikanischer Soldaten in Deutschland ohnehin als "Besatzung" gedeutet wird.

Die rechtsextremen Jugendgruppen teilen mit anderen Jugendprotestbewegungen das Stigma, gesellschaftliche Außenseiter zu sein, und den Anspruch, im Gegensatz zur "Teenager-Kultur", das politische und öffentliche Leben beeinflussen zu wollen. (vgl. Baacke 1993, S. 16) Dennoch widerlegen die oben aufgeführten Einwände die Eingangsthese, Hoffmann fasse Fuß in einer Jugendprotestbewegung. Vielmehr handelt es sich bei den rechtsextremen Jugendgruppen, aus deren Reihen Hoffmann rekrutieren kann, um eine Jugendsubkultur, der es allerdings an Autonomie fehlt, um als Protestbewegung von Jugendlichen interpretiert werden zu können.

3. Jugend-Subkultur: Die Rocker

Im Gegensatz zu anderen militanten rechtsextremen Gruppen wie beispielsweise Kühnens "Aktionsfront Nationaler Sozialisten" oder der "Volkssozialistischen Bewegung Deutschlands/Partei der Arbeit" gelingt der Hoffmann-Gruppe der Einbruch in diese bedeutende und traditionsreiche Jugendsubkultur. Und das ganz

ohne Zielgruppenwerbung, das heißt auf Rocker zugeschnittene Werbeanzeigen oder Propagandaaktionen.
Die Rocker sind eine Jugendkultur, die der "Action-Szene" zugeordnet wird. (vgl. Baacke 1993, S. 25 ff; Baacke/Ferchhoff 1993, S. 438 f) Zur "Action-Komponente" führt Baacke aus:

> "Es handelt sich um territoriale Jugendbanden in dicht besiedelten städtischen Wohngebieten; Treffpunkte sind die Straße, Rummelplätze, Hauseingänge (kaum Wohnungen, die viel zu eng sind). Man verteidigt das Territorium gegen Straßenbanden aus der Nachbarschaft, wobei der das meiste Sozialprestige besitzt, der aus Prügeleien als Sieger hervorgeht." (Baacke 1993, S. 28)

Innerhalb dieser Jugendkulturen der "Action-Szene" haben die Rocker eine äusserst eigenwillige Tradition entwickelt:

- Es ist die einzige Jugendkultur, die seit Jahrzehnten alle Modetrends überdauert hat und in dieser Zeit eigene Generationen gebildet hat, die mittlerweile ihre eigenen Treffpunkte, Clubhäuser und Biker-Kneipen besitzt. Angesichts dieser Tradition und Infrastruktur schreibt Baacke heute:

> "Inzwischen hat sich die Rockerkultur von einer Jugendkultur zu einer generationsübergreifenden Organisationsform entwickelt. (...) Strenge Cluborganisationen, für alle Mitglieder verbindliche Reglements schaffen Gemeinschaften, die den einzelnen tragen und schützen und action-orientierte Kulturformen (meines Wissens zum ersten Male) in die Vätergeneration weitertragen." (Baacke 1993, S. 35)

- Kennzeichnend für die Rocker ist, daß ihre Kritik an der Gesellschaft und das Einnehmen einer bestimmten Oppositionsrolle gegenüber gesellschaftlichen Ordnungen kaum eine Rolle spielt.

- Es handelt sich bei den Rockern um eine Jugendkultur mit tendenziell älteren Jugendlichen (fast alle männlich), die nicht aus Arbeitslosen und gesellschaftlichen Randsiedlern besteht. Dementgegen gibt es bei den Rockern eine klare Bindung an die konventionelle Ideologie. Die Akzeptanz der Spielregeln der Gesellschaft liegt schon alleine wegen des teuren Rockerstils nahe. Teuer ist nicht nur die obligatorische Lederkleidung, sondern vor allem das Motorrad.

- Signifikant für die Rocker ist ihr Habitus als "Bad Boys", der sich in der maskulinen Orientierung begründet. Schlägereien gehören zum "Way of Life". Ferner bedienen sich die Rocker Gewalt signalisierender, simpler Symbole. So hat man in der Rockerszene über viele Jahre Waffen, Ketten, Nazi-Symbole und Wehrmachtshelme getragen. Heute ist die Kleidung komplexer geworden - Rocker greifen unter anderem auf Heavy-Metal-Embleme zurück.

In dieser Männerszene ist nur wenig Platz für weibliche Mitglieder. Zur Frauenrolle in den "Action-Szenen" wie den Rockern schreiben Dieter Baacke und Wilfried Ferchhoff:

> "In diesen Cliquen und Kumpelnetzen herrscht immer noch ein männlicher Machismo vor und Mädchen können ihre Mitgliedschaft nur durch kulturelle Unterordnung sichern. Sie sind weitgehend abhängig von den Jungen (...) und werden in der Regel selbst bei Anpassung der Äußerungsformen marginalisiert (...) und in erster Linie 'in ihrer Rolle als Sexualobjekt' gesehen." (Baacke/Forsthoff 1993, S. 439)

- Rocker sind eine alte Subkultur. In den USA existiert der Männlichkeitskult in Leder seit 40 Jahren, in Deutschland seit cirka 25 Jahren:

> "Diese Selbstkonservierung des Stils zeigt sich auch in anderen Punkten, etwa in der Wertorientierung: Rocker zeigen häufig Züge von Rassismus in der Ablehnung alles Fremden, und die Kämpfe mit den englischen Mods hatten eine Ursache auch darin, daß letztere für Rocker als verweichlicht galten. Auch der Musikgeschmack der Rocker ist konservativ. (...) Sie halten noch heute am Rock'n Roll fest, ein Musikstil, der schon Mitte der 60er Jahre in anderen Jugendkulturen (...) absolut unmodern war." (Baacke 1993, S. 32 f)[2]

Abgesichert ist die Zusammenarbeit der **"Wehrsportgruppe Hoffmann"** mit der Rockergruppe "Stander Greif" aus Markgröningen bei Stuttgart. Der Undercover-Journalist Kromschröder schreibt über die rechtsextremistische Rockergruppe:

> "Ihr Ehrenpräsident ist Fox, seit zehn Jahren aktiv in der rechten Szene, in der NPD und bei der 'Aktion Widerstand'.
> Seine Truppe, der über hundert Leute angehören, kooperiert seit über zwei Jahren mit der inzwischen verbotenen 'Wehrsportgruppe Hoffmann'. Viele 'Stander-Greif'-Leute sind durch Hoffmanns harte Schule gegangen." (Kromschröder 1987, S. 69)

Der hessische WSG-Ableger "Sturm 7" weist zahlreiche Doppelmitgliedschaften mit den Rockern auf. In seinem Bericht "Von Engeln und Werwölfen" beschreibt Kromschröder ein gemeinsames Wochenende mit der "Stander-Greif-Ortsgruppe Frankfurt":

> "Wir sind mit den Motorrädern auf dem Weg zu einer Wiese im Taunus. Zu unseren 20 Leuten sind 30 Kameraden aus Frankfurt dazugekommen. Wir fahren im Pulk durch Kronberg. In den schmalen Gassen der Altstadt wird ausgekuppelt und das Gas durchgezogen. Ein Höllenlärm. Verschreckte Passanten weichen an die Hauswände zurück. Neben mir fährt 'Büffel'. Er hat den fast klassischen rechten Werdegang: erst Wiking-Jugend, dann NPD. Doch weil die ihm zu lasch war, landete er schließlich bei der Hoffmann-Truppe - ebenso wie drei weitere Mitfahrer in unserem Pulk." (Kromschröder 1987, S. 70)

---

[2] vgl. zum Merkmalskatalog: Baacke 1993, S. 31 - 35

Trotzdem sind ist die Mehrzahl der Rocker für eine kontinuierliche politische Arbeit in der extremen Rechten nicht bereit. Zu groß ist die Begeisterung für den "Way of Life", das Hobby hat den Primat gegenüber der Politik:

> "die Straße bleibt auch für die heutigen, häufig so strikt durchorganisierten Clubs über die Teilnahme am Verkehr der zentrale Ort der Selbstverwirklichung. Nicht das Erreichen eines Ziels, sondern die Bewegung an sich; nicht funktionale Nüchternheit, sondern (Selbst-)Genuß der öffentlichen Darstellung im entgegenrauschenden Fahrtwind sind die bleibenden Höhepunkte eines Rockerlebens." (Baacke 1993, S. 35)

Die Beschreibung dieses Lebensentwurfes macht deutlich, warum die meisten Rocker ein Aufgehen in der neonazistischen oder rechtsextremistischen Politik-Szene ablehnen:

- Die Aufgabe der sozialen Existenz wegen rechtsextremistischer Gewalt- oder Propagandadelikte ist gleichzeitig mit der Aufgabe des kostspieligen Rocker-Daseins verbunden.
- Eine Gruppe mit einem so ausgeprägten "Freiheitsdrang" ist nicht bereit, für politische Ziele den Weg als "politischer Soldat" ins Gefängnis auf sich zu nehmen.

Die "Wehrsportgruppe Hoffmann" hat zahlreiche Eigenschaften, die sie von den Neonaziorganisationen in der Lebenswelt der Rocker positiv unterscheidet. Optisch imponiert die nach außen getragene Militanz und der Gewaltkult bei Wehrsportübungen. Ferner ist eine Mitgliedschaft bei der WSG nicht mit politischen Pflichten und dem Weg in die Illegalität verbunden, wie bei zahlreichen fanatisierten Neonazigruppen.

4. Militaria-Fans

Wie kaum eine andere Organisation der extremen Rechten Deutschlands spricht die "Wehrsportgruppe Hoffmann" Militär- und Militaria-Fans an. So wird auch plausibel, daß ein wichtiger Ort der Rekrutierung von Neumitgliedern Flohmärkte sind, auf denen mit Militaria gehandelt wird. Beleg ist die Anwerbung neuer Mitglieder durch gezielte Ansprache bei der hessischen WSG-Sektion "Sturm 7" und bei Hoffmanns Neuburger Sektion. So ist die erste Begegnung des langjährigen Neuburger WSG-Mitgliedes Helmut Rudolf K. der städtische Flomarkt, auf dem er Uniformen und Orden verkauft: "Hier wurde ich von (...) angesprochen, ob ich an dem Zeug interessiert sei und kein Interesse hätte, in einer Gruppe, die die gleichen Interessen hat, mitzumachen." (zit. aus: Vernehmungsniederschrift des Landeskriminalamtes Rheinland-Pfalz, ST 11, 20.10.1981, S. 1)

Zum Profil des Chefs der Neuburger WSG-Hoffmann-Sektion Anton Pfahler schreibt das Magazin 'ran':

"Der ehemalige Zeitsoldat und Aktivist im Reservisten-Verband kommt aus einer angesehenen und wohlhabenden Neuburger Geschäftsfamilie. Seine Zeit vertreibt er sich mit dem Erwerb und Wiederaufrüsten von alten Bundeswehr-Fahrzeugen. Sein Hof wimmelt nur so von ausrangierten Jeeps, Kübelwagen und ähnlichem. Außerdem sammelt Pfahler alles, was mit Wehrmacht und Waffen zu tun hat." ('ran', 1.5.1981, S. 22)

Auch der Düsseldorfer Verbindungsmann Hoffmanns, Karl-Heinz Dissberger, besitzt große Mengen militärischer Ausrüstungsgegenstände. (vgl. Vernehmung des WSG-Aktivisten Walter Ulrich B. durch das Bayerische Landeskriminalamt, SG 731, 2.7.1981, S. 14 f)

Auf die Militaria-Fans ist auch die Hoffmann-Publikation 'Kommando' zugeschnitten. Auf einem Werbeflugblatt zur 'Kommando'-Herausgabe heißt es:

"Informationen für und über die WSG
Militärfachliche Betrachtungen
Kritische Bebachtungen im sogenannten Rechtsstaat
Politische Analysen aus ungewohnter Sicht."

Damit stehen die "Militärischen Betrachtungen" an zweiter Stelle auf der Themenliste. So dominieren die Militaria-Artikel die erste Ausgabe des WSG-Organs. Der Artikel "AUS ALT MACH NEU" fordert die Leser zum Mitbasteln auf:

"Was für die reguläre Armee als Schrott abgeschrieben wird, ist für uns in vielen Fällen lohnendes Objekt zur völligen Wiederinstandsetzung.
Auch wenn es noch so demoliert und verrostet erscheint, die Mechaniker der WSG I-Trupps schaffen es immer irgendwie. Mit viel geopferter Freizeit und Tüftelei wird aus dem Schrotthaufen ein neuwertiges Gebrauchsfahrzeug."
('Kommando', Januar 1979, S. 6)

Insgesamt befassen sich sehr viele Beiträge der 'Kommando'-Ausgabe mit Militär, militärischem Gerät, Söldnertum und WSG-interner Uniformierung. Eine Analyse aller fünf publizierten 'Kommando'-Hefte macht das deutlich.
Selbst professionelle Händler erkennen die Neigungen der 'Kommando'-Leser. So wirbt das Nürnberger Auktionshaus Rainer Baumann im WSG-Organ für eine "Auktion Militär-Spielzeug" am 19. Mai 1979.

Nicht enthalten sind Artikel, die die oben aufgeführten Rekrutierungspotentiale ansprechen können. So beinhaltet 'Kommando' keine Beiträge,
- die die Action-Szene der Rocker ansprechen.
- die an unzufriedene "Junge Nationaldemokraten" oder "Wiking-Jugend-Mitglieder" gerichtet sind.

• die der Neonazi-Szene die Hand reichen. So fehlen die offene Propagierung biologisch-rassistische Inhalte oder die Glorifizierung Adolf Hitlers, Joseph Goebbels, Ernst Röhm oder Rudolf Heß.

Ausgabe	WSG-Internes[3]	WSG-Uniform + Waffen	Söldnertum	(Tages-) Politik	Historie + NS-Staat
Ausgabe 1/1979 Januar 1979	IIIII	I		IIIIII	II
Ausgabe 2/1979 März 1979	II	IIII		I	II
Ausgabe 3/1979 Mai 1979	II	III	I-Bericht über RLI	IIII	I
Ausgabe 4/1979 Juli 1979	III	I	I	III	IIII 1 Waffen-SS
Ausgabe 5/1979 September 1979	IIII	II		III	II

Zusammengefaßt kann man sagen, daß das Organ gezielte Werbung für Militär- und Waffenfans betreibt. Angesprochen werden auch:

5. Sozial Deklassierte

Hoffmann erreicht mit seinem Angebot auch Arbeitslose, junge Menschen ohne Schulabschluß oder Jugendliche aus gestörten Elternhäusern. Ihnen bietet er eine Ersatzgesellschaft mit eigenen Werten und Normen und einer Chance, sich trotz des gesellschaftlichen Mißerfolgs zu profilieren. In diesem Zusammenhang schreibt Rudolf Müller:

> "Hier können sie das in der Schule und im Beruf vermißte Erfolgserlebnis nachholen, hier haben sie 'Kameraden', an die sie sich anlehnen können, die ihnen ein Ersatz-Zuhause bieten. Gleichzeitig können sie Kraft und Stärke demonstrieren, die ihnen im Privatleben und Beruf bisher versagt blieb. Das Korsett für das aufgesetzte Selbstbewußtsein ist die grau-grüne SS-ähnliche Uniform der Hoffmann-Truppe, mit einem blitzenden Totenkopf am Mützenschirm." (Müller 1980, S. 225)

Müllers Versuch, das Bild einer "Wehrsportgruppe Hoffmann" als Auffangbecken sozial-Desillusionierter und Deklassierter zu zeichnen, greift in dieser Pauschalität zu kurz. Die Mär von der WSG als Anziehungspunkt für Menschen mit niedrigem Bildungsniveau hält einer genaueren Prüfung nicht stand. Vielmehr handelt

---

[3] Einige Beiträge zu WSG-Interna beschäftigen sich auch mit der Ausrüstung der Gruppe.

es sich um eine sozial bunt-gemischte Gruppe, was nicht zuletzt die WSG-Werbeaktion an der Frankfurter Universität belegt. Es gelingt der Wehrsportgruppe in der Studentenschaft Anhänger zu gewinnen. Exponierte Rechtsterroristen wie Uwe Behrendt, der mutmaßliche Mörder des jüdischen Verlegerpaars Levin und Poeschke, sowie der mutmaßliche Oktoberfest-Attentäter Gundolf Köhler kommen aus dem Hochschulmilieu. Der baden-württembergische WSG-"Stützpunktleiter" Helmut Dieterle ist Lehrer, der Tübinger Hoffmann-Partner Axel Heinzmann ebenfalls Student.

Peter Müller, der sich in einer detaillierten Studie mit dem hessischen WSG-Ableger beschäftigt hat, bestätigt die Heterogenität hinsichtlich der Schulbildung. Seine Hintergrundinterviews mit Mitgliedern des früheren "Sturm 7" bestätigen, "daß die schulischen Leistungen der Aktivisten und Anhänger dem repräsentativen Querschnitt sehr nahe kamen." (Müller 1993, S. 84) Sein Resultat aus der Befragung von 12 ehemaligen Mitstreitern der Hoffmann-Gruppe:

Schulabschluß	in Zahlen:	in Prozent:
Volks-/Hauptschule	5	47 %
mittlere Reife	3[4]	25 %
Abitur	2	17 %
ohne Schulabschluß	2	17 %
gesamt:	12	101 %

(vgl. Müller 1993, S. 84)

Einen ähnlichen Bildungsstand ermittelt Neidhardt für die etwa im gleichen Zeitraum wie der Sturm 7 aktiven Rechtsterroristen:

Schulabschluß	in Zahlen:	in Prozent:
Volks-/Hauptschule	25	49 %
Mittel-, Fach-, Handelsschule	11	22 %
Gymnasium	9	17 %
Hochschule	5	10 %
Keine Angaben	1	2 %
gesamt:	51	100 %

(vgl. Neidhardt 1982, S. 450)

---

[4] Zwei Personen verlassen das Gymnasium nach der 12. Klasse und werden daher der Realschule zugeordnet.

Auffälig ist in rechtsextremistischen Organisationen der hohe Prozentsatz sozial gestrandeter Personen. Knapp die Hälfte der Mitglieder der hessischen WSG-Sektion "Sturm 7" hat keinen Lehrabschluß. (vgl. Müller 1993, S. 86) Auch dieses Klientel zieht die WSG an. Gesellschaftlicher Mißerfolg wie Arbeitslosigkeit kann hier verarbeitet werden. Mit einem eigenen System von Rang- und Leistungsabzeichen gibt Hoffmann frustrierten Jugendlichen und jungen Erwachsenen das Gefühl der Selbstachtung. Das Mitglied der hessischen WSG-Sektion "Sturm 7" Michael Satorsky sagt dem 'Stern'-Journalisten Rudolf Müller: "Hier bin ich ein Mann". (Müller 1980, S. 225) Eine Einstellung, die sein hessischer "Unterführer" Arnd-Heinz Marx teilt. Der Druckereilehrling ist stolz auf die beiden Streifen auf den schwarzen Schulterstücken seiner Fantasieuniform, die seine "Beförderung" zum Obergefreiten illustrieren. Damit ihm niemand den Posten streitig macht, leistet er sich sogar eine Stabswache: WSG-Mitglieder, die Marx vor inneren und äußeren Feinden schützen sollen. (vgl. Müller 1993, S. 82 f)

Die Verhaltensmuster der oben angeführten Neonazis sind keine Ausnahme. Zur Motivation junger Rechtsextremisten, sich einer Organisation anzuschließen, schreibt die "SINUS-Studie":

"Rechtsextremistische Kraftmeierei und die Orientierungen an rechtsextremistischen Ersatzwelten sind der hilflose Versuch solcher Jugendlicher, die Kluft zwischen ihren alltäglichen Ohnmachtserfahrungen und ihren träumerischen Ich-Idealen mit Mitteln der Provokation bzw. der Idealisierung rechter Führungsfiguren zu überbrücken." (SINUS-Studie, 1981, S. 103)

Allerdings sind die Jugendlichen mit der oben angeführten psychischem Disposition nicht repräsentativ für die gesamte WSG, die sehr unterschiedlich zusammengesetzt ist. Die Heterogenität der Mitglieder (Interessen, Alter, soziale Herkunft, Bildung, Ideologie) innerhalb der WSG erklärt auch ihr schnelles Auseinanderfallen nach dem Verbot am 30.1.1980. Ideologisch gibt es zwischen den meisten WSG-Mitgliedern nur wenige Gemeinsamkeiten. Übrig bleibt ein sozialer oder subkultureller Kontakt.

Im Unterschied dazu schweißt die politische Homogenität der Neonaziorganisationen "ANS/NA" und "VSBD/PdA" die Anhänger zusammen und erklärt das politisches Fortbestehen der Gruppen trotz staatlicher Verbote. Mit missionarischen Eifer basteln selbst die kleinsten Zirkel der aufgelösten Neonazi-Organisationen vor Ort an der Wiederkehr einer neuen NSDAP. In diesen Cliquen sind die politischen Mitkämpfer oft auch identisch mit dem privaten Freundeskreis. Demgegenüber ist der gemeinsame Nenner der meist männlichen Mitglieder, die sich vor dem Verbot allwöchentlich unter Hoffmanns Regie durchs Feld scheuchen lassen und sich als Avantgarde im Kampf gegen sozialistische Invasoren sehen, oft nur das gemeinsame Interesse an Militaria, Härtetraining und die Heroisierung des Krieges. Hier erklärt sich auch der Zuspruch von Angehörigen der Kriegsgeneration. Viele rechtsextrem eingestellte Bundesbürger idealisieren ihr "Fronterlebnis". (SINUS-Studie 1981, S. 100) Mit geschickten Feierlichkeiten wie der "militärischen Adventsfeier", bei der Ritterkreuzträger Otto Riehs eine Rede hält und Fliegeroberst Rudel grüßen läßt, wird gerade dieses Klientel erreicht. ('Erlanger Tagblatt', 21.12.1976)

9.1.2. WSG - Frauen

Insgesamt ist die "Wehrsportgruppe Hoffmann" stark männerdominiert. Im Gegensatz zu anderen Gruppen unternimmt Hoffmann jedoch auch Zielgruppenarbeit für Frauen, die er in seine Organisation einbinden möchte. So wirbt er mit dem Artikel: "Frauen in der WSG":

> "Bereits im Jahre 1974, der Gründungszeit der WSG, wurde der Versuch gemacht, Mädchen gleichberechtigt in unsere von Anfang an militärisch ausgerichtete Organisation zu integrieren. Nach kurzer Zeit wurde jedoch klar, daß dieser, so unbefangen begonnene Versuch als gescheitert angesehen werden mußte.
> Nach dem Einsetzen der ersten Verfolgungswelle durch die Behörden verloren wir zusammen mit den meisten jungen Männern aus sogenanntem 'guten Hause' auch unsere Mädchen, während sich die Arbeiterjungen als ziemlich unerschütterlich standfest und treu erwiesen. (...)
> Bei der Bewertung des Aufnahmeantrages eines weiblichen Freiwilligen spielt die zugrunde liegende Motivation eine weitaus größere Rolle als bei der Bewerbung eines jungen Mannes. Ist es bloße Neugier, simples Geltungsbedürfnis oder gar die erotisch gefärbte Erwartung, Mittelpunkt im Kreise möglichst vieler männlicher Bewunderer zu sein, so besteht keine Hoffnung auf harmonische Integration. Dabei bedeutet die einfache Tatsache, daß die Bewerberin Vertreterin des 'schwachen Geschlechts' ist, nach unserer Erfahrung kein Hindernis. Wir haben später einzelne, richtig motivierte Kameradinnen kennengelernt, die durch Härte und Anpassungsfähigkeit auch den hartgesottensten Gegnern weiblicher Unterwanderung letztlich Bewunderung abnötigten.
> Trotzdem wirkten in unserem Bewußtsein die negativen Erfahrungen der Anfangszeit. Die Verwendung von weiblichem Personal wurde abgelehnt. Mit Beginn des Jahres 1979 jedoch, ist wegen der (...) Änderung unseres strategischen Gesamtkonzeptes die Aufnahme weiblicher Mitglieder wieder interessant geworden.
> So wie die Dinge heute liegen, bedeutet der Verzicht auf weibliches Personal keinen Vorteil mehr. Da der Schwerpunkt unserer Arbeit im politischen Bereich liegt, stellen sich uns zusätzliche Aufgaben, die sogar sehr viel besser von Exponenten des 'schönen Geschlechtes' übernommen werden können, als vom WSG-Mann bisheriger Prägung. Wichtige Rollen werden sie zum Beispiel bei der Beschaffung von Aufklärungsergebnissen haben. Zu all diesen Überlegungen gesellt sich noch ein weiterer Gesichtspunkt von einiger Bedeutung. Während man über die Zweckmäßigkeit eines gemischten Verbandes im Hinblick auf rein militärische Effektwirkung noch streiten kann, steht die positive Auswirkungen weiblicher Mitglieder auf Veranstaltungen ganz außer Zweifel.
> Die Schlußfolgerung aus all diesen Überlegungen heißt freie Bahn für Anwerbung weiblicher WSG-Mitglieder." ('Kommando', März 1979, S. 9 f)

Kann man aus diesem Beitrag noch herauslesen, daß Hoffmann Frauen zur Ausführung niedriger Dienste wünscht, weibliche Paramilitärs aber ablehnt, so korrigiert er in der folgenden 'Kommando'-Ausgabe das Bild. Hoffmann spricht von der emanzipierten Mitkämpferin. Präsentiert wird der Text mit Frauen auf dem Titelbild als Aufmacher. (Ausgabe Nr. 5, September 1979) In seinem darin enthaltenen Aufsatz "weibliche Dienste" schreibt Hoffmann:

> "Der Einsatz deutscher Frauen und Mädchen bei der ehemaligen deutschen Wehrmacht war im Grunde nichts anderes, als eine durch den damaligen allgemeinen Notstand bedingte Ersatzmaßnahme. Allerdings eine Maßnahme, die ihre Bewährungsprobe bestand.
> Tausende junger Heeres- und Luftwaffenhelferinnen sind seitdem als stille, immer einsatz- und opferbereite Kriegsteilnehmer in die Geschichte eingegangen. Auch Arbeitsmaiden des RAD wurden nicht selten zum Dienst bei der Truppe, meistens der Flugabwehr herangezogen. (...)
> Als Ergebnis der Auswertung aller mit Frauen in militärischen und paramilitärischen Bereichen gesammelten Erfahrungswerte, sind die WSG-Maiden als fortschrittliche Komponente den WSG-Gruppen zugefügt. Allerdings sind sie, im Gegensatz zur 'alten Zeit', voll in die aus Männern bestehenden Gruppen integriert. Wie sich bisher gezeigt hat, wollen unsere WSG-Maiden auf keinen Fall 'Militärmaskottchen' sein. Sie wollen knallhart mit dem bei uns üblichen Leistungsanspruch konfrontiert werden. Sie wollen diesen Anspruch ebenso wie die Männer erfüllen, und sich in ihrer Persönlichkeit als vollwertige Mitglieder bestätigt wissen.
> Demzufolge tragen unsere Mädchen die gleiche Uniform wie ihre Kameraden. Sie erhalten die gleiche Ausbildung und haben die gleichen Beförderungschancen."
> ('Kommando', September 1979, S. 17)

Die Ansicht von Gruppen aus dem neonazistischen Spektrum, die eine traditionelle Frauenrolle postulieren, teilt Hoffmann nicht. Beispielhaft für die neonazistische Position stehen folgende Ausführungen Michael Kühnens, der Frauen aus seinen Sturmabteilungen verbannt hat:

> "Unsere Frauenbewegung wird von Frauen für Frauen geführt mit dem Ziel des Aufbaus einer gesunden Volksgemeinschaft: unsere männliche Front wird von Männern für Männer geführt mit dem Ziel der Schaffung eines Staates, der der Volksgemeinschaft die machtpolitischen Instrumente zur Selbstbehauptung und Entfaltung in die Hände gibt!" ('Die Neue Front', Oktober 1985, S. 7)

Ideologisch begründet Kühnens die geschlechtsspezifische Aufgabenteilung folgendermaßen:

> "Der biologische Humanismus als naturwissenschaftliche Erkenntnislehre des Nationalsozialismus definiert den Menschen als Naturwesen mit einer biologischen Anlage zur Kulturschöpfung, das nur als Gemeinwesen lebensfähig ist. Vor diesem Hintergrund ergibt sich auch die nationalsozialistische Auffassung von den biologischen Unterschieden zwischen den Geschlechter und den daraus zu ziehenden politischen Konsequenzen:

Der Mann ist überwiegend Kulturwesen. Seine Welt ist vor allem die der kulturellen Gemeinschaften - Staat, Nation und Reich. Fundament seiner kulturschöpferischen und kulturtragenden Arbeit ist der Männerbund. Demgegenüber ist die Frau überwiegend Naturwesen. Ihre Welt ist vor allem die der natürlichen Gemeinschaften - Volk und Rasse. Deren Fundament ist die gesunde Familie.
Was die Arbeit für den Mann, das ist die Mutterschaft für die Frau. So wie der Nationalsozialismus im Mann stets den Arbeiter für die und in der Volksgemeinschaft sieht, so sieht er in der Frau stets die Mutter: das Mädchen als künftige Mutter, die Frau als tätige Mutter, die alte Frau als ehemalige Mutter." (Kühnen 1987b, S. 164)

Kühnen knüpft mit seinen Überlegungen an den Nationalsozialismus an. Auch hier wird die Frau in ihrer politischen Partizipation stark eingeschränkt. Bereits 1921 beschließt die NSDAP, daß Frauen weder in der Parteiführung noch in leitenden Parteigremien tätig werden dürfen. Zeitweilig wird die Eintrittsquote für Frauen in die Partei auf 5 Prozent begrenzt. (vgl. Benz 1992, S. 158) Folglich entwickelt die nationalsozialistische Ideologie auch kein Frauenbild, sondern ein Mutterideal. Auch die ideologische Erziehung im NS-Staat ist dem Ideal weiblicher Aufopferung, Fürsorge und Hingabe für die Familie verschrieben. 1933 werden an den Universitäten Zulassungsbeschränkungen für Frauen eingeführt: Nur noch 10 Prozent der Studierenden dürfen weiblich sein - die "natürliche Bestimmung" liegt in der Mutterschaft. Auch die politischen Organisationen sind nach Geschlechtern getrennt. Parallel zur paramilitärischen "Hitler-Jugend" entstehen für die 10 bis 14 jährigen Mädchen die "Deutschen Jungmädel" (DJU) und für die 14 bis 18 Teenager der "Bund deutscher Mädel" (BDM): "Die Mädchen wurden dazu angehalten, viel Sport zu treiben, um einen gesunden, gebärfähigen Körper zu trainieren; sie erhielten ideologische Schulungen und praktische Kurse zur Haushaltsführung." (Benz 1992, S. 159)

In Kampfabteilungen wie der "SA" hat die Frau schon gar keinen Platz - eine Tradition, die die Neonazis weiterführen wollen. So ist den Frauen generell die Mitgliedschaft in der "Aktionsfront Nationaler Sozialisten" (ANS/NA) verwährt. Um dennoch am braunen Treiben mitwirken zu dürfen, bemüht sich Rechtsextremistin Andrea Kron um den Aufbau einer "autonomen Frauengruppe" (Brief vom 12.4.1983). Unter ihrer Federführung erhält die ANS/NA ihre eigene Frauenorganisation: Den "Bund deutscher Mädchen" (BdM). Eine weitere Parallele zum "Dritten Reich". Während die "Mädelbundführerin" die "autonome Gruppe" nach außen repräsentiert, sind die Zügel fest in der Hand eines Mannes, dem Verlobten der Kron und früheren WSG-Aktivisten Arnd-Heinz Marx. Die Rolle ist nicht neu. Auch die "Führerin" der 1931 gegründeten "NS-Frauenschaft" und des 1933 geschaffenen "Deutschen Frauenwerkes" Getrud Scholtze-Klink konnte nicht "autonom" handeln. Die politischen Entscheidungen wurden der "Reichsfrauenführerin" von der männlichen Parteileitung abgenommen. (vg. Benz 1992, S. 159)

Hoffmanns Frauenverständnis unterscheidet sich vielfach von dem neonazistischer Gruppen. Hauptkriterium hierbei dürfte die Integration der weiblichen Mitglieder in die WSG sein und nicht in einen "Sonderverband". Frauen sollen gleichberechtigt an den Wehrsport herangeführt werden. Folglich sagt er im 'Spiegel'-Interview zur Rolle der Frauen in der WSG: "Der Prozentsatz war relativ gering. Ich habe keinen Grund gesehen, das Aufnahmeersuchen einer weiblichen Person abzulehnen, nur weil sie kein Mann war." ('Der Spiegel', 24.11.1980)

Eine besondere Stellung unter den weiblichen Mitstreitern der "Wehrsportgruppe Hoffmann" nimmt Hoffmanns Lebensgefährtin Franziska Birkmann ein. Sie verfügt in der Organisation über einen sehr guten Status. Besonders deutlich wird ihre Rolle als finanzieller und organisatorischer Rückhalt der WSG im Gerichtsverfahren gegen Hoffmann wegen des Mordes am jüdischen Verlegerehepaar Levin und Poeschke. Die Staatsanwaltschaft schreibt zur Funktion Birkmanns vor und nach dem WSG-Verbot:

> "Tatsächlich war jedoch die Angeschuldigte Birkmann die engste Vertraute des Angeschuldigten Hoffmann und in dessen Pläne und Aktivitäten voll eingebunden. Die Angeschuldigte hielt all die Jahre trotz widrigster Umstände bedingungslos zu ihrem Lebensgefährten (...). Immerhin mußte die Angeschuldigte Birkmann einräumen, daß sie für die WSG Schreib- und Büroarbeiten erledigt und daß sie die ablehnende Einstellung des Angeschuldigten Hoffmann zur Demokratie und seine Vorstellungen über eine andere Staatsform gekannt habe. (...) Die Angeschuldigte Birkmann gab ferner zu, daß sie den Telexverkehr zu dem Angeschuldigten Hoffmann in den Libanon aufrechterhalten (...) habe." (Staatsanwaltschaft bei dem Landgericht Nürnberg-Fürth, Az: 340 Js 40387/81, 10.1.1983, S. 33)

Andere Mitglieder der Libanon-Gruppe bestätigen die Rolle Birkmanns als Brücke Hoffmanns nach Deutschland und Info-Pool: So sagt das frühere WSG-Mitglied (...), "Birkmann sei das Bindeglied zwischen dem Libanon und Deutschland gewesen und habe über Fernschreiber Kontakt zum Büro des Abu Ijad gehabt." (Staatsanwaltschaft bei dem Landgericht Nürnberg-Fürth, Az: 340 Js 40387/81, 10.1.1983, S. 33)

Birkmann gilt sogar als Nachfolgerin Hoffmanns. Das WSG-Mitglied (...) bekundet, auf seine Frage "habe ihm Hoffmann zu verstehen gegeben, daß der Geheimdienstgeneral Atef und Franziska Birkmann in dieser Stellung und Reihenfolge seine Stellung und Position einnehmen sollten, wenn er einmal ausfalle." Dasselbe langjährige WSG-Mitglied bestätigt dazu, "daß Franziska Birkmann die gesamte schriftliche Korrespondenz für die WSG erledigt, Pressemitteilungen beantwortet, eine WSG-Kartei angelegt habe und entscheidend an der Herstellung der WSG-Zeitschrift 'Kommando' beteiligt gewesen sei." Außerdem sagt (...): "Sie sei praktisch die Vertreterin Hoffmanns gewesen und habe auf alle die WSG betreffenden Fragen Auskunft geben können." (Staatsanwaltschaft bei dem Landgericht Nürnberg-Fürth, Az: 340 Js 40387/81, 10.1.1983, S. 34)

Ein drittes Mitglied der WSG-Libanon erinnert sich an ein Gespräch, in dessen Verlauf ihm Hoffmann gesagt habe, "wenn er eingesperrt werde, sei Birkmann die Chefin, die über alles Bescheid wisse." (Staatsanwaltschaft bei dem Landgericht Nürnberg-Fürth, Az: 340 Js 40387/81, 10.1.1983, S. 34) Die Staatsanwaltschaft geht noch weiter und schreibt:

"Bemerkenswert ist in diesem Zusammenhang, daß der Angeschuldigte Hoffmann selbst zugegeben hat, ab 1979 nach dem Verlust seiner wirtschaftlichen Existenz kaum noch eigene Einkünfte gehabt zu haben. Deshalb habe er zum Teil auf das von Franziska Birkmann verdiente Geld zurückgreifen müssen. Mit anderen Worten ausgedrückt: Die Angeschuldigte Birkmann hat 1979/80 nicht nur überwiegend den Lebensunterhalt bestritten, sondern offensichtlich auch die Aktivitäten des Angeschuldigten Hoffmann finanziert und damit erst möglich gemacht." (Staatsanwaltschaft bei dem Landgericht Nürnberg-Fürth, Az: 340 Js 40387/81, 10.1.1983, S. 35)

Die Ausführungen der WSG-Mitglieder zeigen die wichtige Position der Lebensgefährtin Hoffmanns in der WSG. Die deutsche "Nummer zwei" auf der WSG-Hierarchieleiter ist weiblich. Von einem Ausschluß weiblicher Mitglieder aus der paramilitärischen Organisation kann also keine Rede sein.

Das Bundesinnenministerium stuft die WSG - wie bereits erwähnt - als "neonazistisch" ein. Dieser Bewertung ist zu widersprechen, da die WSG nicht den Kriterien entspricht, die Neonazismus definieren. Jetzt kommt ein weiterer Aspekt hinzu. Die Wehrsportgruppe Hoffmann hat sich in ihrer Anwerbestrategie von den historischen Neonazi-Vorbildern SA und HJ verabschiedet. Auch in der Diskussion um die Frauenrolle bezieht sie eine Position, die sich erheblich von den klassischen nationalsozialistischen Modellen unterscheidet.

9.1.3. Mitgliedschaftsprofile der WSG

Zum Zeitpunkt ihres Verbotes gilt die WSG mit ihren 400 Mitgliedern als größte Neonazi-Organisation in Deutschland. (vgl. Verfassungsschutzbericht des Bundes 1980, S. 26) Die folgende Untersuchung befaßt sich mit dem Altersdurchschnitt, der regionalen Herkunft und der Geschlechterverteilung der ehemaligen Aktivisten. Grundlage hierfür ist die Gruppe von 58 Anhängern und Mitgliedern, gegen die nach dem Attentat auf das Münchner Oktoberfest polizeilich ermittelt wird:

Name	Geburtsdatum	Wohnort
Karl Heinz H.	27.10.1937	Ermreuth
Michael R.	25.12.1962	Nürnberg
Walter Ulrich B.	16.09.1959	Nettetal
Rudolf K.	29.07.1952	Ermreuth
Stefan F.	22.02.1951	Ingolstadt
Robert F.	11.09.1960	Nürnberg
Gerhard B.	23.03.1963	Nürnberg
Franziska B.	09.08.1946	Ermreurh

Ludwig Franz B.	29.11.1952	Jauschbach
Philip B.	28.08.1922	Wang
Helmut B.	05.08.1954	Sinningen
Ulrich. C.	12.07.1957	Ehringshausen
Bernd C.	04.09.1958	Nürnberg
Dilger E.	19.12.1923	Rodgau
Werner E.	10.05.1961	Nürnberg
Helmut F.	22.10.1962	Dieburg
Michael F.	08.02.1961	Wang
Hans-Joachim F.	23.04.1959	Offenbach
Hans-Peter F.	30.08.1960	Veitsbronn
Horst G.	03.10.1948	Heroldsberg
Bernhard G.	04.12.1949	Ingolstadt
Roland H.	28.11.1962	Oberwolfach
Roberto H.	20.01.1957	Nürnberg
Gabriele H.	05.09.1955	Nürnberg
Gilbert H.	17.04.1946	Nürnberg
Karl-Heinz H.	23.01.1943	Frankfurt/Main
Andreas H.	15.11.1961	Reutlingen
Franz K.	30.10.1958	Ingolstadt
Martin K.	26.02.1961	Oberharmersbach
Heinz K.	06.07.1938	Hausham
Otmar K.	07.01.1955	Neuburg
Alfred K.	16.09.1955	Ingolstadt
Michael K.	26.11.1959	Königsstein
Marina Christine K.	19.08.1954	Ermreuth
Albert K.	10.01.1951	Nürnberg
Anneliese K.	10.01.1947	Landshut
Monika K.	06.08.1956	Nünrberg
Martin L.	12.12.1962	Oberharmersbach
Kurt L.	31.10.1944	Neuburg
Oskar M.	28.04.1924	Wildflecken
Arnd M.	21.08.1957	Hanau
Herwig M.	08.01.1943	Hausham
Johann M.	10.12.1961	Ingolstadt
Josef O.	29.08.1921	Ingolstadt
Anton P.	19.05.1946	Neuburg
Johann R.	30.11.1951	Fürth
Horst R.	04.05.1938	Heidelberg
Ralf R.	17.05.1956	Heroldsberg
Dieter S.	01.11.1960	Greifenstein
Horst S.	24.10.1956	Bad Vilbel
Markus S.	13.12.1962	Nürnberg
Helmut S.	21.12.1955	Oberharmersbach

Josef S.	12.03.1964	Oberharmersbach
Eugen S.	16.02.1959	Oberharmersbach
Rudolf S.	14.03.1961	Oberharmersbach
Peter T.	12.12.1937	Landshut
Michael T.	15.06.1959	Neuburg
Dieter W.	03.11.1937	Fürth

(vgl. Abschlußbericht des Bayerischen Landeskriminalamtes, - Soko Theresienwiese -, Nr. 2508/80 - Kt., München 30.3.1981, S. 6 - 14)

Geschlechterverteilung:

Unter den oben aufgeführten 58 Aktivisten der "Wehrsportgruppe Hoffmann" befinden sich fünf weibliche und 53 männliche Personen: das heißt 91,4 Prozent Männer und 8,6 Prozent Frauen. Der geringe Prozentsatz deckt sich mit einer Analyse des Bundesinnenministerium, in dem die militanten Rechtsextremisten erfaßt werden. Unter den 212 ausgewerteten Personen befinden sich sechs Frauen, das heißt knapp drei Prozent. (vgl. Verfassungsschutzbericht des Bundes 1980, S. 21)

Altersdurchschnitt:

Zum Zeitpunkt des WSG-Verbots am 30.1.1980 läßt sich folgende Altersverteilung festmachen:

Älter als 70 Jahre			
Älter als 60 Jahre			
Älter als 50 Jahre	mmmm	= 4	6,9 %
Älter als 40 Jahre	mmmmm	= 5	8,6 %
Älter als 30 Jahre	wwmmmmmmm	= 9	15,5 %
Älter als 25 Jahre	wmmmmmmm	= 8	13,8 %
Älter als 18 Jahre	wwmmmmmmmmmmmmmmmmmmmmmmm	= 25	43,1 %
Unter 18 Jahre alt	mmmmmm	= 6	10.3 %
Unter 16 Jahre alt	m	= 1	1,7 %
Unter 14 Jahre alt			
SUMME		= 58	99.9 %

m = männlich, w = weiblich

Der Altersschwerpunkt der Gruppe liegt nach dem vorliegenden Datenmaterial bei den 18 bis 25 Jährigen. Die "Wehrsportgruppe Hoffmann" setzt allerdings auf eine Verjüngung ihrer Mitgliederstruktur, was ein Interview mit dem Vorsitzenden der WSG-Sektion "Sturm 7", Arnd-Heinz Marx, deutlich macht:

"Die Generation, die heute 30 oder 35-jährig ist, (...) die (ist) für unser Vorhaben untauglich (...), weil die heutigen Enddreißiger bis 40-jährigen die Generation ist, die man nach dem Krieg amerikanisiert und umerzogen hat; unsere Zielgruppe sind die heutigen Zwölfjährigen." (Interview mit Arnd-Heinz Marx, 'Neue Hanauer Zeitung', 1980, S. 3)

Regionale Präsenz:

Hoffmann führt seine "Wehrsportgruppe" bis Mitte 1974 von seinem Privatwohnsitz, dem Schloß Alsmhof in Nürnberg, aus. 1970 pachtet er das unter Denkmalschutz stehende Haus unentgeltlich, mit der Auflage, es zu pflegen. Der Mietvertrag lautet auf 30 Jahre. 1974 gelingt es der Stadt, die zunehmend um ihren Ruf besorgt ist, sich des unbequemen Mieters zu entledigen. Sein nächster Wohnsitz ist Heroldsberg, bis zum Verbot 1980 auch Hauptquartier der WSG. Als bevorzugter Treffpunkt seiner "Wehrsportgruppe" dient auch seit Ende 1977 das Schloß Ermreuth bei Erlangen, das seine Verlobten Franziska Birkmann gekauft hat. Eine Kulisse mit einschlägiger Vergangenheit. Im "Dritten Reich" ist das Objekt eine "Gauführerschule der NSDAP". (vgl. Bericht 1978, S. 24) Hoffmann plant, aus dem Objekt das neue "Hauptquartier" zu machen. (vgl. Verfassungsschutzbericht des Landes Bayern 1978)

Die Sogwirkung der Organisation mit Hauptsitz in Bayern erreicht schnell Anhänger aus dem gesamten Bundesgebiet. (vgl. 'Innere Sicherheit', 12.3.1980, S. 20) Die Kerngruppe stammt jedoch aus dem Raum Nürnberg/Fürth/Erlangen und Ermreuth. (vgl. Verfassungsschutzbericht des Landes Bayern 1979, S. 74) Neben diesem Teil der Organisation, der im Umfeld des Hauptsitzes entstanden ist, gelingt es Hoffmann, bundesweit WSG-Stützpunkte aufzubauen. Es exitieren Sektionen in Frankfurt (Sturm 7), Ingolstadt, Neuburg, Bonn und Düsseldorf.

Die Auswertung der 58 WSG-Anhänger und Mitglieder, gegen die nach dem Oktoberfestanschlag ermittelt wird, bestätigt die Analyse:

Stadt	Anzahl	Total	Prozent
Ermreuth	wwmmm	5	8,6 %
Fürth	mm	2	3,4 %
Nürnberg	wwmmmmmmmm	10	17,2 %
Ingolstadt	mmmmmm	6	10,3 %
Heroldsberg	mm	2	3,4 %
Neuburg	mmmm	4	6,9 %
Frankfurt am Main (Sturm 7)	m	1	1,7 %
Offenbach (Sturm 7)	m	1	1,7 %
Hanau (Sturm 7)	m	1	1,7 %
Rodgau (Sturm 7)	m	1	1,7 %
Oberhamersbach	mmmmm	5	8,6 %
Ehringshausen	m	1	1,7 %

Nettertal	m	1	1,7 %
Jauschbach	m	1	1,7 %
Wang	mm	2	3,4 %
Sinningen	m	1	1,7 %
Dieburg	m	1	1,7 %
Veitsbronn	m	1	1,7 %
Oberwolfach	m	1	1,7 %
Reutlingen	m	1	1,7 %
Hausham	mm	2	3,4 %
Königstein	m	1	1,7 %
Landshut	wm	2	3,4 %
Wildflecken	m	1	1,7 %
Heidelberg	m	1	1,7 %
Greifenstein	m	1	1,7 %
Bad Vibel	m	1	1,7 %
Total		58	98,5

Insgesamt ist festzuhalten, daß die Wehrsportgruppe Hoffmann zwar aus ganz Deutschland Mitglieder rekrutieren kann, der Hauptschwerpunkt liegt jedoch in Bayern. Die Tabelle belegt ferner, daß neben der "Kerngruppe" in unmittelbarer Nähe Hoffmanns die WSG-Sektionen in Ingolstadt, Neuburg und der hessische "Sturm 7" besonderes Gewicht haben.

9.2. Organisation der WSG
9.2.1. WSG-Sektionen in Deutschland

Die WSG Hoffmann hat neben ihrer Kerngruppe im Raum Nürnberg/Fürth/Erlangen und Ermreuth auch zahlreiche Untergruppen aufgebaut, in Bayern beispielsweise in Ingolstadt und in Neuburg an der Donau. (vgl. Verfassungsschutzbericht des Landes Bayern 1980, S. 86) Als neues Hauptquartier sieht die Gruppe ein verfallenes Schloß in Ermreuth vor, von dem aus die gesamte europaweite Aktivität koordiniert werden soll. Mystifizierende Darstellungen sprechen sogar von einem terroristischen Netzwerk um den bayerischen Hoffmann-Kern:

> "In den letzten Monaten ist die 'Wehrsportgruppe' zu einem Sammelbecken rechtsradikaler bis terroristischer Gruppen geworden, die selbst kaum überlebensfähig waren und denen die militärisch-präzise Organisation gefiel. Hoffmann konnte eine 'Stammabteilung' Hessen in Frankfurt gründen, weitere Zellen befinden sich in Tübingen, Köln, Bonn und Österreich im Aufbau." (Müller 1980, S. 222f)

An der oben zitierten Bestandsaufnahme Müllers ist einiges unkorrekt:
1. Die WSG erfüllt seit ihrer Gründung die Funktion eines Sammelbeckens von Rechtsextremisten, die paramilitärisch interessiert sind. Auch spätere Terroristen haben zu jeder Zeit an Übungen der WSG teilgenommen.

2. Untergruppen der WSG existieren seit Mitte der siebziger Jahre. Folglich ist auch die Bildung von Sektionen im Bundesgebiet nicht neu. So funktioniert der Bonner WSG-Ableger seit Mitte der siebziger Jahre.
3. Die WSG hat nie als Sammelbecken für andere rechtsextreme Organisationen fungiert. Richtig ist, daß Mitglieder diverser rechtsextremer Organisationen auch zu Übungen der WSG fahren und Doppelmitgliedschaften keine Seltenheit sind. Das steht keineswegs mit der Eigenständigkeit einzelner WSG-Stammabteilungen und WSG-Landesleitern im Widerspruch.
4. Zu einem geplanten Aufbau einer Zelle in Österreich liegen keinerlei Informationen vor.

Daß Hoffmann aber trotzdem ein Geflecht von Sektionen unter seinem "Befehl" aufgebaut hat, belegen Ableger in ganz Deutschland.

1. Frankfurt/"Sturm 7"

Die exponierteste WSG-Untergruppe ist der sogenannte Frankfurter "Sturm 7" (oder "Stammabteilung 7"), dem cirka 20 Mitglieder angehören. In der Publizistik wird die Anhängerschaft teilweise doppelt so hoch geschätzt. (vgl. Müller 1984, S. 247) Anwerbeort der hessischen WSG ist die Frankfurter Kneipe "Moseleck", in der der lokale WSG-Chef Neumitglieder rekrutiert. (vgl. 'Stern', 9.10.1980, S. 17) Vorsitzender und Initiator des 1976 gegründeten hessischen Ablegers der "Wehrsportgruppe Hoffmann" ist Arnd-Heinz Marx. Der Druckerlehrling engagiert sich gleichzeitig bei den "Jungen Nationaldemokraten", aus deren Reihen auch seine ersten hesssischen WSG-Mitstreiter stammen. Sein Deckname in der Hoffmann-Gruppe ist Max. Hoffmann ist stolz auf seinen hessischen Ableger und widmet der Gruppe im Vereinsorgan sogar die Titelgeschichte "Die 'Langen Kerls' aus Hessen":

> "'Mensch, Max, was fütterst Du Deinen Leuten? Das sind ja alles Riesen.' So schallt es Vizeunterführer Max erstaunt entgegen, als er mit einem Zug der Stammabteilung 7 nach Nürnberg zum Schulungs- und Ausbildungslehrgang kommt. Und viele der jungen Kameraden aus dem Frankfurter Raum sind wirklich extrem lang. Neugierig betrachten sie aus sicherer Höhe die als Ausbilder bereitstehenden fränkischen Unterführer.
> Nur wenige kennen sich bereits von früheren Übungen, aber auch für die anderen ist die Brücke der Kameradschaft schnell geschlagen." ('Kommando', Nr. 4, Juli 1979, S. 5)

Treffpunkt der "Stammabteilung 7" ist der Keller des Kandidaten zur Europawahl der "Aktionsgemeinschaft Nationales Europa" (ANE), Emil Dilger. Bei ihm wohnen auch als Pflegekind beziehungsweise als Adoptivsohn die beiden WSG-Angehörigen Stefan Wagner und Michael Satorsky.

Die Orientierung zahlreicher Mitglieder des "Sturm 7" ist eindeutig neonazistisch. Zu den Provokationen gehören Schmieraktionen mit Solgans wie "Juden raus", "Rotfront verrecke" und "Jagd sie raus, die Judenbrut". Üblich ist auch das Engagement in neonazistischen Organisationen wie der "Aktionsgemeinschaft Nationales Europa", bei der Wagner als Kandidat für das Europaparlament antritt. Auffällig ist ferner die Zusammenarbeit von Wagner und Satorsky mit der "Aktionsfront Nationaler Sozialisten" des Michael Kühnen. (vgl. Anklageschrift der Staatsanwaltschaft bei dem Landgericht Hannover, 12 Js 834/78, Hannover, den 23.4.1979, S. 9) Als die Polizei in Hanau den WSG-Versammlungsraum durchsucht, findet sie große Mengen einer Ausgabe der neonazistischen Zeitung 'Schwarzes Korps'. Aus dem Inhalt: "Arierblut - höchstes Gut! Wer SPD wählt, wählt seinen Henker." (zit. aus Müller 1980, S. 233)

Neben der agitatorischen Tätigkeit veranstalten Mitglieder der Gruppe nach dem Muster der Stadtguerilla Schießübungen und Fluchttraining. (vgl. Filmer/ Schwan 1983, S. 167) Im Interview bestätigt Emil Dilger, Pflegevater des hessischen WSG-Mitgliedes Stefan Wagner, die neonazistischen Provokationen:

"Immer neue Streiche haben die Jungs sich einfallen lassen. Am 20. April, am 1. Mai schwarz-weiß-rotes Fähnchen auf unserem Schornstein. Presseleute oder andere sahen natürlich eine Hakenkreuzfahne. (...) Stefan hat sich auch gerne damit gebrüstet, zum Beispiel, er wäre dort und dort mit der Hakenkreuzbinde, richtig am Arm tragend, herumspaziert, und manche Leute hätten sogar Beifall gespendet." (zit. aus: Filmer/ Schwan 1983, S. 169)

Die politische Einstellung von Wagner, Satorsky und Marx ist aber nicht repräsentativ für den gesamten "Sturm 7". Besonders bis zum Jahre 1978 kann die mehrheitliche Einstellung der Frankfurter Gruppe als NPD-orientiert bewertet werden. Sogar ein Mitglied der Offenbacher CDU-Jugendorganisation "Junge Union" (JU) ist mit dabei. So schreiben die 'Nürnberger Nachrichten': "Nach Erkenntnissen der Staatsschützer soll ein 19jähriger junger Christdemokrat auch mehrere Wochen lang im Trainingslager der verbotenen 'Wehrsportgruppe Hoffmann' ausgebildet worden sein." ('Nürnberger Nachrichten', 24.2.1981; vgl. auch 'Nürnberger Nachrichten', 25.2.1981)

Signifikant für die Interessen einiger Mitglieder der hessischen WSG ist auch der Ort ihrer Rekrutierung. So werden etwa auf dem Frankfurter Flohmarkt Militariasammler von WSG-Mitgliedern angesprochen. Viele ausschließlich an Militär und Waffen interessierte Mitglieder verstehen sich ansonsten als "unpolitisch". In der Folgezeit kommt es jedoch zu Flügelkämpfen, bei denen sich der radikalere Teil der hessischen WSG-Mitglieder durchsetzt. 1979 driftet der "Sturm 7" in Richtung NSDAP/AO ab. Diese Phase ist begleitet vom Ausschluß beziehungsweise auch Austritten der weniger extremen Mitglieder.

Neben der neonazistischen Provokation stehen auch militante Aktionen auf dem Programm des hessischen WSG-Ablegers. Ein Beispiel für die politisch-motivierte Gewalt ist eine handgreifliche Auseinandersetzung zwischen Stefan Wagner, Michael Satorsky, Hans-Joachim Förster, Michael Schulz und Arnd-Heinz Marx am 10.3.1979 in Nieder-Roden mit politischen Gegnern. Schwarz uniformiert und kollektiv mit SS-Rune bekleidet (außer Wagner, der eine Siegfriedrune trägt) gehen die WSG-Männer in die Dudenhofener Gaststätte "Emils Pinte", wo sie mit politisch Andersdenkenden in Streit geraten. Nach der verbalen Auseinandersetzung mit Gästen verlassen die Neonazis das Lokal und werden anschliessend von einigen Gegnern verfolgt. In Nieder-Roden kommt es zur Auseinandersetzung. Dabei hetzt ein Mitglied der "Wehrsportgruppe Hoffmann" zwei Hunde auf die Widersacher, die sich in ein Auto zurückziehen. Als sie der Aufforderung auszusteigen nicht nachkommen, maltraitieren die WSG-Aktivisten mit Fäusten und Knüppeln das Fahrzeug, zerschlagen die Windschutzscheibe, die Nebelschlußleuchte, einen Scheinwerfer und einen Blinker. (vgl. Staatsanwaltschaft Darmstadt, 2 Js 9691/79, 8.7.1979, S. 2-5) Auch das zuständige hessische Landesamt für Verfassungsschutz bestätigt die wachsende Militanz der "Sturmabteilung 7":

"Insbesondere im südhessischen Raum traten sie, meist einheitlich mit Parkas und Stiefeln bekleidet, in Erscheinung und beschädigten u.a. einen der DKP nahestehenden Buchladen in Frankfurt am Main. Verschiedentlich nahmen sie auch geschlossen an 'Wehrsportübungen' auf dem Besitz des Hoffmann in Heroldsberg/Bayern teil." (Verfassungsschutzbericht des Landes Hessen 1979, S. 15)

Bis zum Verbot der "Wehrsportgruppe Hoffmann" gehören die hessischen Neonazis zu den Aktivposten der Organisation. Nach dem 30.1.1980, als es Hoffmann um die Fortführung seiner Gruppe im Ausland geht, folgt ihm der Vorsitzende der "Sturmabteilung 7" in den Libanon. Dort wird Marx von "Kameraden" gefoltert, er verläßt von Hoffmann desillusioniert, den Nahen Osten.[5] Nach seiner Rückkehr nach Deutschland sind seine nächsten politischen Stationen die VSBD/PdA und nach deren Verbot die ANS/NA.

2. Ingolstadt

Die Wurzeln der Hoffmann-Gruppe in Ingolstadt sind politisch eindeutig neonazistisch. In der ersten Jahreshälfte 1974 formiert sich in der bayerischen Stadt eine neue rechtsextremistische Gruppe, wie ein Sprecher der Landespolizeiinspektion Ingolstadt, Abteilung "Staatsschutz" gegenüber dem 'Donau-Kurier' bestätigt. Sie

---

[5] Trotzdem: Auch nach seinem Libanon-Aufenthalt hängt Marx an seinen militärischen Schwärmereien. Er arbeitet als Wachmann bei der 26.Kompanie des 142. Nachschub-Bataillons der amerikanischen Armee in Hanau. Die US-Army versprach dem Neonazi sogar eine Uniform, die er dann legal tragen dürfe, wenn er sich bewähre. Erst als Marx 1983 (zu Unrecht) im Verdacht steht, an den Anschlägen der Hepp/Kexel-Gruppe auf US-Angehörige beteiligt gewesen zu sein, wird er am 6.4.1983 entlassen. (Müller 1984, S. 242)

versteht sich als "Testamentsvollstrecker nationalsozialistischer Blutherrschaft". Hinter der Gruppe stehen "Sympathisanten des Hoffmann-Clans". (vgl. 'Donau Kurier', 27./28.4.1974) Nachdem es im ersten Jahr in Ingolstadt um die Hoffmann-Mannen recht ruhig bleibt, kommt es ein Jahr später zur ersten Randale. Mit weißen T-Shirts bekleidet (Aufschrift: Hoffmann) und Hakenkreuzarmbinden taucht der Trupp in einer Ingolstädter Gastwirtschaft auf und singt Marschlieder des Dritten Reiches. Auf Anfrage der Lokal-Zeitung 'Donau Kurier' beim bayerischen Innenministerium bestätigt die Behörde, daß "etwa ein Dutzend Burschen im Alter zwischen 18 und 25 Jahren" in das als "Linken-Treff" apostrophierte Lokal eingedrungen sind. ('Donau Kurier', 2.9.1975) Bei der "Juda verrecke" grölenden, randalierenden WSG-Gruppe befinden sich "Junge Nationaldemokraten" und zwei Bundeswehrsoldaten, ein Stabsunteroffizier und ein Hauptgefreiter. ('Donau Kurier', 13./14.9.1975) Hinsichtlich des neonazistischen Ingolstädter WSG-Ablegers führt das Landesamt für Verfassungsschutz zwischen 1976 und 1979 keine lokale Aktivität auf. Sicher ist aber, daß es Überschneidungen zu anderen neonazistischen Organisationen gibt. So ist beispielsweise der Ingolstädter WSG-"Unterführer" Bernhard Grett auch Funktionär in Friedhelm Busses "Volkssozialistischer Bewegung Deutschlands/Partei der Arbeit" (VSBD/PdA). Weitere WSG-Mitglieder sind die Ingolstädter Rudolf Klinger, Franz Keller, Alfred Keeß, Johann Münzhuber und Josef Oberheid. Das Verhalten nach dem 30.1.1980 zeigt, daß die Ingolstädter WSG zum solidesten Stamm Hoffmanns gehört:

Nach dem Verbot der "Wehrsportgruppe Hoffmann" begleiten einige Ingolstädter Mitstreiter Hoffmann in den Libanon, um die WSG fortzuführen. Unter ihnen: Stefan Faber und Alfred Keeß. Faber und Keeß gehören vor dem Verbot der "Wehrsportgruppe Hoffmann" zum festen Bestand des Ingolstädter WSG-Ablegers. Außerdem gehen drei Mitglieder der Ingolstädter WSG-Gruppe nach dem Organisationsverbot am 30.1.1980 in eine andere Organisation: Zwei Jahre nach dem Verbot werden sie Mitglied der Stahlhelm-Ortsgruppe Ingolstadt. (vgl. Dudek/Jaschke 1984, S. 121)

3. Neuburg

Der Neuburger WSG-Ableger besteht nach Presseinformationen aus 40 bis 60 aktiven Kämpfern ('ran', 1.5.1981, S. 22), was sich mit den Aussagen eines früheren Mitgliedes in etwa deckt. (vgl. Landeskriminalamt Rheinland-Pfalz, ST 11, Mainz, 20.10.1981, S. 1) Hoffmann selbst referiert häufig in der alten Residenzstadt. Zu einer öffentlichen Veranstaltung kommen 150 Zuschauer, die den WSG-Chef euphorisch feiern. Bis zur Anbindung an die Hoffmann-Gruppe ist der Neuburger WSG-Stamm ein Zusammenschluß Uniform- und Orden sammelnder Militaristen, der sich erst 1975 organisiert. Leiter der Gruppe ist Anton Pfahler. Der ehemalige Zeitsoldat und Aktivist im Reservistenverband kommt aus einer wohlhabenden Neunburger Geschäftsfamilie. Das Hobby des Unternehmers ist der Erwerb und das Wiederaufrüsten von alten Bundeswehrfahrzeugen. Pfahler sammelt alles, was mit Wehrmacht und Waffen zu tun hat. In seinem Hof wimmelt es von ausrangierten Jeeps und Kübelwagen, die er an Fernsehanstalten vermieten will. (vgl. 'Augsburger Allgemeine', 29.9.1980; vgl. 'ran', 1.5.1981, S. 22) Ein Hobby ganz im Geschmack des WSG-Chefs Karl-Heinz Hoffmann. Zum Zusammenschluß der Naunburger Gruppe mit Hoffmann sagt der frühere Neuburger WSG-Mann Helmut Rudolf K.:

> "Es war im Jahre 1976. Der Kontakt kam über die Ingolstätter WSG zustande. Sie nahmen uns im Frühjahr 1976 mit zu Hoffmann. Es war dies in der Gegend von Nürnberg aber nicht in Heroldsberg. Das Treffen war auf irgendeinem Hof. Wir wurden von Hoffmann begrüßt, und er stellte uns seine Gruppe vor. Dabei brachte er zum Ausdruck, daß die Sache rein militärisch sei ohne politischen Hintergrund." (Landeskriminalamt Rheinland-Pfalz, ST 11, Mainz, 20.10.1981, S. 1 f)

Dabei bleibt die Gruppe allerdings unabhängig:

> "Wir waren eine eigenständige Gruppe, die aber unter dem Oberbefehl des Hoffmann stand. Es war mehr oder weniger ein Koordinierungsverhältnis. Wir richteten selbst Übungen aus und nahmen andererseits an Übungen von anderen Gruppen teil. Bei der Anlage von Übungen erfolgten dann Absprachen, welche Gruppe welches Material mitbringen kann." (Landeskriminalamt Rheinland-Pfalz, ST 11, Mainz, 2o.10.1981, S. 2)

Auch mit anderen WSG-Ablegern und rechtsextremistischen Organisationen arbeitet die Neuburger Gruppe zusammen. Im Polizeiverhör bestätigt Helmut Rudolf K. unter anderem Verbindungen zum "Sturm 7":

> "Ich glaube es war an einem NPD-Tag oder Tag der deutschen Einheit 1977. Wir fuhren mit einigen anderen aus Neuburg nach Frankfurt und trafen unterwegs die Gruppe Hepp aus dem Schwäbischen. Wir waren dann vielleicht so ca. 30 Leute. In Frankfurt wurden wir erwartet und abgeholt. Zu Fuß gingen wir dann zum Veranstaltungsgelände." (Landeskriminalamt Rheinland-Pfalz, ST 11, Mainz, 20.10.1981, S. 2)

Auch nach dem WSG-Verbot soll Pfahler weiter einer Gruppe von 14 bis 18jährigen Jugendlichen vorstehen, die in den Donau-Auen in Bundeswehr-Uniform Krieg spielen, diesmal allerdings nicht als "Wehrsportgruppe", sondern als "Bundeswehr-Fanclub". Während Pfahler seine Mitarbeit in der Gruppe dementiert ("Wäre schlecht fürs Geschäft"), sieht der SPD-Bundestagsabgeordnete und Vorsitzende des Innenausschusses Axel Wernitz die Kontinuität. ('ran', 1.5.1981, S. 23) Die CSU bestreitet die Beobachtungen von Wernitz nach dem WSG-Verbot: "In Neuburg gibt es keinen Rechtsradikalismus". Diese Feststellung trifft der heimische CSU-Landtagsabgeordnete Dr. Richard Keßler April 1981 im Pressegespräch. Ferner teilt Keßler in der Ergänzung einer Erklärung des bayerischen Innenministeriums mit, "daß nach den ihm vom Ministerium gegebenen Auskünften die Ermittlungen von Verfassungsschutz und Kriminalpolizei nicht den geringsten Nachweis für eine Verbindung zwischen dem im letzten Jahr in Neuburg auftretenden Bundeswehr-Fan-Club und der verbotenen Wehrsportgruppe Hoffmann (WSG) ergeben hätten." ('Neuburger Rundschau', 14.4.1981) Auf der anderen Seite dementiert die örtliche Bundeswehr Standortverwaltung die Existenz des offiziellen "Bundeswehr-Fan-Clubs": "An uns ist keiner 'rangetreten." Der Neuburger Jugendpfleger Alois Thumann bekommt seit seiner Kritik an den erneuten Übungen Mordrohungen. Der Berufsschullehrer Michael Kettner erklärt die vergeblichen Versuche der Polizei, eine Kontinuität des Wehrsports festzumachen, lapidar: "Wer blind sein will, der sieht auch nichts." ('ran', 1.5.1981, S. 23)

3. Bonn

In der Rheinstadt hat die "Informationsstelle Bonn" der WSG ihren Sitz. Verantwortlich für das Büro in der Ermekeilstraße 15 ist der am 1.3.1946 geborene Geheimdienstagent und freie Journalist Peter Weinmann. (vgl. 'Tiroler-Dokumentation', Beilage zum 'Tiroler', Nr. 42/1994, S. 1 f) Der Rechtsextremist mit Vergangenheit in der "Aktion Neue Rechte" gründet am 17.6.1971 in Krefeld gemeinsam mit Friedhelm Busse die "Partei der Arbeit" (PdA). Darüberhinaus wird Weinmann Mitglied im "Freundeskreis zur Förderung der Wehrsportgruppe Hoffmann". In dieser Eigenschaft sammelt er Gelder für Karl-Heinz Hoffmann. (vgl. Peterlini 1992, S. 310)

Bei der Finanzierung der WSG soll Weinmann eine zweite Geldquelle erschlossen haben: Menschenschmuggel. Dabei fällt er der niederländischen Polizei auf, die ihn in einem sogenannten Unterbringungshaus in Den Haag beobachtet. Er will dort einen Pakistani nach Großbritannien abholen. Hoffmann soll aus diesem Geschäft von Weinmann Zuwendungen erhalten haben, Weinmann für seine Geheimdienste die gewünschten Informationen. Der Handel fliegt auf, als seine Mitstreiter in England verhaftet werden. (vgl. 'Tiroler-Dokumentation', Beilage zum 'Tiroler', Nr. 42/1994, S. 3) Der Partner Weinmanns soll Bernd Hengst gewesen sein, wie frühere politische Freunde im Gespräch mit dem Autoren berichten. Zu dieser Zeit wirbt Weinmann auch Jugendliche an, mit denen er bei einer Kiesgrube in St. Augustin Hangelar Wehrsportübungen veranstaltet. In dieser Zeit, so berichtet ein jugendlicher Aussteiger der Weinmann-Gruppe, habe man auch Anleitungen erhalten, wie man Sprengstoff bastele, "um Gebäude oder Brücken oder anderes zu zerstören." ('Der Rechte Rand', April-Mai 1993, S. 7)

Nach dem Verbot der "Wehrsportgruppe Hoffmann" veranstaltet Weinmann in der "Freiheitlichen Deutschen Arbeiterpartei" (FAP) Bonns ideologische Schulungen und publiziert in zahlreichen rechtsextremen Publikationen.

4. Düsseldorf

Auch in Düsseldorf gibt es einen Ableger der "Wehrsportgruppe Hoffmann". Beleg für dessen Arbeit sind unter anderem die Aussagen des Walter Ulrich B. vor Gericht. Bei einem Besuch bei Hoffmann 1979 will er die Adresse des Düsseldorfer WSG-"Unterführers" bekommen haben. Zur Düsseldorfer WSG sagt B.:

> "Ich habe dann in der Folgezeit an Wehrsportübungen in der Düsseldorfer Gegend teilgenommen. Eigentlich beigetreten bin ich der Wehrsportgruppe nicht. Ich habe aber an Übungen teilgenommen. (...) An den Übungen in Düsseldorf hat Hoffmann selbst nicht teilgenommen. Ausrüstungsgegenstände und Fahrzeuge waren aber vorhanden. Im Laufe der Zeit bin ich jedoch mehrmals zusammen mit dem bereits erwähnten Unterführer, der (...) heißt, zu Hoffmann nach Ermreuth gefahren. (...) handelt gewerbsmäßig mit militärischen Ausrüstungsgegenständen, und wir lieferten Hoffmann solche an. Waffen wurden jedoch nicht angeliefert. Es handelt sich um Gegenstände wie Uniformen, Stiefel und Schlafsäcke u.ä." (Vernehmungsprotokoll der Ermittlungsrichter des Bundesgerichtshofes, 1 BJs 388/81-2, II BGs 877/81, Karlsruhe, 3.7.1981, S. 2f)

Nach dem Verbot der "Wehrsportgruppe Hoffmann" geht auch das Mitglied der Düsseldorfer WSG, B., in den Libanon. B. erinnert sich:

> "Im September 1980, als ich wieder einmal bei Hoffmann war, sprach er mich an, ob ich nicht Interesse hätte, in den Libanon zu gehen. Er wolle die Wehrsportgruppe neu aufbauen. Einige Leute seien auch bereits drüben. Aufgabe der Gruppe sollte es sein, die Machtergreifung in Deutschland durchzusetzen. In die Kämpfe im Libanon sollte sie nicht eingreifen. Hoffmann sicherte mir zu, falls ich mich entschließen könnte, mitzumachen, würde ich eine militärische Ausbildung erhalten, Waffen und Uniformen würden gestellt. Es gebe Urlaub nach Zypern und Griechenland, und es werde auch Sold in Aussicht gestellt." (Vernehmungsprotokoll der Ermittlungsrichter des Bundesgerichtshofes, 1 BJs 388/81-2, II BGs 877/81, Karlsruhe, 3.7.1981, S. 2f)

Diese Versprechungen wird der WSG-Chef im Libanon nicht einlösen.

5. Tübingen/Baden Württemberg

Die bekanntesten baden-württembergischen Rechtsextremisten im Zusammenhang mit Karl-Heinz Hoffmann sind die Libanon-Aktivisten Odfried Hepp, Stefan Dupper und Kay Uwe Bergmann. Ihre politische Partizipation spielt sich jedoch nicht im fränkischen Unterholz Hoffmanns, sondern in der "Deutsch-Völischen Gemeinschaft" und der "Wiking-Jugend" ab. Nicht umsonst ermittelt die Staatsanwaltschaft beim Oberlandesgericht Stuttgart gegen die drei Neonazis und Mitstreiter der "Auslands WSG" wegen Aufbaus der Gruppe "NSDAP-Gau Württemberg-Hohenzollern". (vgl. Verfassungsschutzbericht des Landes Baden-Württemberg 1980, S. 87 f)

Weit weniger bekannt hingegen ist der Baden-Württemberger WSG-Stützpunktleiter Helmut Dieterle. Der Rechtsextremist ist zugleich Mitglied der NPD und "Gauführer" der "Wiking-Jugend" in Schwaben. Seit 1976 arbeitet er mit Hoffmann zusammen. Er ist mit dabei, als am 4.12.1976 Mitglieder der "Wehrsportgruppe Hoffmann" und des "Hochschulring Tübinger Studenten" (HTS) Gegendemonstranten mit Schlagstöcken verprügeln, die einen Vortrag Hoffmanns beim HTS verhindern möchten. (vgl. Antifa 1980, S. 124) In der folgenden Zeit besucht Dieterle auch Wehrsportübungen. 1978 wird er offiziell zum baden-württembergischen Landesleiter der WSG ernannt. Über eine eigenständige Aktivität der Sektion Dieterles gibt es keine Informationen.

Für mehr Furore sorgt der Hoffmann-Freund und HTS-Vorsitzende Axel Heinzmann. In seiner Gruppe tummeln sich der Mörder des jüdischen Verlegerehepaars Levin und Poeschke, Uwe Behrendt, und der Attentäter auf das Oktoberfest, Gundolf Köhler. Ein Beleg für das enge Verhältnis zwischen Heinzmann und dem WSG-Chef ist ein Briefwechsel, der dem "Militärischen Abschirmdienst" (MAD) 1976 in die Hände fällt. In einem Brief bittet Köhler Hoffmann um Erlaubnis, einen WSG-Ableger zu gründen: "Ich will", schreibt Köhler, "in meiner Heimatgemeinde eine WSG-Gruppe gründen. Bitte helfen sie mir!" Hoffmann verweist den Interessenten daraufhin an seinen "Kameraden" Axel Heinzmann, der schon zuvor in Tübingen einen regionalen WSG-Stützpunkt aufbauen will. (vgl. 'Der Spiegel', 6.10.1980) Der enge Kontakt zwischen Heinzmanns HTS und der WSG hält auch nach deren Verbot am 30.1.1980 an. Der Vorsitzende des Hochschulrings organisiert nach dem WSG-Verbot Solidaritätsdemonstrationen für die Hoffmann-Truppe. (vgl. Verfassungsschutzbericht des Landes Bayern 1980, S. 87) Nach Informationen des Bundesamtes für Verfassungsschutz verfügt Hoffmann 1979 auch über eine Untergruppe in Heidelberg. (vgl. Verfassungsschutzbericht des Bundes 1979, S. 30) Diese hat aber keinen Bestand. Bereits im Jahr der Gründung löst sich der Heidelberger Zusammenschluß, dem keine 20 Mitglieder angehören, wieder auf.

9.2.2. "Der Freundeskreis zur Förderung der WSG Hoffmann"

Im März 1976 initiiert Hoffmann den "Freundeskreis zur Förderung der Wehrsportgruppe Hoffmann" insbesondere zur finanziellen Unterstützung der WSG. (vgl. Verfassungsschutzbericht des Landes Bayern 1977, S, 81) Das Ziel des "Förderkreises" wird von dessen Präsidenten Bruno Weigand klar umrissen:

> "Die Wehrsportgruppe Hoffmann ist eine auf körperliche Wehrtüchtigkeit und Disziplin abzielende Organisation.
> Junge Männer und Heranwachsende ab 16 Jahren sollen im sportlichen Sinne ihre physischen Kräfte entwickeln. Die WSG Hoffmann-Truppe unterhält in vielen Städten

Deutschlands und Österreichs Truppen, sie pflegt Kontakte mit vielen artverwandten Vereinigungen.
Der angedeutete Umfang macht deutlich, daß die Unterhaltung der WSG Hoffmann-Truppe materielle Mittel benötigt, die über die Möglichkeit einer einzelnen Person weit hinausgehen.
Aus diesem Grunde hat sich ein 'Freundeskreis zur Förderung der Hoffmann-Truppe' die Aufgabe gestellt, die materiellen Voraussetzungen zur Erhaltung und Ausbreitung der WSG zu organisieren.
Jeder Ordnung, körperliche Tüchtigkeit und Disziplin Bejahende ist aufgerufen, ein angemessenes Opfer für die gute und notwendige Arbeit zu bringen.
gez.: Der Präsident"
(zit. aus der Selbstdarstellung des "Freundeskreis zur Förderung der Wehrsportgruppe Hoffmann")

Angehörige des "Freundeskreises" sind:

Präsident: Dr. Bruno Weigand
Finanzverwalter: Franz Lippert
1. Vorsitzender: Friedrich Heckmann
2. Vorsitzender: Franz Speil
Informationsstelle Bonn: Peter Weinmann
Bevollmächtigte Repräsentanten: Johannes Koesling und Josef Oberheid für Deutschland, Helmut Schönangerer und Jürgen Lethmayer für Österreich.

Einige Mitglieder des Freundeskreises sind schon lange in der rechtsextremen Szene aktiv. So durchläuft der Vorsitzende des "Freundeskreises", Friedrich Heckmann die "Deutsche Reichspartei" (DRP), die "Deutsche Gemeinschaft" (DG) und die "Nationaldemokratische Partei Deutschlands" (NPD). Bei den Nationaldemokraten ist er Mitglied im baden-württembergischen Landesvorstand und zieht für sie auch in den Landtag ein. Seine nächste Station ist die Mitgliedschaft im WSG-"Freundeskreis" und der stellvertretende Vorsitz im "Kampfbund Deutscher Soldaten" (KDS) des Erwin Schönborn, den Heckmann als "sehr korrekt" bezeichnet. (Interview des Autoren mit Heckmann am 9.10.1995).
Zur Motivation der WSG-Gründung durch Hoffmann erinnert sich Heckmann, das Vorbild sei der "DDR-Wehrsport" gewesen. Die Funktion des "Freundeskreises" sei "sowas wie der Club der Alten Herren" bei Burschenschaften gewesen, die den Jungen unter die Arme greifen. Im Unterschied zu Hoffmann ist der Vorsitzende des "Freundeskreises" jedoch "gegen die Uniformierung", in der er eine "Verunglimpfung der Toten", der "hunderttausenden Gefallenen" sieht. Ein halbes Jahr vor dem Verbot der "Wehrsportgruppe" zieht sich der frühere NPD-Landtagsabgeordnete aus der WSG zurück. (Interview des Autors mit Heckmann am 9.10.1995).
Johannes Koesling ist Vorsitzender der NPD-Berlin-Schöneberg und bringt es zum zweiten Bundesvorsitzenden der militanten "Nationalen Deutschen Befrei-

ungsbewegung" (NDBB), die sich als Vorläuferin einer neuen NSDAP sieht. (vgl. Rosen 1989, S. 53) Peter Weinmanns politische Karriere beginnt 1966 in der NPD, die er allerdings 1969 wieder verläßt, um sich dann ab 1971 in der "Aktion Neue Rechte" und der "Aktion Widerstand" zu engagieren. Der Inhaber einer Ingolstädter Reparaturwerkstatt, Josef Oberheid, ist Hoffmann nach dem WSG-Verbot behilflich, Fahrzeuge für den Libanon betriebsbereit zu machen, wie die Nürnberger Stadtzeitung 'Der Plärrer' (Nr.5/1983, S. 10) schreibt.

Der Salzburger Helmut Schönangerer gehört der Österreichischen "Nationaldemokratischen Partei" an, die in der Alpenrepublik zur wichtigsten Partei der Neonazis wird. Der zweite Österreicher im "Freundeskreis", Hans Jürgen Lethmayer, hat keine rechtsextreme Parteizugehörigkeit. Der Schwimmwagenfan und Hoffmann-Freund ist Gemeinderatsmitglied der ÖVP.

Der Name der WSG-Fördergruppe läßt Erinnerungen an die SS wach werden. Die Namensgebung Hoffmanns erinnert an die Heinrich Himmlers, der sich Anfang der dreißiger Jahre nicht nur um neue Mitglieder, sondern auch um Geld für SS-Verbände bemüht. In dieser Zeit stehen zahlreiche deutsche Industrielle und Wirtschaftsmanager dem SS-Reichsführer Himmler bereitwillig zur Seite.[6]

Ähnlich wie bei dem historischen Vorbild ist auch der Einfluß des WSG-Förderkreises auf die tatsächliche Arbeit der WSG sehr gering. Der Ton wird damals von Himmler angegeben, so wie Hoffmann ebenfalls keinen Zweifel an der Hierarchie in seiner Gruppe läßt. Im Interview sagt er:

---

[6] "Sie mobilisierten sich in einem Herrenklub, der sich 'Freundeskreis Reichsführer-SS' nannte und dessen Mitglieder aus mancherlei Gründen die Nähe Heinrich Himmlers suchten. Opportunisten wie das IG-Farben-Vorstandsmitglied Dr. Heinrich Bütefisch, überzeugte Nazis wie Dr. Werner Naumann, Staatsekretär im Propagandaministerium, besorgte Konzernherrn wie Friedrich Flick und verkappte NS-Gegner wie der Robert-Bosch-Direktor Hans Walz fanden sich zu gemeinsamen Spenden für die SS zusammen.
Der Freundeskreis war aus dem 'Studienausschuß für Wirtschaftsfragen' hervorgegangen, den Hitlers Wirtschaftsberater Wilhelm Keppler im Sommer 1932 gegründet hatte". (Höhne 1992, S. 131) Der Erfolg des "Freundeskreises" ist so groß, daß sich die SS um ihre finanzielle Zukunft keine Sorgen mehr machen muß:
"Es gab kaum einen großen Wirtschaftsbetrieb, der sich nicht der Hoffnung hingab, durch Entsendung eines Vorstandsmitgliedes und durch Zahlungen an die SS die eigenen Interessen vor Übergriffen der Partei zu schützen. Die Mitgliederliste des Himmler-Kreises las sich wie ein Auszug aus dem Handelsregister. Im Freundeskreis waren vertreten: die Geldinstitute Deutsche Bank, Dresdner Bank A.G., Commerz- und Privatbank, Reichsbank und Bankhaus J.H. Stein; die Schiffahrtsgesellschaften Nordeutscher Lloyd und Hamburg-Amerika-Linie; die Ölfirmen Deutsch-Amerikanische Petroleum Gesellschaft und Continentale Ölgesellschaft, die Nährmittelfabrik Dr. August Oetker und die Großbetriebe I.G. Farbindustrie, Mitteldeutsche Stahlwerke A.G., Siemens-Schuckertwerke A.G., Portland-Zement-Werke, Rheinmetall-Borsig und Reichswerke A.G. 'Hermann Göring'. (...)
Der SS-Chef zeigte sich erkenntlich. Über die Herren des Freundeskreises ging ein Regen von SS-Titeln nieder; von den 32 nicht der SS angehörenden Mitgliedern wurden 15 zu Ehrenführern der Schutzstaffel ernannt, was zu nichts anderem verpflichtete, als sich die SS-Uniform hin und wieder anzuziehen." (Höhne 1992, S. 131 f)

"Aber was weiß der Freundeskreis? Nichts! Der Freundeskreis darf an Veranstaltungen teilnehmen, darf uns unterstützen, ist wohlwollend. Das sind alles furchtbar nette Leute. Aber den Freundeskreis und seinen Mitgliedern gehen ja nun die Aktivitäten der Wehrsportgruppe nichts an." (zit. aus: Rabe 1980, S. 199 f)

Auch wenn zum einen Hoffmanns Einschätzung richtig ist, daß der Freundeskreis kein Machtfaktor innerhalb der WSG ist, muß auf der anderen Seite festgestellt werden, daß sich die WSG und ihr "Freundeskreis" nicht so leicht trennen lassen. Dementgegen schreibt das Bayerische Staatsministerium des Innern, daß der Freundeskreis "personell fast identisch mit der WSG ist." (Verfassungsschutzbericht des Landes Bayern 1977, S. 81)

Neben seiner Aufgabe, der WSG Finanzen zuzuführen, kümmert sich der "Freundeskreis" auch um repräsentative Aufgaben der WSG. So ist der "Freundeskreis"-Vorsitzende Heckmann für die Kontakte zu den rechtsextremen Gallionsfiguren Otto Riehs und Hans-Ulrich Rudel verantwortlich, die auf der WSG-Weihnachtsfeier 1976 als Referenten eingeladen sind. (vgl. Briefwechsel Heckmann-Riehs) "Freundeskreis"-Mitglied und V-Mann Peter Weinmann koordiniert die Finanzierung der WSG durch Dreharbeiten bei Hoffmann. Zu seiner Arbeit in der WSG schreibt er:

"Habe den ersten Film über die Hoffmann-Gruppe (1973) an den Westdeutschen Rundfunk ARD, Redaktion Monitor, geliefert und DM 400 Honorar bekommen. Redakteur Erich Potthaus. War zudem mit Karl-Heinz Hoffmann abgestimmt. Daraus kann eine Spende erwachsen sein. Kann mich nur noch daran erinnern, daß eine Feier im Schloß stattgefunden hat, wo die Gelder für H. gesammelt worden sind." (Brief Peter Weinmanns an Hans Karl Peterlini vom 4.3.1992, in: Peterlini 1992, S. 310)

Doch Weinmann verschweigt einiges in seinem Brief an den Journalisten Hans Karl Peterlini. In seinem Bestreben, die WSG zu fördern und gleichzeitig für seine geheimdienstlichen Arbeitgeber Informationen zu liefern, hat Weinmann weitere Geldquellen erschlossen. In einer Dokumentation, die Weinmann selbst anläßlich seines Prozesses an Journalisten verteilt haben soll (vgl. 'Tiroler-Dokumentation', Beilage zum 'Tiroler', Nr. 42/1994, S. 1), steht zu lesen:

"Mitte der 70er Jahre benötigte die Wehrsportgruppe Hoffmann Geld. Jeder Wehrsportler, Agent Weinmann eingedenk, hatte solches irdendwie zu beschaffen. Auch Sachleistungen waren willkommen, hauptsächlich Autos, die zu Geländefahrzeugen (mit Tarnanstrich) umfunktioniert wurden. In einer später kursierenden Spenderliste ist Weinmann auch vermerkt. Geld gleich Informationen, hat sich der Agent gesagt. Das BfV war nicht gerade spendabel, wenn auch kleine Beträge flossen. An der Sache nun einmal Gefallen gefunden, erschloß Weinmann eine reichlich ausgefallene Geldquelle: Menschenschmuggel. Hoffmann erhielt Zuwendungen, Weinmann die gewünschten Informationen, aber das lukrative Unternehmen endete betrüblich. Weinmanns Mitstreiter, darunter ein NDP-Funktionär, landeten in England im Gefängnis. (...) Das BfV, nach Weinmann'scher Art gut darüber informiert und auch nicht, schüttelte, wieder einmal, nur das Haupt und traute seinen Ohren nicht, wie ihr (!) Schützling Informationen aus Hoffmanns Truppe beschaffte." (zit. aus: 'Tiroler-Dokumentation', Beilage zum 'Tiroler', Nr. 42/1994, S. 3)

In dieser Hinsicht ist Weinmann sicherlich das emsigste Mitglied des "Förderkreises". Zusammenfassend kann festgehalten werden, daß der "Freundeskreis" somit zwei Funktionen erfüllt:

1. Die Beschaffung von Finanzen und das Einbinden von Lobbyisten.
2. Der Name des Kreises hat Symbolcharakter, es soll auf diese Weise eine Paralelle der WSG zur SS suggeriert werden.

9.3. Die Infrastruktur der "Wehrsportgruppe Hoffmann"
9.3.1. Die WSG arbeitet konspirativ

Karl-Heinz Hoffmann läßt sich nicht gerne in die Karten schauen. Die Informationen zur Infrastruktur seiner Organisation, die er in Interviews preisgibt, sind dürftig. Über seine Publikation 'Kommando' verbreitet Hoffmann Anweisungen zur konspirativen Arbeit:

"Abschirmung gegen Infiltranten
Die von uns im Prinizip selbstverständlich erschwünschte Personalverstärkung der aktiven WSG-Gruppen gibt gleichzeitig in gewisser Weise Anlaß zu ernster Sorge um die Sicherheit unserer Organisation. Der seit einiger Zeit zu beobachtende Anstieg der Bewerbungen bringt demzufolge nicht nur eitel Freude, sondern auch einige Probleme mit sich.
Da die Organisationsleiter in den verschiedenen Stammabteilungen über die Aufnahme 'Neuer' selbst zu entscheiden haben, besteht die Gefahr, daß die Aussicht auf personelle Stärkung des eigenen Organisationsbereiches gegenüber den notwendigen Sicherheitsbedürfnissen Vorrang genießt.
Die laufenden Überprüfungen durch erfahrene Sachbearbeiter unseres Sicherheitsdienstes ergaben leider in einigen Bereichen ein zumindest besorgniserregendes Bild. Bei aller Opferbereitschaft und Energie kann die Tatsache des zu weit gehenden Vertrauens gegenüber neuen Bewerbern und sogenannten Freunden nicht ungerügt bleiben.
Als besondere Unsitte muß auch die gelegentliche Zulassung von Gästen aus dem sogenannten befreundeten Lager bei internen Zusammenkünften der WSG-Ortsgruppen bezeichnet werden, dies besonders deshalb, weil gerade die nationalen Gruppen mit Spitzeln hochgradig verseucht sind. Das Gesagte bezieht sich keinesfalls auf die zivilen Mitglieder des eigenen Freundeskreises, sondern auf solche, die anderen Organisationen angehören.
In einigen Fällen wurde auch der Versuch erkannt, attraktive Frauen zur Erkenntnisgewinnung auf WSG-Funktionäre anzusetzen.
Hier, in diesem angesprochenen Problemkreis, liebe Kameraden, muß unsere Wachsamkeit gestärkt werden.
Das vorübergehende Eindringen eines Spitzels ist noch kein Beinbruch, so etwas kommt immer wieder vor, aber ich erwarte, daß derartige Elemente noch während der

Bewährungszeit enttarnt und abgestoßen werden, bevor wichtige Erkenntnisse gesammelt werden können.
Die WSG muß sauber bleiben und darf niemals ein Tummelplatz zersetzender Infiltranten werden. Mit dem allgemeinen Aufru zu erhöhter Wachsamkeit grüße ich meine treuen WSG-Männer."

Der erwähnte Fall bezieht sich auf die Frankfurter Sektion "Sturm 7". Hier gelingt es einer antifaschistischen Organisation, eine Frau einzuschleusen. Sie erfährt nicht nur zahlreiche Interna, sondern schafft es auch, die Gruppe zu spalten, weil sich sowohl der hessische "Untersturmführer" Marx und als auch ein anderer WSGler in sie verlieben. Die Konkurrenz der beiden sprengt die Gruppe. (vgl. Müller 1993, S. 82) Viele jugendliche Rechtsextremisten haben Probleme mit dem anderen Geschlecht. (vgl. Hennig 1982, S. 34) Daran scheitert Hoffmanns sogenanntes Sicherheitssystem zum Teil. Im Normalfall versucht er durch hierarchische Selektionsverfahren seine Reihen frei von Infiltranten oder Verfassungsschutzmitarbeitern zu halten. Zur Zahl seiner Mitglieder sagt er:

"Ich bin aber nicht bereit, Ihnen nun genaue Zahlenangaben zu machen, weil es natürlich für die Verfassungsschutzbehörden äußerst schwierig ist, sich ein genaues Bild zu machen, und zwar einfach deswegen - das liegt in der Struktur der Sache -, weil Leute, die man eventuell einschleust oder die man als Verräter anwerben kann, weil die natürlich nur einen sehr begrenzten, **einen sehr begrenzten** Bereich selbst überschauen können. (...)
Dann kommt hinzu, durch unseren militärischen, hierarchischen Aufbau ist praktisch das, was in einer normalen politischen Gruppierung ganz normal ist, bei uns ausgeschlossen. Es kann also nicht jemand eintreten und dann sich Liebkind machen und per Mehrheitsbeschluß irgendein Amt bekleiden oder an allen Besprechungen teilnehmen. Das ist ganz unmöglich. (...) Er tritt ein als normaler WSG-Mann (...) und muß dann eine Laufbahn durchlaufen, und wenn er Offizier wird, dann geht das im Gegensatz zum regulären Militär nur über sämtliche Unteroffiziersgrade. Sie können sich vorstellen, bis jemand in etwa den Rang eines Leutnants hat, wie lange er (...) Er muß also einige Jahre dabei sein, bis er dahin kommt und bis er dann mal an einer Führerbesprechung teilnehmen kann. Und deswegen ist es also nahezu aussichtslos. Und in dieser langen Zeit hat man natürlich Gelegenheit, die Leute so gut kennenzulernen, daß also Verrat fast ausgeschlossen ist in entscheidenden Dingen." (zit. aus: Rabe 1980, S. 199)

Tatsächlich bleiben spektakuläre Fälle von Aussteigern oder das Eindringen von Undercover-Journalisten in die WSG-Struktur von Hoffmanns "Stammgruppe" aus. Lediglich beim hessischen "Sturm 7" gelingt es einer Antifaschistin, in interne Strukturen einzudringen. Allerdings sind die Geheimdienste erfolgreicher: Sie können Informanten in alle Ebenen der WSG einschleusen. (vgl. Hoffmann-Prozeß, S. 18) Ferner laufen Hoffmanns Finanzgeschäfte unter den wachsamen Augen des Verfassungsschutzes ab. (vgl. 'Tiroler-Dokumentation', Beilage zum 'Tiroler', Nr. 42/94, S. 3; vgl. auch 'Der Spiegel', Nr. 7/1994, S. 37) Außerdem läßt sich Hoffmann von einem Agenten zum Libanon-Projekt überreden. (vgl. 'Die Tageszeitung', 27.4.1983; vgl. auch 'Der Spiegel', Nr. 37/1981, S. 59 ff) Zu Hochzeiten dürfte Hoffmann im Libanon von zwei bis drei Informanten der verschiedensten deutschen Dienste umgeben gewesen sein, was jedoch sein Selbstbewußtsein nicht schmälert. Selbst nach dem gescheiterten Projekt preist er in seinem "Roman" den Erfolg der Konspirativität der bis 1980 legalen WSG:

> "Die Arbeitsweise der MSO[7] war bereits vom Prinzip her zu konspirativ, um den natürlich von Anfang an eingedrungenen Agenten die erforderlichen Erkenntnisse erlangen zu lassen.
> Die Gesamtstruktur der Organisation war bewußt so kryptokratisch, daß selbst die einzelnen Funktionsträger, das heißt Offiziere und Gebietsleiter, niemals einen Gesamtüberblick über die tatsächliche Personalstärke der Organisation hatten. Ein Gebietsleiter hatte eben, selbst bei höherem Dienstgrad, nur die Übersicht in dem ihm übertragenen örtlichen Bereich. Der Gesamtüberblick wurde ihm bewußt vorenthalten. Alle aktiven Mitglieder wurden innerhalb der MSO nur mit einem Decknamen geführt und angeredet. Demzufolge waren die Kameraden, auch wenn sich diese längere Zeit kannten, nur mit ihrem Decknamen bekannt, was die Aufklärungsarbeit der Ermittlungsbehörden zwar nicht absolut verhindern konnte, jedoch außerordentlich erschwerte." (Hoffmann, Verrat und Treue, S. 14 f)

Auch hier scheint der WSG-Chef stark zu übertreiben. Zwar ist es richtig, daß die WSG-Anhänger unter Decknamen an den Übungen teilnehmen, doch hält das Hoffmann nicht davon ab, seine Mitglieder auf Flugblättern, die öffentlich verteilt werden, mit richtigen Namen zu nennen. So beklagt der "Mitbürger" Hoffmann in dem Flugblatt mit dem Titel "WSG HOFFMANN-TRUPPE. Bei 15 Grad minus die Hosen runter", seinen Schützlingen, nämlich "dem 18-jährigen Kameraden der WSG Hoffmann-Truppe, Hans Peter Altmann aus München, und seinem Kameraden Herrmann Voit" sei "auf dem Weg nach Hause" Unrecht geschehen. Beide müssen laut Hoffmann unter polizeilichem Druck ihre Tarnanzüge ausziehen. Altmann sei dann genötigt worden, "in aller Öffentlichkeit, nur mit Unterhose bekleidet" auszusteigen, nach Hoffmann "eine eindeutige Verletzung der Menschenrechte". Erstaunlich ist allerdings, daß der angeblich so konspirative Hoffmann zu Propagandazwecken die Anonymität zweier Mitglieder preisgibt.
Außerdem ist die Tatsache, daß in Hoffmanns Publikation 'Kommando' zahlreiche WSG-Mitglieder abgebildet sind, nicht gerade ein Beleg für große Geheimhaltung. Die Anonymität der Mitglieder wird dem Werbeeffekt geopfert.

9.3.2. Die Finanzierung der WSG

Hoffmann spricht in Interviews nicht gern über seine Finanzen. Zur SPD-Zeitung 'Vorwärts' sagt er: "Ich bin über alles zu reden bereit, nur nicht darüber, woher

---

[7] MSO steht für Militärsportorganisation. Dieses Kürzel verwendet Hoffmann in seinem Roman für die WSG.

wir das Geld nehmen und wieviele Leute wir sind." ('Vorwärts', 9.1.1975) Auch
'Der Spiegel' kommt nicht weiter:

> "SPIEGEL : Hatte die WSG finanzielle Förderer?
> HOFFMANN: Wir hatten keinen finanziellen Zustrom.
> SPIEGEL : Von keiner Seite irgendwelche Spenden?
> HOFFMANN: Das will ich so nicht sagen. Aber nur in ganz unbedeutendem Umfang.
> SPIEGEL : Es soll anonyme Geschäftsleute gegeben haben, die Ihnen immer mal wieder Geld zuschanzten.
> HOFFMANN: Nennen Sie mal Größenordnungen, die sie sich vorstellen?
> SPIEGEL : Wir stellen uns alles vor - von einer Mark bis zu einer Million.
> HOFFMANN: Wenn irgend jemand - ob Geschäftsmann oder nicht - 20 Mark für die Wehrsportgruppe übrig hatte, dann braucht man darüber doch gar nicht zu diskutieren.
> SPIEGEL : Vielleicht hatte ja auch mal jemand mehr übrig? Hat Ihnen Herr Shickedanz mal was zukommen lassen?
> HOFFMANN: Schickedanz ist tot - was wollen Sie? Ich halte Schickedanz eher für einen CDU-Spender. Die Größenordnungen unserer Spenden waren so gering, daß es sich nicht lohnt, darüber zu debattieren.
> SPIEGEL : Haben Sie mal Aufträge übernommen zum privaten Schutz von Leuten, die Anlaß hatten, um ihre Sicherheit besorgt zu sein?
> HOFFMANN: Der Sachlage entsprechend müßte ich mir heute selber eine solche Firma anheuern, um für meinen Schutz zu sorgen."

Hoffmann erwähnt weder den "Freundeskreis zur Förderung der Wehrsportgruppe Hoffmann" noch den fränkischen Burgbesitzer Freiherr Gilbert von Sohlern, der sein Anwesen von Hoffmann-Leuten bewachen läßt. (vgl. 'Der Spiegel', 6.10.1980) Diese sollen die Burg Gößweinstein nachts vor unerwünschten Eindringlingen schützen. Hintergrund ist ein längerer Urlaub des Burgbesitzers, der seinen "guten Freund" Hoffmann um Hilfe bittet. Der zögert nicht und schickt "einige" Mitglieder seiner Gruppe. Derartige Einsätze seien für seine Männer "völlig normal": "Karl-Heinz Hoffmann (...) verriet gegenüber unserer Reaktion, warum ihm in letzter Zeit eine Reihe solcher Aufträge angeboten werden: 'Die Leute wissen halt, daß wir zuverlässig sind!'." ('Nürnberger Nachrichten', 5.8.1975)

Damit bestätigt Hoffmann, daß der Wachdienst für Freiherr Gilbert von Sohlern keine Ausnahme ist. Die Zeitung 'Die Neue' versucht, mit einem Trick mehr über Hoffmann-Financiers zu erfahren. Reporter geben sich als Geldkuriere einer ausländischen Gruppe aus. Als Mittelsmann für die fingierte Finanz-Transaktion soll Freiherr Gilbert von Sohlern, Inhaber des Unternehmen "Frankenwerbung", fungieren. In den Finanzgesprächen deutet von Sohlern eine Verbindung zwischen Hoffmann und dem Rüstungsindustriellen Karl Diehl an. (vgl. 'Konkret', 11/1980, S. 14) Weitere Belege für eine Hoffmann-Finanzierung durch Diehl finden sich in der Literatur nicht. Am 7.3.1979 sind die Hoffmann-Finanzen Gegenstand einer Landtagssitzung. Eine schriftliche Anfrage der SPD zur Finanzierung der WSG beantwortet das Bayerische Staatsministerium des Innern folgendermaßen:

"Die rechtsextreme Wehrsportgruppe Hoffmann wird von einem 'Freundeskreis zur Förderung der Wehrsportgruppe Hoffmann' finanziert, der von Karl-Heinz Hoffmann 1976 selbst initiiert worden ist und im wesentlichen aus den jetzigen und früheren aktiven Anhängern der WSG besteht. Dieser Kreis umfaßt etwa 400 Personen. Die aktiven WSG-Anhänger müssen ihre Ausrüstung meist selbst erwerben, so daß im wesentlichen die Gebäude und Kraftfahrzeugkosten anfallen. Hierzu dienen offensichtlich Zuschüsse aus seinem eigenen Einkommen und Vermögen. Schließlich hat Karl-Heinz Hoffmann im Wege eines Vergleichs von der Stadt Nürnberg eine Ablösesumme von 100.000 DM im Jahre 1974 zum Ausgleich der Renovierungsarbeiten am ersten Sitz der WSG, Gut Almoshof, erhalten. In diesem Zusammenhang muß darauf hingewiesen werden, daß die WSG-Anhänger die Renovierung ihrer Stützpunkte und die Reparaturen ihrer Kraftfahrzeuge fast ausschließlich selbst durchführen." (zit. aus: Bayerischer Landtag, Drucksache 9/1241, vom 11.4.1979)

Gesichert ist ferner, daß der rechtsextreme Münchner Großverleger Gerhard Frey für Hoffmann sein Portemonnaie öffnet:

"Trotz einer rechtskräftigen Verurteilung zu DM 8.000,- Geldstrafe wegen Verstoßes gegen das Uniformverbot übte HOFFMANN auch 1977 wiederholt uniformiert im Gelände. Dr. FREY, der Leiter der DVU, bezahlte HOFFMANN diese Geldstrafe 'in einem Akt nationaler Solidarität' (DNZ 35/77, S. 10)." (Verfassungsschutzbericht des Bundes 1977, S. 44)

Für Frey übernimmt Hoffmann ebenfalls Schutzdienste. 1977 etwa fungieren Mitglieder der "Wehrsportgruppe Hoffmann" als Saalordner bei DVU-Veranstaltungen. Auch Journalisten bezahlen Hoffmann. So erregt sich der damalige bayerische Ministerpräsident Strauß: "Diese Type bekommt Fabelsummen für ein Interview. Er spielt eine Rolle, die ihm gefällt, eine Art Mischung aus Ernst Röhm, Adolf Hitler und warum nicht Göring." (zit aus: Vinke 1981, S. 21) Die 'Süddeutsche Zeitung' berichtet, daß ausländische "Fernsehgesellschaften und Bildjournalisten (...) ihn gegen Honorar" zu Wehrsportübungen begleiten dürfen. ('Süddeutsche Zeitung', 31.1.1980) Außerdem sollen über den V-Mann Peter Weinmann Gelder zur Informationsgewinnung aus der Kasse des "Bundesamtes für Verfassungsschutz" zu Hoffmann geflossen sein - wenn auch spärlich. Es ist die Rede von "kleine(n) Beträge(n)" und an anderer Stelle von "BfV-Geld DM 100,-". (vgl. 'Tiroler-Dokumentation', Beilage zum 'Tiroler', Nr. 42/1994, S. 3, S. 7) Außerdem fließen auch Gelder von Neonazis. So versichert der Leiter der Neonazigruppe "Abwehrverband volkstreue nordisch-germanische Volksbewegung", Axel Kühl, eidesstattlich, Hoffmann Finanzen weitergeleitet zu haben. (vgl. Kap. 7.3. S. 291f)

Weitere Einnahmen hat Hoffmann aus dem Verkauf seiner T-Shirts, der Zeitschrift 'Kommando' und des Gedichtbandes "Verse und Gedanken eines deutschen Patrioten". Die Mitgliedschaft in der WSG ist gratis. So trägt zur finanziellen Konsolidierung der Gruppe lediglich in organisierter Form der "Freundeskreis zur Förderung der Wehrsportgruppe Hoffmann" bei.

9.3.3. Bewaffnung und Ausrüstung der WSG

Eine zuverlässige Information zur WSG-Bewaffnung liefert das polizeiliche Vollzugsergebnis anläßlich des WSG-Verbots am 30.1.1980. Dabei kommt es zu Hausdurchsuchungen von "23 Objekten". Besonders konzentriert sind die Polizeikräfte auf Hoffmanns Wohnsitz Heroldsberg und auf das Schlößchen Ermreuth im Landkreis Forchheim. Insgesamt werden

> "bei rund 20 zum engeren Kreis um Hoffmann zählenden Personen Waffen, Militärfahrzeuge und schriftliche Unterlagen beschlagnahmt. Im Garten von Hoffmanns Haus wurde ein nicht fahrtüchtiger Schützenpanzer sichergestellt. Keines der Mitglieder der Wehrsportgruppe ist in Haft." ('Süddeutsche Zeitung', 31.1.1980)

Auf der folgenden Pressekonferenz präsentieren die Innenbehörden das "Vermögen" der WSG:

> "Mehrere Pistolen, Karabiner und Colts, Handgranaten, eine Zwei-Zentimeter-Flak, Kraftfahrzeuge aller Art wie ein Zwölf-Tonnen-Schützenpanzer aus Beständen der Bundeswehr, Bundeswehrjeeps, Mannschaftswagen, Motorräder sowie Uniformen, Naziabzeichen, eine Hitler-Büste, Geschirr mit NS-Emblemen und umfangreiches schriftliches Material" ('Süddeutsche Zeitung', 31.1.1980)

In der Literatur wird die Bewaffnung der "Wehrsportgruppe Hoffmann" stets übertrieben dargestellt. So schreibt Georg Biemann mit Bezug auf einen 'Konkret'-Beitrag (Januar 1977): "Was allerdings beim Verbot im Januar 1980 im Waffenlager der WSG gefunden wurde, war eine umfangreichere Bewaffnung, als sie die SA bis zum Jahre 1933 besaß." (Biemann 1982, S. 477)
Eine Fehleinschätzung: Bis zu ihrer Entwaffnung im Jahr 1934 bringt die SA 177 000 Karabiner und 1 900 Maschinengewehre zusammen. (vgl. Pepper 1993, S. 82) Die Autoren solcher Beiträge verkennen oftmals Hoffmanns Werbegeschick. So präsentiert der WSG-Chef seinen "Schützenpanzer Hotchkiss" den Journalisten des italienischen Fernsehens als voll funktionsfähig. In Wirklichkeit handelt es sich um ein Wrack, das Hoffmann von einem Schrotthändler erworben hat. Nach den Berichten verschiedener früherer WSG-Mitglieder wird der altersschwache Panzer mit einem Tieflader vor den Drehort gebracht, um dort ein paar Meter vor der staunenden Presse zu fahren. Da außer den Laufrollen auch die Bugpanzerung fehlt, die bereits vom Schrotthändler anderweitig verarbeitet worden ist, muß Hoffmann auf fachunkundiges Publikum hoffen. (vgl. Müller 1993, S. 54, f) Er blufft auch die Leserschaft der WSG-Zeitung 'Kommando'. In dem Artikel "Aus alt mach neu" wird "Unser Hotchkiss einsatzbereit" mit zahlreichen Fotos präsentiert. ('Kommando', Januar 1979, S. 6 ff)
Das baden-württembergische Innenministerium schreibt folgerichtig zur Qualität des WSG-Fuhrparks:

"Bei den im Zusammenhang mit dem WSG-Verbot in Bayern, Hessen und Baden-Württemberg durchgeführten Hausdurchsuchungen konnten zahlreiche militärische Ausrüstungsgegenstände, darunter ein Schützenpanzer, ein Flugabwehrgeschütz, mehrere Geländefahrzeuge und Motorräder, die allerdings fast durchweg unbrauchbar waren, beschlagnahmt werden." (Verfassungsschutzbericht des Landes Baden Württemberg 1979, S. 68; vgl. auch 'Die Welt', 31.1.1980)

Vor diesem Hintergrund sind Hoffmanns Angaben zum Umfang des Fuhrparks seiner Organisation klar übertrieben, wenn er vor dem Verbot von "ungefähr 40 einsatzbereiten Fahrzeugen" spricht. (Hoffmann in: Rabe 1980, S. 212) Im selben Interview sagt er auf die Frage, ob die Wagen Eigentum der WSG seien:

"Nein, nein, ich meine, alle Fahrzeuge sind Privatbesitz, haben 'n privaten Halter. Und es ist eben immer so, jede Gruppe wird sich mit der Zeit selbst motorisieren und bringt eben dann im Bedarfsfalle ihre Privat-Kraftfahrzeuge zu den Übungen mit, obwohl wir in der letzten Zeit auf größere motorisierte Übungen, wie wir sie gemacht haben vor zwei Jahren noch, wo wir also manchmal mit 15 bis 20 Militär-Kraftfahrzeugen ausgerückt, nicht ... Darauf verzichten wir, weil uns das zuviel Schwierigkeiten einbringt und es zu leicht zu observieren ist. Und wir haben nicht ein Interesse, daß nun unsere Übungen nun voll analysiert werden von A bis Z." (zit. aus: Rabe 1980, S. 212)

Eine genauere Einschätzung der Bewaffnung der "Wehrsportgruppe Hoffmann" liefert das Bayerische Innenministerium.[8]

"Nach neuen Erkenntnissen verfügt die WSG über 2 Mannschaftswagen, 1 Unimog mit Anhänger, 4 Jeeps, mehrere VW-Käfer, 1 Kettenrad, 3 Motorräder sowie 4 Schlauchboote. Diese Fahrzeuge sind zu einem großen Teil auf einzelne WSG-Mitglieder zugelassen. Daneben besitzt die WSG mehrere Karabiner, Pistolen und Revolver, die jedoch - soweit bisher bekannt - sämtlich nicht schußfähig gemacht worden sind. Bei einigen Waffen ist jedoch diese Unbrauchbarkeit nach polizeilichen Erkenntnissen nur bedingt; in diesen Fällen sind Verfahren wegen Verstoßes gegen das Waffengesetz eingeleitet worden. Die übrigen 'Waffen', insbesondere die Maschinenpistolen, sind Attrappen." (Bayerischer Landtag, 8. Wahlperiode, Drucksache 8/5905, 12.7.1977, zit. aus: Union 1980, S. 44)

Ausrüster der Hoffmann-Gruppe soll unter anderem die Frankfurter Firma "VEBEG" sein, die im Besitz des Bundes ist. (vgl. Roth/Ender 1984, S. 234) Das Unternehmen lagert in Bundeswehrdepots große Mengen von ausgesonderten Bundeswehrfahrzeugen aller Art, vom Fahrrad bis zum Jeep, vom LKW bis zum Panzer. Dabei verkauft "VEBEG" allein im Jahr 1978 etwa 30 000 Tonnen "Schrott", wie die Firma offiziell bekanntgibt. (vgl. Roth/ Ender 1984, S. 233)

Zwar gibt das Bayerische Staatsministerium in Bezug auf den desolaten WSG-Fuhrpark eine realistische Einschätzung ab, doch wird die Gefahr scharfer Waf-

---

[8] Antwort vom 12.7.1977 auf die Landtagsanfrage des SPD-Abgeordneten Geys vom 17.7.1977, die sich auch mit den "Waffen und Geräten" der WSG befaßt.

fen, über die die Hoffmann-Truppe verfügt, unterschätzt. Auf eine Anfrage des bayerischen SPD-Landtagsabgeordneten Hiersemann vom 6.2.1979 nach der Existenz von Waffen bei einer Gelandeübung vom 12. bis 14.1.1979 verweist Staatsminister Gerold Tandler (CSU) lediglich auf die Entscheidung des Verwaltungsgerichtes Ansbach vom 14.12.1978. Hierin wird der Beschluß der Stadt Nürnberg vom 14.10.1974 bestätigt, die Hoffmann mit einem Waffenbesitzverbot versehen hat. (vgl. Bayerisches Staatsministerium des Innern, 12.3.1979, zit. aus: Union 1980, S. 48)

Hoffmann hält sich allerdings nicht an dieses Verbot. Bei einer großangelegten Polizeiaktion, die der Suche von Waffen und Material der verbotenen "Wehrsportgruppe Hoffmann" gilt, finden die Beamten im Juni 1981 im ehemaligen WSG-Hauptquartier, dem Schloß Ermreuth im Landkreis Forchheim, "hochbrisanten TNT-Sprengstoff". (vgl. 'Nürnberger Nachrichten', 24.6.1981) Die Menge des Sprengstoffs gibt die Bundesanwaltschaft mit "etwa ein bis zwei Kilogramm an". ('dpa', 25.1.1981) Daß die Militanz der "Wehrsportgruppe Hoffmann" sich nicht nur auf Kriegsspielereien beschränkt, wird auch bei den Hausdurchsuchungen anläßlich der Ermittlungen nach dem Oktoberfestattentat deutlich. Bei Anhängern der WSG findet das Bayerische Landeskriminalamt am 27.9.1980 unter anderem eindeutige politische Symbole und gefährliche Waffen und Chemikalien. Beispiele:

- Christ U.: 1 SS-Uniform, 1 Übungspanzerfaust
- Robert Christian F.: 1 Kg. gegossener militärischer Sprengstoff, 3 Granaten 10,5 cm, 8 St. Bordmunition etc...
- Rudolf Johann K.: 24 Patronen Kal. 6,35
- Kurt Erich L.: 9 Dosen Schwarzpulver, Chemikalien, 1 Pistole Marke "Ithaca" mit Magazin und 9 Schuß Munition
- Johann M.: Chemikalien, Schwarzpulver und 1 Pistole
- Horst R.: 1 MG-Gurt mit 50 Übungspatronen, 1 KK-Gewehr, 1000 Schuß Munition, 1 Pistole und 29 Übungspatronen, 1 Hakenkreuz mit Ständer
- Markus Sch.: 2 Werfergranaten Ø 10,5 cm[9]

Diese Funde belegen, daß die WSG-Mitglieder eine Gefahr für die innere Sicherheit darstellen. Bedrückendes Beispiel ist der Mord an Shlomo Levin und Elfriede Poeschke. Hierzu schreibt Klaus-Henning Rosen: "Mordwaffe war eine MP-Beretta aus Hoffmanns Waffenarsenal. Der Täter, mit ziemlicher Sicherheit war es das WSG-Mitglied Uwe Behrendt, hatte nachweislich einen von Hoffmann gebauten Schalldämpfer benutzt." (Rosen 1989, S. 57; vgl. auch Anklageschrift der Staatsanwaltschaft Nürnberg-Fürth, Az 340 Js 40387/81, 10.1.1981, S. 49 ff) Im Wissen um die Haltung seiner Mitgliedschaft zu scharfen Waffen schreibt Hoff-

---

[9] Liste der Sicherstellungen: Bayerisches Landeskriminalamt, SoKo Theresienwiese, München 7.11.1980)

mann 1979 in der WSG-Zeitschrift 'Kommando' den Artikel: "Kamerad, bist Du bewaffnet?" Hierin rät er seinen Mannen zu einem konspirativeren Umgang mit den Schußwaffen:

"Aus aktuellem Anlaß möchte ich zu einer für jeden WSG Mann äußerst wichtigen Frage Stellung nehmen.
Aktuell deshalb, weil gerade in der letzten Zeit viel die Rede von Waffenfunden bei sogenannten Rechtsextremisten war. Überflüssig zu erwähnen, daß den Fahndern die Sicherstellung einer illegalen Schußwaffe aus diesem speziellen Personenkreis als besonders fette Beute gilt. Denn mit dem Auffinden schwarzer Waffen gelingt im Handumdrehen, was sonst nur äußerst mühsam zu erreichen ist, nämlich die Kriminalisierung und Freigabe zum juristischen Abschuß.
Natürlich hat der militärisch orientierte junge Mann ein besonderes Interesse, eine Waffe zu besitzen. Sei es nun aus Vorsorge in Bezug auf eventuell kommende Konfliktsituationen oder sei es nur aus einfacher Liebhaberei oder echter Sammlerleidenschaft.
Im Prinzip ist dagegen ja auch nichts zu sagen, wenn dabei der gesetzlichen Situation peinlich genau Rechnung getragen wird. Grundsätzlich gilt: der Besitz der Waffe darf nicht illegal sein oder sie darf nicht gefunden werden. Wer heutzutage eine schwarze Waffe besitzt und diese in seinem Haus aufbewahrt, ist - noch dazu, wenn er zu dem eingangs erwähnten und damit besonders gefährdeten Personenkreis zählt - ein Dummkopf und gefährdet sich und seine Kameraden. Auch das raffinierteste Versteck im eigenen Wohnbereich ist nicht sicher genug.
So wie die Dinge liegen, muß man sich, auch wenn es schwer fällt, aus Gründen der Vernunft von liebgewordenem, altvertrautem Stahl trennen können. (...)
Fazit aller Überlegungen muß sein, die schwarze Waffe kommt aus dem Haus." ('Kommando', Mai 1979, S. 5 f)

Ein guter Rat aus kundigem Mund. Immerhin war auch Hoffmann schon in Waffenhandel verstrickt. Die Funde nach des WSG-Verbotes acht Monate nach diesem Artikel zeigen, daß nicht alle Mitstreiter die Tips ihres "Chefs" berücksichtigen. Das Libanon-Engagement und die Gewaltverbrechen von Mitgliedern aus den Reihen der WSG illustrieren, daß die Gefährlichkeit der WSG in Bezug auf Schußwaffen und Sprengstoffe in den siebziger Jahren eklatant unterschätzt wird. (vgl. Union 1980, S. 39 ff; Vinke 1981, S. 21 f und S. 51 ff)

9.3.4. Dienstgrade der WSG

Wie die Uniform sind auch die Dienstgrade und die Fantasieorden denen der Waffen-SS nachempfunden. Die hierarchisch gegliederte Gruppe richtet sich nach Dienstgraden, die durch "Schulterklappen und Kragenspiegel" kenntlich gemacht sind: "WSG-Sturmunterführer", "WSG-Hauptunterführer", "WSG-Vizeunterführer", "WSG-Stabsunterführer", "WSG-Unterführer" und "WSG-Mann". (vgl. 'Kommando', Januar 1979, S. 14)

Die Abzeichen der "WSG-Offiziere" finden sich in der Mai-Ausgabe des 'Kommando'. Hier stellt Hoffmann Schulterstücke und Kragenspiegel seiner Oberen vor: "WSG-Oberst", "WSG-Hauptstammführer", "WSG-Oberstleutnant", "WSG-Major", "WSG-Oberstammführer" und "WSG-Stammführer". ('Kommando', Mai 1979, S. 18) Über dem höchsten Dienstgrad, dem WSG-Oberst, steht selbstverständlich der "Chef der WSG", Karl-Heinz Hoffmann. (vgl. 'Der Spiegel', 24.11. 1980) Weit unter ihm versuchen sich die Mitstreiter der unteren Dienstgrade durch Geländeübungen und sportliche Kraftakte nach oben zu dienen. Ihre Rangabzeichen stellt Hoffmann in der März-Ausgabe 1979 vor: "WSG-Obergefreiter und Unterführeranwärter", "WSG-Obergefreiter", "WSG-Gefreiter", "WSG-Mann" und "WSG-Bewerber". (vgl. 'Kommando', März 1979, S. 18)

Die Rangabzeichen befinden sich auf dem rechten Kragenspiegel der WSG-Uniform. Auf dem linken Kragenspiegel der oberen Dienstgrade ist ein Totenkopf abgebildet. Das entspricht der Uniformkennzeichnung der Waffen-SS-Panzerdivision "Totenkopf", wie der Bundesinnenminister in der Verbotsverfügung feststellt. (vgl. 'Innere Sicherheit', 12.3.1980, S. 23)

Die Uniformierung der "Wehrsportgruppe Hoffmann" ist eines der wichtigsten identitätsstiftenden Elemente. Wie unschwer zu erkennen ist, orientiert sich Hoffmann bei der Wahl seiner gesamten Uniformierung an der Waffen-SS. (vgl. 'Kommando', September 1979, S. 18) Nicht umsonst haben mehrere Gerichte der WSG das öffentliche Tragen der SS-ähnlichen Uniform untersagt. (vgl. Müller 1980, S. 228) So hat die 12. Große Strafkammer des Landgerichts Nürnberg-Fürth als Berufungsinstanz den WSG-Chef wegen unbefugten Tragens von Uniformen zu einer Geldstrafe von 8000 DM verurteilt. Es steht nach dem Urteilsspruch für die Juristen

> "zweifelsfrei fest, daß einheitliche Bekleidungsstücke getragen wurden - schwarze Hemden, Tarnanzüge, Stahlhelme -, die nach dem Gesetz Uniformen seien. Die zweite strafrechtliche Prämisse 'Uniformen als Zeichen gemeinsamer politischer Gesinnung', sei ebenso erfüllt." ('Nürnberger Nachrichten', 23.7.1976)

Um das wichtigste Element der WSG-Identifikation nicht zu verlieren, schlägt Hoffmann neue Strategien vor: eine stärkere Politisierung und der einheitlich ausstaffierte Rückzug in private Bastionen. Hoffmann schreibt:

> "In voller Erkenntnis der politisch relevanten Machtstrukturen werden wir künftig neue Verhaltensformen entwickeln müssen. Die Entfaltung und weitere Stabilisierung unseres organisatorischen Zusammenhaltes wird dabei oberster Grundsatz sein. Auf die Uniform wird deshalb nicht verzichtet, doch sollte sie künftig nur außerhalb des Geltungsbereiches des anwendbaren Gesetzes getragen werden.
> Umgekehrt steht uns allerdings nach Sachlage das konsequente Vetreten eines bestimmten politischen Weltbildes zu.
> Das Tragen unserer Uniform bleibt auf nicht öffentlichem, privatem Grund und Boden auf jeden Fall von gesetzlichen Einschränkungen unberührt. Deshalb ist ein privater,

entsprechende Entfaltungsmöglichkeiten zulassender Freiraum für uns von entscheidender Bedeutung." ('Kommando', Januar 1979, S. 12 f)

Zur Funktion der Uniform für die rechtsextremistische Organisation schreibt Müller: "Das Korsett für das aufgesetzte Selbstbewußtsein ist die grau-grüne, SS-ähnliche Uniform der Hoffmann-Truppe gewesen, mit einem blitzenden Totenkopf am Mützenschirm." (Müller 1984, S. 244)

Dabeisein ist bei Hoffmann billig. Die WSG-Mitgliedschaft ist umsonst, eine Uniform kostet nur 10 bis 20 DM. Eine weitere historische Parallele: Ähnlich wie die NSDAP in den zwanziger Jahren mit ihrer braunen Uniform bedient sich Hoffmann aus ausgedienten Bundesgrenzschutz-Restbeständen, die er für seine Getreuen ersteigert. (vgl. Müller 1984, S. 244)

Zusammengefaßt kann festgehalten werden, daß sich Hoffmann zumindest optisch an Waffen-SS und SS anlehnt - eine Tatsache, die er selbst zugibt. So sagt er, daß er in der "Waffen-SS eine Elite-Einheit" sehe und deshalb auch keine Bedenken habe, "deren Uniformen weitgehend zu kopieren". Ferner biete dies "die Möglichkeit zu provozieren." (Müller 1993, S. 47)

Auch wenn Hoffmann immer wieder bekundet, kein Neonazi zu sein, bemüht er sich augefällig um eine Kopie der Waffen-SS. Eine Distanzierung zu den Verbrechen der Organisation findet nicht ansatzweise statt. Daß diese Haltung eine besondere Sogwirkung auf Neo-Nationalsozialisten und Altnazis hat, bedarf keiner Erklärung. (vgl. Kap. 5.1.2. S. 90f, Kap. 6.1. S. 115f, Kap. 6.4. S. 131 und S. 133ff)

Abzeichen der WSG

Schulterklappen und Kragenspiegel der WSG- Mannschaften und Unterführer

WSG Sturmunterführer (Originalgröße) Ortsgruppe 1 Nürnberg

Beschreibung:
Die Mannschaft und Unterführer der WSG tragen Schulterklappen in der traditionell deutschen Form, wie sie seit dem 1. Weltkrieg im Heere üblich waren.

Maße: 4,5 x 11 cm

Farbe: Grundtuch schwarz
Paspel kupferfarben
Knopf, Stern und Litze aluminiumfarben

Für den Kampfanzug wird anstelle der blanken Aluminiumlitze eine solche aus nichtglänzendem, grünlich-grauen Seidengespinst getragen.

WSG Hauptunterführer   WSG Vizeunterführer

Um das einheitliche Bild der WSG weiter zu vervollkommnen werden wir künftig laufend alle von der WSG getragenen Abzeichen, Uniformen und Ausrüstungsstücke in ihrer genauen Bemaßung und Beschaffenheit abbilden.

Etwa noch vorhandene Mängel können dann abgestellt werden. Falls Rangabzeichen nicht über die ZMV beschafft werden, sollten sie auf jeden Fall genau der Vorschrift entsprechen.

WSG Stabsunterführer   WSG Unterführer   WSG Mann

Die Abzeichen der "Wehrsportgruppe Hoffmann". Solche Darstellungen machen die Organisation für Militaria-Interessierte und NS-Nostaligiker attraktiv, in: 'Kommando' Nr. 1

Die 'Langen Kerls' aus Hessen

„Mensch, Max, was fütterst Du Deinen Leuten? Das sind ja alles Riesen." So schallt es Vizeunterführer Max erstaunt entgegen, als er mit einem Zug der Stammabteilung 7 nach Nürnberg zum Schulungs- und Ausbildungslehrgang kommt.
Und viele der jungen Kameraden aus dem Frankfurter Raum sind wirklich extrem lang. Neugierig betrachten sie aus sicherer Höhe die als Ausbilder bereitstehenden fränkischen Unterführer.
Nur wenige kennen sich bereits von früheren Übungen, aber auch für die anderen ist die Brücke der Kameradschaft schnell geschlagen.

Statt rohem Schleifergebrüll hört man ruhige, aber bestimmte Befehle. Auf dem Programm steht diesmal, neben Spähtruppenübungen, im wesentlichen Formalausbildung und Griffeklopfen.
Das Exerzierreglement der WSG weicht in einigen Punkten vom für viele gewohnten Bundeswehrschema ab. Beispielsweise werden beim „Rührt Euch" die Beine gespreizt auseinander gestellt und die Hände auf dem Rücken zusammengelegt.
Auch die Gewehrgriffe unterscheiden sich stark vom preußischen Grundprinzip. Aber wir verstehen uns ja als europäische Freiwillige ohne die traditionellen Scheuklappen der typischen „Alten Rechten". Die

jungen Hessen lernen freudig und schnell die zum Teil sehr schwierigen Varianten des Reglements. Die Perfektion werden sie sich später zu Hause in stetigem Training erwerben. Gleichzeitig wird es ihre Aufgabe sein, das Erlernte an diejenigen Kameraden weiterzugeben, die noch in Hessen bereitstehen.

Die hessische WSG-Sektion "Sturmabteilung 7", in: 'Kommando' Nr. 4, Juli 1979

Sein Job

Ein Aktivist der Wehrsportgruppe Hoffmann zu sein, ist kein Job, denn wir bezahlen nichts, c; aber auch kein heppo denn wir verlangen nichts, jedenfalls keine Pflichtbeiträge.

Was wir vom Bewerber verlangen, sind außer Kameradschaftlichkeit und einer idealistischen Einstellung zum Leben, der Wille zum physischen Einsatz und eine gewisse moralische Unbeugsamkeit oder zumindest das Wollen, sich in Richtung dieser Anforderungen zu entwickeln.

Wer kann sich bewerben?

Im Grunde kann sich jeder junge Mann, die Nationalität spielt keine Rolle, bei uns bewerben.

Nach oben hin liegt die Grenze bei etwa 35 Jahren. (Ausnahmen sind möglich.) Für Bewerber unter 16 Jahren verlangen wir in der Regel die Einwilligung der Eltern.

Außerdem gibt es für diejenigen, die, aus welchen Gründen auch immer, nicht aktiv sein wollen, oder können, die Möglichkeit, sich in unserem Freundeskreis der WSG zu organisieren. Fordern Sie Unterlagen über den Freundeskreis an.

Melden Sie sich entweder schriftlich:

Karl Heinz Hoffmann
Sollenhöhe 5
8501 Heroldsberg

Oder persönlich.

Bitte vereinbaren Sie einen Termin unter der Telefon-Nr. (0911) 56 83 01.

Unangemeldetes Vorsprechen ist zwecklos.

Wie gestaltet sich der Dienst in der WSG?

Die einzelnen Gruppen der WSG rücken mindestens einmal wöchentlich zur feldmäßigen Übung aus. Und zwar zu Zeiten, die es auch dem Werktätigen erlauben, dabei zu sein. Der Dienst beinhaltet nahezu alle Arten der militärischen Ausbildung, Nahkampf, Tarnung, Fuß- und Motmarsch, Ambush, Conter-Ambush und Überlebenstraining. Theoretisch und praktisch. Mehrmals im Jahr finden unter Einbeziehung mehrerer Gruppen Manöver mit unterschiedlichen Zielen statt.

Verpflichtung

Entgegen weitverbreitetem Irrtum sind unsere Mitglieder nicht durch eine formelle Verpflichtung gebunden. Jedoch ergibt sich mit der Zeit aus der Dauer des kameradschaftlichen Verhältnisses ganz von selbst eine moralische Verpflichtung. Deshalb sollten sich nur Bewerber melden, die auch wirklich ein ernsthaftes Interesse haben.

Ausrüstung

Die WSG verfügt über eine Grundausrüstung an Kfz. und Gerät. Die persönliche Ausrüstung wie geeignetes Schuhwerk, Bekleidung, Schlafsack, Zelt u. a. muß vom Bewerber selbst gestaltet werden.

Schulung

Ebenfalls entgegen landläufiger Meinung gibt es keine politische Schulung bei uns. Unsere Tätigkeit beschränkt sich auf militärsportliche Ausbildung und fördert sich kameradschaftlichen Zusammenhalt.

Rechtmäßigkeit unserer Aktivitäten?

Eine besonders wichtige Frage beschäftigt immer wieder unsere Interessenten, nämlich, ob er durch seine Mitgliedschaft bei uns in irgend einer Weise mit den rechtlichen Bestimmungen kollidieren könnte.

Dieser Eindruck wurde von Anfang an durch Zeitungsveröffentlichungen und Fernsehberichte bewußt erweckt. Spektakuläre Polizeirazzien taten ihr übriges. Vorgeworfen wurde uns, eine Uniform als Ausdruck einer gemeinsamen politischen Gesinnung zu tragen. Also eine militärische Tarnorganisation mit politischer Zielsetzung zu sein.

Bis zum heutigen Tage konnte der Beweis für diese Behauptung nicht erbracht werden, und er wird auch in Zukunft nicht erbracht werden können.

Mit anderen Worten, unsere Tätigkeit ist, auch wenn das manchen Leuten in diesem Lande nicht paßt, eine nach geltendem Recht legitime.

Auf Grund der Verfassung ist es unser Recht, als freie Menschen, innerhalb dieser Gesellschaft unsere Persönlichkeit so zu entfalten, wie wir es für richtig halten, solange die Rechte anderer dadurch nicht beeinträchtigt werden.

Trotz völliger Klarheit der juristischen Situation und obwohl das Recht eindeutig auf unserer Seite ist, wird uns die Arbeit immer leicht gemacht. Und deshalb erwarten wir, wie ich eingangs erwähnte, ein gewisses Maß an moralischer Unbeugsamkeit, denn es genügt nicht, das Recht auf unserer Seite zu wissen, es muß auch entschlossen vertreten werden.

Jugendgruppe

Immer wieder haben sich bei uns junge Bewerber im Schüleralter gemeldet. Deshalb wurde eine Jugendabteilung gebildet.

In dieser Jugendgruppe wird von eigenen Jugendführern, dem Alter entsprechenden, leichterer Dienst;

Die Jugendgruppe wird von eigenen Jugendführern angeführt und besteht einer, dem Alter entsprechenden, leichterer Dienst.

Für ein Gespräch mit eventuell besorgten Eltern und Erziehern stehen wir immer gerne zur Verfügung.

Verantwortlich nach dem Pressegesetz:
Karl Heinz Hoffmann, 8501 Heroldsberg, Sollenhöhe 5
Spendenkonto: Postscheckamt Nürnberg Nr. 1687 02-854

Ein Prospekt der Wehrsportgruppe Hoffmann.

Wie lange wird es dauern?

„Chef, wie lange dauert es bis zur Machtübernahme noch?"
so höre ich oft die jungen Kameraden fragen. Teils unmißverständlich als Spaß gedacht, teils aber auch mit durchaus ernstem Unterton.
„Jungs", sage ich dann, „wir sind schwach, unsere Position ist z.Zt. erbärmlich hoffnungslos, wie sie wohl niemals zu anderen Zeiten für ähnliche Zielsetzungen gegeben war."
Aber darf uns das hindern, diesen Kampf zu führen – diesen Kampf, von dessen Rechtmäßigkeit und Ehrenhaftigkeit wir überzeugt und durchdrungen sind? – Nein.
Nur lumpige Opportunisten entscheiden sich für politische Tendenzen, die gerade dem allgemeinen Trend entsprechen, ohne Rücksicht auf die innere Stimme, die das Gewissen bedrängt.
Wir aber sind frei von feigem Egoismus. Wir lassen das Gute in uns souverän herrschen.
Wir halten in unseren Herzen all unsere Schwächen und Neigungen mit brutaler Brachialgewalt in Schach.
Somit sind wir in der Lage, ein hohes Ziel, welches sich der primitiven Sucht nach Sofortverwirklichung entzieht, über einen längeren Zeitraum hinweg zu verfolgen.
Am Ende wird der Sieg stehen.
Männer wie Mao Tse Tung haben mehr als zwei Dezenien um die Macht gekämpft, bis den hoffnungslos erscheinenden Anstrengungen schließlich von außen kommende Veränderungen der Gesamtkonstellation zu Hilfe kamen.
Das Entscheidende an diesem Beispiel ist, daß Mao nicht auf 22 Jahre fixiert war, er hätte auch 30 Jahre und länger gekämpft – ja er hätte auch gekämpft, wenn er sein Ziel nicht zu seinen Lebzeiten hätte durchsetzen können.
Warum ich als „Rechter" ausgerechnet dieses Beispiel wähle? Ganz einfach – weil Beispiele aus der deutschen Geschichte strafrechtlich relevant werden können.

Karl Heinz Hoffmann
Chef der WSG

Combien de temps cela va-t-il durer?

„Chef, combien de temps encore jusqu'à la prise de pouvoir?" C'est ainsi que j'entends souvent les jeunes camarades poser cette question. Parfois vraiment comme plaisanterie mais parfois sérieusement. „Les gars," leur dis-je alors, „nous sommes faibles, notre position est pour l'instant plus désespérée que jamais elle ne l'a été". Mais est-ce une raison d'arrêter notre combat, ce combat inscrit dans la légalité et l'honneur pour lequel nous sommes convaincus du bien-fondé? Non. Seuls des opportunistes sordides se rallient à des tendances politiques qui correspondent aux tendances actuelles, sans tenir compte de la voix intérieure qui pousse la conscience. Mais nous sommes libres de ce égoïsme poltron et nous nous laisserons dominer par le bien en nous-mêmes. Nous retenons dans nos coeurs nos faiblesses et nos tentations en échec avec la force du poignet. Ainsi nous sommes capables de poursuivre un but élevé qui n'a rien à voir avec le désir d'une réalisation rapide. Le succès sera au bout du chemin. Des hommes comme Mao Tse Tung ont dû combattre plus de 2 décades pour arriver au pouvoir alors que cela semblait désespéré et nous nous laisserions dominer par le bien en nous-mêmes. Ce qui est décisif par cet exemple est que Mao au lieu de 22 ans de lutte aurait été capable de combattre 30 ans et plus et même en sachant que durant sa vie il n'aurait pas pu triompher. Pourquoi en tant que de „droite" ai-je choisi cet exemple?
Tout simplement car les exemples de l'histoire allemande pourront être poursuivis par la justice.

How long will it take?

„Boss, how much longer to the seizure of power?"
I often hear young comrades ask this question. Partially meant as a joke, no doubt; sometimes with a serious undertone. This is what I tell them: „Boys, we are weak, our position is miserably hopeless, such as it never was for similar aims at other times in our age."
But may this keep us from fighting this battle? A battle of whose righteousness and honourability we are convinced.
Only trifling opportunists decide in favour of political tendencies which follow the current political trend, without regard to their inner voice, oppressing their conscience.
We, however, are free of such coward egoism. We allow the good qualities in us to have a sovereign reign over us.
In our hearts, we keep at bay – with brutal force – all our weaknesses and inclinations. Thus we are in a position to persevere our high aim over a long period of time, disregarding the primitive addiction for instant gratification.
In the end victory will be attained. Men like Mao Tse Tung fought for power for more than two decades, until alterations from the outside changed the whole constellation, thus aiding him in his aspirations.
The most decisive factor being that Mao was not set on 22 years, he might have fought 30 more years and longer, had he not been able to reach his goal during his lifetime.
Why do I, as a right-wing extremist, choose this example?
Simply because examples pertaining to German history may become relevant considering criminal law.

IMPRESSUM	Verleger:	Verantwortlich:
'KOMMANDO – Zeitung für den europäischen Freiwilligen'.	Hans-Peter Fraas, 8501 Heroldsberg, Sofienhöhe 5	Karl Heinz Hoffmann, 8501 Heroldsberg, Sofienhöhe 5, Fernruf: 0911/568301. Druck: Eigendruck.

"Die Machtübernahme" - das antidemokratische Fernziel der meisten Rechtsextremisten. Auch Hoffmann denkt über den Tag X nach, in: 'Kommando' Nr. 4, Juli 1979

439

10. Verbot der "Wehrsportgruppe Hoffmann"

Am 30.1.1980 verbietet der Bundesminister des Innern, Gerhard Baum, die "Wehrsportgruppe Hoffmann". Er erklärt, die WSG richte sich gegen die verfassungsmäßige Ordnung. Ihre Konzeption laufe "auf den totalen Staat hinaus", und sie wolle ihre Ziele auf gewaltsamem Wege verwirklichen. Die Wehrsportübungen der Gruppe seien ein Mittel zur Verfolgung dieser politischen Ziele und bezweckten den Aufbau einer militärischen Kampfeinheit. ('Frankfurter Rundschau', 31.1.1980) Außerdem übe die WSG eine "Signal- und Sogwirkung" aus und sei für Jugendliche gefährlich, denen sie "falsche Leitbilder" vermittle. Baum weiter:

> "Darüberhinaus werden die Aktivitäten der Gruppe angesichts der Leiden, die der Nationalsozialismus verursacht hat, gerade im Ausland mit großer Besorgnis verfolgt und bedeuten eine nicht länger zu duldende Belastung des Ansehens der Bundesrepublik Deutschland". ('Süddeutsche Zeitung', 31.1.1980)

Begründet wird das Verbot unter anderem mit der politischen Orientierung Hoffmanns in dessen programmatischer Schrift "1. Manifest der Bewegung zur Verwirklichung der Rational Pragmatischen Sozial Hierarchie". Auszüge aus der Verbotsverfügung:

> "Diese Konzeption läuft auf den totalen Staat hinaus, der das Gegenteil der freiheitlich demokratischen Grundordnung ist, und verstößt insbesondere gegen die Prinzipien der Gewaltenteilung, der Verantwortlichkeit der Regierung, der Volkssouveränität sowie gegen das Mehrparteien- und das Bundesstaatsprinzip.
> Die ausschließliche Ausübung der Regierungsgewalt durch eine 'in der obersten Führung zusammengefaßte Gruppe' bei der 'selbstverständlich' alle Macht konzentriert ist, ist mit dem Gewaltenteilungsprinzip unvereinbar. Die Forderung nach Anonymität der Regierungsmitglieder und nach Abschaffung jeglicher Wahlen, die durch ein 'Selektionsverfahren nach den Grundsätzen des Leistungsprinzips und des Leistungsnachweises' ersetzt werden sollen, zielt darauf ab, die die Regierungsgewalt ausübende Gruppe jeglicher parlamentarischer Kontrolle zu entziehen und widerspricht daher dem Grundsatz der Verantwortlichkeit der Regierung und der Volkssouveränität, wie er in Art. 20 Abs. 2 GG seine unveränderliche Ausprägung gefunden hat. In der im Programm und im Manifest entworfenen 'Rational Pragmatischen Sozial Hierarchie' ist für die verfassungsrechtlich gewährleistete Mitwirkung der Parteien an der politischen Willensbildung und ihre Chancengleichheit kein Raum." ('Innere Sicherheit', 12.3.1980, S. 21)

Die Angehörigen der WSG würden im Sinne der antidemokratischen Zielsetzung "geschult und politisiert". Als Beispiel nennt der Innenminister Hoffmanns politische Agitation bei Veranstaltungen, das in der Gruppe eingeübte öffentliche Absingen des ehemaligen HJ-Kampfliedes "Ein junges Volk steht auf zum Sturm bereit..." und das Einüben des Sprechchors "Was sind wir?" - Antwort der Gruppe: "Grenadiere Europas!" (...) "Was sind wir?" - Antwort: "Schwarze Legionäre!" usw.. Zusammenfassend stellt Innenminister Baum fest:

"So sind der Wunsch der Gruppenmitglieder nach straffer Führung, nach Härte, Disziplin und Gehorsam, die Vorliebe für militärischen Drill und das elitäre Gehabe, wie es in der Verwendung von Totenkopfabzeichen und der Bezeichnung als 'schwarze Legionäre' und als 'Bewegung' in den Sprechchören zum Ausdruck kommt, und das Uniformtragen, dessentwegen WSG-Angehörige bereits mehrfach bestraft wurden, Ausdruck einer gemeinsamen militanten rechtsextremistischen Grundhaltung." ('Innere Sicherheit', 12.3.1980, S. 22)

Zur Unterstützung seiner Ausführungen zur Hoffmann-Gruppe ergänzt der Innenminister, "daß sie mit Personen außerhalb der WSG zusammenarbeitet, die sich offen als Gegner der freiheitlich demokratischen Grundordnung zu erkennen geben und wegen rechtsextremistisch motivierter Straftaten verurteilt worden sind." ('Innere Sicherheit', 12.3.1980, S. 22) Dazu gehören, so Baum, Klaus Huscher, Thies Christophersen und Friedhelm Busse.

In der Verbreitung ihrer rechtsextremistischen Ideologie habe die WSG, so der Bundesinnenminister, nicht nur "theoretische(r) Bedeutung". Vielmehr wolle die Hoffmann-Gruppe ihre Ziele in "kämpferisch-aggressiver Form" verwirklichen:

"Die Tätigkeit der WSG ist auf die praktische Verwirklichung ihrer erwähnten Ideen gerichtet. Hoffmann gründete die WSG, um eine Kerntruppe zur Verwirklichung seiner politischen Ideen zu haben. Die 'Wehrsportübungen' dienen nicht lediglich der körperlichen Ertüchtigung, sondern sie sind ein Mittel zur Verfolgung der politischen Ziele und bezwecken die militärische Ausbildung der WSG-Angehörigen, um eine militärische Kampfeinheit aufzubauen. (...) Die WSG betrachtet sich als außerparlamentarische Gruppierung, die Gründung einer Partei zur Durchsetzung seiner Ziele lehnt Hoffmann ab. Vielmehr soll die 'Machtübernahme' auf gewaltsamem Wege durchgeführt werden, da die WSG sich als militante Kaderorganisation bzw. als Kampfgruppe versteht und mit einer Vielzahl von gut funktionierenden zu einer Aktionseinheit zusammengeschlossenen Gruppen politische Erfolge erringen will." ('Innere Sicherheit', 12.3.1980, S. 22 f)

Trotz des eindeutig militanten Charakters der "Wehrsportgruppe Hoffmann" und der Notwendigkeit staatlicher Reaktionen muß der Nutzen des Verbotes hinterfragt werden. So beendet die Auflösung der WSG zwar das Abhalten von Übungen in Fantasieuniform und den Presserummel. Doch die Folgen der Verbotsverfügung sind zweischneidig. Zu Recht konstatiert Klaus-Henning Rosen: Von Hoffmann beeinflußte "terroristische Aktivitäten fallen in die Zeit nach dem Verbot der Wehrsportgruppe". (Rosen 1989, S. 55) Ferner wird schnell ersichtlich, daß die Mitglieder der WSG auch nach dem Verbot noch in Kontakt stehen.

10.1. WSG - Einzelkämpfer

Die staatlichen Verbotsmaßnahmen gegen neonazistische Gruppierungen seit Ende der siebziger Jahre führen zu einer neuen Erscheinung am rechten Rand. 1981 engagieren sich nur noch etwa 1250 der insgesamt 1800 Neonazis in Organisationen. Die übrigen sind "zu sogenannten 'versprengten Heimatlosen geworden'" oder empfinden sich als "Einzelkämpfer". Sie unterhalten "teilweise wechselnde Kontakte zu den 22 erkannten neonazistischen Gruppen", wie Innenminister Gerhard Baum bekannt gibt. Als Ursache für den neuen Trend sieht Baum "vor allem das Verbot der 'Wehrsportgruppe Hoffmann'". (vgl. 'dpa', 12.1.1981) So bleiben auch nach dem 30.1.1980 die Kontakte der WSG-Mitglieder untereinander bestehen. Lediglich die Kommunikationsstrukturen haben sich verändert. Die "Wehrsportübung" als soziale Anlaufstelle in der Szene entfällt. Treffpunkt für frühere Mitglieder und politische Freunde ist jetzt Hoffmanns Privatwohnsitz in Ermreuth. Er hält auch weiterhin Kontakte zu seinen früheren Gesinnungsgenossen aus dem gesamten Bundesgebiet. (vgl. die Ausführungen im Urteil des Landgerichtes Nürnberg-Fürth, 3 Ks 340 Js 40387/81, S. 789 ff)

Ferner existiert eine infrastrukturelle Kontinuität. Am Rande des Verfahrens vor dem 1. Revisionssenat in Berlin, der am 2.12.1980 die Rechtmäßigkeit des WSG-Verbots bestätigt, kommt man zu der Erkenntnis: Die "Wehrsportgruppe Hoffmann" erhält noch Monate nach ihrem Verbot Spenden aus den alten Kanälen. Diese werden auf ein Nürnberger Postscheckkonto des "Freundeskreises zur Förderung der Wehrsportgruppe Hoffmann" eingezahlt. Bei der bereits im Januar durch den Bundesinnenminister ausgesprochenen Verbotsverfügung finden sich keine Ausführungen darüber, daß dieses Konto bei der Beschlagnahme des Vereinsvermögens miterfaßt wird. (vgl. 'dpa', 2.12.1980)

Obwohl Hoffmann bereits eine Woche vor dem Urteilsspruch der Revisionsverhandlung Ende November 1980 erklärt, er wolle seine Gruppe selbst dann nicht wiederbeleben, wenn das Verbot aufgehoben würde, sprechen die Fakten eine andere Sprache. So ergeben die Ermittlungen im Zusammenhang mit dem Oktoberfestattentat, daß der Zusammenhalt der Wehrsportgruppe keineswegs aufgelöst ist. Vielmehr stehen die Mitglieder weiterhin in losem Kontakt. (vgl. 'dpa', 2.12. 1980) Eine Erkenntnis, die bereits sechs Wochen zuvor auch der Pressesprecher des bayerischen Innenministeriums, Hans-Joachim Frieling, formuliert:

"Geländespiele, Übungen und Versammlungen finden nicht mehr statt. Aber die ehemaligen Mitglieder der WSG-Hoffmann haben natürlich weiter einen privaten Zusammenhalt. Es wäre lebensfremd zu glauben, daß sich die Gruppe mit dem Verbot in Luft auflöst. (...)
"Politischer Extremismus als solcher ist in der Bundesrepublik keine Straftat. Die ehemaligen Gruppenmitglieder haben alle bürgerlichen Rechte, sie können im Gasthaus Bier trinken und sie dürfen auch, soweit sie die Bestimmungen beachten, ausrangiertes Bundeswehrgut verkaufen". ('AP', 16.10.1980)

Insgesamt kann trotz des Fehlens des organisatorischen Zusammenhangs im Sinne des Vereinsrechtes auch nach dem WSG-Verbot noch von einer funktionierenden Szene um Hoffmann gesprochen werden. Hier bestätigt sich, daß es sich beim "Rechtsextremismus" um eine Subkultur handelt, "die in der Art eines kommunikativ dichten Netzwerkes nach innen und außen hin gestaltet ist - jenseits aller Fraktionierungen und Richtungskämpfe." (Dudek/ Jaschke 1984, S. 178)

Nicht umsonst gelingt es Hoffmann auch binnen kürzester Zeit, Mitglieder aus den Reihen seiner früheren WSG zu rekrutieren, die bereit sind, ihm in den Libanon zu folgen, um dort die WSG weiterzuführen. Sogar Arnd-Heinz Marx, der mit Hoffmann des öfteren ideologische Differenzen hat, kommt mit.

Auch im weiteren Verlauf des militanten Rechtsextremismus und Rechtsterrorismus ist die Szene, die sich um Hoffmann herum gebildet hat, eine wichtige Kommunikationsquelle. Gerade aus dem gewachsenen Potential der sogenannten "Einzelkämpfer" ist ein für Verfassungsschutzbehörden schwer zu überwachender Rechtsextremistenpool geworden, aus dem unberechenbare Einzelverbrechen (Fall Oxner) hervorgehen oder rechtsterroristische Gruppen eine Rekrutierungsbasis gewinnen können (vgl. Hepp-Kexel-Gruppe). Begleitet wird das Verbot der WSG und die zahlreichen Verurteilungen von Neonazifunktionären von einer Radikalisierung der Szene. Das Bundesinnenministerium schreibt:

"In den neonazistischen Führungskreisen hat die Zunahme der Verurteilungen, Exekutivmaßnahmen und sonstigen Ermittlungen ferner eine Verhärtung bewirkt, die früher gelegentlich noch aufkommende Zweifel an der Zweckmäßigkeit eigener Aktivitäten nicht mehr entstehen läßt und wiederholt den Übertritt ins terroristische Lager beschleunigte." (Verfassungsschutzbericht des Bundes 1980, S. 31)

Verfassungsschutzbericht/Jahrgang:	Gesamtzahl Neonazis	Aktive Mitglieder	Passive Spender	Einzelkämpfer
1981	1850	850	400	600
1982	1300	850	200	250

(vgl. Verfassungsschutzbericht des Bundes 1981, S. 31 und Verfassungsschutzbericht des Bundes 1982, S. 127)

Die Rolle der sogenannten Einzelkämpfer verringert sich allerdings zunehmend. Ihre Zahl nimmt von 1981 bis 1982 um mehr als 50 Prozent ab. Als Grund für die Stagnation der "heimatlos" gewordenen Neonazis sieht das Bundesinnenministerium die "konsequenten staatlichen Maßnahmen", die dazu geführt hätten, daß ein "erheblicher Teil" der Einzelkämpfer "wohl endgültig resigniert" habe. (Verfassungsschutzbericht des Bundes 1982, S. 127)

10.2. Abenteuer Libanon

Auch die Aktivität der Restbestände der inzwischen verbotenen WSG-Hoffmann im Libanon wird immer wieder verzerrt dargestellt. Typisch hierfür ist die Einschätzung der VVN: "Der härteste Teil der WSG-Hoffmann ging 1981 zur Killer-Ausbildung in den Libanon." (Neonazis 1985, S. 25) Tatsächlich werden im Libanon auch frühere Mitglieder der "Wehrsportgruppe Hoffmann" geschult. Die Behauptung einer rechtsextremistischen Superausbildung ist aber weit übertrieben. Hoffmann plant die Weiterführung seiner verbotenen Wehrsportgruppe. Die Anfänge des Libanon-Projekts gehen zurück auf die Kontaktaufnahme Albrechts mit Hoffmann "kurz vor oder im Januar 1980". (Landgericht Nürnberg-Fürth, 3 Ks 340 Js 40387/81, S. 50, vgl. auch S. 80)[1] Albrecht sucht damals für den Gebrauchtfahrzeugtransport mit seinen arabischen Partnern im Libanon noch billige Chauffeure.[2] Gegenüber Hoffmann tritt Albrecht vorerst unter dem Tarnnamen "Herrmann" auf, sein Mitstreiter Walter-Franz Kohnert stellt sich als "Bäumler" vor. Später erhält Hoffmann von Albrecht die Tarnbezeichnung "Breuer". (vgl. 'Die Tageszeitung', 27.4.1983; Hoffmann, "Verrat und Treue", S. 46 ff; 'Rheinische Post', 2.7.1981) Bei der Zusammenarbeit mit Hoffmann geht es Albrecht primär um ein lukratives finanzielles Anliegen und nicht um die Professionalisierung oder Internationalisierung rechtsextremistischer Aktivität. Kurz nach dem Treffen mit Hoffmann fliegt Albrecht nach Beirut, um mit der PLO das geplante LKW-Geschäft abzusprechen. Er erhält von seinem PLO-Verbindungsmann einen Vorschuß von immerhin 78 000 DM. Mitte Februar kehren Albrecht und Kohnert nach Dortmund zurück.[3] Für Hoffmann ist der Rechtsextremist und Waffenhändler Albrecht die willkommene Eintrittskarte im Nahen Osten zur finanziellen Konsolidierung und zur Fortsetzung seiner politischen Aktivität. Zu seinen Hoffnungen schreibt Hoffmann:

> "Rupprecht (Pseudonym von Albrecht - Autor) hingegen versucht Hoffmann mit der Vision eines deutschen Freikorps im Ausland zu ködern, wobei er natürlich so tut, als wäre dabei Hoffmanns oberstes Kommando eine Selbstverständlichkeit. Seine eigenen Ambitionen rückt er dabei absichtlich nicht in den Vordergrund.
> Daß ein Projekt, wie es Rupprecht skizziert, den ehemaligen MSO-Chef nicht völlig kalt läßt, liegt auf der Hand. In der Möglichkeit, sich völlig frei von staatlicher Bevormundung im Ausland mit einer paramilitärischen Organisation bewegen zu können, liegt für ihn zweifellos ein ungeheurer Reiz." (Hoffmann, "Verrat und Treue", S. 60)

Zur Begründung der Libanon-Aktivität liefert Hoffmann in "Verrat und Treue" entscheidende Argumente:
1. Das Libanon-Projekt als Rache am Staat:

---

[1] Hoffmann gibt in seinem "an Tatsachen orientierten Roman" den Zeitpunkt mit "Anfang März" an. (Hoffmann, "Verrat und Treue", S. 45)
[2] Hoffmann schreibt zu dem Ergebnis der ersten Treffen: "Es bleibt vorläufig bei dem Angebot, einen Kraftfahrzeugtransport in den Nahen Osten organisatorisch abzuwickeln. Hoffmann weiß, daß dies nur ein Einstiegsprojekt sein kann und erklärt sich nach kurzer Bedenkzeit einverstanden, daran mitzuwirken. Er wird also der Organisation übernehmen, und er wird auch die Begleitmannschaft stellen." (Hoffmann, "Verrat und Treue", S. 51)
[3] vgl. die Schilderungen des früheren "WSG-Ruhrgebiet"-Mitgliedes und Albrecht-Intimus Joachim Gröning in 'Die Tageszeitung', 27.4.1983

"Erstens bin ich gerne Soldat. Das steht bei mir vornean. Ich brauche gelegentlich eine gewisse Gefahrensituation, um zu spüren, daß ich lebe, und zweitens wäre es mir eine große Genugtuung, ein solches Projekt, von dem ich sicher bin, daß es der deutschen Regierung den Schlaf rauben würde, durchziehen zu können, ohne daß sich für sie Handhabe einer Strafverfolgung gegen mich bietet." (Hoffmann, "Verrat und Treue", S. 106)

2. Das Libanon-Projekt als Fortsetzung der WSG:

"Dann wird das Projekt der Neugründung als MSO-Ausland im Libanon durchgesprochen. Alle sind begeistert. Der 'Alte' findet eben doch immer wieder einen Dreh, um die Karre aus dem Dreck zu ziehen. Das Libanonprojekt ist Balsam für die Wunden der alten MSO-ler, die sich durch die Entscheidung des Innenministeriums vom 30. Januar 1980 schwer angschlagen fühlten. Es erweckt neue Hoffnung und gibt den Männern das Gefühlt, nicht völlig besiegt worden zu sein." (Hoffmann, "Verrat und Treue", S. 116)

Als Beleg für die These, daß Hoffmann mit dem Libanon-Projekt eine Fortsetzung der verbotenen WSG anstrebt, kann auch die Beibehaltung der alten WSG-Hierachien gewertet werden. (vgl. Hoffmann, "Verrat und Treue", S. 184 f)

3. Das Libanon-Projekt als Baustein für eine noch effektivere Arbeit:

"Die MSO ist jetzt im Ausland neu gegründet und darauf kommt es zunächst an. Alles weitere wird sich finden. Man hat uns in Deutschland aufgrund der dortigen Verhältnisse zerschlagen können, aber wir werden hier im Ausland neu anfangen. Vielleicht stärker, als wir es in Deutschland sein konnten." (Hoffmann, "Verrat und Treue", S. 137)

Getrieben von dem Wunsch, die WSG als Auslands-WSG fortzusetzen, kommt es "kurz vor dem 24.3.1980" zur ersten Fahrt einer Gruppe von WSG-Mitgliedern. Wegen zollrechtlicher Probleme im syrischen Ankunftshafen Tartus kehren die Teilnehmer auf derselben Fähre zurück, mit der sie gekommen sind. Der Fuhrpark, bestehend aus Unimogs und VW-Kübel bleibt im Hafen. (vgl. Landgericht Nürnberg-Fürth, 3 Ks 340 Js 40387/81, S. 51) Außerdem wird der Konvoi von einem gestohlenen BMW 635 begleitet, der von "Bäumler", Tarnname des "WSG-Ruhrgebiet" (WSGR)-Mitgliedes Walter-Franz Kohnert gesteuert wird. Nach den Schwierigkeiten mit dem Zoll werden die Fahrzeuge später von Piran aus nach Syrien verschifft.[4]

Am 1.5.1980 geht ein zweiter Konvoi los. Die sieben Hoffmann-Anhänger fahren mit zwei Mercedes-PKWs bis Koper/Jugoslawien, von wo sie mit der Fähre erneut bis Tartus übersetzen. Am Stadtrand von Beirut beziehen die Teilnehmer Zelte in einem Lager, das Teil des palästinensischen Lagers "Bir Hassan" ist.

---

[4] vgl. die Schilderungen des früheren WSGR-Mitgliedes Joachim Gröning in 'Die Tageszeitung', 27.4.1983

"Die deutsche Gruppe wurde sogleich mit Waffen ausgestattet und führte eine Sport- und Schießausbildung durch." (Landgericht Nürnberg-Fürth, 3 Ks 340 Js 40387/81, S. 51)

In der Zwischenzeit kommt es zu einem Konkurrenzverhältnis zwischen Albrecht und Hoffmann, der sich noch in Deutschland befindet. Albrecht versucht dabei, Hoffmann bei seinen arabischen Partnern auszubooten. Um die Situation vor Ort zu klären, fährt Hoffmann vom 13. bis zum 15.7.1980 in den Libanon. Nach dem positiven Gespräch mit den Arabern kommt es zum nächsten Fahrzeugtransport. Am 27.7.1980 fahren fünf WSG-Mitglieder mit einem Koffer, einem Pritschenunimog und einem VW-Kübel bis nach Koper/Jugoslawien. (vgl. Landgericht Nürnberg-Fürth, 3 Ks 340 Js 40387/81, S. 52) Unter ihnen befinden sich Leroy Paul, die Brüder Alfred und Willy Keeß und Arnd-Heinz Marx, Ex-Chef des hessischen WSG-Ablegers "Sturm 7". (vgl. Filmer/Schwan 1983, S. 23 f; Hoffmann 'Verrat und Treue', S. 214 ff) Mit der Beteiligung von Marx ist der Grundstock für neue gruppeninterne Spannungen gelegt. Marx muß nach seiner Ankunft im Libanon einen Statusverlust hinnehmen: "Ich bin noch als Vizeunterführer in den Libanon, aber dort hat mich der Alte degradiert." (Vernehmungsprotokoll von Marx durch das hessische Landeskriminalamt V/1 - P 8244, 24.8. 1981) Hoffmann seinerseits beschreibt die Mitnahme von Marx als lästiges Übel:

"Also, soll er mitfahren, aber der frühere Dienstgrad ist erst einmal futsch. Den kann er sich neu verdienen. Zeit und Möglichkeiten zur Bewährung gibt es im Libanon genug. Selbst den kleinsten Ärmelstreifen gibt es für Maxwell nur über den Weg der Bewährung und der Leistung. Und weil er eigentlich nie etwas anderes war als eine trübe Tasse, bekommt er für den Libanon den arabischen Vornamen Tassin als Decknamen." (Hoffmann, "Verrat und Treue", S. 216)

Im Juli 1980 fährt auch Odfried Hepp mit einigen Begleitern nach Koper und von dort aus in den Libanon. Hepp flieht damit vor deutschen Strafbehörden, die gegen ihn wegen des Verdachts auf "Bildung einer kriminellen Vereinigung" ermitteln. (vgl. Backes/Jesse 1993, S. 305) Hoffmann freut sich über die Verstärkung seiner neuen Truppe durch Hepp, den er im Juni 1980 das erste Mal trifft. (vgl. Hoffmann, "Verrat und Treue", S. 140). Von Hepp erhofft sich Hoffmann neonazistisches Rekrutierungspotential aus der Szene:

"Ein junger Mann mit guten Manieren, der sich ganz offensichtlich auch schon in seinem Heimatbereich mit praktischer Arbeit bewährt hat. Als untrügliches Zeichen einer gewissen organisatorischen Begabung wertet Hoffmann die Tatsache, daß Keppler (Pseudonym von Hepp - Autor) sofort einige Kameraden an der Hand hat, die schon vorher in der sogenannten Militärsportorganisation Ortenau zusammengefaßt waren und nun die neugegründete MSO-Ausland als Freiwillige verstärken wollen. Außerdem scheint Keppler sehr enge Kontakte zu den ultrarechten Kreisen in Deutschland zu haben." (Hoffmann, "Verrat und Treue", S. 141)

An anderer Stelle freut sich Hoffmann über das militärische und neonazistische Outfit, das Hepp und seine Begleiter an den Tag legen, als er sich im Juli 1980 mit Dupper, Hamberger und Hepp trifft:

> "Die drei jungen Männer sind eine willkommene Verstärkung für das kaum begonnene und schon leicht angeschlagene Libanon-Projekt. Alle drei sind sportlich zivil, aber doch mit einem leichten militärischen Touch gekleidet, wie man es im rechtsradikalen Lager häufig sieht. Die Füße stecken in Soldatenstiefeln. Durch die Gürtelschlaufen der verwaschenen Jeans laufen die schwarzen ledernen Leibriemen mit dem vernickelten Koppelschloß der Wiking-Jugend. Unübersehbar glänzt die messingfarbene Odalrune auf der spiegelblank polierten, silbrig blinkenden Nickelfläche. Wenn es schon kein Sonnenrad sein darf, dann soll es wenigstens die germanische Odalrune sein. Von Insidern im rechten Lager wird sie seit langem insgeheim als Ersatzsymbol für das verbotene Hakenkreuz angesehen. Der bei allen dreien sehr knapp gehaltene militärische Haarschnitt unterstreicht noch den soldatischen Gesamteindruck. Die Männer sehen schon rein äußerlich so aus, wie man sich Rekruten nur wünschen kann." (Hoffmann, "Verrat und Treue", S. 206)

Zur Libanon-Gruppe um Hepp gehören die Rechtsextremisten Hamberger, Dupper und Kai Uwe Bergmann. Alle vier sind Angehörige der 1979 zerschlagenen "NSDAP-Gau Württemberg-Hohenzollern".[5] Zwei der Neonazis gehören der "Deutsch-Völkischen Gemeinschaft" (DVG) an. (vgl. Verfassungsschutzbericht

---

[5] Im Urteil des Landgerichts Karlsruhe vom 26.10.1981 werden alle vier Neonazis wegen Vergehen nach §§ 86, 86a StGB (Verbreiten von Propagandamitteln und Verwenden von Kennzeichen verfassungswidriger Organisationen) und nach § 130 StGB (Volksverhetzung) zu Jugend- bzw. Freiheitsstrafen zwischen sieben Monaten und einem Jahr und vier Monaten verurteilt. (vgl. Verfassungsschutzbericht des Landes Baden-Württemberg 1981, S. 105 f) Ausgangspunkt des Ermittlungsverfahrens gegen die Gruppe ist eine Flugblattaktion der Neonazis von Mai bis Juli 1979 in Stuttgart, die bei der Bevölkerung erhebliches Aufsehen erregt. Bei einer darauf folgenden Hausdurchsuchung Anfang September 1979 werden "in einem weiteren Verfahren bei einem Verdächtigen Aufzeichnungen über den organisatorischen Aufbau der Wehrsportgruppe Hoffmann, Trupp Ortenau, der verbotenen NSDAP sowie Langfeuer- und Hiebwaffen aufgefunden und sichergestellt. Durchsuchungen bei fünf weiteren Tatverdächtigen, davon vier im Alter von 18 und 22 Jahren, führten zur Beschlagnahme größerer Mengen Propagandamaterial der NSDAP/AO (Auslandsorganisation) sowie Flugblätter antisemitischen Inhalts. Ferner wurden Waffen wie Schlagstöcke, Seitengewehre, Gaspistolen und Munition sowie Ausrüstungsgegenstände wie Uniformstücke, Stahlhelme und Gasmasken sichergestellt." ('Stuttgarter Nachrichten', 31.10.1979) Die "NSDAP-Gau Württemberg-Hohenzollern" beabsichtigt vor ihrer Zerschlagung unter anderem einen Sprengstoffanschlag auf die Berliner Mauer. Ihr "Gauführer" will "in den Untergrund (...) gehen, um Aktionen nach dem Vorbild der RAF auszuführen." ('Stuttgarter Nachrichten', 31.10.1979) Zu den geplanten Aktionen der Gruppe gehört die Geiselnahme einer bekannten Persönlichkeit des öffentlichen Lebens, um die Freilassung von Rudolf Hess aus dem Kriegsverbrechergefängnis in Berlin-Spandau zu erpressen. Weiter sind Sprengstoffanschläge an der Berliner Mauer, auf Kasernen, KZ-Gedenkstätten und auf die "Zentralstelle der Landesjustizverwaltungen zur Verfolgung von NS-Verbrechen" in Ludwigsburg geplant. (vgl. 'ap', 30.10.1979)

des Landes Baden-Württemberg 1980, S. 87 f; Verfassungsschutzbericht des Landes Baden-Württemberg 1981, S. 105 f)
Im Libanon kommt es zum Zerwürfnis zwischen Leroy Paul und Udo Albrecht. Paul erreicht, daß die deutsche Gruppe in ein anderes Berglager ausquartiert wird, das später von den WSG-Mitgliedern "Nibbelsdorf" genannt wird. Zu der Gruppe stoßen Odfried Hepp und seine Mitstreiter sowie ab Mitte August noch zwei weitere WSG-Mitglieder. Im Lager "Nibbelsdorf" "erhielten die Mitglieder der deutschen Gruppe sportliche und militärische Ausbildung in Form von Schießübungen und theoretischen Unterricht über Sprengstoffe (...)." (Landgericht Nürnberg-Fürth, 3 Ks 340 Js 40387/81, S. 54)

Allgemeine Gefechtsausbildung:

Im August 1980 wird der Hoffmann-Konkurrent Albrecht in Dortmund verhaftet. (vgl. 'Die Tageszeitung', 14.4.1983) Für Hoffmanns Libanon-Pläne ein Gewinn, da er sich mit Albrecht immer mehr entzweit hat. In seinem Buch nennt er diesen "Meister der Intrige" (Hoffmann, "Verrat und Treue", S. 269)
Währenddessen verschärfen sich in "Nibbelsdorf" die Spannungen zwischen den Gruppenmitgliedern durch die verschiedenen ideologischen Ausprägungen. Der Lagerkommandant (in Vertretung von Hoffmann) Odfried Hepp will die Auslands-WSG durch politische Schulungen neonazistisch indoktrinieren. Die hauptsächlich aus Abenteurern und Militärfans bestehende Gruppe steht Hepps Plänen ablehnend gegenüber, nur vier WSG-Männer teilen den neonazistischen Kurs. (vgl. Backes/Jesse 1993, S. 305) Die Mißstimmung verstärkt sich noch dadurch, daß der Lageralltag aus tristem Bunkerbau und der Wartung defekter Fahrzeuge besteht, "daß entgegen ihren Hoffnungen keine der Aktionen durchgeführt wurden, die sie als Erfüllung ihres Libanonaufenthaltes betrachteten." (vgl. Landgericht Nürnberg-Fürth, 3 Ks 340 Js 40387/81, S. 54) Die Spannungen entladen sich am 21.9.1980 mit der Flucht von Hepp, Hamberger, Dupper und Bergmann. (vgl. 'Der Spiegel', 29.6.1981, S. 30) Zur Begründung schreibt Hoffmann:

> "Der fanatische, vom rassischen Überwertigkeitsgefühl durchdrungene Keppler hatte, nachdem er einsehen mußte, daß seine Hoffnung auf totale politische Indoktrination und vor allem auf Umpolung der Gefolgschaftstreue zu seinen Gunsten innerhalb der gesamten MSO-Abteilung im Libanon trotz stetiger Bemühungen unerfüllt blieb, jegliches Interesse an dem Projekt verloren. Für Leute, die die eherne Gesetzmäßigkeit der rassischen Überlegenheit der Germanen nicht akzeptieren können, hatte er von jeher nur Verachtung übrig." (Hoffmann, "Verrat und Treue", S. 328)

Der Fluchtversuch der vier Neonazis mißlingt. Sie versuchen zunächst vergeblich über die Grenze nach Syrien und dann nach einer Nacht im christlichen Einflußgebiet mit Hilfe der Deutschen Botschaft zum Beiruter Flughafen zu gelangen, bei der sich die vier Flugtickets und Ersatzpässe erschwindelt haben. ('Der Spiegel', 29.6.1981, S. 30) Am 24.9.1980 werden sie stattdessen von Mitgliedern einer arabischen Organisation verhaftet. Nach einer Anhörung durch die Araber kommen die vier in die Gewalt ihrer deutschen Libanon-Mitstreiter. (vgl. Landgericht Nürnberg-Fürth, 3 Ks 340 Js 40387/81, S. 55) Dabei kommt es zu brutalen Folterungen. Nachdem Hamberger im September 1980 als tot gilt, wird später bekannt, daß er auf Anweisung Hoffmanns im Gefängnis-Trakt des Lagers "Bir Hassan" eingesperrt ist. (vgl. Chaussy 1989b, S. 138)

Die Gerichtsakten geben Aufschluß über die weiteren brutalen Mißhandlungen der Flüchtlinge. Beispielsweise werden den "Deserteuren" von zwei früheren WSG-Mitstreitern die nackten Füße mit einem Stock hochgehalten, während ein dritter mit einem Stock oder Kabel auf die Fußsohlen schlägt. Die Bastonade zieht sich zwei bis drei Tage hin.

Am 26.9.1980 verübt der frühere WSG-Anhänger Gundolf Köhler das Attentat auf das Münchner Oktoberfest. Am selben Tag macht sich ein neuer Konvoi Hoffmanns auf den Weg, um ausgesonderte Militärfahrzeuge nach Jugoslawien zu bringen. Da behördlicherseits die Annahme besteht, dieses Vorhaben diene dazu, eventuellen Tatbeteiligten die Flucht ins Ausland zu ermöglichen oder Beweismittel beiseite zu schaffen, wird der Transport von Anfang an von Verfassungsschützern observiert und bei Schwarzbach/ Salzburg an der deutsch-österreichischen Grenze gestoppt. (vgl. Chaussy 1985, S. 49 f) Die vier Fahrer Walter Ulrich B.[6], Rudolf Klinger, Robert Funk und Stefan Faber[7] sind allesamt Mitglie-

---

[6] B. gehört zu den langjährigen Fans Hoffmanns. Bereits im Alter von 14 oder 15 Jahren hat er 1974 zum Wehrsportgruppenchef Kontakt aufgenommen. Hoffmann antwortet ihm jedoch, daß das Mindestaufnahmealter 16 Jahre sei. So kommt die "Wehrsportgruppe Hoffmann" für B. vorerst nicht in Frage. 1979 nimmt er erneut Kontakt mit Hoffmann auf und besucht ihn in dessen Heroldsberger Wohnung. Hoffmann holt ihn mit dem Auto vom Erlanger Bahnhof ab. B. erinnert sich: "Auf der Fahrt nach Heroldsberg äußert er sich dahingehend, daß er eine Gruppe nach dem Vorbild der IRA aufbauen wolle. Er erwähnte auch, daß er die Macht in Deutschland ergreifen wolle. Er erklärte dazu näher, daß er militärische Aktionen durchführen wolle, um die Sympathie der Bevölkerung für sich zu gewinnen. Er dachte dabei an einen Überfall auf amerikanische Truppen. Es erschien mir damals wenig realistisch, einen Überfall auf eine militärische Einheit durchzuführen. Näher habe ich mich aber damals mit den politischen Vorstellungen Hoffmanns nicht befaßt. Mir ging es nur um paramilitärische Ausbildung." (Vernehmungsprotokoll der Ermittlungsrichter des Bundesgerichtshofes, 1 BJs 388/81-2, II BGs 877/81, Karlsruhe, 3.7.1981, S. 2) Nach dem fünftägigen Aufenthalt B.s bei Hoffmann erhält er noch zwei Adressen von Mitgliedern der Hoffmann-Gruppe, darunter die des "Unterführers" in Düsseldorf: "Ich habe dann in der Folgezeit an Wehrsportübungen in der Düsseldorfer Gegend teilgenommen. Eigentlich beigetreten bin ich der Wehrsportgruppe nicht. Ich habe aber an Übungen teilgenommen. (...) An den Übungen in Düsseldorf hat Hoffmann selbst nicht teilgenommen. Ausrüstungsgegenstände und Fahrzeuge waren aber vorhanden. Im Laufe der Zeit bin ich jedoch mehrmals zusammen mit dem bereits erwähnten Unterführer, der (...) heißt, zu Hoffmann nach Ermreuth gefahren. (...) Im September 1980, als ich wieder einmal bei Hoffmann war, sprach er mich an, ob ich nicht Interesse hätte, in den Libanon zu gehen. Er wolle die Wehrsportgruppe neu aufbauen. Einige Leute seien auch bereits drüben. Aufgabe der

der der früheren "Wehrsportgruppe Hoffmann". Nach einer kurzen Personalkontrolle dürfen sie zwar weiterfahren, die österreichischen Grenzer verweigern ihnen jedoch die Einreise und der Konvoi muß umkehren. Erst am nächsten Morgen wird das Quartett in Garching bei München angehalten und wegen des Attentats verhört. (vgl. Chaussy 1985, S. 50)

Hoffmanns Plan, am 27.9.1980 sofort nach Erhalt eines Telex aus dem Libanon, in dem ihn die Araber über den Fluchtversuch seiner vier Mitstreiter informieren, dorthin zu reisen, scheitert. Im Zuge der Ermittlungen wegen des Oktoberfestattentats wird er verläufig verhaftet. Nach seiner Freilassung besucht er Anfang Oktober das Lager um den "Laden auf Vordermann zu bringen", wie er erklärt. Es kommt zu weiteren Quälereien. Eines Morgens erscheint Marx unrasiert. Daraufhin schickt ihn Hoffmann mit einem Hohlblockstein im Rucksack auf eine Hürdenpiste. Die Strafe gefällt dem "Chef" und so schießt er ab und zu hinter Marx her, um das Tempo zu beschleunigen. (vgl. Chaussy 1985, S. 82 f)

Hoffmann kümmert sich auch um die Gefangenen, die er allerdings nicht mißhandelt. Am 20.10.1980 werden Hamberger und Bergmann frei gelassen, während Hepp und Dupper noch einsitzen müssen. Nachdem Hoffmann am 21.10.1980 den Libanon wieder verläßt, kommt es seit dem 24.10.1980 (ohne sein Wissen) zu erneuten Quälereien der Gefangenen durch andere WSG-Mitglieder. Zu den Mißhandlungen eines Inhaftierten spricht das Gericht von "Schlägen", "Tritten" und "Stockschlägen" und: "(...) wurde dadurch erniedrigt, daß er gezwungen wurde, in eine Hundehütte zu kriechen, zu bellen und seine Nahrung wie ein Hund aus einem Hundenapf zu nehmen." (Landgericht Nürnberg-Fürth, 3 Ks 340 Js 40387/81, S. 57)

Im Oktober und November kommt die Arbeit der Gruppe, die sich spätestens seit dem Aufenthalt in 'Nibbelsdorf' als 'WSG-Ausland' begreift, zum Erliegen. Die Stimmung stagniert ebenfalls:

> "Es fand keine intensive Ausbildung mehr statt (...), stattdessen machten sich die Gruppenmitglieder wegen allmählich zunehmender Kampfhandlungen daran, zur eigenen Sicherheit Kfz-Gruben und einen Bunker anzulegen. Aufgrund der weiterhin bestehenden

---

Gruppe sollte es sein, die Machtergreifung in Deutschland durchzusetzen." (Vernehmungsprotokoll der Ermittlungsrichter des Bundesgerichtshofes, 1 BJs 388/81-2, II BGs 877/81, Karlsruhe, 3.7.1981, S. 2f)
In der Presse gilt B. während seines Libanon-Aufenthaltes als der Verbindungsmann zu deutschen Verfassungsschutzbehörden, ohne daß es jemals ernsthafte Belege für den Vorwurf einer geheimdienstlichen Tätigkeit gibt. (vgl. 'Der Spiegel', 13.11.1984, S. 82)
[7] Faber gehört vor dem Verbot der "Wehrsportgruppe Hoffmann" wie auch Alfred Keeß zum festen Bestand des WSG-Ablegers in Ingolstadt. In dieser Zeit sind Faber und seine Ingolstädter Gesinnungsgenossen ein bis zweimal im Monat zu Übungen nach Heroldsberg gefahren. Nach dem Verbot hoffen einige von ihnen auf paramilitärische Kontinuität: Ein früheres Ingolstädter WSG-Mitglied: "Weil die 'WSG' verboten worden sei und das Angebot bestanden habe, daß sie dort weiter gehe, habe er - (...) - sich entschlossen, in seinem Urlaub in den Libanon zu gehen." (Landgericht Nürnberg-Fürth, 3 Ks 340 Js 40387/81, S. 790)

Differenzen in politischen Ansichten, aufgrund persönlicher Abneigungen, insbesondere auch wegen der Mißhandlungen während der Gefangenschaft der Gruppe um Hepp und schließlich auch wegen der übermäßigen Inanspruchnahme durch die baulichen Arbeiten setzte sich in der 'WSG' Unzufriedenheit fest, die sich besonders in aggressiven Handlungen gegenüber Kameraden entlud; das zeigte sich insbesondere dann, wenn Angehörige der Gruppe gefangen und deswegen um so mehr schutzlos waren." (Landgericht Nürnberg-Fürth, 3 Ks 340 Js 40387/81, S. 58)

Auch im Libanon hält Hoffmann an seiner konspirativen Arbeitsweise fest. Es folgt eine Namensliste mit der Entschlüsselung der Pseudonyme:

Name	Tarnnamen im Libanon	Tarnnamen in "Verrat und Treue"	Aufgabe im Lager nach Aussagen von Hepp, Fraas und Hamberger
Karl-Heinz Hoffmann	brauer, sharad, kamvip, nabil	Karl Heinz Hoffmann	Chef
Leroy Paul	hamnid, nervli	Harry Pohl	Stellvertreter Hoffmanns
Uwe Behrendt		Rower Brandt	Vertreter von Leroy Paul
Klaus Hubel	halef	Theo Havel	Leibwächter Hoffmanns
Uwe Mainka	abdul	Kurt Klinka	Leiter des Bautrupps
Ulrich Behle		Ulrich Baalheim	Verantwortlich für Waffen und Ausrüstung
Joachim Bojarcky	kamal	Jochen Borowsky	Koch
Alfred Keeß	ghadafi	Manfred Kessy	Ausbildungsleiter im Kampfsport
Wilhelm Keeß		Willy Kessy	
Arnd-Heinz Marx	tassi	Hans Maxwell	
Odfried Hepp	jussuf	Gottfried Keppler	
Steffen Dupper	feisal	Joachim Dupon	
Peter Hamberger	saves	Dieter Heinburger	
Kay-Uwe Bergmann	salih	Kai Beckmann	
Hans-Peter Fraas	achmed	Walter Frintz	

(Stand der deutschen Gruppe, die den Deckname "osman" trägt, im Januar 1981)

Am 29.12.1980 kommt Karl-Heinz Hoffmann mit Joachim Bojarcki[8] und Hans-Peter Fraas als Verstärkung ins Lager zurück. Fraas trägt den Titel des "Hauptunterführers". (vgl. Urteil des Oberlandesgerichtes Frankfurt am Main 4 - 1 StE 4/84 - 2/84, S. 12 f) Hepp und Dupper werden nach Hoffmanns Rückkehr aus der Haft entlassen. (Backes/Jesse 1993, S. 305)

1981 verschlimmern sich die Torturen im Hoffmann-Camp, bis das Mitglied Kay Uwe Bergmann zu Tode kommt. Der erste Anlaß der ständigen Quälerei Bergmanns ist ein Rauchverbot, das dieser mißachtet. "Üblicherweise" sind Liegestützen und Hürdenläufe - teilweise bis zur Erschöpfung - mit einem Rucksack zu absolvieren, der mit einem, später mit zwei Hohlblocksteinen gefüllt ist. Trotz der Bestrafung wird Bergmann erneut mit einer Zigarette angetroffen und während der Nacht mit einer Handschelle ans Bett gefesselt. Nach weiteren schlimmen Mißhandlungen durch seine Mitstreiter muß er ins Krankenhaus:

"Der gravierendste Vorfall dabei war, daß an Bergmann die von Gruppenangehörigen so genannte 'Wasserkur' erprobt wurde; auf Geheiß von (...) wurde Bergmann, der an das Bett gefesselt war, ein Tuch über das Gesicht gelegt und darauf Wasser geschüttet. Vermutlich dabei kugelte sich Bergmann, der sich in Erstickungsanfällen auf dem Bett wand, die Schulter aus. Möglich ist, daß Bergmann in dieser Nacht mehrere 'Wasserkuren' oder zumindest eine in mehreren Etappen über sich ergehen lassen mußte." (Landgericht Nürnberg-Fürth, 3 Ks 340 Js 40387/81, S. 66)

Es muß allerdings erwähnt werden, daß der Hoffmann-Vize-Stellvertreter Behrendt die Folterer zur Strafe für die Mißhandlungen an Bergmann in voller Ausrüstung über die Hürdenstrecke jagt. Als Bergmann nach dem Krankenhausaufenthalt vor seiner Rückkehr ins Hoffmann-Lager das UNO-Gebäude aufsucht und dabei von einem arabischen Offizier gesehen wird, beginnen weitere Schindereien. Nach Angaben von Hans Peter Fraas, Peter Hamberger und Odfried Hepp wird Kay Uwe Bergmann von Hoffmann mit einem Stock schwer geschlagen. Seit diesem Zeitpunkt gilt Bergmann als Gefangener der WSG, der auf Geheiß Hoffmanns nachts abwechselnd ans Bett, an einen Baum oder an ein Fahrzeug im Lager angekettet wird. Um Bergmann auch nach außen als Gefangenen zu kennzeichnen, gibt Hoffmann den Befehl, ihm die Haare und die Augenbrauen abzurasieren. Neben Schlägen durch ehemalige "Kameraden" entschließt sich Hoffmann, "Bergmann bis auf weiteres täglich regelmäßig Speiseöl, mehrere Dosen Ölsardinen und ähnliche 'Nahrung' notfalls unter Zwang selbst oder unter Mitwirkung der Gruppenangehörigen zu verabreichen." (Landgericht Nürnberg-Fürth, 3 Ks 340 Js 40387/81, S. 70)

---

[8] Im Gegensatz zu zahlreichen anderen Mitgliedern der Auslands-WSG ist bei Bojarcky vor seiner Libanon-Zeit kein politisches Engagement feststellbar. Er hat Hoffmann 1978 kennengelernt, ohne jedoch Mitglied seiner WSG geworden zu sein oder an einer Übung teilgenommen zu haben. Als Grund für seine Fahrt in den Libanon nennt er private Schwierigkeiten.

Bergmann muß, wenn er sich übergibt, das Erbrochene wieder aufessen. (vgl. 'Bonner Rundschau', 19.8.1984). Ein anderes Gruppenmitglied uriniert auf Bergmann, während der WSG-Koch Bojarcky die brutale Bastonade fortsetzt. Außerdem gießt er eine kochende Flüssigkeit auf Bergmann, was ihm eine schwere Brandwunde zufügt. (vgl. Hoffmann, "Verrat und Treue", S. 603 ff) Auch der Lewin-Mörder Uwe Behrendt quält Bergmann brutal. Er tritt ihm mit seinem Stiefel ins Gesicht, nachdem er auf seiner Haut Trockenspiritus verbrannt und ihm den linken Arm ausgekugelt hat. ('Der Spiegel', 20.8.1984)

Während Hoffmann in seinem "Roman" Bergmanns Folterung durch andere WSGler ausführlich beschreibt (Hoffmann, "Verrat und Treue", S. 574, S. 591 ff), unterschlägt er seine eigenen Untaten: "Hoffmann selbst beteiligt sich nicht an den Schikanen, aber er schützt Beckmann (Pseudonym in "Verrat und Treue") auch nicht. Er läßt ihn völlig links liegen. Andererseits läßt er aber nicht zu, daß er geschlagen wird." (Hoffmann, "Verrat und Treue", S. 603) Auch vor Gericht argumentiert Hoffmann später bagatellisierend: "'Wenn einer auf dem Esel sitzt und treibt ihn an mit dem Stecken, das ist auch kein Schlagen'. Laut Anklage habe Hoffmann Bergmann aber so stark geprügelt, bis dessen Kopf 'nur noch eine blutende Masse' gewesen sei." (zit. aus 'Bonner Rundschau', 19.8.1984)

In der Nacht zwischen dem 6. und dem 7. Februar 1981 verschwindet Bergmann nach einer erneuten Folterungen aus dem Lager "Bir Hassan". Vorher, am 6.2.1981 zwischen 22.00 und 23.00 Uhr, wird auf seinem Bauch ein Esbit-Würfel abgebrannt und ihm eine heiße Messerspitze über den Bauch gezogen. Seitdem gilt Bergmann als vermißt. (Anklageschrift der Staatsanwaltschaft beim Landgericht Nürnberg-Fürth, Az. 342 Js 31017/82, 15.2.1984, S. 14 f) Ob er in ein Gefängnis - etwa das "Zentralgefängnis" der PLO - gebracht oder von seinen "Kameraden" ermordet wird, ist ungeklärt. Arnd-Heinz Marx mutmaßt im Hoffmann-Prozeß: "Der Alte sagte, den hätte die Militärpolizei geholt. Ich glaube, daß er umgelegt wurde - auf Befehl vom Alten." Am auf das Verschwinden folgenden Tag muß Marx auf den Befehl Hoffmanns Bergmanns Stiefel putzen. Später sieht er auch dessen deutschen Reisepaß, der für einen neuen Auftrag von Hoffmann gefälscht wird. Marx erinnert sich an den Wortwechsel: "Ich rief, das ist doch Bergmanns Paß. Der Alte sagte, das Arschloch braucht ihn nicht mehr." (zit. aus: 'Der Spiegel', 19.11.1984, S. 82)

Kurze Zeit später fahren fast alle Mitglieder nach Tripolis, um Autos abzuholen. Im Lager bleiben die WSG-Mitglieder Alfred Keeß, Arnd-Heinz Marx und Hans-Peter Fraas, die ebenfalls an einen Fluchtversuch denken. (vgl. 'Arbeiterkampf', 1.7.1985) Während ihres dreiwöchigen Aufenthalts in Tripoli werden die Angehörigen der Hoffmann-Truppe an der Waffe ausgebildet. Walter Ulrich B. erinnert sich an:

"Allgemeine Gefechtsausbildung mit Bewegung im Gelände. Diese fand während eines dreiwöchigen Aufenthaltes bei Tripoli statt. Zu dieser Zeit waren wir in einem dort befindlichen Palästinenserlager untergebracht. Wir übten u.a. auch den Sturmangriff. Ziel

hierfür waren leere Ölfässer und brennende Balken. Diese dreiwöchige Ausbildung wurde abwechselnd von HOFFMANN und BEHRENDT geleitet. (...)
Ein anderer Teil dieses Ausbildungsplanes sah die Sprengausbildung vor. Dort wurde genaustens erklärt, wie man Detonatoren und Zündschnüre an Sprengmittel- bzw. Sprengkörper befestigt und diese zur Explosion bringt. (...) Diese Sprengausbildung wurde von drei Palästinensern aus dem Büro des Abu Schahab, welches dem Büro des Abu Iyad unterstellt ist, geleitet. Auf diese Sprengausbildung legte HOFFMANN grossen Wert und war auch selbst anwesend. (...)
Unter der Leitung von Hoffmann übten wir dann ebenfalls während dieser drei Wochen das Ausräuchern von unterirdischen Räumlichkeiten. Dieser Sturmangriff wurde auf nachgebaute Unterstände durchgeführt. Die Unterstände wurden mit Hilfe von Offensivhandgranaten ausgeräuchert und anschließend unter direktem Beschuß unserer Kalaschnikovs gestürmt. Dieser Sturmangriff wurde selbstverständlich mit scharfen Waffen ausgeführt.
HOFFMANN achtete während dieser Ausbildung sehr darauf, daß wir nicht nur die Verteidigung, sondern auch den Angriff lernten." (Vernehmungsprotokoll des bayerischen Landeskriminalamt, SG 731, 2.7.1981, S. 27 ff)

Gegen Ende Februar kehren die Gruppenmitglieder wieder ins Lager zurück. Die zwischenzeitlich ausgedachten Fluchtpläne der drei im Lager verbliebenen Keeß, Marx und Fraas gelangen an Hoffmann, der sie sofort festnehmen läßt. Sie werden im Dienstbotenzimmer der Hoffmann-Wohnung in Beirut eingesperrt. Es folgt wieder Folter: "(...) wurde, teilweise mit einem Koppel und mit Besenstielen, bis zur Bewußtlosigkeit geschlagen." (Landgericht Nürnberg-Fürth, 3 Ks 340 Js 40387/81, S. 60) Alfred Keeß wird zwangstätowiert. In Anlehnung an die Konzentrations-Lager-Nummer muß sich Keeß am linken Unterarm die Buchstaben "KL" und die Nummer "9999" einstechen lassen. Außerdem bekommt er den Kopf kahlgeschoren.[9] Nachts wird er mit einer Handschelle ans Bett gefesselt und immer wieder geprügelt. (vgl. 'Arbeiterkampf', 1.7.1985; 'Der Spiegel', 20.8. 1984, S. 39) Erst Mitte Juni[10], nach der Abreise Hoffmanns, kann er fliehen. Bojarcky schreibt über diese Zeit in seiner Aussage:

"Im Mai oder Juni 1981 sei Hoffmann endgültig aus dem Libanon weggefahren. Ohne daß dies angeordnet worden sei, sei Keeß jetzt freigekommen, denn alle seien sich selbst überlassen gewesen, als bekannt geworden sei, daß Hoffmann festgenommen worden sei." (Landgericht Nürnberg-Fürth, 3 Ks 340 Js 40387/81, S. 169)

---

[9] vgl. Anklageschrift der Staatsanwaltschaft bei dem Landgericht Nürnberg-Fürth, Az. 342 Js 31017/82, 15.2.1984, S. 19

[10] Nach den Ausführungen des früheren Hoffmann-Gefährten Behle im Polizeiverhör ist eines der Ziele Hoffmanns nach seiner Abreise Südamerika. Behle sagt: "Wie er selbst erzählte, wollte er nach Peru reisen, um mit dort wohnenden deutschen Rechtsextremisten Kontakt aufzunehmen. BEHRENDT erhielt von HOFFMANN auch den Auftrag nach Brasilien zu fliegen, um dort ebenfalls wohnende deutsche Rechtsextremisten aufzusuchen und möglicherweise für seine Gruppe im Libanon anzuwerben, denn von diesen kam das Angebot der finanziellen und propagandistischen Unterstützung." (zit. aus: Bayerisches Landeskriminalamt, SG 732, Tgb.-Nr. 731 - 684/81, ab dem 2.7.1981, S. 39)

Am 14.6.1981 fliehen auch Behle und Mainka[11] ohne Ausweispapiere aus dem Lager. Am 2.7.1981 strahlt das "Zweite Deutsche Fernsehen" in der Sendung "heute journal" zwei Pressekonferenzen aus. Die eine wird von der PLO, die andere von der libanesischen Falange organisiert. Naum Farah, Chef der Abteilung für Außenbeziehungen der rechten Christen-Milizen, stellt die WSG-Mitglieder Mainka und Behle vor. Beide geben an, von den Palästinensern zu den Falangisten geflüchtet zu sein. Statt des erwarteten militärischen Trainings in einem Lager von 'Abu Ijad'[12] in Westbeirut hätten sie aber Bauarbeiten und Autoreparaturen verichten müssen. Die Pässe seien ihnen abgenommen worden, und sie hätten keinerlei Sold erhalten. Für geringste Verstöße habe es schwere Strafen gegeben, auf Flucht aus dem Lager habe die Todesstrafe gestanden. Trotzdem sei es ihnen gelungen, in den von Falangisten kontrollierten Ostteil Beiruts zu flüchten. Dort seien sie bewaffnet worden und fühlten sich sicher. In Deutschland drohe ihnen Festnahme, von den Palästinensern würden sie gesucht. Farah beschuldigt bei der Pressekonferenz den Palästinenser Salah Kalef, bekannt unter dem Namen Abu Ijad, des Terrors. Er sei für die Sprengstoffanschläge auf das Münchner Oktoberfest und auf den Hauptbahnhof von Bologna verantwortlich. Außerdem sei Ijad der Drahtzieher der Ausbildung rechtsradikaler Europäer bei den Palästinensern. Behle und Mainka widersprechen allerdings Vermutungen, Hoffmann hätte etwas mit den beiden Bombenanschlägen zu tun. (vgl. 'dpa', 16.6.1981; 'AP', 25.6.1981)

Die PLO hingegen präsentiert unter dem Namen Hans Dieter Eckner und Ulrich Bauer zwei WSG-Männer, die angeblich bei der Falange in Ausbildung gewesen sind. Bei den beiden Rechtsextremisten handelt es sich um Uwe Behrendt und Klaus Hubel[13]. Sie geben an, über Zypern in das von Falangisten kontrollierte Gebiet gelangt und dort militärisch ausgebildet worden zu sein. Eines Tages hätten sie sich mit einer Gruppe anderer junger Deutscher in Beirut verirrt und seien dort in die Hände der Palästinenser gefallen. Nach einer kurzen Haft hätten sie sich ungehindert bewegen können und sich dann freiwillig den Palästinensern an-

---

[11] Mainka ist Ende der siebziger Jahre aus der DDR in die Bundesrepublik gekommen. In Ostdeutschland wird er bereits früher wegen Körperverletzung und Fahrens ohne Fahrerlaubnis verurteilt. Im Westen lernt er bereits im September 1979 Karl Heinz Hoffmann kennen und tritt "zur Probe" drei Monate der WSG bei. Vor Gericht charakterisiert sich Mainka als weniger politisch, aber dafür militärisch interessiert. (vgl. Landgericht Nürnberg-Fürth, 3 Ks 340 Js 40387/81, S. 236)

[12] Abu Ijad ist der Deckname des PLO-Funktionärs Salah Chalaf. Chalaf ist stellvertretender Leiter der palästinensischen Befreiungsorganisation PLO. Ferner ist er Gründer und Anführer der Terrorgruppe 'Schwarzer September', die unter anderem das Münchner Olympiamassaker verübt. Am 14.1.1991 wird Ijad, der zu diesem Zeitpunkt Chef des PLO-Geheimdienstes ist, ermordet. (vgl. 'Der Spiegel', 13.7.1981, S. 76; Seale 1992, S. 45 ff)

[13] Hubel hat vor seinem Libanon-Aufenthalt keine rechtsextremistische Vergangenheit. Er bestreitet vor Gericht auch, von dem Verbot der "Wehrsportgruppe Hoffmann" an Übungen teilgenommen zu haben. Nach dem WSG-Verbot habe er sich nach seiner Schulzeit der Libanon-Gruppe angeschlossen, "um sich politisch mit den Palästinensern zu solidarisieren." (Landgericht Nürnberg-Fürth, 3 Ks 340 Js 40387/81, S. 205)

geschlossen. (vgl. 'dpa', 16.6.1981; 'AP', 25.6.1981; 'Der Spiegel', 14.9.1981, S. 49 ff)

So degeneriert die in der Presse mythologisierte Auslands-WSG zum Spielball der Bürgerkriegsparteien. Und selbst diese Rolle spielen die Rechtsextremen schlecht. Behrendt und Hubel kennen bei der Pressekonferenz das Symbol der Falangisten nicht, obgleich sie berichten, dort eine längere Ausbildung absolviert zu haben. (vgl. 'dpa', 16.6.1981) Nach ihrem Fernsehauftritt sind Behle und Mainka noch knapp eine Woche in einem libanesischen Berglager untergebracht. Anfang Juli dürfen sie nach Frankfurt fliegen, wo sie von der deutschen Polizei verhaftet werden.

Am 15.6.1981 melden sich Odfried Hepp, Peter Hamberger und Hans-Peter Fraas in der Deutschen Botschaft in Beirut. Alle drei machen umfangreiche Aussagen über Hoffmanns Libanon-Aktivität. Übereinstimmend bestätigen sie ihre Ausbildung im Guerillakampf. Hoffmann wollte demnach eine internationale Terroristengruppe aufbauen, mit dem Ziel, den bewaffneten Kampf gegen die Bundesrepublik aufzunehmen. Am 16.6.1981 werden die drei Rechtsextremisten von Beamten des BKA mit dem Flugzeug von Beirut nach Frankfurt am Main zurückgeführt. Am selben Tag wird Hoffmann beim Versuch, von Deutschland in den Nahen Osten zu fliegen, aus dem Flugzeug heraus verhaftet. (vgl. Hoffmann, "Verrat und Treue", S. 790)

Am 21.7.1981 nehmen Beamte des bayerischen Landeskriminalamtes die Brüder Alfred und Wilhelm Keeß fest. Im Verhör geben die WSG-Mitglieder an, am 16.7.1981 von Österreich über den Grenzübergang Freilassing nach Deutschland gereist zu sein. Sie seien dorthin über Damaskus, Bukarest, Budapest, Jugoslawien und Italien gekommen. Ebenfalls am 21.7.1981 werden auch Arnd-Heinz Marx und Steffen Dupper, die aus Frankreich kommen, am Grenzübergang Kehl inhaftiert. Alle vier sind zuvor von der PLO des Landes verwiesen worden.

Am Ende bleiben nur noch Leroy Paul, Uwe Behrendt, Joachim Bojarcky und Klaus Hubel im Libanon. Hier begeht Behrendt nach dem derzeitigen Forschungsstand am 16.9.1981 Selbstmord. Die drei anderen WSG-Mitglieder tauchen in Europa unter, wo Bojarcky und Hubel in Italien und Leroy Paul später in Belgien verhaftet werden.

Terrorpläne der WSG-Libanon:

Daß Hoffmann im Libanon nicht nur geschäftliche Interessen verfolgen wollte, belegen Zeugenaussagen vor Gericht, besonders von Alfred Keeß, Arnd-Heinz Marx, Hans-Peter Fraas und Walter Ulrich Behle. Sie erzählen von durchaus terroristischen Plänen Hoffmanns. Die Berichte beruhen auf von den Zeugen vernommenen Dialogen und gesichteten Dokumenten. Behle findet im Libanon etwa schriftliche Aufzeichnungen über geplante terroristische Aktionen Hoffmanns.[14] Systematisiert soll er laut Zeugenaussagen geplant haben:

- die Ermordung des ehemaligen Ersten Staatsanwalts Gerulf Schmidt, da dieser zu penibel in Sachen WSG Hoffmann ermittelt hat.[15]
- die Ermordung eines Mitglieds der ehemaligen Antifaschistischen Aktionseinheit, die jahrelang intensive Öffentlichkeitsarbeit gegen die WSG betrieben hat.
- die "Beseitigung" des abtrünnigen WSG-Mitglieds Ralf Rößner.[16]
- die Ermordung eines Mossad-Agenten als angebliche Auftragsarbeit für Palästinenser.
- die Ermordung eines älteren Juden in der Nähe von Erlangen.
- Sprengstoffanschläge auf ESSO- bzw. Shell-Raffinerien oder Tanklager in Ingolstadt.
- die Erpressung von Lösegeld durch die Entführung einer im Ölgeschäft tätigen Person.
- Anschläge auf UNO-Truppen im Libanon.
- die Versenkung eines Tankschiffs im Libanon.

---

[14] Im Verhör sagt B.: "Bei der Gelegenheit des gemeinsamen Essens berichtete uns Hoffmann auch über Aktionen, die er mit uns ausführen wollte. Einmal sollte eine Ölfirma erpreßt werden, dann sollte ein UNO-Konvoi überfallen werden und schließlich wollte Hoffmann ein israelisches Schiff in die Luft sprengen. Über letzteren Vorgang habe ich auch eine Aktennotiz gesehen, wenn ich auch nicht genau weiß, wie er dies verwirklichen wollte. Die Erpressung der Ölfirma sollte so erfolgen, daß wir eine Raffinerie oder ein Tankschiff in die Luft sprengen würden, um mit der Androhung weiterer Anschläge Geld zu erpressen. Es war an einen Betrag von 5 Millionen US-Dollar gedacht. Die Hälfte sollte die Gruppe Hoffmann bekommen und die andere Hälfte die Gruppe Abu Ijad. Konkrete Pläne, wann und wo ein solcher Angriff erfolgen sollte, sind mir nicht bekannt. Wir haben auch von Hoffmann den Auftrag erhalten, das Tanklager einer Ölraffinerie auszukundschaften. Behrend, Hamberger und ich sind durch den Zaun in das Lager hineingegangen und haben uns dort Kenntnis über die Beschaffenheit der Tanks und sonstigen Einrichtungen verschafft. Dieses Lager sollte aber nicht angegriffen werden. Das Unternehmen diente nur dazu, uns Informationen über solche Lager zu verschaffen. Hinsichtlich des Überfalls auf einen UNO-Konvoi bestand der Plan, die US-Stahlhelme, die wir hatten, blau anzumalen und US-Jacken mit UNO-Abzeichen anzuziehen. So ausgerüstet sollten zwei Zweiergruppen einen UNO-Konvoi umleiten und so in einen Hinterhalt locken. Nach Ort und Zeit war aber dieser Plan noch nicht konkretisiert." (Vernehmungsprotokoll der Ermittlungsrichter des Bundesgerichtshofes, 1 BJs 388/ 81-2, II BGs 877/81, Karlsruhe, 3.7.1981, S. 7f)

[15] So melden die 'Nürnberger Nachrichten': "Gerulf Schmidt, der Nürnberger Staatsanwalt, bekommt verstärkten Sicherheitsschutz. Gegen Schmidt hatte die rechtsradikale 'Wehrsportgruppe Hoffmann' ein Mordkomplott geschmiedet, nachdem er gegen sie ermittelt hatte." ('Nürnberger Nachrichten', 4.7.1981)

[16] Nach Angaben des Nachrichtenmagazins 'Der Spiegel' "vergreift" sich das EX-WSG-Mitglied Ralf Rößner an den von Hoffmann gefälschten Dollars, die in geheimen Erddepots gelagert sind. Den Ermittlungen zufolge taucht darauf Behrendt mit einer Handgranate in der Wohnung Rößners auf, um ihn samt Freundin in die Luft zu jagen. Zu ihrem Glück trifft Behrendt die beiden nicht an. (vgl. 'Der Spiegel', 20.8.1984, S. 39)

- Anschläge mit einer Panzerfaust auf US-Panzer.[17]
- Befreiung des in Berlin inhaftierten Kriegsverbrechers Rudolf Heß.[18]

"Letzterer Plan wird in den Akten nicht mehr erwähnt und taucht auch in der Anklageschrift nicht auf, obwohl bei Hoffmann eine Blechdose, eingemauert auf Schloß Ermreuth, gefunden worden ist, die 'schriftliche Unterlagen, Fotografien und eine Tonbandcassette enthielt, die für die geplante Befreiung des Hitler-Stellvertreters Rudolf Heß angefertigt wurden.' Warum diese geplante Befreiungsaktion, die schon einmal so konkret wurde, daß das WSG-Mitglied Gilbert Heindl in der Kanalisation von Berlin herumtauchte, aus den Akten verschwunden ist, bleibt ungeklärt." ("Hoffmann Prozeß", S. 14)

Zu den terroristischen Ambitionen Hoffmanns erklärt ein weiteres WSG-Mitglied: "Hoffmann habe eine 'Todesliste' angelegt. Er - (...) - habe gehört, als Hoffmann die Liste diktiert habe. Er sei vor dem Zelt gestanden, (...)." (Landgericht Nürnberg-Fürth, 3 Ks 340 Js 40387/81, S. 244)

Beseitigung der Demokratie als Endziel:

Zum Zweck der "WSG"-Ausland machen die früheren Hoffmann-Anhänger Angaben, die die Demokratiefeindlichkeit der Truppe unterstreichen. Ein ehemaliges Mitglied, das die Kammer im Prozeß gegen Hoffmann als den "zuverlässigsten Zeugen" (Landgericht Nürnberg-Fürth, 3 Ks 340 Js 40387/81, S. 320) erachtet, sagt vor Gericht: "Der Wunsch aller sei die Machtergreifung in Deutschland gewesen, und er selbst - (...) - hätte sicherlich an einem Umsturz in der Bundesrepublik mitgearbeitet, wenn Gelegenheit dazu gewesen wäre." (Landgericht Nürnberg-Fürth, 3 Ks 340 Js 40387/81, S. 133) Allerdings schränkt der frühere WSG-Mann ein: "Über verschiedene Aktionen sei viel im Libanon geredet worden, konkrete Pläne habe es jedoch jedenfalls in der Form nicht gegeben, daß dies und jenes zu dem und dem Zeitpunkt durch diese Leute auf diese Weise gemacht werden sollte." (Landgericht Nürnberg-Fürth, 3 Ks 340 Js 40387/81, S. 134) Ein anderer Mitstreiter der Libanon-Gruppe, der schon zuvor langjähriges WSG-Mitglied ist, bestätigt vor Gericht, daß Hoffmann einen Staatsanwalt "umlegen" lassen will. Zur Zielsetzung der Gruppe sagt er: "Über den Einsatz der Gruppe habe Hoffmann schon im Dezember 1980 seine Fantasien gehabt; danach würde die

---

[17] Beispielsweise erinnert sich Arnd-Heinz M. im Polizeiverhör an ein Gespräch mit Hoffmann: "Da hat er auch gesagt, daß man bei einem Manöver der Amis denen ein paar Panzer mit der B7 abschießen könnte. Das ist die sowjetische Armee Panzerfaust. Aber für mich waren das alles Phantastereien. Ich habe den Alten überhaupt nicht mehr für voll genommen." (Protokoll der Zeugenvernehmung durch das Hessische Landeskriminalamt, V/1 - P8244, 24.8.1981, S. 4)

[18] vgl. zu den Terrorplänen u.a.: 'Der Spiegel', 20.8.1984, S. 39; 'Nürnberger Nachrichten', 2.7.1981; Rosen 1989, S. 56; 'Welt am Sonntag', 13.12.1981

Gruppe Deutschland erobern und er - Hoffmann - habe sich mit dem Breschnew unterhalten." (Landgericht Nürnberg-Fürth, 3 Ks 340 Js 40387/81, S. 216) Ferner sagt ein anderes Mitglied der ehemaligen Libanon-Gruppe, dem das Landgericht Nürnberg-Fürth "Ehrlichkeit" bescheinigt (vgl. Landgericht Nürnberg-Fürth, 3 Ks 340 Js 40387/81, S. 364):

"Bei den politischen Gesprächen habe Hoffmann nur 'Bla-Bla' geäußert. Das Endziel sei aber, ohne daß Hoffmann das gesagt habe, klar gewesen, nämlich die Machtergreifung; der Weg dorthin, ob links oder rechts, sei Hoffmann egal gewesen." (Landgericht Nürnberg-Fürth, 3 Ks 340 Js 40387/81, S. 298)

Kontakt zur PLO:

Die "Wehrsportgruppe Hoffmann" im Libanon verfügt über gute Kontakte zur Führung der PLO. Die arabische Partnerorganisation der WSG heißt "Apparat der Vereinigten Revolutionssicherheit" ("Unified Security Apparatus") und steht unter der Führung von Abu Ijad. Sie verfolgt die Ziele von Arafat. (vgl. Landgericht Nürnberg-Fürth, 3 Ks 340 Js 40387/81, S. 822) Neben den szeneüblichen Kontakten rechtsextremistischer Organisationen zu Gleichgesinnten im benachbarten Ausland ist dies umso bemerkenswerter, da die PLO politisch in ihrer Mehrheit als links eingeordnet werden kann. 'Der Spiegel' schreibt zur Zusammenarbeit:

"Der Kontakt zur PLO-Führung war eng. Gelegentlich kam sogar Abu Ijad, Arafats rechte Hand und Sicherheitschef der PLO, ins gemeinsame Camp und überzeugte sich vom Stand der Ausbildung. Das Vertrauen zu den deutschen Rechtsradikalen schien unbegrenzt: Als in Tripoli ein Schiffstransport mit Waffen der DDR-Volksarmee eintraf, durften auch die Hoffmann-Leute beim Abladen von 400 grünen Kisten (Inhalt: je 10 MP vom Typ Kalaschnikow) mit zupacken." ('Der Spiegel', 13.11.1984, S. 82)

Verantwortlich für die Kontakte zwischen Hoffmann und der PLO ist der Rechtsextremist Udo Albrecht, der auch für die Stasi tätig ist. Bei der PLO hat Albrecht einen guten Ruf, weil er in der Organisation "Schwarzer September" 1970 zusammen mit den palästinensischen Freischärlern in Jordanien gegen König Husseins Armee kämpft. Als die Jordanier als Sieger aus der Auseinandersetzung hervorgehen, gerät Albrecht in Amman in Haft und kommt erst mit westdeutscher Regierungshilfe wieder frei. Seit dieser Zeit hat Albrecht einen Ausweis der PLO, die seine Nazi-Neigung ausklammert. Das Abu-Ijad Büro gegenüber dem Nachrichtenmagazin 'Der Spiegel': "Wir sind nicht für seine Gedanken verantwortlich". ('Der Spiegel', 29.6.1981, S. 32) In Deutschland engagiert sich Albrecht in der "Nationalsozialistischen Kampfgruppe Großdeutschlands", die 1972 von der Polizei zerschlagen wird. (vgl. Hoffmann, "Verrat und Treue", S. 55) Knapp acht Jahre später führt er im Frühjahr 1980 Hoffmann bei der Fatah-Führung in Beirut ein. Er verfügt über gute Beziehungen zu den beiden Al-Fatah-Führern Amin el-Hindi und einem, der sich "Atif" nennt. (vgl. 'Der Spiegel', 13.11.1984, S. 82) Kurze Zeit nach der Kontaktaufnahme rollen die ersten Hoffmann-Konvois mit Mitgliedern der nun neuen "WSG-Ausland".

Ein weiterer Beleg für das Vertrauen, das die PLO zur Auslands- WSG hat, ist die Vergabe ihrer Ausweise an die Rechtsextremen. Außer Hoffmann haben auch die WSG-Angehörigen Behrendt, Hubel, Fraas, Hepp, Alfred Keeß und Mainka einen PLO-Ausweis vom Geheimdienst des Abu Ijad, der es ihnen ermöglicht, sich in jedem Teil des von Palästinensern kontrollierten Gebietes zu bewegen. Nach den mißlungenen Libanon-Plänen Hoffmanns will Abu Ijad allerdings von seinen früheren Partnern nichts mehr wissen. Ideologisch distanziert sich der Palästinenserführer Ijad, der vorgibt, Hoffmann nie persönlich kennengelernt zu haben, deutlich von der WSG:

> "Wir haben eine riesengroße Distanz zu den faschistischen Ideologien der Nazis. Eines sage ich Ihnen - selbst wenn die Nazis heute zu uns sagten, wir befreien Palästina für euch, würden wir sagen, dann schenken wir dies Palästina den Russen." (zit. aus 'Der Spiegel', 13.7.1981, S. 76)

An anderer Stelle sagt Ijad über Hoffmann: "Als er dachte, er müsse auf die Juden schimpfen, das gefällt den Jungs dort, haben wir ihm gesagt, dafür wirst du keinen Boden hier finden. Das hat ihm nicht behagt." (zit. aus 'Der Spiegel', 13.7. 1981, S. 76) Auch der Autoverkauf Hoffmanns an die PLO wird von Ijad bestritten:

> "Er bot welche an, VW-Käfer, Jeeps und so weiter, alles gebraucht. Er hat sie in Tripolis abgestellt und versucht, Geld für Tickets und für den Unterschlupf seiner Leute zu kassieren. Aber die Wagen waren kaputt, die können wir nicht gebrauchen. Dann bot er an, er wolle Wagen reparieren und warten. Das haben wir abgelehnt. (...) Er verkaufte an einen Schrotthändler, sogar zu sehr billigem Preis. Der Mann heißt Abu Schouki." ('Der Spiegel', 13.7.1981, S. 77)

Wenn sich Ijad nachträglich von Hoffmann distanziert und erklärt, er habe ihn für einen "fortschrittlichen Patrioten" gehalten, der ihn allerdings "getäuscht" habe (vgl. 'Der Spiegel', 13.7.1981, S. 76 f), ist das wenig glaubhaft. Zwischen der Hoffmann-Gruppe und der PLO gibt es feste Absprachen und einen regen Finanzverkehr, was aus dem Ergebnis der Ermittlungsbehörden und zahlreicher Aussagen ehemaliger WSG-Anhänger hervorgeht. Vor Gericht erinnert sich ein Ex-Mitglied:

> "Etwa Anfang 1981 habe er (...) einen an den Finanzchef der Palästinenser, Abu Fati, gerichteten, mit einem Decknamen von Hoffmann unterzeichneten englischen Zettel gesehen, der etwa folgenden Text getragen habe: 'Thank you for 2500 Dollar for the Secret Work in Europe'." (Landgericht Nürnberg-Fürth, 3 Ks 340 Js 40387/81, S. 131)

In der Aussage eines Neonazis aus der Gruppe um Odfried Hepp ist über die Kontakte zur PLO zu lesen:

> "Er habe die deutsche Gruppe für selbstständig gehalten, aber sie hätten für die PLO Arbeiten - Krisentransporte - durchgeführt und zum Teil Ausweise erhalten. Zur Frage, ob von Leistung und Gegenleistung die Rede gewesen sei, hat der Zeuge geantwortet, daß sie Fahrzeuge für die PLO hergerichtet hätten. Dies und der Transport der Kisten seien klar Gegenleistung für die Transporte durch die PLO gewesen." (Landgericht Nürnberg-Fürth, 3 Ks 340 Js 40387/81, S. 174)

Vor Gericht gilt die Aussage des zitierten Zeugen als "glaubwürdig". (Landgericht Nürnberg-Fürth, 3 Ks 340 Js 40387/ 81, S. 340) Ferner werden im Verfahren gegen Hoffmann auch Aussagen vor Gericht gemacht, die den Erlanger Doppelmord mit einem PLO-Befehl verbinden. So erinnert sich ein Mitglied an ein Gespräch mit Behrendt, der gesagt habe: "Dieser Auftrag ist von der PLO an Hoffmann weitergegeben worden." (Landgericht Nürnberg-Fürth, 3 Ks 340 Js 40387/81, S. 245) Für die Aussage des WSG-Mitgliedes gibt es jedoch keine schriftlichen Belege oder weitere Fundstellen in der Literatur.

Ein weiterer Beleg für die kriminellen Verwicklungen Hoffmanns mit "den arabischen Partnern" (Landgericht Nürnberg-Fürth, 3 Ks 340 Js 40387/81, S. 627) ist die Herstellung von gefälschten Dollarscheinen: 20-, 50- und 100-Noten. Hoffmanns Spezialist und ausführende Instanz hierfür ist der Mann, der auch für die Ausrüstung der Hoffmann-Gruppe sorg: der 1938 geborene Horst Röhlich. Hepp, Fraas und Hamberger identifizieren ihn auch als die Person, die in Heidelberg und in einer Druckerei der El Fatah in Beirut gefälschte US-Dollarnoten hergestellt hat. Der Deckname Röhlichs in der WSG ist "Bertram". Vor Gericht sagt Hoffmann später, er habe nicht fälschen wollen, um sich zu bereichern. Es sei der Kitzel des Verbotenen gewesen: "Es hat mich einfach gereizt, doch als sie fertig waren, war auch der Reiz weg." ('Stern', Nr. 41/1985) Diesen abenteuerlichen Einlassungen Hoffmanns steht der Zweck der Falschgeldherstellung gegenüber. Vor Gericht sagt er:

> "Als Zweck dieser Herstellung von Falschgeld habe er - Hoffmann - mit einzelnen Personen der palästinensischen Bekannten (nicht mit der palästinensischen Organisation als solcher) besprochen, daß ihnen das Falschgeld ausgehändigt würde, daß Waffenlieferanten, mit dem Geld geködert, irgendwo hinbestellt und samt dem Material von Sicherheitskräften kassiert worden wären." (Landgericht Nürnberg-Fürth, 3 Ks 340 Js 40387/81, S. 631)

Folglich wird Hoffmann später auch wegen Geldfälschung verurteilt. (Landgericht Nürnberg-Fürth, 3 Ks 340 Js 40387/81, S. 645)

Zusammenfassend kann von einer sehr guten und zuvorkommenden Kooperation zwischen dem "Apparat der Vereinigten Revolutionssicherheit" und der Hoffmann-Gruppe gesprochen werden. Selbst wenn Hoffmanns Geldfälschung nur in Absprache mit Einzelmitgliedern dieser Gruppe erfolgt und nicht repräsentativ für das Gesamtverhältnis sein sollte, bleibt festzuhalten:

- Das Einverständnis, daß Hoffmann im Libanon eine deutsche Gruppe aufbauen und militärisch ausbilden darf.
- Die Palästinenser stellen im Lager "Bir Hassan" einen Teil ihres Geländes der WSG zur Verfügung.
- Hoffmann erhält für die Gruppenangehörigen eine weitere Wohnung in Beirut.
- Die Palästinenser statten die Hoffmann-Gruppe mit Waffen aus und stellen ihr gratis Uniformen und Essen zur Verfügung.
- Die WSG darf auch ein weiteres Gebiet bei Tripoli, das sogenannte "Badaui-Camp", für militärische Übungen nutzen.
- Einzelne Mitglieder der deutschen Gruppe werden mit Sicherheitsausweisen der arabischen Gruppe ausgestattet.
- Außerdem fließt noch Geld von den Arabern an Hoffmann, darunter eine einmalige Summe von 20 000 DM.
- Nach der Verhaftung Hoffmanns im Juni 1981 erhalten die WSG-Mitglieder je 500 libanesische Pfund im Monat und vereinzelt auch Geld für die Rückreise nach Deutschland.

(vgl. Landgericht Nürnberg-Fürth, 3 Ks 340 Js 40387/81, S. 823)

Die Finanzierung des Libanon-Projektes:

Ursprünglich plant Hoffmann, seine Libanon-Aktivität durch den Gewinn aus dem Autohandel zu finanzieren. Das erweist sich aber schnell als unrentabel. Weil die Araber nach Hoffmanns Einlassungen vor Gericht die Fahrzeuge trotzdem gebraucht hätten, habe man sich darauf geeinigt, daß sie die Kosten für die Fahrzeuge zuzüglich einer Pauschale an Hoffmann zu entrichten hätten. Außer der Pauschale in Höhe von 2500 Dollar seien bestimmte Fahrten, Flüge oder Extraspesen gesondert abgerechnet worden. So erfolgt ein Teil der Finanzierung des Libanon-Projekts durch die Palästinenser. (vgl. Landgericht Nürnberg-Fürth, 3 Ks 340 Js 40387/81, S. 88)

Eine andere potentielle Geldquelle soll die geplante Waffenfabrik sein, die Hoffmann bauen möchte. Aus den Gewinnen will er seine Libanon-Truppe auf eine Hundertschaft steigern. In der Fabrik plant er die Herstellung von billigen Maschinenpistolen, Pistolen und von Schalldämpfern. Der Stand der Realisierung ist schon soweit, daß Hoffmann bereits bestehende Fertigungsgebäude besichtigt habe. (vgl. Landgericht Nürnberg-Fürth, 3 Ks 340 Js 40387/81, S. 91 ff und S. 877 ff; vgl. ausführlich: Hoffmann, "Verrat und Treue", S. 387 - 400)

Trotz der durchaus freundlichen Kooperation der Araber und der finanziellen Perspektiven durch die Waffenherstellung scheitert Hoffmann im Libanon. Am

Ende wird er wegen Geldfälschung, Freiheitsberaubung, gefährlicher Körperverletzung, Nötigung, des unerlaubten Umgangs mit explosionsgefährlichen Stoffen und Verstößen gegen das Waffengesetz zu neun Jahren und sechs Monaten Haft verurteilt. (Landgericht Nürnberg-Fürth, 3 Ks 340 Js 40387/81, S. 11 f)

Profil der Libanon-Gruppe:

Die fortgeführte "Wehrsportgruppe Hoffmann" im Libanon hätte in Deutschland sicherlich den Kriterien einer terroristischen Vereinigung gemäß Paragraf 129 a StGB entsprochen, der "bis aufs Haar die Machenschaften und Vorhaben der Hoffmann-Gruppe" trifft. ('Der Spiegel', 20.8.1984, S. 39) Den Paragrafen erfüllt, wer eine Vereinigung gründet, deren Tätigkeit darauf gerichtet ist,

1. Mord, Totschlag oder Völkermord (§§ 211, 212 oder 220a),
2. Straftaten gegen die persönliche Freiheit in den Fällen des § 239a oder
3. Straftaten nach § 305a (Zerstörung wichtiger Arbeitsmittel) oder gemeingefährliche Straftaten in den Fällen der §§ 306 - 308, 310b Abs. 1, des § 311 Abs. 1, des § 311a Abs. 1 oder der §§ 312, 315 Abs. 1, des § 316b Abs. 1, des 316c Abs. 1 oder des § 319 zu begehen, oder wer sich an einer solchen Vereinigung als Mitglied beteiligt.

Hoffmanns Gruppe erfüllt fast jedes Kriterium. Doch der Bundesgerichtshof hebt im Januar 1982 einen vom Amtsgericht Erlangen erlassenen Haftbefehl wegen § 129a wieder auf. Grund: Der Begriff einer terroristischen Vereinigung kann nur auf Organisationen angewendet werden, die im räumlichen Geltungsbereich des Grundgesetzes liegen. Eine Vereinigung mit Sitz im Ausland hingegen sei auch dann nicht strafbar, selbst "wenn deren Mitglieder ausschließlich oder überwiegend Deutscher sind" oder sogar "ihren Wohnsitz im Bundesgebiet haben und von dort für die Vereinigung, etwa durch Mitgliederwerbung tätig sind." ('Der Spiegel', 20.8.1984, S. 39) Ein Freibrief für die Aktivität von Rechtsextremisten wie Hoffmann und Albrecht.

Die Typologie der Libanon-Gruppe entspricht der der sonst in Deutschland operierenden rechtsextremen Terror-Organisationen. Auffällig ist beispielsweise, daß während des gesamten Libanon-Aufenthaltes außer der Hoffmanns Lebensgefährtin Franziska Birkmann keine einzige Frau das WSG-Lager besucht hat. Birkmann hat auch nicht am militärischen Drill oder an den Arbeiten im Lager teilgenommen.

Name	Geburtsdatum	Ostvergangenheit	Zuvor in rechtsextremer Durchlauferhitzergruppe
K.H. Hoffmann	27.10.1937	ja	nein
Leroy Paul	07.03.1955	nein	nein
Uwe Behrendt	01.04.1952	ja	nein
Klaus Hubel	12.01.1961	nein	nein
Uwe Mainka	23.02.1956	ja	nein
WalterU. Behle	16.09.1959	nein	nein
Jo. Bojarcky	20.01.1951	nein	nein
Alfred Keeß	16.09.1955	nein	nein
Wilhelm Keeß	04.03.1959	nein	nein
A.H. Marx	21.08.1956	nein	ja
Odfried Hepp	18.04.1958	nein	ja
Steffen Dupper	30.12.1958	nein	ja
Pe. Hamberger	05.10.1962	nein	ja
K.U. Bergmann	05.05.1959	nein	ja
H.-P. Fraas	30.08.1960	nein	nein
Udo Albrecht	13.04.1941	ja	ja
Ralf Rößner	17.05.1956	ja	nein

Auffallend hoch ist hingegen die Beteiligung von Rechtsextremen, die eine DDR-Vergangenheit haben. Aus dem Osten Deutschlands stammen Hoffmann, Behrendt, Rößner, Mainka und Albrecht. Mit Hoffmann und Albrecht haben die beiden treibenden Kräfte des Libanon-Projektes folglich eine Ostvergangenheit. Der Altersdurchschnitt der Gruppe ist heterogen. Weitere Auffälligkeiten:

1. Der Leitwolf

Wie die "Otte-Gruppe" oder die "Deutschen Aktionsgruppen" hat auch die Auslands-WSG in Hoffmann einen unnachgiebigen Leitwolf, der die Organisation drakonisch führt. Bei der WSG ist es wie bei der "Otte-Gruppe" der Gruppenälteste. Nachdem Hoffmann in Deutschland verhaftet wird, zerfällt die Gruppe. Wie am Beispiel des Verhältnisses ANS - Michael Kühnen schon Ende der siebziger Jahre zu beobachten ist, löst sich auch die WSG ohne ihren Motor auf. Rechtsextremistische und rechtsterroristische Organisationen sind ohne Leitwolf handlungsunfähig.

2. Die Rekrutierungspraxis

Das Rekrutierungsfeld der "Auslands-WSG" ist in erster Linie die am 30.1.1980 verbotene "Wehrsportgruppe Hoffmann". Zahlreiche Mitglieder der früheren WSG hoffen, so die Arbeit der WSG fortsetzen zu können. Außerdem rekrutiert Hoffmann Mitstreiter für sein Libanon-Projekt in seinem Freundeskreis:

> "Kaum in Deutschland angekommen, läßt Hoffmann einen Mittelsmann Fahrzeuge für den nächsten Transport aufkaufen. Er selbst möchte als Käufer des ausgemusterten Militärmaterials nicht auftreten, weil er befürchtet, man könnte ihm dabei Schwierigkeiten machen. (...) Um diesen unangenehmen Eventualitäten von vorneherein auszuweichen, hat Hoffmann einen seiner Freunde als Strohmann dazwischengeschaltet. (...) Schon seit seiner frühen Jugend war er Mitglied in der nationalen Wikingjugend. Später dann, nach seiner Dienstzeit bei den Fallschirmjägern der Bundeswehr in Nagold, engagierte er sich in der Militärsportorganisation Hoffmann und brachte es dort bereits 1978 bis zum Leutnant. (Hoffmann, "Verrat und Treue", S. 139 f)

Ferner übt die Hoffmann-Gruppe im Libanon einen Reiz auf Neonazis aus, die in Deutschland strafrechtlich verfolgt werden. Das macht sich Hoffmann bei seiner Rekrutierung zunutze. In mindestens einem Fall rät Hoffmann einem strafrechtlich Verfolgten, statt einer Haftstrafe die Reise in den Libanon anzutreten. (vgl. Landgericht Nürnberg-Fürth, 3 Ks 340 Js 40387/81, S. 722 f) Offene Verfahren bestehen gegen acht weitere Mitglieder zum Zeitpunkt ihrer Fahrt in den Libanon. Allerdings kann Hoffmann im Prozeß nur ein Fall der Strafvereitelung nachgewiesen werden. Ein Teil seiner Mitglieder läßt ihn über die offenen Strafverfahren im unklaren. (vgl. Landgericht Nürnberg-Fürth, 3 Ks 340 Js 40387/81, S. 732 - 739)

Zu den Neonazis, die in der Auslands-WSG die Chance zur Flucht vor dem deutschen Gesetz sehen, gehört auch Peter Hamberger. In der Auslands-WSG bietet sich eine Aktivität, die seinen Neiungen zum Wehrsport und zum Kriegsspiel sehr entgegenkommt - keineswegs zufällig. Zur Rekrutierung in dieser Szene schreibt Ulrich Chaussy:

> "Seit dem Frühjahr 1980 lancierte Hoffmann innerhalb der rechtsextremistischen Szene gezielt die Information, daß insbesondere die Aktivisten, die in der Bundesrepublik aufgrund ihrer politischen Betätigung mit Strafverfolgung zu rechnen hätten, hier Zuflucht finden könnten." (vgl. Chaussy 1989b, S. 138)

Über seine Rekrutierungspraxis schreibt Hoffmann in "Verrat und Treue" die Unwahrheit. So habe sich beispielsweise Arnd-Heinz Marx "sofort gemeldet, als er vom Libanonprojekt Wind bekam." (S. 215) Dementgegen ist festzuhalten, daß Hoffmann sich auch gezielt um Marx und seinen früheren "Sturm 7" bemüht. Eigens dafür ruft Hoffmann Marx im März 1980, knapp zwei Monate nach dem Verbot, an und verabredet ein Treffen in der Hanauer "Ratsschenke". Er erzählt Marx und seiner Gruppe, im Nahen Osten laufe eine große Sache. Dort könnten sie sich einer Befreiungsbewegung anschließen. Am ersten Mai kommt es zu einem zweiten Treffen in Ermreuth. Mit verheißungsvollen Sprüchen wie "da unten könnten sie Geschichte machen" wird Marx geködert. (vgl. Chaussy 1985, S. 81)

3. Gruppeninterne Solidarität

Auffällig ist bei der Hoffmann-Gruppe im Libanon auch das große Mißtrauen untereinander. Besonders die einfachen Mitglieder fühlen sich schon bald von Hoffmann um ihre militärische Ausbildung betrogen und als billige Arbeitskräfte für seine Nahost-Geschäft mißbraucht. Während der Zorn zahlreicher Gruppenmitglieder auf Hoffmann ständig wächst, hat dieser vorgesorgt. Die Leitung behält die Reisepässe ein und droht manchem, der Straftaten begangen hat, mit Denunziation bei den deutschen Behörden. (vgl. 'Der Spiegel', 29.6.1981, S. 39) Im Verhör erinnert sich Walter Ulrich B.:

> "Wie ich bereits in einer meiner früheren Vernehmungen angegeben habe, hat mir (...) im Auftrage von HOFFMANN meinen Reisepaß und BPA abgenommen. Mir ging es nicht anders wie den anderen Gruppenmitgliedern. Lediglich bei (...) ist mir nicht bekannt, ob deren Pässe ebenfalls in das Büro der Abu Ijad gegen worden sind." (Vernehmungsprotokoll des Bayerischen Landeskriminalamtes, BLKA - SG 731, Tgb. Nr. 684/ 81, 7.7.1981, S. 1)

Bezeichnend für das Mißtrauen ist auch die Postkontrolle, die Hoffmann im Lager vornimmt. Beleg hierfür sind die Aussagen von Arnd-Heinz M. gegenüber dem Landeskriminalamt zu einem Briefwechsel zwischen Odfried Hepp und Frank Schubert:

> "Er hat den Inhalt verschlüsselt, weil die Briefe von HOFFMANN kontrolliert werden. Der Ghadafi hat mir gesagt, daß er gesehen habe, wie HOFFMANN Briefe verbrannt habe. Ghadafi hat gesagt, daß er sie in einen Müllschlucker getan habe, aber ich nehme an, daß er sie verbrannt hat, denn er war in so Sachen vorsichtig." (Vernehmungsprotokoll, Hessisches Landeskriminalamt, V/1 - P 8244, 24.8.1981, S. 9)

In einem Brief an einen Freund in Deutschland schreibt Hepp, der ebenfalls seinen Paß und Bargeld abgeben muß, über das Lagerleben:

> "Wir sind 15 Deutsche. Wir werden wie Sklaven im Mittelalter gehalten, geprügelt und ausgenutzt. Wir müssen jeden Tag acht Stunden mit scharfer Munition schießen und Sprengstoff-Anschläge mit TNT exerzieren. Die Knallerei hängt mir zum Halse heraus." (zit. aus: 'Welt am Sonntag', 23.6.1981)

Ein weiterer Grund für die geringe Konsistenz der Auslands-WSG liegt im Fehlen einer gemeinsamen Ideologie oder Idee. Während Marx, Hepp, Dupper, Bergmann und Hamberger sich dem neonazistischen Kampf verschrieben haben, sucht ein Teil ihrer Mitstreiter im Libanon das militärische Abenteuer und lehnt politische Schulung strikt ab. (vgl. Backes/Jesse 1993, S. 305) Außerdem dürfen die egoistischen und kriminellen Energien einzelner Gruppenmitglieder nicht unterschätzt werden, die auf Bereicherung hoffen. Beispielhaft hierfür seien die Initiatoren des Projektes Udo Albrecht und Karl-Heinz Hoffmann genannt.

Dem Organisationsprofil der WSG im Libanon entspricht auch die geringe Gruppensolidarität und Stabilität der Truppe. Bei terroristischen Gruppierungen linker und rechter Couleur ist ein erheblicher Konformitätsdruck auf die Mitglieder normal. (vgl. Backes/Jesse 1993, S. 211) Trotzdem lassen sich Unterschiede zu linksterroristischen Gruppen belegen:

> "Zwar gehören auch in ihnen harte Sanktionsdrohungen zu den verbürgten Kontrollmitteln, und in zumindest einem Falle (...) ist die Liqidation eines Verräters sogar praktiziert worden. Dieser Disziplinierungsmodus läßt sich hier weder als typisch noch gar als dominant ansehen. Linksterroristische Gruppierungen besaßen zur Selbstkontrolle mehr als rechtsterroristische 'Netzwerke' funktionale Alternativen zur Gewalt, vor allem, aber nicht nur, die RAF." (Neidhardt 1982, S. 465)

Gewalt als Sanktionsmittel scheint Hoffmanns Libanon-Camp jedoch immanent zu sein. Auf geringste Normverletzungen wird mit äußerster Brutalität reagiert. Die Bastonade ist wichtiger Bestandteil im sozialen Miteinander des Alltags. In das Bild der geringen Gruppensolidarität paßt auch die große Bereitschaft fast aller WSG-Angehörigen nach dem gescheiterten "Libanon-Abenteuer" die ehemaligen Mitstreiter juristisch zu belasten: Ein für rechtsextremistische und rechtsterroristische Organisationen typisches Merkmal. (vgl. Neidhardt 1982, S. 464 f)

Insgesamt erfüllt die WSG strukturell den Kriterienkatalog, den Neidhardt für rechtsterroristische Gruppen erstellt hat. Auch inhaltlich wäre die Auslands-WSG die bisher größte rechtsterroristische Organisation in der deutschen Nachkriegsgeschichte, hätte sie ihren Sitz im räumlichen Geltungsbereich des Grundgesetzes. Da die WSG jedoch im Libanon beheimatet ist, kommt eine Verurteilung ihrer Mitgliedern gemäß 129a StGB nicht zustande.

10.3. Von der WSG zum "Antiimperialismus"

Etwas mehr als zwei Jahre nach dem Verbot der Wehrsportgruppe Hoffmann am 30.1.1980 gründen im April 1982 ehemalige WSG-Anhänger und Mitglieder der "Volkssozialistischen Bewegung Deutschlands/Partei der Arbeit" (VSBD/PdA) eine terroristische Organisation. Initiatoren sind Odfried Hepp, früher Mitglied der "Wehrsportgruppe Hoffmann", und Walther Kexel, der stellvertretende Landesvorsitzende der VSBD/PdA-Hessen. (vgl. Rosen 1989, S. 67) Weitere Mitglieder sind Wulf-Helge Blasche (zuvor VSBD-Mitglied), Hans-Peter Fraas (zuvor WSG-Hoffmann und Libanon-Aufenthalt), Dieter Sporleder (zuvor VSBD-

Landesvorsitzender Hessen, zuvor WSG-Hoffmann) und Ulrich Tillmann (zuvor VSBD-Mitglied).

Karrieren:

Helge Karl Wulf Blasche (geb. 1942): Der in Potsdam geborene Blasche wechselt 1959 in die Bundesrepublik über, die er aber nach wenigen Monaten wieder verläßt und in die DDR zurückkehrt. 1960 folgt eine erneute, diesmal endgültige Umsiedlung in die Bundesrepublik. 1977 tritt Blasche auf dem "Deutschland-Tag" der Frankfurter NPD den Nationaldemokraten bei. Seine Motivation: Das deutsche Volk werde vom Ausland schlecht behandelt. Nach einem halben Jahr tritt er aus der NPD, die ihm viel zu passiv ist, wieder aus. In seiner NPD-Zeit lernt er Kexel kennen. Dieser Kontakt bleibt über die NPD-Zeit hinaus bestehen. Im Juli 1979 tritt Blasche der VSBD/PdA bei, in der er Dieter Sporleder kennenlernt.

Hans-Peter Fraas (geb. 1960): Bereits als 14jähriger lernt der Hauptschüler Karl-Heinz Hoffmann kennen, der fast eine Vaterrolle einnimmt. So betreut Hoffmann die Hausaufgaben des Schülers und nimmt ihn mit zu Wochenendlagern. Wenige Tage vor dem WSG-Verbot wird Fraas wegen seiner Mitgliedschaft in der Hoffmann-Gruppe von der Bundesbahn entlassen. Arbeitslos begleitet er Hoffmann im Dezember 1980 in den Libanon. Er erhält eine Ausbildung an Waffen und Sprengstoff. Hier lernt Fraas auch Odfried Hepp kennen. Im Juni 1981 kann Fraas, dem der Sadismus im WSG-Lager mißfällt, aus dem Horrorcamp fliehen. In Deutschland angekommen will er alle Kontakte zu WSG-Angehörigen abbrechen. Trotz des Vorsatzes kommt es auf Initiative Odfried Hepps zu einem erneuten Kontakt, der später zu einer Freundschaft wächst.

Odfried Hepp (geb. 1958): Bereits als zwölfjähriger schließt sich Hepp unter dem Einfluß seines Vaters, der Mitglied einer "Deutschgläubigen Gemeinschaft" ist, dem "Bund Heimattreuer Jugend" (BHJ) an. Durch häufige Besuche bei Verwandten in der DDR rückt das Problem der Deutschen Teilung in den politischen Mittelpunkt von Vater und Sohn. Sie sind der Ansicht, daß beide deutsche Staaten besetzt, die Menschen "umerzogen" und ihrer nationalen Identität beraubt seien. 1977 besteht Hepp das Abitur und geht zur Bundeswehr. Im gleichen Zeitraum radikalisiert er sich und wechselt vom BHJ zur "Wiking-Jugend". Nun knüpft er auch Kontakte zur Neonazi-Szene und lernt Manfred Roeder und das Mainzer Ehepaar Müller kennen. (vgl. Backes/Jesse 1993, S. 304) In Aachern gründet er seine eigene "Wehrsportgruppe Schlageter", der unter anderem die Rechtsextremisten Roland Müller und Michael Maucher angehören. Mitglied ist auch Stephan Dupper, der Hepp zur Hoffmann-Truppe in den Libanon begleitet. (vgl. 'Die Tageszeitung', 23.2.1983) Im September 1979 wird Hepp wegen des

Verdachts der "Bildung einer kriminellen Vereinigung" verhaftet, ein Verdacht, der sich nicht erhärten läßt. Wegen einer in Aussicht gestellten Hauptverhandlung flieht Hepp im Herbst 1980 in den Libanon zur Hoffmann-Gruppe. Seine Versuche, die Abenteurer der Hoffmann-Truppe politisch neonazistisch zu beeinflussen scheitern, woraufhin er mit seinen drei Begleitern nach Deutschland zurück möchte. Die Flucht mißlingt, Hepp und seine Begleiter werden schwer mißhandelt. Im Juni 1981 glückt der zweite Fluchtversuch, und Hepp kommt nach Deutschland. Hier wird er auf dem Frankfurter Flughafen festgenommen, allerdings ist er bereits im Dezember 1981 wieder frei. In der Folgezeit gründet er mit Kexel eine politische Kaderorganisation.

Walhter Kexel (geb. 1961): Der Rechtsextremist tritt 1978 den "Jungen Nationaldemokraten" bei und wird in Frankfurt JN-Kassierer. Weil ihm die NPD zu passiv ist, schließt er sich 1979 der VSBD an, der er bis zum Verbot 1982 angehört. Im gleichen Jahr verbreitet Kexel auf selbst verfaßten Flugblättern, die er in Frankfurt verteilt, die "Auschwitzlüge". Bei einer Hausdurchsuchung 1980 findet die Polizei bei ihm hunderte NSDAP/AO-Aufkleber mit Forderungen wie "Kauft nicht bei Juden". Seit 1979 tritt Kexel immer aggressiver auf. (vgl. Duedek 1985, S. 167f)

Dieter Sporleder (geb. 1960): Er wird in der DDR geboren und besucht dort die Polytechnische Oberschule, die der Realschule gleichkommt. 1976 flüchtet Sporleder mit seiner Familie in den Westen. Nach den Erfahrungen im "real existierenden Sozialismus" lehnt er alles Linke ab und interessiert sich für den politischen Gegenpart. 1979 besucht er mehrere NPD-Veranstaltungen und lernt Kexel kennen. Da er die NPD, der er nicht beitritt, als zu "lahmarschig" empfindet, sucht er nach extremeren Organisationen. In dieser Stimmung stößt er noch 1979 zur VSBD/PdA, macht Bekanntschaft mit Friedhelm Busse und tritt gemeinsam mit Kexel der Gruppe bei. Am 9.2.1980 gründet er unter anderem mit Kexel den hessischen VSBD/PdA-Landesverband und wird erster Vorsitzender. Die Zeit in der VSBD ist von ständigen Auseinandersetzungen mit Polizei und Gegendemonstranten begleitet, was ihm 1981 eine Bewährungsstrafe einbringt.

Ulrich Tillmann (geb. 1962): Tillmann macht 1981 sein Wirtschaftsabitur. Zunächst engagiert er sich bei der "Wiking-Jugend". Hier findet der an Militaria interessierte Abiturient Anerkennung. Walther Kexel lernt das WJ-Mitglied bei einem internationalen Rechtsextremistentreffen in Diksmuide kennen. Gemeinsam mit Sporleder und Kexel probiert er Kriegsanleitungen aus dem "Handbuch des schweizerischen Unteroffiziersverbandes" aus. (vgl. Backes/Jesse 1993, S. 304 ff; Der Hoffmann-Prozeß, o.J., S. 12; 'Der Spiegel', 47/1991, S. 137 ff; 'Die Welt', 19./20.2.1983; Frankfurt o.J., S. 32 und S. 35)

Bei der Auswertung der Lebensläufe fällt auf, daß alle Terroristen eine "Durchlauferhitzerorganisation" besucht haben. Vier Personen kommen von den Nationaldemokraten (NPD oder "Junge Nationaldemokraten"), während Tillmann seine ersten politischen Erfahrungen bei der "Wiking-Jugend" sammelt.

In ihrer Arbeitsweise steht die Hepp-Kexel-Gruppe für eine in Deutschland neue Form rechten Terrors, die sich seit Anfang der achtziger Jahre beobachten läßt[19]. Auffällig ist dabei die Orientierung an den RAF-Vorbildern der äußersten Linken. Die bürgerliche Existenz wird aufgegeben, was für eine rechtsterroristische Organisation neu ist - ein wesentlicher Unterschied zu den "Deutschen Aktionsgruppen" Manfred Roeders. Hans Josef Horchem schreibt: "Die Gruppe hatte nach dem Vorbild linksextremistischer Terroristen einen Grad von Konspiration erarbeitet, der bis dahin in der rechtsextremistischen Terrorszene noch nicht beobachtet werden konnte." (Horchem 1988, S. 113)

Belege für die konspirative Arbeitsweise sind:

- Die Mitglieder der Gruppe beziehen konspirative Wohnungen in Frankfurt und Nürnberg.
- Sie brechen die Kontakte zu früheren Gesinnungsgenossen ab.
- Die Hepp-Kexel-Gruppe kopiert von Linksterroristen auch das Anlegen von Erddepots, in denen Waffen, die Beute aus Banküberfällen und gefälschte Ausweise aufbewahrt werden. In einem Depot bei Dietzenbach im Rhein-Main-Gebiet werden vier Pistolen, vier Schrotgewehre, ein Kleinkalibergewehr und Munition gefunden. (vgl. 'Süddeutsche Zeitung', 23.2.1983; vgl. Rosen 1989, S. 67f)

Außerdem finanziert sich die Organisation mit Überfällen auf Banken im Raum Frankfurt am Main, Gießen und Erlangen. Insgesamt werden 630.000 DM erbeuten. Es greift allerdings zu kurz, diese Überfälle nur als "Aktion zur Beschaffung von Finanzmitteln" darzustellen, wie es beispielsweise bei Klaus-Henning-Rosen nachzulesen ist. (vgl. Rosen 1989, S. 67 f) Dementgegen ist festzuhalten, daß einige Mitglieder der Hepp-Kexel-Gruppe privat große Geldprobleme haben und die Banküberfälle auch als Chance zur privaten Bereicherung sehen.. (vgl. Urteil des Oberlandesgericht Frankfurt am Main, 4 -1 StE 4/84 - 2/84, S. 21) Ein Täter kauft sich eine Limousine, ein anderer bezahlt fünfstellige Schulden, während ein dritter seinen Beute-Anteil in Sparbriefen anlegt. Die Fahnder der Sonderkommission des hessischen Staatsschutzes konstatieren: "Ihr Götze hieß jedoch Mammon und nicht Adolf Hitler". (vgl. 'Die Welt', 23.9.1983)

Auch das politische Selbstverständnis der Hepp-Kexel-Gruppe als "antiimperialistische" konspirativ agierende Zelle ist für den Rechtsterrorismus neu. (vgl.

---

[19] Abschottung gegenüber eigenen Gesinnungsgenossen und Konspirativität sind auch Charakteristika der 1980 agierenden "Deutschen Aktionsgruppen" um Manfred Roeder.

Backes/Jesse 1993, S. 96) Die Ideologie der Organisation findet sich in dem Strategiepapier "Abschied vom Hitlerismus", das Odfried Hepp und Walther Kexel als Flugblatt verteilen:

"Diese Erklärung wurde nötig, da man in 'nationalen' Kreisen in immer größerem Umfang über uns Unsinn erzählte. Wir verabschieden uns nun mit dieser Erläuterung nicht nur vom Hitlerismus, sondern ebenso von allen bürgerlichen Erscheinungsformen des Nationalismus, insbesondere von den Faschisten der sogenannten NS-Bewegung. Der Hitlerismus von 1933-1945 hat das deutsche Volk konsequent in das Verderben von 1945 geführt, in dem wir heute noch stecken. (...) Während anfänglich die NSDAP sehr gute revolutionäre Kräfte band, verließen diese im Laufe der Zeit die 'Bewegung' (Otto Strasser, Walther Stennes, Gregor Strasser usw.), weil diese sich immer mehr als bürgerliche Hilterpartei entlarvte. Während z.B. Ernst Niekisch ganz klar erkannte, daß der Feind der westlich-bürgerliche Kapitalismus ist und nicht der russische Bolschewismus, begann man seitens der NSDAP schon damals mit dem Westen zu liebäugeln. Dies führte dann dazu, daß der Hitlerismus, nachdem er die Macht errungen hatte und die letzten Revolutionäre in der SA um Ernst Röhm - ohne die Adolf Hilter niemals an die Macht gekommen wäre - ermorden ließ, in entwürdigender Weise versuchte, um die Freundschaft Englands zu buhlen. (...) Nachdem man 1939 mit Rußland sehr schnell zu einem Bündnis gekommen war, überfiel man dasselbe am 22. Juni '41, dem wohl unglücklichsten Tag unserer Geschichte. Dieser 'Ostfeldzug' brachte unsägliches Leid für das deutsche und das russische Volk. (...)
Vielleicht noch einige abschließende Worte zum historischen Nationalsozialismus, den wir nicht mit dem Hitlerismus gleichsetzen. Der NS hat richtige und gute Ansatzpunkte gehabt, wie z.B. in der Sozial-, Familien-, Jugend- und Kulturpolitik. Dem Hitlerismus ist es dank der vorhandenen Fähigkeiten seines Führers gelungen, diese guten Seiten bruchstückhaft in die Tat umzusetzen, und so hat das dadurch begeisterte Volk dem anschließenden Amoklauf Hitlers keinen Widerstand entgegengesetzt. (...) Mit Erschrekken mußten wir feststellen, daß die äußerste Rechte immer mehr in einen Hitler-Kult abgeglitten ist, der sich von anderen Sekten und Religionen nur dadurch unterscheidet, daß er noch keine Opfertiere schlachtet und sich mit Weihrauch einnebelt. Wer heute noch meint, Adolf Hitler sei unser Führer und Reichskanzler, dem können wir nur raten, solchen unrealistischen Quatsch nicht Politik zu nennen, sondern irgendeine Kirchengemeinde zu gründen, in der sie ja dann die Reliquien - Jesus Christus, Kreuz, Bibel usw. - gegen Adolf Hitler, Hakenkreuz, 'Mein Kampf', austauschen und anbeten können.
Dies soll vor allen Dingen ein Aufruf an junge Kameraden sein, die noch am Suchen sind, sich nicht dem Dogma Hitlerismus zu unterwerfen, sondern ihn kritisch zu überprüfen, wie wir es gemacht haben, die wir auch einmal in dieser Engstirnigkeit gefangen waren.
Ebenso wie den Hitlerismus verurteilen wir auf das Schärfste den bürgerlichen Nationalismus, der schon wieder mit dem kapitalistischen Westen liebäugelt oder sogar offen zu einem Bündnis mit demselben aufruft. Wir können inzwischen froh sein, daß es eine Mauer durch Deutschland gibt, denn diese gewährleistet, daß es im Ostteil unseres Landes immerhin noch 17 Millionen gesunde Deutsche gibt, während bei uns im Westen die Menschen geistig und seelisch am Absterben sind.
Zu diesen beiden Abarten des Nationalismus gesellt sich die dritte, die des NS- und Uniformfetischismus. Über diesen wollen wir keine Worte verlieren, denn wer sich auf-

grund eines persönlichen Befriedigungsverlangens und mangelndem Persönlichkeitsbewußtsein an einem Fetisch aufbaut, ist politisch nicht ernst zu nehmen. Somit bleibt festzustellen, daß diese drei Unarten des Nationalismus dem eigentlichen Anliegen unseres Volkes, dem anti-imperialistischen Befreiungskampf mehr schaden als nützen. Wir bezweifeln nicht, daß es in dieser Szene noch gute, revolutionäre Kräfte gibt, doch ändert dies nichts an unserer grundlegenden Ablehnung. Unser Ziel ist es nicht, das Rad der Geschichte zurückzudrehen und einen Staat Hitlerscher Prägung wiederzuerrichten, sondern einen undogmatischen Befreiungskampf zu führen, der unserem Volk das Überleben sichert. Bei diesem Kampf gegen den Amerikanismus ist uns jeder recht, der wie wir erkannt hat, daß nur wenn die aktivistische Jugend, die es in linken und rechten Kreisen gibt, ihre Dogmen überwindet und sich zum Befreiungskampf zusammenschließt, wir eine Chance haben.
Selbstverständlich heißen wir auch in der BRD lebende, ausländische Antiimperialisten, die sich an unserem Kampf beteiligen wollen, herzlichst willkommen. Abschließend möchten wir nochmals betonen, daß wir weder 'Rechts' noch 'Links' sind und weder einen amerikanischen Bundesstaat noch eine weitere Sowjet-Republik aus Deutschland machen wollen. Wir halten ein System, das auf Rußland paßt, nicht auf unser Land für übertragbar. Wir verkennen aber auf keinen Fall, die antibürgerlich-kapitalistische Stoßkraft des Bolschewismus, und es ist unser Wunsch und Wille, als neutrales Deutschland in Friede und Freundschaft mit Sowjet-Rußland zu leben.
Wir haben versucht, bei dieser Erklärung möglichst objektiv und emotionsfrei zu bleiben, obwohl dies bei unserer grenzenlosen Verachtung gegenüber einem Großteil der Rechten nicht immer einfach war.
In diesem Sinne -
Vorwärts im antiimperialistischen Befeiungskampf."
(zit. aus 'Tageszeitung', 11.4.1983)

Zeittafel	
6.4.1982	Überfall auf die Stadt- und Kreissparkasse Erlangen durch Fraas, Hepp und Kexel. Die Beute beträgt 42.000 DM in deutscher Währung, außerdem cirka 34.000 DM in ausländischen Devisen.
Mai/Juni1982	Nach dem erfolgreichen Überfall machen die drei Bankräuber Urlaub in Italien. Auch Blasche kommt mit. Er beschließt, sich künftigen Banküberfällen anzuschließen.
18.6.1982	Blasche, Fraas, Hepp und Kexel überfallen die Zweigstelle Hungen der Sparkasse Laubach. Die Beute beträgt 75.000 DM. Hepp und Kexel beschließen gegen den anfänglichen Willen von Fraas und Blasche die Gründung einer Gemeinschaftskasse. Sie soll der Anschaffung von Waffen, Reisekosten etc. aber auch der Förderung der gemeinsamen politischen Ziele dienen. Nach dem Überfall stoßen Tillmann und Sporleder zur Organisation. Ihr Motiv: Keine Politik, sondern der Wunsch nach Geld und einem Sportwagen.
1.11.1982	Tillmann mietet in Frankfurt am Main eine konspirative Wohnung.

4.11.1982	Überfall auf eine Sparkassenzweigstelle in Ortenberg. Die Beute beträgt 130.000 DM.
18.11.1982	Die Gruppe überfällt die Zweigstelle der Sparkasse Forchheim in Neunkirchen. Die Rechtsextremisten erbeuten 107.000 DM.
2.12.1982	Überfall auf die Kreissparkassen-Hauptstelle Büdingen in Nidda. Die Beute beträgt 246 000,- DM. In dieser Zeit beschließen Hepp und Kexel, Sprengstoffanschläge auf amerikanische Armeeangehörige zu verüben. In der Nacht vom 13. auf den 14.12.1982 deponiert die Gruppe Sprengkörper unter den Sitzen von insgesamt drei Fahrzeugen in Frankfurt-Fechenbach, Butzbach und Darmstadt. Diese werden durch Druckkontakte gezündet. (vgl. Urteil des Oberlandesgericht Frankfurt am Main, 4 - 1 StE 4/84 - 2/84, S. 44-50; vgl. Rosen 1989, S. 68)

Ferner diskutieren die beiden Rechtsterroristen ihren ideologischen Wandel auch in der Szene. So formulieren Hepp und Kexel die Kritik an Hitler als Leserbrief in der 'Bauernschaft':

"Sogar, nachdem es dem Westen über sein Stiefkind Polen gelungen war, Hitler wie ein Schulkind in den Krieg zu führen, versuchte dieser und eine kleine Clique um ihn, immer noch einen Ausgleich mit den Westmächten zu finden. (...) Dieser 'Ostfeldzug' brachte unsägliches Leid für das deutsche Volk und das russische Volk. Beide Völker opferten in ihm die Elite ihrer Jugend. Der Westen vergalt Hitlers Liebeleien damit, daß er die deutsche Bevölkerung durch Bombenterror massakrierte. Dies alles ist die Schuld Adolf Hitlers, der als oberster Führer, Feldherr und Reichskanzler die alleinige Verantwortung über den Lauf der Dinge hatte. Das Resultat Hitlerscher Politik ist der Zustand, in dem wir heute leben." ('Die Bauernschaft', September 1982, S. 52)

Thies Christophersen druckt die Äußerungen, distanziert sich jedoch in einem Kommentar:

"Der Zustand, in dem wir heute leben, ist das Ergebnis der Politik der Sieger von 1945. Der Zustand, in dem wir von 1933 bis 1945 lebten, war das Ergebnis von der Führung durch Adolf Hitler. Herr Hepp und Herr Kexel haben diese Zeit nicht miterlebt. Woher haben sie wohl ihre Meinung? Der Krieg war schrecklich. Wem wir ihn zu verdanken haben, wissen wir. Wir wären heute sicherlich bolschewistisch, wenn Adolf Hitler den Ostfeldzug nicht geführt hätte." ('Die Bauernschaft', September 1982, S. 53)

Auch frühere Szenegefährten aus Hessen bemerken einen Wandel:

"Es hat ein Positionspapier von Kexel und Hepp gegeben, das nannte sich 'Abschied vom Hitlerismus', das die Leute, die die beiden gekannt hatten, schockiert hat. Ich denke da an Müllers in Mainz, die NS-Gruppe Müller Mainz, wo also gerade Kexel Positionen vertreten hat, die völlig konträr zu dem standen, was er früher gesagt hat. Er war der strammste Uniformträger gewesen, auf einmal lehnte er das Tragen von Uniformen ab, und er war strammer Gefolgsmann Adolf Hitlers gewesen, auf einmal lehnte er Hitler als Führer ab und sprach ihm auch die historische Größe ab. Das war ziemlich ungewöhnlich, und der ideologische Rahmen von Kexel und Hepp war der sogenannte antiimperialistische Befreiungskampf. (...) Ich kannte selbst Kexel und Hepp nur flüchtig und kann mich erinnern, als in der Anfangszeit 1981/82, als ich meine Tätigkeit auch hier in Frankfurt entfaltete mit den Nationalen Aktivisten, daß uns Kexel und Hepp immer mehr oder weniger ausgelacht haben, daß wir Flugblätter verteilten. Das wäre nicht die richtige Art, den antiimperialistischen Befreiungskampf zu führen. Was dann die richtige Art sein sollte, hat er uns tunlichst verschwiegen. Das haben wir dann erst aus den Medien erfahren, als die ersten Sprengsätze detoniert sind. Das war natürlich nicht unsere Art der politischen Arbeit." (Thomas Brehl, 17.4.1991)

Den Kampf gegen den Amerikanismus zur angeblichen Befreiung Deutschlands will die Hepp-Kexel-Gruppe nicht nur theoretisch führen. So plant Kexel, mit Granatwerfern in amerikanische Wohnsiedlungen zu schießen und mit Sprengsätzen präpariertes Spielzeug auf amerikanischen Spielplätzen auszulegen. Durch die Anschläge sollen die Soldaten verunsichert werden und sich nicht mehr aus den Kasernen trauen. (vgl. Urteil des Oberlandesgericht Frankfurt am Main, 4 - 1 StE 4/84 - 2/84, S. 38)

In der Diskussion um die Antiamerikanismusthesen der Hepp-Kexel-Gruppe findet sich die "Entfremdungstheorie" zwischen Extremisten und Terroristen wieder, die Bundesinnenminister Friedrich Zimmermann im Interview mit der 'Welt' erklärt:

"Die Terroristen sind bei uns isolierte Einzelakteure geworden, deren ideologische Einbindungen sich mehr und mehr auflösen. Der Terrorismus verselbstständigt sich. Diejenigen Terroristen, die ursprünglich aus der linksradikalen Szene kamen, gerieten bei ihren Gesinnungsfreunden in die Isolierung, weil ihre Terrorakte auch für Linksradikale irrational waren. Ähnliches gilt sicher auch für den Terror von rechts. Ein rechtsradikaler Terrorist, der sich in einem Palästinenserlager militärisch ausbilden läßt, der hat sich nicht nur räumlich von rechtsradikalen Zirkeln in Deutschland abgesetzt." ('Die Welt', 21.2.1983)

Die Hepp-Kexel-Gruppe wird im Februar 1983 zerschlagen. Am 15.2.1983 werden in Frankfurt am Main die Rechtsterroristen Hans-Peter Fraas, Dieter Sporleder und Helge Blaschke in einer konspirativ angemieteten Hochhauswohnung verhaftet. Die Polizei folgt Hinweisen aus der Bevölkerung. In der Wohnung finden die Beamten unter anderem 2,5 Kiliogramm "Unkraut-Ex", aus dem Sprengstoff hergestellt werden kann. (vgl. 'Die Welt', 19./ 20.2.1983) Am 18.2.1983 werden Walther Kexel und Ulrich Tillmann im Haus des ehemaligen britischen Fallschirmjäger-Majors Ian Souter-Clarance in Parkstone in der südenglischen Grafschaft Dorset festgenommen. Dem selbsternannten "Überlebens-Spezialisten' werden enge Verbindungen zur rechtsextreme "Leage of St. George" nachgesagt.

(vgl. 'AP', 18.2.1983; 'AP', 20.2.1983; 'dpa', 20.2.1983; 'Süddeutsche Zeitung', 21.2.1983)

Am 15.3.1985 werden die Mitglieder der Terrorgruppe zu hohen Freiheitsstrafen verurteilt: Kexel (14 Jahre), Blasche (10 Jahre), Hans-Peter Fraas (8½ Jahre), Dieter Sporleder (7 Jahre) und Ulrich Tillmann (5 Jahre Jugendstrafe). Nach der Verurteilung nimmt sich Kexel in seiner Frankfurter Zelle das Leben. Der erst später gefaßte Odfried Hepp[20] wird am 27.10.1987 zu 10½ Jahren Haft verurteilt.

Ferner sollen die Angeklagten noch an anderen nicht aufgeklärten Anschlägen mitgewirkt haben. So finden sich immer wieder Beiträge, nach denen Kexel am 9.8.1982 am Überfall auf die Gäste des jüdischen Restaurant Goldenberg in der Rue des Rosiers in Paris beteiligt sein soll. Dort sterben sechs Menschen, 22 werden verletzt. (vgl. Frankfurter Rundschau', 21.3.1983) Die französischen Sicherheitsbehörden werfen Kexel auch eine Mittäterschaft am Sprengstoffanschlag auf die Pariser Synagoge vor. (vgl. 'AP', 18.2.1983) Demgegenüber zitiert 'dpa' "zuverlässige französische Quellen" aus Paris, denen zufolge es "keine Hinweise" auf eine Mittäterschaft Kexels gebe. ('dpa', 20.2.1983)

Der Anlaß für die Gründung der rechtsterroristischen Gruppe dürfte in einem Motivbündel liegen:

1. Das Verbot der "Wehrsportgruppe Hoffmann" am 30.1.1980 und der "Volkssozialistischen Bewegung Deutschlands/Partei der Arbeit" am 27.1.1982. Die Rechtsextremisten verlieren die Möglichkeit, ihrem politischen Bedürfnis legal nachzugehen.

---

[20] Seit Februar 1982 steht Hepp auch mit der Stasi in Kontakt, die dem "Selbstwerber" (Stasi-Jargon) zuerst kritisch gegenübersteht. Beim ersten Treffen warnt er die DDR-Stelle vor einem von Rechtsextremisten geplanten Raketenanschlag auf das Berliner MfS-Gebäude. Ein Honorar lehnt er für seine Informationen ab. Es folgen weitere Treffen im Dreimonatsrythmus. Als Hepp am 19.2.1983 erfährt, daß seine Mitstreiter verhaftet worden sind, flieht er in die DDR. Nach einer kontroversen Diskussion innerhalb der Stasi beschließt der stellvertretende Minister Gerhard Neiber, Hepp dürfe bleiben. Als Stasi-Gast muß er sich "seine Fleischbrühe ersingen" (Stasi-Führungsoffizier). Hepp schreibt Dossiers über die rechtsextreme Szene. Nach stundenlangen Gesprächen, die Hepp auf DDR-Linie bringen, wird er Stasi-Mitarbeiter, Deckname "Friedrich". Auf den Namen "Siegfried Ludwig" bekommt er einen DDR-Personalausweis. Die Stasi plant ihn – ähnlich wie Aussteiger aus der linksterroristischen RAF – in die DDR einzubürgern, doch Hepp lehnt ab. Er einigt sich mit der Stasi auf den Nahen Osten, wo er sich eine bürgerliche Existenz aufbauen und arabisch lernen sollte. Stattdessen macht sich Hepp selbstständig. Silvester 1983 fliegt er von Syrien nach Tunesien und schließt sich der "Palestine Liberation Front" an. In dieser Zeit berichtet Hepp seinen Stasi-Offizieren regelmäßig über das revolutionäre Treiben im arabischen Raum. 1985 fliegt Hepp auf. Der frühere Rechtsextremist will einen falschen britischen Paß kaufen, da sein gefälschter West-Paß aus der Stasi-Werkstatt abgelaufen ist. Während des Geschäfts verhaftet ihn der französische Abwehrdienst am 8.4. 1985 an der Bar des Hilton-Hotels. (vgl. 'Der Spiegel', Nr. 47/1991, S. 137 ff) Am 27.1.1987 wird Hepp an die deutsche Polizei überstellt. (vgl. Horchem 1988, S. 113)

2. Rachegefühle am "System" BRD wegen:
- des Todes von Kurt Wolfgram (VSBD/PdA) und Klaus Ludwig Uhl (NSDAP/AO) in München am 20.10.1981 bei einer Schießerei mit der Polizei.
- des Todes von Frank Schubert (VSBD/PdA), der sich nach der Erschießung von zwei schweizer Polizeibeamten das Leben nimmt.

Die Szene hat ihre ersten "Blutzeugen", um ihren Tod ranken sich Verschwörungstheorien. Zum Tod von Frank Schubert erklärt der spätere Terrorist Dieter Sporleder im Interview:

> "Wir haben uns 'mal unterhalten und so was, ja. Und zu der Meinung, ja sind wir eigentlich auch gekommen, daß man dem F. lediglich einen Hinterhalt gelegt hat, ja. Denn ich kann mir gut vorstellen, daß es manchen, wollen 'mal sagen - jetzt auf weite Ebene gesehen - nutzvoll wäre, ja, wieder auf Rechtsradikale hinzuweisen. Und wenn's ein paar Monate zurückliegt, ja, dann ist es nämlich schon wieder den Linken ein gutes Argument, ja, wenn sie jetzt ein VSBD-Verbot beantragen, daß jetzt der VSBD-, der ehemalige VSBD-Mann F.Sch. zwei Schweizer Grenzbeamte umgebracht hat und so was. Das sind ja dann wieder Argumente für die. Wer garantiert uns denn, daß man da nicht systematisch drauf hin arbeitet, daß einer von uns vielleicht umgenietet wird und so was. Wer garantiert uns denn so was? (...) Ja, meines Erachtens wurde F. umgenietet. Ja. Einfach mit 'ner Absicht, die da reinläuft, in ein paar Monaten drauf Argumente zu liefern und so was, daß die VSBD verboten wird." (Hennig 1984, S. 83)

3. Außerdem dürfte der ideologische Wandel, der "Abschied vom Hitlerismus", eine Rolle gespielt haben. Dudek schreibt: "Mit dieser befreiungsnationalistischen Wende vollzog die Gruppe nicht nur den Ausstieg aus der neonazistischen Szene, sondern kündigte im Grunde den Einstieg in den Terrorismus an". (Dudek 1985, S. 192)

11. WSG als Politikum

Bis zum Verbot 1980 ist die WSG zugleich rechtsextremistische Organisation und Spielball der etablierten Politik. Dabei ist die "Einäugigkeit" der Demokraten in Bezug auf politische Extremismen weit verbreitet. In der tagespolitischen Auseinandersetzung läßt sich feststellen, daß die CDU/CSU zwar beim Linksterrorismus härtere Maßnahmen fordert, jedoch versucht, den Rechtsterrorismus herunterzuspielen.

Signifikant für die Verharmlosung des Rechtsextremismus durch die "rechte Mitte" sind die Reaktionen der verschiedenen Parteien auf das WSG-Verbot durch Bundesinnenminister Gerhard Baum (FDP) am 31.1.1980. Auf die eigene Schulter klopft sich Bayerns Innenminister Gerold Tandler, der sagt, das Verbot sei wesentlich durch Material aus Bayern ausgelöst worden. Zugleich nennt er Hoffmann lediglich einen "halbverrückten Spinner", der längst nicht so gefährlich sei wie die K-Gruppen. ('Stuttgarter Nachrichten, 31.1.1980) Als "weitaus gefährlicher" schätzt er die KPD und die DKP ein. ('Die Welt', 31.1. 1980) Während der Forchheimer SPD-Landtagsabgeordnete Hans de With stellvertretend für seine Partei das Organisationsverbot gegen die rechtsextremistische Organisation unterstützt, mahnt der Unionspolitiker Benno Erhard (CDU), die Union werde "sehr sorgfältig" darauf achten, ob Baum "das rechte immer nur gegen die Rechte tut". ('AP', 30.1.1980; vgl. auch 'Nürnberger Nachrichten', 31.1.1980)

Acht Monate nach dem WSG-Verbot kommt es erneut zum Parteienstreit über den Umgang mit der "Wehrsportgruppe Hoffmann". Anlaß ist diesmal das Oktoberfestattentat. Die Auseinandersetzung entzündet sich am 30.9.1980 an einer Erklärung der bayerischen CSU-Regierung: diese gedenkt der Toten, greift aber zugleich den Innenminister der SPD/FDP-Koalition, Gerhard Baum, scharf an. Sie behauptet, die Bundesregierung mit Baum an der Spitze habe "seit langem die Gefahr des Terrorismus verharmlost, die Sicherheitsorgane verunsichert und die staatliche Autorität geschwächt." ('Nürnberger Nachrichten', 1.10.1980) Außerdem bewertet die bayerische Landesregierung den Vorwurf des Bundeskanzlers Helmut Schmidt (SPD), der Strauß und der bayerische Innenminister Tandler hätten sich gegen ein Verbot der WSG gewehrt als "unglaubliche Lüge". ('Nürnberger Nachrichten', 1.10.1980) Grund für die Angriffe der Regierungskoalition in Richtung CSU sind unter anderem Ausführungen des Tandler-Vorgängers Alfred Seidl, der noch 1978 in einer öffentlichen Erklärung in der WSG "keine Gefährdung unseres Rechtsstaates" gesehen hat. ('dpa', 25.11.1980)

Besonders eklatant zeigt sich der parteipolitische Mißbrauch des Rechtsextremismus an der Debatte über eine mögliche Einflußnahme der STASI auf die deutsche Szene. Nachdem Staatsschützer in zahlreichen rechtsextremen Gruppen festgestellt haben, daß DDR-Dissidenten überrepräsentiert sind, nutzt der CSU-Vorsitzende Franz Josef Strauß einen Tag nach dem Oktoberfestattentat das Faktum zu einem Propaganda-Coup: Bei einem Teil der Neonazis mit Ost-Vergangenheit handele es sich um von der SED-Regierung eingeschleuste Provokateure. (vgl. 'Stern', 16.10.1980) So spricht der damalige sicherheitspolitische CSU-Sprecher Carl-Dieter Spranger von Fällen, "in denen ehemalige DDR-Flüchtlinge, die MfS-Kontakt hatten, nach ihrem Freikauf durch die Bundesregierung in rechtsradikalen Organisationen tätig wurden." Spranger erklärt weiter, "nach Erkenntnissen der Verfassungsschutzbehörden sei der Prozentsatz ehemaliger DDR-Bewohner in der 'Wehrsportgruppe Hoffmann' besonders hoch." ('dpa', 3.10.1980) Selbst den Oktoberfestattentäter ortet er im STASI-Netz:

"Da kann ich nur sagen, entweder ist die Bundesregierung falsch informiert oder sie informiert die Öffentlichkeit falsch. Zum Beispiel, dieser Gundolf Köhler. Hier gibt es ja nun Anhaltspunkte dafür, daß im Dunstkreis von Gundolf Köhler auch Leute des Ministeriums für Staatssicherheit tätig waren." (Norddeutscher Rundfunk, Kurier am Morgen, 1.10.1980, 8.15 Uhr)

Noch genauere Angaben macht der bayerische Innenminister Gerold Tandler. Auf einer Sondersitzung des Sicherheitsausschusses - Anlaß ist das Oktoberfestattentat - des bayerischen Landtages erklärt er in Bezug auf die WSG, rund 20 ehemalige DDR-Bürger seien "Aktivisten oder Sympahtisanten der Gruppe". Ostberlin bilde systematisch Agenten aus, die später die Bundesrepublik als faschistisches Land in Mißkredit bringen sollten. Nach Tandlers Ausführungen gibt es "eindeutige Unterlagen" dafür, daß in den letzten zehn Jahren ehemalige DDR-Bürger mit Hoffmann in Verbindung getreten seien. ('Nürnberger Nachrichten', 4.10.1980) Die Meinung der CSU macht sich auch die 'Passauer Neue Presse' zu eigen:

"Gerade dieser harte Kern der Wehrsportgruppe Hoffmann aus der DDR verführt - ob gewollt oder ungewollt - zu Gedankengängen, ob hier nicht kommunistische Drahtzieher entsprechend ihren Lehrmeistern beim KGB eine Rechtsorganisation unterwandert haben, um mit Hilfe ihrer Aktionen von der Linken abzulenken. Betrachtet man diese Zusammensetzung der aus der DDR gekommenen Hoffmann-Leute, ist die Frage angebracht, ob diese neonazistisch charakterisierte Wehrsportgruppe Hoffmann nicht in Wirklichkeit eine 'Ost-Agentur' ist." ('Passauer Neue Presse', 5.10.1980)

Beweise für die gewagte These nennt das Blatt nicht. Dagegen wiederholt die Bundesregierung ihre Aussage, "daß es keinerlei Anhaltspunkte für einen Einfluß des Ost-Berliner Ministeriums für Staatssicherheit (MfS) auf rechtsextremistische Gruppen in der Bundesrepublik gibt". Der Sprecher des Bundesinnenministeriums, Klaus Bölling, sagt, "derartige Erkenntnisse lägen nicht vor." ('dpa', 3.10.1980) Auch der Präsident des Bundesamtes für Verfassungsschutz kommentiert die Franz-Josef Strauß-These mit "Blanker Unsinn". ('Der Spiegel', 6.10.1980)

Den Beweis für seine Ausführungen bleibt Strauß schuldig. So endet auch die erwähnte Debatte im Sicherheitsausschuß mit einem Eklat. Als die CSU einen von der SPD unterstützten FDP-Antrag niederstimmt, den Regierungschef Franz Josef Strauß vor das Gremium zu zitieren, verlassen die Sozialdemokraten unter Protest die nicht öffentliche Sitzung. Zur Begründung seines Fernbleibens läßt Strauß eine Stellungname verlesen, in der es heißt, er habe die Äußerungen nicht in seiner Eigenschaft als Ministerpräsident, sondern als Parteivorsitzender und Kanzlerkandidat gemacht. Die Reaktion des FDP-Abgeordneten Dr. Gerhard Zech: Die von Strauß im Wahlkampf "unverantwortlich aufgeblasene Theorie" der gezielten Unterwanderung durch DDR-Agenten "ist wie eine Seifenblase geplatzt". Es sei eine "Verhöhnung des Parlaments", wenn Strauß jetzt "in dreister Weise eine Spaltung seiner Persönlichkeit in Ministerpräsident und Kanzlerkandidat" vornehme. Der FDP, so deren Fraktionssprecher Julian Gyger, scheine klar, daß Strauß "in grob fahrlässiger Weise Probleme der inneren Sicherheit zu billigen Propagandaeffekten nutzen wollte." ('Nürnberger Nachrichten', 18.10.1980)

Kommen wir zu den Fakten. Das rechtsextremistische Engagement vieler früherer DDR-Polit-Häftlinge ist unbestreitbar. Beispielhaft hierfür nennt der 'Stern' den Berliner Neonazi Wolfgang Rahl, den HTS-Vorsitzenden und Hoffmann-Kompagnon Axel Heinzmann, den HNG-Gründer Henry Beier und die Rechtsterroristen Klaus-Dieter Puls und Wolfgang Sachse. Während in der Bundesrepublik der Parteienstreit zur Bedeutung der sich rechtsextrem engagierenden Dissidenten tobt, hat das SED-Regime Grund zur Häme. So sagt ein Mitarbeiter der Bonner DDR-Vertretung: "Wir hatten offenbar die richtigen Leute eingesperrt." (zit. aus: 'Stern', 16.10.1980)

Exkurs: Analyse eines Beitrages des politischen Hintergrunddienstes 'privat-depesche':

Die politische Auseinandersetzung um den Anschlag auf das Münchner Oktoberfest markiert einen Tiefpunkt in der politischen Kultur. Die parteipolitische Agitation zu Lasten der 13 Toten des Blutbades nimmt peinliche Züge an. So mutmaßt der CSU-nahe Hintergrunddienst 'privat-depesche' in einem "Spezialbericht" im Attentat den Versuch des sowjetischen Geheimdienstes, die Kanzlerschaft des Franz-Josef Strauß zu verhindern:

> "Der Bombenanschlag von München wird immer mysteriöser. (...) Beachten Sie: Die vorschnelle Etikettierung als das Werk rechter Extremisten wird von Tag zu Tag zweifelhafter. Die verhafteten Mitglieder der sogenannten 'Wehrsportgruppe Hoffmann' mußten mangels Beweisen aus dem Polizeigewahrsam entlassen werden. Sie haben offenbar nichts damit zu tun. Aber war es denn, wenn sich das bisherige Leben des Gundolf Köhler auch nicht als das eines prädestinierten Attentäters erweist?
> Oder war Köhler nur der tumbe Tor, der von einem Geheimdienst rücksichtslos für einen Paukenschlag im Bundestagswahlkampf geopfert wurde? Der Verdacht wird immer stärker. Und wenn ja, welche politische Partei sollte mit dem Verbrechen ins Zwielicht

gerückt werden? Zweifellos die CSU mit ihrem Kanzlerkandidaten Franz-Josef Strauß und der Freistaat Bayern, in dem sich die 'Wehrsportgruppe Hoffmann' befand. (...) Da gründet also ein Graphiker eine derartige Vereinigung, hält militärische Übungen ab, veranstaltet Tagungen und betreibt in letzter Zeit einen lebhaften Handel mit gebrauchten Fahrzeugen in den Libanon. Woher hat Hoffmann die Geldmittel, und wie erklärt man die Tatsache, daß dem bayerischen Innenministerium Erkenntnisse vorliegen, daß nicht wenige Männer aus der 'DDR' Mitglieder dieser 'Wehrsportgruppe' geworden sind? Innenminister Tandler sprach von 'einschleusen'. Es ist auch bereits eine nachrichtendienstlich erwiesene Tatsache, daß Hoffmann nicht mit den Christen im Südlibanon zusammengearbeitet hat, wie eine Personalia der Hamburger Illustrierten 'Stern' versicherte, sondern sehr engen Kontakt mit der palästinensischen Befreiungsorganisation PLO hatte. Für die PLO sollen auch die Gebrauchtwagengeschäfte des Herrn Hoffmann erfolgt sein.
Nun bestehen zwischen Moskau und der PLO sehr intensive Beziehungen. Der sowjetische Geheimdienst KGB hat in Beirut den palästinensischen Geheimdienst aufgebaut, und die Zusammenarbeit zwischen PLO und dem KGB ist sehr eng. Hoffmann und 15 seiner Leute sollen bei ihrem Beirut-Besuch in der Nähe des Hauptquartiers der palästinensischen Geheimpolizei 'Sabra' untergebracht gewesen sein.
Der ahnungslose Hoffmann - so vermuten deutsche Geheimdienstkreise - hat dem sowjetischen KGB und dem Geheimdienst der PLO Einblick in seine Organisation gegeben, Namen bekannt gemacht zur Bedienung durch die Sowjets und damit die Voraussetzungen für ein möglicherweise blutiges Attentat geschaffen. Das würde auch den Umstand erklären, daß schon kurz nach dem Attentat die Spuren in Richtung 'Wehrsportgruppe Hoffmann' zeigten. Zu deutlich und zu offensichtlich, wie man heute bereits zu erkennen glaubt. Denn: es bestehe durchaus die Möglichkeit, daß der KGB den Köhler nach München lockte und, nachdem Köhler so plaziert war, daß der Verdacht auf ihn fallen mußte, die Bombe von KGB-Mitarbeitern zünden ließ." (zit. aus: Union 1980, S. 30)

Dem "Pressedienst Demokratische Initiative" (PDI) ist zuzustimmen, wenn er den Beitrag in der 'Privat-depesche' als "Mischung aus Unwahrheiten und nicht erwiesenen Behauptungen" in "konzentrierter Form" bewertet. (Union 1980, S. 31) Für die Vermutung, der KGB habe Köhler nach München gelockt, gibt es keinerlei Belege, noch nicht einmal Anhaltspunkte. Das Gegenteil ist der Fall. So schreibt das Nachrichtenmagazin 'Der Spiegel' zur Reflektion des Oktoberfestattentates durch den CSU-Kanzlerkandidaten Strauß:

"In den allerersten Stunden nach dem Attentat allerdings war das Nervenkostüm des Bayern noch halbwegs heil gewesen. Am Sonnabendmorgen vorletzte Woche - als der rechtsextreme Köhler noch nicht als mutmaßlicher Täter ermittelt worden war und allgemein Ultralinke als Urheber vermutet wurden - stellte Strauß bereits wahltaktische Überlegungen an. 'Man müßte jetzt', posaunte er, 'ein Flugblatt verfassen, das nur eines zeigt: Baum im Gespräch mit Mahler'." ('Der Spiegel, 6.10.1980)

Doch das politische Blatt wendet sich. Anstatt eines RAF-Linksterroristen hat der Attentäter eine rechtsextreme Biographie. Zum Extremisten gedeiht Köhler in Gruppierungen, die von Strauß selbst immer wieder bagatellisiert werden. So kommentiert der Kanzlerkandidat noch zwei Monate nach dem WSG-Verbot im März 1980 vor der Kamera des französischen Fernsehens die Polizeiaktion gegen Hoffmann:

> "Dann, um sechs Uhr morgens, schickt man fünfhundert Polizisten los, um zwanzig Verrückte auszufragen. Diesen Hoffmann, der wie ein Kasper aussieht! Diese Type bekommt Fabelsummen für ein Interview. Er spielt eine Rolle, die ihm gefällt, eine Art Mischung aus Ernst Röhm, Adolf Hitler und, warum nicht, Göring. Wenn niemand von diesem Schwachkopf reden würde, wer würde seine Existenz bemerken? Gut. Warum hat man niemanden verhaftet? Weil es keinen Beweis gibt, daß sie ein Delikt begangen hätten. Ihr Panzerwagen hat keinen Motor und keine Räder, und man kann diese Art von Maschine bei irgendeiner Werkstatt oder einem Schrotthändler kaufen. Mein Gott, wenn sich ein Mann vergnügen will, indem er am Sonntag auf dem Land mit einem Rucksack und einem mit Koppel geschlossenem 'battledress' spazierengeht, dann soll man ihn in Ruhe lassen." (zit. aus: Chaussy 1985, S. 47)

Die 'privat depesche' unterschlägt auch, daß Köhler seit 1979 zu den regelmäßigen Besuchern der Veranstaltungen des "Hochschulring Tübinger Studenten" (HTS) gehört, dessen Vorsitzender Axel Heinzmann sich schon als Gründer eines "Freundeskreises der CSU" in Baden-Württemberg einen Namen gemacht hat. Die Ideologie Heinzmanns wird vom Nachrichtenmagazin 'Der Spiegel' passend beschrieben als "ein Gemisch aus kaum kaschiertem Rassismus und dumpfem Antikommunismus, aus CSU- und Freikorps-Programmatik. Heinzmanns Männerbund kämpft gegen 'Homos' und 'Flintenweiber', gegen 'Polit-Miezen' und 'politsexualisierte Frauen'." (vgl. 'Der Spiegel', 6.10.1980)

Allerdings sei ergänzt, daß Axel Heinzmann und Karl-Heinz Hoffmann, unter deren Einfluß Köhler zum Extremisten wird (vgl. 'Der Spiegel', 6.10.1980), wirklich eine DDR-Vergangenheit haben. Daraus allerdings eine Agententhese abzuleiten, ist übereilt und unzutreffend. So sagt der Chef des Presse- und Informationsamtes der Bundesregierung, Klaus Bölling:

> "Sie werden gesehen haben, daß Herr Ministerpräsident Strauß in den letzten Tagen - wohl am Sonntag zum ersten Mal - behauptet hat, daß die sogenannte 'Wehrsportgruppe Hoffmann' womöglich von der DDR aus gesteuert worden sei. In der Kabinettssitzung ist durch Bundesminster Baum festgestellt worden, daß unseren zuständigen Sicherheitsbehörden keinerlei konkrete Anhaltspunkte für diese Theorie vorliegen.'" (ZDF, heute, 1.10.1980, 17.00 Uhr)

Wie jedes Gerücht hat auch die Spekulation über eine Oststeuerung der Neonazi-Szene ein Körnchen Wahrheit. So gibt es auffällig viele Rechtsterroristen mit DDR-Hintergrund. Das ermittelt Harry H. Kalinowsky in seiner Analyse von Strafverfahren wegen mutmaßlicher rechtsextremistischer Taten von 1978 bis Dezember 1982. Im untersuchten Zeitraum sind 92 Prozent der 405 verurteilten rechtsextremistischen Täter Deutsche, die nach 1949 in der Bundesrepublik leben. 5,2 Prozent kommen aus der DDR und haben dort einen wichtigen Lebensabschnitt verbracht, in der Regel die Kindheits- oder Jugendphase. Der Vergleich mit den Handlungszielen ergibt, daß die früheren DDR-Bürger mit 14,3 Prozent einen auffallend hohen Anteil terroristischer Handlungsziele haben. Im Vergleich dazu liegt der Anteil der Täter mit BRD-Sozialisation bei lediglich 6 Prozent. (Kalinowsky 1986, S. 55) Statt Verschwörungstheorien zu schmieden, analysiert Kalinowsky nüchtern:

"Ein Wechsel des politischen und soziokulturellen Bezugssystems, wie er vorliegt, wenn jemand aus der DDR in die Bundesrepublik Deutschland überwechselt, stellt einen tiefen Einschnitt im politischen Sozialisationsverlauf dar. Personen mit rechtsextremistischen Einstellungen, die persönliche Erfahrungen mit den Lebensbedingungen im kommunistisch verfaßten System der DDR gemacht haben, werden eventuell besonders stark radikalisierbar sein. Die Verarbeitung des Wechsels des Bezugssystems kann in einer Überanpassung an die neuen Lebensbedingungen bestehen, die einhergeht mit der scharfen Abgrenzung zum vorherigen Lebenskontext. Im politischen Bereich hieße das, für antikommunistische Orientierungen und das Feindbild Bolschewismus besonders empfänglich zu sein. (...) Außerdem (...) ist auch vorstellbar, daß der Wechsel des soziokulturellen und politischen Bezugssystems nicht von allen Tätern gleich gut verkraftet wurde. Ein Teil der Täter wird vermutlich mit Integrationsproblemen konfrontiert sein, die eine stärkere Gewaltorientierung bedingten." (Kalinowsky 1986, S. 55)

Eike Hennig, der sich intentsiv mit rechtsextremen Lebensläufen beschäftigt, bemüht sich um ein Erklärungsmuster. Er sagt zum Zusammenhang zwischen DDR-Herkunft und neonazistischer Karriere:

"Wenn man (...) die Karrieren neonazistischer Jugendlicher aus der DDR in der Bundesrepublik anguckt, dann fällt auf, daß bei ihnen die Radikalisierung nach rechts wesentlich schneller abläuft. Sie kommen zumeist doch als entschiedene Anti-Komunisten aus der DDR in den 'goldenen' Westen, in den gelobten freiheitlichen Westen, und sie stellen sehr schnell fest, daß die reale Situation in der Bundesrepublik ihren Vorstellungen, die sie sich als Phantasieträume in der DDR, in der Knechtschaft entwickelt haben, nicht entspricht. Insbesondere stellen sie fest, daß die DDR sogar in einem Punkt wohl besser ist, nämlich was den politischen Idealismus anbetrifft. Sie kritisieren den Materialismus in der Bundesrepublik, Konsum - Amerika als Stichwort - sehr, sie verzweifeln noch schneller an politischen Institutionen und Parteien in der Bundesrepublik und gehen dann in der Radikalisierung eher noch weiter. (...) Die Kluft zwischen Wünschen und erfahrener Realität ist für solche Jugendliche besonders stark und leitet sie in Verbindung mit ihrem massiven Rechtsextremismus nach rechts außen." (zit. aus: Filmer/ Schwan 1983, S. 33 f)

Während die nicht belegbaren Mutmaßungen über eine kommunistische Steuerung der Neonazi-Szene widerspruchslos in vielen Medien verbreitet werden, bleibt auch gesellschaftliche Kritik auf das Münchner Attentat aus. Resignativ schreibt der Rundfunkjournalist Hermann Vinke:

"Das Ausland reagierte anders auf den Terror von rechts; nach dem Bombenanschlag von Bologna demonstrierten 300 000 Italiener gemeinsam mit ihrem Staatspräsidenten gegen den Massenmord. In Paris, wo eine Synagoge Ziel eines Anschlages war und vier Menschen getötet wurden, gingen über 200 000 Menschen auf die Straße, darunter Gewerkschafter und Politiker, Juden und Nicht-Juden. Die Reaktion auf das Münchner Attentat beschränkte sich auf eine Demonstration von knapp zweitausend Leute in Westberlin, zwei Wochen nach dem Anschlag." (Vinke 1981, S. 16)

1982, zwei Jahre nach dem Attentat, verbietet der Münchner Oberbürgermeister Erich Kiesl (CSU) eine Gedenkkundgebung für die Opfer. Seine Begründung: Der Anschlag werde "wider besseres Wissen" als Tat eines "Faschisten oder Neonazis" dargestellt, obwohl sie unpolitisch gewesen sei. "Es war die Tat eines geistig abnormalen Menschen", beharrt er. (zit. aus Rosen 1989, S. 55 f) Ausgeblendet wird bewußt das WSG und HTS-Engagement des Attentäters. Für eine "Abnormalität" Köhlers, die ihn zum Massenmörder werden lassen könnte, finden sich in seinem Lebenslauf keine Hinweise. (vgl. Rosen 1989, S. 56) Trotzdem reduzieren selbst Wissenschaftler wie Uwe Backes und Eckhard Jesse den Fall auf "persönliche Schwierigkeiten" Köhlers. (Backes/Jesse 1993, S. 210) Belege dafür bringen sie freilich nicht. Damit ist die Pathologisierung des rechtsextremen Attentäters Köhler auch in die wissenschaftliche Literatur eingegangen.

Auch die Diskussion über Verbindungen von DDR-Dissidenten in die rechtsextreme Szene ist nicht neu. Bereits 1978 erklärt Gerhard Baum, damals noch parlamentarischer Staatssekretär im Innenministerium, auf eine Anfrage des CDU-Abgeordneten Gerd Langguth, die Bundesregierung besitze Informationen über Rechtsextremisten, die kommunistischen Organisationen angehört haben oder aus dem kommunistischen Machtbereich kommen. Allerdings, so Baum weiter: "In keinem dieser Fälle lägen aber konkrete Hinweise darauf vor, daß die rechtsextremistische Betätigung dieser Personen von kommunisitischer Seite gesteuert werde." ('dpa', 3.10.1980)

Die Funktionalisierung des Rechtsextremismus ist jedoch kein Exklusivgut der demokratischen "Rechten". Auch der sozialistische Buchautor Jürgen Pomorin, der seine Literatur zur latenten Werbung für die "Sozialistische Deutsche Arbeiterjugend" (SDAJ) nutzt, funktionalisiert den Rechtsextremismus. Dabei läßt er keine Gelegenheit aus, die linksradikale Konkurrenz der Maoisten zu verunglimpfen. Bei einer NPD-Sitzung will er folgendes gehört haben:

> "Eine weitere ältere Dame meldet sich zu Wort: 'Wichtig ist doch, die Jugend zu gewinnen. Warum macht die JN nicht so Tanzveranstaltungen wie die SDAJ. Da kommen immer viele Jugendliche hin. Aber so Veranstaltungen wie heute, da kommen doch keine Jugendlichen hin." (Pomorin/Junge 1978, S. 12)

Pomorin und Junge idealisieren die SDAJ als Speerspitze im Kampf gegen alte und neue Rechtsextremisten (vgl. Pomorin/Junge 1978, S. 34, S. 110 und S. 148 f) und präsentieren die verhaßten Maoisten als Nazi-Partner. Aus einem Gespräch mit zwei Vorstandsmitgliedern der Jungen Nationaldemokraten, Fritz-Ulrich Bundt und Hans-J. Sakowski, zitieren sie:

> "Auch sonst sind die beiden auf Maoisten gut zu sprechen. Fritz Ulrich Bundt hat da seine eigenen Erfahrungen. 'Mit den Leuten von der 'KPD/ML' und der 'KPD' kann man sich ganz gut unterhalten. Da gibt's ja viele Gemeinsamkeiten, zum Beispiel die Forderung nach einem unabhängigen Deutschland und gegen die Russen.' Und unter dem Siegel der Verschwiegenheit fügt er hinzu: 'Es hat auch schon Übertritte gegeben von Maoisten zu uns, in Nordrhein-Westfalen und in Niedersachsen. Sogar ein Führungsmitglied namens Kirchmann, dessen Mutter heute noch in der maoistischen >Roten Hilfe< ist.' Bundt prophezeit: 'Wir und die Maoisten - da wird sich in den nächsten Jahren noch was tun!'
> Wenige Monate später wird man in der Öffentlichkeit diese Gemeinsamkeiten merken. In Bonn und Hamburg demonstrieren Neonazis und Maoisten unter denselben Transparenten gegen den Breshnew-Besuch in der Bundesrepublik". (Pomorin/Junge 1978, S. 19 ff)

Die Zeitschrift 'Konkret' mutmaßt, das Oktoberfestattentat sei "ein mißlungener Wahlhilfe-Coup", um "Strauß ins Kanzleramt zu bomben": "Hätte sich der Mann vor Ort, Gundolf Köhler, nicht so ungeschickt angestellt und sich nicht gleich mit in die Luft gesprengt, wären sofort die 'linken Terroristen' im Gerede gewesen." ('Konkret', 11/1980)

Eine weitere Spekulation, für die es keine Belege gibt. Damit hat der verstorbene Rechtsextremist Köhler, je nach Quellenlage, eine recht unterschiedliche Position. Er findet sich als potentieller KGB-Attentäter, als unberechenbarer Pathologe, als Schwert der CSU und schließlich in den Ausführungen diverser rechtsextremistischer Publikationen sogar als manipuliertes Mossad-Opfer. (vgl. Hoffmann, Verrat und Treue, S. 287 ff) Für keine der Thesen gibt es Anhaltspunkte. Sicher ist hingegen nur Köhlers rechtsextreme Biografie, seine Begeisterung für Waffen und Sprengstoff, die Freude an der "Wehrsportgruppe Hoffmann", für die er sogar einen Ableger gründen möchte, und seine Anwesenheit auf Veranstaltungen des HTS. Eine (der wenigen) seriöse Charakterisierungen Köhlers liefert Ulrich Chaussy, der sich eindringlich mit der Biografie und der Familie Gundolf Köhlers sowie den Begleitumständen des Münchner Attentats beschäftigt:

> "Die These der Familie Köhler, Gundolf sei dem Münchner Anschlag unschuldig wie alle anderen auch zum Opfer gefallen, bezweifle ich; die Annahme der Ermittler vom verbitterten und vom Universalhaß zerfressenen Bombenwerfer erachte ich für unhaltbar; das von den Brüdern entworfene Bild des von rechtsradikalen Sympathien geläuterten Gundolf Köhler erscheint mir zu glatt. Nur soviel Spekulation sei erlaubt: Mir bot sich das Bild eines ambivalenten, eines schwankenden Menschen. Seine Interessen waren seinen früheren rechtsextremistischen Kontaktleuten bekannt, seine aktuelle Adresse auch. Er war zu orten." (Chaussy 1985, S. 253 f)

Männer der WSG gefechtsbereit auf ihrem Spähpanzer mit ihrem Chef. Auf dem Heck sitzt Sturmunterführer Rössner. Die übrigen Männer tragen zur Tarnung Gesichtsnetze.

Entspannung beim Kameradschaftsabend im engen Kreis als Ausgleich zum harten Kampftraining der WSG.

3

Fotogerechter Auftritt fürs Rekrutierungsorgan, in: 'Kommando' Nr. 1

Die Franzosen Bruno Renoult (Reihe oben links mit SS-Mütze) und Michel Faci (Reihe stehend vierter von links) gehörten zu den Besuchern der WSG. Später nahmen beide an Söldnereinsätzen teil wie hier mit ihrer "Brigade Doriot" 1992 in Dalmatien.

Joachim Fiebelkorns "Grupo Comando Especial 'El Aguila'" beim bolivianischen Militärputsch 1980 (Fiebelkorn steht als zweiter von rechts in der ersten Reihe).

Auf dem Pferd: Joachim Fiebelkorn

Das Foto zeigt Michael Kühnen (zweiter von rechts) und Thomas Brehl (zweiter von links) beim "Gautreffen" der FAP am 7.5.1988.

Besprechung des paramilitärischen "Stoßtrupp Rechen", Sommer 1984. Bildmitte Thomas Brehl.

12. Zusammenfassung

Die Bewertung der "Wehrsportgruppe Hoffmann" im Hinblick auf die Gefahr, die von ihr ausgeht, könnte widersprüchlicher gar nicht sein. Der bayerische Innenminister Gerold Tandler tut den WSG-Chef als "halbverrückten Spinner" ab, nicht vergleichbar mit der Bedrohung durch kommunistische Parteien. Franz-Josef Strauß sieht in Hoffmann lediglich einen harmlosen Spaziergänger mit "Rucksack und einem mit Koppel geschlossenen 'Battle Dress'". (zit. aus: Vinke 1981, S. 22) Der Bundesinnenminister Gerhard Baum dagegen konstatiert, die WSG wolle "den totalen Staat (...), das Gegenteil der freiheitlich demokratischen Grundordnung" ('Innere Sicherheit', 12.3.1980, S. 21), strebe eine gewaltsame Machtübernahme an und verbietet im Januar 1980 die Gruppe, der er zuvor bereits bescheinigt hatte, sie sei Deutschlands "stärkste neonazistische Organisation". (Verfassungsschutzbericht des Bundes 1979, S. 30)

Dieses der WSG von den Behörden aufgeklebte Etikett "neonazistisch" findet häufig ungeprüft den Weg in die wissenschaftliche Literatur und journalistische Arbeiten. Die Analyse von Primärquellen der "Wehrsportgruppe Hoffmann" (vgl. Kapitel 3) ergibt dagegen, daß ihre Ideologie keineswegs in einem NS-Weltbild aufgeht. Besondere Bedeutung kommt Karl-Heinz Hoffmann zu, da er "als einziges Willenbildungsorgan" (BVerwG 1 A 3.80, S. 3) der Truppe deren Denken wesentlich bestimmt. Eckpunkte sind latente Xenophobie, großdeutsche Zukunftsverheißungen, Demokratiefeindlichkeit, Militarismus und Elitedenken und in Anlehnung an den Befreiungsnationalismus eine Frontstellung sowohl gegen den Kapitalismus der USA als auch gegen den Kommunismus der Sowjetunion. Hoffmanns Ideal wäre ein militärisch geprägtes, hierarchisch geordnetes Staatswesen mit dem "richtigen" Mann an der Spitze. Trotz seiner Bewunderung für Hitler lehnt der WSG-Chef "arisches" Herrenmenschendenken und offenen Neonazismus ab. Ansonsten zeichnet sich Hoffmanns Umgang mit dem Neonazismus durch Pragmatismus aus. Es stört ihn nicht, daß in seinen Reihen Hitleristen vertreten sind, wie etwa beim "Sturm 7" in Frankfurt. Bei der Realisierung des Libanon-Projekts ist er froh um jeden neuen Mitkämpfer. Von Odfried Hepp erhofft er sich sogar die Anwerbung von Rekruten aus der NS-Szene:

> "Ein junger Mann mit guten Manieren, der sich ganz offensichtlich auch schon in seinem Heimatbereich mit praktischer Arbeit bewährt hat. Als untrügliches Zeichen einer gewissen organisatorischen Begabung wertet Hoffmann die Tatsache, daß Keppler (Pseudonym von Hepp - Autor) sofort einige Kameraden an der Hand hat, die schon vorher in der sogenannten Militärsportorganisation Ortenau zusammengefaßt waren und nun die neugegründete MSO-Ausland als Freiwillige verstärken wollen. Außerdem scheint Keppler sehr enge Kontakte zu den ultrarechten Kreisen in Deutschland zu haben." (Hoffmann, "Verrat und Treue", S. 141)

So sind die Neonazis Hepp, Dupper und Hamberger für Hoffmann "eine willkommene Verstärkung für das kaum begonnene und schon leicht angeschlagene Libanon-Projekt." (Hoffmann, "Verrat und Treue", S. 206) Positiv erinnert er sich an ihr Auftreten:

> "Alle drei sind sportlich zivil, aber doch mit einem leichten militärischen Touch gekleidet, wie man es im rechtsradikalen Lager häufig sieht. (...) Der bei allen dreien sehr knapp gehaltene militärische Haarschnitt unterstreicht noch den soldatischen Gesamteindruck. Die Männer sehen schon rein äußerlich so aus, wie man sich Rekruten nur wünschen kann." (Hoffmann, "Verrat und Treue", S. 206)

Trotz der Verbindungen ins NS-Lager handelt es sich bei der WSG um einen neuen eigenständigen rechtsextremen Organisationstypus und nicht um eine weitere neonazistische Variante (vgl. Kapitel 4). Im Gegensatz zu den zahlreichen Neo-NS-Gruppen, die peinlich genau darauf bedacht sind, die historische SA oder SS zu kopieren, versucht der WSG-Chef die antikommunistische und antidemokratische Freikorps-Tradition Deutschlands wiederzubeleben. Hier zeigt sich das Dilemma der gängigen Begrifflichkeit, wenn es um die Klassifizierung rechtsgerichteter, inhumaner und undemokratischer Gruppen geht. Besonders die Termini "neonazistisch" oder "neofaschistisch" sind zu sehr auf die historischen Leitbilder fixiert und verstellen den Blick für aktuelle Phänomene. Häufig werden sie zudem auf politische Kampfbegriffe reduziert. Vor allem fehlt vielen gutgemeinten antifaschistischen Aufsätzen die notwendige wissenschaftliche Trennschärfe. Auch sollte die Klassifizierung "terroristisch" kritisch reflektiert werden. Sicher erinnert das Outfit der "Wehrsportgruppe Hoffmann" an die SS. Eine nüchterne Betrachtung zeigt jedoch, daß Terrorakte von WSG-Mitgliedern erst dem Verbot der Organisation im Januar 1980 folgen. Allerdings verdeutlicht die Analyse zahlreicher Lebensläufe, daß die Hoffmann-Truppe sehr wohl als Schule des Rechtsterrorismus bewertet werden kann.

Die "Wehrsportgruppe Hoffmann" stellt sich bewußt in die Tradition der deutschen Rechten (vgl. Kapitel 5). So übt etwa der wichtigste Wehrverband der Weimarer Republik, der "Stahlhelm", der sich 1951 als "Stahlhelm - Bund der Frontsoldaten" neu gründet, auf Hoffmann große Anziehungskraft aus. Bis 1974 tritt die WSG als "Jungstahlhelm" auf. Auch zu den rechtsextremen Jugendgruppen, die nach 1945 als eine Art HJ-Ersatz entstehen, pflegt die Organisation ein freundschaftliches Verhältnis. Beispielhaft hierfür sei die "Wiking-Jugend" genannt, die zahlreiche Doppelmitgliedschaften zur WSG unterhält und gemeinsame Lagererlebnisse teilt, bei denen die Hoffmann-Truppe großen Eindruck auf die Jung-Wikinger macht.

Wesentlich für das rasante Anwachsen der WSG in den siebziger Jahren ist jedoch nicht der Eintritt von Mitgliedern traditioneller rechtsextremer Jugendverbände sondern die Militarisierung der extremen Rechten seit dem Niedergang der NPD 1969. Die Absage vieler Aktivisten an den Parlamentarismus führt zur Bildung von kleinen militanten Gruppen, die auf Waffengewalt setzen, etwa die 1969 gegründete "Europäische Befreiungsfront" (EBF), die "Gruppe Hengst", die "Nationalsozialistische Kampfgruppe Großdeutschland" (NSKG) oder die "Nationale Deutsche Befreiungsbewegung" (NDBB). Sie stehen für eine neue Ära des Rechtsextremismus. Waffenfunde, offene NS-Provokation und schwarze Listen "mißliebiger" Politiker kennzeichnen das Profil dieser aggressiven Zirkel, deren Mitglieder sich zum Teil der Hoffmann-Gruppe anschließen. Nach dem Zerfall der "Aktion Widerstand" wird die WSG zum neuen Hoffnungsträger der rechtsextremen Kräfte, die mit Linksradikalen den Kampf auf der Straße suchen. Hoffmanns Parole "Wir fühlen uns als Soldaten gegen die rote Flut" dürfte zur Beschleunigung dieser Entwicklung beigetragen haben.

Die "Wehrsportgruppe Hoffmann" ist denn auch eng in das rechtsextreme Netzwerk der siebziger Jahre eingebunden und kann als Schnittstelle zwischen Exponenten der "Neuen" und der "Alten Rechten" gelten (vgl. Kapitel 6). Besondere Anziehungskraft übt die WSG auf den NPD-Jugendverband, die Jungen Nationaldemokraten, aus. Sie fungieren in zahlreichen Fällen als "Durchlauferhitzer" für WSG-Karrieren. Der Unvereinbarkeitsbeschluß des NPD-Vorstands bezüglich der "Wehrsportgruppe Hoffmann" Anfang März 1978 ändert nichts daran, daß Parteijugendliche kontinuierlich an WSG-Übungen teilnehmen und so zum festen WSG-Reservoir gehören. In der Person des Münchner Großverlegers Gerhard Frey findet Hoffmann einen festen Verbündeten der sogenannten "Alten Rechten". Die meisten Verbindungen existieren jedoch in das Mitte der siebziger Jahre entstehende neo-nationalsozialistische Spektrum. Die Szene ist mit der WSG über Doppelmitgliedschaften, Referenten- und Autorenaustausch, Gemeinschaftsveranstaltungen und gegenseitige Werbung verknüpft. Die Sogwirkung der WSG auf junge Neonazis erklärt sich unter anderem mit durch ihre Uniformen und die von der SS übernommenen Totenkopf-Abzeichen. Im Hinblick auf die Vernetzung der NS-Szene wird die Bedeutung von festen Kommunikationsorten für soziale und politische Kontakte deutlich. Zu diesen Treffpunkten zählt neben der NSDAP/ AO-Gärtnerei Müller in Mainz-Gonsenheim und dem "Reichshof" Manfred Roeders im hessischen Knüll auch Hoffmanns Schloß Ermreuth bei Nürnberg.

Es erstaunt nicht, daß die "Wehrsportgruppe Hoffmann" ihre Mitglieder in der Neonaziszene, bei den Jungen Nationaldemokraten und der Wiking-Jugend rekrutiert, außerdem bei Militaria-Fans und bei organisatorisch nicht eingebundenen sozial verunsicherten Jugendlichen, die in der WSG auf einen Halt im Leben hoffen (vgl. Kapitel 9). Bemerkenswert ist jedoch, daß es der Hoffmann-Truppe gelingt, Teile der Rocker anzusprechen. Hier wirken das militärische Auftreten, die zur Schau getragene Militanz und die Freiwilligkeit bzw. Zwanglosigkeit bei der Teilnahme an Wehrsportübungen als Magnet. Mit der Hoffmann-Gruppe kann zum ersten Mal eine rechtsextreme Vereinigung eine direkte Bindung zu einer Jugendsubkultur aufbauen. Ähnliche Entwicklungen lassen sich in Großbritannien beobachten. Dort rekrutieren British Movement (BM) und British National Party

(BNP) in der Skinheadszene. Der organisierte Rechtsextremismus erobert Teile der Jugendsubkulturen. Erstmals kommuniziert rechtsextremes Gedankengut mit Jugendprotestverhalten aus der Mitte der Gesellschaft. Als einzige militante rechtsextremistische Organisation betreibt die WSG gezielt Werbung für Frauen. Hoffmanns Vorstellungen der Geschlechterrollenverteilung weichen denn auch erheblich von neonazistischen Ideen ab. Trotzdem fällt die weibliche Resonanz auf die WSG-Propaganda nur sehr bescheiden aus (8,6 Prozent Frauen). Der durchschnittliche Wehrsportler ist männlich, zwischen 18 und 25 Jahre alt und wohnt in Bayern, wo trotz der bundesweiten Präsenz der Schwerpunkt der WSG liegt. Organisatorische Strukturen besitzt die Gruppe überall dort, wo sie ihre sogenannten "Sektionen" ausgebaut hat. Neben dem bekanntesten WSG-Ableger, dem "Sturm 7" bei Frankfurt, existieren Stützpunkte in Ingolstadt, Neuburg, Bonn, Düsseldorf, Tübingen und kurze Zeit in Heidelberg. Damit steht zweifelsfei fest, daß die WSG vor ihrem Verbot bundesweit agiert.

Um Spenden kümmert sich ein "Freundeskreis zur Förderung der Wehrsportgruppe Hoffmann", der Rechtsextreme aus unterschiedlichen Parteien in seinem Vorstand hat. Dennoch ist es um die Finanzen des WSG-Chefs nicht gut bestellt. Die angeblichen millionenschweren Altnazis im Hintergrund sind lediglich Fiktion einiger übereifriger, schlecht recherchierender Reporter und Klischees antifaschistischer Gruppen. Zwar begleicht Gerhard Frey 1975 aus "nationaler Solidarität" Prozeßkosten in Höhe von 8.000 DM für Karl-Heinz Hoffmann. Darüberhinaus dürften jedoch keine größeren Summen aus der DVU-Kasse geflossen sein. Die zahlreichen "Manöver" mit schwerem Gerät, die Hoffmann vor laufenden Fernsehkameras vorführt, werden inszeniert, um den eigenen Bekanntheitsgrad zu steigern. Daraus jedoch zu schließen, von der WSG gehe keine Bedrohung aus, ist verfehlt. Die große Militanz und das Kontaktnetz zu Rechtsextremisten im In- und Ausland begründen die Gefahr der Organisation.

Die "Wehrsportgruppe Hoffmann" verfügt vor ihrem Verbot 1980 über ausgedehnte internationale Verbindungen (vgl. Kapitel 7). Diese spielen sich auf verschiedenen Ebenen ab. So machen Ausländer bei der WSG mit, deutsche WSG-Männer engagieren sich in ausländischen Gruppen, zum Teil existiert eine kontinuierliche Zusammenarbeit mit ausländischen Organisationen, und die WSG wirbt in ausländischen Publikationen. Besonders intensive Beziehungen pflegt die Hoffmann-Truppe - wohl wegen der nicht-vorhandenen Sprachbarriere - zu österreichischen Rechtsextremisten. Doppelmitgliedschaften und Propaganda in Szeneheftchen der Alpenrepublik machen dies deutlich. Ferner arbeitet die WSG eng mit dem flämischen VMO und der französischen FANE zusammen. Auch hier lassen sich Doppelmitgliedschaften und sogar eine kontinuierliche Kooperation konstatieren. Wichtigster Materiallieferant für die neonazistische Szene ist die NSDAP/AO aus den USA. Auch zahlreiche Mitglieder der "Wehrsportgruppe Hoffmann" beziehen von dort illegale "Haß-Propaganda". Außerdem sind WSG-

Verbindungen nach Großbritannien, Italien (Südtirol), Rhodesien und Spanien belegt.
Der Bundesinnenminister Gerhard Baum erachtet die Aktionen der "Wehrsportgruppe Hoffmann" schließlich für so gefährlich, daß er sie am 30.1.1980 verbietet (vgl. Kapitel 10). Dieser Schritt setzt zwar der öffentlichen Zurschaustellung der Truppe und den Wehrsportübungen ein Ende. Dennoch ist die Wirkung des Verbots ambivalent zu beurteilen. Peter Dudek konstatiert:

"Am Beispiel der WSG läßt sich zweierlei dokumentieren: die geringe Wirkung von Verboten auf die Aktivisten und die jahrelange Verharmlosung und Unterschätzung paramilitärischer Wehrsportgruppen wie neonazistischer Kadergruppen." (Dudek 1985, S. 160)

Ein Teil der ehemaligen WSG-Mitglieder schließt sich den noch legalen rechtsextremistischen Organisationen an, vor allem der VSBD/PdA und der ANS/NA. Ansonsten beschleunigt das WSG-Verbot die Entwicklung des Rechtsterrorismus in Deutschland. Anfang der achtziger Jahre beobachten die Polizeibehörden am rechten Rand ein neues Phänomen, sogenannte "versprengte heimatlose" Aktivisten, die lediglich lose Beziehungen zu Neonazigruppen unterhalten. Diese "Einzelkämpfer" wollen als Reaktion auf die staatlichen Repressionen nun umso aggressiver und mit hohem persönlichem Einsatz gegen die verhaßte Demokratie vorgehen. Es entsteht ein Kreis, aus dem einerseits unberechenbare Einzelverbrechen (Fall Oxner) hervorgehen, andererseits rechtsterroristische Organisationen (Hepp-Kexel-Gruppe) Mitkämpfer gewinnen können, und der für den Verfassungsschutz schwer zu überwachen ist.
Informell funktionieren nach dem WSG-Verbot auch Kommunikation und Infrastruktur der Gruppe weiter. Hoffmann unterhält weiterhin Kontakte zu Gesinnungsgenossen im gesamten Bundesgebiet, "privater" Treffpunkt ist jetzt sein Wohnsitz in Ermreuth. Von hier aus organisiert er den Aufbau einer Auslands-WSG. Es gelingt ihm binnen kürzester Zeit, eine Schar von Getreuen um sich zu sammeln, die bereit ist, den Kampf im Libanon weiterzuführen. Hoffmann rekrutiert im wesentlichen aus dem Stamm der verbotenen "Wehrsportgruppe", seinem privaten Bekanntenkreis und aus rechtsextremen Parteien. In wechselnder Besetzung halten sich von Mai 1980 bis Juni 1981 rund 15 Deutsche in Palästinenserlagern in der Nähe Beirut auf, wo sie militärisch ausgebildet werden. Die Gruppe radikalisiert sich im Ausland. Laut Zeugenaussagen nehmen die Zielsetzungen im Libanon terroristische Züge an. So soll Hoffmann in dieser Zeit eine Entführung, Morde und Sprengstoffanschläge geplant haben.
Nach dem Scheitern des Libanon-Projekts gleitet ein Teil der Kämpfer noch stärker in den Rechtsterrorismus ab und geht in den Untergrund. Wir beobachten ein neues Phänomen in der Nachkriegsgeschichte: die Professionalisierung des Terrors von rechts. So übernimmt die Gruppe um Odfried Hepp und Walther Kexel Elemente der RAF-Taktik. Die Mitglieder arbeiten konspirativ, legen Erdde-

pots für Waffen und für die Beute aus Banküberfällen an und geben ihre bürgerliche Existenz auf - Indikatoren, die auf einen neuen Typus rechtsextremistischer Terroristen hindeuten.

Durch die Auslandsaktionen "internationalisiert" sich auch die Ideologie. Auf der Rechts-links-Skala sind Verschiebungen zu beobachten. Die Erfahrungen des Kampfes an der Seite der Palästinenser lassen Sympathien für Organisationen wie PLO und PLFP wachsen. Zumindest einem Teil der Aktivisten, darunter auch Hepp und Kexel, erscheint das arische Herrenmenschendenken obsolet. Das ursprünglich nationalsozialistische Weltbild entwickelt sich hin zum Befreiungsnationalismus. Als Hauptfeind wird in Deutschland - wie bei der RAF - der Staat definiert.

Ein weiteres neues Phänomen läßt sich seit Anfang der achtziger Jahre konstatieren. Erstmals seit 1945 schafft sich die Szene ihre eigenen Helden, "moderne Blutzeugen". Am 24.12.1980 erschießt der bei Waffenschiebereien überraschte Frank Schubert zwei schweizer Polizisten und begeht anschließend Selbstmord. Seine ehemaligen Mitstreiter gründen kurze Zeit später ein "Kommando Schubert" und rauben eine Bank aus. Am 20.10.1981 sterben die Mitglieder des rechtsterroristischen "Kommando Omega", Kurt Wolfgram und Nikolaus Uhl, bei einer Schießerei durch Polizeikugeln. Sie werden im rechtsextremen Lager zu Leitfiguren im Widerstand gegen die Demokratie stilisiert.

Die "Wehrsportgruppe Hoffmann" kann als Schmiede dieser neuen militanten rechtsextremistischen Generation betrachtet werden (vgl. Kapitel 8). Beispielhaft hierfür stehen neben dem schon erwähnten Odfried Hepp Personen wie Dieter Sporleder und Arnd-Heinz Marx. Von den fünf rechtsterroristischen Organisationen, die zwischen 1978 und 1982 in Deutschland aktiv sind, haben drei frühere WSG-Mitglieder in ihren Reihen. Auch zahlreiche Terroristen, die in anderen Staaten für Anschläge oder Attentatsplanungen verantwortlich sind, können auf eine WSG-Karriere verweisen. Attila Bajtsy engagiert sich nach dem WSG-Verbot in der österreichischen Terrorgruppe um Ekkehard Weil engagiert, Dirk Betton, gründet in Spanien das "Kommando Eichmann", das zumindest Attentatsvorbereitungen ausarbeitet, und der Südtirol-Terrorist Herbert Hegewald wirkt in der Gruppe "Ein Tirol" mit.

In der Literatur wird die WSG immer wieder mit Terrorakten aus dem Jahr 1980 in Verbindung gebracht, nämlich mit dem Sprengstoffanschlag auf den Hauptbahnhof von Bologna Anfang August, dem Attentat auf das Münchner Oktoberfest und dem Mord an dem jüdischen Verlegerehepaar Shlomo Lewin und Elfriede Poeschke im Dezember. Sicher ist, daß der mutmaßliche Täter von München, Gundolf Köhler, an Wehrsportübungen teilgenommen und sich im Umkreis des WSG-nahen Hochschulrings Tübinger Studenten (HTS) bewegt hat. Der mutmaßliche Mörder von Lewin und Poeschke, Uwe Behrendt, ist ein enger Vertrauter Hoffmanns. In beiden Fällen wird der WSG-Chef vom Mordvorwurf freigesprochen. Es kann ihm keine direkte Tatbeteiligung nachgewiesen werden. Für die Fachliteratur sind diese Entscheidungen nicht immer nachvollziehbar. Ein Kommentar zum Urteil hinsichtlich Lewin/Poeschke:

"Obwohl die mitangeklagten WSG-Mitglieder Keeß, Mainka und Fraas von Attentatsplänen berichteten, die dem Erlanger Mord im Detail entsprachen; obwohl zahlreiche antisemitische Äußerungen Hoffmanns belegt waren und bei ihm ein Beitrag des später ermordeten Lewin für die italienische Zeitschrift Oggi gefunden wurde, in dem vor den neonazistischen Aktivitäten Hoffmanns gewarnt wurde; obwohl schließlich eine Sonnenbrille der Begleiterin Hoffmanns am Tatort gefunden wurde, sprach das Gericht Hoffmann von der Beteiligung an dem Mord frei. Die Hoffmann belastenden Aussagen der früheren WSG-Mitglieder Hepp, Fraas und Keeß wurden vom Vorsitzenden Richter Koop als Wichtigtuerei abgetan." (Rosen 1989, S. 57 f)

Auch beim Bologna-Attentat führen zunächst Spuren zu deutschen Rechtsextremisten. Der Kronzeuge Elio Ciolini macht belastende Aussagen. So sollen Joachim Fiebelkorn und Karl-Heinz Hoffmann an den Vorbereitungen des Sprengstoffanschlags beteiligt gewesen sein. Dieser Vorwurf kann nicht bekräftigt werden. Die Auswertung der Akten zum Rechtsterrorismus erhärten jedoch die These, daß der organisierte Rechtsextremismus ein länderübergreifendes Netzwerk aufbaut. Beispielhaft hierfür stehen die Kontakte Joachim Fiebelkorns zur WUNS und zur Altnaziszene um Klaus Barbie sowie das enge informelle Geflecht um den italienischen Terroristen Stefano Delle Chiaie. Hier wird deutlich, daß in der professionellen Terroristenszene nationale Strukturen Vergangenheit angehören. Dazu kommt die Infiltration durch Polizei und Geheimdienste, die ihrerseits zum Teil von den Terroristen ausgenutzt werden. So kann sich Stefano Delle Chiaie jahrelang auf Gönner im italienischen Geheimdienst verlassen, die ihm Geld, Unterschlupf und Reisepässe besorgen.

Auch in Hoffmanns Truppe werden Geheimdienstmitarbeiter eingeschleust. Besonders die STASI ist in der WSG präsent. So spionieren unter anderem Udo Albrecht, Peter Weinmann und Herbert Hegewald für die DDR. Diese Einzelfälle werden zur Grundlage einer Verschwörungstheorie. Die CSU lanciert die Behauptung, die "Wehrsportgruppe Hoffmann" sei lediglich von der STASI aufgebaut, um die westdeutsche Demokratie zu diskreditieren, hinter dem Oktoberfestattentat stecke der KGB (vgl. Kapitel 11). Nach der vorliegenden Quellenlage läßt sich diese These nicht belegen. Vielmehr zeigt die Debatte, daß die Gefahr des Rechtsterrorismus im politischen Diskurs häufig heruntergespielt wird. Bis heute findet die "Wehrsportgruppe Hoffmann" Nachahmer, einige ehemale Mitglieder sind in den neunziger Jahren noch in der rechtsextremen Szene präsent. Die Beschäftigung mit der WSG ist somit nicht nur Rückblick auf einen Abschnitt der deutschen und internationalen Geschichte, sondern liefert nützliche Erkenntnisse für den Umgang mit aktuellen Phänomenen.

13. Bibliographie

13.1. Unveröffentlichte Quellen

Anklageschriften

Anklageschrift der Staatsanwaltschaft bei dem Landgericht Koblenz, 101 Js 768/78, 9.5.1978

Anklageschrift der Staatsanwaltschaft bei dem Landgericht Hannover, 12 Js 834/78, 23.4.1979

Anklageschrift der Staatsanwaltschaft Darmstadt, 2 Js 9691/79, 8.7.1979

Anklageschrift der Staatsanwaltschaft bei dem Landgericht Kiel, 2 Js 88/80, 28.1.1980

Anklageschrift der Staatsanwaltschaft beim Landgericht Frankfurt, 50 Js 9119/80, 11.6.1980

Anklageschrift der Staatsanwaltschaft bei dem Landgericht Nürnberg-Fürth, Az 340 Js 40387/81, 10.1.1983 (Behrendt)

Anklageschrift der Staatsanwaltschaft bei dem Landgericht Nürnberg-Fürth, Az. 342 Js 31017/82, 15.2.1984

Berichte et al.

Bayerisches Staatsministerium des Innern, Nr. I F 1 - 2026 - 12/8, Bayerischer Landtag, Drucksache 9/1051, 12.3.1979

Bayerisches Landeskriminalamt, - SoKo Theresienwiese -, Abschlußbericht des Bayerischen Landeskriminalamtes über die Ermittlungen in den Komplexen WSG-Hoffmann und Fridolin HEIZMANN, Nr. 2508/80 - Kt., München 30.3.1981

Untersuchungsbericht der französischen Behörden über Olivier Danet an die Turiner Carabinieri, Nr. 3456/26 "P", Turin 9.3.1982

Telefonat der Staatsanwaltschaft Frankfurt (Mitarbeiter des Staatsanwalts Schilling) mit dem italienischen Ermittlungsrichter Dr. Luzza vom 24.1.1985, Aktennotiz, 50 Js 5028/83

Telefonat der Staatsanwaltschaft Frankfurt (Mitarbeiter des Staatsanwalts Schilling) mit dem italienischen Ermittlungsrichter Dr. Zincani vom 22.4.1985

Gerichtsladungen und -urteile

Urteil des Bundesgerichtshofs, 3 StR 412/78 (S), 14.2.1979

Urteil des Landgerichts Koblenz, 101 Js 1010/78, 18.4.1979

Ladung des Amtsgerichts Neumünster, Geschäftsnummer 13 LS (24/80), 2.10.1980

Urteil des Bundesverwaltungsgerichtes, BVerwG, 1 A 3.80, 25.11.1980

Urteil des Landesgerichtes Nürnberg-Fürth, 3 Ks 340 Js 40387/81

Urteil des Oberlandesgericht Frankfurt am Main, 4-1 StE 4/84 - 2/84, 15.3.1985 (Hepp-Kexel)

Interviews des Autors

Im Zeitraum 1989 bis 1995 Gespräche mit Zeitzeugen der Rechten (HIAG), noch aktiven Rechtsextremisten oder Aussteigern aus der Szene geführt:

Thomas Brehl, Vorsitzender der WSG Fulda und der Nationalen Aktivisten[1]: 4 Gespräche am 10.4.1991, 17.4.1991, 27.6.1994 und am 26.8.1995
Friedhelm Busse, Vorsitzender der VSBD/PdA: 3 Gespräche am 22.5.1992, 11.8.1992 und am 21.11.1994 in Madrid
Günter Deckert, zur Zeit der WSG Hoffmann Vorsitzender der Jungen Nationaldemokraten (JN): 1 Gespräch am 2.9.1992
Kurt Eigenbrodt, Mitarbeiter von Hans-Ulrich Rudel: 2 Gespräche am 6.3.1992 und am 26.6.1992
Michel Faci, rechtsextremer Söldnerführer und Mitglied der FANE: 1 Gespräch am 6.3.1995
Joachim Fiebelkorn, rechtsextremer Söldnerführer: 5 Gespräche am 28.4.1991, 15.9.1991, 16.2.1992, 16.3.1992 und am 23.5.1992
Martijn Freling, holländischer Rechtsextremist, später Mitglied der ANS Holland: 1 Gespräch am 10.8.1995

---

[1] Die Funktionen und Positionen beziehen sich in der Regel auf die Zeit der Existenz der "Wehrsportgruppe Hoffmann".

Roy Godenau, amerikanischer Rechtsextremist, lebt in Deutschland und bewegt sich im Umfeld von Manfred Roeder: 2 Gespräche am 17.3.1992 und 3.5.1992
Friedrich Heckmann, Vorsitzender des "Freundeskreis zur Förderung der Wehrsportgruppe Hoffmann": 1 Gespräch am 9.10.1995
Harald Hohe, ANS/NA: 2 Gespräche am 21.7.1991 und am 5.2.1992
Wolfgang Juchem, Aktion Freies Deutschland (AFD): 1 Gespräch am 17.3.1992
Peter Kienesberger, Herausgeber des 'Tiroler': 1 Gespräch am 13.9.1995
Wilhelm Koeberich, Rechtsextremist, im Umfeld von Manfred Roeder: 2 Gespräche am 22.3.1991 und am 16.10.1992
Karl Kreutz, Vorstand der HIAG: 2 Gespräche am 31.7.1991, am 16.12.1991
Otto Kumm, Ehrenvorsitzender der HIAG: 1 Gespräch am 27.9.1991
Klaus Müller, VSBD/PdA Frankfurt: 2 Gespräche am 26.8.1995
Leroy Paul, WSG Hoffmann und WSG Libanon: 1 Gespräch am 22.5.1991
Ralf Platzdasch, Inhaber eines Neonazibuchladens in Frankfurt: 1 Gespräch am 30.5.1991
Arnulf Priem, Gründer und Vorsitzender der Kampfgruppe Priem: 2 Gespräche am 8.5.1991 und am 16.5.1991
Heinz Reisz, NPD-Funktionär: 1 Gespräch am 18.1.1991
Otto Ernst Remer, Ritterkreuzträger, Altnazi: 2 Gespräche am 30.3.1991 und am 26.4.1991
Bruno Renoult, rechtsextremer Söldner und Mitglied der FANE: 1 Gespräch am 5.3.1995
Otto Riehs, Ritterkreuzträger, Altnazi: 5 Gespräche am 6.4.1991, 13.5.1991, 14.8.1991, 15.8.1991 und am 23.2.1992
Michael Satorsky, WSG Hoffmann und "Sturm 7": 4 Gespräche am 1.12.1990, 9.1.1991, 28.3.1992 und am 4.4.1992
Waldemar Schütz, NPD-Mitglied, Verleger: 1 Gespräch am 17.8.1992
Ulrich Schwetasch: 2 Gespräche am 7.7.1993 und am 16.7.1993
Adolf von Thadden, NPD-Vorsitzender in den 60er Jahren: 3 Gespräche am 28.10.1991, 29.10.1991 und am 23.1.1996
Udo Voigt, NPD Bayern: 1 Gespräch am 7.10.1995

Einige frühere Szenemitglieder, die ebenfalls an dem Projekt beteiligt waren, möchten anonym bleiben und werden deshalb nicht genannt.

Korrespondenz des Autors

Thomas Brehl: Brief vom 21.8.1995
Christian Malcoci: Brief vom 9.1.1998
Kurt Eigenbrot: Brief vom 24.6.1991
Hans Lierk (HIAG-Bundesgeschäftsführer): Brief vom 18.7.1991
Arnulf Priem: Brief vom 7.8.1992

Verhörprotokolle

Vernehmungsprotokoll von Lothar Sch. durch das LKPA-Niedersachsen am 9.5.1978

Vernehmungsprotokoll von Lutz Wegener durch das LKPA-Niedersachsen am 16.5.1978

Vernehmungsprotokoll von Lutz Wegener durch das LKPA-Niedersachsen am 23.5.1978

Vernehmungsprotokoll von Walter Ulrich B. durch das Bayerische Landeskriminalamt, BLKA SG 732, Tgb.-Nr. 731 - 684/81, ab dem 2.7.1981

Vernehmungsprotokoll von Walter Ulrich B. durch die Ermittlungsrichter des Bundesgerichtshofes, 1 BJs 388/81-2, II BGs 877/81, Karlsruhe, 3.7.1981

Vernehmungsprotokoll von Walter Ulrich B. durch das Bayerische Landeskriminalamt, BLKA SG 731, 7.7.1981

Vernehmungsprotokoll von Arnd-Heinz Marx durch das Hessische Landeskriminalamt, V/1 - P 8244, 24.8.1981

Vernehmungsprotokoll von Helmut Rudolf K. durch das Landeskriminalamt Rheinland-Pfalz, ST 11, Mainz, 20.10.1981

Vernehmungsprotokoll von Ralf Rößner durch den Generalbundesanwalt beim Bundesgerichtshof, 1 BJs 201/80 - 5, Karlsruhe, 4.12.1981

Vernehmungsprotokoll von Elio Ciolini durch den Richter beim Landgericht in Genf, Chappiuis, weitergeleitet an die Carabinieri in Bologna, in versiegeltem Umschlag dort eingetroffen am 20.1.1982

Vernehmungsprotokoll von Karl-Heinz Hoffmann am 29.11.1982 in der JVA-Straubing im Rahmen des Ermittlungsverfahrens gegen Joachim Fiebelkorn, StA Frankfurt, Az.: 50 JS 26078/82

Vernehmungsprotokoll von Klaus Hubel vom 15.12.1982, Staatsanwaltschaft beim Landgericht Frankfurt, Az. Js 260788/82, 15.12.1982

Vernehmungsprotokoll von Klaus Hubel durch das Hessische Landeskriminalamt der "V/1 - SoKo Fiebelkorn", 16.12.1982

13.2. Publizierte Schriften
13.2.1. Allgemeine Zeitungen, Zeitschriften, Presseagenturen

'Allgemeine Jüdische Wochenzeitung'
'AP'
'Arbeiterkampf'
'Augsburger Allgemeine'
'Badische Zeitung'
'Bergsträßer Anzeiger'
'Berliner Extradienst'
'Bild'
'blick nach rechts'
'Bonner Generalanzeiger'
'Bunte'
'Corriere Della Sera'
'Donau Kurier'
'dpa'
'Düsseldorfer Nachrichten'
'Erlanger Tagblatt'
'Extradienst'
'Focus'
'Frankenrundschau'
'Frankfurter Allgemeine Zeitung'
'Frankfurter Nachtausgabe'
'Frankfurter Rundschau'
'General-Anzeiger'
'Hannoversche Allgemeine Zeitung'
'Jüdische Rundschau'
'Kölnische Rundschau'
'Konkret'
'Lübecker Nachrichten'
'Mainzer Allgemeine Zeitung'
'Metall'
'Münchner Merkur'
'Neuburger Rundschau'
'Die Neue'
'Neue Hanauer Zeitung'
'Neues Volksblatt'
'Nürnberger Nachrichten'
'Offenbach-Post'
'Oggi'
'El País'

'Der Plärrer'
'Quick'
'Quotidien de Paris'
'ran'
'Der Rechte Rand'
'Rheinische Post'
'Salzburger Nachrichten'
'Schwäbisches Tagblatt'
'Der Spiegel'
'Stern'
'Stuttgarter Nachrichten'
'Süddeutsche Zeitung'
'The Sun'
'Die Tageszeitung'
'tiempo'
'L'Unità'
'Vorwärts'
'Die Welt'
'Volksstimme'
'Welt am Sonntag'
'Westdeutsche Allgemeine Zeitung'
'Westfälische Rundschau'
'Wiesbadener Kurier'
'Wiesbadener Tagblatt'

13.2.2. Publikationen aus dem rechtsextremen Lager

'Der Angriff'
'Antikommunist'
'barricade'
'Die Bauernschaft - Für Recht und Gerechtigkeit'
'The CDL Report'
'CEDADE'
'Courrier du Continent'
'Denk mit!'
'Deutsche Bürgerinitiative'
'Deutsche Freiheitsbewegung - Deutsche Bürgerinitiative'
'Deutsche Nationalzeitung'
'Deutsche Stimme'
'Deutscher Anzeiger'
'Deutscher Standpunkt'

'Dritte Republik'
'Einigkeit für Recht und Freiheit'
'Die Eiserne Faust'
'Europa vorn'
'Europäische Befreiungsbewegung - Deutsche Bürgerinitiative'
'L'Europe Réelle'
'Fanal'
'Der Freiwillige'
'Gäck'
'Grüne Korrespondenz'
'hts uni uhu'
'Informationen der HNG'
'Die Innere Front'
'Kritik'
'Der Landser'
'Mut'
'Nachrichten der HNG'
'Die Neue Front'
'Die Neue Zeit'
'Notre Europe'
'NS-Kampfruf'
'Der Schulungsbrief'
'Sieg'
'Der Tiroler'
'UNION-V'
'Unser Europa'
'Visier'
'Wikinger'

13.2.3. Schriften der "WSG Hoffmann"

1. Manifest der Bewegung zur Verwirklichung der Rational Pragmatischen Sozial Hierarchie

'Kommando - Zeitung für den europäischen Freiwilligen', erschienenen von Januar 1979 bis September 1979

Karl-Heinz Hoffmann: Verrat und Treue, Nürnberg o.J.

Karl-Heinz Hoffmann: Verse und Gedanken eines deutschen Patrioten, o. Ort 1973

13.2.4. Sekundärliteratur

Adorno, W. Theodor: Studien zum autoritären Charakter, Frankfurt am Main 1973

Anti-Defamation League (ADL): Extremism on the Right, New York 1988
= ADL 1988a

ADL Special Report: Young and Violent, New York 1988
= ADL 1988b

ADL Special Report, 1989

ADL Research Report: Liberty Lobby: Network of Hate, New York 1990

ADL Special Edition, Juni 1993

ADL: Hate groups in America: A report of bigotry and violence, New York, o.J.
= ADL o.J.

Aleff, Eberhard: Das 3. Reich, 23. Auflage, Hannover 1986

Antifa-Kommission des KB: Wie kriminell ist die NPD?: Analysen, Dokumente, Namen, Hamburg 1980
= Antifa 1980

Anti-fascist Information Bulletin, Nr. 1, September 1992

Antifaschistische Aktionseinheit gegen die Wehrsportgruppe Hoffmann, Nürnberg: "Hoffmann hinter Gitter! Auflösung der WSG!", Nürnberg 12.11.1977
= Antifa 1977

Anti-faschistische Russel-Reihe 3, "NSDAP"-Propagandisten unter der Lupe, hrsg.: Anti-Roeder-Arbeitskreis/j. reents-verlag, Hamburg, Mai 1978
= Antifa 1978

Antifaschistischer Informationsdienst, Hrsg.: Arbeiterwohlfahrt-Bezirksjugendwerk Baden
= AW

Arendt, Hannah: Über die Revolution, München 1968

Arendt, Hannah: Eichmann in Jerusalem: A Report on the Banality of Evil, New York 1963

Assheuer, Thomas/Sarkowicz, Hans: Rechtsradikale in Deutschland. Die alte und die neue Rechte, München 1992

Atkinson, Greame: Am rechten Rand, März 1994

AVS-Informationsdienst, Hrsg.: Parteivorstand der SPD, Arbeitsgemeinschaft verfolgter Sozialdemokraten; Verantw.: Günter Verheugen
= AVS-Info

Azéma, Jean-Pierre: De Munich à la Libération 1938 - 1944, Paris 1979

Baacke, Dieter: Jugend und Jugendkulturen: Darstellung und Deutung, 2. Auflage, München 1993

Baacke, Dieter/Ferchhoff, Wilfried: Jugend und Kultur, in: Krüger, Heinz Hermann: Handbuch der Jugendforschung, 2. Auflage, Opladen 1993, S. 403 - 446

Backes, Uwe: Extremismus und Populismus von rechts. Ein Vergleich auf europäischer Ebene, in: Aus Politik und Zeitgeschichte, B 46 - 47/90, 9.11.1990, S. 3 - 14

Backes/Jesse: Demokratie und Extremismus: Anmerkungen zu einem antithetischen Begriffspaar, in: Aus Politik und Zeitgeschichte, B 44/83, 5.11.1983, S. 3 - 18

Backes, Uwe/ Jesse, Eckhard: Politischer Extremismus in europäischen Demokratien. Rechts- und Linksextremismus im Vergleich, in: Aus Politik und Zeitgeschichte, B 41 - 42/89, 6.10.1989, S. 40 - 53
= Backes/Jesse 1989 a

Backes, Uwe/ Jesse, Eckhard: Politischer Extremismus in der Bundesrepublik Deutschland, Hrsg.: Bundeszentrale für politische Bildung, Schriftenreihe: Band 272, Bonn 1989
= Backes/Jesse 1989

Backes, Uwe/ Jesse, Eckhard: Politischer Extremismus in der Bundesrepublik Deutschland, Hrsg.: Bundeszentrale für politische Bildung, Schriftenreihe: Band 272, Bonn 1993
= Backes/Jesse 1993

Backes, Uwe/ Moreau, Patrick: Die extreme Rechte in Deutschland. Geschichte - gegenwärtige Gefahren - Ursachen - Gegenmaßnahmen, München 1993

Bähler, Regula: Die rechtsradikale Szene in der Schweiz, Zürich 1993

Bailer-Galanda, Brigitte: Alte und Neue Rechte, Wien o.J.

Bailer-Galanda, Brigitte: Der 'Revisionismus' - Pseudowissenschaftliche Propaganda, in: Amoklauf gegen die Wirklichkeit, Wien 1991, S. 11 - 14

Bastian, Till: Auschwitz und die "Auschwitz-Lüge". Massenmord und Geschichtsfälschung, München 1994

Bayerischer Landtag, Drucksache 9/1241, vom 11.4.1979 (Antwort auf eine Anfrage der SPD zur Finanzierung der WSG)

Benz, Wolfgang: Rechtsradikalismus: Randerscheinung oder Renaissance?, Frankfurt a.M. 1980
= Benz 1980

Benz, Wolfgang: Die Opfer und die Täter - Rechtsextremismus in der Bundesrepublik, in: Aus Politik und Zeitgeschichte, Beilag zur Wochenzeitung das Parlament, 5. Juli 1980, S. 29 - 45
= Benz 1980a

Benz, Wolfgang: Rechtsextremismus in der Bundesrepublik: Voraussetzungen, Zusammenhänge, Wirkungen, Frankfurt a.M. 1984

Benz, Wolfgang: Rechtsextremismus in der Bundesrepublik: Voraussetzungen, Zusammenhänge, Wirkungen, Frankfurt a.M. 1989

Benz, Wolfgang: Legenden, Lügen, Vorurteile, 2. Auflage, München Dezember 1992

Berghahn, Volker R.: Militarismus: Die Geschichte einer Internationalen Debatte, Hamburg/Lemington Spa/New York 1986

Bericht über neonazistische Aktivitäten 1977, in: Sonderheft Nr. 2 des Pressedienst Demokratische Initiative (PDI), München, Januar 1978
= Bericht 1977

Bericht über neonazistische Aktivitäten 1978, in: Sonderheft Nr. 1 des Pressedienst Demokratische Initiative (PDI), München, Februar 1979
= Bericht 1978

Bericht über neonazistische Aktivitäten 1979, in: Taschenbuch Nr. 6 des Pressedienst Demokratische Initiative (PDI), München, April 1980 = Bericht 1979

Bessel-Lorck, Lorenz/Götz, Wolfgang/Sippel, Heinrich: National oder Radikal: Der Rechtsradikalismus in der Bundesrepublik Deutschland, Mainz 1966

Betz, Hans-Georg: Radikal rechtspopulistische Parteien in Westeuropa, in: Aus Politik und Zeitgeschichte, B 44/91, S. 3 - 14

Biemann, Georg: Rechtsradikalismus-Report, Jahresbericht 1981/82 über Tendenzen im bundesdeutschen Neofaschismus und seinem Umfeld, in: Blätter für deutsche und internationale Politik, 4/82, S. 471 ff

Biemann, Georg/Krischka, Joachim: Nazis, Skins und alte Kameraden, Dortmund 1986

Birsl, Ursula: Rechtsextremismus: weiblich - männlich? Eine Fallstudie, Opladen 1994

Bodewig, Kurt/ Hesels, Rainer/ Mahlber, Dieter, Hrsg.: Die schleichende Gefahr. Rechtsextremismus heute, Essen 1990

Bott, Hermann/Maier, Hans: Die NPD - Struktur und Ideologie einer 'nationalen Rechtspartei', München 1968

Bower, Tom: Klaus Barbie, Berlin 1984

Brake, Mike: Soziologie der jugendlichen Subkulten, Frankfurt/New York 1981

Die braune Internationale, Sendemanuskript einer Hörfunksendung im Hessischen Rundfunk am 15.4.1984

Broder, Henryk M.: Deutschland erwacht, Köln, Mai 1978

Brüdigam, Heinz: Der Schoß ist fruchtbar noch ...: Neonazistische, militaristische, nationalistische Literatur und Publizistik in der Bundesrepublik, 2. Auflage, Frankfurt am Main 1965

Buchwald, Tom: Ein gottverdammtes Stück Leben, Friedrichsdorf 1987

Butterwegge, Christoph: Gesellschaftliche Ursachen, Erscheinungsformen und Entwicklungstendenzen des Rechtsradikalismus, in: Christoph Butterwegge/Horst Isola: Rechtsextremismus im vereinten Deutschland, Bremen 1990, S. 14 - 35

Campbell, Duncan: Versteck für deutsche Kameraden, in: Joffe, Josef: Zeit Dossier 2, München 1981, S. 66-68

Camus, Jean-Yves/ Monzat, René: Les droites nationales et radicales en France, Lyon 1992

Chairoff, Patrice: Dossier Néo-Nazisme, Paris 1977

Chaussy, Ulrich: Oktoberfest: Ein Attentat, Neuwied 1985

Chaussy, Ulrich: 'Speerspitze einer neuen Bewegung': Wie Jugendliche zu Neonazis werden, in: Wolfgang Benz: Rechtsextremismus in der Bundesrepublik. Voraussetzungen, Zusammenhänge, Wirkungen, Frankfurt am Main 1989
= Chaussy 1989a

Chaussy, Ulrich: Eine Nazi-Operette wird ernst: Vom Rechtsextremismus zum rechtsterrorismus. Fortschreibung des Berichts über die 'Junge Front' und die VSBD, in: Wolfgang Benz: Rechtsextremismus in der Bundesrepublik. Voraussetzungen, Zusammenhänge, Wirkungen, Frankfurt am Main 1989
= Chaussy 1989b

Cheles, Luciano/ Ferguson, Ronnie/ Vaughan, Michalina, Hrsg.: Neo-fascism in Europe, New York 1991

Christie, Stuart: Stefano Delle Chiaie: Potrait of a Black Terrorist, London 1984

Christian, Klaus: Rauschgiftgelder: Kanäle zwischen Drogenhandel und Politik, Leipzig/Jena/Berlin 1990

Christians, Georg: "'Die Reihen fest geschlossen': Die FAP - Zu Anatomie und Umfeld einer militant-neofaschistischen Partei in den 80er Jahren, Marburg 1990

Di Lorenzo, Giovanni: Wer, bitte, ist Michael Kühnen?. Beschreibung eines Phänomens, in: Benz, Wolfgang: Rechtsextremismus in der Bundesrepublik: Voraussetzungen, Zusammenhänge, Wirkungen, Frankfurt a.M. 1989, S. 232 - 247

Deutsche Welle (DW) Dokumentation: Neo-nazistisches Gedankengut aus dem Ausland. die Verbreitung rechtsextremistischer Schriften nach Deutschland, Köln 1992

Dokumentationsarchiv des österreichischen Widerstandes/Bundesministerium für Unterricht und Kunst: Amoklauf gegen die Wirklichkeit: NS-Verbrechen und 'revisionistische' Geschichtsschreibung, Wien 1991

Drahtzieher im braunen Netz: Der Wiederaufbau der "NSDAP", Hrsg.: ID-Archiv im internationalen Institut für Sozialgeschichte/Amsterdam, Amsterdam 1992
= Drahtzieher 1992

Dubief, Henri: Le déclin de la IIIe République 1929 - 1938, Paris 1976

Dudek, Peter: Jugendliche Rechtsextremisten: Zwischen Hakenkreuz und Odalsrune 1945 bis heute, Köln 1985

Dudek, Peter/ Jaschke: Hans-Gerd: Die Deutsche National-Zeitung: Inhalte. Geschichte. Aktionen., München, April 1981

Dudek, Peter/ Jaschke, Hans-Gerd: Die "neue" rechtsextreme Jugendpresse in der Bundesrepublik Deutschland. Politische Hintergründe und gesellschaftliche Folgen, in: Gewalt von rechts, hrsg.: Bundesministerium des Innern: Referat "Öffentlichkeitsarbeit gegen Terrorismus", Bonn Januar 1982

Dudek, Peter/ Jaschke, Hans-Gerd: Entstehung und Entwicklung des Rechtsextremismus in der Bundesrepublik, Opladen 1984

Ellwood, Sheelagh: The extreme right in Spain: a dying species?, in: Cheles, Luciano et al.: Neo-fascism in Europe, New York 1991, S. 147 - 166

Engler, Winfried: Lexikon der französischen Literatur, Stuttgart 1974

Europäisches Parlament: Untersuchungsausschuß "Wiederaufleben des Faschismus und Rassismus in Europa", o.O. 1985
= EP 1985

Europäisches Parlament: Untersuchungsausschuß Rassismus und Ausländerfeindlichkeit, Brüssel/ Luxemburg 1991
= EP 1991

L'Europe en chemise brune. Néo.fascistes, néo-nazis, et national-populismes en Europe de l'Ouest depuis 1945, Paris 1992

Falkner, Thomas: Terrorismus-Report: Rom, Stockholm, Beirut und andere Schauplätze, Leipzig/Jena/Berlin 1990

Farin, Klaus/ Seidel-Pielen, Eberhard: Skinheads, München 1993

Feit, Magret, Die "Neue Rechte" in der Bundesrepublik: Organisation-Ideologie-Strategie, Frankfurt/Main, New York 1987

Fetscher, Iring: Terrorismus und Reaktion, Reinbek bei Hamburg, Januar 1981

Fetscher, Iring, Hrsg.: Rechtsradikalismus, Frankfurt a.M. 1967

Forsyth, Frederik: Die Akte ODESSA, 7. Auflage, München/Zürich 1987

Frankfurt erste braune Stadt?, Hrsg.: G. Müller, Red.: Bürgerinitiative gegen den Nazibuchladen, Frankfurt o.J.
= Frankfurt o.J.

Frederik, Hans: NPD - Gefahr von rechts?, München-Inning 1966

Frederik, Hans: Die Rechtsradikalen, München-Inning o.J.

Fricke, Gerhard: Rechtsterrorismus und Versuch einer Prognose, Kriminalistik, Nr. 8-9/1994, S. 525 - 531

Frindte, Wolfgang: Sozialpsychologische Anmerkungen zur Entwicklung rechtsradikaler Tendenzen in der DDR, in: Christoph Butterwegge/ Horst Isola: Rechtsextremismus im vereinten Deutschland, Bremen 1990, S. 88 ff

Frisch, Peter: Die Herausforderung unseres demokratischen Rechtsstaates durch Extremismus und Terrorismus, in: Der Bundesminister des Innern, Texte zur Inneren Sicherheit: Extremismus und Terrorismus, Bonn, November 1990, S. 7 - 26

Frisch, Peter: Gewalt in der Demokratie, in: Gewalt und Terrorismus. Texte zur inneren Sicherheit, Der Bundesminister des Innern, Bonn, November 1987, S. 20 - 36
= Frisch 1987

Frischknecht, Jürg/ Haffner, Peter/ Haldimann, Ueli/ Niggli, Peter, Hrsg.: Die unheimlichen Patrioten. Politische Reaktion in der Schweiz. Ein aktuelles Handbuch, Zürich 1984
= Frischknecht 1984

Frischknecht, Jürg: "Schweiz wir kommen". Die neuen Fröntler und Rassisten, Zürich 1991
= Frischknecht 1991

Fromm, Rainer: Wiesbadener Friedenshefte, Nummer 6, Wiesbaden 1990

Fromm, Rainer: Rechtsradikalismus in der ehemaligen DDR ?, in: Feldmann, Günter/ Bourgeon, Michael: Neonazismus: Ursachen, Erscheinungsformen und politisch-pädagogische Gegenentwürfe, Frankfurt am Main Oktober 1991

Fromm, Rainer: Am rechten Rand. Lexikon des Rechtsradikalismus, Marburg 1993
= Fromm 1993a

Fromm, Rainer: Rechtsextremismus in Thüringen, Marburg 1993
= Fromm 1993b

Fromm, Rainer/ Kernbach, Barbara: Die Republikaner: Material für die Auseinandersetzung mit den Republikanern, hrsg.: SPD-Bezirk Hessen-Süd, Frankfurt am Main, Juli 1993

Fromm, Rainer/ Kernbach, Barbara: ... und morgen die ganze Welt? Rechtsextreme Publizistik in Westeuropa, Marburg 1994
= Fromm/Kernbach 1994a

Fromm, Rainer/ Kernbach, Barbara: Europas braune Saat. Die internationale Verflechtung der rechtsradikalen Szene, München 1994
= Fromm/Kernbach 1994b

Fromme, Karl Friedrich: Gewalttätig, ohne Ideologie, knapp bei Kasse. Der Rechtsextremismus bedarf der Aufmerksamkeit, aber zuviel hilft ihm, in: Gewalt von rechts, Bonn, Januar 1982, S. 29 - 41

Funke: Manfred: Faschismus und Antifaschismus - Versuch einer historisch - politischen Begriffsbestimmung, in: Texte zur Inneren Sicherheit, Bedeutung und Funktion des Antifaschismus, hrsg.: Der Bundesminister des Innern, Bonn Oktober 1990, S. 7 - 20

Funke, Manfred: Extremismus und offene Gesellschaft - Anmerkungen zur Gefährlichkeit und Selbstgefährdung des demokratischen Rechtsstaates, in: Funke, Manfred, Extremismus im demokratischen Rechtsstaat. Ausgewählte Texte und Materialien zur aktuellen Diskussion, Schriftenreihe der Bundeszentrale für politische Bildung, Band 122, Bonn 1978, S. 15 - 46

Gable, Gerry: Der rechte Rand, März 1994

Gallo, Max: Der schwarze Freitag der SA: Die Vernichtung des revolutionären Flügels der NSDAP durch Hitlers SS im Juni 1934, Wien/München/Zürich 1972

Giefer, Rena/Giefer, Thomas: Die Rattenlinie. Fluchtwege der Nazis, Frankfurt am Main 1991

Gewalt und Terrorismus. Texte zur inneren Sicherheit. Hrsg.: Der Bundesminister des Innern, Bonn, November 1987
= Gewalt 1987

Gewalt von rechts. Beiträge aus Wissenschaft und Publizistik, hrsg.: Referat 'Öffentlichkeitsarbeit gegen Terrorismus' im Bundesministerium des Innern, Bonn, Januar 1982
= Gewalt 1982

Gijsels, Hogo: Le Vlaams Blok, Bruxelles 1993

Ginsel, Günther Bernd: "Wer Deutscher ist, kann kein Demokrat sein ...". Anmerkungen zum rechtsextremen Weltbild, in: Filmer/ Schwan, Was von Hitler blieb, Frankfurt am Main/Berlin/Wien 1983, S. 153 - 160

Ginsel, Günther Bernd: "Wir holen die Jugend ...": Zur rechtsextremen Jugendbewegung", in: Filmer/Schwan, Was von Hitler blieb, Frankfurt am Main/Berlin/ Wien 1983, S. 65 - 76
= Ginsel 1983a

Gottwald, Gabi et al.: Die Contra Connection, Hamburg 1988

Graf, Werner: "Wenn ich die Regierung wäre...": Die rechtsradikale Bedrohung, Bonn 1984

Graml, Hermann: Alte und neue Apologeten Hitlers, in: Benz, Wolfgang, Hrsg.: Rechtsextremismus in der Bundesrepublik, Frankfurt 1989, S. 63 - 92

Grebing, Helga: Rechts = links, links = rechts. Die falsche Gleichung, in: Informationen und Analyse, Materialien zur politischen Bildung (der Hessischen Landeszentrale für politische Bildung), Nummer 1, Juli 1971

Grégoire, Michelle, Hrsg.: Neofaschismus. Dokumente aus dem Deutschen Bundestag, Mainz 1992

Greß, Franz: Die Neue Rechte. Zur ideologischen Erneuerung der Rechten in Europa, in: Forschung Frankfurt, 1/93, S. 12 - 24
= Greß 1993a

Greß, Franz: Rechtsextremismus in Europa: Generelle Aspekte und das italienische und das französische Beispiel, Frankfurt November 1993
= Greß 1993b

Greß, Franz/ Jaschke, Hans-Gerd/ Schönekäs, Klaus: Neue Rechte und Rechtsextremismus in Europa. Bundesrepublik, Frankreich, Großbritannien, Opladen 1990

Grossarth-Maticek, Ronald: Familiendynamische, sozialpsychologische und sozialökonomische Fatkoren des linken und rechten Radikalismus, in: Hans Dieter Schwind: Ursachen des Terrorismus in der Bundesrepulik Deutschland, Berlin/ New York 1978, S. 99 - 121

Gutierrez, Ignacio: Arriba und Heil Hitler!, in: Joffe, Josef: Zeit Dossier 2, München 1981, S. 68-70

Haack, Friedrich Wilhelm: Wotans Wiederkehr: Blut-, Boden- und Rasse-Religion, München 1981

Hafeneger, Benno/Krahulec, Peter: "Sein Amt stets korrekt und gewissenhaft geführt": Materialien und Dokumente zur Geschichte der "Rechten" im Raum Fulda, Reinheim 1986

Hainsworth, Paul: The Extreme Right in Europe and the USA, London 1992

Handbuch des österreichischen Rechtsextremismus. Hrsg. vom Dokumentationsarchiv des österreichischen Widerstands, Wien 1993
= Handbuch 1993

Hannover, Heinrich: Terroristenprozesse: Erfahrungen und Erkenntnisse eines Strafverteidigers, Hamburg 1991

Hasselbach, Ingo: Die Abrechnung, Berlin/ Weimar 1993

Heidenreich, Gert: Die organisierte Verwirrung, in: Benz, Wolfgang, Rechtsradikalismus: Randerscheinung oder Renaissance?, Frankfurt a.M. 1980, S. 145 - 167

Heidenreich, Gert/Wetzel, Juliane: Die organisierte Verwirrung, in: Benz, Wolfgang, Rechtsextremismus in der Bundesrepublik: Voraussetzungen, Zusammenhänge, Wirkungen, Frankfurt a.M. 1989, S. 151 - 168

Heitmeyer, Wilhelm: Rechtsextremistische Orientierungen bei Jugendlichen: Empirische Ergebnisse und Erklärungsmuster einer Untersuchung zur politischen Sozialisation, 3. Auflage, Weinheim/München 1989

Heller, Friedrich P./Maegerle, Anton: THULE. Vom völkischen Okkultismus bis zur Neuen Rechten, Stuttgart 1995

Hellfeld, Matthias von: Modell Vergangenheit: Rechtsextreme und neokonservative Ideologien in der Bundesrepublik, Köln 1987

Hennig, Eike: F. S. (1957-1980) - Ein "politischer Soldat", in: Werner Graf "Wenn ich die Regierung wäre...": Die rechtsradikale Bedrohung, Bonn 1984, S. 54 - 86

Hennig, Eike: Neonazistische Militanz und Rechtsextremismus unter Jugendlichen, in: Aus Politik und Zeitgeschichte, B 23/82, 12. Juni 1982, S. 23 - 37 = Hennig 1982

Hennig, Eike: Neonazistische Militanz und Terrorismus, in: Gewalt von rechts, hrsg.: Bundesministerium des Innern: Referat "Öffentlichkeitsarbeit gegen Terrorismus", Bonn Januar 1982, S. 111 - 131 = Hennig 1982a

Herb, Hartmut/ Peters, Jan/ Thesen, Matthias: Der neue Rechtsextremismus: Fakten und Trends, Lohra-Rodenhausen 1980

Hirsch, Kurt: Rechts von der Union: Personen, Organisationen, Parteien seit 1945, München 1989

Höffken, Heinz-Werner/Sattler, Martin: Rechtsextremismus in der Bundesrepublik Deutschland. Die "alte", die "neue" Rechte und der Neonazismus, Hrsg.: Landeszentrale für politische Bildung Hamburg, Hamburg 1978

Höffken, Heinz-Werner/Sattler, Martin: Rechtsextremismus in der Bundesrepublik Deutschland. Die "alte", die "neue" Rechte und der Neonazismus, Opladen 1980

Höhne: Heinz: Der Orden unter dem Totenkopf. Die Geschichte der SS, Augsburg 1992

Hoffmann, Karl Heinz: Verrat und Treue ein an Tatsachen orientierter Roman, Nürnberg o.J.
= Hoffmann, "Verrat und Treue"

Hoffmann, Karl Heinz: Verse und Gedanken eines deutschen Patrioten, o. Ort 1973

Der Hoffmann Prozeß, hrsg. Bürgerinitiative 5.März - Bürger beobachten Polizei und Justiz, Nürnberg o.J. (Mitherausgeber: Die Tageszeitung und FRAZ - fränkische Wochenzeitung).
= Hoffmann Prozeß

Hoffmann-Martinot, Vincent: Frankreichs Parteiensystem nach den Parlamentswahlen, in: Aus Politik und Zeitgeschichte, B 32/93, S. 10 - 16

Hofmann, Kathy/Kukla, Günter, Seewald, Wolfgang: "Wir sind die neue SA" - die ANS, Petersberg 1984

Horchem, Hans Josef, Zum Entwicklungsstand des Rechtsextremismus in der Bundesrepublik Deutschland, in: Funke, Manfred: Extremismus im demokratischen Rechtsstaat. Ausgewählte Texte und Materialien zur aktuellen Diskussion, Schriftenreihe der Bundeszentrale für politische Bildung, Band 122, Bonn 1978, S. 202 - 224

Horchem, Hans Josef: Die verlorene Revolution. Terrorismus in Deutschland, Herford 1988

Horchem, Hans Josef: Extremisten in einer selbstbewußten Demokratie, Freiburg/Basel/Wien 1975

Hoyos, Ladislas de: Barbie, Paris 1984

Huhn, Anne/ Meyer, Alwin: "Eins kommt der Tag der Rache": Die rechtsextreme Herausforderung 1945 bis heute, Freiburg 1986

Hundeseder, Franziska: Rechte machen Kasse: Gelder und Finanziers der braunen Szene, München 1995

Hundseder, Franziska: Stichwort Rechtsextremismus, München 1993
Hundseder, Franziska: Neuheidnischer Kult hat Konjunktur, in: Blickpunkt, Nr. 402/403, November/Dezember 1990, S. 16 f

Infield, Glenn B.: Skorzeny: Hitler's Commando, New York 1981

Informationen über neue religiöse und weltanschauliche Bewegungen und sogenannte Pychogruppen, Hrsg: Senatsverwaltung für Jugend und Familie, Berlin 1988

Jäger, Siegfried: Rechtsextremismus und Sprache, in: K. Bodewig et al., Hrsg: Die schleichende Gefahr. Rechtsextremismus heute, Essen 1990, S. 253 - 279

Jaschke, Hans-Gerd: Verschlungene Traditionen: Zur Geschichte des Rechtsextremismus in der Bundesrepublik, in: Gewerkschaftliche Monatshefte 9/1989

Jaschke, Hans-Gerd: Gewalt von rechts vor und nach Hitler, in: Aus Politik und Zeitgeschichte: Beilage zur Wochenzeitung das Parlament, 12.Juni 1982, S. 3 - 21

Jaschke, Hans-Gerd: Frankreich, in: Greß, Franz et al.: Neue Rechte und Rechtsextremismus in Europa. Bundesrepublik, Frankreich, Großbritannien, Opladen 1990, S. 17 - 103
= Jaschke 1990a

Jaschke, Hans-Gerd: Die Republikaner. Profile einer Rechtsaußen-Partei, Bonn 1990
= Jaschke 1990b

Jaschke, Hans-Gerd: Nationalismus und Ethnopluralismus. Zum Wiederaufleben von Ideen der "Konservativen Revolution", in: Aus Politik und Zeitgeschehen, B 3-4/92, S. 3 - 10

Jaschke, Hans-Gerd: Rechtsextremismus und Fremdenfeindlichkeit, Opladen 1994

Jean-Marie Le Pen und die Front National. Hoffnung - für Frankreich? Vorbild - für Deutschland?, Weinheim 1992

Kalinowsky, Harry H.: Rechtsextremismus und Strafrechtspflege. Eine Analyse von Strafverfahren wegen mutmaßlicher rechtsextremistischer Aktivitäten und Erscheinungen, 2. Auflage, Bonn, Februar 1986

Klein, Kurt: Die geistigen und politisch-sozialen Ursachen des deutschen Terrorismus, in: Der Bundesminister des Innern, Texte zur Inneren Sicherheit: Extremismus und Terrorismus, Bonn, September 1990, S. 7 - 36
Klein, Kurt: Die geistigen und politisch-sozialen Ursachen des deutschen Terrorismus, in: Der Bundesminister des Innern, Texte zur Inneren Sicherheit: Gewalt und Terrorismus, Bonn, November 1987, 47 - 64

Knütter, Hans-Helmuth: "Nein - aber ..." zur Wiederbewaffnung, in: Carl-Christoph: Eiserne Illusionen: Wehr- und Bündnisfragen in den Vorstellungen der extremen Rechten nach 1945, Köln 1969, S. 51 - 84

Knütter, Hans-Helmuth: Hat der Rechtsextremismus in der Bundesrepublik Deutschland eine Chance ?, Bonn 1988

Koch, Günter: Als Mutprobe: Mord. Über neofaschistische Bewegungen in kapitalistischen Ländern, 2. Auflage, Berlin 1989

Kogon, Eugen: Der SS-Staat - Das System der deutschen Konzentrationslager, München 1991

Korte, Hermann/Schäfers, Bernhard: Einführung in Hauptbegriffe der Soziologie, 3. Auflage: Opladen 1995

Kowalsky, Wolfgang/Schroeder, Wolfgang: Rechtsextremismus - Begriff, Methode, Analyse, in: Kowalsky, Wolfgang: Rechtsextremismus. Einführung und Forschungsbilanz, Opladen 1994, S. 7 - 20

Krätschmer, Ernst Günther, Die Ritterkreuzträger der Waffen-SS, Preußisch-Ollendorf 1982

Kretzschmar, Michael: Die "Nouvelles Droites" in Frankreich, Frankfurt 1986

Kromschröder: Gerhard: Ich war einer von ihnen: Enthüllungs-Reportagen, Frankfurt am Main 1987

Krüger, Heinz-Hermann: Handbuch der Jugendforschung, 2. Auflage, Opladen 1993

Krumpach, Robert, in: Manfred Funke, Terrorismus, Bonn 1977

Kühnen, Michael: Einführung in die nationalsozialistische Weltanschauung, Celle 1. Oktober 1982

Kühnen, Michael: Politisches Soldatentum: Tradition und Geist der SA, Lincoln/ Nebraska USA 1985
= Kühnen 1985

Kühnen, Michael: Führertum zwischen Volksgemeinschaft und Elitedenken, Lincoln/Nebraska USA 1985
= Kühnen 1985a

Kühnen, Michael: Die Zweite Revolution. Band I: Glaube und Kampf, Lincoln/ Nebraska USA 1987
= Kühnen 1987a

Kühnen, Michael: Politisches Lexikon der Neuen Front, Butzbach 1987
= Kühnen 1987b

Kühnl, Reinhard: Gefahr von rechts?; Vergangenheit und Gegenwart der extremen Rechten, Heilbronn 1990

Kühnl, Reinhard: Die Weimarer Republik. Errichtung, Machtstruktur und Zerstörung einer Demokratie, Reinbek bei Hamburg 1985

Laurent, Frédéric: L'Orchestre noir, Paris 1978

Leggewie, Claus/Meier, Horst: Republikschutz. Maßstäbe für die Verteidigung der Demokratie. Reinbek bei Hamburg, März 1995

Lepszy, Norbert: Rechtspopulismus und Rechtsextremismus in Europa, Sankt Augustin 1993

Linklater, Magnus/Hilton, Isabel/Ascherson, Neal: The Nacy Legacy, New York 1984

Lösche, Peter: Terrorismus und Anarchismus - Internationale und historische Aspekte, in: Funke, Manfred, Extremismus im demokratischen Rechtsstaat. Ausgewählte Texte und Materialien zur aktuellen Diskussion, Schriftenreihe der Bundeszentrale für politische Bildung, Band 122, Bonn 1978, S. 82 - 93

Maier, Georg: Bekämfpung des Rechtsextremismus mit Mitteln des Strafrechts, in: Aus Politik und Zeitgeschichte, B 44/83, 5.11.1983, S. 10 - 26

Maler, Juan: Frieden, Krieg und "Frieden", Buenos Aires/Argentinien, 11. November 1987

Maler, Juan: Verschwörung: Kriminalroman oder Tragödie, Buenos Aires/Argentinien, 11. November 1980

May, Michael/von Prondcynsky, Andreas: Kulturtheoretische Ansätze in der Jugendforschung, in: Heinz-Hermann Krüger: Handbuch der Jugendforschung, S. 159 ff

Merk, Hans Günther: Was ist heute Extremismus? Die Bedrohung des Staates von links und rechts, in: Funke, Manfred: Extremismus im demokratischen Rechtsstaat. Ausgewählte Texte und Materialien zur aktuellen Diskussion, Schriftenreihe der Bundeszentrale für politische Bildung, Band 122, Bonn 1978, S. 127 - 146

Merk, Hans Günther: Innere Sicherheit, Mannheim 1977

Meves, Christa: Psychologische Voraussetzungen des Terrorismus, in: Hans Dieter Schwind: Ursachen des Terrorismus in der Bundesrepublik Deutschland, Berlin/New York 1978, S. 69 - 78

Meyer, Alwin/Rabe, Karl-Klaus: Unsere Stunde die wird kommen: Rechtsextremismus unter Jugendlichen, Bornheim-Merten 1983

Monzat, René: Enquêtes sur la droite extrême, Paris 1992

Moreau, Patrick: Les héritiers du IIIe Reich. L'extrême droite allemande de 1945 à nos jours, Paris 1994

Morshäuser, Bodo: Undefinierte Härte, einschnappende Reflexe, Frankfurter Rundschau, 22. Februar 1992

Mosley, Sir Oswald: Weg und Wagnis: Ein Leben für Europa, Leoni am Starnberger See 1968

Müller, Leo A.: Gladio - das Erbe des kalten Krieges. Der NATO-Geheimbund und seine deutschen Vorläufer, Reinbek bei Hamburg 1991

Müller, Peter: Magisterarbeit Fachbereich 3 der Johann-Wolfgang Goethe Universität Frankfurt am Main, 1993

Müller, Rudolf: Militante Neonazis: Die 'Wehrsportgruppe Hoffmann', in: Wolfgang Benz: Rechtsradikalismus: Randerscheinung oder Renaissance ?, Frankfurt am Main 1980, S. 222 - 238

Müller, Rudolf: Schule des Terrorismus, in: Wolfgang Benz, Rechtsextremismus in der Bundesrepublik: Voraussetzungen, Zusammenhänge, Wirkungen, Frankfurt am Main 1984, S. 238 - 254

Nandlinger, Gabriele: Rechtsextremismus als internationales Problem: Die Situation in den westeuropäischen Staaten, in: K. Bodewig et al., Hrsg.: Die schleichende Gefahr. Rechtsextremismus heute, Essen 1990, S. 144 - 154

Nazi-Terror im Rhein/Main-Bebiet, hrsg.: Antifa-Kommission des Kommunistischen Bund/Gruppe Frankfurt, Frankfurt 23.4.1979
= Nazi-Terror 1979

National-politische Studien, hrsg. von Gerhard Opitz, 1/76

Neidhardt, Friedhelm: Linker und rechter Terrorismus. Erscheinungsformen und Handlungspotentiale im Gruppenvergleich; in: Bundesministerium des Innern: Gruppenprozesse. Analysen zum Terrorismus, Opladen 1982

Niemetz, Alexander: Die Kokain-Mafia: Deutschland im Visier, München 1990

Neonazis in Mainz-Gonsenheim: Eine Dokumentation der VVN-Bund der Antifaschisten Rheinland Pfalz, Frankfurt 1985
= Neonazis 1985

Neulen, Hans Werner: Eurofaschismus und der Zweite Weltkrieg. Europas verratene Söhne, München 1980

Nolte, Ernst: Der Faschismus in seiner Epoche, 5. Auflage, München/Zürich 1979

Olzog, Günter/ Liese, Hans-J.: Die politischen Parteien. Geschichte - Programmatik - Organisation - Personen - Finanzierung, München 1988

Opitz, Reinhard, Faschismus und Neofaschismus Band 2, Köln 1988

Ory, Pascal: Les collaborateurs 1940 - 1945, Paris 1976

Paschner, Günther: Falsches Gewissen der Nation: Deutsche Nationalzeitung und Soldaten-Zeitung, Mainz 1967

Paul, Gerhard: Hitlers Schatten verblaßt. Die Normalisierung des Rechtsextremismus, Bonn 1989

Paul, Gerhard/ Schoßig, Bernhard: Jugend und Neofaschismus: Provokation oder Identifikation?, 2. Auflage, Frankfurt am Main 1980

Peterlini, Hans Karl: Bomben aus zweiter Hand. Zwischen Gladio und Stasi: Südtirols mißbrauchter Terrorismus, Bozen 1992

Petter, Wolfgang: SA und SS als Instrumente nationalsozialistischer Herrschaft, in: Karl Dietrich Bracher/Manfred Funke/Hans-Adolf Jacobsen: Deutschland 1933 - 1945: Neue Studien zur nationalsozialistischen Herrschaft, Hrsg.: Bundeszentrale für politische Bildung, Schriftenreihe Band 314, 2. Auflage, Bonn 1993

Pless, E.W.: Geblendet: Aus den authentischen Papieren eines Terroristen, Zürich 1979 (E.W. Pless ist das Pseudonym von Willi Pohl)

Poelchau, Warner J.: Die Hamburger Szene, in: Broder, Henryk M.: Deutschland erwacht, Köln, Mai 1978, S. 29 - 33

Pomorin, Jürgen/Junge, Reinhard: Die Neonazis und wie man sie bekämpfen kann, Dortmund 1978

Pomorin, Jürgen/Junge, Reinhard: Vorwärts, wir marschieren zurück: Die Neonazis Teil II, Dortmund 1979

Pomorin, Jürgen (Hrsg.)/Junge, Reinhard/Biemann, Georg: Geheime Kanäle: Der Nazi-Mafia auf der Spur, Dortmund 1981

Posner, Gerald L./Ware, John: Mengele: the complete story, London 1986

Purtscheller, Wolfgang: Aufbruch der Völkischen. Das braune Netzwerk, Wien 1993

Purtscheller, Wolfgang: Der Rechte Rand, Sonderheft März 1994

Rabe, Karl-Klaus: Rechtsextreme Jugendliche: Gespräche mit Verführern und Verführten, Bornheim-Merten April 1980

Radt, Claus: Der Deutsche Faschismus: Mythos und Wirklichkeit, Fankfurt am Main, Mai 1987

Ralfs-Horeis, Hella: Evangelische Zentralstelle für Weltanschauungsfragen (EZW), Stuttgart 1990

Rebérioux, Madelaine: Le République radicale? 1898 - 1914, Paris 1975

Rechtsextremismus in der Schweiz. Bericht der Bundespolizei, September 1988
Reed, Karl-Heinz: Michael Kühnen ein Einflußagent?, Basel 1990

Reynolds, Quentin (Hrsg.)/Ephraim, Katz/Zwy, Aldouby: Adolf Eichmann, Zürich 1961

Rieger, Jürgen: Rasse ein Problem auch für uns, Hamburg 1969

Riehl-Heyse, Herbert: Bilder einer schaurigen Traumwelt. Beobachtungen in einem Prozeß gegen junge Neonazis, in: Wolfgang Benz: Rechtsextremismus in der Bundesrepublik. Voraussetzungen, Zusammenhänge, Wirkungen, Frankfurt am Main 1989, S. 146 - 150

Rollat, Alain: Les hommes de extrême droite. Le Pen, Marie, Ortiz et les autres, Paris 1985

Rosen, Klaus-Henning: Rechtsterrorismus. Gruppen - Täter - Hintergründe, in: Paul, Gerhard, Hrsg.: Hitlers Schatten verblaßt. Die Normalisierung des Rechtsextremismus, Bonn 1989, S. 49 - 78

Rosenbaum, Petra: Neofaschismus in Italien, Frankfurt am Main 1975

Rosenbaum, Petra: Partei im Ghetto, in: Das Parlament, 1.1.89

Roth, Jürgen: Sie töten für Geld: Die Söldner - Eine Reportage, Hamburg 1992

Roth, Jürgen/ Berndt, Ender: Dunkelmänner an der Macht: Politische Geheimzirkel und organisiertes Verbrechen, Bornheim-Merten 1984

Rohte, Wolf Dieter/ Schönborn, Erwin: UNSER KAMPF gegen die größte Lüge der Weltgeschichte, Fankfurt am Main 1976
= UNSER KAMPF 1976

Rudel, Hans Ulrich: Trotzdem, 6. Auflage, Preußisch-Oldendorf 1987

Rudzio, Wolfgang: Systemaversion bei linksorientierten Jugendlichen, in: Aus Politik und Zeitgeschichte, B 50/84, 15.12.1984, S. 27 - 43

Sánchez, Gustavo/Reimann, Elisabeth: Barbie in Bolivien, Köln 1987

Sánchez Soler, Mariano: Los hijos de 1 20-N. Historia violenta del fascismo español, Madrid 1993

Schacht, Konrad: Rechtsextremismus heute, Hrsg.: Hessische Landeszentrale für politische Bildung, Schriftenreihe "zum nachdenken", Folge 34

Scharsach, Hans-Henning: Haiders Kampf, Wien 1992

Schenk, Jürgen: Die Entwicklung des Neonazismus in Frankfurt, in Filmer, Werner/Schwan, Heribert, Hrsg.: Was von Hitler blieb: 50 Jahre nach der Machtergreifung, Frankfurt am Main/ Berlin/Wien 1983

Scheub, Ute: Alte Bekannte: Den neuen Nazis und ihren geheimen Freunden auf der Spur, Reinbek bei Hamburg März 1985

Erwin K. Scheuch/Hans D. Klingemann: Theorie des Rechtsradikalismus in westlichen Industriegesellschaften, in: Hamburger Jahrbuch für Wirtschafts- und Gesellschaftspolitik, Tübingen 1967

Schiele, Siegfried: Antifaschismus in der politischen Bildung, in: Texte zur Inneren Sicherheit, Bedeutung und Funktion des Antifaschismus, hrsg.: Der Bundesminister des Innern, Bonn Oktober 1990, S. 112 - 147

Schmid, Klaus Peter: "Hier ist die NSDAP", in: Joffe, Josef: Zeit-Dossier 2, München 1981, S. 70 - 72

Schmidt, Michael: Heute gehört uns die Strasse, Düsseldorf/ Wien/New York/ Moskau 1993

Schönborn, Erwin: Los von Amerika: Eine nationaldemokratische Analyse, Oberursel (Taunus) 1966

Schönekäs, Klaus: Wo kommen die Rechten her?, in: Fromm, Rainer: Wiesbadener Friedenshefte, Nummer 6, Wiesbaden 1990

Schröder, Burkhard: Rechte Kerle: Skinheads,Faschos,Hooligans, Reinbek bei Hamburg, Februar 1992

Schütz, Waldemar, Hrsg.: Lexikon Deutsche Geschichte im 20. Jahrhundert, Rosenheim 1990

Schulz, Hans-Jürgen, Hrsg.: Sie sind wieder da! Faschismus und Reaktion in Europa, Frankfirt a.M. 1990

Schwagerl, H.Joachim: Rechtsextreme, insbesondere neofaschistische Jugendgruppen in der Bundesrepublik Deutschland - Ein aktuelles Lagebild aus der Sicht des informativen Verfassungsschutzes, in: Gerhard Paul/Bernhard Schoßig: Jugend und Neofaschismus, Frankfurt am Main 1980, S. 18 - 44

Schwagerl, H.Joachim: Verfassungsschutz in der Bundesrepublik Deutschland, Heidelberg 1985

Schwagerl, H.Joachim: Ihre Ehre heißt Treue: Zur Traditionspflege der ehemaligen Angehörigen der Waffen-SS (Teil II), in: 'Tribüne', Heft 110 (1989), S. 204 - 214

Schwagerl, H.Joachim: Rechtsextremes Denken: Merkmale und Methoden, Frankfurt am Main 1993

Schweitzer, Carl-Christoph: Eiserne Illusionen: Wehr- und Bündnisfragen in den Vorstellungen der extremen Rechten nach 1945, Köln 1969

Schwind, Hans Dieter: Ursachen des Terrorismus in der Bundesrepublik Deutschland, Berlin/New York 1978

Seale, Patrick: Abu Nidal: Der Händler des Todes, München 1992; die Orginalausgabe: Abu Nidal: A Gun For Hire, New York 1992

Simpson, Christopher: Der amerikanische Bumerang: NS-Kriegsverbrecher im Sold der USA, Wien 1988

Sinus-Studie: 5 Millionen Deutsche: "Wir sollten wieder einen Führer haben...", Reinbek bei Hamburg, August 1981

Sippel, Heinrich: Die Herausforderung unseres demokratischen Rechtsstaates durch Rechtsextremisten, in: Der Bundesminister des Innern, Texte zur Inneren Sicherheit: Extremismus und Terrorismus, Bonn Juni 1989

Skorzeny, Otto: Meine Kommandounternehmen, Wiesbaden/München 1976

Sochatzy, Klaus: Parole: rechts! Jugend, wohin? Neofaschismus im Schülerurteil. Eine empirische Studie, 2 Auflage, Frankfurt am Main 1981

Sontheimer, Kurt: Antidemokratisches Denken in der Weimarer Republik. Die politischen Ideen des deutschen Nationalismus zwischen 1918 und 1933, 3. Auflage, Nördlingen 1992

Stehle, Hansjakob: Faschismus im Kopf, in: Joffe, Josef: Zeit-Dossier 2, München 1981, S. 64 -66

Sterling, Claire: Das internationale Terror-Netz, Bern-München 1981

Stöss, Richard: Die extreme Rechte in der Bundesrepublik. Entwicklung - Ursachen -Gegenmaßnahmen, Opladen 1989

Stöss, Richard: Forschungs- und Erklärungsansätze - ein Über blick, in: Kowalsky, Wolfgang: Rechtsextremismus. Einführung und Forschungsbilanz, Opladen 1994, S. 23 - 66

Strothmann, Dietrich: Nazis aller Länder..., in: Joffe, Josef: Zeit Dossier 2, München 1981, S. 55-62

Svoray, Yaron/Taylor, Nick: In der Hölle des Löwen: Ein Israeli ermittelt in der Neonazi-Szene, München 1994

Taylor, Rod: Tödliche Zufälle. "Warum diese Prominenten wirklich sterben mussten?", Tübingen 1990

Thadden, Adolf von: Die verfemte Rechte, Preußisch Oldendorf 1984

Trom, Danny: Rechtsradikalismus in Belgien, in: Schulz, Hans-Jürgen, Hrsg.: Sie sind wieder da!, Frankfurt a.M. 1990, S. 108 - 114

Die Union und der Neonazismus: Verharmlosung als Methode, in: Sonderheft Nr. 13 des Pressedienst Demokratische Initiative (PDI), München 1980
= Union 1980

Verfassungsschutzbericht 1971, hrsg. vom Bundesminister des Innern, Bonn 1972

Verfassungsschutzbericht 1972, hrsg. vom Bundesminister des Innern, Bonn 1973

Verfassungsschutzbericht 1975, hrsg. vom Bundesminister des Innern, Bonn 1976

Verfassungsschutzbericht 1976, hrsg. vom Bundesminister des Innern, Bonn 1977

Verfassungsschutzbericht 1977, hrsg. vom Bundesminister des Innern, Bonn 1978

Verfassungsschutzbericht 1978, hrsg. vom Bundesminister des Innern, Bonn 1979

Verfassungsschutzbericht 1979, hrsg. vom Bundesminister des Innern, Bonn 1980

Verfassungsschutzbericht 1980, hrsg. vom Bundesminister des Innern, Bonn 1981

Verfassungsschutzbericht 1981, hrsg. vom Bundesminister des Innern, Bonn 1982

Verfassungsschutzbericht 1982, hrsg. vom Bundesminister des Innern, Bonn 1983

Verfassungsschutzbericht 1983, hrsg. vom Bundesminister des Innern, Bonn 1984

Verfassungsschutzbericht 1984, hrsg. vom Bundesminister des Innern, Bonn 1985

Verfassungsschutzbericht 1991, hrsg. vom Bundesminister des Innern, Bonn 1992

Verfassungsschutzbericht 1992, hrsg. vom Bundesminister des Innern, Bonn 1993

Verfassungsschutzbericht Bayern 1976, hrsg. vom Staatsministerium des Innern, München 1977

Verfassungsschutzbericht Bayern 1977, hrsg. vom Staatsministerium des Innern, München 1978

Verfassungsschutzbericht Bayern 1978, hrsg. vom Staatsministerium des Innern, München 1979

Verfassungsschutzbericht Bayern 1979, hrsg. vom Staatsministerium des Innern, München 1980

Verfassungsschutzbericht Bayern 1982, hrsg. vom Staatsministerium des Innern. München 1983

Verfassungsschutzbericht Baden-Württemberg 1979, hrsg. vom Innenministerium Baden-Württemberg, Stuttgart 1980

Verfassungsschutzbericht Baden-Württemberg 1980, hrsg. vom Innenministerium Baden-Würrtemberg, Stuttgart 1981

Verfassungsschutzbericht Baden-Württemberg 1988, hrsg. vom Innenministerium Baden-Württemberg, Stuttgart 1989

Verfassungsschutzbericht Baden-Württemberg 1992, hrsg. vom Innenministerium Baden-Württemberg, Stuttgart 1993

Verfassungsschutzbericht Berlin 1991, hrsg. vom Landesamt für Verfassungsschutz Berlin, Berlin März 1992

Verfassungsschutzbericht Berlin 1991, hrsg. vom Landesamt für Verfassungsschutz Berlin, Berlin Mai 1993

Verfassungsschutzbericht Hessen 1979, hrsg. vom Innenministerium Hessen, Wiesbaden 1980

Verfassungsschutzbericht Hessen 1980, hrsg. vom Innenministerium Hessen, Wiesbaden 1981

Verfassungsschutzbericht Hessen 1988, hrsg. vom Innenministerium Hessen, Wiesbaden 1989

Verfassungsschutzbericht Niedersachsen 1996, hrsg. vom Innenministerium Niedersachsen, Hannover 1997

Verfassungsschutzbericht Rheinland-Pfalz 1983, hrsg. vom Ministerium des Innern und für Sport, Mainz Juli 1984

Verfassungsschutzbericht Rheinland-Pfalz 1985, hrsg. vom Ministerium des Innern und für Sport, Mainz August 1986

Verfassungsschutzbericht Rheinland-Pfalz 1986, hrsg. vom Ministerium des Innern und für Sport, Mainz Juni 1987

Verfassungsschutzbericht Rheinland-Pfalz 1987, hrsg. vom Ministerium des Innern und für Sport, Mainz August 1988

Verfassungsschutzbericht Rheinland-Pfalz 1989, hrsg. vom Ministerium des Innern und für Sport, Mainz Juli 1990

Vinke, Hermann: Mit zweierlei Maß: Die deutsche Reaktion auf den Terror von rechts, Reinbek bei Hamburg, Februar 1981

Vlaams Blok: Die Flämische Nationalistische Partei, August 1992

Die Volkssozialistische Bewegung Deutschlands - Sammelbecken militanter Rechtsradikaler, in: Sonderheft Nr. 17 des Pressedienst Demokratische Initiative (PDI), München, November 1981
= VSBD 1981

Yallop, David A.: Im Namen Gottes ? Der mysteriöse Tod des 33-Tage-Papstes Johannes Paul I., München 1988

Waffen-SS in der Bundesrepublik: Eine Dokumentation der VVN-Bund der Antifaschisten, Frankfurt am Main 1978
= Waffen SS 1978

Wagner, Bernd: Handbuch Rechtsextremismus: Netzwerke, Parteien, Organisationen, Ideologiezentren, Medien, Reinbek bei Hamburg, September 1994

Weißmann, Karlheinz: Druiden, Goden, Weise Frauen: Zurück zu Europas alten Göttern, Freiburg im Breisgau 1991

Wersich, Rüdiger Bernd: Zeitgenössischer Rechtsextremismus in den Vereinigten Staaten: Organisation, Ideologie, Methoden und Einfluß, dargestellt unter besonderer Berücksichtigung der John Birch Society, München o.J.

Wiesenthal, Simon: The Murderers Among Us, London 1976

Wiesenthal, Simon: Ich jagte Eichmann, Gütersloh 1961

Wilke, Manfred: Antifaschismus als Legitimation staatlicher Herrschaft in der DDR, in: Bedeutung und Funktion des Antifaschismus - Texte zur Inneren Sicherheit, Bonn 1990, S. 52 ff

Willbrand, Jürgen: kommt Hitler wieder ?, Donauwörth o.J. (1964)

Winter, Franz Florian: Ich glaubte an die NPD, Mainz 1968

Zoratto, Bruno/ Lechner, Brunhilde: Italiens Neue Rechte, Stuttgart 1976

14. Abkürzungsverzeichnis
14.1. Publikationen des rechten Spektrums

DA	'Deutscher Anzeiger'
DF	'Der Freiwillige'
DK	'Das Korps'
DNF	'Die Neue Front'
DNZ	'Deutsche Nationalzeitung'
DNZSZ	'Deutsche National-Zeitung und Soldaten-Zeitung'
DS	'Deutscher Standpunkt'
DSZNZ	'Deutsche Soldaten-Zeitung und National-Zeitung'
DWZ	'Deutsche Wochenzeitung'
EFDB	'Europäische Freiheitsbewegung - Deutsche Bürgerinitiative'
IF	'Die Innere Front'
NDN	'Nationalsozialistischer Deutscher Nachrichtendienst'
NSK	'NS-Kampfruf'
SB	'Der Schulungsbrief'
UN	'Unabhängige Nachrichten'
WS	'Der Wotansspeer'

14.2. Organisationen des rechten Spektrums

AAR	Aktion Ausländerrückführung - Volksbegehren gegen Überfremdung und Umweltzerstörung
AFD	Aktion Freies Deutschland
AKON	Aktion Oder-Neiße
AN	Avanguardia Nazionale
ANE	Aktionsgemeinschaft Nationales Europa
ANR	Aktion Neue Rechte
ANS	Aktionsfront Nationaler Sozialisten
ANS/NA	Aktionsfront Nationaler Sozialisten/Nationale Aktivisten
ANS-TG	Traditionsgemeinschaft ehemaliger ANS-Angehöriger
ASD	Aktion Sauberes Deutschland
AVM	Arbeitsvereinigung für Mittelschüler
AVP	Aktionsgemeinschaft Vierte Partei
AW	Aktion Widerstand
AZA	Antizionistische Aktion
BAS	Befreiungsausschuß Südtirol
BBI	Bauern- und Bürgerinitiative
BDJ	Bund Deutscher Jugend
BDL	Bund Deutscher Legionäre

BDM	Bund Deutscher Mädel
BdM	Bund deutscher Mädchen
BDNS	Bund Deutscher Nationalsozialisten
BGAD	Bürgerinitiative Grüne Aktion Deutschland
BHJ	Bund Heimattreuer Jugend
BHM	Bund Hamburger Mädel
BM	British Movement
BNP	British National Party
BNS	Bund Nationaler Studenten
BVJ	Bund Vaterländischer Jugend
CEDADE	Círculo Español de Amigos de Europa
COBRA	Comité objectif entraide et solidarité avec les victimes de la répression antinationaliste
COFPAC	Commitee to free patriots and anticommunist political prisonners
DA	Deutsche Aktionsgruppen
DA	Deutsche Alternative
DArG	Deutsch-Arabische Gemeinschaft
DBI	Deutsche Bürgerinitiative
DFF	Deutsche Frauenfront
DG	Deutsche Gemeinschaft
DINA	Dirección de Inteligencia Nacional
DJU	Deutsche Jungmädel
DKEG	Deutsches Kulturwerk Europäischen Geistes
DNSU	Danmarks Nationalsocialistiske Ungdom
DÖIZ	Deutsch-Österreichisches Institut für Zeitgeschichte
DP	Deutsche Partei
DRP	Deutsche Reichspartei
DSVP	Deutsche Sozialistische Volkspartei
DVG	Deutsch-Völkische Gemeinschaft
DVR	Deutsches Vereinigtes Reich
DVU	Deutsche Volksunion
EB	Europäische Bewegung
EBF	Europäische Befreiungsfront
EFDB	Europäische Freiheitsbewegung - Deutsche Bürger initiative
ENO	Europäische Neuordnung
FANE	Fédération d'action nationale et européenne
FAP	Freiheitliche Deutsche Arbeiterpartei
FKDP	Freundeskreis Deutsche Politik
FN	Front National
FNE	Faisceaux nationalistes européens
FNJ	Front National de la Jeunesse

FPÖ	Freiheitliche Partei Österreichs
FSP	Freie Sozialistische Partei
FUAN	Fronte Universitario Azione Nazionale
GAD	Grüne Aktion Deutschland
GB/BHE	Gesamtdeutscher Block/Block der Heimatvertriebenen und Entrechteten
GDP	Gesamtdeutsche Partei
GUD	Groupe Union-Défense
HAZ	Handarbeitszirkel
HIAG	Hilfsgemeinschaft auf Gegenseitigkeit
HJ	Hitler-Jugend
HNG	Hilfsgemeinschaft für nationale politische Gefangene und deren Angehörige
HNG	Hulpkomitee voor nationalistische politieke gevangenen
HTS	Hochschulring Tübinger Studenten
HVD	Heimattreue Vereinigung Deutschlands
IBKM	Institut zur Bekämpfung kommunistischer Menschenrechtsverletzungen
IHV	Internationales Hilfskomitee für Angehörige von internationalen Verfolgten aller Länder
IHV	Internationales Hilfskomitee für Nationale Politische Verfolgte und deren Angehörige
JBA	Jugendbund Adler
JF	Junge Front
JN	Junge Nationaldemokraten
KDS	Kampfbund Deutscher Soldaten
KGP	Kampfgruppe Priem
KKK	Ku Klux Klan
KNS	Kampfeinheit Nationale Sozialisten
MRAL	Mouvement régionaliste d'Alsace et de Lorraine
MSI	Movimento Sociale Italiano
NAKU	National-Konservative Union
NAP	National Action Party
NAR	Nuclei Armati Rivoluzionari
NB	Nationaler Block
NBN	Nationalistischer Block Nordland
NBS	Nationale Basis Schweiz
NDB	Notgemeinschaft Deutscher Bauern
NDBB	Nationale Deutsche Befreiungsbewegung
NDP	Nationaldemokratische Partei
NF	National Front
NF	Nationalistische Front

NK	Nationale Koordination
NKD	Nationale Kampfgemeinschaft Deutschland
NNE	Neues Nationales Europa
NO	Nationale Offensive
NOE	Nouvel Ordre Européen
NOS	Nouvel Ordre Social
NPD	Nationaldemokratische Partei Deutschlands
NSB	Nationalsozialistischer Schülerbund
NSDAP	Nationalsozialistische Deutsche Arbeiterpartei
NSDAP	Nationalsozialistische Demokratische Arbeiterpartei
NSDAP/AO	Nationalsozialistische Deutsche Arbeiterpartei/Auslands- und Aufbauorganisation
NSKG	Nationalsozialistische Kampfgruppe Großdeutschland
NSM	National Socialist Movement
NSPA	National Socialist Party of America
NSRP	National States Rights Party
NSWPP	National Socialist White People's Party
NVF	Nationale Volksfront
OD	Ordnerdienst
ODESSA	Organisation der ehemaligen SS-Angehörigen
ON	Ordine Nuovo
ON	Ordre Nouveau
PdA	Partei der Arbeit - Deutsche Sozialisten
PRO	Partei für Recht und Ordnung
RAD	Reichsarbeitsdienst
RdS	Reichsverband Deutscher Soldaten
RJ	Reichsjugend
SA	Sturm-Abteilung
SLP	Sozial-Liberale Deutsche Partei
SNKD	Sozialrevolutionäre Nationale Kampfgemeinschaft Deutschlands
SRP	Sozialistische Reichspartei
SRP	Sozialistische Reichstreue Patrioten
SS	Schutz-Staffel
TAK	Tal Aktie Komitee
TENO	Nothilfetechnische Übungs- und Bereitsschaftsstaffel
UAP	Unabhängige Arbeiterpartei
UVF	Ulster Volunteer Force
UWK	Unabhängiger Wählerkreis Würzburg
VAPO	Volkstreue Außerparlamentarische Opposition
VDR	Verein zur Förderung der Wiederherstellung der Einheit Deutschlands und des deutschen Volkes in Frieden und

	Gleichheit vor allen Völkern
VDS	Verband Deutscher Soldaten
VdU	Verband der Unabhängigen
VMO	Vlaamse Militanten Orde
	vorher: Vlaamse Militante Organisatie
VÖK	Verband Österreichischer Kameradschaften
VSB	Volkssozialistische Arbeiterpartei/Volkssozialistische Bewegung Österreichs
VSBD/PdA	Volkssozialistische Bewegung Deutschland/Partei der Arbeit
VSE	Volkssozialistische Einheitsfront
VSO	Volkstreue Soziale Ordnung
VSÖ	Volkssozialisten Österreichs
VVK	Vereinigung Verfassungstreuer Kräfte
WACL	World Anti Communist League
WC	Bundesrepublikanisch-jüdischer Wiedergutmachungsclub
WJ	Wiking-Jugend
WSG	Wehrsportgruppe
WSGR	Wehrsportgruppe Ruhrgebiet
WUNS	World Union of National Socialists

14.3. Sonstige Institutionen, Organisationen und Publikationen

APO	Außerparlamentarische Opposition
BW	Bundeswehr
CDU	Christlich Demokratische Union Deutschlands
CSU	Christlich-Soziale Union
DEA	Drug Enforcment Administration
DKP	Deutsche Kommunistische Partei
ETA	Euskadi Ta Askatasuna
FDP	Freie Demokratische Partei
GST	Gesellschaft für Sport und Technik
JU	Junge Union
KGB	Ziviler sowjetischer Nachrichtendienst
KPD	Kommunistische Partei Deutschlands
KPD/ML	Kommunistische Partei Deutschlands/Marxisten-Leninisten
MAD	Militärischer Abschirmdienst
MOSSAD	Israelischer Geheimdienst
ÖVP	Österreichische Volkspartei
PDI	Pressedienst Demokratische Initiative
PFLP	Popular Front for the Liberation of Palestine
PLO	Palestine Liberation Organization

RAF	Rote Armee Fraktion
RLI	Regiment Light Infantire
RZ	Revolutionäre Zellen
SDAJ	Sozialistische Deutsche Arbeiterjugend
SED	Sozialistische Einheitspartei Deutschlands
SEW	Sozialistische Einheitspartei Westberlins
SISMI	Servizio Informazioni Sicurezza Militare
SPD	Sozialdemokratische Partei Deutschlands
VVN	Vereinigung der Verfolgten des Naziregimes

15. Register
15.1. Namenregister

Aantjes, Willem 279
Acker, Klaus 181
Adelmann von Adelmannsfelden,
  Rainer René 13
Adenauer, Konrad 93
Albrecht, Udo (alias Jäger, Gerhard)
  102, 195 - 200, 201f, 214, 305,
  345, 463, 443, 445, 447, 458, 462,
  466, 495
Althans, Ewald 180
Altmann, Hans-Peter 127, 294, 295,
  296, 426
Alvis, Fernandi 356
Amaudruz, Gaston-Armand 207,
  231, 234
Arafat, Yassier 198, 239, 458
Arlt, Erwin 123
Arndt, Udo 138
Arnold, Josef 212
Auda, Muhammad (Abu Daud bzw.
  Abu Dawud) 202
Außerer, Karl 309, 310
Austermann, Dieter 180
Aversano, Roy 301
Azzi, Nico 347

Baader, Andreas 199, 243
Baagoe, Carlus 234
Baacke, Dieter 397, 398
Bacher, Gerd 308
Backes, Uwe 21, 45, 331, 383, 394,
  483
Bahrt, Curt 82
Bajtsy, Attila 63, 170, 278, 293, 298,
  303 - 307, 321, 494
Balke, Ernst 216, 217, 218
Bank, Bernd 362
Barbie, Klaus (alias Altmann, Klaus)
  163, 174, 175, 264, 265, 272, 316,
  355, 357f, 368, 495
Barth, Olaf 184
Bau, Ramón 163
Baum, Gerhard 439, 440, 441, 477,
  481, 483, 489, 493
Baumann, Rainer 400
Baumgartner, Egon 170, 288, 303,
  307
Bauscher, Ursula 242
Bauschke, Stephan 156
Bayer, Wilhelm (alias Beier, Henry)
  100, 137, 165, 176, 208, 479
Beckert, Manfred Rainer 292
Behle, Walter Ulrich 147, 158, 172,
  287, 336, 341, 351, 353, 383, 450,
  451, 454, 455, 463,
Behrendt, Uwe 17, 20, 22, 25, 36,
  130, 319, 338, 342, 343, 345f, 374,
  402, 420, 431, 450 - 456, 459, 460,
  463, 494
Belbe-Hindenburg, Erna 206
Belmonte, Guiseppe 352, 364, 371
Benoist, Alain de 314
Benz, Wolfgang 50
Beñarán Ordeñana, José Miguel 367
Berg, Hajo 185
Berger, Heinrich 158
Berghahn, Volker 66
Bergmann, Kay-Uwe 90, 137, 347,
  364, 379, 392, 419, 446, 447, 449,
  450, 451, 452, 463, 465
Bernburg, Günter 197
Betton, Dirk 278, 279, 315, 321,
  374, 392, 494
Biber, Erich 221
Biemann, Georg 25, 429
Binet, René 231, 234
Birkmann, Franziska 338, 342, 343,
  407, 408, 462

Blaas, Johannes 292
Blaschke, Helge 466, 467, 471, 473, 474
Blatzheim, Helmut 98, 99
Böhme, Herbert 106
Bölling, Klaus 478, 481
Börm, Manfred 91, 144
Böttger, Ferdinand 237
Bohn, Thomas Peter 137
Bojarski, Franz 171, 285, 450, 451, 452, 455, 463
Bonniol, Christian 214, 293
Bonomi, Mario 350
Bons, Thomas 232
Borghese, Junio Valerio 266, 365, 366, 368
Bosselmann, Siegfried 156
Bosselmann, Werner 156
Botzem, Ingo 247
Brand, Johann 234
Brandt, Willy 39, 99, 106, 125, 214
Braun, Werner 137, 227, 264
Brehl, Thomas 16, 132, 147 - 151, 157, 159, 160, 269, 300
Breitenberger, Reinhard 311
Breschnew 478, 481
Brodka, Johannes 98
Brogniet, Juul 284
Brundert,Willi 97
Brunner, Alois 264
Bruß, Norbert 138
Buderer, Ingrid 183
Budig, Udo 137
Bügner, Johannes 328
Bütefisch, Heinrich 422
Büttner, Michael 117
Buisseret 283
Bundt, Fritz-Ulrich 117, 484
Burger, Norbert 298, 299, 308
Burre, Georg-Wilhelm 109
Burrows, Tim 285
Busse, Friedhelm 16, 21, 47, 67, 73, 107, 108, 109, 110, 132, 133, 142, 161, 169, 175, 177, 186, 203 - 213, 217, 218, 229, 230, 247, 268, 285, 291, 293, 313, 314, 325, 349, 359, 416, 418, 440, 468
Butler, Richard Grint 245
Butterwegge, Christoph 55
Buttgereit, Hans-Georg 196, 199
Butz, Arthur R. 234

Caignet, Michel 117, 160, 234, 292
Calzona, Guiseppe 366, 367
Campo, Flavio 368
Carbone, Emilio 368
Carmassi, Piero 365, 366
Carrero Blanco, Luis 365, 367
Castro, Fidel 30, 266, 363
Cauchi, Augusto 367
Cespedes, Alberto 356
Cespedes, Erwin 356
Cespedes, Evert 356
Cespedes, Vicente 356
Chairoff, Patrick 101
Chalaf, Salah (Abu Ijad) 201, 407, 458, 459, 465
Chaussy, Ulrich 26, 62, 340, 395, 464, 484
Chavez, Alberto 356
Christians, Georg 159
Christie, Stuart 25, 229, 351, 359
Christophersen, Thies 21, 24, 73, 107, 109, 110, 118, 131f, 139, 164, 169, 172, 177, 186, 190, 206, 207, 208,230 - 234, 236f, 243, 244, 247, 267, 270, 274, 280, 293, 391, 440, 472
Churchill, Winston 88, 305
Cicuttini, Carlo 365, 369
Ciolini, Elio 349, 350, 352, 354, 361, 363, 495
Clench, Manfred 109
Colditz, Heinz 130, 240, 241, 324

Coletta, Pascal 213, 214, 215, 217
Cornelissen, Michel 284
Cramblin, Yves 351
Croce, Angelo 169
Dahl, Walther 88, 271
Danet, Olivier 350, 351, 352
David, Michael Andreas 138, 142, 232
Deckert, Günter 16, 119
Degrelle, Léon 80, 159, 160, 366
Delle Chiaie, Stefano (alias Fiore, Mario alias Martelli, Giovanni) 25, 169, 349 - 352, 354, 360, 364 - 370, 495
Denard, Bob 351
Detzel, Robert 308
Devalez, Olivier 168, 293
Diehl, Karl 427
Dieterle, Helmut 88, 89, 127, 300, 402, 420
Dietl 81
Dietrich, Werner 338, 339
Dietz, Georg P. 358
Dieudonné, Luc 284
Dijlsat, Johan 284
Dilger, Emil 110, 115, 137, 190, 221, 222, 228, 395, 413, 414
Dillen, Karel 282, 284
Dinter, Berthold 300
Dissberger, Karl-Heinz 400
Dockx, Dirk 284
Dönitz 81
Dosfel, Rudolf 284
Duke, David 245
Dudek, Peter 11, 17, 19, 22, 79, 81, 97, 132, 326, 328, 381, 392, 394, 475, 493
Dupper, Steffen Joachim 90, 137, 147, 165, 170, 171, 173, 178, 182, 268, 364, 379, 392, 419, 446, 447, 450, 451, 463, 465, 467, 490

Dutschke, Rudi 48, 320
Echeverría, Hugo 354, 359, 360
Eckart, Wolf Dieter 103, 104, 131, 135, 236
Eggermont, Jef 283
Eichmann, Adolf 265, 316
Eigenbrodt, Kurt 16, 273
Eisenhower 266
Eisermann 329
Engelhardt, Eberhard 221, 229
Enk, Friedhelm 328
Ensslin, Gudrun 26
Epplen, Dieter 330
Erhard, Arthur 106
Erhard, Benno 477
Eriksson, Bert 282, 283
Erlach, Otto 206
Erlanger, Alexi 245
Ernst, Rudolf 185
Esquerra, Miguel 279

Fabel, Peter 138, 186, 213, 215, 216, 217, 325
Faber, Stefan 287, 341, 351, 416, 448, 449
Fachini, Massimiliano 371
Faci, Michel (alias Michel Leloup) 16, 290, 291
Falkner, Thomas 266
Famili, Achmed 213
Farah, Naum 353
Ferchhoff, Wilfried 398
Ferretto, Roberto 301
Fest, Joachim 190
Fetscher, Iring 320
Fiebelkorn, Joachim 16, 229, 230, 348, 349, 350, 352 - 363, 495
Fioravanti, Valerio 370, 371
Foire, Roberto 370, 371
Fischer, Fritz 264
Flick, Friedrich 422

Floth, Joachim 227
Förster, Gerhard Jürgen 210
Förster, Hans-Joachim 415
Förster, Hans-Michael 222
Folkerts, Uwe 377
Forsyth, Frederik 264
Fraas, Hans-Peter 63, 319, 323, 344, 450 - 453, 455, 459, 460, 463, 466, 467, 471, 473, 495
Francia, Salvatore 169, 366, 367
Franco, Francisco 220, 366, 367
Freda, Giorgio Franco 169
Frédriksen, Marc 161, 285, 290, 291
Freling, Martijn 16, 277
Frey, Gerhard 87, 107, 108, 117, 120, 121f, 170, 182, 185, 230, 272, 428, 491, 492
Frieling, Hans-Joachim 441
Frischknecht, Jörg 231
Fröhlich, Peter 155
Frühauf, Michael 137, 328
Funk, Robert 287, 341, 351, 448
Funke, Manfred 54

Gaddafi, Muamar 170, 181, 348, 367
Gädicke, Horst 100
Gallhuber, Heinrich 305, 307
Ganz, Udo 159
Ganz, Otmar 236
García, Alfredo 356
García Meza 360, 363
García Repull, Tomás 279
García Rodríguez, Luis Antonio 365
Gartenschläger, Michael 198
Garufi, Vincenzo 308, 314
Gassel, Manfred Hermann 127
Geisel, Wolfgang 196
Geiss, Edgar 232, 234, 300
Gelli, Licio 371
Genoud, François 369
Gerhard, Dirk 86
Gijsels, Hugo 283, 285

Gille, Herbert O. 79
Giorgi, Maurizio 350
Giscard d'Estaing, Valéry 351
Giza, Hans Josef 138
Glaser, Peter 241, 324
Godenau, Roy 16, 244
Goebbels, Josef 74, 224, 401
Göring, Hermann 428, 481
Goerth, Christa 171, 176
Gol, Jean 285
Gonzalez, William 356
Gottwald, Werner 110, 131
Grabsch, Christian 321
Graisse, Michel 282
Granzini, Clemente 169
Gretler, Josef 310
Grett, Bernd 100, 101, 335, 416
Griese, Alexander 303, 307
Griffin, Mike 285
Grob, Rudolf 352, 361
Grocco, Sandra 368
Gröning, Joachim 195, 196, 197, 202, 203, 374, 378, 443, 444
Grünthaler, Markus 115, 148, 158, 192
Grund, Johanna 308
Guevara, Ernesto "Che" 30, 56, 169
Gumbel, Karl 96
Guttiérrez, Jaime 355, 356
Gwinner, Kay 356
Gyger, Julian 479

Haas, Bruno 299, 303, 304, 307
Habbasch, George 198
Haffner, Josef 207
Haider, Jörg 308
Hake, Ferdinand 221, 245, 248
Hamberger, Peter 116, 171, 213, 215, 285, 319, 321, 323, 325, 364, 373, 375, 378, 379, 446, 447, 449f, 455, 460, 463, 464, 465, 490
Hamblenne, Jean-Pierre 164

Hartung, Erhart 308
Hecking, Klaus 325
Heckmann, Friedrich 16, 221, 224, 271, 310, 421, 423
Hegewald, Herbert 278, 308 - 311, 313, 321, 494, 495
Heidel, Volker 177, 324
Heidel, Wolfgang 217
Heindl, Gilbert 273, 457
Heinze, Helmut 109
Heinzmann, Axel 125, 126, 127, 130, 333, 343, 402, 420, 479, 481
Heitmeyer, Wilhelm 52, 53, 54
Hennig, Eike 26, 373, 378, 380, 381, 482
Hellfeld, Matthias von 23
Hengst, Bernd 99, 418
Hepp, Odfried (alias Siegfried Ludwig) 17, 86, 90, 115, 138, 171, 190, 234, 319, 321, 323, 335, 344, 345, 364, 376, 377, 379, 380, 392, 395, 417, 419, 445f, 449, 450, 451, 455, 459, 460, 463, 465 - 468, 470 - 474, 489, 490, 493, 494, 495
Herb, Hartmut 25
Hernie, Edward 284
Hess, Konrad 207
Hess, Rudolf 80, 88, 126, 143, 146, 161, 163, 170, 174, 175, 184, 185, 223, 224, 226, 227, 234, 244, 245, 247, 273, 301, 303, 401, 446, 457
Hewicker, Christine 216, 218, 234, 377
Hewicker, Klaus-Dieter 138, 214, 216, 217, 218, 234, 377
Heydrich, Reinhard 187
Hiersemann, Karl-Heinz 11, 431
Hiller 295
Himmler, Heinrich 88, 135, 422
Hirsch, Kurt 22, 24
Hirschhausen, Heinrich von 206
Hitler, Adolf 25, 30, 33, 48, 51, 56, 57, 58, 59, 69, 74, 78, 80, 88, 109, 116, 136, 141, 147, 149, 155, 161, 169, 170, 179, 185, 189f, 197, 207, 209, 219, 223, 227, 228, 232, 236, 237, 239, 244, 245, 264, 265, 266, 286, 295, 301, 303, 306, 307, 324, 357, 375, 376, 401, 422, 428, 429, 457, 469, 472, 473, 481
Höbel, Peter 337
Höffken, Heinz-Werner 45, 143
Höfle, F. 352
Hörnle, Raymund 240, 241, 242, 324
Hörnle, Werner 241, 242, 324
Hoffmann, Karl-Heinz 11, 16, 17, 19, 20, 21, 22, 24, 25, 29, 30 - 43, 47, 49, 50, 54, 55, 56, 58, 59, 62, 64, 67, 71 - 74, 82, 83, 86, 91, 110, 115, 116, 118 - 121, 124 - 127, 130, 131, 132, 134, 135, 136, 138, 166, 172, 175, 184, 192, 201, 203, 204, 207, 208, 211, 215, 219, 223, 232, 233, 237, 238, 244, 246f, 267 - 271, 273, 274, 277, 279, 280, 281, 285, 287, 290, 292, 294f, 300, 305, 311, 314, 321, 326, 330 - 334, 336f, 341 - 346, 348, 350 - 353, 358, 361, 374, 379, 383, 383, 389f, 396, 400, 402 - 408, 411f, 416, 417, 419, 420, 423 - 429, 431f, 440 - 445, 447 - 457, 459, 461 - 467, 469, 477, 478, 480, 481, 489 - 493, 495
Hofmann, Kathy 25
Hohe, Harald 16
Holtz, Hans-Achim 206
Holzapfel, Nana 338
Honsik, Gerd 298, 304
Horchem, Hans Josef 138, 374, 376, 469
Hubel, Klaus 285, 454, 455, 459, 463
Huber, Achmed 369

Huhn, Anne 23
Huscher, Klaus 73, 219, 232, 246, 247, 248, 440
Husni, W.A. 229
Huth, Dagobert 138

Iffrig, Marcel 223
Irving, David 248

Jaschke, Hans-Gerd 26, 70, 79, 97, 392, 394
Jesse, Eckhard 22, 45, 331, 383, 394, 483
Jochheim-Armin, Karl 207
Jöris, Paul-Elmar 42, 48, 73
Jordan, Colin 281
Jost, Andreas 198
Jürgens, Uwe 156, 157
Juchem, Wolfgang 16
Junge, Reinhard 24, 483
Justiniano, Cesa 356

Kaliebe, Manuela 321, 322
Kalinowsky, Harry H. 27, 45, 382, 384, 481, 482
Kanther, Manfred 92
Kappler, Herbert 126, 140
Kaufmann, S. 352
Keeß, Alfred 344, 416, 445, 449, 450, 452, 453, 455, 463
Keeß, Wilhelm 445, 450, 455, 463
Keilen, Eric van der 284
Keller, Franz 416
Kempner, Robert 225
Keppler, Wilhelm 422
Kernmayr, Erich (alias Kern, Erich) 106
Kesselring, Albert 81
Keßler, Richard 417
Kettner, Michael 418
Keuken, Karl-Heinz 221, 224, 225
Kexel, Walther 17, 147, 162, 190, 210, 212, 226, 229, 234, 321, 326, 376, 377, 379, 380, 466, 467, 468, 470 - 474, 493
Khomeini 213, 239
Kienesberger, Peter 16, 82, 298, 308, 309
Kiesl, Erich 483
Kindermann, Bodo 147
Kinz, Gabriele 309
Kiprowski, Helmut 196
Klarsfeld, Beate 143, 315
Klarsfeld, Serge 143
Klein, Kurt 55
Kliese, Erhard 205
Klinger, Rudolf 287, 341, 351, 416, 448
Knauber, Manfred 100
Knoop, Eckehard 156
Knütter, Hans-Helmuth 139
Koch, Ernst 292
Koch, Günter 267
Koch, Robert 25
Koch, Wolfgang 165
Koche, Franz 137
Koeberich, Wilhelm 16
Koehl, Matt 237
Köhler, Gundolf 20, 22, 26, 62, 91, 127, 130, 281, 282, 285, 319, 328, 331, 332, 333, 334ff, 340, 402, 420, 448, 478 - 481, 483, 484, 494
Kößling, Johannes 102, 110, 119, 421
Kohl, Helmut 189, 225, 244
Kohnert, Walter-Franz 195, 199, 443, 444
Koop 344
Kopanski, Klaus 303
Kopplin, Herbert 355, 356
Korneck, Peter 352
Kosbab, Werner W. 125, 206, 207
Krämer, Michael 300, 301
Krahberg 98

Kratzer, Manfred 138
Kraus, Rüdiger 99
Kraus, Willibald 115, 148, 155, 156,
  162, 165, 172f, 177, 178, 182, 188,
  191f, 195, 204, 209, 280, 281, 379
Kraushaar, Horst 363
Kreisköther, Andreas Wenzel 138
Kreisköther, Reinhard 138
Krell, Helmut 335, 382
Kreutz, Karl 16, 84
Kromschröder, Gerhard 398
Kron, Andrea 152, 153, 162, 406
Kroner, Bernd 362
Krone-Schmalz, Gabriele 159
Kühl, Axel 172, 214, 291f, 295, 296
Kühnen, Michael 15, 23, 27, 47, 57,
  67, 71, 104, 117, 122, 131, 134 -
  140, 144 - 147, 149 - 153, 155,
  157, 158, 160, 161, 162, 164, 165,
  167, 170, 173, 175f, 179, 186, 187,
  208, 209, 219, 221, 232f, 264, 268,
  269f, 272, 281, 285f, 290, 301,
  303, 315, 321, 322, 329, 358, 377,
  379, 383, 384, 396, 405, 414, 463
Küssel, Gottfried 288, 298, 303, 307
Kuhfuss, Friedrich 279
Kuhlmann, Manfred 356, 357
Kuhn, Gerhard 315, 316
Kukla, Günter 25
Kumm, Otto 16, 84

Lächert, Hildegard 221, 222
Lafontaine, Oscar 179, 180
Lamprecht 294
Langguth, Gerd 483
Lauck, Gary 131, 139, 166, 193,
  194, 214, 236, 285 - 289, 293, 303
Lauer, Harald 222
Lauterjung, Frank 339
Lazarte, Jorge E. 357, 358
Leggewie, Claus 14
Leitner, Wolfgang 170

Lembke, Heinz 156, 242, 243, 374
Lepzien, Hans-Dieter 217, 324
Letessier, Patrick 351
Lethmayer, Hans Jürgen 298, 421,
  422
Lewin, Shlomo 16, 20, 22, 25, 61,
  130, 191, 269, 319, 331, 338, 342,
  343f, 374, 402, 420, 431, 452, 494,
  495
Lierk, Hans 84
Lindner, Wolfram 312
Lippert, Franz 421
Lösche, Peter 63
Loew, Otto 100
Löw 101
Löwenthal, Richard 125
Lohmann, Friedrich 229
Looft, Rainer 138
Lorenzo, Giovanni di 134
Ludendorf 80
Lulder, Florent 284
Luttermann 101
Lutz, Michael 137
Luxbacher, Manfred 170, 304, 305

Macchiavello, José 356
Mach, Horst 102
Maes, Bob 281, 282
Maes, Wim 282
Mahn, Hans-Peter 242
Maihofer, Werner 46
Mainka, Uwe 344, 345, 353, 450,
  454, 455, 463, 495
Maler, Juan (alias Kopps, Reinhard)
  264
Malcoci, Christian 16, 156, 167, 172,
  300
Mambro, Francesca 370, 371
Manke, Alfred E. 123
Marchi, Robert 145, 146
Marinetti, Filippo Tommaso 31
Marx, Arnd-Heinz 22, 30, 57, 115,

135, 147 - 151, 153, 155, 158, 162,
165, 169, 172, 178, 182, 184, 190,
191, 195, 210, 211, 223, 268, 279,
280, 285, 293, 300, 321, 333, 358,
372, 384, 390, 391, 403, 406, 410,
413f, 425, 442, 445, 449, 450, 452,
453, 455, 463, 464, 465, 494
Marzato, Mauro 347
Masagrande, Elio 169, 366, 368
Mascetti, Maria 367
Massenhove, Johny 284
Matthaei, Walter 20, 85, 267, 315, 316
Maucher, Michael 467
McLaughlin, Mike 281, 288
Meier, Bruno 207
Meier, Horst 14
Meinhof, Ulrike 166, 199, 243
Meinike, Adolf 353, 354
Meloy, Francis Edward 197, 198
Mendoza, Slavin 356
Mengele, Josef 264, 265, 272
Merk, Hans-Günther 131, 278
Meves, Christa 320
Meyer, Alwin 22, 23, 131, 219
Meyer, Hans 321, 322
Meyer, Kurt 79
Michaelis, Heinz 137
Mieville, Andrea 366
Miksch, Michael 184, 185
Milá Rodríguez, Ernesto 366
Min, Francesco de 347
Mingolla, Alfredo Mario 359
Modugno, Vincenzo 369
Mörig, Gernot 392
Möske 292
Moghrabi, Zohair 198
Molden, Fritz 308
Moreau, Patrick 21, 22
Morrison, Eddy 160
Mosler, Jürgen 150, 157, 159, 160, 177, 300

Mosley, Oswald 280
Mourreaux, Philippe 216
Müller, Harald 189
Müller, Harry 184
Müller, Klaus 16, 147, 148, 210, 212
Müller, Kurt 110, 133, 144, 146,
150, 166, 167, 175, 182, 187, 188,
190 - 194, 228, 467, 491
Müller, Peter 119, 147, 148, 210, 212, 402
Müller, Roland Michael 137, 467
Müller, Rudolf 134, 287, 337, 342, 401, 403
Müller, Ursula 133, 138, 144, 146,
150, 166, 167, 180, 182, 187, 188,
190 - 194, 228, 234, 467, 491
Münzhuber, Johann 416
Murelli, Maurizio 164, 169
Musumeci, Pietro 352, 363, 364, 371
Mussolini, Benito 31, 58, 59, 61, 159, 170, 265
Mutti, Claudio 170, 348, 370
Mußgnug, Martin 127

Nachtmann, Herwig 308
Narath, Raoul 85
Nasser, Gomal Abd el 265
Naumann, Peter 226
Naumann, Werner 422
Nève, Marc 284
Negrelli, Leon 279
Neiber, Gerhard 474
Neidhardt, Friedhelm 27, 318, 323, 325, 402
Neidhart, Martin 296f, 304, 307
Neufeld, Hans Ulrich 110, 119
Neumann, Hartwig 98
Neumann, Hans Joachim 102, 189
Niekisch, Ernst 470
Niemetz, Alexander 354, 363
Nisch, Günter 165
Nolte, Ernst 60

Norkus, Herbert 162
Nowald, Joachim 140
Nusser, Alfred 209

Oassis, Omar 356
Oberheid, Josef 421, 416, 422
Oberth, Herrmann 219, 247
Occorsio, Vittorio 348
Ochensberger, Walter 157, 298 - 302, 391
Oetker, Heiko 145, 237
Offert, Walter 199
Ofner, Harald 303
Opitz, Reinhard 60, 125
Oppermann, Lotte 165
Otal, Annie 367
Otte, Paul 27, 137, 214, 217, 317, 322, 324, 329
Oxner, Helmut 328, 442, 493

Pagliai, Pierluigi 350, 360, 365, 368, 369
Pahl, Gunnar 138, 156, 166, 167, 193, 194, 197, 228
Pape, Martin 267, 269
Papen, Franz von 70
Paul, Leroy 16, 285, 326, 365, 447, 450, 463
Paulus, Robert 221
Peeters, Piet 282
Penz, Lothar 109
Pérez Revillo, Tomás 367
Peron, Juan Domingo 272
Peterlini, Karl 423
Peters, Jan 25
Petter, Wolfgang 68
Pfahler, Anton 90, 399, 400, 416, 417
Pfaff, Wolfgang 14
Pfaundler, Wolfgang 308
Pfeffer, Erhard 221
Pfeffer, Waldemar 169, 170, 293, 382
Picciafuoco, Sergio 371
Pietrek, Rudolf 138
Pinochet, Augusto 368
Platzdasch, Ralf 16, 221, 222, 226ff, 247, 349
Plessl, Herrmann 296, 298, 303, 305, 307
Pochez, Thierry Robert 351
Pöhlmann, Siegfried 107, 108, 109, 122, 129, 205
Poeschke, Elfriede 16, 20, 22, 25, 61, 130, 191, 269, 319, 331, 338, 342, 343ff, 374, 402, 420, 431, 494, 495
Pohl, Gabriele 103
Pohl, Michael 103, 201, 202
Pohl, Willi 101, 199, 200
Pomar, Eliodoro 368
Pomorin, Jürgen 24, 117, 203, 232, 238, 244, 265, 483
Potthaus, Erich 312, 423
Pozzan, Marco 366
Priem, Arnulf Winfried 16, 182 - 187
Pützmann, Friedhelm 139, 142, 321
Puls, Klaus-Dieter 144, 479
Pyck, Joost 284

Rabe, Karl-Klaus 22, 131, 219
Rabin, Itzhak 244
Radziwill, Siegfried 184, 185
Rahl, Wolfgang 479
Randall, Kevin 160
Rathenau, Walter 372
Rauff, Walter 164, 264
Rauti, Pino 364
Reagan, Ronald 173
Rebhandl, Fritz 298
Reckling, Andreas 156
Reder, Walter 81, 88, 126, 174, 273
Reeb, Angela 183, 185
Rehm, Helene 221

Reisz, Heinz 16
Remer, Otto Ernst 16, 81, 116, 265, 342
Renoult, Bruno 16, 292, 294
Reynolds, Quentin 265
Ricci, Mario 366
Rieffel, Pierre 164
Riehs, Otto 16, 125, 174, 177, 232, 267, 269, 270, 271, 404, 423
Riesco, José Luis 366
Riglos, Jesus 356
Riis-Knudsen, Poul-Henrik 104, 163, 237, 244
Rinck, Thorsten 137
Ritter, Gerd 155
Ritzau, Hans Peter 183
Robbijns, Leo 284
Rockwell, Lincoln 245
Roeder, Manfred 15, 16, 21, 23, 27, 107, 109, 118, 131, 132, 136, 139, 147, 166, 169, 186, 190, 207, 217, 230, 231, 234, 236, 239, 240f, 245, 246, 247, 264, 279, 280, 293, 322f, 327, 329, 358, 467, 469, 491
Röhlich, Horst 351, 460
Röhm, Ernst 69, 70, 71, 74, 134, 179, 428, 470, 481
Rösemann, Andreas 185
Rößner, Ralf Wolfgang 127, 334, 456, 463
Röthke, Helge 103
Röthke, Ingrid 103
Rognoni, Giancarlo 164, 169, 347, 366
Rohwer, Uwe 83, 91, 131, 141, 143, 144, 145, 157, 232, 317, 321, 323, 380
Roos, Karl 164
Roosevelt 88, 266
Rosacha, Roland 142
Rosen, Klaus-Henning 26, 218, 320, 331, 431, 440, 469

Rosenberg, Alfred 234
Roßkopf, Otto 299
Roth, Heinz 223
Rothe, Wolf Dieter 190, 224, 234
Rouhs, Manfred 314
Rubin, Berthold 123
Ruda, Sven 14
Rudel, Hans-Ulrich 16, 81, 125, 159, 174, 232, 264, 265, 267, 268, 271f, 359, 404, 423
Ruttor, Michael 287, 341, 351
Ryter, Marcel 212

Sachse, Wolfgang 217, 324, 479
Sakowski, Hans-J. 484
Salah, Hamsi Mohammad 336
Salm, Karl Prinz zu 234
Salomon, Ernst von 372
Sánchez-Covisa, Mariano 366, 367
Sánchez Soler, Mariano 20, 365
Satorsky, Michael 16, 22, 90, 115, 137, 138, 190, 287, 379, 391, 392, 395, 403, 413, 414, 415
Sattler, Martin 45, 143
Saunders, Peter 300, 301
Schafferer, Karl 310
Schaumburg-Lippe, Ferdinand Christian Fürst zu 234
Schesmer, Horst-Ulrich 221
Schickedanz 427
Schiele, Siegfried 45
Schilling 363
Schirach, Baldur von 85
Schmerfeld, Karl 221
Schmidt, Gerulf 456
Schmidt, Helmut 477
Schnabel, Günther 306
Schönangerer, Helmut 298, 299, 421, 422
Schönangerer, Waltraud 299
Schönborn, Erwin 15, 23, 73, 117, 118, 131, 132, 133, 140, 169, 175,

184f, 189, 206f, 218f, 221, 225f,
229, 230, 232, 235, 236, 243, 244,
248, 267, 274, 293, 300, 421
Schöttler, Wilhelm 102, 199
Scholtze-Klink, Gertrud 87, 406
Schreiber, Oliver 217, 322, 324
Schrembs, Rüdiger 109
Schröpfer 101
Schröter, Anke 156
Schubert, Frank 165, 190, 211, 328,
373, 374, 379, 382, 475, 494
Schütz, Konrad 127
Schütz, Waldemar 16
Schulte, Lothar 27, 141, 144, 322,
329
Schulz, Michael 415
Schulze, Gabriele 242
Schulze, Klaus-Peter 242
Schwagerl, H. Joachim 60, 72, 372
Schwammberger, Josef 174
Schwarz, Mario 137
Schwarz, Tibor 137, 138, 140, 321
Schwetasch, Ulrich 16, 116
Schwind, Hans Dieter 26, 320
Secci, Torquato 371
Seewald, Wolfgang 25
Sehm, B. 352
Seidl, Alfred 477
Seldte, Franz 78
Sennhauser, Arnold 207
Serrano, Nestor 356
Setzer, Siegrud 292
Siles Zuazo, Hernán 359, 369
Simpson, Christopher 265
Sippel, Heinrich 56, 278
Skorzeny, Otto 25, 159, 264 - 267,
279, 366
Sohlern, Freiherr Gilbert von 427
Sontheimer, Kurt 65, 67
Spaggliari, Albert 368
Specht, Peter 183
Speil, Franz 421

Spinnewyn, John 284
Spinnewyn, Roger 284
Spinnewyn, Willy 284
Sporleder, Dieter 63, 172, 190, 204,
210, 229, 319, 321, 323, 466, 468,
471, 473, 474, 475, 494
Spranger, Carl-Dieter 478
Stäglich, Wilhelm 131, 234
Stalin, Josef 88, 266
Stellfeld, Hans 355
Stennes, Walther 470
Sterling, Claire 348
Steuckers, Robert 314
Stockmeier, Dieter 137, 183 - 186
Stöckicht, Peter 109, 185
Stöss, Richard 22, 48, 50, 98, 132,
240
Stolp, Jobit 116
Stoph, Willy 99
Strasser, Gregor 205, 470
Strasser, Otto 205, 470
Strauß, Franz-Josef 12, 428, 477 -
481, 484, 489
Streibel, Adelheid 180
Stubbemann, Frank 83, 145, 146,
232
Suarez Gomez, Roberto 355, 357,
359 - 362
Swierczek, Michael 177
Swiontowski, Peter 156

Tabbert, Roland 101, 102, 103, 222,
226
Tag, Ernst 158, 175 - 180, 182
Tandler, Gerold 11, 431, 477, 478,
489
Taubert, Eberhard 224
Taylor, Rod 342
Tcheng-tchun, Thierry 351
Tedeschi, Mario 367
Testensen, Annemarie 292
Testensen, Helmut 292

Teuffert, Peter 145, 146, 232
Teute 82
Thadden, Adolf von 16, 92, 95, 96, 98, 105, 106, 107, 189
Thesen, Matthias 25
Thetart, Ulrich 142
Thielen, Friedrich 92
Thumann, Alois 418
Tisei, Aldo 367
Thönes, Dore 183
Thomas, Klaus-Peter 210
Tillmann, Ulrich 467, 468, 471, 473, 474
Töpfer, Gerhard 216, 217, 218
Trede, Karsten 138, 142, 321
Tse Tung, Mao 48, 56, 58, 170, 205
Tuti, Mario 169, 370

Uhl, Klaus Ludwig 84, 171, 172, 180, 185, 186, 194, 213, 214, 215, 235, 293, 325, 373, 375, 379, 475, 494
Ulbricht, Walter 99
Ulrich, Klaus-Michael 361
Ustarez, Adolfo 355

Vaca, Osman 354, 362
Vahlberg, Richard 109
Varela Geiss, Pedro 279
Varnhorn, Hans-Joachim 137
Vasseur, Jacques 174
Veh, Russel Raymond 288
Veigel, Herbert 125
Ventura, Giovanni 169
Vigna, Pier Luigi 366
Villar Gurruchaga, José Joaquín 367
Vinciguerra, Vincenzo 365
Vinke, Hermann 26, 482
Vogel, Martin 221
Voigt, Hermann 145
Voigt, Martin 231, 237
Voigt, Udo 16, 120

Voit, Herrmann 426
Volker, Bernd 12
Vollmer, Carsten 356
Vorderbrügge, Sibylle 240, 241, 243, 323, 324, 327

Waag, Wolf-Dieter 221
Wagener, Bernd 117
Wagner, Stefan Martin 137, 138, 172, 190, 221, 222, 336, 337, 374, 379, 413, 414, 415
Walendy, Udo 131, 248
Walker, Michael 314
Wallmann, Walter 390
Walz, Hans 422
Warner, James K. 245
Warton, Alfred 207
Wegener, Lutz 27, 136, 139, 140, 142, 143, 144, 157, 321, 323,
Wegener, Willi 189
Wehrli, Walter 212
Weigand, Bruno 311, 421, 420
Weil, Ekkehard 103, 169, 170, 197, 198, 278, 293, 303, 304, 305, 307, 321, 494
Weinel, Clemens 247
Weinmann, Peter (alias Rolf Römer alias "Werner" alias "Sigmund") 110, 119, 308, 311f, 418, 421 - 424, 428, 495
Weissmüller, Dieter 149, 159
Wendlinger, Michael 306
Werner, Dieter 221
Wernitz, Axel 417
Wessel, Horst 162, 306
Wiesentalh, Simon 189, 264, 303, 307, 315
Williams, Warren E. 66
Windisch, Leopold 244
Wintzek, Bernhard-Christian 105
With, Hans de 477
Witt, Michael 304, 307

Wölfel, Wolfdietrich 32, 35, 51
Wolany, Giovanni 199
Wolfgram, Kurt 84, 137, 171, 180, 185, 186, 194, 212 - 217, 325, 373, 375, 379, 475, 494
Worch, Christian 137, 138, 141, 150, 156, 161, 228, 269, 291, 293, 321
Wrosch, Michael 300

Wübbels, Wilhelm 110, 236

Zech, Gerhard 479
Zell, Edda 219
Zikeli, Gerd 207
Zimmermann, Friedrich 218
Zimmermann, Therese 221
Zincani 363

15.2. Organisationsregister

Abwehrverband, volkstreue nordischgermanische Volksbewegung Deutschlands 291
Action française 80
Aktion Ausländerrückführung - Volksbewegung gegen Überfremdung und Umweltweltzerstörung AAR 147, 150, 151, 154, 155, 191, 270
Aktion Deutscher Sozialismus 206
Aktion Gefangenenhilfe AG 179
Aktion Nationale Solidarität SOL-Freiburg 108
Aktion Neue Rechte ANR 105, 107, 108, 109, 110, 119, 122, 123, 124, 134, 135, 205, 299, 297, 303 - 306, 313, 418, 422
Aktion Oder-Neiße AKON 87, 95, 108, 123, 124
Aktion Sauberes Deutschland 177, 178, 180, 182
Aktion Wehrhafter Demokraten 170, 382
Aktion Widerstand 74, 100, 102, 105, 106, 107, 109, 110, 189, 205, 313, 398, 422, 491
Aktionseinheit nationaler Sozialisten 118
Aktionsfront Nationaler Sozialisten

ANS 15, 23, 24, 31, 54, 103, 115, 117, 120, 122, 131, 133 - 142, 145, 146, 188, 209, 216, 222, 228, 232, 264, 280, 285, 287, 301, 303, 318, 323, 326, 328, 394, 396, 414, 463
Aktionsfront Nationaler Sozialisten/ Nationaler Aktivisten ANS/NA 16, 115, 147 - 151, 153 - 158, 162, 164, 167, 175, 176, 178, 180, 182, 187, 190f, 268, 270, 277, 290, 300, 383, 403, 406, 415, 493
Aktionsgemeinschaft Kritischer Arbeitsnehmer Weinheim 108
Aktionsgemeinschaft (bzw. Arbeitsgemeinschaft) Nationales Europa ANE 133, 219, 220, 221, 222, 224, 228, 413, 414
Aktionsgemeinschaft Vierte Partei AVP 135
Aktionsgemeinschaft 17. Juni 108, 123
Al Fatah 198, 199, 201, 345
ANS Holland 16
Antikomintern-Bund 104
Antikominternjugend 138
Anti-Terror-Front 13
Antizionistische Aktion 101
Arbeitsgemeinschaft "Freiheit für Rudolf Hess" 116

Arbeitskreis Junges Forum Hamburg 108
Arbeitskreis Fragmente Hamburg 108
Arbeitskreis Volkstreuer Verbände 123
Arbeitsvereinigung für Mittelschüler 304
Armanen-Orden 301
Arier-Schule 13
Aryan Nation 245
Asgard-Bund 187
Ausländer-Halt-Bewegung 299
Außerparlamentarische Mitarbeit APM-Berlin 108
Außerparlamentarische Opposition APO 48, 93, 94
Avanguardia Nazionale AN 365

Bauern- und Bürgerinitiative BBI 107, 109, 131f, 230f, 237, 238, 286
Befreiungsausschuß Südtirol BAS 308, 309
Berliner Block 186
Braune Hilfe 166, 167
Britische Nationalsozialistische Partei 160
British Movement 161, 209, 280, 281, 288, 291, 491
British National Party BNP 491
Bürgeraktion für Recht und Ordnung 130
Bürgergemeinschaft 140
Bürgerinitiative Deutsches Reich 237
Bürgerinitiative für Volksaufklärung 219
Bürgerinitiative gegen Terrorismus und 5% Klausel 229
Bürgerinitiative Grüne Aktion Deutschland 229
Bürgerinitiative "Nein zur Ausländerflut" 304
Bürgerinitiative Neue Ordnung 208

Bund deutscher Mädchen BdM 151, 152, 153, 406
Bund Deutscher Mädel BDM 151, 395, 406
Bund Deutscher Jugend 205
Bund Deutscher Legionäre 13
Bund Deutscher Nationalsozialisten 100, 101, 103f, 236
Bund für Deutsche Wiedervereinigung 108
Bund Hamburger Mädel BHM 152
Bund Heimattreuer Jugend 22, 86, 102, 103, 105, 115, 117, 242, 273, 318, 327, 383, 392, 394, 395, 467
Bund Nationaler Deutscher 244
Bund Nationaler Studenten BNS 303
Bund Vaterländischer Jugend BVJ 242, 318
Bund Volkstreuer Jugend 299
Bundesrepublikanisch-jüdischer Wiedergutmachungsclub 181
Burschenschaft Olympia 304

CEDADE Portugal 163, 279
Centro de Estudios de América y de Europa 279
Centrumpartij 163
Christian Defense League 245
Christkönigskrieger 367
Christlich Demokratische Union Deutschlands CDU 26, 95, 125, 173, 230, 238, 313, 318, 414, 427, 477, 483
Christlich Soziale Union Deutschlands CSU 26, 93, 95, 125, 213, 332, 417, 431, 477 - 481, 483, 484, 495
Círculo Argentino de Amigos de Europa 279
Círculo Equatoriano de Amigos de Europa 279
Círculo Español de Amigos de Euro-

pa CEDADE 159, 161, 181, 235, 265, 267, 279, 280, 291, 315, 366
"Column 88" 284
Comité objectif entraide et solidarité avec les victimes de la répression antinationaliste COBRA 168, 169, 293
Commitee to free patriots and anticommunist political prisonners COFPAC 168, 293
Consortium de Levensboom 163, 300

Dänische Nationalsozialistische Bewegung 163, 237, 244
Deutsch Arabische Gemeinschaft DArG 219
Deutschchristliche Gemeinschaft - die Nazarener 155
Deutsche Aktionsgruppen 27, 240, 242, 244, 245, 246, 323, 324, 327, 380, 382, 463, 469
Deutsche Aktivisten 156
Deutsche Alternative 186, 187, 303, 315
Deutsche Arbeiterjugend 156
Deutsche Bürgerinitiative 15, 23, 25, 107, 109, 118, 131f, 231, 238, 240, 242, 244f, 286, 318
Deutsche Bürgerwehr 182
Deutsche Division 108
Deutsche Frauenfront 152, 156, 180
Deutsche Freiheitspartei 219
Deutsche Gemeinschaft DG 421
Deutsche Jungmädel DJU 406
Deutsche Kommunistische Partei DKP 24, 102, 313, 415, 477
Deutsche Kulturgemeinschaft 299
Deutsche Partei DP 92, 230
Deutsche Reichspartei 92, 93, 205, 219, 270, 272, 318, 393, 421
Deutsche Soziale Bewegung 95
Deutsche Sozialistische Volkspartei

DSVP 185
Deutsche Volksunion DVU 82, 87, 107, 117, 120 - 124, 147, 148, 170, 185, 188, 215, 224, 272, 299, 314, 391, 392, 428, 492
Deutscher Block 92, 93
Deutscher Rechtsschutzkreis 235
Deutsches Jugend-Bildungswerk 180
Deutsches Kulturwerk Europäischen Geistes 95, 106, 165, 309
Deutsches Vereinigtes Reich DVR 181
Deutsch-Lybische Freundschaftsgesellschaft 348
Deutschnationale Volkspartei 78, 92
Deutschösterreichisches Institut für Zeitgeschichte DÖIZ 299
Deutsch-Soziale Aktion 205
Deutsch-Spanisch-Südamerikanische Gemeinschaft 208
Deutsch-Völkische Gemeinschaft DVG 141, 221, 227, 228, 264, 318, 419, 446

Ehrenbund Rudel 272
Ein Tirol 278, 309, 310, 321, 494
Eiserne Garde 84
ETA 365, 366, 367
Europäische Befreiungsfront EBF 98, 99, 304, 320, 322, 491
Europäische Freiheitsbewegung - Deutsche Bürgerinitiative 239, 240, 358
Europäische Neuordnung ENO (Nouvel Ordre Européen NOE) 161, 231, 234
Externsteinbund 300

Faisceaux nationalistes européens FNE 160 - 163, 165, 168, 291
Fédération d'action nationale et européenne FANE 16, 161, 164, 168,

278, 282, 285, 290 - 293, 492
Frankfurter Freundeskreis Germania 156
Frankfurter Kreis Deutscher Soldaten 131, 219, 224
Freie Soziale Union 237
Freie Sozialisten Deutschlands 219
Freie Sozialistische Partei 219
Freiheitliche Demokratische Partei Deutschlands FDP 173, 477, 479
Freiheitliche Deutsche Arbeiterpartei FAP 23, 157, 177, 267, 269, 300, 301, 315, 418
Freiheitliche Partei Österreichs FPÖ 298, 299, 303
Freiheitlicher Rat 87, 108, 122, 123
Freikorps Adolf Hitler 197
Freikorps Arabien 197
Freizeitverein Hansa 131, 135, 136, 139, 140, 142, 156
Freundeskreis "Denk mit!" 219, 247, 248
Freundeskreis der CSU 125
Freundeskreis der NSDAP 104, 135, 142
Freundeskreis Deutsche Politik 153, 270
Freundeskreis Karl Roos 164
Freundeskreis Ulrich von Hutten 116
Freundeskreis zur Förderung der Wehrsportgruppe Hoffmann 16, 17, 103, 110, 153, 221, 270, 298, 294, 302, 310, 311, 313, 418, 420, 421, 427, 428, 441, 481, 492
Fronte Universitario Azione Nazionale FUAN 169
Front National 159, 291
Front National de la Jeunesse 291
Fuerza Nueva 161, 291

Gesamtdeutsche Aktion 105
Gesamtdeutsche Partei 92

Gesamtdeutscher Block/Block der Heimatvertriebenen 92
Gesellschaft für biologische Anthropologie, Eugenik und Verhaltensforschung 226
Gesellschaft für deutsch-arabische Freundschaft 102, 199
Gesellschaft für Menschenrechte GFM 125
Gesellschaft für Sport und Technik 19
Giovane Italia 347
Graue Wölfe 212, 282, 315
Groupe Union Défense GUD 291
Grüne Aktion Deutschland GAD 181
Die Grünen 332
Gruppe Hengst 98, 99, 491
Gruppe Müller 133, 472

Handarbeitszirkel 156
Heimattreue Vereinigung Deutschlands HVD 187
Hepp-Kexel-Gruppe 20, 61, 321, 323, 326, 329, 376, 377, 415, 442, 469, 473, 493
Hilfsgemeinschaft auf Gegenseitigkeit HIAG 16, 79, 80, 83, 84, 358
Hilfsgemeinschaft für nationale politische Gefangene und deren Angehörige HNG 133, 138, 165 - 171, 173 - 176, 233, 235, 270, 293, 300, 479
Hilfsgemeinschaft für Major Walter Reder 358
Hilfsgemeinschaft für Rudolf Hess 214
Hilfskomitee Palästina 226
Hilfskomitee Südliches Afrika 125
Hilfswerk Klaus Barbie 163
Historisch-Kultureller Arbeitskreis Münster 108
Hitler-Jugend 34, 63, 73, 85, 204,

267, 282, 324, 336, 406, 408, 439, 490
Hochschulring Tübinger Studenten 22, 25, 125f, 130, 330, 332, 333, 340, 343, 420, 479, 481, 483, 484, 494
Hugin - Gesellschaft für politisch-philosophische Studien 235
Hulpkomitee voor nationalistische politieke gevangenen HNG 168
Humanistische Union 212

Internationale Gesellschaft für Menschenrechte IGFM 125
Internationales Hilfskomitee für Angehörige von internationalen Verfolgten aller Länder IHV 176
Internationales Hilfskomitee für Nationale Politische Verfolgte und deren Angehörige IHV 133, 175ff
IRA Irisch-Republikanische Armee 295, 448
Italienisch-Libysche Freundschaftsgesellschaft 170

Jugendbund Adler 106, 123
Jugendkorps Scharnhorst 81
Junge Front 141, 209, 214, 215, 395
Junge Nationaldemokraten 16, 22, 103, 105, 115 - 119, 139, 142, 145, 147, 156, 185, 189, 197, 211, 215, 226, 247, 269, 313f, 318, 326, 383, 390 - 395, 400, 413, 416, 468, 469, 483, 491
Junge Union 134, 142, 313, 314, 414
Jungsozialisten 94, 203
Jungstahlhelm 81, 207, 490
Juventudes Nacional-Revolucionarias 279

Kameradenhilfe 272
Kameradenwerk 272

Kameradschaft Adlerhorst 301
Kameradschaft der ehemaligen Südtiroler Feiheitskämpfer 308
Kampfbund Deutscher Soldaten 15, 23, 25, 118, 131f, 140, 184, 185, 189, 219, 222, 224f, 230, 244, 247, 248, 349, 359, 421
Kampfbund Rudolf Hess 217
Kampfeinheit Nationale Sozialisten KNS 208
Kampfgruppe Deutschland 141
Kampfgruppe Horst Wessel 286
Kampfgruppe Priem 16, 133, 134, 182ff, 235
Kampfgruppe Schwarzwald 335
Karlsruher Front 156
Komitee Freiheit für Dönitz 219
Komitee zur Vorbereitung der Feierlichkeiten zum 100. Geburtstag von Adolf Hitler KAH 151, 159, 160
Komitee zur Wahl eines nationalen Deutsch-Österreichers 299
Kommando Eichmann 278, 315, 321, 494
Kommando Omega 84, 116, 213, 215, 218, 323 - 326, 329, 373, 375, 494
Kommando Schubert 212, 217
Kommunistische Partei Deutschlands KPD 24, 134, 477, 484
Kommunistische Partei Deutschlands/Marxisten Leninisten KPD/ML 215, 389, 484
Kommunistischer Bund 131
Kommunistischer Bund Westdeutschland 145
KuKluxKlan 168, 214, 235, 245, 281, 284
Kulturgemeinschaft Deutschland-Obervolta 156
Kulturwerk für Südtirol 235

League of St. Georges 161, 209, 280, 281, 285, 291, 473
Leserkreise der Neuen Front 155
Liste "Nein zur Ausländerflut" 304

Marxistisch-Leninistisch Kommunistische Partei Italiens 169
MSI-Fronte della Gioventù 347
Mitgard-Bund im Arischen Licht-Orden 155
Mociade Patriótica 163
Mouvement régionaliste d'Alsace et de Lorraine MRAL 223
Mouvement social belge 80
Movimento Sociale Italiano MSI 169, 348, 364, 365
Movimiento Falangista de España 163

National Action Party NAP 160
Nationaldemokratische Partei NDP 278, 297, 298, 299, 301, 303, 305, 308, 318, 422
Nationaldemokratische Partei Deutschlands NPD 13, 16, 24, 26, 74, 80, 89, 92, 93, 94, 95, 96, 97, 98, 99, 100, 102, 105, 106 - 109, 115 - 119, 122, 124, 127, 133, 134, 139, 142, 144, 145, 147, 156, 170, 172, 175, 182, 183, 185, 188, 189, 197, 205, 215 - 218, 230, 236, 242, 247, 269, 270, 272, 300, 313, 314, 322, 331, 374, 380, 382, 391f, 395, 398, 414, 417, 420f, 467, 468, 469, 490, 491
Nationaldemokratische Wählervereinigung Frankfurt 219
National Front 161, 280, 291, 370, 371
Nationale Aktivisten NA 16, 146, 148, 149, 156, 473
Nationale Alternative 186

Nationale Basisgruppen 156
Nationale Basis Schweiz 207
Nationale Befreiungsfront 296
Nationale Deutsche Befreiungsbewegung NDBB 100, 101f, 110, 222, 421, 491
Nationale Front 160, 303, 315
Nationale Jugend Deutschlands 208
Nationale Kampfgemeinschaft Deutschland NKD 208
Nationale Koordination 231
Nationale Offensive NO 187, 300
Nationale Sozialistische Partei Deutschlands 180
Nationale Sozialistische Widerstandsbewegung Kiel 156
Nationale Volksfront NVF 148, 191, 192
Nationales Forum für Volkssozialisten 206
Nationalistische Front NF 117, 177, 187, 300
Nationalistischer Block/Bund Nordland NBN 278, 296, 297, 298, 302, 304, 306
National-Konservative Union NAKU 207
Nationalrevolutionäre Arbeiterfront 118, 215
Nationalrevolutionäre Aufbauorganisation 109
National Socialist Movement 187, 281
National Socialist Party of America NSPA 286
National Socialist White Peoples Party NSWPP 161, 237, 291
Nationalsozialistische Demokratische Arbeiterpartei 219
Nationalsozialistische Deutsche Arbeiterpartei NSDAP 45, 56, 68, 69, 70, 78, 100, 101, 110, 135, 136,

139, 140, 146, 205, 207, 236, 238, 264, 265, 308, 317, 379, 393, 403, 406, 422, 434, 446
Nationalsozialistische Deutsche Arbeiterpartei/Auslands- und Aufbauorganisation NSDAP/AO 16, 21, 22, 23, 54, 102, 118, 131, 135, 139, 152, 169, 188, 193, 194, 213, 214, 216, 217, 229, 279, 280, 285 - 290, 293, 303, 318, 322, 326, 328, 414, 446, 468, 475, 491, 492
Nationalsozialistische Europäische Arbeiterbewegung 315
Nationalsozialistische Irische Arbeiterpartei 160
Nationalsozialistische Kampfgruppe Großdeutschland NSKG 100, 101, 165, 202, 222, 288, 320, 322, 458, 491
Nationalsozialistische Kampfgruppe Ostwestfalen-Lippe 12
Nationalsozialistischer Schülerbund 219, 222
National States Rights Party NSRP 245
Neue Europäische Ordnung NEO 301
Neues Nationales Europa 219, 220
New Christian Crusade Church 245
The Northern League 300
Notgemeinschaft Deutscher Bauern 95, 230
Nothilfetechnische Übungs- und Bereitschaftsstaffel TENO 156
Nouvel Ordre Social 161, 169, 207, 291
Novios de la Muerte 355
NS-Kampfgruppe Mainz 131
Nuclei Armati Rivoluzionari NAR 164, 347, 370, 371

Odalgroep 161

Österreichische Volkspartei ÖVP 298, 422
Ordem Nova 161, 291
Orden von Thule 300
Ordine Nuovo 169, 187, 282, 364, 367
Ordine Nuovo-Anno Zero 347
Ordnerdienst OD 95f, 142
Ordre Nouveau ON 347
Organisation de l'Armée Secrète OAS 98
Organisation der ehemaligen SS-Angehörigen ODESSA 264, 265
Organisation 9. November 147
Ostpolitischer Studentenverband 125
Otte-Gruppe 317, 321, 323, 324, 380, 463

Palästinensische Befreiungsfront PLO 17, 101, 196 - 199, 201, 203, 239, 304, 305, 347, 353, 443, 454, 455, 459, 460, 474, 480, 494
Partei der Arbeit 108, 109, 204ff, 313, 418
Partei für Recht und Ordnung 297, 304
Patriotische Union 300
Pfadfindergruppe "Zugvögel" 117
PLFP 494
Popular Front for the Liberation of Palestine 198

Rechtsblock 185
Regiment (Rhodesian) Light Infantire RLI 278, 292, 294, 295, 296
Reichsabwehrverband 295
Reichsjugend 85
Reichsverband Deutscher Soldaten RdS 95, 271
Republikaner 103, 147, 170, 301, 308, 314
Ring Freiheitlicher Studenten RFS

125
Rote Armee Fraktion RAF 17, 26, 166, 289, 376, 377, 446, 466, 469, 474, 480, 493, 494
Rote Hilfe 166, 167, 484
Rote Zellen RZ 376

Schutz-Staffel SS 13, 19, 51, 64, 70, 71, 73, 88, 116, 135, 140, 149f, 164, 179, 225, 233, 238, 264, 265, 267, 279, 294, 297, 304, 306, 353, 359, 364, 395, 422, 424, 434, 490f
Schwarze Wölfe 164
Schwarzer September 201, 202, 454, 458
SA-Sturm Hamburg 135, 139, 144, 321, 322
Sendero Luminoso 369
Sicherheitsdienst SD 359
Solidaritätskomitee für Freda 169
Sons of Liberty 245
Sozialdemokratische Partei Deutschlands SPD 11, 93, 99, 110, 125, 147, 173, 180, 216, 414, 417, 431, 477, 479
Sozialistische Deutsche Arbeiterjugend SDAJ 24, 138, 483
Sozialistische Deutsche Reichspartei 104, 270
Sozialistische Einheitspartei Deutschlands SEW 102, 103, 305
Sozialistische Reichspartei 45, 52, 85, 92, 152, 265, 315, 318, 393
Sozialistische Reichstreue Patrioten 173, 192
Sozial-Liberale Deutsche Partei SLP 267
Sozialrevolutionäre Nationale Kampfgemeinschaft Deutschlands 100
Stahhelm - Bund der Frontsoldaten 68, 78, 79, 81, 82, 123, 144, 269, 301, 416, 490
Stahlhelm - Kampfbund für Europa 83, 87, 116
Stammtisch Erste Welle 156
Stoßtrupp 235
Stoßtrupp Theodor Eicke 192
Studiengemeinschaft Nordland-Verlag 103
Sturm-Abteilung SA 25, 68, 69, 70, 71, 72, 74, 87, 96, 134f, 140, 142, 149, 150, 152, 159, 160, 179, 227, 238, 317, 406, 408, 425, 429, 470, 490
"Sturm 7" 16, 19, 22, 57, 90, 110, 115, 119, 135, 153, 190, 211, 222, 223, 287, 389, 391, 398, 402, 403, 410 - 415, 417, 445, 464, 492
Südtiroler Volkspartei SVP 309
Swapo 179

Tal Aktie Komitee TAK 161, 291
Terza Positione 370, 371
Tiroler Heimatbund 308
Traditionsgemeinschaft ehemaliger ANS-Angehöriger 155
Tübinger Institut für Bekämpfung kommunistischer Menschenrechtsverletzungen IBKM 130

Ulster Volunteer Force UVF 282, 284
Unabhängige Arbeiterpartei 103, 108, 205, 267
Unabhängiger Freundeskreis 235f
Unabhängiger Schülerbund 117
Unabhängiger Wählerkreis Würzburg 156
UNO 61

VEBEK 116, 430
Verband der Unabhängigen VdU 298
Verband Deutscher Soldaten 79

Verband Österreichischer Kameradschaften VÖK 299
Verein der Luis-Amplatz-Spende 312
Verein Deutsche Volkshilfe 155
Verein zur Förderung der Wiederherstellung der Einheit Deutschlands und des deutschen Volkes in Frieden und Gleichheit vor allen Völkern VDR 181
Vereinigung der Verfolgten des Naziregimes VVN 130, 188, 225, 442
Vereinigung Verfassungstreuer Kräfte VVK 103, 185, 220 - 223, 225, 226, 247
Vlaamse Militanten Orde VMO 89, 160, 161, 181, 278, 280 - 285, 315, 492
VMO-Odal 283
Völkischer Bund 117, 170
Volksbund Rudolf Hess 301
Volkssozialistische Arbeiterpartei/ Volkssozialistische Bewegung Österreichs 208
Volkssozialistische Basisbewegung VS-Schülerkollektiv Troisdorf 108
Volkssozialistische Bewegung 141
Volkssozialistische Bewegung Deutschland/Partei der Arbeit 16, 26, 107, 109, 133, 142, 143, 146 - 149, 154, 161, 162, 165, 167, 172, 185f, 190, 192, 194, 203, 204ff, 229, 280, 285, 325, 326, 349, 373, 380, 382, 395, 396, 403, 415, 416, 466, 467, 468, 474, 475, 493
Volkssozialistische Bewegung Österreichs 208
Volkssozialistische Einheitsfront VSE 297, 208
Volkssozialistische Partei 303
Volkssozialisten Österreichs VSÖ 208
Volkstreue Außerparlamentarische Opposition VAPO 303
Volkstreue Soziale Ordnung VSO 298
Volksunie 282
Voorpost 161, 284, 291

Waffen-SS 22, 51, 63, 64, 79, 80, 83, 84, 87, 88, 89, 109, 135, 148, 264, 273, 358, 392, 394, 432, 433, 434
Wahlgemeinschaft für Bürgerinitiative und Umweltschutz 208
Wehrsportgruppe Dragon 14
Wehrsportgruppe Fulda 16, 148, 149
Wehrsportgruppe Gartz/Oder 14
Wehrsportgruppe Hans-Joachim Peiper 14
Wehrsportgruppe Hoffmann 11, 13ff, 19 - 26, 29 - 35, 40, 42, 47, 49, 50, 52, 61, 62, 64, 71, 77, 83, 86, 88, 90, 92, 101, 109, 110, 115 - 122, 125, 126, 127, 131, 133, 135, 137, 138, 143, 145 - 149, 151, 153, 156, 158, 165, 166, 171, 173f, 179, 180, 182, 183, 185, 187, 190f, 195, 196, 203, 209, 211, 214, 215, 219, 220, 222f, 226, 229, 237, 238, 242, 244, 246, 247, 264, 268f, 272, 273, 277 - 283, 285f, 290 - 296, 298, 300f, 308 - 311, 313 - 317, 319, 321, 323, 326, 329 - 341, 343, 344, 346, 352, 364, 372, 378, 379, 382, 383, 389, 390, 392, 394f, 398 - 402, 404, 406f, 410 - 416, 418 - 434, 439 - 446, 449, 451, 454, 458, 460, 461, 462, 464, 466, 467, 474, 477f, 483, 484, 489 - 495
Wehrsportgruppe Libanon 16, 21, 116, 138, 344, 419, 464, 465, 493
Wehrsportgruppe Mündener Stahlhelm 13, 82
Wehrsportgruppe Ruhrgebiet 133, 195ff, 202, 374, 444

Wehrsportgruppe Schlageter 467
Wehrsportgruppe Totila 12, 188
Wehrsportgruppe "Wolfspack/Sturm 12" 12, 188
Weltbund gegen Geschichtsfälschung 300
Weltunion der Nationalsozialisten WUNS 105, 187, 244, 357, 358, 495
Were Di 284
Werwolfgruppe Rohwer 317, 321, 380
Werwolf Jagdeinheit Senftenberg 13
Werwolf 21.1. Sturm Sinsheim 13
White Power 235

Wiking Jugend 22, 23, 24, 31, 74, 85 - 91, 103, 105, 106, 115, 116, 123, 131, 132, 144, 145, 147, 157, 181, 189, 232, 235, 237, 271, 273, 300, 315, 316, 318, 323, 326, 342, 383, 389, 391, 392, 394f, 398, 400, 419, 420, 446, 448, 464, 467, 468, 469, 490, 491
World Anti Communist League WACL 266, 284
Wotans Volk 186, 187

Zentrumspartei 317

15.3. Sachregister

Abgrenzungsbeschlüsse 119
Abzeichen 64, 71, 72, 134, 440, 491
AFN 330
Alliiertes Militärgefängnis Berlin-Spandau 146, 247, 446
Alte Rechte 116, 122, 125, 133, 174, 264ff, 491
Altersverteilung 27, 323f, 329
Altnazis 200, 232, 266, 267, 274, 279, 300, 353, 434, 492, 495
Amtsgericht Hannover 322
Amtsgericht Nürnberg 285
Anarchie/Anarchismus 46, 238, 375
Antiamerikanismus 15, 30, 35, 36, 37, 50, 91, 146, 226, 239, 396, 473
Antibolschewismus 38, 52, 60, 89, 92, 122, 154
antidemokratisch/Antidemokraten 65, 72, 73, 78, 396, 439, 489, 490
Antifaschismus 24, 26, 90, 95, 377, 392
Antiimperialismus 376f, 396, 466, 469, 471, 473

Antikapitalismus 37, 38, 52, 61, 154, 206, 221, 489
Antikommunismus 15, 23, 30, 37, 38, 72, 73, 77, 81, 89, 91, 99, 109, 126, 154, 206, 221, 226, 306, 330, 332, 355, 360, 481, 489, 490
Antiliberalismus 59, 60
Antimensch 180
Antiparlamentarismus 30, 38, 49, 54, 280, 490
Antipluralismus 35, 39, 54
Antirassismus 377
antirepublikanisch 78
Antisemitismus 23, 30, 31, 32, 36, 50, 61, 122, 213, 221, 223, 231, 238, 245, 269, 299, 305, 317, 364, 374, 383, 414
Antizionismus 154, 221, 239
Antizionistische Legion 101
Anwerbung 389, 391ff
Apartheidsystem 32
Arbeiterklasse 215
Arbeitslager 227

Arier/Ariertum 31, 290, 301, 396, 414
Artentfaltung/-erhaltung 152
Asylheim 241, 329
Atlantische Allianz 208
Atomwaffensperrvertrag 183
Attentate 21, 26, 82, 91, 99, 102, 103, 141, 161, 169, 201, 214, 217, 243, 269, 282f, 291, 293, 300, 303, 309, 316, 317, 319, 329, 364, 367, 370
Auffangbecken 122, 182
Ausbildungszentrum 144
Ausbeutung 205
Auschwitz 225, 230, 238, 240, 468
Ausländerrückführung 146, 154
Autorität 54

baden-württembergisches Innenministerium 429
Bandenbekämpfung 64
Bayerisches Landesamt für Verfassungsschutz 213, 248, 331
Bayerisches Landeskriminalamt 53, 72, 127, 287, 336, 337ff, 455
Bayerisches Staatsministerium des Innern 21, 156, 190, 213, 331, 416, 417, 423, 430, 441, 478, 484
Bayerischer Innenminister 340, 489
Befreiungsnationalismus 61, 471, 489
belgischer Justizminister 285
Berliner Landgericht 103
Berliner Justizsenator 247
Berufsheer 78
Berufsoffizier 70
Besatzungsmächte/-truppen 37, 43, 65, 79, 183, 239, 289, 302, 396
Bewaffnung 17
Bewegung 38, 52
Blutsgemeinschaft 376
Blutzeugen 162, 171, 212, 475, 494
Bologna-Attentat 170, 347 - 370, 454, 483, 495
Bolschewismus 63, 191, 208, 234, 471, 472
Bombenanschlag auf die Pariser Synagoge 293, 295, 483
Bombenanschlag auf die Plaza Fontana in Mailand 367
Brunnenvergiftung 70
Bückeberger Prozeß 83, 91, 139, 145, 219, 286
Bürgerinitiative 95
Bürgerkrieg 14, 68, 109, 290, 301
Bürgerkriegsarmee 110
bürgerliche Existenz 243
Bundesamt für Verfassungsschutz 188, 423, 428
Bundesanwalt 325
Bundesanwaltschaft 197, 243, 337
Bundesbahn 99
Bundesgerichtshof 193, 342
Bundesgrenzschutz 147, 434
Bundesinnenminister 19, 21, 29, 46, 51, 56, 61, 71, 92, 118, 119, 120, 154, 218, 280, 296, 317, 332, 439, 440, 441, 442, 489
Bundeskanzler 35
Bundeskriminalamt 72, 196, 197, 198, 214, 239, 242, 277, 293, 311, 312, 337, 341, 347, 360, 361, 455
Bundesminister für Verteidigung 312
Bundesministerium des Innern 94, 104, 132, 148, 160, 208, 296, 320, 326, 383, 408, 410, 433, 444
Bundesnachrichtendienst 313
Bundesregierung 102, 130, 343, 478
Bundesstaatsanwaltschaft 62
Bundestagswahl 188
Bundesverwaltungsgericht 30, 56, 64
Bundeswehr 23, 90, 98, 100, 103, 115, 117, 134, 135, 143, 144, 189, 202, 233, 243, 264, 269, 293, 312, 328, 330, 332, 380, 400, 416, 417,

418, 429, 430, 441, 464

Chauvinismus 23
Chancengleichheit 47, 55
Chemikalien 12
Christen-Miliz 353
Christkönigsbewegung 80

DDR 125, 130, 143, 144, 182, 185, 196, 198, 205, 212, 305, 311, 314, 331, 377, 421, 458, 467, 468, 474, 477, 478, 479, 481, 482
DDR-Ministerpräsident 99
DDR-Staatsratsvorsitzender 99
Dekadenz 394
Demokratiefeindlichkeit 15, 30, 35, 38, 39, 40, 43, 48, 50, 54, 407, 489, 493, 494
Deutsches Reich 49, 50, 51, 59, 183, 191, 237
Diktatoren 79
Diktatur 38, 45, 62, 306, 317, 363
DINA 368
Disziplin 23, 405f, 421
Dolchstoßlegende 66
Donaumonarchie 34
Doppelmitglied/-schaften 116, 133, 204, 211, 282, 413, 491, 492
Drittes Reich 64, 74, 80, 85, 175, 177, 200, 224, 246, 267, 287, 306, 379, 392, 393, 395, 406, 411, 416
Dritte Welt 266
Drogen 213, 301, 354, 355f, 360, 361ff
Drug Enforcement Administration DEA 360
Durchlauferhitzer 90, 116, 119, 215, 218, 307, 316, 326, 391, 394, 469, 491

EG 308
Einzelgängerthese 131, 132, 248

Einzelkämpfer 101, 440ff, 473
Einzeltäter/-these 26, 27, 340, 346, 394, 493
Elite/-bewußtsein 22, 30, 40, 43, 79, 372, 375, 390, 395, 489
Emanzipation 327
Entartung 297
Entfremdung 323, 378
Entwaffnung 77
Erbmasse 297
Esoterik 79
Evolution 373

Falange/Falangismus 80, 351, 353, 454, 455
Falange, christliche 370
Falange, libanesische 383
Fallschirmspringen 19
Fanatismus 379
Fantasieauszeichnung 71
Fantasieuniform 19, 109, 142
Faschismus 22, 31, 58, 59, 60, 71, 80, 306
Feindbild 94, 375
Femegericht 315, 312
Fememorde 27, 319, 328
Feminismus 152
Feuernacht 308
Fluchthilfeorganisation 264, 265
Folter 442f, 451, 453
Frankfurter Schule 320
Französische Revolution 240
Frauenbewegung 152, 405
Frauenorganisation 155
Frauenrolle 152, 326f, 398, 405ff, 481, 492
Freicorps 64, 65, 72, 74, 77, 135, 332, 481, 490
Freiheitsrechte 49
freiheitlich-demokratische Grundordnung 45ff, 52, 55, 56, 63, 344, 439, 440, 489

Freimaurer 280, 394
Fremdenfeindlichkeit 15, 30, 31, 32, 53, 154, 299, 489
Fremdenlegion 98, 212, 279, 304, 353
Friedensbewegung 163
Frontgemeinschaft 67
Front/-kämpfer-/generation 81, 317, 403
Frontkameradschaft 81
Frontsoldaten 65, 68, 71
Frontsoldatenstaat 65
Führer 23, 49, 57, 104, 210, 288, 403, 470
Führerkult 23
Führerprinzip 38, 40, 50, 51, 60, 242, 329, 344
Führerstaat 55, 62f
Führungskader 298
Fundamentalgleichheit 46
Funktionärsgruppen 37
Fußballfans 153
Futurismus 31

Gastarbeiter 125
Gauführer 82, 90, 411
Gedankenfreiheit 49
Geheimdienst 266, 309, 313, 314, 364, 366f, 370, 371, 479, 495
Geheimloge 371
Geheimpolizei 368
Gehorsam 23
Gemeinschaft 59, 372, 376
Generalbundesanwalt 26, 53, 145, 337, 340
Generalbundesanwaltschaft 311, 334
Generationskonflikt 395
Germanen/-tum 88, 187, 447
germanische Urreligion 301
Geschichtsfälschung 125, 218, 220
Geschlechterverteilung 27, 408
Gesetzmäßigkeit 46

Gesinnungsgemeinschaft 158
Gestapo 355, 357
Gewalt 23, 27, 53, 54, 69, 97, 98, 126, 160, 308, 318, 326, 328, 373, 381, 399, 432
Gewaltenteilung 46, 55, 439
Gewaltlosigkeit 229
Gewaltmonopol 39
Gewaltpathos 142
Gewerkschaften 49
Gewissensfreiheit 39
Gleichheitsgrundsatz 46
Gleichheitsrechte 49
Gleichschaltung 49
Golfkrieg 101, 291
Gran Consiglio 58
Großdeutsche Interessen 34, 146
Große Koalition 93
Großmachtstreben 49
Grundgesetz 342
Guerrilla/-bewegung 363, 455

Handgranaten 13, 14, 102
Hakenkreuz 13, 57, 117, 136, 137, 140, 185, 209, 220, 285, 286, 303, 306, 336, 358, 376, 414, 416, 431, 446, 470
Heidentum 187
Heimatvertriebene 183
Heldenkult 174, 269, 373
Heroismus 71
Herrenmenschendenken 33
Herrschaftsanspruch 59
hessisches Landesamt für Verfassungsschutz 415
Hitler-Armee 80, 125
Hitler-Glorifizierung 30, 57, 376, 470
Hitler-Gruß 106, 190
Hitlerismus 341, 376, 470, 489
Holocaust 32, 35, 51, 85, 103, 209, 230, 239, 378
Homosexualität 158, 159, 177, 301,

326, 381, 481
Hungerstreik 185

Identifikationssymbol 84
Ideologie 15, 23, 29ff, 145, 280, 323, 481, 489, 494
Ijzerbedevaart 279, 282, 284
Imperialismus 201, 206, 218, 376, 377
Innenministerien 131
Inter-Alliierte-Militärkontroll-Kommission 66
Internationales Militär-Tribunall IMT 221
Interpol 357
irakische Regierung 291
irakisches Informationsministerium 291
Irrationalismus 53
israelischer Miniterpräsident 244
italienische Regierung 126

Judentum 280, 299
Judenvernichtung 131
Jugend 60, 90
Jugendorganisationen 22
Jugendprotest/-bewegung 395, 396, 492
Jugendsubkultur 153, 389, 395, 396, 397ff, 491, 492
Justizterror 301

Kaderdenken 23
Kadergruppen 17
Kaiserreich 35
Kameradschaft 11, 23, 52, 116, 117, 154, 210, 211, 215, 246, 378, 390, 391, 392
Kameradschaftsabend 96
Kampfausbildung/-training 14, 390, 391, 403, 414, 445, 447, 452
Kampfbewegung 59

Kampfgruppe/-verband 20, 56, 60, 67, 78, 439, 440
Kampflieder 34, 63, 149, 306
Kampfzeit 317
Kapital 63
Kapitalismus 108, 201, 205, 208, 234, 280, 286, 470
KGB 480, 484
Klassenkampf 48
Klassenunterschiede 66, 67, 215
Koalitionsfreiheit 49
Kommunismus 46, 60, 108, 134, 140, 142, 205, 229, 280, 286, 307, 373
Konservatismus 60
Konspirativität 98, 321, 329, 471, 493
Konzentrationslager 31, 103, 140, 143, 183, 222, 224, 244, 298, 306, 453
Kriegsgefangene 221, 358
Kriegsschuld 305
Kriegsschuldlüge 80
Kriegsverbrechen 36, 81, 88, 126, 161, 205, 206, 265, 272, 290, 358, 372, 457
Kriegsverbrecherprozesse 122, 183
Kriegswaffen/-kontroll-/gesetz 14, 100, 195, 196
kriminelle Vereinigung 100, 445, 468
Kühnen-Gruß 134
Kulturbolschewismus 94
Kulturländer 37
Kulturzerfall 236

Lagerleben 89f, 210
Landesamt für Verfassungsschutz Hamburg 231, 328
Landeskriminalamt Nordrhein-Westfalen 196
Landeskriminalamt Rheinland-Pfalz 312, 313
Landgericht Kleve 195

Lebensprinzip 71, 372
Lebensraum 36
Legionäre 63, 316, 355
Legion Condor 272
Leistungsprinzip 40, 41, 50, 51, 439
Leitwolf 141, 463
Libanon 285, 442, 443, 444ff
Liberalismus 50, 60
Lichtmensch 180
linke Aktionsgruppen 289
Linksextremismus 374
Linksterrorismus 166, 322f, 328, 477, 480, 484
LKPA Niedersachsen 321

Maastricht 308
Machtergreifung/-übernahme 41, 58, 64, 67, 69, 317, 330, 419, 440, 457, 458, 489
Mädellager 326
Männlichkeitskult/-wahn 11, 398
Männerbünde 326, 406
Männerüberschuß 326, 329
Märtyrer 373
Mailänder Bombenanschläge 169
Majdanek-Prozeß 225
Manöver 277
Maoismus 369, 484
Marionettenregierung 35, 37, 39, 43
Marxismus 207, 229, 280, 363
Masochismus 372
Massenkonsum 270
Massenmedien 40
Massenmorde 51, 77, 177, 225
Massenverbrechen 224, 225
Massenvernichtung 305
Mehrheitskultur 216, 392, 393, 394
Mehrheitsprinzip 47, 55
Mehrparteienprinzip 439
Meinungsfreiheit 30
Menschenrechte 46, 314, 426
Militär 121, 354, 355, 359f, 368, 389, 400ff
Militärdiktatur 203, 354, 364
Militärischer Abschirmdienst MAD 127
Militanz 319f, 330, 331, 380, 381, 399, 415
Militaria 27, 187, 383, 403ff, 414, 491
Militaria-Fans 52, 382, 389, 399, 400, 491
Militarismus 15, 23, 30, 33, 42, 43, 51, 66, 116, 382, 403ff, 489
Ministerium für Staatssicherheit MfS 311 - 314, 474, 478
Minuswelt 270
Mißhandlungen 448, 451, 462
Mord 169, 317
Mossad 341, 342, 345, 456, 484
Moskauer Vertrag 105
Mutterideal 406
Mythos 66, 80, 264

Nahkampf/-ausbildung 13, 390
Nation 48, 246, 297, 372
Nationalismus 49, 50, 59, 470
Nationalsozialismus 30, 34, 45, 58, 68, 81, 85, 92, 100, 104, 108, 109, 139, 152, 157, 160, 161, 165f, 178, 179, 181, 192, 203, 205, 209, 233, 237, 264, 267, 274, 280, 286, 289, 296, 297, 299, 301, 305, 308, 310, 317, 357, 358, 364, 378, 384, 405, 406, 416, 439, 489, 490, 494
nationalsozialistische Revolution 119
Naturgesetz 237, 327, 373
Naziemigranten 231
Nazis 200, 297, 422
Neofaschismus 25, 60, 61, 365, 367, 369, 490
Neomarxismus 320
Neonazis 287, 300, 353, 381, 383, 391, 489, 490

neue Ordnung 136, 154, 330
Neue Rechte 132, 297, 312, 375, 491
Neuheidentum 155, 301
niedersächsischer Verfassungsschutz 242
nordischer Kulturkreis 181
Nordland-Ideologie 88, 91, 392
November-System 78
NS-Bewegung 64, 68, 78, 470
NS-Politik 61
NS-Prozesse 225
NS-Regime 30, 33, 51, 61, 78, 79, 140, 272, 298, 401, 406
NS-Symbole 209, 397, 429
NS-Verbrechen 244, 300
NS-Wiederbetätigung 288, 298, 303, 305
Nürnberger Militärgerichtshof 79
Nürnberger Prozesse 205

Oberlandesgericht Stuttgart 241, 242
österreichisches Innenministerium 300
Ohne-mich-Generation 81
Oktoberfestattentat 17, 26, 61, 91, 121, 127, 196, 242, 243, 285, 287, 316, 319, 328, 331 - 342, 353, 408, 431, 448, 449, 454, 482, 484, 494
Oktoberrevolution 304
Opferbereitschaft 23, 70, 71, 424
Ordnerdienst 96, 97
Ostagent 305
Ostblock 233
Ostfeldzug 470, 472
Ostpolitik 93, 95, 102, 125
Ostverträge 105, 122, 183

Palästinenser 319, 331, 336, 344, 345, 353, 452, 473
Paramilitarismus 42, 66, 82, 283, 307
paramilitärische Gruppen/Paramilitärs 21, 64, 66, 68, 70, 74, 77, 81, 91, 96, 97, 135, 267, 279, 361, 362, 405, 408, 443, 449
paramilitärische Übungen 63, 69, 127, 156, 283, 284
parlamentarische Demokratie 47ff, 56
Parlamentarismus 47, 439, 443
Parteiarmee 60
Parteiausschlußverfahren 120
Partisanenbekämpfung 296
Pazifismus 66
Pearl Harbor 365
Pfadfindertum 91, 282, 305, 383
Plutokratie 191, 207
politische Soldaten 135, 136, 142, 143, 371, 378, 380, 384, 399
Polizei 242, 281, 282, 283, 354
Pornografie 221, 238
Pressefreiheit 39
Pressegesetz 40
preußische Armee 66
Privatarmee 70
Proletariat 60
Propaganda 11, 214, 278, 280, 289, 305, 422, 426, 492
Putsch 150, 317, 353, 357 - 360, 368

Rachejustiz 126, 222
Radikalisierung 142, 241, 282
Rasse 179, 203, 209, 231, 234, 240, 246, 280, 372, 375
Rassendiskriminierung/-haß 141, 161, 168, 245, 290
Rassenmythologie 60
Rassenpolitik 306
Rassenstolz 154
Rassentheorie 34, 57, 206, 234
Rassenvermischung 206, 234, 240
Rassenwahn 50
Rassismus 15, 30, 31, 50, 53, 54, 57, 59, 85, 88, 91, 131, 223, 245, 287, 290, 301, 306, 332, 392, 398, 447,

481
Raubüberfall 143
Rebellion 136
rechte APO 105
Rechtskonservatismus 125
Rechtsterrorismus 11, 32, 63, 317 - 384, 477, 493, 494, 495
Reichskanzler 69, 376
Reichsregierung 306
Reichstag 244
Reichstagswahl 69
Rekrutierung 17, 23, 90, 442, 464
Religion/-sfreiheit 269, 470
Republikflucht 25, 343
Ressentiments 45
Revanchismus 15
Revisionismus 43, 220, 299, 393
Revolution 42, 62, 77, 78, 359
Rexismus 80
rheinland-pfälzischer Ministerpräsident 189, 225
rhodesische Armee 296
Richterbund 97
Rituale 59
Rocker 52, 389, 397ff, 491
Runen/-kunde 13, 187, 306, 446

Saalschutz 96, 120
Sabotage 301
Sandinisten 363
Scharnier 125
Schießübungen 19
Schützengrabengemeinschaft 65, 67
Schwarze Internationale 159, 162, 348
Schwarze Liste 99, 491
Schwarzer Prinz 365
Schweizer Geheimkonten 264
Sekte 470
Selbstaufwertung 22
Selbstmord 243, 328, 343, 374
Selbstvergottung 60

Selektionsprinzip 40, 50, 51, 373
Separatismus 313, 314
Siegerjustiz 126, 272
Siegermächte 32, 35, 51
SISMI 352, 364
Sittenverfall 238
Skinheads 281, 492
Söldner 20, 121, 136, 229, 230, 233, 238, 279, 289, 291, 295, 315, 351, 354ff, 400, 401
Soko Theresienwiese 53, 338, 340ff
Soldatentum 70, 71, 373, 379
soldatische Verbände 77ff
Sonnwendfeier 85, 191
Sozialdarwinismus 50, 372
soziale Deklassierung 401f
Sozialismus 60, 140
Sowjetsystem 234
Sowjetzone 182
Sprengstoff 12, 62, 100, 145, 241, 242, 307, 318, 332, 364
Sprengstoffanschläge 13, 61, 145, 241, 242, 293, 303, 305, 319, 330, 348, 353, 377, 454, 472, 483, 493f
Staatsanwaltschaft Flensburg 322
Staatsanwaltschaft Frankfurt 353
Staatsanwaltschaft Lüneburg 243
Staatsanwaltschaft Nürnberg-Fürth 344
Staatsterrorismus 63
Stadtsparkasse Nürnberg 292
Ständestaat 80
Stammheimer Prozeß 241
STASI 24, 195, 312, 474, 477, 495
Studentenbewegung 94, 320
Subkultur 52, 216, 389, 394, 403
Subversion 368
Südtirol-Extremisten 298f, 308f, 321
Suggestion 22
Symbole 59

Terror 26, 27, 63, 68, 125, 229, 240,

241, 283, 369, 376, 483, 490
Terrorakte 61, 68, 69, 490
Terrorgruppen 21, 27, 241, 369
Terrorismus 20, 62, 63, 97, 179, 195,
  201, 242, 266, 288, 319ff, 331,
  342, 375, 381, 442, 477, 494
terroristische Vereinigung 14, 17, 27,
  241, 342, 462
Todesstrafe 55, 228
Tradition 54
Traditionsverbände 78, 82
Traumwelt 307, 343

UFO 248
Umerziehung 270, 305
Umweltschutz 146, 154, 396
Umweltschutzbewegung 163
Ungleichheit, Ideologie der 53, 54
Uniformen 14, 53, 134, 204, 282,
  470, 491
Uniformierung 23, 51, 421
Uniformverbot 12, 137, 138, 120,
  215
UNO 451, 456
Untergrund/-kampf 129, 241, 243,
  266, 288, 289, 325, 356
Untermensch 31, 57, 240, 288, 290
Untersuchungsausschuß Rassismus
  und Ausländerfeindlichkeit des Europäischen Parlaments 370
Unterwanderung 201
Unvereinbarkeitsbeschluß 117, 118,
  138, 491
US-Präsident 173

Vaterland 375
Verbot von Organisationen, Parteien,
  Verbänden 11, 12, 14, 17, 20, 21,
  22, 25, 33, 43, 49, 55f, 61, 63, 64,
  71f, 83, 85, 92, 97, 101, 104, 106,
  120, 127, 130, 146, 148, 149, 151,
  152, 154, 155, 156, 158, 162, 164,
  165, 172, 174, 175, 177, 178, 180,
  182, 185, 186, 187, 190, 191, 192,
  195, 211, 215, 217, 223, 232, 233,
  237, 242, 244, 277, 278, 281, 283,
  291, 296, 300, 302, 307, 309, 314,
  317, 319, 321, 331, 333, 343, 346,
  383, 416, 440, 477, 493
Vereinigungsfreiheit 49
Verfassung 50
Verfassungsfeindlichkeit 46ff
Verfassungskonformität 93, 439
Verfassungswidrigkeit 45
Verfassungsschutz 11, 14, 46, 98,
  110, 131, 134, 167, 201, 202, 213,
  232, 277, 293, 310, 418, 425, 442,
  449, 493
Verfassungsschutzbericht 11, 21, 131
verfassungstreu 122
Vernichtung/-spolitik 53, 59, 329
Versailler Verträge 78
Versammlungsfreiheit 39
Verschwörungstheorien 32, 52, 179,
  266, 312, 317, 337, 341, 342, 372,
  374, 475, 495
Viertes Reich 86
V-Mann 102, 110, 131, 158, 199,
  202, 217, 227, 310, 328, 354, 361,
  423, 425, 428
Völkerstämme 89
völkisches Denken 54
völkische Lebensgesetze 61, 372
Volk 48
Volksgemeinschaft 49, 66, 153, 154,
  207, 215, 286, 297, 405, 406
Volksgenossen 152
Volksgesundheit 183, 228
Volksherrschaft 50, 305
Volkssouveränität 55, 439
Volkssozialismus 108
Volkstum 372
Volksverhetzung 103, 145, 446
Volksverräter 224

Vorbilder 77, 270
Vorkriegsgrenzen 50
Vorurteile 87

Waffen/-lager 12, 13, 14, 19, 25, 26, 27, 43, 53, 74, 81, 96, 98, 100, 102, 166, 189, 190, 195, 198, 203, 212, 216, 227, 239, 241, 243, 279, 280, 283, 284, 287, 289, 295, 302, 305, 310, 311, 322, 326, 328, 331f, 354, 364ff, 367, 374, 383, 445, 461, 471, 491, 494
Waffen-Fan 19, 307
Waffenfetischismus 43, 204
Waffenhandel 266, 328, 355, 365, 367, 374, 443, 461
Waffenkult 143
Waffengesetz 12, 462
Wahlkampf 26
Warschauer Pakt 208
Wehrdienstverweigerung 203, 299
Wehrsport/-lager 298, 306, 421
Wehrsportübungen 19, 78, 81, 248, 283, 491
Wehrverbäne 77
Weimarer Republik 26, 27, 64ff, 74, 77, 78, 85, 135, 317, 372, 379, 490
Weltanschauung 29, 152, 295, 373

Welteroberungsfantasien 179
Weltjudentum 245, 305
Weltkommunismus 179
Weltkriege 15, 60, 66, 72, 77, 80, 81, 85, 101, 183, 187, 191, 218, 230, 265, 270f, 355
Wertekonservativismus 54
Werwolfgruppe 13, 83, 129, 141, 143, 145, 321, 322
Widerstand 308, 377
Widerstandsbewegung 302
Widerstandsgruß 106, 134
Widerstandskämpfer 224
Wiener Landgericht 303
Wikinger 187
Wolfsschanze 102

Zellennetz/-system 193, 286
Zentralstelle der Landesjustizverwaltungen zur Aufklärung von NS-Verbrechen in Ludwigsburg 225, 446
Zionismus 208, 245, 307, 374, 377
Zweites Deutsches Fernsehen ZDF 125, 354, 363, 454

Richard Brütting / Günter Trautmann (Hrsg.)

Dialog und Divergenz
Interkulturelle Studien zu Selbst- und Fremdbildern in Europa

Länderschwerpunkte: Italien, Rußland, Ex-Jugoslawien, Schweiz und Deutschland
Ergebnisse Internationaler Seminare 1992-1996
Frankfurt/M., Berlin, Bern, New York, Paris, Wien, 1997. 343 S., 10 Abb.
ISBN 3-631-30921-X · br. DM 78.–*

Im Mittelpunkt dieses Sammelbandes stehen interkulturelle Beziehungen zwischen Rußland, Italien und Deutschland. Der Band enthält zudem Beiträge über Ex-Jugoslawien und die Schweiz. Er ist das Ergebnis eines langjährigen interdisziplinären Dialogs von Wissenschaftlerinnen und Wissenschaftlern in West und Ost. Sie haben auf drei internationalen Seminaren versucht, ein vorläufiges Fazit aus den leidvollen Erfahrungen des Kalten Krieges zu ziehen, unterschiedliche Mosaiksteine der europäischen Realitäten zusammenzutragen und neue Perspektiven interkulturellen Verstehens und Lernens zu erörtern. Seit dem Epochenjahr 1989 steht die Auseinandersetzung mit Fremd- bzw. Feindbildern sowie mit kulturbedingten Kontrasten in der Sprache und im politischen Handeln mehr denn je auf der europäischen Tagesordnung. Ausgehend von derartigen Analysen werden Vorschläge für eine moderne interkulturelle Erziehung und einen kulturwissenschaftlich ausgerichteten Fremdsprachenunterricht unterbreitet.

Aus dem Inhalt: Vorurteilsforschung und interkulturelles Lernen · Europäische Realitäten · Fremdbilder, Feindbilder · Kulturbedingte Kontraste in der Sprache und im Handeln · Interkulturelle Erziehung und Fremdsprachenunterricht

Frankfurt/M · Berlin · Bern · New York · Paris · Wien
Auslieferung: Verlag Peter Lang AG
Jupiterstr. 15, CH-3000 Bern 15
Telefax (004131) 9402131
*inklusive Mehrwertsteuer
Preisänderungen vorbehalten